História dos
JORNAIS
NO BRASIL
1840-1930

Conselho Acadêmico
Ataliba Teixeira de Castilho
Carlos Eduardo Lins da Silva
Carlos Fico
Jaime Cordeiro
José Luiz Fiorin
Tania Regina de Luca

Proibida a reprodução total ou parcial em qualquer mídia
sem a autorização escrita da editora.
Os infratores estão sujeitos às penas da lei.

Os autores são responsáveis pelo conteúdo dos livros de sua autoria,
incluindo fatos narrados e juízos emitidos.

Consulte nosso catálogo completo e últimos lançamentos em **www.editoracontexto.com.br**.

Matías M. Molina

História dos
JORNAIS
NO BRASIL
1840-1930

Copyright © 2025 do Autor

Todos os direitos desta edição reservados à
Editora Contexto (Editora Pinsky Ltda.)

Montagem de capa
Gustavo S. Vilas Boas

Diagramação
Cumbuca Studio

Preparação de textos
Ana Paula Luccisano

Revisão
Beatriz Mendes

Dados Internacionais de Catalogação na Publicação (CIP)

Molina, Matías M.
História dos jornais no Brasil: 1840-1930 / Matías M. Molina.
– São Paulo: Contexto, 2025.
640 p.

Bibliografia.
ISBN 978-65-5541-545-2

1. Jornais – Brasil – História 2. Jornalismo – Brasil – História
3. Imprensa – Brasil – História I. Título

25-3153   CDD 071.81

Angélica Ilacqua - Bibliotecária - CRB-8/7057

Índice para catálogo sistemático:
1. Jornais – Brasil – História

2025

EDITORA CONTEXTO
Diretor editorial: *Jaime Pinsky*

Rua Dr. José Elias, 520 – Alto da Lapa
05083-030 – São Paulo – SP
PABX: (11) 3832 5838
contato@editoracontexto.com.br
www.editoracontexto.com.br

Com carinho para minhas irmãs Carmen e Isabel.

SUMÁRIO

Prefácio 9
Célia de Gouvêa Franco

Introdução 13

JORNAIS NO SEGUNDO REINADO 19

O Brasil (1840-50) 29
Correio Mercantil (1848-68) 65
Gazeta de Notícias (1875-1977) 81
A Notícia (1894-1930/1938-79/1991-8) 121
Cidade do Rio (1887-1902) 139
O Paiz (1884-1930/1933-4) 155

JORNAIS NA PRIMEIRA REPÚBLICA 179

Jornal do Brasil (1891-2010) 189
Correio da Manhã (1901-74) 321
A Noite (1911-57/1960-4) 417
O Imparcial (1912-29) 447
O Jornal (1919-74) 453
A Manhã (1925-9/1935/1941-53) 487
Crítica (1928-30) 501
Diário Carioca (1928-65) 517
Diário de Notícias (1930-76) 563

Notas *593*
O autor *639*

PREFÁCIO

"Governo baixa Ato Institucional e coloca Congresso em recesso por tempo ilimitado" foi a manchete do *Jornal do Brasil* em 14 de setembro de 1968, uma descrição factual do acontecimento mais importante da véspera no país. No alto da página, à direita, "Ontem foi o Dia dos Cegos". Na previsão meteorológica, "Tempo negro. Temperatura sufocante. O ar está irrespirável. O país está sendo varrido por fortes ventos. Máx.: 38º, em Brasília. Min.: 5º, nas Laranjeiras". O país vivia sob o jugo da ditadura militar, que impôs uma série de restrições à atuação da imprensa ao longo dos anos. A primeira página do *Jornal do Brasil* sobre o Ato Institucional n. 5 (AI-5) marcou época por indicar um caminho que rodeava a censura importada por Brasília.

O fato, razoavelmente conhecido entre jornalistas, ganha uma nova paisagem e mais força dramática em *História dos jornais no*

Brasil: 1840-1930, com Matías M. Molina ressaltando sua importância para o circuito jornalístico e para a história das relações entre mídia e poder no país.

Vale a pena citar um trecho do livro sobre o caso, com explicações contextualizadas:

> O Dia dos Cegos era uma alusão aos óculos escuros do presidente Costa e Silva, semelhantes aos usados pelos cegos. Para não deixar lugar a dúvidas, foi publicada uma foto do presidente de óculos escuros. Os 38 graus de Brasília se referiam à alta temperatura política na capital e ao Ato Complementar n. 38, que decretou o recesso do Congresso. O Palácio das Laranjeiras, no Rio de Janeiro, com temperatura de apenas 5 graus, era o local onde o presidente Costa Silva reuniu o gabinete para decretar o AI-5. Uma notícia da primeira página encontrava uma forma indireta de referir-se às prisões feitas ao dizer que alguns cidadãos "deixaram de chegar ontem às suas casas".

Obra ímpar que reconstrói e contextualiza os jornais que marcaram épocas, a *História dos jornais no Brasil: 1840-1930* nos faz refletir sobre como a imprensa mudou consideravelmente (esperemos que para melhor). Continuemos no exemplo do *Jornal do Brasil*: em 1950, quando o Brasil perdeu o jogo final da Copa do Mundo para o Uruguai no Maracanã, o principal destaque do *JB* não foi a derrota, mas as notícias sobre a Guerra da Coreia. Em agosto de 1954, o jornal deu menos importância à informação sobre o suicídio do então presidente Getúlio Vargas do que à decisão de declarar ilegal o Partido Comunista... nos Estados Unidos.

Ao longo deste livro, são centenas de exemplos como os citados: mergulhamos nos detalhes de matérias, analisamos a forma com que os fatos mais importantes do país foram editados em cada publicação, conhecemos a trajetória de personagens que ajudam a explicar a importância de jornais para a sociedade – como a atuação dos abolicionistas durante o Segundo Reinado. Molina nos fornece os elementos necessários para que possamos entender a que propósitos cada jornal servia, e como essas publicações evoluíram ao longo dos anos e décadas. É evidente o seu esforço em mostrar aos leitores quais os interesses políticos, econômicos e/ou de outras naturezas que estavam por trás das notícias, das negociações envolvendo empresas jornalísticas. Com seu olhar de jornalista experiente, Molina constrói o texto de modo a nos imergir no contexto retratado, descrevendo cronologicamente a evolução dos jornais mais importantes, suas peculiaridades, os embates que envolveram a redação e a atuação de seus donos até o fim da publicação. Assim está no livro toda a história do *JB*, desde sua criação, em 1891, até a sua última edição impressa, em 2010. É uma obra fundamental para quem quer se aprofundar nos meandros da história da mídia no país, tornando possíveis inclusive comparações com o jornalismo que se pratica no Brasil em 2025.

Molina exerceu um papel de grande destaque na nossa imprensa, sobretudo na cobertura do mundo econômico, tendo se sobressaído em diferentes funções. É bastante comum que jornalistas sigam uma de duas opções de carreira: ou a de repórter, aquele que, idealmente, vai atrás da notícia com disposição enérgica e persistência; ou a carreira de editor, que coordena e orienta uma equipe de repórteres e redatores, e decide como o material levantado será publicado. São perfis diferentes entre si, embora o objetivo de todos seja, por princípio, o mesmo: apurar e publicar a melhor informação possível sobre determinado tópico de interesse público.

Molina é uma exceção nesse panorama. Brilhou como repórter e como editor. Na sua longa carreira, iniciada poucos anos depois da chegada ao Brasil, foi um repórter de texto primoroso, com um olhar apurado para o contexto do fato. Lembro bem das matérias escritas por ele quando correspondente da *Gazeta Mercantil* em Londres, entre as décadas de 1970 e 1980. Não tenho dúvidas de que suas habilidades como repórter foram essenciais na formulação deste livro – a apuração detalhada, minuciosa, a escrita com poucos ou quase nenhum adjetivo.

Foi como editor, em especial durante décadas na *Gazeta Mercantil*, que Molina ganhou mais destaque. Pode-se afirmar que ele moldou a cobertura feita pelo jornal – na época, o principal diário econômico do país –, num período de aproximadamente 20 anos. Ensinou dezenas de repórteres e editores na busca por um jornalismo de qualidade. Seriedade, detalhismo, aprofundamento da apuração, escrita clara e concisa, preparação prévia para entrevistas: essas eram algumas das características do jornalismo valorizadas por Molina.

No meu primeiro dia como estagiária na seção de economia da *Folha de S.Paulo*, aprendi uma lição preciosa com ele, então editor do jornal. Ao me encarregar uma matéria sobre algodão, me orientou a ir ao arquivo do jornal e ler tudo o que tinha sido publicado recentemente sobre o produto (assunto sobre o qual meu desconhecimento era praticamente total). Não se saía para entrevistas ou reportagens sem estar preparado. Quando fui trabalhar como repórter de finanças na *Gazeta*, também sob a chefia do Molina, ele me estimulou a me aprofundar nos grandes temas econômicos. Fui ler livros sobre macroeconomia – eu me lembro particularmente das obras do americano Paul Samuelson.

Eu deveria, no entanto, ter iniciado este texto com um alerta. Molina foi a primeira pessoa que me ofereceu um emprego, na *Folha de S.Paulo*, o primeiro que acreditou que eu poderia ser jornalista e foi quem me ensinou muito do que sei sobre a profissão. Foi também mentor do jornalista Celso Pinto, com quem fui casada por 39 anos, até sua morte em 2020. Mais do que isso, Molina foi muito amigo de Celso. Foi também meu amigo, querido, e a quem eu respeitava profundamente. Molina faleceu no dia 21 de abril de 2025 – um jornalista comentou que tinham falecido naquele dia dois papas, o Francisco, e Molina, o papa do jornalismo econômico de qualidade no Brasil.

Célia de Gouvêa Franco

INTRODUÇÃO

O propósito de *História dos jornais no Brasil: 1840-1930* é registrar o passado da imprensa diária do Rio de Janeiro, desde 1840 até a atualidade. Marco mais notável da imprensa brasileira, os jornais do Rio lançados nesse período foram os que mais se destacaram; e os que tiveram o predomínio da imprensa até o fim do século XX. Os jornais de Minas Gerais, depois de um início brilhante na abertura da imprensa, no século XIX, praticamente perderam relevância. Assim como Pernambuco, no começo com ideias de criar um polo alternativo e influente, foi consumido pelas lutas internas. São Paulo ficou praticamente desaparecido da imprensa no século XIX; só teve uma maré ascendente no século XX. O Rio Grande do Sul publicou bons jornais, mas se manteve praticamente isolado na maior parte dos dois séculos passados.

Este livro está dividido em duas partes, separadas de acordo com a data de lançamento dos periódicos aqui retratados: Iniciamos com o Segundo Reinado (1840-89) e depois os lançamentos da Primeira República (1889-1930). As histórias destes últimos passam pelo período entre ditaduras – Era Vargas (1930-45), Quarta República (1945-64), Ditadura Militar (1964-85) – e chegam à era digital, iniciada com o advento da internet no Brasil. Nesta introdução, esboçamos, de forma breve, o surgimento e o declínio dos jornais perfilados. Também pode ser usada como uma linha do tempo ou material de consulta rápida durante a leitura extensiva da obra.

A TRILHA DOS JORNAIS

Justiniano José da Rocha foi considerado, por várias importantes figuras do jornalismo, como o Barão do Rio Branco, Helio Vianna, Sílvio Romero ou Joaquim Manuel de Macedo, o melhor representante da imprensa do século XIX. No entanto, ele foi possivelmente o mais assíduo expoente de um jornalismo pessoal. Seu jornal mais famoso foi o *Brasil*, de curta duração, mas que salvou o Partido Conservador.

O *Correio Mercantil* rivalizou com o *Jornal do Commercio* durante um curto tempo. Em 1854, foi assumido por Francisco Octaviano de Almeida Rosa, genro de Muniz Barreto, e a quem Cláudio Mello e Souza qualificou como um dos mais lúcidos diretores de jornal de todos os tempos. Mas durou pouco e, em 1868, com 20 anos, caducou.

A *Gazeta de Notícias* foi um dos melhores jornais já publicados no Brasil. Era um diário que julgava seus conterrâneos com um leve espírito de humor e um ceticismo trombeteiro. O diário foi um jornal popular, lido pelo povo e por uma parte da elite. Lamentavelmente, seu prestígio durou menos de três décadas. Com o tempo, o tom da malícia desapareceu e ficou um diário enfadonho, que desapareceu.

Um jornal atrevido, corajoso, mas pronto a dizer hoje a quem desmentiu no dia anterior. Essa era a imagem de *Cidade do Rio*. Era um diário moderno, brilhante e caótico. Seu dono foi José do Patrocínio, jornalista corajoso e impetuoso; alguns achavam que ele era da pior espécie.

A Notícia tinha uma imagem de violência. Mas isso encobria o fascínio das primeiras décadas: uma folha moderada e bem cuidada, que renovou a imprensa e tinha a preocupação de informar sem chocar e de opinar com serenidade. Com o tempo, virou o jornal de escândalos que definhou no século XX.

O Paiz foi fundado em 1º de outubro de 1884 pelo comerciante João José dos Reis Júnior. Seu primeiro redator-chefe foi Ruy Barbosa, que só ficou três dias por não ter a autonomia necessária. Foi substituído por Quintino Bocayuva. Teve importante papel e ficou submetido ao português João Lage, que o alugou. Até ser incendiado em 1930.

O *Jornal do Brasil* foi lançado por um grupo de monarquistas em 1891 que pretendiam influir na vida do país. Durou alguns meses. Houve vários donos e ficou sem circular durante mais de um ano. Voltou com uma visão acanhada. Somente reagiu no fim dos anos 1950 e se transformou no jornal mais importante do país. Gastou demais e parou de circular em agosto de 2010.

Em 1901, surgiu o *Correio da Manhã*, que se tornou o diário mais temido do Brasil. Soube enfrentar ministérios e defender as classes populares. Seu diretor, Edmundo Bittencourt, era ousado e conhecia poucos limites. Foi preso. Seu filho, Paulo, limitou as arestas e fez do jornal o matutino mais famoso do país. Sua mulher, Niomar, herdeira do jornal, o colocou em conflito com a ditadura. Encerrou em julho de 1974.

A Noite foi lançada em 1911, por Irineu Marinho, que tinha chefiado a redação da *Gazeta de Notícias*. O jornal foi bem recebido. Mas, ao fazer várias intervenções, Marinho ficou em minoria e teve que vender o jornal a Geraldo Costa. Este gastou muito dinheiro e perdeu o controle, que ficou na Brazil Railway e alcançou o título de mais vendido do Brasil. Foi controlado pelo governo. Pouco depois, entrou em decadência.

Uma folha seguindo o modelo francês, *O Imparcial*, foi lançada por José Eduardo de Macedo Soares. Era um jornal com a primeira página cheia de fotografias e de colocação política, marcado pelo humor fino e seco de Macedo Soares. Ele fugiu da prisão, vendeu o jornal. Henrique Lage foi um dos compradores e ficou com dois jornais, um a favor do governo e outro contra. Os dois desapareceram.

A jornada de *A Manhã* foi curta e ruidosa. Foram quatro anos. Nasceu em 1925. Seu fundador, Mário Rodrigues, tinha sido diretor do *Correio da Manhã*, mas seria, mais tarde, um dos mais cruéis acusadores do diretor desse jornal, Edmundo Bittencourt. A campanha de *A Manhã* não tinha paralelo

HISTÓRIA DOS JORNAIS NO BRASIL – 1840-1930

contra Epitácio Pessoa e Arthur Bernardes. Cheio de dívidas, vendeu sua parte. Pouco depois, o jornal fechou.

Crítica foi o segundo jornal de Mário Rodrigues. Foi mais violento que *A Manhã*. Teve um jornal argentino de mesmo nome como modelo. Durou dois anos. Sylvia Seraphim foi até o *Crítica* para matar Mário Rodrigues por uma manchete; não o encontrando, matou Rodolfo Rodrigues, seu filho. Sylvia foi inocentada. Mário morreu e o jornal fechou.

Diário Carioca nasceu em 1928 e, no ano seguinte, por falta de dinheiro, a maior parte da redação foi para *A Batalha*. Um jornalista conta que em seu tempo nunca houve pagamento de um salário; ao sair tinha quatro meses de atraso, que nunca recebeu. Mas no fim dos anos 1940 e começo de 1950 foi o diário que mais inovou. Foi "o mais charmoso, o mais irreverente, o mais irresponsável, o mais politiqueiro". Fechou em 1965.

Um jornal de cuja redação o dono, Assis Chateaubriand, tinha raiva foi o *Diário da Noite*, lançado em 1929, para defender a candidatura de Getúlio Vargas. Do seu sobrinho, Frederico Barata, Chatô o consideraria "o mais completo homem de imprensa do grupo Associados", "uma fonte de idealismo". Depois de atingir uma boa circulação, o jornal entrou em decadência. Morreu em 1962.

Diário de Notícias foi lançado em 1930 antes do golpe. Ele defendeu Getúlio Vargas, mas depois foi violentamente contra. Nos 15 anos da ditadura, foi o mais corajoso defensor da legalidade. Nos restantes anos 1940 e primeiros de 1950, teve prestígio, mas enfrentou uma queda na popularidade e fechou em 1976.

Meio-Dia foi um jornal efêmero. Fundado por Joaquim Inojosa em 1939, teve inicialmente um comportamento sóbrio e foi uma folha bem-feita, com colaborações do Partido Comunista. Em pouco tempo, declarou-se partidário das potências do Eixo. Em 1942, porém, com a declaração da guerra do Brasil ao Eixo, o jornal apoiou Getúlio Vargas, mas morreu em outubro do mesmo ano.

A figura de Carlos Lacerda foi fundamental para a *Tribuna da Imprensa*. Lançado em dezembro de 1949, teve baixo índice de vendagem, mas os artigos de Lacerda foram fundamentais. Vendeu quando se candidatou a governador. Com rápida passagem pelo *Jornal do Brasil*, Hélio Fernandes torna-se dono do

Tribuna, apoiou e depois criticou a ditadura. O jornal fechou em 2008. Hélio Fernandes morreu passados os 100 anos, sem receber a indenização que havia ganhado. A União entraria com recurso.

O Dia foi o jornal que surgiu em 1951 para dar a Chagas Freitas um diário. Foi talvez o matutino mais vendido do Brasil. Em outubro de 1983, foi comprado por Ary Carvalho, que fez um diário da classe média. Quando morreu, em julho de 2003, as três filhas brigaram e decidiram vendê-lo. Em 2010, foi comprado pela Ejesa. Vende 9,7 mil cópias, metade delas digitais. Ainda existe.

Última Hora nasceu em 1951 para proporcionar a Getúlio Vargas um apoio na imprensa. Seu dono, Samuel Wainer, fez um jornal popular, mas com excelentes jornalistas. Quase perdeu o jornal com o fim de Getúlio em 1954, mas conseguiu a ajuda dos presidentes Juscelino Kubitschek e João Goulart. Com a ditadura, teve que vendê-lo em 1981. Ficou com donos medíocres. Fechou em 1991.

Tenório Cavalcanti foi o artífice do *Luta Democrática*, que surgiu em 1954. Foi um jornal escandaloso e sensacionalista, mas com tino para classe operária e uma detalhada cobertura esportiva. Vendeu bem, mas com o tempo se desgastou. Houve vários donos e não se sabe bem o destino do jornal; talvez o fim tenha sido em 1981.

O Sol foi um jornal relâmpago que apareceu em 1967 e fechou em 1968. Teve uma diagramação praticamente impraticável, mas que atraiu os jovens por ser contra o governo. Depois, descobriu-se uma articulação clandestina para defesa da luta armada, da qual nem a editora-chefe tinha conhecimento.

Diante da ascendência de *O Dia*, a Globo decidiu lançar o jornal *Extra* em 2008. O sucesso foi bem superior à expectativa. *Extra* teve um tempo de grande sucesso, mas, com a entrada da internet, sua venda de jornais impressos desabou; a consulta da versão digital foi excelente, chegando a superar a dos outros jornais, mas, teve pouca repercussão de vendas digitais. Vende uns 40 mil exemplares, dos quais menos de 6 mil pela internet.

Em 2005, surgiu um jornal que cortou o ímpeto do *Extra* para ser o maior jornal: *Meia Hora*. Foi uma escolha de *O Dia*. O principal esforço da redação era escolher, reciclar e adaptar, resumindo o título da primeira página. Sem

Meia Hora, O Dia talvez tivesse acabado. Chegou a vender 232 mil cópias. Em janeiro de 2023, vendeu 30 mil exemplares em papel; não tem circulação digital.

Mais, sobrenome do jornal *Mais Informação por Menos,* foi publicado em 2010, simultaneamente, no Rio e em São Paulo – o mercado paulista era mais conservador e formal que o carioca. Era uma publicação do jornal esportivo *Lance!,* que tinha oficinas próprias nas duas praças. O lançamento não foi bom. *Mais* acabou em 2013, quando passava a ganhar dinheiro, mas mantê-lo exigiria elevado investimento.

JORNAIS
NO
SEGUNDO REINADO

O período de ataques pessoais e desmesura na linguagem da imprensa, iniciado durante a Independência, durou até aproximadamente 1840, no fim do período da Regência, quando as linhas gerais da estrutura política do Brasil já estavam definidas. Com o imperador D. Pedro II no trono e com o fim das revoltas regionais – Revolução Farroupilha no Sul, Cabanagem no Pará, Praieira em Pernambuco –, foi aceita a monarquia constitucional; a unidade nacional estava consolidada e as fronteiras formadas.

Nesse período, começam a se delinear os dois principais partidos, o liberal e o conservador. Houve sérios embates entre os grupos que defendiam o imperador e os que atacavam seu autoritarismo durante a Independência e o Primeiro Reinado. Mas não existiam partidos claramente definidos. Foi a partir da Regência que as forças políticas passaram a assumir contornos mais nítidos em torno de posições ideológicas, para construir pouco a pouco estruturas partidárias.

As eleições não eram apenas um embate doutrinário ou classista, mas também, ocasionalmente, uma exibição de força bruta – como a de 1842, a primeira do Segundo Reinado, a qual ficou conhecida como "Eleição do Cacete", dado grau de violência física e fraude. O Império partia do princípio de que o governo, como expressão de um partido, tinha a obrigação de intervir no processo eleitoral.

O país entrou num período de acomodação, cujo melhor exemplo foi o "gabinete de Conciliação", do marquês do Paraná, do qual participaram conservadores e liberais. A imprensa perdeu a agressividade e a influência dos tempos revoltos, que foram fundamentais para a formação do país. O grupo mais radical viria a desgarrar-se do Partido Liberal para formar um núcleo do qual surgiria o movimento republicano.

A escravidão permeia a política e a imprensa do período. A lei de 1831, que proibia a entrada de escravos em portos brasileiros, não conseguiu impedir que o tráfico continuasse como um dos pilares da economia brasileira. Somente a partir de 1850, com a Lei Eusébio de Queirós, o tráfico de escravos desaparece finalmente no país, liberando as capitais a financiar uma incipiente industrialização.

A escravidão dividiu a sociedade e a imprensa. As páginas de opinião dos jornais espelhavam o intenso debate a favor ou contra a abolição. As campanhas abolicionistas contribuíram para minar as bases da monarquia, embora alguns dos mais ardentes defensores do fim da escravidão, como Joaquim Nabuco, fossem monarquistas convictos.

Ao lado dessas polêmicas, as colunas de anúncios classificados, com a compra, venda e aluguel de escravos, chegada de navios com uma nova carga humana, ou procura de escravos fugidos, representaram uma importante fonte de receita da imprensa. Essa ambivalência é mais notável no *Jornal do Commercio*, a publicação mais importante da época, que combatia a escravidão, mas lucrava com ela.

Quase nenhum dos jornais do período da Independência, que foram publicados para defender uma ideia política e dar forma à opinião de seus fundadores, sobreviveu. Foi o que aconteceu com o *Revérbero*, *A Malagueta*, *O Correio do Rio de Janeiro*, *O Repúblico*, *A Sentinella* ou *A Aurora Fluminense*. Todos eles, apesar de sua enorme influência, desapareceram: foram criados como artilharia para batalhas pontuais, não como periódicos de longa duração; pararam quando acharam que tinham alcançado seu objetivo. Como escreveu o *Correio Mercantil*: "Os periódicos de pequeno formato e exclusivamente políticos ou só obtêm existência precária ou só perduram como alimento das paixões dos interesses mais ou menos pessoais de alguns chefes de mercancia política".

Dos jornais fundados no Primeiro Reinado, só perduraram os focados principalmente em notícias econômicas e nos preços das *commodities* para uma elite composta de comerciantes e agricultores, uma pequena classe média incipiente e um estamento burocrático. Foi o caso do *Jornal do Commercio*, que se tornou no Segundo Reinado o diário mais sólido e de maior prestígio, do *Diário do Rio de Janeiro* e, fora da Corte, do *Diário de Pernambuco*. Lançados nos anos de 1820, mantiveram e aumentaram sua influência nas décadas seguintes.

Como escreveu José Murilo de Carvalho: "Até o início do Segundo Reinado, o debate político concentrava-se na imprensa e na tribuna do Parlamento. Mais na imprensa, uma vez que a tribuna se limitava ao período de quatro meses das sessões". Políticos e partidos mantinham seus próprios jornais. Os debates públicos dos clubes políticos passaram a definir, também, as posições e as estratégias partidárias, mas não chegaram a substituir a imprensa na difusão de notícias e ideias.

Nos primeiros anos do Segundo Reinado, foram fundados alguns jornais eminentemente partidários, que se dividiram no apoio aos partidos conservador e liberal e passaram, em sua maioria, a depender economicamente deles. *O Brasil*, de Justiniano José da Rocha, era mantido pelo Partido Conservador; o *Correio Mercantil* tinha vínculos com o Partido Liberal, assim como *Diário do Povo* e *A Reforma*. *Opinião Liberal* era o órgão do Club Radical, que se transformaria no Club Republicano e lançaria o jornal *A República*. Influentes durante um período, as folhas essencialmente partidárias não demoraram a se tornarem anacrônicas.

A NOVA FORMA DA IMPRENSA

Durante a maior parte do século XIX e começo do XX, quase todos os jornais do Rio estavam concentrados na rua do Ouvidor, equivalente carioca à Fleet Street, a rua dos jornais de Londres. Era o centro das notícias e da vida social, ponto de encontro das senhoras elegantes. Às mesas de seus cafés se sentavam políticos, jornalistas e literatos. Era, como diria Olavo Bilac, uma simples e feia viela, um apertado e melancólico beco; mas a rua do Ouvidor era o Rio de Janeiro e o Rio, naquela época, era o Brasil: "Perguntar como está a rua do Ouvidor é perguntar como está a Pátria", escreveu.

Por insistência de D. Pedro II foi lançado em 1862 o *Diario Official*, não apenas como o veículo de medidas oficiais, mas também como órgão de jornalismo político, debate de ideias e porta-voz do governo. De escassa leitura, dizia-se que era o lugar de quem queria escrever para não ser lido. Foi a porta de entrada ao jornalismo da Corte de figuras como Joaquim Nabuco, Quintino Bocayuva, Ruy Barbosa e os dois Rio Branco, pai e filho.

A necessidade de informações durante a Guerra do Paraguai (1864-70), o aumento da população com o fluxo migratório, o crescimento e a diversificação da economia e uma melhora do ensino foram fatores que propiciaram o surgimento de jornais mais bem estruturados.

A imprensa requeria uma estrutura mais complexa. O aumento da demanda obrigou os jornais a abandonar lentamente a impressão feita em prelos manuais de madeira, operados por escravos, e a introduzir prensas metálicas de maior velocidade acionadas a vapor.

A fonte das informações do exterior era a imprensa estrangeira que chegava nos navios a vapor com uma demora de várias semanas. Houve um extraordinário progresso quando, ao fim do século XIX, as notícias urgentes, distribuídas via agência Havas-Reuter, chegavam pelo telégrafo submarino. Alguns jornais mantinham correspondentes no exterior; eram, em sua maioria, diplomatas que escreviam ocasionalmente dando uma visão brasileira às notícias, mas quase sempre sob os interesses do Itamaraty. Havia também uma colaboração literária, em geral de intelectuais portugueses, sobre temas culturais.

No Brasil, a introdução do Correio público, a implantação de uma rede ferroviária e da navegação de cabotagem a vapor ampliaram o raio de alcance dos jornais e o número de leitores.

Houve também um início de organização trabalhista dentro das empresas jornalísticas, com a formação dos primeiros sindicatos e a eclosão da primeira greve nas oficinas gráficas, que parou durante dias os principais jornais do Rio.

A crescente complexidade das redações e a necessidade de equipamentos mais modernos marcaram o início do fim do jornalismo improvisado, individualista e espontâneo do período anterior. A imprensa, além de ter uma finalidade política, precisava de uma incipiente estrutura empresarial, que só alguns jornais conseguiram instalar.

Ao lado de algumas publicações sólidas, surgiu um elevado número de jornais que não conseguiram sobreviver. Tinham poucos leitores e não conseguiam anúncios em volume suficiente. Muitos deles viveram no período do Segundo Reinado à custa de subsídios e ajudas do governo. Como disse o senador Manoel Francisco Correia: "Não quero graças com quem dispõe de um jornal, sobretudo se goza de crédito. Ele pode despejar todos os dias contra mim a metralha de tantas bocas de fogo quanto são os seus leitores". Correia sugere: "Para fazer calar essa formidável artilharia, banquetes, festas, afagos, e se por infortúnio tal é o caso excepcional [...] dinheiro". Segundo o marquês do Paraná disse, "é sabido geralmente que em toda parte onde há sistema representativo o governo não pode durar muito lutando contra a imprensa, se em face dessa imprensa não houver quem o defenda, quem justifique sua política. [...] Não pretendo que este ministério seja diferente dos outros". E realmente esse ministério, como todos os outros, não foi diferente: todos compraram a opinião da imprensa, sempre à venda, com raras exceções.

JORNAIS SEM CENSURA

O processo de industrialização da imprensa e a redução dos custos de produção facilitaram a venda dos exemplares por preços baixos. Isso permitiu a alguns jornais alcançar uma circulação relativamente elevada – embora em níveis bem inferiores àqueles obtidos na mesma época em outros países, inclusive da América Latina. O nível de alfabetização, embora tivesse melhorado, ainda era muito baixo.

Se poucos jornais desse período eram abertamente partidários, quase todos tinham objetivos notadamente políticos. A imprensa aproveitou a extraordinária liberdade que teve durante o Segundo Reinado para defender a abolição da escravidão, combater a monarquia e promover a implantação da República; com uma considerável reação conservadora.

A Guerra do Paraguai foi talvez o principal divisor de águas do período. O conflito permitiu que os militares passassem a interferir com decrescente discrição na vida política; na imprensa, as ideias republicanas ganharam força e cresceu a pressão abolicionista.

O Clube d'*A Reforma*, com membros como Nabuco de Araújo, Sousa Franco, marquês de Paranaguá, Teófilo Ottoni, Francisco Octaviano, foi animando e tornou coeso o Partido Liberal, mas teve vida breve.

Da mesma forma, *A Opinião Liberal* e mais tarde o *Correio Nacional* lutaram para dar unidade ao grupo mais aguerrido dos liberais, mas também tiveram um auge de intensidade para cair completamente.

São dessa época *O Paiz*, *A Notícia* e a *Gazeta de Notícias*, um dos melhores diários que o Brasil já teve. *O Globo* e *O Cruzeiro*, lançados como empreendimentos comerciais – a dita "imprensa industrial" –, deixavam para trás o jornalismo doutrinário. Tiveram um impacto imediato o *Jornal da Tarde* e sua continuação, *A Nação*; a *Gazeta da Tarde*, de Ferreira de Menezes, e sua continuação, a *Cidade do Rio*, de José do Patrocínio. Mas duraram poucos anos.

Outro jornal fugaz, de efetiva influência, foi o *Diário de Notícias*. Fundado em 1885 como jornal liberal monarquista, mudou de orientação em 1889 sob a direção de Ruy Barbosa, e fez uma campanha arrasadora contra a monarquia. Joaquim Nabuco o comparou com os escritos de Evaristo da Veiga contra D. Pedro I no fim do Primeiro Império; segundo Evaristo de Morais, os artigos de Ruy nesse jornal foram um dos motivos que levaram ao fim do Império. Morais foi porta-voz de Ruy quando este foi nomeado o primeiro-ministro da Fazenda da República. Fechou em 1895. Do mesmo jornalista, surgiu *A República*, durou menos de quatro anos.

No fim do Segundo Reinado, a imprensa volta-se para a imigração crescente, principalmente de origem portuguesa. Foram numerosos os jornas em língua italiana, vários deles de circulação diária, e, com menor penetração, os escritos em espanhol, inglês e alemão. Os imigrantes queriam receber notícias de seu país de origem, manter sua identidade e o contato com a língua materna. Os jornais funcionavam também para os imigrantes como instrumentos de ajuda mútua num país ainda estranho.

Embora o *Jornal do Commercio* fosse comparado ao *The Times* de Londres, o modelo das folhas brasileiras era a imprensa francesa. Foi também notável a presença de jornalistas portugueses no Brasil ao longo de todo o século XIX e começo do XX, ocupando, com jornalistas franceses, altos cargos nos jornais. Mas a imprensa portuguesa não foi modelo para a brasileira nem teve sobre ela grande influência.

O BRASIL
(1840-50)

Fundador: Justiniano José da Rocha

A CONSCIÊNCIA DOS CONSERVADORES

Justiniano José da Rocha foi um dos jornalistas do século XIX mais admirados por políticos e escritores conservadores. Por seu talento, desculparam-lhe a dependência que ele e seus jornais tinham do dinheiro público, e a insistência com que pedia os favores que julgava merecer pelos seus serviços.

Elogios não lhe faltaram.[1] Para o Barão do Rio Branco, ele foi o primeiro dos jornalistas do seu tempo. Alfredo Pujol disse que a "imprensa política deve a Justiniano as suas páginas de mais forte relevo e de ressonância mais brilhante". Helio Vianna o considerava o maior jornalista brasileiro do seu tempo. Sílvio Romero disse que era um dos mestres laureados da palavra escrita no Brasil, admirava sua boa cultura e argumentação vigorosa como intérprete do pensamento conservador e defensor dos ministérios dessa facção, e afirmava que, como jornalista, "não encontrou ainda quem o excedesse entre nós".[2] Ainda segundo Sílvio Romero, ele foi o mais bem dotado de toda a geração de jornalistas que floresceu após a Independência.

Para Joaquim Manuel de Macedo, "o cetro do jornalismo político do Brasil passou das mãos de Evaristo da Veiga para as de Justiniano José da Rocha, que o conservou por longos anos, desde 1836", e diz que ele excedeu Evaristo em ilustração e na habilidade como escritor estrategista nos combates da imprensa.

Pode discordar-se da comparação com Evaristo da Veiga, cujo jornal, a *Aurora Fluminense*, teve uma importância indiscutivelmente maior, mas mostra o prestígio alcançado por Justiniano. Seu biógrafo, Elmano Cardim, antigo diretor do *Jornal do Commercio*, lamentou que Justiniano fosse injustiçado por não ter recebido em vida o prêmio merecido pelo seu valor.

Em 2025, essas opiniões parecem desproporcionais à importância de Justiniano José da Rocha na imprensa brasileira e colocam em questão os critérios para tantos adjetivos. Mas, como escreveu Raymundo Magalhães Júnior,[3] ele exerceu uma verdadeira fascinação sobre alguns espíritos do seu tempo. É inegável o peso que suas opiniões tiveram na época, assim como é indiscutível sua extraordinária habilidade no manejo das ideias e da pena. Ele e sua obra têm sido objeto de vários livros, considerados clássicos, e de um bom número de trabalhos acadêmicos de excelente nível nos últimos anos.

Dono de uma enorme capacidade de trabalho, ele deixou um importante legado para a história política do país. Jornalista extremamente prolífico e combativo, Justiniano fundou e escreveu um bom número de folhas, uma atrás da outra; foi o "órgão e a alma na imprensa" do Partido Conservador. Seus jornais eram doutrinários, concebidos como arma política de ataque e defesa, o que explica sua agressividade. Alguns tiveram grande influência no momento, mas foram de curta duração. Faltava-lhes a solidez dos jornais informativos, de vida bem mais longa, que embora não ignorassem a política, alcançavam um público mais amplo e variado. Ele foi eleito três vezes deputado por Minas Gerais, lecionou História no Colégio D. Pedro II e Direito Militar na Escola Militar; foi inspetor de ensino e seus relatórios contribuíram para a reforma dos cursos primário e secundário; foi um profícuo tradutor e autor de vários livros, entre eles um *Compêndio de história universal*, e escreveu diversos folhetins; segundo alguns autores, foi dele o primeiro folhetim brasileiro.

Sua obra mais conhecida, e que lhe garante um lugar de destaque na história do pensamento político brasileiro, é o panfleto *Ação; Reação; Transação: duas palavras acerca da atualidade política do Brasil*, que teve como base os artigos escritos no seu jornal *O Brasil*.

Justiniano era profundamente conservador, saquarema exaltado, e tinha orgulho de ser reacionário.[4] Dizia pertencer à "política reatora". E escreveu: "Eu faço de dia em dia profissão de fé monárquica e absolutista (salvo sempre o predomínio da inteligência por meio do Parlamento e da imprensa bem regulados) e vou proclamando a *unidade monárquica*, a *autoridade* e a *hierarquia*, palavras sacramentadas desse novo *legitimismo*".

Outro conservador, José Maria da Silva Paranhos, chama-o "escritor extremoso de uma parcialidade política". Segundo Magalhães Júnior, foi "um dos mestiços que tiveram posição de relevo em nossa vida política no tempo do Império".[5] Nelson Werneck Sodré, com uma visão materialista da história, não esconde sua hostilidade a Justiniano. Afirma que era figura típica da época na imprensa, "figura áulica"; "escriba, que a historiografia oficial se esmera em glorificar"; de "origem espúria".[6] Segundo Sodré, "Justiniano escreveria, em 1855, o opúsculo *Ação; reação; transação* na linha a que ele se subordinaria de serviçal da ordem vigente".

Justiniano José da Rocha nasceu provavelmente em 1811, no Recife. Mestiço, morou no Rio, fez o curso secundário na França, no Collège Henri IV de Paris, onde estudou humanidades, e se diplomou em Direito em São Paulo.[7] Entrou na política como liberal moderado, pela mão de Evaristo da Veiga, de quem se afastaria para aderir ao movimento conservador de Bernardo Pereira de Vasconcellos.

CONTRA O TRÁFICO

Seu primeiro jornal, *O Atlante*, de curta duração, foi fundado no Rio em maio de 1836, resultado do convite feito por dois deputados pernambucanos em nome de Sebastião do Rego Barros – que seria ministro da Guerra no ano seguinte – para combater a Regência e o governo do padre Diogo Antonio Feijó. Impresso na Typographia Imparcial de Brito, *O*

Atlante circulava duas vezes por semana, nas terças e sextas-feiras, tinha quatro páginas e custava 80 réis.

Justiniano fez veemente campanha contra o tráfico de escravos, proibido desde 7 de novembro de 1831:[8] "Combatamos essa impunidade que o interesse de alguns, os receios de outros, a apatia de muitos asseguram ao traficante de homens".

> Apesar dos castigos que não receiam, apesar do grito da consciência que não ouvem, animados pelos preceitos, excitados pela cobiça, acoroçoados pela impunidade, muitos negociantes ocupam-se com o tráfico; e o tráfico continua, e prospera. Vemos chegar todos os dias a este porto navios da Costa d'África, e vêm em lastro; e as leis são impotentes, e a polícia não pode descobrir o fio dessas negociações, coligir provas e entregá-las à justiça para que descarregue a espada da lei contra os criminosos.

Como lembrou Raymundo Magalhães Júnior,[9] os africanos dos navios apreendidos "deixavam de ser vendidos nos leilões do Valongo,[10] para serem distribuídos por estabelecimentos públicos do Império e [...] por ministros, senadores e deputados!" – bem como por jornalistas que defendiam o governo.

O jornal combateu de maneira dura e persistente o governo liberal do regente Diogo Antonio Feijó, seu principal alvo, e o desmoralizado grupo moderado. Justificava a sua agressividade afirmando que ao dizer que "o ministro Fulano quer a desgraça do país não o injuriamos nem o caluniamos". Debateu com veemência com Francisco Salles Torres Homem, que escrevia nos jornais *O Despertador*, *O Maiorista* – defensor, como seu nome indica, da decretação da maioridade do príncipe D. Pedro –, no *Jornal dos Debates* e na *Aurora Fluminense*, que editou depois da morte de Evaristo da Veiga.

O Atlante durou só alguns meses. Justiniano combatia o tratado comercial assinado com Portugal. "Cada parágrafo dos nossos tratados com o Reino Lusitano é uma ofensa ao decoro Brasileiro, é um sacrifício de nossa nacionalidade", afirmava. Recorreu ao curioso argumento de que o Brasil poderia suportar humilhações de grandes potências – "a Inglaterra, e a França nos desprezam", escreveu –, mas não de um país enfraquecido: "Que as mais nações que são fortes nos bigodeassem, sofreríamos em silêncio [...] mas de Portugal, submisso com nós ao nuto das grandes potências, mas desse Portugal ainda colônia dos Ingleses, isso seria também sofrer em demasia".

O acordo com Portugal era defendido pelos deputados pernambucanos que financiavam *O Atlante*. Colocado o impasse, o redator dcixou o jornal, que publicou em agosto de 1836 sua última edição. Anos mais tarde, Justiniano explicaria: "Entendi que o tratado não era bom; eles entenderam que o era; deixei de escrever".

Em maio de 1836, no mesmo mês em que circulou a primeira edição de *O Atlante*, Justiniano lançou, simultaneamente, outro jornal, *O Chronista*, no qual também escreveram seus amigos Firmino Rodrigues Silva e Josino do Nascimento Silva, além de João Manuel Pereira da Silva. Era semanal, circulando nas segundas-feiras, impresso na Typographia Commercial de Silva & Irmãos, tinha inicialmente oito páginas e depois quatro, e custava 200 réis o exemplar e 2 mil-réis a assinatura trimestral. Mais tarde, lamentando a falta de regularidade na circulação, passou a bissemanal, saindo às quartas e aos sábados; era impresso na tipografia de Josino do Nascimento Silva, um dos redatores, com edições às terças, quintas e sábados.

O Chronista começou formalmente como folha apartidária, "imparcial". "Algumas pessoas têm os redatores do *Chronista* como afeitos ao partido que este ano se tem desenvolvido na Câmara dos Deputados em oposição ao governo", escreveu; "manifesto engano é esse: os redatores do *Chronista* não entendem de partidos, nem abraçam hoje qualquer partido que seja". Mas Justiniano logo reiniciou no jornal a oposição agressiva que desenvolvera n'*O Atlante* ao governo liberal de Feijó, para cuja derrocada contribuiu.

Quando Feijó caiu, Justiniano apoiou o gabinete conservador de Araújo Lima, visconde e depois marquês de Olinda, conhecido como o Ministério das Capacidades pelo nível intelectual de seus membros. Desenvolveu um estilo culto e cáustico e se tornou um paladino da causa conservadora. Escrevia, por exemplo, que "a população brasileira é essencial e eminentemente aristocrática", que os republicanos eram "degenerados brasileiros". Criticou o ministro da Justiça quando este divulgou um decreto contra a liberdade de imprensa, mas ele, de maneira contraditória, afirmava que "reprimir a licença da imprensa é manter sua liberdade".

Tanto *O Atlante* como *O Chronista* foram defensores do movimento conhecido como Regresso Conservador, que queria ser o "freio do carro revolucionário" e pregava "Ordem e Civilização". A ala "regressista" era liderada por Bernardo Pereira de Vasconcellos, que publicava *O Sete d'Abril*, em oposição aos liberais e que apoiava a conturbada regência de Feijó.[11] Pereira de Vasconcellos, grande jurista, representou um movimento de oposição ao liberalismo. Em 1843, ele encabeçou a resistência à implantação de uma linha férrea entre Rio de Janeiro e São Paulo; elogiou a movimentação dos escravos, dizendo que "África tem civilizado a América", o que esta não reconhecia; e, em abril de 1850, menosprezou a epidemia de febre amarela; foi acometido pela doença e morreu no mês seguinte. A primeira locomotiva da linha férrea, a qual se opusera, só apareceu em 1854.

Justiniano e seu jornal entraram em polêmicas com *O Repúblico*, de Antonio Borges da Fonseca, e combateram sua proposta de decretar a maioridade da princesa imperial D. Januária, de 14 anos, irmã mais velha do príncipe D. Pedro, e nomeá-la regente do Império.[12] Os liberais abraçaram também essa bandeira, que se tornou popular, para deslocar os conservadores do poder. *O Chronista* polemizou com chocante veemência também com Francisco Salles Torres Homem (futuro visconde de Inhomirim), porta-voz do "progressismo", que escrevia no *Jornal dos Debates Politicos e Litterarios* (1837-8), n'*O Despertador* (1838-41) – um jornal cuja importância, bem como qualidade, não tem sido suficientemente reconhecida, e foi qualificado por Gondin da Fonseca como "precioso documento da época" – e na *Aurora Fluminense*, relançada após a morte de Evaristo da Veiga, em 1838.

O Chronista debateu também com *O Atlante*, jornal feito pelos mesmos redatores, numa curiosa polêmica entre eles mesmos. "*O Atlante*, que tantos bens prometia às pessoas que o leem, tem n'estes últimos tempos desmentido a expectativa", escreveu. *O Atlante* compara a imprensa com o veneno (a comparação é exata), mas diz:

> Não é quem faz o veneno o criminoso, mas sim aquele que d'ele usa, quem o quer inocular na sociedade. [...] Se o escrito é veneno, vós que o vendeis a todo o mundo, não sois criminoso? Não envenenais a esse inepto que compra vossos impressos, que vos acredita e segue vossos conselhos? Oh! Deus nos livre que as doutrinas do *Atlante* a tal respeito passem.[13]

No novo jornal, Justiniano manteve suas campanhas contra o tratado comercial com Portugal e contra a escravidão. Numa votação na Câmara, dizia não conceber "como os votos dos senhores deputados poderão, sem incorrer na cumplicidade de um crime abominável, privar os africanos livres, que o crime submeteu ao jugo do cativeiro, da sua liberdade, que as leis garantiram".[14] Em outra ocasião: "O tráfico de escravos, esse crime que [...] resume toda a barbaridade do assassino, toda a perfídia do ladrão, e toda ferocidade do salteador, esse atentado, nódoa da civilização moderna, e que ainda há tão pouco tempo foi declarado crime em nossa legislação".

No entanto, *O Chronista* mudaria de opinião para defender o interesse de seus redatores. Quando o governo apreendia em águas brasileiras um navio negreiro, não tendo como mandar os escravos de volta para a África, os distribuía entre seus seguidores. *O Chronista* não somente passou a apoiar a prática, como também seus redatores tiraram vantagem dela.

O próprio Justiniano pediria a um ministro que lhe fosse entregue um dos africanos apreendidos e outro a cada um de seus companheiros de jornal. "Por nossa parte apenas obtivemos um (escravo), e um somente havíamos pedido", explicaria. "Ora, temos para nós que tanto direito tínhamos a ser atendidos, como qualquer outro; nem vemos que escrever um periódico seja motivo suficiente para não ser atendido." Ele também chegou a queixar-se da ingratidão do governo, pois pedira dois africanos como paga de seu apoio e não os recebera, enquanto um jornalista da oposição levou quatro. "Os inimigos do ministério foram tanto ou melhor aquinhoados que os seus amigos."

Essa mudança no que diz respeito à escravidão teve também um aspecto político-partidário. O tráfico foi abolido formalmente em novembro de 1831, sob pressão da Inglaterra, mas o governo de Feijó não teve forças para impedi-lo,[15] sendo criticado por Justiniano, que também fustigava os "regressistas" escravocratas. Quando o movimento conservador de Pereira de Vasconcellos, que defendia a necessidade do "elemento servil", ocupou o poder, os redatores d'*O Chronista* concordaram e levaram para casa os escravos que receberam gratuitamente do governo.

OS PRIMEIROS FOLHETINS

A primazia de publicar no Brasil folhetins-romances é atribuída a *O Chronista*. Segundo Nelson Lage Mascarenhas,[16] "muito tempo depois é que seria imitado pelo *Jornal do Commercio*". Realmente, em sua edição de 5 de outubro de 1836, o jornal de Justiniano escrevia: "Sim, amigo leitor, vai *O Chronista* dar-vos Feuilleton" e exibia suas dúvidas sobre o nome a dar a esse gênero, escolhendo a denominação genérica de "Folha".[17] Em outra edição afirmava: "É *O Chronista* o primeiro jornal que segue esta marcha no Brasil, e a novidade não deixará de agradar". Poucos dias depois, iniciava na primeira página a publicação de *O livro da vida*, um folhetim-romance sem identificar o autor, seguido por *A vítima d'ambição*, também anônimo. O rodapé do jornal alternava o folhetim-romance com folhetins sobre assuntos brasileiros.[18]

Na verdade, antes mesmo dessa data, o próprio *O Chronista* publicou "A luva misteriosa" em 20 de junho de 1836, "conto fantástico" que continuou em outras edições; tinha todas as características do folhetim-romance, menos a de começar na primeira página. Coube também a *O Chronista*, em agosto de 1836, a iniciativa de fazer uma crítica contínua e consistente das peças de teatro; segundo ele, "apenas uma ou outra correspondência laudatória tem sido inserta nas colunas do *Jornal do Commercio*: por esta falta não pecará *O Chronista*, nenhuma peça deixaremos ir à cena sem que análise crítica faça sobressair seus defeitos e sua beleza, sua boa ou má representação".

A primazia da publicação dos primeiros folhetins no Brasil, que também foi atribuída ao jornal *O Moderador*,[19] é ainda objeto de debate. É provável, porém, que caiba ao *Jornal do Commercio*. Na edição do seu centenário, o veículo escreveu que publicara folhetins nas edições de 1º, 7 e 19 de agosto de 1828. Na coleção da Biblioteca Nacional faltam as edições de 1º e 7 de agosto, mas na do dia 19, na primeira página, na seção "Revista hebdomadária", há uma crítica de três óperas, com todas as características do folhetim, que tem o título de "Joconde – o Barbeiro de Sevilha – a Italiana em Argel". O jornal comenta, divertido, que "os séculos vindouros com pena acreditarão termos visto representar 'O Barbeiro de Sevilha' sem os papéis de Fígaro e de Bartolo", e informa sobre o descontentamento da plateia.

Ao inaugurar uma nova seção, "Miscelânia", em 1º de outubro, o *Jornal do Commercio* disse que alguns assinantes ligados ao comércio "têm nos vituperado por consagrarmos, de quando em quando, ao teatro, que eles tratam de bagatela", e pedem que "o espaço deveria ser ocupado com os preços do açúcar, do café" e ao movimento marítimo. O jornal, porém, promete "uma conta hebdomadária das apresentações teatrais". Efetivamente, nas semanas seguintes, são publicadas resenhas teatrais e folhetins de costumes, mas foram rareando até desaparecerem.

Os folhetins desses três jornais foram iniciativas de curta duração. O gênero somente ficaria implantado na imprensa brasileira depois que o *Jornal do Commercio* retomou sua publicação na década de 1830.

O Chronista teve um fim melancólico. Com a crise do governo conservador, o jornal ficou sem rumo. Despediu-se em sua última edição, em 2 de abril de 1839: "Carta que a seu amigo Y dirigem os redatores do *Chronista*. Querido amigo. Que tivesse vm [vossa mercê] melhores festas do que por aqui tivemos, é o que antes de tudo desejamos". Justiniano diria em anos posteriores: "Em dias de fins de março ou de princípio de abril de 1839 cessou a publicação d'*O Chronista*. Antes de eu saber que esse ministério estava para dissolver-se tomei essa resolução porque andava meio desconfiado".[20]

Sua concorrente, a *Aurora Fluminense*, num artigo atribuído a Torres Homem, referia-se a *O Chronista* como "a imprensa dos ministros" e foi dura no necrológio. Escrevendo sobre a morte do jornal governista *Sete d'Abril*,[21] acrescenta:

> Três dias depois da aleluia faleceu também *O Chronista*, abandonado de todos os seus subscritores, o que dispensou de deixar-nos um testamento, limitando-se a um pequeno e envergonhado anúncio, que ele mesmo procurou tornar imperceptível, ocultando-o na extremidade da derradeira coluna, para que ninguém desse fé do caso lastimoso. Faleceu; *misserrimus!* A população da capital fez justiça aos sofismas, com que procurara por tanto tempo fazer a apoteose de todos os erros, e desvarios de uma Administração perdida irremissivelmente na opinião pública. Os redatores do *Chronista* estavam reduzidos a serem os leitores quase únicos dos seus próprios artigos; e só por isto vê-se que semelhante situação era mortal; que não podia mais prolongar-se. [...] Entretanto teria convido que o governo, ao menos

por mero aparato, mantivesse essa Folha, a quem aliás não faltavam nem o talento, nem as formas elegantes do estilo.

O ALVO DAS CHARGES

Quando *O Chronista* fechou, Justiniano já tinha saído do jornal. Em outubro de 1837, ele fora nomeado pelo governo "regressista" de Araújo Lima – o "Ministério das Capacidades", do qual participou o antigo liberal Bernardo Pereira de Vasconcellos – para "a árdua e honrosa, mas hoje desconceituada tarefa", como ele dizia, da direção do *Correio Official,* jornal que ele criticara acidamente durante o governo liberal. Tinha um salário de 3:600$000 (3 contos e 600 mil-réis). Em sua opinião, o governo deveria servir-se das forças da imprensa para reorganizar a sociedade brasileira: "Foi essa persuasão que me levou a aceitar esse trabalho".

Assumir a direção do *Correio Official* lhe trouxe a duvidosa honra de ser o alvo, em dezembro de 1837, das primeiras caricaturas publicadas no Brasil. Circularam como publicações avulsas e foram atribuídas a Manuel de Araújo Porto-Alegre, futuro barão de Santo Ângelo. Herman Lima comenta que a virulência das charges causa espécie. A primeira caricatura, "A Campainha e o Cujo", é segundo Herman Lima[22] uma bela composição, excelentemente executada, com traço firme. Uma sátira impiedosa e devastadora, que mostrava Justiniano como venal e cobiçoso.

A "Campainha" é um fidalgo elegante com uma campainha na mão direita e uma bolsa de dinheiro na esquerda que entrega ao Cujo, com os traços de Justiniano, servilmente ajoelhado e com a mão estendida para pegá-la; no fundo, várias figuras fogem da oferta. Numa parede está rabiscado: "Com honra e probidade 3:600$000. Viva a sinecura!" A legenda, de duas quadras, diz:

A Campainha
"Quem quer; Quem quer redigir
O Correio Official!
Paga-se bem. Todos fogem?!
Nunca se viu cousa igual".

O Cujo
"Com três contos e seiscentos,
Eu aqui'stou, meu Senhor;
Honra tenho e probidade
Que mais quer d'um redator?"

A segunda caricatura, "A Rocha Tarpeia", tem um acúmulo de detalhes simbólicos, como observa Herman Lima. Tarpeia tinha traído seu pai, guardião da cidadela de Roma, e aberto a porta para os inimigos, os sabinos, cujas mulheres tinham sido sequestradas pelos romanos – evento conhecido como "O rapto das Sabinas". Tarpeia esperava receber dos sabinos, como recompensa, os braceletes de ouro que carregavam, mas foi esmagada pelo peso dos escudos dos soldados e jogada da rocha que leva seu nome. Dessa rocha seriam atirados futuramente os traidores. Além disso, "Rocha" era evidentemente uma alusão a Justiniano.

Na caricatura, um cachorro, cuja cara lembra a de Justiniano, urina numa rocha na qual está esculpida a enorme cabeça amulatada de Justiniano, que tem escrito na testa "3:600$000". À esquerda, um poste indica a estrada de São Paulo – talvez uma referência ao fato de ele ter estudado Direito nessa cidade –, pela qual caminha um burro triste, também com a cara de Justiniano, carregando livros, e tendo na cabeça o letreiro 3:600$000. A legenda da charge diz que o burro "traz o seu preço na testa, o valor por que foi comprado. Tem espírito de gente, escreve como um letrado. Esta é a Rocha Tarpeia, prodígio de nossa terra".

As duas caricaturas, vendidas como folhas avulsas por 160 réis cada uma, foram anunciadas no *Jornal do Commercio* e no *Diário do Rio de Janeiro*; dada a grande procura, foram reeditadas.

A "sinecura" que conseguira Justiniano no *Correio Official* durou pouco tempo. Quando os conservadores deixaram o poder, perdeu o emprego. Ele escreveu ao antigo chefe de gabinete, Paulino José Soares de Sousa, em tom lamuriento: "Caiu esse Ministério, a quem mostramos tanta dedicação, e que ficamos sendo? O Firmino coisa nenhuma; eu professor de Geografia e História do Colégio D. Pedro II!"[23]

Justiniano foi redator do *Jornal do Commercio* em 1839 e 1840, e escreveria nele com frequência em anos posteriores. Fez traduções de romances-folhetins publicados por essa folha, como *O conde de Monte Cristo*, de Alexandre Dumas; *Os mistérios de Paris*, de Eugène Sue; *A rosa amarela*, de Charles de Bernard; e começou a tradução de *Os miseráveis*, de Victor Hugo, mas morreria antes de concluí-la. Traduziu também uma peça de teatro de Alexandre Dumas Filho, *A questão do dinheiro*, que foi representada num teatro do Rio e publicada em forma de livro.

Sua capacidade de trabalho era extraordinária. Segundo Salvador de Mendonça:[24]

> A sua facilidade de composição era quase miraculosa. Escrevia em todo e qualquer lugar, a toda e qualquer hora do dia ou da noite, em casa, na Câmara dos Deputados, no teatro, sobre as costas de uma cadeira, sobre a perna, em um peitoril de janela, no silêncio do gabinete, na sua varanda, no meio do chilrear dos pássaros e das correrias e barulhos das crianças. Dizia Octaviano que quando Justiniano acordava, de manhã, a primeira coisa que fazia era ver onde havia deixado a pena na véspera, e não garantia que não escrevesse enquanto dormia.

Joaquim Manuel de Macedo, o autor de *A moreninha*, comparou a maneira de trabalhar de Justiniano José da Rocha com a de quem foi talvez seu melhor amigo, Firmino Rodrigues Silva. Justiniano:

> [...] escrevia de improviso, e com facilidade até hoje não igualada. Firmino meditava antes de escrever. Eram ambos eloquentes. Aquele, porém, menos, e este mais zeloso da forma e do apuro do estilo. Rocha excedia a Firmino na estratégia e habilidade com que explorava as contradições de ideias, e as indisposições pessoais dos adversários, procurando expô-los em discórdia. Firmino cuidava mais do que Rocha da argumentação calculada. Um e outro foram primorosos e esforçados paladinos da imprensa.[25]

Anos mais tarde, Sacramento Blake reforçaria a fama de prolífico de Justiniano ao compará-lo com Francisco Salles Torres Homem. Este publicara o panfleto incendiário *O libelo do povo*, assinando com o pseudônimo "Timandro", mas estava perdendo o radicalismo. Segundo Blake, enquanto Torres Homem escrevia um artigo, Justiniano:

[...] escrevia dois e três; e – pode-se dizer – os escrevia sobre a perna com habitual facilidade. Enquanto que para compreender um artigo de Salles Torres Homem era preciso a maior atenção, e até repetir a leitura, os artigos de Justiniano J. da Rocha tinham a maior clareza, eram fáceis de compreender, sem circunlóquios, sem dificuldades, em boa linguagem.[26]

Para Laurence Hallewell, Justiniano trabalhava tão rapidamente que o *Jornal do Commercio* conseguia publicar os folhetins quase simultaneamente com o jornal de Paris. "Ditando, alternadamente, a dois amanuenses que se sentavam em extremos opostos da sala, enquanto ele andava, a passos largos, entre um e outro, terminou *Mystères de Paris* em um mês e *Monte Cristo* em dois meses e meio!"[27]

Publicou também folhetins de sua própria lavra, como *Os assassinos misteriosos* e *O pária*, hoje esquecidos sem muita perda para a literatura brasileira. Escreveu no *Jornal do Commercio* a crônica "A semana" em substituição a Francisco Octaviano de Almeida Rosa, mas sem o brilho e a leveza deste. Ele diria a seu amigo Firmino que não gostava de escrever semelhantes artigos, "pois não tenho jeito para engraçado", e que dava às crônicas "uma severidade *diversíssima* da farandolagem bailarina e adulatória que lhes dava o Octaviano".

O JORNALISTA MAIS VORAZ

Além de prolífico, Justiniano era voraz. Salvador de Mendonça, em *Coisas do meu tempo*, narra um duelo gastronômico entre ele e Francisco Octaviano, "conhecidos nesse tempo como os melhores garfos do Rio de Janeiro". Foi organizado por Nabuco de Araújo, com o marquês de Abrantes como juiz. Seria vencedor quem mais comesse:[28]

> Os dois começaram por algumas fatias de presunto com pão e salada, regadas com algum vinho branco; em seguida demoliram cada um a sua *mayonnaise* de peixe, passaram ambos a devorar cada qual sua perdiz trufada, depois de uma libra[29] de *roast-beef*, dois perus de forno e respectivos recheios de farofa, azeitonas e ovos duros, com tal bravura que os circunstantes

olhavam com terror para os combatentes e um dos copeiros já estimava o peso do alimento ingerido por cada um deles em mais de sete libras. Passaram aos doces e quando atacaram conjuntamente um grande prato de desmamadas,[30] Justiniano colhia-as com tal presteza que Octaviano disparou a rir ao ponto de não poder continuar o duelo; e, voltando-se para Justiniano, disse-lhe – "Rocha, você viu a última gravura de Gargântua, quando o padeiro lhe mete uma empada na boca com uma pá? Você não come desmamadas, enforna-as!". E tomando uma taça de *champagne*, deu-se por vencido. O marquês de Abrantes proclamou vencedor a Justiniano, declarando haver ficado ali bem comprovada *a sua maior capacidade*.

Elmano Cardim comenta: "Poderia um maldizente, *em epigrama* ao famoso duelo, dizer que ao fim se provava que um jornalista conservador *comia* mais que um jornalista liberal [...]". Justiniano facilitou assim o apelido colocado por seus inimigos, que o chamavam de "antropófago".

Ele foi convidado em 1840 pelos líderes conservadores Paulino José Soares de Sousa, futuro visconde do Uruguai, e Eusébio de Queirós Coutinho Matoso da Câmara para publicar uma nova folha. Durante as negociações, Justiniano escreveu a Paulino Soares pedindo que lhe fossem fornecidos assinantes para publicar o jornal, "ou qualquer outro auxílio que nos deixe, pagas as despesas, um lucro razoável". Disse que ele e Firmino Rodrigues Silva não tinham quem os apadrinhasse com o poder e que eles foram constantemente abandonados. Reclamou que:

> Na redação d'*O Chronista*, trabalho, despesas, tudo sobre nós recaiu; só tivemos do Ministério, no último trimestre, diminuto auxílio, que nem cobriu as despesas de impressão da folha nesse período, e para maior desgosto, aqueles mesmos por quem nos sacrificamos, nem sequer nos pagavam com sua estima, nem mesmo com um simples cortejo quando na rua nos encontravam.

O fato de ter recebido o cargo de professor de Geografia e História do Colégio D. Pedro II fora considerado por Justiniano "um novo sacrifício que fiz a esse governo", pois a remuneração, segundo ele, era muito baixa. "Vamos de novo escrever um periódico ministerial, não nos acontecerá ficarmos como no *Chro.* prejudicados em nossas algibeiras". Para lançar a nova folha, disse, os redatores pediam consideração das "pessoas do Ministério a quem vamos servir" e ser dignos de sua aliança; não queriam ser vistos como "instrumentos comprados por alguns mil-réis"; e "não queremos ser laranjas, de que se aproveita o caldo, e deita-se fora a casca". Justiniano reclamou novamente que "em uma das muitas distribuições de africanos, que fez o ministério de 19 de setembro, pedi os serviços de dois africanos, o redator de um periódico da oposição pediu os de quatro; eu não tive nenhum, ele teve quantos quis". Este tom de lamúria em seus pedidos aos conservadores, que seria constante ao longo de sua vida, também mostra as dificuldades por que atravessava a imprensa e as conturbadas relações dos jornalistas com os políticos, mesmo quando eram do mesmo partido.

O BRASIL, "FOLHA MINISTERIAL"

Em junho de 1840 foi lançado o novo jornal, *O Brasil*, o mais importante e influente das folhas que ele fundou. O político conservador Paulino Soares de Sousa, ministro da Justiça, financiou a iniciativa. Ele cobria, com recursos próprios, as despesas da tipografia, administração e circulação; Justiniano foi o responsável pela redação.

O Brasil tinha quatro páginas de formato pequeno e o título em letras góticas. Circulava às terças, às quintas e aos sábados de tarde. Era composto em três colunas e impresso na Typographia Americana de Ignácio Pereira da Costa; em 1842, mudaria para a Typographia Imparcial de Paula Brito, que o imprimiu até 1845. Custava 80 réis o exemplar e 2 mil-réis a assinatura trimestral. Podia ser comprado na própria tipografia e em algumas lojas e tabernas. A tiragem proposta inicialmente foi de 600 exemplares.

O objetivo inicial do jornal era combater a campanha para antecipar a maioridade de D. Pedro antes de ele completar os 15 anos, iniciada pelos liberais, que tinham voltado ao poder. A ala mais radical dos liberais era chamada "progressista"; os conservadores mais combativos eram "regressistas". *O Brasil* polemizou com *O Despertador*, que apoiava o grupo progressista, e posteriormente com *O Maiorista* (1841-2), defensor, como seu nome indica, da maioridade. Ambos foram dirigidos por Francisco Salles Torres Homem. D. Pedro seria declarado maior de idade e proclamado Imperador Constitucional e Defensor Perpétuo do Brasil antecipadamente, aos 14 anos, em julho de 1840, um mês depois de Justiniano ter lançado o seu jornal.

O apoio d'*O Brasil* foi fundamental para o Partido Conservador. Como diz Roderick Barman, o jornal foi porta-voz e consciência dos saquaremas (conservadores), então na oposição. Identificou-se com o Regresso, talvez a ala mais conservadora do partido, encabeçada por Bernardo Pereira de Vasconcellos, que defendia a Ordem e a Civilização, queria deter o "carro revolucionário" e "requalificar" a liberdade. Quando em 1841 os conservadores formaram governo de novo, o jornal tornou-se "folha ministerial": "o Ministério pode contar com ele", disse então Justiniano. Mais tarde afirmaria: "Escrevi-o porque tenho muito medo dos movimentos revolucionários".

Quase todo o jornal era feito por ele, Firmino e Josino do Nascimento Silva. Justiniano tinha proposto a Paulino de Sousa que os três ocupassem alternadamente a direção da folha, mas na prática quase todo o peso recaiu sobre Justiniano. Quando em 1842 Firmino foi nomeado juiz de fora da comarca de Paraibuna, em Minas Gerais, Justiniano ficou praticamente sozinho. No mesmo ano, foi eleito deputado.

Além de cuidar da redação, tinha que administrar as contas, quase sempre deficitárias, do jornal. Ele escreveu a Paulino que em quatro meses teve um prejuízo de 2,200 réis, recebeu 650 e ficou com um buraco contábil de 1,550 réis.

Numa carta, Justiniano disse que *O Brasil* tinha 850 assinantes, dos quais 250 não pagavam e, dos outros, metade achava que deveria receber o jornal de graça. Segundo ele, eram necessários 800 assinantes pagos para manter a publicação e lembrava que em 1844 chegara a ter 1.000 assinantes.

Esses números dão uma ideia da baixa penetração dos jornais em meados do século XIX, escritos para uma minoria. Apesar da reduzida circulação, *O Brasil* foi um dos principais formadores de opinião da Corte e da elite política; nele estão os artigos de Justiniano de maior repercussão. Se talvez seja exagerado afirmar que foi "o principal veículo do início do Segundo Império", como já foi dito, é certo que, apesar de ser uma "folha ministerial", foi fundamental para evitar o naufrágio do Partido Conservador.

O Brasil era bem escrito e bem argumentado, combativo, mordaz, ferino, parcial e de indiscutível impacto. Segundo seu principal redator, não era folha noticiosa, mas folha de discussão. Além de comentar as notícias da atualidade, quase sempre extraídas de outros jornais, inclusive daqueles com os que mantinha polêmica, publicava com frequência longos ensaios bem estruturados e reflexivos que se estendiam ao longo de vários números.

O jornal deu também atenção à literatura, influenciando outros órgãos de imprensa. Como disse em seu primeiro número, "[...] à redação do *Brasil* não será estranha a discussão de assuntos puramente literários. As obras que se publicarem e as representações teatrais serão sujeitas a uma crítica conscienciosa e animadora".

José Veríssimo escreveu: "*O Brasil* teve muita influência em seu tempo, não muito menos, talvez, que a *Aurora Fluminense* no seu". Conceito, porém, que a Barbosa Lima Sobrinho parece exagerado: Rocha não podia se pôr em paralelo com Evaristo, cuja autoridade moral excedia muito a do jornalista de *O Brasil,* mas ele reconhece ser aquela uma opinião generalizada. Euclydes da Cunha diz a respeito de *O Brasil* de Justiniano e de *O Maiorista,* de Francisco Salles Torres Homem: "Ambos bem escritos, frases limadas, sem o afogo ou a sinceridade dos (jornais) anteriores, bastavam as exigências políticas". Ele acrescenta que era um jornalismo elegante, de homens letrados para homens letrados, pois o povo mal se interessava nesse esgrimir acadêmico.[31]

Se *O Brasil* lutou contra a antecipação da maioridade de D. Pedro, a aceitou, resignado, quando esta foi aprovada pela Assembleia Geral – "A maioridade do Senhor D. Pedro II é para nós um fato consumado" –, e combateu, sem dar trégua, o breve governo liberal, para de novo apoiar os conservadores quando em 1841 voltaram ao poder.

O jornal, porém, rejeitou enfaticamente a proposta da Política de Conciliação que foi defendida pelos conservadores quando o visconde – depois marquês – do Paraná assumiu a chefia do gabinete, e pelos liberais quando estavam na oposição. Dizia que: "A conciliação em política nunca pode ser obra

HISTÓRIA DOS JORNAIS NO BRASIL – 1840-1930

dos homens, é o tempo o único que a pode realizar". Pregava "a pacificação dos espíritos" e uma política de moderação.

Justiniano defendia o princípio de que "o rei reina, mas não governa"; tendo aderido ao grupo dos saquaremas, passou a dizer que "o rei reina, governa e administra".[32]

O jornal via com receio algumas mudanças da sociedade brasileira e tentou freá-las. Era contrário ao tribunal do júri porque, em sua opinião, o poder de julgar pertencia à nação e esta não devia delegá-lo, pois "não estamos preparados para esta nova instituição". Opunha-se à imigração europeia: queria um Brasil só para os brasileiros.

O Brasil, usado como arma de combate, pregou a alcunha de "Couro de Anta" no liberal Aureliano de Souza e Oliveira Coutinho, futuro visconde de Sepetiba. Ficou tão famosa que dela nunca mais conseguiu se desprender: seu filho, Aureliano de Souza e Oliveira Coutinho Filho, chefe da polícia, passou a ser conhecido pela imprensa popular como Dr. Couro de Anta Júnior.[33]

Como diz Roderick Barman, *O Brasil* começou a declinar precisamente com a ascensão dos conservadores em 1848, o que não deixa de ser paradoxal. Era o fim do "Quinquênio Liberal" (1844-8), quando os saquaremas se preparavam para formar governo de novo. Nessa guinada política, o jornal ficou sem apoio do partido. Justiniano fora o principal sustentáculo dos conservadores quando estavam desmoralizados e passaram à oposição. Ao voltar ao poder, porém, o partido passou a vê-lo como um associado incômodo do qual poderia prescindir.

Paulino Soares de Sousa, já visconde do Uruguai, que tinha financiado a folha, perguntou: "Não acha, senhor Rocha, que a nossa missão na imprensa está concluída?". [Deixou de pagar as despesas da tipografia de Francisco de Paula Brito, que, sem receber, recusou-se a imprimir *O Brasil*]. Quando Justiniano soube que o partido pretendia publicar outra "folha ministerial", disse que manteria *O Brasil* e responderia pelas despesas, como realmente aconteceu.

Justiniano reclamava por carta continuamente com Firmino, então em Minas Gerais, das dificuldades insanas para manter *O Brasil*: "No estado de meu espírito é melhor cessar de escrever do que matar-me, ganhar inimigos, sem ao menos em compensação ganhar amigos. [...] O Paulino e o Torres

46

instam para que eu continue. [...] Acresce que não acho um colaborador, nem mesmo um redator que me sirva". A seguir, muda o tom: "Eu estou pronto a continuar *O Brasil* porque ele é nosso filho, pois por largar *O Brasil* não cessaria de escrever, tendo nossa gente necessidade de mim como já mostrou, pois já me pede rabiscadelas para outro papelucho que quer montar". Em dezembro, ele recebeu "um auxílio avultadíssimo" de 600 mil-réis para cobrir as despesas.

Justiniano sugeriu vender assinaturas antecipadamente. Eusébio de Queirós, ministro da Justiça, mandou tomar 500 assinaturas. Com o dinheiro foi comprada uma oficina à qual deu o nome de Typographia do Brasil – de J. J. da Rocha. O jornal passou a circular diariamente em janeiro de 1848, o que representou um esforço insano para seu redator; em novembro de 1849, voltou à anterior periodicidade trissemanal.

Torres Homem, em áspero artigo no *Correio Mercantil*, escreveu que *O Brasil* era folha do Tesouro, e acusou seus redatores de venais e vendidos. Numa resposta na qual fez alusão às mudanças de linha política do acusador, *O Brasil* disse: "Nunca – ouviu Sr. Salles? – nunca nos viu o público levar a nossa pena venal deste àquele partido até acharmos quem no-la pagasse por preço superior ao que ela valia".[34] Confirmando sua mudança de opinião no que dizia respeito à escravidão, Justiniano passou a combater a "injusta severidade" do governo na repressão ao tráfico. Reclama, por exemplo, da prisão de "um negociante que gozava de geral consideração e estima". Envolveu-se também em estéreis debates com a imprensa liberal.

AS VÁRIAS VIDAS D'*O BRASIL*

Em dezembro de 1850, Justiniano, cansado, vendeu a tipografia a Luiz Antonio Navarro de Andrade, um jornalista conservador, e fechou *O Brasil* nesse mesmo mês, dez anos depois de tê-lo lançado. Na última página do jornal, uma nota curta, discreta e pouco esclarecedora: "Por circunstâncias imprevistas suspende-se a publicação do periódico *Brasil*. Aos seus assinantes, especialmente das províncias, que estiverem em débito, roga-se o favor de mandarem pagar as suas assinaturas vencidas". No folhetim do rodapé estava escrito: "(Continua)". Treze anos mais tarde, ao relançar o jornal com novo nome, Justiniano escreveu: "Em dezembro de 1850 circunstâncias que não podíamos prever nos determinaram a ceder o nosso pequeno estabelecimento gráfico, e com ele o direito de continuar a folha".

Paulino Soares, líder conservador que o ajudara a lançar o jornal, foi surpreendido com o fechamento: "O Rocha cessou a publicação do *Brasil*. Não sei bem por quê, e há tempos que não o vejo. Senti que ele, que nos ajudou escrevendo contra o tráfico, mudasse depois, escrevendo contra o que os traficantes chamam reação, como se fosse possível dar algum passo contra o tráfico sem excitar o clamor de tantos interessados".[35] Atribuiu a decisão à sua "esquisitice".

O novo dono da tipografia, Navarro de Andrade, decidiu relançar *O Brasil* em janeiro de 1851, um mês depois que fora desativado por Justiniano. Parou de circular definitivamente em junho de 1852.

Navarro de Andrade, antigo diretor de *A Sentinella do Throno* e de outros periódicos, era um estranho personagem que depois compraria e venderia o *Diário do Rio de Janeiro*, em confusos negócios com o governo. Em 1863, Navarro de Andrade relançou novamente *O Brasil*, mas publicou poucos números. Persistente, ele voltou ainda em maio de 1876 com *O Brasil*, "3ª época", também de vida breve.[36]

Justiniano não desistiu da imprensa e lançou um novo jornal, o *Correio do Brasil*, com a ajuda do gabinete conservador de Rodrigues Torres, depois de, aparentemente, fazer uma tentativa de comprar o *Correio Mercantil*. Numa carta de junho de 1852, disse a Paulino de Sousa:

> Depois das mais hábeis negociações, o *Mercantil* fez pé firme na exigência de 60 contos de réis, e forçoso foi desistir de qualquer arranjo [...] Em qto. porém os dias vão passando, cumpre realizar a mª [minha] terceira tentativa, a de montar o *Correio do Brasil*. Hoje falei ao Sñr [senhor] Souza Ramos, e ele prometeu-me consultar seus colegas acerca do auxílio que me seria prestado, além da entrega do casco do *Correio da Tarde*. Eu não escrevo m. [meus] periodiquinhos de polêmica estéril, quero, ainda sacrificando-me, tentar alguma coisa de grande e estável, assim pois me dirijo a V. Excia. pª [para] que obtenha de seus colegas que o auxílio que me prestarem seja elevado. Se pª [para] sustentar o *Mercantil* me davam 4 contos da publ. oficial – 2,4 [contos] da provincial, e 12 de auxílio, ao

todo 18,4 [contos], para fundar uma folha nova e q. [que] supra todas as folhas ministeriais, não poderá ser suficiente uma quantia pequena.

Não se sabe quanto dinheiro ele recebeu, mas em agosto de 1852 circulava o *Correio do Brasil*. Era um diário, de formato maior que o normal, com muita publicidade na forma de notícias e atos oficiais e poucos artigos doutrinários, fundado para defender o governo de Rodrigues Torres, seu financiador. Mas, ao contrário d'*O Brasil*, teve pouca influência e vida curta. Fechou em abril de 1853.[37] O motivo, segundo Magalhães Júnior, foi o formato maior, que não pôde ser sustentado. Roderick J. Barman diz de Justiniano: "Ele era, em essência, um escritor feliz somente na oposição. Para dar todo seu rendimento ele precisava de um plano para atacar ou um inimigo pessoal para denunciar". Além disso, o *Correio do Brasil* não tinha os recursos para competir com o *Jornal do Commercio* nem com o *Correio Mercantil* no mercado da imprensa diária.

Barman comentou que, fechado o jornal, a reação de Justiniano "perante a nova situação foi a de recolher-se ao passado, apelando para as velhas ligações e velhas controvérsias que, para ele, permaneciam vivas".

Em julho de 1853, Justiniano lançou *O Velho Brazil*, trissemanário que circulava às terças, às quintas e aos sábados, com oficina própria, a Typographia Americana de Justiniano José da Rocha. Meses depois, reduziria a periodicidade a duas vezes por semana, terças e sextas-feiras. Seria uma nova versão de *O Brasil*, com o mesmo formato e aparência do anterior – a numeração, 1.688, continuava a partir do antigo jornal, encerrado em 1850. Era distribuído aos antigos assinantes do *Correio do Brasil*. Uma curiosa mudança, não explicada, foi a grafia da palavra Brasil, com "s" no jornal antigo e com "z" na nova folha.

Escreveu Justiniano no lançamento: "Voltamos, pois, ao nosso antigo *Brasil*", "tudo faremos quanto em nós estiver para que seja a mesma folha". Isto é, "Folha pronunciada de um partido político, folha que em todas as questões que surgem tem opinião, sobre todos os indivíduos um juízo, que para todas as queixas dos Brasileiros acha um eco de simpatia, contra todas as opressões um grito de indignação!" Reafirmava com orgulho seu compromisso com os conservadores:

> Pertencemos a esse patriótico partido conservador que desde 7 de abril de 1831 tem sabido, com tanta constância e energia, salvar das garras da anarquia e dos acontecimentos da perfídia a grande causa nacional. Dizem que não há luzias [liberais], nem saquaremas! [conservadores]. Deus não queria que assim seja [...] Felizmente estamos convencidos que o não é, e esperamos oportunamente disso convencer os nossos leitores; quando, porém, estejamos enganados, ainda sustentamos que hoje, como sempre, somos e queremos ser saquaremas.

Desde o primeiro número, *O Velho Brazil* atacou a ideia de uma Política de Conciliação, que era conduzida por seu artífice, o marquês do Paraná, líder do Partido Conservador, com a simpatia do jovem imperador D. Pedro II. Essa política pretendia, depois da Revolta Praieira de Pernambuco, amortecer os conflitos e criar as condições necessárias para um programa de reformas. Justiniano a via com desconfiança. Ele mudaria de opinião várias vezes, mas sem muita convicção.

Com o título "A conciliação energúmena", ele escreveu:

> A conciliação! A conciliação! Santíssima palavra que em política tem assim uns ressaibos religiosos que lhe dão muita graça. O que é conciliação? Em que consiste a conciliação? [...] *Fraternité* na França de Robespierre queria dizer – *les aristocrates à la lanterne*: trabalho permanente para a incansável Guilhotina! [...] O que de fato quererá dizer essa conciliação [...]? Ora pelo amor de Deus, quando Torquemada falava da caridade cristã; ao pé de suas fogueiras o diabo que o inspirava havia muito de rir-se de tão doce lenidade!

No segundo número do novo órgão, o primeiro artigo foi dedicado ao mesmo tema. O título era "A conciliação", e começava: "Ouve-se de todas as bocas essa palavra: estará ela em alguns corações? Esteja ou não, cumpre ter coragem, para, no meio dessa unanimidade conciliadora, erguer uma voz discordante". A única conciliação seria a redução das antipatias pessoais e a reconciliação dos antigos adversários.

Na imprensa, a conciliação era defendida no *Correio Mercantil* por Salles Torres Homem, à qual antes se opunha; pouco a pouco, ele esquecia o radicalismo do passado. Para Justiniano, o partido da ordem não podia seguir a mesma política de um partido que defendia ideias revolucionárias.

Como fizera quando escrevia n'*O Chronista*, Justiniano manteve contínuos embates com *O Repúblico*, de Borges da Fonseca. Segundo Helio Vianna, eram constantes as polêmicas entre os dois jornais, "mais elevada a do governista, mais violenta a do panfletário".

Quando o visconde do Paraná forma um novo gabinete, o "ministério da Conciliação", em setembro de 1853, com os saquaremas e os luzias, Justiniano recua e adota, ele mesmo, uma posição conciliatória: "A única conciliação possível é a que foi pelo Ministério apregoada. [...] A conciliação está nas ideias de progresso, de melhoramento, de reformas estudadas e meditadas, que o Ministério adotou".

Apesar do visível esforço, ele não abraçou a Conciliação com entusiasmo, pois no fundo não acreditava nela; a defendera, timidamente, por disciplina partidária, mas a via com desconfiança, como uma forma artificial de enfraquecer as dissidências e anular a oposição ao governo. Seu desconforto tornou-se evidente e voltou a distanciar-se dela.

EMBATES COM O GOVERNO

Justiniano passa a fazer críticas indiretas à Conciliação ao dizer que a calma das paixões era a morte do espírito público, que o povo brasileiro não se ocupava mais de política, e perguntava se esse atordoamento seria eterno. Mencionando as sinecuras para os políticos, liberais e conservadores, ele diz que a Política de Conciliação do governo é um "regime de *reparação*" para os "conciliados" e "reconciliados".

Em novembro de 1854, Justiniano publica uma carta aberta ao visconde do Paraná, presidente do conselho, divergindo de sua orientação. Em termos polidos, com "tão respeitosa como leal adesão", afirma que a Conciliação tem caminhado, mas pergunta se "terá porém sido sempre contida nos limites do leal patriotismo". Lamenta que não foi bem tratado depois de ter servido lealmente ao partido, enquanto antigos adversários eram prestigiados, e critica a Conciliação por ser intervencionista, um descosido administrativo e por tomar providências inúteis; lamenta que o partido esteja ignorando o passado e sugere que Paraná é *dominador*. Como resposta, este disse que Justiniano elogiara sua política recentemente. Em edições seguintes, o jornal diz que não era contra a Conciliação, mas diz que criara descrença, ceticismo e indiferença pela vida política.

Como escreveu Barman, um jornal como *O Velho Brazil*, com seu dogmatismo e intolerância, não podia cair no gosto do novo gabinete e Rocha se tornou candidato ao ostracismo político. Percebendo o risco de ficar isolado, numa reviravolta surpreendente, o jornal recuou e assegurou que o gabinete entendia a Conciliação no mesmo sentido que ele: conciliação das pessoas e moderação na luta. Segundo Barman: "A nova posição de Rocha era, porém, falsa [...] humilhou-o e tornou patente seu malogro em manter-se como político independente". Foi uma conversão pouco convincente. Nem Justiniano acreditava na Política de Conciliação, apesar de seu morno apoio, nem o gabinete ficou muito satisfeito com um recuo sem entusiasmo. Em números seguintes, ele voltaria a criticar a Conciliação, mas sem a antiga agressividade.

Justiniano percebeu que estava com a "estrela eclipsada". O jornal ficara isolado da opinião pública e tinha afastado leitores. Várias figuras do Partido Conservador, com as quais ainda mantinha boas relações, fizeram pressão sobre ele para que parasse com seus ataques. Não surpreende que não recebesse as propostas que esperava de ajuda ou financiamento. Além disso, teve uma oferta para escrever no *Jornal do Commercio*, folha que anteriormente combatera com extrema violência. Não teve outra alternativa senão silenciar suas críticas ao governo; no mesmo mês da publicação da carta aberta, novembro de 1854, *O Velho Brazil* deixava de circular.

Justiniano explicaria mais tarde que "no dia em que a minha consciência não pôde ir com o governo, separei-me dele". Disse que, depois de divergir com uma ala do Partido Conservador, fora aconselhado por dois redatores do *Jornal do Commercio*, amigos íntimos de dois ministros, a retirar-se da imprensa. Ele não via problemas no futuro do jornal como folha da oposição, porque teria procura, mas alegou que sua posição "estava comprometendo os meus amigos" no partido, que não se definiam, "e retirei-me, retirei-me de chofre [...]; a minha reputação sofreu". Foi divulgado, incorretamente, que ele recebera dinheiro para deixar de escrever e de combater o governo.

Em seu último número, de 21 de novembro de 1854, numa nota com o título "O redator do *Brazil* aos seus assinantes", informava que havia muito tempo queria realizar "uma das nossas mais antigas esperanças, um dos nossos mais queridos projetos", que vinha adiando. Disse que já em agosto não era mais segredo sua decisão de "que no fim do ano retirar-nos-íamos dessas lutas de imprensa em que temos despendido os melhores anos de nossa existência". Foi uma decisão difícil.

> O jornalismo, dizia-nos outr'ora um amigo, é a túnica de Nesso que, vestida uma vez, agarra-se ao corpo, e o queima, e não pode ser dele arrancada, sem levar consigo as carnes a que aderiu. [...] Desde 1836 até 1854 com raras interrupções fomos jornalistas; a túnica de Nesso teve tempo de sobejo para queimar-nos as carnes: tínhamos resolvido arrancá-la.

Na mitologia grega, o centauro Nesso tenta raptar e violentar Dejanira, esposa de Heracles (Hércules na mitologia romana). Ela, ao perceber suas intenções, atravessou-lhe o coração com uma flecha envenenada pelo sangue de uma hidra. Antes de morrer, para vingar-se, Nesso pede a Dejanira que guardasse um pouco de seu sangue, pois teria o poder de lhe restituir o esposo, caso este a abandonasse, se o espalhasse em sua roupa.

Heracles se apaixonou por Iole. A ciumenta Dejanira impregnou uma de suas túnicas com o sangue de Nesso que, misturado com o veneno da hidra, tinha o poder de queimar a pele de quem a tocasse. Quando Heracles a vestiu, a túnica se grudou ao corpo pelo efeito do veneno; ao tentar tirá-la para livrar-se das dores, pele e carne saíram juntos. Não suportando a dor, ele se atirou numa pira e morreu queimado. Zeus, seu pai, levou Heracles para o monte Olimpo, onde se tornou imortal e casou-se com Hebe.

Justiniano estava cansado e desiludido. Como escreveu, as condições para exercer o jornalismo:

> [...] só podem ser satisfeitas durante alguns anos, nos melhores tempos da mocidade e da energia; exige ela, essencialmente do jornalismo, muita fé nas cousas e nos homens. No dia em que a experiência trouxe-lhe o desengano de algumas ilusões, no dia em que o ceticismo matou-lhe

algumas das crenças, o jornalista está morto; pode escrever um ou outro artigo, e se Deus o tiver dotado de algum talento, o seu artigo poderá ser bom; [...] achar porém a dedicação necessária para tudo sacrificar, todas as distrações, todos os prazeres, todo o seu tempo, e até a sua reputação [...] e em paga de tanto ter o prazer de prender-se a uma mesa longas horas da noite [...] isso não é possível senão quando a fé e o ardor da luta, tão exclusivo dos anos da mocidade, animam, ou provocam, ou suprem o talento.

Mas reconheceu que "nós retiramos mais cedo do que prevíamos". Disse que largava o jornalismo para dedicar-se ao ensino; era uma forma de reconhecer que o projeto de relançar *O Brasil*, ao qual se dedicara com tanto entusiasmo, tinha fracassado.

Como não encontrasse comprador para o equipamento de *O Velho Brazil*, ele ficou insolvente e teve de pleitear com o ministro da Justiça, Nabuco de Araújo, adiantamentos de seus subsídios e garantias especiais para enfrentar a dívida. Em troca do fim do jornal e dos ataques ao governo, Justiniano passou a receber do Ministério da Justiça, a partir de janeiro de 1855, um estipêndio de 400 mil-réis por mês para escrever um artigo semanal na imprensa governamental.[38] Ele começou a publicar dois artigos semanais, "ao gosto do governo", no *Jornal do Commercio*.

Ainda em novembro 1854, recebeu uma proposta para fazer outro jornal, que seria o sexto publicado por ele. Escreveu a Firmino: "A gente do município de Vassouras (Rio de Janeiro) queria que eu levantasse a bandeira dos princípios constitucionais no pensamento liberal [...] e prometia-me um apoio de mais de 1.000 assinantes e uma declaração de adesão de pelo menos 100 opulentos fazendeiros eleitorais". Ele não aceitou: "Há alguns anos ter-me-iam achado acessibilíssimo". A proposta foi reiterada no ano seguinte.

Dessa vez, Justiniano, aparentemente, não conseguiu resistir ao apelo do jornalismo e à proposta de financiamento, e teria vestido de novo a túnica de Nesso. Em abril de 1855, começou a circular *A Constituição*, jornal semanal, que saía nas quintas-feiras, custava 200 réis o exemplar e era impresso na Typographia Americana de João Soares de Pinho. A folha, que contava com recursos suficientes para financiar os três primeiros números, fez oposição ao governo de Conciliação do marquês do Paraná pelo seu "absolutismo" e "despotismo", e elogiou no primeiro número os fazendeiros de Vassouras, "insuperável propugnáculo do partido saquarema" e "opulento e industrioso quartel-general do partido da ordem". Na segunda edição, mencionou "o opulento e ilustrado município de Vassouras".

Mas não há certeza de que fosse escrito por Justiniano. O jornal não identificava os redatores; apenas disse enigmaticamente no primeiro número que fora iniciativa de A, B e C. Mas Barman afirma que as circunstâncias em que se editava *A Constituição* apontam para Rocha. Segundo ele, as ideias políticas expostas coincidiam com as suas, atacava os jornalistas populares que ele desprezava, elogiava os líderes que ele admirava e observa: "O próprio estilo da *Constituição* é de Rocha, curto, coloquial, convincente, identificável como uma impressão digital". Além disso, era publicado no mesmo endereço e na mesma oficina que imprimiu *O Velho Brazil* antes de fechar, e que fora vendida por ele em janeiro de 1855 para José Soares de Pinho, que não era jornalista nem impressor. Barman insinua que Pinho poderia ter funcionado como testa de ferro de Justiniano, como aconteceria três anos mais tarde.

O Grito Nacional, jornal subsidiado pelo governo, escreveu: "De quem é *A Constituição*, perguntam uns? É do sr. Rocha, aquele que, por circunstâncias imperiosas a quem o homem deve obedecer sem obedecer MATOU o seu predileto *Velho Brazil*". E em outra edição: "*A Constituição* terá a mesma sorte que *O Velho Brazil*, será sufocada, mesmo com curta vida".

Escreve Joaquim Nabuco em *Um estadista do Império* que seu pai, Nabuco de Araújo, ministro da Justiça, disse a propósito do jornal: "A política do gabinete não agrada alguns figurões de cá, a alguns de nossos velhos amigos". Joaquim Nabuco acrescenta: "O que estava por trás do *Brasil* (sic) era o chamado 'movimento de Vassouras', onde tinha sua sede a opulenta família Teixeira Leite". E disse que ao veto dado pela "grande propriedade fluminense" foi sacrificada a reforma do Senado.

Barman reconhece, porém, que todas as provas são circunstanciais e são poucos os autores que atribuem a Justiniano a redação do jornal. O último exemplar conhecido de *A Constituição* é de dezembro de 1855.

CONSERVADOR E DEPUTADO

Justiniano, além de comentar a vida política, participou ativamente dela. Sua defesa do Partido Conservador lhe valeu uma cadeira de deputado no Parlamento pela província de Minas Gerais, pela qual foi eleito três vezes nos períodos de 1842-3, 1850-2 e 1853-6. Mas se, como jornalista, Justiniano reclamava da ingratidão do seu partido – e este se incomodava com a inconstância de seu apoio –, como parlamentar suas relações com os conservadores chegariam ao desastre.

Sua relação com o gabinete de Honório Hermeto Carneiro Leão, marquês do Paraná, deixaria de ser ambígua para ser hostil. Numa sessão na Câmara de Deputados, em maio de 1855, fez um longo discurso agressivo e totalmente inesperado contra a Política de Conciliação, que recebia mais apoio dos liberais que dos conservadores. Expôs ideias que em 2025 não estariam fora de lugar entre os conservadores. Disse que o governo exagerava no intervencionismo.

"Deixe o ministério na sua liberdade os interesses particulares, deixe a indústria na liberdade dos seus cálculos, não apresente por toda parte um contrato e um subsídio; não faça regulamentos sobre regulamentos, contratos e mais contratos, ajustes e mais ajustes." Quando perguntado que contratos eram danosos, respondeu: "Direi que toda vez que o governo intervém e quer ser tutor da indústria, expõe-se a gravíssimos riscos; é mau governo o governo que muito quer governar". Acrescentou que "quanto mais o governo quer ser tutor do interesse individual, pior governo é", e manifestou sua preocupação com a centralização e com os poderes despóticos que, em sua opinião, o marquês do Paraná tinha acumulado como chefe do Ministério, contrariando promessas que fizera. Era, na verdade, uma pesadíssima crítica à Política de Conciliação.

Segundo Joaquim Nabuco, no "discurso brilhante, ainda que descurado, desigual, (Rocha) havia atacado o gabinete. Paraná não acreditou que a defecção do jornalista do governo fosse sincera; viu nessa transição brusca motivos ocultos e tratou com dureza o seu incensador da véspera".

A resposta do marquês do Paraná, diante da mudança de opinião de Justiniano, que tinha apoiado sua política com relutância, para depois criticá-la, foi demolidora. Depois de chamá-lo "pena de aluguel", de dizer que precisava explicar seu enriquecimento súbito, arrematou: "É tão flagrante a contradição em que o senhor deputado se acha consigo mesmo que, longe de ter eu de justificar o governo perante o senhor deputado, é ele que se tem de justificar da fase tão extraordinária que apresenta. Eu, portanto, dispenso-me de mais longa resposta". Justiniano ficou arrasado.

Uma semana depois, ele voltou à tribuna e tentou dar explicações. "Pronunciou, às vezes entre soluços que não podia conter e às vezes entre risadas da Câmara, um dos mais singulares e comoventes discursos que se encontram nos Anais", segundo Joaquim Nabuco; discurso ímpar nos anais do Parlamento, como diz Elmano Cardim.

"Eu trago meu passado para o tribunal", falou Justiniano, aos prantos, queixando-se da ingratidão do Partido Conservador, que não reconheceu suficientemente seu trabalho como jornalista ministerial, expôs sua pobreza e as dificuldades que enfrentava para sustentar sua família numerosa, reclamou dos parcos proventos que recebia das verbas públicas. Ao contrário de outros, disse, ele tinha assinado recibo de todos os fundos recebidos.

Num desafio ao governo, fez um requerimento para pedir as listas de todas as comissões de serviço especial não previstas no orçamento, com a data e o nome de quem recebeu. Dessa maneira, Justiniano expunha o ministro da Justiça, Nabuco de Araújo, que lhe pagava com a verba secreta da polícia. O requerimento não foi aprovado.

O discurso de maio marcara o fim da carreira parlamentar de Justiniano. Não foi reeleito deputado. O Partido Conservador o deixou de lado. Estava liquidado politicamente. Nabuco de Araújo, seu amigo, tentou, sem sucesso, conseguir-lhe, com Bernardo Pereira de Vasconcellos, um tabelionato como recompensa pelos serviços que prestara aos conservadores n'*O Brasil*, pois fora "defensor (do partido) na imprensa como o qual outro não há" e "indispôs-se com seus velhos amigos, perdeu os interesses que tinha fundado na profissão do magistério, que abandonou por causa dessa redação".

A volatilidade da opinião de Justiniano em relação ao governo e à Conciliação, que segundo Barman mudou quatro vezes em menos de um ano, "pode, na mais benévola das atitudes, ser considerada como errática; na mais malévola, como mercenária. O resultado foi que ele não podia mais ser levado a sério e seus pontos de vista não foram mais considerados".

Como diz Raymundo Magalhães Júnior, se Justiniano voltou a ser empreiteiro da defesa dos conservadores, não tinha mais a antiga influência. Seus artigos, como sempre bem escritos, densos e bem argumentados, tinham perdido a antiga condição de marcar a vida política.

NOVOS JORNAIS, VELHAS ILUSÕES

No dia 4 de maio de 1858, começou a circular o *Tres de Maio*, um jornal trissemanal que saía nas terças, nas quintas e nos sábados, e era impresso na Typographia Americana de José Soares de Pinho, a mesma que imprimira *A Constituição*, mas agora identificando claramente a Pinho como impressor e editor. Justiniano era o redator, embora sem vínculo oficial com o jornal. No primeiro número, assegurou: "Não somos nem Luzias nem Saquaremas; somos porém ao mesmo tempo librais e conservadores". Na verdade, era uma folha oposicionista, acerba e veemente, segundo escreveu o próprio Justiniano. Como sempre, o dinheiro do subsídio era insuficiente para cobrir as despesas e o jornal teve vida curta.

Em janeiro de 1859, Justiniano escreveu a Nabuco de Araújo, ministro da Justiça, que pretendia fundar um jornal, continuação do *Tres de Maio*, para defender o gabinete conservador. No ano seguinte, ele passou a escrever n'*O Constitucional*, "folha diária que se apresenta como órgão do Partido Conservador", dirigida por seu melhor amigo, Firmino Rodrigues Silva. Segundo seu concorrente *A Actualidade:* "Sem força, sem habilidade, sem critério, essa folha será um órgão muito triste de suas ideias, o melhor instrumento para sua própria ruína".

Justiniano fundou ainda um novo jornal, *O Regenerador*, em fevereiro de 1860. Fez isso, segundo ele assegurou, "sem tomar conselho de pessoa alguma, sem esperar auxílio, sem contar com recursos". Era impresso na Typographia do Regenerador de Justiniano José da Rocha. Tinha quatro páginas e a assinatura custava 18 mil-réis por ano. Começou como trissemanal, circulando nas terças, nas quintas e nos sábados. Seu objetivo era "acudir pela causa conservadora, a cada momento atacada por dois grandes diários liberais e pelas paixões revolucionárias que eles concitavam". Outro rival era *A Actualidade*, folha da ala mais radical do Partido Liberal. O novo jornal polemizou continuamente com todos eles.

Em 9 de outubro, *O Regenerador* informou que passaria a circular diariamente, competindo com publicações mais "dispendiosas", como os liberais *Diário do Rio de Janeiro* e *Correio Mercantil*, que "têm consumido centenas de contos de réis, o *Correio da Tarde* boas dezenas deles" Em outra ocasião, Justiniano escreveu que "os acontecimentos políticos nos obrigaram a dar-lhe o caráter de *diário*. Se tudo nos faltava, sobravam-nos boa vontade e constância. Esperávamos".

Era, segundo ele, "a época de vida política mais ativa que nesta última década temos tido", e "podia-se, sem muita ingenuidade, esperar que os leitores acolhessem uma folha diária que só os ocupasse das grandes ideias, dos grandes interesses dos partidos". No entanto, acrescentou, a vida política praticamente desapareceu e a polêmica sumiu dos jornais; seu rival *A Actualidade* tinha perdido densidade e importância, saía irregularmente duas vezes por semana, e só publicava um ou dois artigos políticos por número.

Mas *O Regenerador* não tinha condições de competir diariamente com os grandes diários liberais. Justiniano reconheceu que o seu era um jornal de polêmica e não de informação. Suspendeu a circulação durante vários dias e reapareceu como trissemanal em 25 de julho de 1861.

O conservador Eusébio de Queirós lamentava que *O Regenerador*, uma folha pequena e puramente política, que "sustenta os interesses, as doutrinas, ou o que quiserem dessa oligarquia", não fosse o meio adequado para combater uma imprensa grande em circulação. Sem condições de continuar, o jornal fechou. O último exemplar da Biblioteca Nacional é de 28 de setembro de 1861.

Observa Barman que os últimos jornais publicados por Justiniano, o *Tres de Maio*, *A Constituição*, *O Regenerador*:

> [...] foram todos de iniciativa dos saquaremas, que o procuravam quando dele precisavam, mas procuravam dele se descartar quando a evolução política exigia discrição. Com esta marginalização, Rocha se tornou

amargo e vingativo. [...] Ele atribuía suas dificuldades a D. Pedro II, a que ele comparava a Pio IX, e que ele atacava nas colunas de *Tres de Maio*. Tal conduta serviu somente para obscurecer ainda mais sua reputação, intensificou suas dificuldades e seu isolamento.

Justiniano continuava esgrimindo bem a pena, mas era evidente que estava desiludido e que perdera o entusiasmo que exibira n'*O Brasil*.

No fim da vida, adoentado e sem uma publicação própria, voltou a colaborar assiduamente com o *Jornal do Commercio*, que lhe pagava 400 mil-réis por mês. Em 1862, seu nome constava na lista de subsídios do Ministério da Justiça, recebendo 100 mil-réis mensais, uma quarta parte dos 400 mil-réis que recebia anteriormente, e na lista do Ministério do Exterior com 300 a 400 mil-réis mensais.

Justiniano morreu de hepatite crônica – ou de uma lesão cardíaca, dependendo da fonte – em julho de 1862, depois de completar 50 anos. Deixou dívidas e foi enterrado no cemitério público. O liberal *Correio Mercantil*, jornal dirigido por Francisco Octaviano, disse que ele tinha um extraordinário talento para a polêmica do jornalismo: "Pode-se repetir, ainda hoje, o que se disse e foi conhecido no quinquênio de 1843 a 1848, se não fora a pena do escritor fluminense, teria morrido o Partido chamado Conservador". O *Correio* lamentava a ingratidão dos conservadores: "Depois de tantos esforços, de tantos sacrifícios, de tanta luz derramada [...], o Sr. Dr. Rocha se extingue quase na indigência".[39]

Roderick J. Barman observa que:

> A despeito de sua atuação como paladino do conservantismo, sua educação parisiense e sua intimidade com os graúdos, Rocha não conseguiu jamais livrar-se da aparência tanto de ser um plebeu quanto de ser um mercenário. Habitando o bairro fora da moda do Catumbi, [...] mantendo um nível precário de vida como jornalista, professor e tradutor, Rocha não ostentava o estilo de vida que seria de esperar dos membros das rodas dirigentes [...] não possuía aquela sisudez, aquela gravidade e aquele tom de cortesia considerado essencial para ter entrada nos mais altos círculos.

Barman acrescenta que até 1853 Rocha "foi considerado um aliado político valioso, mas nunca foi tratado como igual [...] acertou em cheio quando escreveu certa vez desanimado: "Para nada presto, nada mereço, senão o osso que se atira ao cão para matar-lhe a fome". Era uma rejeição que o feria tanto mais quanto Rocha era um homem sequioso de aceitação social".[40] Ele transcreve a opinião de Alfredo d'Escragnolle Taunay, visconde de Taunay, de que "Rocha era capaz de atitudes públicas que eram um misto de lágrimas, revelações cruas, baixa comédia e morbidez, que ofendiam fundamentalmente a sensibilidade dos círculos dirigentes". Segundo Eusébio de Queirós, "Aquele nosso amigo seria mais feliz se tivesse dez vezes menos talento e uma vez mais de juízo prudencial".

Justiniano José da Rocha foi um dos últimos representantes de um jornalismo que começava a ficar anacrônico. Seus jornais eram panfletários, ligados a partidos políticos dos quais dependiam, praticamente, obras de um autor, que deixavam de circular quando este se desentendia com seus patrocinadores. Esse tipo de jornalismo individualista ainda teve seguidores, mas já começava a ser substituído por publicações que, embora também políticas, estavam dotadas de maneira incipiente de uma estrutura empresarial e eram feitos não por um homem, mas por uma equipe, dentro da qual estrelas como Justiniano deixavam de ter a importância de antes.

O tratamento que lhe era dado pela elite a que tinha servido reforçava sua baixa autoestima. Como ele próprio antecipara, foi usado pelo Partido Conservador como laranja, "de que se aproveita o caldo, e deita-se fora a casca". Foi o fim dado a um jornalista mulato.

AÇÃO; REAÇÃO; TRANSAÇÃO

Justiniano José da Rocha é hoje lembrado pelos historiadores como autor do panfleto *Ação; Reação; Transação: duas palavras acerca da atualidade política do Brasil*, publicado em junho de 1855, depois de seu rompimento no Parlamento com o chefe do gabinete, o marquês do Paraná. Nele tenta explicar, numa perspectiva histórica conservadora, a dinâmica do processo político do Império, desde a Independência até a década de 1850, que culminou com a etapa de apaziguamento das paixões políticas entre os dois principais partidos, conhecida como Conciliação. É uma das peças mais importantes da literatura política do século XIX.

O ponto de partida foram dois artigos publicados n'*O Brasil* em 25 e 27 de janeiro de 1848, com o título *Ação e Reação*, "À pressa concebidos, escritos de improviso, e obrigados a ficar em certos limites", escreveu, e depois expandidos e adaptados para publicação no panfleto. A conclusão, a *Transação*, que tinha sido mencionada nesses dois artigos, mas depois alterada, foi uma resposta direta à política do "gabinete da Conciliação" do marquês do Paraná, instalado em 1853.

O lançamento do panfleto foi divulgado em 12 junho de 1855 no *Jornal do Commercio*, três semanas depois do desastroso debate de 25 de maio na Câmara de Justiniano com o marquês do Paraná, no qual fizera duros ataques ao chefe do governo, que revidou com inesperada agressividade, obrigando Justiniano a ficar numa humilhante defensiva.

Dois dias após o anúncio, *A Constituição*, sob a direção de Justiniano, publicou a seguinte nota, provavelmente escrita por ele:

> O sr. marquês do Paraná havia dito na Câmara que era necessário que o sr. dr. Rocha explicasse sua nova posição de oposicionista; o sr. dr. Rocha respondeu-lhe: o folheto que acaba de publicar com o título de *Ação; Reação; Transação, duas palavras acerca da atualidade política* lança imensa luz, não só sobre a sua posição, senão sobre todos os que se têm ocupado com os negócios políticos de nossa terra. O sr. dr. Rocha diz que não é um manifesto de guerra que lança ao público, é sim um farol que acende à borda do abismo. O sr. dr. Rocha qualificou bem o seu livro: infelizmente os faróis são muitas vezes inúteis.

Segundo Raymundo Magalhães Júnior, um dos merecimentos do panfleto foi ter fornecido a Joaquim Nabuco a linha mestra dos primeiros capítulos de *Um estadista do Império*. O próprio Nabuco escreveu no pé de uma página: "Para o estudo da evolução monárquica ler cada palavra desse opúsculo". Alfredo Pujol admira o estilo cerrado e terso, e a dialética vigorosa. Para a *História geral da civilização brasileira*: "A obra é objetiva no exame do passado e, em geral, lúcida nos juízos. Não tem acento apologético, quase se omitem os nomes".

Justiniano dividiu a evolução política do país e a construção da monarquia brasileira em três etapas bem distintas. A primeira, a "Ação", com D. Pedro I, vai desde a Independência em 1822 até a abdicação do imperador, em 1831, e é caracterizada pela inexperiência e pela luta entre os elementos monárquico e democrático; continua de 1831 a 1836, na Primeira Regência, com o triunfo democrático incontestado.

A segunda etapa, a "Reação", vai de 1836 a 1840, e é a luta da reação monárquica, articulada por Bernardo Pereira de Vasconcellos, num movimento conhecido como Regresso, que termina com a maioridade de D. Pedro II; e de 1840 a 1852, com o domínio do princípio monárquico, reagindo contra a obra social do domínio democrático, que se defende pela violência e é esmagado. Vê no Regresso a "luta eterna da autoridade com a liberdade", uma experiência traumática.

A terceira, a "Transação", desde 1852 até 1856, é um período de arrefecimento das paixões, de esquecimento dos ódios, de feliz calma, a busca do consenso, mas também de ansiedade sobre o futuro. Pede que o poder espontaneamente se desarme e renuncie ao arbítrio com que suprime a liberdade individual. Espera que "os defensores da causa nacional, da causa da liberdade e da ordem" não precisem ir defendê-la. São óbvias as referências ao então governo do marquês do Paraná, que podem ser vistas como uma defesa de sua posição no debate ocorrido no Parlamento no mês anterior.

Justiniano pede desculpas pela pressa e pela forma: "Escrevemos este folheto, de improviso, nos momentos roubados a mil preocupações, escrevemo-lo sem tempo, nem sequer de lhe limar o estilo; escrevemo-lo porque era um dever nosso". *Ação; Reação; Transação* é, visivelmente, uma obra dialética, na qual a ação é a tese; a reação, a antítese; e a transação, a síntese. Ele vê a evolução da História seguindo esse mesmo ritmo.

No primeiro parágrafo do panfleto, escreveu: "Na luta eterna da autoridade com a liberdade há períodos de ação; períodos de reação, por fim, períodos de transação em que se realiza o progresso do espírito humano e se firma a conquista da civilização. As constituições modernas não são senão o trabalho definitivo dos períodos de transação". O Brasil, disse Justiniano, não podia evitar essas fases, e aplica essa dialética aos movimentos políticos que vão dos dias da Independência a 1851. Vários autores viram no panfleto uma óbvia influência do filósofo alemão Hegel.[41]

Mesmo com alguns reparos ao seu conteúdo, o ensaio de Justiniano surpreende ainda hoje pelo vigor e pela fluência do estilo, pela estruturação das ideias, pela visão de conjunto, pela capacidade de síntese. Mas a estrutura também sugere que o panfleto pode ser visto como uma obra encomendada e estruturada para agradar o patrocinador. O próprio autor tinha combatido com veemência e durante vários anos n'*O Brasil* a ideia da Conciliação entre os partidos. Com os conservadores favoráveis a essa política, à qual aderiu com relutância e escassa convicção, ele teria aceitado a encomenda do marquês do Paraná, chefe do gabinete. Teria incorporado apressadamente à terceira parte do ensaio o princípio da "pacificação dos espíritos", ao qual deu o nome de "transação", que esvazia de maneira parcial suas alegadas vantagens.

Posteriormente, Justiniano insistiria que a Conciliação, que levou à colaboração de conservadores e liberais para governar, concentrou um excesso de poderes nas mãos do chefe do gabinete, o marquês do Paraná, tornando-o prepotente e autoritário, à beira do absolutismo. Ao perceber o perigo de não haver uma oposição na Câmara de Deputados, voltou a atacar a Política de Conciliação, que a seu ver tinha fracassado – contradizendo parcialmente a conclusão da obra que o tornaria famoso. Como observa Lucia Maria Paschoal Guimarães, Justiniano percebera que a palavra Transação, que para ele significava a busca do entendimento entre os partidos no campo das ideias, era na prática, para o governo, uma forma de cooptar adversários, em vez de pactuar princípios.

Magalhães Júnior afirmou que até uma forte personalidade, como a de Tavares Bastos, o imitou e deu a um dos seus panfletos o título de *Realidade, Ilusão, Solução*.

Desde o século XIX, a figura e a obra de Justiniano José da Rocha atraíram o interesse dos historiadores. Poucos jornalistas têm sido objeto de tantos estudos, dissertações e teses como ele.[42] É uma leitura polêmica e indispensável sobre o período que marca a formação do Brasil como nação.

CORREIO MERCANTIL (1848-68)

Fundador: Joaquim Alves Branco Muniz Barreto

BRILHANTE E DE VIDA CURTA

Antônio Gonçalves Dias, o poeta romântico da "Canção do exílio" e *de* "I-Juca-Pirama", era redator do *Correio Mercantil*. Talvez, para atrair mais leitores, lançou um concurso no jornal, possivelmente o primeiro da imprensa brasileira. Assinado pelo "filósofo" Z.P., fez duas perguntas extremamente genéricas: "Qual a melhor coisa deste mundo?" "Qual a pior coisa deste mundo?".

Quem "acertasse" as respostas, previamente preparadas, ganhava um prêmio. O jornal publicou um bom número de cartas curiosas e engraçadas durante um mês. A resposta para as duas perguntas, dada por Z.P.: "A *mulher* é uma criatura híbrida, com alma de Deus e partes do diabo. Considerada como filha de Deus, é a mulher a melhor coisa do mundo; considerada como criatura do diabo (a Gênese diz que foi o diabo quem lhe ensinou quanto sabe), é a pior coisa que o sol alumeia". Uma era a "mulher-anjo", que Gonçalves Dias disse ter perseguido toda a sua vida, sem nunca tê-la desfrutado; e a pior, "a mulher-demônio", sobre a qual escreveu Manuel Antônio de Almeida, o autor de *A moreninha*, seu companheiro de redação.

Dada a repercussão do concurso, Gonçalves Dias apresentou um novo desafio aos leitores: "Se fosses Deus, o que mudarias no mundo?" "Se fosses Rei, que bem farias ao teu povo?" "Se fosses Legislador, que reformas proporias?" Prêmio: "Uma elegante teteia comprada a Mr. Wallerstein ou Demarais[1] – à *plaisir*". De novo, choveram respostas bem-humoradas, picarescas, no mesmo tom das perguntas. Uma das entradas dizia: "Se fosse Deus não dava fealdade às mulheres". Mas Z.P. escreveu que nenhuma estava certa. Resposta dada por ele: Se fosse Deus, "daria imortalidade aos meus pais, se ainda os tivesse"; se fosse rei, "daria o trono ao anjo de minha filosofia"; se fosse legislador, "seria augusto e respeitável". Não se sabe se os concursos atraíram novos leitores, mas despertaram a curiosidade do público e foram comentados pela imprensa da época.[2]

Em 1848, Gonçalves Dias escrevia para o *Jornal do Commercio* sobre os debates do Senado e cobria para o *Correio* as reuniões da Câmara. Reclamava de ter que corrigir os erros dos taquígrafos, e preferiu fazer o folhetim teatral e escrever sobre questões urbanas para o *Correio*, onde ficou de fevereiro de 1849 a fevereiro de 1850.[3]

O *Correio Mercantil* durou apenas 20 anos, mas foi um dos jornais mais bem escritos, mais interessantes e mais influentes do início do Segundo Império.

Folha inicialmente liberal, cujo nome completo era *Correio Mercantil, e Instructivo, Politico, Universal*, chegou a ser considerada a mais moderna da época e rivalizava em importância, em meados do século XIX, com o *Jornal do Commercio* e o *Diário do Rio de Janeiro*; com 2.700 exemplares, os superava em circulação.[4] Na opinião, certamente exagerada, de Fernando Segismundo, o *Correio* era o mais importante órgão da Corte. Mas, apesar de sua penetração e influência, sua vida curta e atribulada é um indício das dificuldades de sobrevivência de uma folha liberal durante o Império.

O jornal surgiu em 2 de janeiro de 1848, no Rio de Janeiro, resultado da metamorfose de várias folhas. A primeira foi o *Pharol Constitucional*, lançada em 1842, como bissemanário; no ano seguinte, era publicada três vezes por semana e, em agosto de 1844, tornou-se diário e mudou o nome para *O Pharol*, impresso pela Bueno & Co. Nesse mesmo ano, transforma-se n'*O Mercantil*. Seu proprietário era Joaquim Francisco Alves Branco Muniz Barreto. Finalmente, em 1848, recebe novo nome, *Correio Mercantil*.[5]

UM JORNAL ENGAJADO

Ao contrário do *Jornal do Commercio,* que apoiava o governo, mas não tinha ligações nem seguia a linha de nenhum partido, permanecendo neutro nas contendas políticas, o *Correio Mercantil* era uma folha engajada, defensora do Partido Liberal. Dele recebia ajuda quando estava no poder.

O *Correio Mercantil* de 1848 era diário, impresso em quatro páginas. A assinatura trimestral custava na Corte 4$000 (quatro mil-réis) e a anual 16$000. Em sua primeira edição, dizia que era composto em tipo inteiramente novo e "impresso no prelo mecânico da Typographia do Correio Mercantil". Na primeira edição com o novo nome, indicava ano V, n. 1, mostrando que era uma continuação de *O Mercantil*.

Foi lançado por Francisco José dos Santos Rodrigues & Cª, seu novo proprietário, e prometia "uma variedade de notícias e matérias dignas da atenção geral, que regularmente publicará, além de tudo que interessa ao comércio e à praça", o que sugere que, como seu antecessor, pretendia competir diretamente com o *Jornal do Commercio* e o *Diário do Rio de Janeiro* para atender ao mundo dos negócios da época e deixar a política de lado.

No começo de julho, apenas sete meses depois de seu lançamento, anunciava a mudança de controle e de orientação: "Até aqui folha comercial [...] o *Correio Mercantil* passa de ora em diante a ser também folha política". Mas, "não é nossa intenção guardar neutralidade". [...] "Nós temos uma opinião política; temos um partido do qual seremos o representante e o órgão de imprensa com inteira independência de nosso juízo". [...] "Essa opinião é a que anuncia o pensamento liberal do povo brasileiro", e declara sua intenção de "apoiar a administração e o partido do parlamento". Engajado politicamente com os liberais no governo, o *Correio* passaria a ser uma "folha ministerial".

No dia seguinte ao anúncio, o jornal publica uma resposta "ao redator do *Brasil*", Justiniano José da Rocha, com quem polemizava frequentemente: "Asseveramos ao nosso colega, que o *Correio Mercantil* não tem trato algum com o governo; que os atuais proprietários desta empresa sacrificarão dinheiros seus com o único intuito de servirem à causa. [...] Não há até este momento nada de comum entre o *Correio Mercantil* e o governo a não ser a identidade de princípios". Apesar da negativa, o jornal publicava os atos do governo: "O *Correio Mercantil* publica os atos oficiais; mas não é oficial".

O jornal, porém, continuava publicando como se fossem propriedade de F. J. dos Santos Rodrigues & Cª. Escreviam nele Joaquim Manuel de Macedo, autor do romance-folhetim *Os dous amores*, e Teixeira e Sousa, d'*A providência*.

Para ser mais informativo e competitivo, o jornal anuncia em meados de setembro a contratação de "correspondentes de subido mérito e circunspecção nas principais cidades da Europa, como Londres, Paris e Lisboa, e nas principais províncias do Império".

SEM AJUDA OFICIAL

Em 29 de setembro de 1848, quando depois de quase cinco anos no poder, o Partido Liberal deixa o governo, que passa a ser ocupado pelos conservadores, o *Correio* perde a ajuda oficial, mas diz que continua investindo para superar seu concorrente. Em 1º de outubro, dois dias depois da queda do gabinete liberal, "O *Jornal do Commercio* era o único até hoje que pudera fixar-se como empresas de grande vulto", mas, segundo o *Correio*, as informações do *Jornal* sobre política interna e externa eram incompletas; "apesar de sua reconhecida importância, deixava uma grande lacuna a preencher". Assegurava que "a nova empresa do *Correio Mercantil* se acha empenhada" em ocupar esse espaço.

Semanas mais tarde, o jornal muda de mãos. No fim de dezembro de 1848, a primeira página informa que "O *Correio Mercantil*, empresa de Francisco José dos Santos Rodrigues e comp., do primeiro do ano em diante pertencerá a uma nova associação sob a firma – Rodrigues e comp.". Transcreve parte do estatuto da nova sociedade e reafirma seus princípios liberais.[6] O jornal, porém, não informa quem são os novos proprietários.

Uma das principais penas do *Correio* era Francisco Salles Torres Homem, que escrevia uma crônica política não assinada e polemizava com a folha conservadora *O Brasil*, de Justiniano José da Rocha. Poucas figuras, no panorama político do Segundo Reinado, elevaram-se tanto como Torres Homem, um indivíduo notável, senão pela coerência, pelo talento e pela cultura, segundo Raymundo Magalhães Júnior.

Era neto de uma escrava e filho de uma quitandeira do largo do Rosário, conhecida como "Você me mata", e de um padre de vida desregrada, negocista, senhor de escravos e briguento que foi proibido de oficiar missa. Estudou Medicina, mas não exerceu a profissão. Foi alvo de charges que o mostravam como macaco. Escreveu para a *Aurora Fluminense* de Evaristo da Veiga, que conseguiu para ele um lugar na delegação brasileira em Paris, para o *Jornal dos Debates, O Despertador, O Maiorista*. Depois foi preso, exilado e eleito deputado pelo Partido Liberal. Quando perdeu a cadeira, foi trabalhar para o *Correio Mercantil.*

No início de 1849, o jornal publicou *O libelo do povo*. Escrito por Torres Homem, com o pseudônimo de Timandro, foi um devastador panfleto contra a monarquia brasileira, inspirado na Revolta Praieira de Pernambuco e nos movimentos liberais da Europa de 1848. É considerado, junto à *Ação; Reação; Transação*, de Justiniano José da Rocha, uma das mais importantes peças políticas do começo do Segundo Reinado. Segundo Sérgio Buarque de Holanda, *O libelo* foi:

> [...] uma das páginas mais violentas de toda a prosa brasileira. [...] Impressiona, sobretudo, o retrato desfavorável da casa reinante, com o esboço do que foram e são os Bragança; o exercício do poder no país, com o arbítrio e os caprichos do governante; as mazelas de origem portuguesa, em páginas de antilusitanismo. Ao mesmo tempo que violento, o jornalista é por vezes brilhante, embora nunca chegue a ser profundo. A obra de crítica, denúncia e protesto, com acentos demagógicos, teria enorme repercussão, sendo logo reeditada. [...] passa para os conservadores, dos quais será expoente extremado. [...] O homem que riu da aristocracia

nativa, que chamou de achinelada, acabou visconde. [...] Timandro, com *O Libelo do Povo*, é um dos momentos vivos do jacobinismo nativo, provocado pelos eventos de 1848.[7]

Depois de *O libelo do povo*, Torres Homem mudaria de orientação política e se tornaria crescentemente conservador.

Na nova fase, em outubro de 1851, o jornal começou a ser publicado em francês aos domingos, mas não atraiu um número significativo de assinantes e a experiência foi descontinuada em março de 1852, quando voltou a ser escrito em português.

Enfrentando problemas financeiros, foi colocado novamente à venda. Em junho de 1852, o jornalista Justiniano José da Rocha, interessado em comprá-lo, escreveu ao político conservador Paulino José Soares de Sousa, futuro visconde do Uruguai e possível financiador da operação, que "o *Mercantil* fez pé firme na exigência de 60 contos de réis, e forçoso foi desistir de qualquer arranjo". Em janeiro de 1853, o jornal anuncia que já estava utilizando tipos novos para a composição e que esperava contar proximamente com um prelo novo para a impressão, além de utilizar papel de melhor qualidade.

O "VELHO BARRETO" E O *CORREIO*

Em 1º de julho de 1853, o jornal informa, numa curta nota na primeira página, que estava aumentando o formato; embaixo do logotipo aparece como proprietário Joaquim Francisco Alves Branco Muniz Barreto, o "Velho Barreto". Era um empresário que ganhara dinheiro quando, depois de conseguir a concessão para construir uma ferrovia entre Salvador e o rio São Francisco, a revendeu a capitais ingleses.[8]

Na juventude, ele tinha sido um revolucionário ardente; depois fundiu vida, fortuna, dedicações, amizades, sua alma toda, no *Mercantil*, segundo Barbosa Lima Sobrinho.[9] Ele reproduz uma frase do conservador Nabuco de Araújo a respeito de Muniz Barreto: um "homem que viveu sempre na caixa de teatro do jornalismo, não atendendo ainda ao mimo da estrada de ferro em que ele lucrou, ao que dizem, cerca de 200.000$000 (200 contos de réis)".

CORREIO MERCANTIL (1848-68)

Essa quantia é uma referência ao dinheiro que Muniz Barreto teria recebido pela venda da estrada de ferro.

A nota publicada pelo jornal dá a entender que o *Correio* tinha sido comprado anteriormente, mas não especifica a data: "Julgamos não ter necessidade nesta ocasião de enunciar o nosso programa político; o (sic) artigos de lavra própria que sobre esta matéria havemos publicado nestes últimos meses dispensam-nos de novas profissões de fé".

O Velho Barreto mudou o aspecto gráfico e a orientação política do jornal, coincidindo com o período da Conciliação, quando o conservador visconde (depois marquês) do Paraná presidia o gabinete. O *Correio* apoiou o governo. A defesa do Partido Liberal e os ataques aos conservadores ficariam para trás.

Desde fevereiro de 1851, a seção "Pacotilha" era a principal atração da edição de domingo. Era formada por várias notas, poesias, comentários e artigos sobre temas diversos, principalmente, mas não só, política e literatura, escritos num tom coloquial com leveza e humor, mas frequentemente com vigorosos e divertidos ataques ao governo conservador. Publicada sob a rubrica "Comunicado", seguia uma numeração: "1ª Pacotilha", no domingo seguinte aparecia a "2ª Pacotilha", no outro, a "3ª Pacotilha", e assim por diante. As primeiras "Pacotilhas" começaram com uma ou mais colunas na primeira página e a continuação ocupava quase toda a segunda. Dada a enorme popularidade da seção, logo passou a ocupar a primeira página, a segunda e parte da terceira; chegou até a preencher três páginas e meia de uma edição de quatro páginas. A "Pacotilha" parecia um jornal dentro do jornal. Era assinada por Carijó, depois por O Carijó e, enfim, por Carijó e Comp.

Foi na "Pacotilha" que Manuel Antônio de Almeida escreveu, em 1852 e 1853, sob o pseudônimo de "Um Brasileiro", as *Memórias de um sargento de milícias*, o primeiro romance de costumes retratando as classes mais humildes publicado no Brasil, num estilo simples e vigoroso, que contrastava com o texto rebuscado da época. Também na "Pacotilha" foi publicado o folhetim *Memórias de um caixeiro*, de Braz Fogacho. Na nova etapa do jornal, porém, não haveria lugar para a irreverência da "Pacotilha" e as alfinetadas aos conservadores.

OCTAVIANO: FASE ÁUREA

Em 1854, a redação do *Correio Mercantil* foi assumida por Francisco Octaviano de Almeida Rosa, genro de Muniz Barreto,[10] e a quem Cláudio Mello e Souza[11] considerava, talvez com excessivo entusiasmo, um dos mais lúcidos diretores de jornal de todos os tempos. Para Joaquim Nabuco, ele era detentor da "pena de ouro da imprensa". Francisco Octaviano tinha publicado no *Jornal do Commercio* o folhetim *A semana*, um curioso e vivo retrato da sociedade fluminense, escrito de maneira ágil e leve, de enorme repercussão.

Quando o sogro o levou para a direção do *Correio*, em 1854, Octaviano indicou seu amigo José de Alencar para substituí-lo no *Jornal*, depois de ter visto três folhetins que escrevera no *Diário do Rio de Janeiro*. Eles se conheceram quando estudavam Direito em São Paulo. Inicialmente, o *Jornal* vacilou diante da juventude de Alencar, mas por falta de alternativas lhe fez uma proposta para escrever *A semana*. Octaviano também o queria no *Correio*. José de Alencar escreveu a seu amigo:

> Tive pela manhã um oferecimento vantajoso, o qual facilmente adivinhas, porque direta ou indiretamente concorreste para ele. Não o aceitei por precisar consultar-te. Comprometi-me, porém, a dar uma resposta hoje e por isso volto-me para ti. À noite preciso terminar isto: tu dirás com quem. [...] Vem jantar comigo no Hotel Europa. Conversaremos a respeito disso com mais clareza.

A proposta, em termos de dinheiro, era pior, mas José de Alencar escolheu o *Correio Mercantil*. Ele explicaria os motivos anos mais tarde: "Minha amizade pelo redator do *Mercantil* e o receio de lutar com ele na imprensa induziram-me a declinar o honroso oferecimento do *Jornal do Commercio* e as vantagens que me faria, preferindo outro lugar de folhetinista em condições mais modestas".[12]

Frente à recusa de Alencar, quem passou a escrever o folhetim *A semana* no *Jornal* foi Justiniano José da Rocha, mas durou pouco tempo; ele, jornalista político, mais acostumado à polêmica e à diatribe, não se adaptou a um estilo mais leve do folhetim.

Francisco Octaviano ocupou a direção do *Correio Mercantil* formalmente em setembro de 1854. Antes de assumir, já no começo de julho, tinha feito algumas mudanças. Uma delas foi acabar com a "Pacotilha". Ele escreveu:

> Entrando em nova fase de sua vida, o *Correio Mercantil* adota a observação de Horácio relativamente à inconstância da popularidade. Criada em uma época de efervescência política em que as lutas diárias da imprensa e da tribuna haviam azedado os ânimos, a Pacotilha era antes um pregão de partido do que uma revista hebdomadária; representava os interesses de uma comunhão política do que as vistas imparciais da imprensa; era o esforço do vencido contra o vencedor, desforço muitas vezes brilhante pelo espírito, pela ironia acerba, pelo epigrama agudo, pela censura desabrida; mais eivado, como todo o escrito parcial, dos ódios e animosidades daquele tempo. [...] a Pacotilha, em relação ao pensamento que a fizera nascer, achava-se como as antigas máquinas de guerra na galeria de exposição. Quem as contempla, admira-as pelo que foram e pelo que serviram, mas nem se arreceia delas, nem as tira do seu lugar. *Habent sua fata.*[13]

Segundo o jornal, os ânimos na vida política se tinham assentado e a opinião pública queria um governo de moderação. Octaviano, que apoiava a Política de Conciliação, iniciada em setembro de 1853, quis acabar com os contínuos ataques de Manuel Antônio de Almeida contra o governo publicados na "Pacotilha".

Outro defensor da Conciliação no *Correio Mercantil* foi o antigo liberal Torres Homem, da qual se tornara o grande pregoeiro ao escrever uma série de artigos com o título "A Conciliação e os partidos"; nessa época, estava iniciando uma travessia rumo ao Partido Conservador. Joaquim Nabuco comentou: "Com a mesma pena que escrevera *O Libelo do Povo* tornara-se no jornalismo o paladino da Conciliação". Ele assinava os artigos com a sigla F.T.H.[14]

A irrequieta "Pacotilha" foi substituída pelo folhetim *Páginas menores*, literatura fácil e corrente, publicada aos domingos no rodapé, que não pretendia limitar-se ao histórico de sete dias, "mas reduzir às proporções e estilo do folhetim todos os assuntos que a isso se prestarem, visto que a literatura fácil tem hoje a preferência do público". A seção publicaria "a revista dos teatros, a crítica dos livros e escritos recentes, e vários artigos sobre as belas letras e as belas artes, além do retrospecto político e industrial". Seriam assinados pelas iniciais de seus autores. A nova seção tentava desenvolver um estilo menos agressivo e contundente do que a "Pacotilha".

Em 8 de setembro, na mesma nota da primeira página que anunciava que "O Sr. F. Octaviano tomou conta da redação desta folha como redator principal", informava que "O Sr. Dr. J. de Alencar encarregou-se da revista hebdomadária das 'Páginas Menores'. Hoje começa uma nova série dessas revistas sob o título "Ao correr da pena". Acrescentava: "Continuam fazendo parte da redação os outros senhores que nela se achavam". Era, talvez, uma indicação de que Manuel Antônio de Almeida continuava no emprego.

SEM ANTÔNIO DE ALMEIDA

Mas Almeida rompeu com o jornal, possivelmente decepcionado com o fim da "Pacotilha", com os motivos alegados por Francisco Octaviano e com a mudança de orientação política. Escreveu alguns artigos para a nova seção, mas no fim preferiu sair. Disse numa carta que decidira "não oferecer nem aceitar trabalho do *Mercantil* estipendiado" e fez planos para escrever no *Diário do Rio de Janeiro*, que não deram certo.

José de Alencar fazia também a crônica forense com a cobertura dos tribunais. Seu folhetim dos domingos, *Ao correr da pena*, dentro da seção "Páginas menores", assinados por Al, tornou-se extremamente popular. "Escritos ao correr da pena são para serem lidos ao correr dos olhos", alertou a seus leitores no primeiro folhetim semanal. [Foi observado o contraste entre a narrativa mais pesada de *O guarani* e *Iracema*, suas obras posteriores, e o "tom de humor e graça leve" dos folhetins no *Correio*.[15]

Alencar registra a experiência de escrever um folhetim semanal:

> Obrigar um homem a percorrer todos os acontecimentos, a passar do gracejo ao assunto sério, do riso e do prazer às páginas douradas do seu álbum, com toda a finura e graça e a mesma *nonchalance* com que uma

senhora volta às páginas douradas do seu álbum, com toda a finura e delicadeza com que uma mocinha loureira dá sota e basto a três dúzias de adoradores! Fazerem do escritor uma espécie de colibri a esvoaçar em zigue-zague, e a sugar, como o mel das florcs, a graça, o sal e o espírito que deve necessariamente descobrir no fato o mais comezinho!

Ainda isto não é tudo. Depois que o mísero folhetinista por força de vontade conseguiu atingir a este último esforço da volubilidade, quando à custa de magia e de encanto fez que a pena se lembrasse dos tempos em que voava, deixa finalmente o pensamento lançar-se sobre o papel, livre como o espaço. Cuida que é uma borboleta que quebrou a crisálida para ostentar o brilho fascinador de suas cores; mas engana-se: é apenas uma formiga que criou asas para perder-se.

Joaquim Nabuco olha de maneira crítica esses escritos de Alencar: "[...] tudo se acha misturado nesses folhetins, a política e o teatro, o Cassino e a praia de Santa Lusia (sic), anúncios de alfaiates e trocadilhos, mas tudo isso sem transições, sem artes, um *pot-pourri*, em que nada falta, senão o gosto". Alencar reagiu dizendo que Nabuco "chama o folhetim uma salada, e taxa-lhe como defeito seus maiores realces: a variedade do assunto e a volubilidade do estilo".

No período de Conciliação dos partidos, Francisco Octaviano calibrou a informação política convidando para escrever, além de colaboradores liberais, algumas figuras conservadoras, como José Maria da Silva Paranhos e Nabuco de Araújo. Segundo Joaquim Nabuco, filho deste:

> O ministério era fortemente apoiado pela imprensa liberal. Em 1854 Octaviano punha o *Correio Mercantil* às ordens do governo; José de Alencar redigiria a parte forense, Salles Torres Homem a financeira. "As camadas estão fechadas, escrevia ele a Nabuco em setembro, o ministério pode agora cuidar de coisas sérias".

Foi a fase áurea do *Correio Mercantil*.

Um jornalista da época escrevia que o *Correio Mercantil* merecia a estima dos homens livres, porque publicava ideias liberais e combatia o despotismo sem receio. Para Nelson Lage Mascarenhas, o *Correio Mercantil* e o *Diário do Rio de Janeiro* eram jornais de "grande tiragem, parte informativa esmerada, seção financeira, comercial, correspondências do estrangeiro e a substancial seção de anúncios".[16] Nelson Werneck Sodré diz que era muito mais vibrante, movimentado, atraente do que o *Jornal do Commercio* e logo se tornou o órgão mais difundido.

Segundo Raymundo Magalhães Júnior,[17] o *Correio Mercantil* foi, num momento, o estuário em que se encontraram três dos maiores jornalistas da época: Francisco Octaviano, José de Alencar e Francisco Salles Torres Homem.

JOSÉ DE ALENCAR CENSURADO

Em 1855, José de Alencar deixou o jornal por sentir-se censurado. Ele escrevia crônicas contra a especulação na Bolsa de Valores, pedindo que o mercado de ações fosse controlado com base no Código Comercial, com o fechamento das companhias que davam prejuízo aos acionistas. Muniz Barreto, o dono do jornal, não teria gostado do comentário. Quando percebeu que um artigo tinha sido cortado a pedido do diretor Francisco Octaviano, Alencar pediu demissão e foi embora. No dia seguinte, 8 de julho de 1855, uma nota na primeira página dizia:

> O nosso colega, o Sr. Dr. Alencar, declarou-nos que não podia continuar a redigir o *Correr da Pena*. A redação do *Correio Mercantil* não pode significar melhor o pesar que sente pela cessação de tão delicados e espirituosos artigos, do que declarando-o neste lugar, e dando ao Sr. Dr. Alencar agradecimentos cordiais pelos bons serviços que lhe prestou. As "Páginas Menores" passarão a ser redigidas por outro nosso colaborador.

Nesse mesmo dia, um domingo, e na mesma página, era publicado o folhetim *Ao correr da pena* – o último, assinado por Alencar – na seção "Páginas menores". Mas a nota do *Correio* não explicava os motivos de sua saída. Irritado, Alencar mandou uma carta "À Redação do *Correio Mercantil*", mas na verdade endereçada a Octaviano, que foi publicada na primeira página:

> Meu colega e amigo. Tendo saído inteiramente estropiado o meu artigo de hoje, é necessário que eu declare o motivo por que entendi não dever

continuar a publicação da *Revista Semanal* desta folha, visto como desapareceram algumas frases que o indicavam claramente.

Sempre entendi que a *Revista Semanal* de uma folha é independente e não tem solidariedade com o pensamento geral da redação; principalmente quando o escritor costuma tomar a responsabilidade de seus artigos, assinando-os.

A redação do *Correio Mercantil* é de opinião contrária; e, por isso, não sendo conveniente que eu continuasse a "hostilizar os seus amigos", resolvi-me acabar com o *Correr da Pena* para não comprometê-la gravemente. Antes de concluir, peço-lhe que tenha a bondade de fazer cessar o título com que escrevi as minhas revistas. Não têm merecimento algum, há muitos outros melhores: mas é meu filho, e por isso reclamo-o para mim, mesmo porque talvez me resolva mais tarde a continuá-lo em qualquer outro jornal que me queira dar um pequeno canto. Agradeço-lhe infinitamente as expressões delicadas que me dirige, e que não mereço. O *Correio Mercantil* nada me deve: sou eu ao contrário quem lhe devo o ter honrado os meus obscuros artigos admitindo-os nas suas colunas entre tantas produções brilhantes, entre tantas inteligências.

Uma coletânea de *Ao correr da pena* foi publicada em forma de livro, mas o *Correio Mercantil* ignorou as atividades literárias de seu antigo colaborador. Quando Alencar custeou de seu próprio bolso a edição de um romance, ele lamentou que a repercussão em "toda a imprensa diária resumiu-se nesta notícia de um laconismo esmagador, publicada pelo *Correio Mercantil*: 'Saiu à luz um livro intitulado *Luciola*'". Os outros jornais nem isso publicaram. Alencar trabalhou um tempo como advogado antes de ir para o *Diário do Rio de Janeiro*, onde seria gerente e em cujas páginas escreveu vários romances-folhetins.

Antes de ser um escritor consagrado, Machado de Assis foi revisor do *Correio*. João Francisco Lisboa, o autor do *Jornal de Timon*, passou a escrever em 1855 para o *Correio* sobre os tribunais e as questões jurídicas e, para o *Jornal do Commercio*, sobre política geral. Ficou pouco mais de um ano, pois foi enviado a Portugal para substituir Gonçalves Dias na pesquisa de documentos sobre a história brasileira. Na opinião de José Guilherme Merquior Lisboa, "nosso último grande neoclássico, prefigura o humor corrosivo e penetrante de Machado de Assis". Colaboraram ainda na informação política do *Correio* José Maria da Silva Paranhos e o francês Carlos Emílio Adet, que passariam depois para o *Jornal do Commercio*.

A DERROTA DOS CONSERVADORES

O *Jornal do Commercio*, seu concorrente, destacou a dedicação do "Velho Barreto" ao jornal. Escreveu que o *Correio Mercantil* nunca foi, para seu proprietário:

> [...] uma empresa comercial onde auferisse lucros pecuniários, mais ou menos avultados; ao contrário, dele sempre se utilizou como um meio de apresentação de propaganda de suas ideias liberais. Não admira, pois, que as dificuldades financeiras, acumuladas desde anos, se tornassem por fim impagáveis, impondo a passagem da empresa a outras mãos.

Em agosto de 1858 mudou, sem nenhuma explicação, o controle da sociedade editora, que passara a ser "propriedade de Muniz Barreto, filhos e Octaviano". A orientação política continuou com Francisco Octaviano, agora também um dos proprietários da empresa. O jornal voltaria a apoiar os liberais.

A campanha que o *Correio* de Octaviano e o *Diário do Rio* de Saldanha Marinho fizeram contra os conservadores, nas eleições de 1860, contribuiu de maneira decisiva para a derrota destes. Octaviano, Marinho e o radical mineiro Teófilo Ottoni foram eleitos deputados pelo Partido Liberal.

Em maio de 1862, o *Correio Mercantil* anunciou que contava com "o concurso de vários (sócios) comanditários", e que por esse motivo entrava em liquidação a firma anterior. O jornal era propriedade de Muniz Barreto, Mendes Campos e Comp. A gerência foi "exclusivamente confiada a Antonio José Mendes Campos" e "A direção política e redação principal continua a pertencer ao sócio o Sr. Dr. Francisco Octaviano de Almeida Rosa".

O liberal Tavares Bastos escreveu anonimamente no jornal as "Cartas do solitário" em 1862, com grande repercussão, sobre temas como as reformas administrativa e educacional, escravidão, imigração, a Amazônia, que foram republicadas em forma de livro. Quatro anos mais tarde, substituiu a Francisco Octaviano na chefia da redação quando este trocou o jornalismo pela política.

Octaviano foi deputado e conselheiro de Estado e representou o imperador D. Pedro II na assinatura no Tratado da Tríplice Aliança, em Buenos Aires, no dia 1º de maio de 1865, que uniu o Brasil, Argentina e Uruguai na guerra contra o Paraguai. Viajou ao rio da Prata, em missão oficial do governo, substituindo o visconde do Rio Branco como ministro do Brasil. Foi convidado para ocupar a pasta dos Negócios Estrangeiros, mas não aceitou.

Ele voltaria ao jornalismo escrevendo no *Diário do Povo*, jornal lançado em 1867 e descontinuado em 1869, ano em que ele e José Thomaz Nabuco de Araújo lançaram *A Reforma*, com a colaboração de alguns dos mais afamados escritores da época para combater o governo conservador. O jornal apoiou o Centro Liberal, do qual surgiu o Club da Reforma, formado, sob a orientação de Nabuco de Araújo, por um grupo de senadores liberais e de conservadores progressistas que tinham deixado o Partido Conservador.[18] Preconizavam a reforma para evitar a revolução; era também uma maneira de procurar uma alternativa ao incipiente movimento que tinha formado o Club Radical, do qual sairia o Club Republicano. *A Reforma* era uma folha mais opinativa do que factual, afinada com o Partido Liberal. Para Gondin da Fonseca, foi "sem dúvida o melhor jornal político de seu tempo".

O DECLÍNIO E O FIM

O *Correio* entrava em declínio. Sua orientação política tornou-se ambígua; o tradicional defensor dos liberais foi mudando até se tornar o porta-voz do Partido Conservador, na oposição. O então marquês de Caxias, antes de partir para a guerra no Paraguai, determinou que a direção do *Correio* fosse entregue a Firmino Rodrigues Silva, um dos mais combativos jornalistas conservadores. Colaboraram no jornal Antônio Ferreira Vianna, autor do panfleto *Conferência dos divinos*,[19] e Joaquim José de França Júnior. Este, que começara sua carreira de folhetinista no *Correio*, voltou a escrever no jornal, na nova fase, sob o pseudônimo de "Osíris" e, segundo o *Jornal do Commercio*, foi o criador do folhetim humorístico-político.

França Júnior escreveu que, segundo um "certo ministro conservador" – provavelmente o chefe do gabinete, Zacarias de Goes: "O que aí se diz de boca em boca é que na redação e direção do *Correio Mercantil* não influem os homens mais notáveis e sensatos do partido conservador, mas que, fazendo-se o serviço por semana, é confiado o trabalho ora a um ora a outro jovem aspirante."

José de Alencar, talvez ainda magoado com o antigo jornal, mandou uma carta a Firmino em abril de 1867 dizendo que fora um prazer saber que ele estava à frente do *órgão conservador e que*, a partir de maio, "podereis dispor do meu tempo para o que for preciso, em benefício do novo jornal, se para tanto me ajudarem 'o engenho e a arte'". A proposta foi aceita.[20]

Num gesto de apoio ao jornal, já agonizando, o Partido Conservador mandou uma carta-circular aos membros das províncias para que assinassem o *Correio*. Quando os liberais voltaram ao poder, Firmino polemizou com eles, que se valeram dos "A pedidos" do *Jornal do Commercio* para responder.

O *Correio* mudaria ainda várias vezes de proprietário. Em 1867, passou pelas mãos de J. A. dos Santos Cardoso e Comp. e de Raphael José da Costa Junior e Comp. Mas nem a troca de controle, nem a metamorfose política, nem o esforço dos conservadores conseguiram salvar o jornal. Em dezembro de 1868, anunciou: "Os proprietários do *Correio Mercantil* resolveram de acordo com seus amigos políticos cessar a publicação desta folha entrando desde já em liquidação". Foi absorvido melancolicamente pelo seu concorrente, o *Diário do Rio de Janeiro*, que fecharia pouco tempo depois.

GAZETA DE NOTÍCIAS (1875-1977)

Fundador: Ferreira de Araújo

BEM-HUMORADO E MUITO INFLUENTE

A *Gazeta de Notícias* do Rio de Janeiro foi um dos melhores jornais já publicados no Brasil. Dirigida a um público amplo e permeada de um leve espírito de humor, mudou a imprensa do fim do século XIX. Para Machado de Assis, "os dois maiores acontecimentos dos últimos trinta anos nesta cidade foram a *Gazeta* e o bonde".[1] A alma do diário foi seu fundador, Ferreira de Araújo.

A qualidade do jornal e de seu diretor foi percebida pelo jovem enviado especial do *Journal des Débats* de Paris, Max Leclerc, que veio ao Brasil em dezembro de 1889 para informar sobre os primeiros tempos da República. Ele escreveu que os dois maiores jornais do país eram o *Jornal do Commercio* e a *Gazeta de Notícias*. Depois de uma referência ao *Jornal do Commercio*, disse:

A *Gazeta de Notícias* é muito diferente, sua imparcialidade não consiste em registrar passivamente os acontecimentos; tem como redator-chefe o doutor Ferreira de Araújo e nisso está sua força. O doutor Araújo é um excelente jornalista: julga os homens e os acontecimentos com condescendente malícia, escreve com uma precisão, uma elegância e uma sobriedade raras; eu o coloco nessa elite de brasileiros muito cultos, muito superiores aos seus concidadãos; ele tem temperamento, caráter, espírito elevado, a inteligência amplamente aberta. Julgou de pé o Império, declarou-se republicano por uma questão racional; proclamada a República, estabelecida a ditadura, conservou sua independência de julgamento. Nas questões de que ele trata, sua opinião é em geral decisiva. Ele é talvez o único em seu jornal e em seu país a ter uma ideia, e uma ideia justa, da verdadeira missão do jornalismo, mas, sozinho, não conseguirá levar a cabo a tarefa.[2]

Para Leclerc, a *Gazeta* ostentava certa independência, certo ceticismo trombeteiro semelhante ao do *Le Figaro* na França. Escreveu também que, num momento em que a imprensa, atemorizada pelo fechamento de *A Tribuna*, folha liberal e monarquista, abstinha-se de criticar o Governo Provisório da República, foi "um ato corajoso do brilhante jornalista, Ferreira de Araújo, quem deu a voz de ataque na *Gazeta de Notícias* contra as medidas econômicas de Ruy Barbosa,[3] no que foi seguido pelo resto dos jornais".

Num gesto de cortesia, Francisco Antonio Picot, o principal executivo de seu maior concorrente, o *Jornal do Commercio*, disse que Leclerc estava certo "quando chama Ferreira de Araújo brilhante e corajoso".

Por suas críticas à política econômica, a *Gazeta* foi ameaçada pelo presidente da República, marechal Deodoro da Fonseca, de ser submetida a um tribunal de exceção, composto exclusivamente por militares, criado para julgar todos aqueles "que aconselharem ou promoverem com palavras, escritos ou atos, a revolta civil ou a indisciplina militar [...] que divulgarem, nas fileiras do Exército e da Armada, noções falsas e subversivas, tendentes a indispô-los contra a República".[4]

IRREVERENTE E ALEGRE

A *Gazeta de Notícias* foi lançada em 2 agosto de 1875, o mesmo ano da fundação de *A Província de S. Paulo*. Tinha instalações precárias e improvisadas. A mesa do balcão era uma velha tábua sobre duas barricas. Começou a circular com um dia de atraso devido às dificuldades de imprimir o jornal numa velha prensa – uma máquina Voisin de reação com dois cilindros e acionada a vapor.

A empresa editora tinha sido formada em março daquele ano. Era uma sociedade em comandita com capital de 30 mil-réis. Os sócios fundadores foram José Ferreira de Souza Araújo e os portugueses Manuel Carneiro e Elysio Mendes, cada um com uma participação de 3 mil-réis; o restante do capital, 21 mil-réis, foi distribuído em cotas de 100 réis; João José dos Reis, que anos depois fundaria *O Paiz*, participou com 500 réis.

O redator-chefe da *Gazeta* era Manuel Carneiro, o iniciador do projeto; Henrique Chaves e Lino de Assunção eram redatores. Em novembro, três meses depois do lançamento, Ferreira de Araújo assumiu a direção política e literária.[5]

Carneiro foi substituído na direção por Ferreira de Araújo, que se tornou o principal orientador da publicação, a alma da *Gazeta de Notícias* e um dos melhores diretores de jornal que o Brasil já teve. Foi ele o inspirador da irreverência e do bom humor que caracterizavam a nova publicação.

Todavia, Ferreira de Araújo Guimarães não parecia ser a pessoa adequada para dirigir um jornal diário. O jornalismo costumava atrair advogados ou escritores; mas ele era médico e continuou clinicando por um tempo – o jornal publicava com frequência um anúncio na última página: "O Dr. Ferreira de Araújo. Médico. Rua Sete de Setembro 119". Porque era médico, foi o único membro da redação que não tinha salário. Deixou o consultório em 1877, dedicando-se com exclusividade ao jornal.

Ele escrevia peças de teatro e tinha colaborado, com Manuel Carneiro, Elysio Mendes e Henrique Chaves, nos semanários *O Guarany* (1871), de caráter literário, e *O Mosquito* (1869-77), uma publicação ilustrada, bem-humorada e extremamente popular. Foi fundada por Cândido de Faria e Manuel Carneiro e nela colaboraram os famosos chargistas Angelo Agostini, italiano, e o português Bordallo Pinheiro.

Em 1870, Manuel Carneiro lançou o *Diário de Notícias*, um jornal boêmio de vida precária que "não tinha capital, não tinha casa, não tinha redatores, não tinha nada. O fundador o que tinha era topete", segundo Ferreira de Araújo. O exemplar custava apenas 40 réis, menos que os outros jornais e era apregoado na rua por vendedores ambulantes, uma novidade na época. O *Diário de Notícias* foi feito pelos redatores de *O Mosquito*. Ferreira de Araújo escrevia sobre temas de higiene, mas logo encontrou a maneira de fazê-lo com um estilo leve. O jornal, que parou de circular em 1872, foi o predecessor da *Gazeta de Notícias*, herdeiro de algumas de suas características e de sua equipe.

Para José do Patrocínio, que escreveu durante anos uma crônica de um tremendo impacto e depois foi um diretor de um concorrente, a *Cidade do Rio*, o segredo do sucesso da *Gazeta de Notícias* foi a experiência anterior de *O Mosquito,* do qual adotou o espírito livre e alegre: "*O Mosquito* tinha larga circulação para a época e o povo ao sentir num jornal diário o mesmo sabor de sua iguaria hebdomadária, correu gulosamente a gozá-lo. A ideia do jornal barato andava no ar". Patrocínio também observa que as "primeiras tentativas falharam. O *Diário de Notícias*, publicado dois ou três anos antes, morreu. A *Gazeta de Notícias* vingou por uma circunstância providencial: ela vinha a ser *O Mosquito* diário". Não foi coincidência que tanto a *Gazeta* como *O Mosquito* estivessem instalados no mesmo endereço, rua do Ouvidor, n. 70.

O jornal tinha um tom coloquial, como se estivesse contando uma história a um amigo. O bom humor foi evidente já no primeiro número, onde Lulú Senior, pseudônimo de Ferreira de Araújo, escreveu que uma publicação nasce com a idade do espírito de seus redatores. "A *Gazeta de Notícias* tem vinte e... tantos anos. Quer isso dizer que ainda tem coração para falar de amor às moças, ainda sabe rir com os rapazes e apesar de recém-nascida sabe talvez já ter juízo com os mais velhos, mas a seu modo". Conclui dizendo: "Não temos com isto a pretensão nem de encorajar os inteligentes e virtuosos, porque não precisam disso, nem de corrigir os maus, porque não somos a palmatória do mundo. A nossa pretensão é simples: dizer o que pensamos e sentimos, ser o que somos". A seção "Macaquinhos no sótão", lançada nos primeiros números, também escrita por Ferreira de Araújo, atraiu um elevado número de leitores. Ele também usaria, entre outros, o pseudônimo José Telha. Outro jornalista conhecido pela ironia e pelo traço leve foi Tomás Alves, que escrevia a coluna "Hop-Frog".

Como diria seu diretor ao completar os 40 anos, o jornal foi fundado por um grupo de rapazes que "achavam possível fazer boa e sã pilhéria com os ministros de Estado e até com sua Majestade nos tempos em que os ministros eram uma espécie de estátuas sobrenaturais com 'excelência' escrita em todas as letras". As pilhérias não poupavam o próprio diretor, Ferreira de Araújo; segundo o jornal, "como todo médico que se preza: só receita aos seus doentes aquilo que seria incapaz de tomar".

POPULAR E LIDO PELA ELITE

O novo jornal aproveitou a experiência do *Diário de Notícias*, que tinha sido o primeiro jornal brasileiro de baixo preço, 40 réis, e o primeiro apregoado nas ruas da cidade por vendedores avulsos. A *Gazeta* foi influenciada também pelo *Petit Journal* de Paris, de caráter popular e grande circulação, e pelo *Diário de Notícias* de Lisboa, que teria inspirado o título e a forma. A *Gazeta* foi lançada como um jornal popular, com muita notícia e observações bem curtas. Era um jornal popular lido também pela elite.

Tinha quatro páginas de 60 x 50 cm, das quais uma e meia ou duas ocupadas por anúncios. Em lugar de depender, como os outros diários, quase exclusivamente das assinaturas, seguiu o exemplo do *Diário de Notícias* e oferecia os exemplares na rua, diretamente ao público. O prospecto de lançamento dizia que o jornal seria vendido nas ruas por meninos jornaleiros, os "gavroches", nos principais quiosques, estações de bondes, barcas e em todas as estações da Estrada de Ferro de D. Pedro II; invadia os cortiços e as estalagens e abria-se na boleia de cada carroça. Machado de Assis menciona os meninos gritando nas ruas do Rio "A notícia, o anúncio, a pilhéria, a crítica, a vida, em suma, tudo por dois vinténs escassos". O preço só aumentaria para 60 réis em 1891 e para 100 réis em 1893, ainda assim inferior ao da maioria dos concorrentes. Com a venda avulsa, o jornal deixou de ser "objeto de empréstimo do armazém para clientes privilegiados" – prática comum na época. O francês Bernard Grégoire, um dos vendedores de rua da *Gazeta*, pela primeira vez a cavalo, seria também o primeiro a apregoar o jornal *A Província de S. Paulo* no ano seguinte.

O prospecto dizia ainda que, não sendo a *Gazeta de Notícias* folha de partido, trataria unicamente de questões de interesse geral: "O melhor programa d'um jornal que quer agradar o público é – agradar-lhe – sem programa". Este distanciamento foi criticado por José do Patrocínio ao escrever que era pena que a *Gazeta* não admitisse política: "A política é o forte da nossa população, e na heroica cidade do Rio de Janeiro não há quem não se ocupe um pouco com a deusa que tanto favorece uns e maltrata outros".

Na verdade, a *Gazeta* era, à sua maneira, um jornal político. Se não defendia nenhum partido, tinha como princípios o combate à escravidão e a instauração da República. Com esse objetivo, ela contratou pessoas como Quintino Bocayuva, Silva Jardim, José do Patrocínio.

Publicava na primeira página, nas segundas-feiras, a seção "Cousas políticas", escrita por Ferreira de Araújo. Ele afirmava que, nas questões políticas, "era responsabilidade da 'imprensa neutra'", como qualificava a *Gazeta*, formar a opinião pública mediante uma discussão de "princípios" de maneira imparcial. Mas acreditava que a campanha abolicionista não deveria ocorrer nas ruas e muito menos nas senzalas, mas ser organizada pelos poderes constituídos e no âmbito do Parlamento.[6] Quando o jornal completou 20 anos, Ferreira de Araújo reconheceu: "No tempo da monarquia, a *Gazeta* não era só republicana: era socialista e anarquista", mas que, instituída a República, foi acusada de "restauradora", isto é, de querer a Monarquia de volta. Essas apreciações, afirmou, "em nada nos têm prejudicado".

O prospecto de lançamento garantia que o jornal passaria a publicar "todos os telegramas políticos e comerciais, tanto do país como do estrangeiro". Eram fornecidos pela agência de notícias Havas-Reuters, que chegara ao Brasil no ano anterior.

Segundo escreveria mais tarde *A Notícia*, publicação muito próxima da *Gazeta*, com a qual compartilhava, além da tipografia, redatores, colaboradores e acionistas:

> [...] no dia em que a *Gazeta* entrava triunfantemente em cada tílburi, invadia os cortiços e as estalagens, espalhava-se pelos *bonds* e pelas barcas

e abria-se na boleia de cada carroça, n'esse dia iniciava-se n'esta capital, de hábitos tão conservadores e tão rotineiros, uma reforma cujo alcance talvez nem mesmo previssem aqueles que eram seus diretos fatores [...] E a *Gazeta* não criou somente um público de leitores, a *Gazeta* criou igualmente um público de escritores.[7]

O jornal dedicava tanta atenção ao entretenimento como à informação. Prometia um conteúdo atraente: "Além d'um folhetim romance, a *Gazeta de Notícias* todos os dias dará um folhetim de atualidade. Artes, literatura, teatros, modas, acontecimentos notáveis, de tudo a *Gazeta de Notícias* se propõe trazer ao corrente os seus leitores". Na verdade, publicaria até dois folhetins diários e seria mais pródigo em ilustrações, desenhos, vinhetas e atrativos visuais do que os outros jornais. Tudo isso contribuiu para sua rápida aceitação. Para Nelson Werneck Sodré, era o melhor jornal da época. Ao contrário do conservador *Jornal do Commercio*, feito para uma elite, alcançava um público muito mais amplo.

Segundo uma publicação inglesa:[8]

> Depois das tentativas do *Globo* e do *Cruzeiro* no sentido de explorar outro veio de publicidade, pondo um pouco de lado o jornalismo doutrinário, surgiu a *Gazeta de Notícias*. Foi em meio dessa imprensa, ou de corres (sic) excessivamente carregadas, ou profundamente incolor, que apareceu a primeira tentativa com êxito, duradoura, do jornalismo de informação, abrindo largas portas à reportagem.

A *Gazeta de Notícias* representa esse marco decisivo da evolução do jornalismo no Brasil. Desde os seus primeiros números, assumiu a *Gazeta* um aspecto que variava segundo a importância e a sensação das notícias, por esse critério classificadas na ordem das páginas. A par disso, criou-se, com ela, uma nova espécie de humorismo, ainda pouco conhecido num meio onde o humor era a sátira envenenada, alternando com as tremendas catilinárias em que se atiravam os órgãos apaixonados, em volta da serenidade impassível do *Jornal do Commercio*. Era o que se poderia chamar o humorismo imparcial, com um traço de leveza e o pouco fundo de maldade, que não podia ter a sátira agressiva que a paixão acerava.

Foi uma injeção de vivacidade álacre e sem as irritações costumeiras que se inoculou no organismo da imprensa diária, fazendo hoje zangar a uns, irritando amanhã os adversários daqueles, recebida por todos com a condescendência que se tem para uma boa palestra, embora um pouco alfinetante.

Ao lado do velho *Jornal*, começou a *Gazeta* a viver a vida do jornal pelo jornal.

ÁGUA! ÁGUA! ÁGUA!

Em lugar dos longos artigos que caracterizavam a imprensa da época, a *Gazeta de Notícias* publicava um elevado número de notas curtas e destacava os temas populares. No começo de janeiro de 1876, publicou em várias edições seguidas, no alto da primeira página: "Assuntos do dia: O clamor que se ouve por toda a parte é: Água! Água! Água! Já ninguém pensa em lavar-se, o que se pede é água para beber. Deem-nos água pelo amor de Deus". Registrava em reportagens, ao longo de vários meses, um surto de febre amarela que tinha chegado ao Brasil por um navio procedente de São Tomé e Príncipe, na África. O jornal reclamava da precariedade da lagoa Rodrigo de Freitas e publicou reportagens policiais em forma de verso. Dava tanto destaque às trivialidades como às notícias relevantes.

A irreverência característica da *Gazeta de Notícias* se refletia em quase todas as seções. Quando a censura eclesiástica proibiu a representação da obra *Os lazaristas* no Conservatório Municipal, a *Gazeta* protestou e, como não conseguiria anular a decisão, resolveu publicar o texto no jornal, como folhetim.[9] Embora sem rivalizar com a do *Jornal do Commercio*, sua seção de "A pedidos", nas páginas 1 e 2, iniciada em 1877, era bastante lida e lhe proporcionou uma boa receita. Outra fonte de renda era a publicação, desde 1890, dos atos oficiais da prefeitura do Rio, em substituição ao *Jornal do Commercio*.

Conseguiu desenvolver um jornalismo de alta qualidade, de grande accitação por um público amplo, com seções e colunas leves, de fácil leitura. Tocava seu próprio bumbo. Numa nota na primeira página, assinada por Gil, dizia:

> A *Gazeta de Notícias* é um tipo de jornal moderno: leve, criterioso e independente na fina ironia como no severo conceito. [...] Isso de armazenar

o bom senso de algibeira, do Sr. Proudhomme, a perspicuidade *sui generis* do Sr. Calino, a esperteza filosófica do Sr. de la Palisse. [...]

A *Gazeta* faz propaganda vitoriosa do jornal moderno, acompanhando a opinião pública com critério, espírito e a decência gramatical, que infelizmente, no Brasil, nenhuma autoridade faz respeitar. [...]

Eu gosto da *Gazeta*. Reconheço que ela rufa um pouco o tambor do reclame; mas quem for inocente d'esta que lhe atire a primeira pedra.[10]

Henrique Chaves explicou por carta como era a *Gazeta* ao jornalista português Mariano Pina, que assumia o cargo de correspondente em Paris (1882-6)[11] em substituição ao também português Guilherme de Azevedo, que morrera:

> Não deves perder de vista que a *Gazeta* é uma folha popular. Não deveis, pois, ter preocupações de escola na maneira de escrever. Escreve de modo que possas agradar ao maior número. Melhor do que eu, deveis saber que tudo se pode dizer, sem sacrifício de opiniões. Se te dou estes conselhos, é porque desejo e espero que tenhas um magnífico êxito nesta empresa.

A *Gazeta* atraiu pessoas que antes não liam jornal e criou um público leitor do "qual todos nós que aparecemos depois nós temos aproveitado", como escreveu *A Notícia*, e ampliou o mercado. Era um jornal popular lido por todas as classes sociais. Mas também publicou, por um curto período, uma seção semanal de economia em francês, "Le Brésil économique", obviamente dirigido a uma elite.

O primeiro balanço da empresa registrou um prejuízo de quatro contos. Mas o jornal seria um excelente negócio. Quando, pouco mais de dois anos depois do lançamento, Carneiro vendeu sua participação de 3 mil-réis aos outros dois sócios, recebeu 20 mil-réis.[12]

O MAIS LIDO DO IMPÉRIO

A *Gazeta* alcançou a mais alta tiragem de um jornal no Império, tendo chegado a vender uma média de 24 mil exemplares e, na República, 40 mil.[13]

Em 1881, as participações iniciais de 100 réis na sociedade tinham quintuplicado seu valor para 500 réis. Em 1891, a empresa em comandita se transformava na sociedade anônima Araújo & Mendes, o nome dos principais sócios, com um capital de 2 mil contos, com Ferreira de Araújo como presidente, e passou a pagar dividendos entre 8% e 12%.

Um dos motivos desse êxito foi explicado pelo *Jornal do Commercio* quando escreveu que vários jornais tentaram imitá-lo e que o único que sobreviveu foi a *Gazeta de Notícias*, por seguir uma "direção totalmente diversa à do *Jornal*, pois colocou-se sempre em antagonismo, em oposição sistemática a todos os governos". Certamente, a *Gazeta*, de tendência liberal, era mais crítica do poder público do que o *Jornal*.

Na correspondência entre os principais executivos do *Jornal do Commercio*, pode perceber-se uma preocupação com o avanço e a crescente influência de seu concorrente. O administrador, Francisco Antonio Picot, escrevia de Paris: "Não me admira o aumento (da tiragem) da *Gazeta* (*de Notícias*), a qual pelo simples fato de fazer oposição, numa quadra tão melindrosa como a que atravessamos, deve ser mais procurada, embora a impressão seja péssima e as caricaturas medonhas". Seus comentários mostram como Picot acompanhava com atenção o concorrente: "Quem é Victor Leal, que publica na *Gazeta* 'O Esqueleto'? Gosto da linguagem".[14]

Picot também achava que a *Gazeta* era mais noticiosa. Ele escreveu ao redator-chefe do *Jornal do Commercio*, por ocasião de uma reforma ministerial, "A *Gazeta* explicou a seus leitores o motivo das mudanças", e acrescentou: "a *Gazeta* atira-se mais; ferra as suas alfinetadas profundas e repetidas. Sei que o *Jornal* obedece a outras preocupações, e não o incrimino. Limito-me a mencionar a impressão produzida aqui na colônia dos patrícios". Em outra ocasião, ele comentou: "A *Gazeta de Notícias* foi mais audaz", um tipo de observação que repetiria com frequência: "Aprovo tudo quanto o *Jornal* tem dito em seus editoriais. Acho até que podia falar com mais decisão, mais energia. Sei que a situação é melindrosíssima. Todavia vejo que a *Gazeta de Notícias* vai malhando todos os dias com louvável persistência". Por sua vez, o redator-chefe do *Jornal*, numa tentativa de explicação, dizia a Picot que "desde seu começo a *Gazeta* tem se atirado muito mais do que o *Jornal*, sendo mesmo esta facilidade da *Gazeta* o traço distintivo entre as duas folhas".

Essas observações deixam evidente o contraste entre o *Jornal do Commercio*, mais prudente e neutro em seu noticiário e nos editoriais, e a *Gazeta de Notícias*, mais ousada, explicativa e interpretativa. Picot sentiu falta no *Jornal* dessas qualidades do concorrente.

A *Gazeta* inovou ao lançar uma edição semanal, com uma seleção de informações, crônicas, artigos e críticas, para ser vendida no resto do país.

A PRIMEIRA ROTATIVA DO BRASIL

Folha próspera e em crescimento, a *Gazeta* mudou, da sede improvisada em que começara, para novas instalações compradas com seus próprios recursos, sem necessidade de endividar-se, e renovou totalmente as oficinas. Nos primeiros anos, a impressão, feita num equipamento velho, era extremamente precária, como repetidas vezes comentara seu admirador Picot, do *Jornal do Commercio*. Para acompanhar o aumento da circulação, o jornal teve que se modernizar. Em agosto de 1879, afirmava ter recebido uma rotativa Marinoni, capaz de imprimir de 18 a 20 mil exemplares por hora. "[...] podemos asseverar – dizia o jornal – que nenhuma folha da América do Sul tem oficinas tão completas e tão aperfeiçoadas como a nossa". No ano seguinte, orgulhava-se novamente da grande capacidade de seus novos equipamentos, que possibilitavam tiragens superiores a 40 mil exemplares, e que "nenhuma outra tipografia da capital ou do Império pode tão rapidamente imprimir".

Nos dias seguintes à Proclamação da República, o jornal afirmou ter estampado 100 mil exemplares, tiragem que seria reduzida para 28 mil em dias subsequentes. Apesar da nova impressora instalada em 1890, Picot continua observando a baixa qualidade da impressão da *Gazeta*. Mais tarde, este jornal afirmou que importara a primeira rotativa de quatro cilindros da América do Sul, o que lhe permitiu a publicação de ilustrações coloridas. Em dezembro de 1893, a folha escrevia na primeira página: "Estereotipada e impressa nas máquinas rotativas de Marinoni, na tipografia da 'Gazeta de Notícias', de propriedade de Araújo & Mendes".

Em agosto de 1895, no vigésimo aniversário do jornal, Ferreira de Araújo anunciava o que dizia ser o primeiro serviço de zincografia da imprensa do Rio

HISTÓRIA DOS JORNAIS NO BRASIL – 1840-1930

para a elaboração de clichês, os quais permitiam a reprodução mais nítida de fotografia e ilustrações, o que possibilitaria a publicação de uma série de perfis de personagens da atualidade, "os 'bonecos', como o público lhes chama".[15] No ano seguinte, o jornal foi pioneiro na publicação dos *portraits-charges* de políticos e figuras da atualidade. Eram as "Caricaturas instantâneas", com texto de Lúcio de Mendonça e desenho de Julião Machado, extremamente populares, embora posteriormente fossem superados nessa área pelo *Jornal do Brasil.*

Quando foi lançado em 1894 por Manuel de Oliveira Rocha, o Rochinha, o vespertino *A Notícia* dividia com a *Gazeta* as instalações, as oficinas, os diretores e até uma grande parte da redação. No futuro, Rochinha controlaria os dois jornais.

A *Gazeta* tornou-se a publicação preferida da elite cultural pela qualidade da colaboração literária *remunerada,* enfatiza Alvaro Santos Simões Junior.[16] O jornal popularizou o pagamento dos colaboradores por artigo publicado, atraindo vários dos melhores escritores da época.

No prospecto de lançamento, anunciava: "Além d'um folhetim romance, a *Gazeta de Notícias* todos os dias dará um folhetim de atualidade. Artes, literatura, teatros, modas, acontecimentos notáveis, de tudo a *Gazeta de Notícias* se propõe trazer ao corrente os seus leitores". Já no primeiro ano, começou com o "Folhetim da *Gazeta de Notícias*", diário, no qual se revezavam os colaboradores do jornal, que escreviam sob pseudônimo. Publicava folhetins de escritores já famosos e incentivava outros que começavam a despontar, funcionando como um celeiro de escritores.

Como escreveu Clara Miguel Asperti: "A *Gazeta de Notícias* trazia em seu bojo tudo aquilo que os poucos letrados da capital federal desejavam: literatura amena de romances-folhetins, pequenas colunas de crônicas de variedades e seção de piadas, dentre tantas outras".[17]

"BALAS DE ESTALO"

Uma coluna escrita coletivamente, de forte apelo, na qual colaborou uma dúzia dos mais destacados escritores do momento, das tendências mais heterogêneas, todos assinando com pseudônimo, foi "Balas de estalo", de assuntos variados, leves, absurdos, sérios ou pitorescos da atualidade, publicada entre 1883 e 1886.

> As "Balas" da *Gazeta* comentavam as "pérolas" produzidas por deputados, vereadores, ministros, chefes de polícia e até mesmo pelo imperador. Através de textos brincalhões, cada um dos narradores colaborava na construção de um projeto político bastante definido: a falência das principais instituições do país, que eram denunciadas como forma de proselitismo de um novo projeto político, republicano e liberal. A modernidade era dissociada da monarquia católica e escravagista, a separação entre a igreja e o estado era pressuposto da então chamada modernidade. [...]
> O uso de pseudônimos, por sua vez, estabelecia o jogo ficcional entre os narradores. Muitas vezes, o mesmo literato colaborava com dois ou mesmo três narradores diferentes, tanto em personalidade quanto em temas, o que colaborava com o projeto de construção de uma série coletiva e com objetivos comuns.[18]

Machado de Assis, que escreveu 128 "balas", assinava como Lelio. Ele já tinha escrito para jornais como o *Correio Mercantil* e o *Diário do Rio de Janeiro*, nos quais se tornara conhecido no mundo literário, mas talvez suas mais destacadas colaborações tenham sido as publicadas na *Gazeta de Notícias*, para a qual escreveu assiduamente. A qualidade de seus folhetins e crônicas é comparável à de seus contos e romances. Na *Gazeta*, Machado herdou de Ferreira de Menezes o folhetim dominical *A semana*,[19] que passou a escrever (1892-97) com mordacidade, cheia de reminiscências e de sátiras alegóricas, e cada vez menos sobre os acontecimentos semanais.

Uma de suas colunas de maior prestígio foi "Bons dias!", que de acordo com Sônia Brayner gerou um conteúdo pitoresco, humano e urbano das relações sociais do Rio de Janeiro, visto com olhos contrastantes de humor benévolo e zombeteiro. Machado encerrava o texto com "Boas noites", como se fosse a assinatura.[20] Também fazia uma seção de crônicas versificadas com o nome de "Gazeta de Holanda" (1886-8).

Afirma Sérgio Rui Martins:[21]

> [...] a mais fecunda produção jornalística de Machado de Assis foi no período em que colaborou com a *Gazeta de Notícias* entre 1881 e 1897, no qual assinou diversas seções com estilos muito diferentes entre si. As "Balas de Estalo" procuravam fazer um jornalismo agressivo e calcado nos fatos mais polêmicos da semana; "Bons Dias", que levava o fecho "Boas Noites", era semelhante às "Balas de Estalo", sem, no entanto, recorrer tão assiduamente ao humorismo e à ironia.

Em sua longa colaboração, Machado de Assis escreveu mais de 500 crônicas e folhetins para a *Gazeta de Notícias*, o que não impediu que o jornal publicasse uma carta aberta em 1908 atacando sua obra e sua vida pessoal.

O SONHO DO POETA

O sonho do jovem poeta parnasiano Olavo Bilac era escrever regularmente para a *Gazeta de Notícias*. Ao completar 13 anos como colaborador do jornal, lembrou:[22]

> [...] o tempo em que, desconhecido e feliz, com a cabeça cheia de versos, eu parava muitas vezes ali defronte, naquela feia esquina da travessa do Ouvidor, e ficava a namorar, com olhos gulosos, estas duas portas estreitas, que, para a minha ambição literária, eram as duas portas de ouro da fama e da glória. Nunca houve dama, fidalga e bela, que mais inacessível parecesse ao amor de um pobre namorado: escrever na *Gazeta*! ser colaborador da *Gazeta*!, ser da casa, estar ao lado da gente ilustre que lhe dava brilho! – que sonho! [...] era uma linda rapariga amada e querida de todos, alegre como um canário, fresca como uma madrugada, e servida por um bando de admiradores. [...]
> Eram Eça de Queirós, Machado de Assis, Ramalho Ortigão, tantos outros [...] Quando as minhas mãos abriam a *Gazeta*, e os meus olhos liam o nome de alguns desses mestres, assinando um soneto, uma crônica, uma novela, – parecia-me estar vendo um ídolo, uma ara de ouro puro, incensado pela admiração e pelo aplauso de um

milhão de homens. É que a *Gazeta*, naquele tempo, era consagradora por excelência.

O sonho, aparentemente inacessível, começou a tornar-se realidade aos 18 anos, com a publicação do poema "A sesta de Nero", em 1884, por intermediação de Alberto de Oliveira.

> Nunca esquecerei, em cem anos que viva, a manhã do ano 1884, em que vi um dos meus primeiros sonetos na 1ª página desta amada folha que hoje faz anos. Doce e clara manhã! – talvez fosse, realmente, uma agreste manhã, feia e chuvosa; mas a minha alegria, o meu orgulho de rimador novato, a minha vaidade de poeta "impresso" eram capazes de acender um sol de verão na mais nevoenta alvorada de inverno.

Mas isso não era suficiente: "O que eu queria era ter aqui o meu lugar marcado, o meu cantinho de coluna, o meu lugar de posse. [...] Esta satisfação tardou, mas veio". Ela se concretizou a partir de 1890, quando Bilac passou a colaborar todas as semanas, praticamente sem interrupção. Na *Gazeta* ele publicava colunas, reportagens, crítica, versos fesceninos, poemas satíricos.

Diz Elói Pontes que com a presença de Bilac e de Pardal Mallet, a *Gazeta de Notícias* se tornou mais inquieta e audaciosa. Bilac substituiu Machado de Assis no folhetim *A semana*, em 1897, mudando seu nome para *Crônica*, publicando mais de 500, além de críticas e poesia.[23] Parou em 1908 quando, desgostoso com as críticas recebidas pelo seu empenho em organizar a Agência Americana de notícias, ele deixou de escrever na imprensa.

Bilac confessa o fascínio que o jornalismo exercia sobre ele:

> Um pobre rabiscador de crônicas principia a escrever uma seção diária, numa folha, por necessidade ou por desfastio; dentro de poucos meses, já a escreve por gosto; e dentro de menos de dois anos, escreve-a por paixão – por uma dessas paixões que são feitas ao mesmo tempo de amor e de hábito, de prazer e de vício, de revolta e de ciúme, – cativeiro voluntário, que o cativo às vezes amaldiçoa, mas do qual não se quer libertar. [...] A coisa começa por uma brincadeira, transforma-se num prazer, enraíza-se num costume, e fixa-se numa escravidão. Mas a escravidão é sempre doce quando a senhora é boa e formosa.[24]

Mas a sua paixão pela crônica e pelo jornalismo não impediu que o poeta, sempre escasso de dinheiro, também arriscasse umas tentativas como publicitário. Escrevia, embaixo de sua crônica dominical "A vida brasileira", anúncios como este, em forma de quadrilha:

Aviso a quem é fumante:
Tanto o príncipe de Gales,
Como o Dr. Campos Salles,
Usam fósforos Brilhante.

Promoveu a Vela Brasileira:

Disse-me ontem o Sousa Bastos
Vendo a luz do gás banzeira:
– Quem quer luz e não quer gastos
Use a Vela Brasileira.

Como disse Pinheiro Júnior a respeito das incursões de Bilac na publicidade:

Na *Gazeta de Notícias* (Bilac) defendeu as qualidades insuperáveis da Vela Brasileira e do Sabão da Luz e garantiu a eficácia dos medicamentos da Casa Werneck. Na festa da reinauguração da Casa Colombo, que havia sido destruída por incêndio, Bilac declamou "primorosas quintilhas" em louvor do caráter diligente de Antônio Portela, proprietário do estabelecimento especializado em tecidos, aviamentos, roupas e artigos de papelaria.[25]

Quando um fotógrafo lhe encomendou um anúncio, Bilac apresentou dois preços: 30 mil-réis pelo texto e 200 contos de réis pela assinatura. O fotógrafo recusou a assinatura e pagou 50 mil-réis.

UM ESQUELETO NO PAÇO IMPERIAL

Em março de 1890, poucos meses depois da Proclamação da República e do exílio de D. Pedro II, os jornais publicaram a estranha notícia de que fora encontrado um esqueleto dentro de um caixão no Paço Imperial. A notícia acendeu a imaginação popular e inspirou folhetins em três jornais: *Gazeta de Notícias* e *Diario do Commercio*, no Rio, e *O Estado de S. Paulo*.

Na *Gazeta*, o folhetim *O esqueleto: mistérios da Casa de Bragança* é um implausível e complicado dramalhão. Foi escrito por Olavo Bilac e João Carlos de Medeiros Pardal Mallet, que assinaram com o pseudônimo comum de Victor Leal. O "herói" é um fidalgo italiano, Ângelo Pallingrini, conhecido como "Satanás", órfão no dia em que nasceu, que matara seu tio e tutor. Veio ao Brasil com a Corte de D. João VI acompanhando a D. Bías, espanhol e também fidalgo.

O segredo de "Satanás" era sua filha Branca, a quem visitava todas as noites e protegia contra a depravação dos fidalgos portugueses da Corte. Ele acompanhava D. Pedro, príncipe-regente (futuro D. Pedro I), em suas escapadas noturnas. Este, evidentemente, colocou Branca em sua mira, pensando que "Satanás" era amante dela, mas não consegue seduzi-la. O capitão da guarda de D. Pedro, apaixonado por ela, suicida-se. D. Bías também se apaixona por Branca, que enlouqueceu, e a mantém prisioneira. Satanás descobre que D. Pedro foi a causa do infortúnio da filha e procura vingança. Mas o príncipe é proclamado imperador, Branca morre e Satanás retorna à Europa. Para divertir-se, D. Pedro jogou um esqueleto na cama de Bías enquanto este dormia. Era um falso esqueleto, que Bias colocou num caixão, dentro de um armário, no Paço, para ser "uma grande peça pregada às gerações futuras".

Seus escritos políticos na *Gazeta* e na *Cidade do Rio* colocaram Bilac em confronto com o governo. Áspero crítico de Floriano Peixoto, contra quem chegou a conspirar, foi preso três vezes e teve que se esconder em Minas Gerais para evitar uma nova prisão. Em linha diametralmente oposta, a *Gazeta* teve um viés favorável a Floriano.

O romancista Raul Pompeia publicou um de seus melhores romances, *O ateneu*, na *Gazeta*, em 1888, na qual também apareceram os folhetins populares de França Júnior e a "Semana política" de José do Patrocínio, que assinava com o pseudônimo de Proudhomme, provavelmente inspirado no francês Pierre-Joseph Proudhon, de 1877 a 1881. Patrocínio começara na *Gazeta* sua carreira como repórter e nela iniciou sua campanha pela abolição da escravidão.

Arthur Azevedo era o crítico de teatro. Escreviam também Coelho Netto, Medeiros e Albuquerque. Pedro Rabelo lançou a crônica humorística "Casa de doidos"; Aluísio Azevedo publicou na forma de folhetins seu romance *Philomena Borges*; Pardal Mallet assinava a coluna "A questão acadêmica". O historiador Capistrano de Abreu fazia a crítica literária e escrevia resenhas na coluna "Livros e letras".

A *Gazeta de Notícias* manteve um estreito relacionamento com os principais escritores de Portugal no final do século XIX. Publicou algumas das melhores páginas da literatura desse país. Como diz Elza Mainé, no último quartel do século XIX, o jornal se constituiu num espaço privilegiado para o estudo da presença portuguesa na nossa imprensa periódica, bem como para o estudo das relações literárias Brasil/Portugal.[26]

O intermediário entre o jornal e os escritores portugueses foi Ramalho Ortigão. Ele era o correspondente da *Gazeta* em Lisboa, de onde mandava as "Cartas portuguesas". Com vários intervalos, escreveu no jornal de 1879 a 1915; em suas páginas, publicou uma de suas melhores obras, *A Hollanda*. Era amigo de Ferreira de Araújo, que lhe fez um convite para visitar o Brasil em 1887, onde foi entusiasticamente acolhido e teve uma recepção só igualada pela que anos mais tarde seria dada a Sarah Bernhardt. Em São Paulo, Ortigão foi homenageado pela *A Província de S. Paulo*.

O historiador português Oliveira Martins foi responsável durante vários anos pelos balanços anuais sobre a situação da Europa publicados pelo jornal. Fialho de Almeida escrevia com frequência para *O Estado de S. Paulo*, mas pediu a intermediação de Ramalho Ortigão: "Eu tinha grande interesse em colaborar na *Gazeta de Notícias* do Rio – motivos vários – já pelas compensações materiais que ela faculta, já pela liberdade de ação que oferece aos escritores, já pela esfera do público...". Mais tarde, quando foi lançado o *Jornal do Brasil*, Fialho seria seu correspondente em Lisboa.

EÇA DE QUEIROZ NA *GAZETA*

O principal colaborador português da *Gazeta de Notícias*, e na qual publicou algumas de suas melhores páginas, foi Eça de Queiroz, que ao lado de

Machado de Assis é considerado o melhor escritor em língua portuguesa do século XIX. Ele começou a escrever na *Gazeta* também por intermediação de Ramalho Ortigão, coautor de algumas de suas obras, depois de uma tentativa fracassada de colaborar no *Jornal do Commercio*.

Em 24 de julho de 1880, a *Gazeta de Notícias* escrevia:

> Temos a satisfação de publicar hoje a primeira carta do eminente escritor Eça de Queiroz, que acedeu ao convite que lhe fizemos para ser o nosso correspondente em Londres. Seria ocioso encarecer os méritos do novo colaborador, que tem um nome firmado por trabalhos de grande valor literário. Que o digam as *Farpas, O Crime do Padre Amaro, O Primo Basílio* e outros primorosos escritos. Por enquanto o Sr. Eça de Queiroz ocupar-se-á dos acontecimentos de Paris e Londres; muito brevemente, tratará só da Inglaterra, logo que chegue a Paris o correspondente que para essa capital contratamos.

Ferreira de Araújo pediu que ele informasse sobre o "movimento científico, literário, artístico e sobretudo social de Londres" mediante um pagamento de quatro libras esterlinas por coluna. Eça de Queiroz começa a escrever de Bristol, onde era cônsul de Portugal, uma crônica por mês, de julho de 1880 a 1882, e retoma a colaboração a partir de 1887. Ele continuou escrevendo de Paris quando foi cônsul nessa cidade.

Como correspondente da *Gazeta*, o traço predominante é seu senso político de observador atento à atualidade internacional e sua capacidade de interpretar os acontecimentos com acuidade, comenta Heitor Lyra.[27] Numa interpretação diferente, Marc Gruas afirma que Eça de Queiroz preferia tratar de temas mais mundanos: "Pouco inspirado pelas atualidades francesas ou internacionais, o correspondente da *Gazeta de Notícias* convida seus leitores a (re)visitar o gênio culinário da civilização greco-romana". Grande repercussão tiveram as três crônicas "Aos estudantes do Brasil...", de 1897.

Na verdade, mais do que narrar os fatos, Eça de Queiroz os interpreta à sua maneira, com irreverência, humor e exagerando, se necessário, para entreter o leitor. A literatura, com frequência, predominava sobre o jornalismo. Suas crônicas para a *Gazeta de Notícias* foram publicadas em forma de livro com os títulos de *Cartas da Inglaterra*, *Ecos de Paris*, *Cartas familiares*, *Notas contemporâneas*, e ainda surpreendem hoje pelo estilo e pela agudeza de muitas observações, mas nem sempre escrupulosamente fiéis aos fatos.

Além das crônicas, Eça de Queiroz publicou na *Gazeta*, na forma de folhetins, o romance *A relíquia* em 1887, os dois últimos capítulos de *Os maias* (1892), além de vários contos e algumas das *Cartas de Fradique Mendes*. Escreveu também *A Aia* (1893) e *O defunto* (1895), uma obra-prima, segundo Olavo Bilac, que bastaria para dar em qualquer literatura, antiga ou moderna, ao escritor o bastão de maioral das letras. E estando censuradas em Portugal suas *Cartas da Inglaterra*, autorizou sua publicação pela *Gazeta*.

Eça também coordenou em 1892 uma seção à que deu o nome de "Supplemento litterario da *Gazeta de Notícias*". Foi o primeiro suplemento literário publicado pela imprensa brasileira. Feito com a participação de vários colaboradores, apresentava ao leitor um panorama geral dos acontecimentos na Europa sobre livros, arte, cultura, moda e ciências. Era publicado na página 3 e continuando na seguinte. Eça de Queiroz escreveu que o suplemento:

> É a própria representação condensada em meia folha de jornal, com uma seleção cuidadosa dos seus episódios mais atraentes, dos seus personagens mais característicos, das suas decorações mais vistosas e ricas. Neste Suplemento vai o resumo de uma civilização. E toda ela deste modo se goza no que tem de mais belo ou de mais fino, sem a desconsolação de perpetuamente se surpreender a rude fealdade do seu avesso.

O primeiro número tinha 26 artigos. A iniciativa teve curta duração: apenas 6 edições. O jornal não explicou as razões de sua suspensão, mas foram provavelmente financeiras, como já tinha percebido o próprio Eça de Queiroz. Escrevendo a um amigo, comenta que a *Gazeta* "é um jornal rico e, até certo ponto, generoso. [...] O que não me parece fácil é que eles possam, com o câmbio atual, sustentar tal despesa". Sobrecarregado, ele deixou de escrever na *Gazeta* em 1897.

Em 1890, já consolidada, a *Gazeta* passou a ser publicada por uma sociedade anônima. Abolida a escravidão e implantada a República, os principais objetivos políticos da *Gazeta* em seus primeiros tempos, Ferreira de Araújo continuou na direção, mas empreendeu uma longa viagem à Europa. Ele e o jornal ficaram mais conservadores com o passar do tempo.

Com a maturidade, a *Gazeta* deu sintomas de perder a leveza e a espontaneidade dos primeiros tempos. Em 1895, ao completar os 20 anos, *A Notícia*, uma publicação com a qual compartilhava colaboradores e acionistas, comentou: "Talvez a *Gazeta* de hoje seja tão diferente da *Gazeta* de 1875, que uma nova *Gazeta* de 1875 encontrasse no campo da imprensa fluminense lugar para garantido êxito". [A respeito de Ferreira de Araújo e de sua coluna "Cousas políticas", fez uma dura crítica ao dizer que no "conservantismo a que as tendências políticas do seu espírito o obrigam hoje, mal se reconhece quem escreveu o primeiro artigo dessa brilhantíssima coleção".

No ano seguinte, por ocasião do 21º aniversário, a *Gazeta* convocou seus leitores a fornecer informações – "o assassinato misterioso, o suicídio, o falecimento de pessoa notável, o caso da secretaria tal, o desaparecimento do caixa G, [...] notícias altamente curiosas" –, mediante pagamento de 5 a 20 réis, se confirmadas e publicadas.

UM FILHOTE BEM-HUMORADO

Em agosto desse mesmo ano, o jornal, numa tentativa de rejuvenescimento, começou a publicar uma coluna satírica, "O filhote". Leve e irreverente, era uma paródia da própria *Gazeta*, inclusive do folhetim e da seção "A pedidos". Publicada no alto da primeira página do jornal, era escrita por Olavo Bilac, Ferreira de Araújo, Guimarães Passos, Coelho Netto e outros jornalistas. O primeiro folhetim foi *A morte da bezerra*. Lembrava as origens e sua proximidade com o semanário *O Mosquito*.

A Notícia continuava vendo na *Gazeta* mais madura um:

> [...] certo ar de gravidade, muito contrário aos moldes que têm sido o seu segredo. Uns diziam que à menina que se fazia moça, convinha esse feitio, que não era natural pela excelente razão de ser contrafeito; outros diziam que a gente não tem depois dos trinta e seis anos – média da idade dos redatores da *Gazeta* [...] – aquele mesmo amor que se tem pela *charge* e

pela *verve* no dourado tempo dos vinte anos. [...] E com o aparecimento d'*O Filhote* apareceu a *Gazeta* com seu material todo reformado, desde o tipo fantasia dos anúncios até o tipo comum da folha.

Na verdade, Ferreira de Araújo tinha se desentendido com *A Notícia*, jornal que ajudara a fundar e com o qual, de certa maneira, competiria "O filhote", o que ajuda a explicar a dureza dessa crítica e a feita no ano anterior. Mas suas observações não estavam totalmente fora de lugar.

O primeiro folhetim de "O filhote" foi, curiosamente, *O filho infame*, de Xavier de Montépin. Na primeira edição, por um erro na gráfica, trocou a primeira página com a quarta.

A seção tornou-se tão popular, que a empresa decidiu transformá-la em um jornal diário separado, com esse mesmo nome, *O Filhote*, como uma edição vespertina da *Gazeta*, em formato menor. O preço dos dois jornais era o mesmo, 100 réis.

Quando cortou o cordão umbilical, *O Filhote* ficou mais sisudo, e na metamorfose de seção diária para jornal diário deixou para trás algo da leveza e do humor. Não ficou muito diferente do resto da imprensa. As seções eram as mesmas dos outros jornais. Quase todos os colaboradores eram os mesmos da *Gazeta*.

Um dos pontos altos eram as eventuais crônicas de Ferreira de Araújo. Durou cinco meses. Depois que *O Filhote* morreu, a *Gazeta* voltou a publicar uma seção de humor, "O engrossa" (1898-1900), termo que na época significava bajulação, mas não teve o mesmo apelo de sua antecessora. Outra coluna irreverente foi "Casa de doidos" (1900-2), escrita pelos loucos que habitavam o "hospício" que era a *Gazeta*. Em 1908, houve uma breve tentativa de ressuscitar a seção "O filhote".

Embora independente de partidos, o jornal seguiu uma linha liberal. Era de tendência republicana, foi o primeiro jornal a fazer campanha a favor da abolição da escravatura, pela pena de José do Patrocínio, e se bateu pela liberdade de religião. Se o jornal defendeu no começo a política econômica de encilhamento – expansionista e inflacionista – de Ruy Barbosa, o primeiro-ministro da Fazenda da República, depois seria seu crítico mais veemente, como observou Max Leclerc, sendo ameaçado pelo novo governo.

Temeroso de um retorno à Monarquia, deu apoio não isento de críticas aos governos de Deodoro da Fonseca e, apesar de seu autoritarismo, de Floriano Peixoto, o que não impediu que o jornal fosse proibido de circular vários dias durante a Revolta da Armada.

Desenvolveu uma boa cobertura internacional com a contratação de agências telegráficas e a instalação, com um custo elevado, de uma rede de correspondentes de alto nível na França, na Alemanha, na Itália, na Inglaterra, em Portugal.

Quando o jornal completou 23 anos, descreveu sua trajetória:

> Começamos sem pretensões, e quase sem programa. Queríamos fazer uma folha diversa das que então havia, e que eram de um lado o *Jornal do Commercio*, sério e grave, sem se envolvendo em polêmicas, sempre sistematicamente posto ao lado do governo, por amor da ordem, e do outro, folhas partidárias, com todas suas paixões mais ou menos violentas, mais ou menos intolerantes.
>
> Queríamos ser, e fomos, e temos sido imprensa neutra. E entendemos sempre essa neutralidade não como indiferença pelas questões políticas, mas como indiferença pelos partidos. Estivessem no governo conservadores ou liberais, atacamos os atos que nos pareciam maus, aplaudíamos os que nos pareciam bons.
>
> Quanto às instituições então vigentes, o nosso papel consistiu, se assim podemos nos exprimir, em faltar-lhe ao respeito. Um velho prestígio as cercava, que fazia parte dos costumes, e esta imprensa neutra, que não tinha compromissos, permitiu-se achar alguns desses costumes anacrônicos e ridículos, e como éramos moços, levamos a cousa a rir. [...] E sobre os moldes da *Gazeta* fundaram-se outros jornais [...] de modo a constituir a força que foram num momento dado e que continuam a ser. [...]
>
> A abolição do elemento servil impôs-nos outro modo de proceder. [...] Foi na *Gazeta de Notícias* que José do Patrocínio iniciou a última e gloriosa época dessa campanha que durou cerca de dez anos e de que ele foi o herói. A estabilidade desta casa chegou a ser ameaçada.
>
> Proclamada a República, a neutralidade da imprensa tinha de ser outra. Assim o entendemos na *Gazeta* [...] não podíamos ser neutros entre os dois regimes. A República era uma conquista já feita, de que não havia

mais recuar: qualquer tentativa de restauração seria o mais grave dos erros, porque a ser bem-sucedida seguir-se-iam o desmembramento e a anarquia.

Um concorrente, a *Cidade do Rio*, escreveu que a *Gazeta* "abriu a primeira estrada da independência do jornalismo" e que recebeu "em seu seio homens de todos os partidos, literatos de todas as escolas".

O DUELO QUE NÃO HOUVE

Em agosto de 1886, num episódio singular, a *Gazeta* se envolveu numa polêmica com o proprietário de *O Paiz*, João José dos Reis Júnior, conde de São Salvador de Matosinhos. O tom das acusações mútuas aumentou de intensidade até que os dois jornais divulgaram, no mesmo dia, exatamente o mesmo texto curto na primeira página, dizendo que *O Paiz* publicara um artigo assinado por Reis Júnior, "contendo expressões ofensivas à redação da *Gazeta de Notícias*", e que Ferreira de Araújo pediu uma retratação ou uma reparação pelas armas. Reis Júnior não se retratou e os duelistas foram até uma ilha da baía da Guanabara. As partes foram discretas sobre o desfecho. Aparentemente não houve duelo, pois a nota divulgada dizia: "Do encontro lavrou-se uma ata em duplicata [...] declarando a honra satisfeita".[28]

Há uma área cinzenta na história do jornal. Segundo Marialva Barbosa, a *Gazeta* recebia, para cada matéria em defesa do presidente Prudente de Morais, mil-réis por linha. Não diz se o pagamento era das verbas secretas, para comprar sua opinião, ou pela publicação de inserções na seção de "A pedidos".

Se, como observou o *Jornal do Commercio*, a *Gazeta*, nos primeiros anos, criticava todos os governos, depois passaria a elogiá-los. Bernardino de Campos escreveu em 1897 a Campos Salles, ainda presidente de São Paulo:

> Como deve ter visto, já começou na *Gazeta* a publicação dos artigos em defesa do governo. Foi o mais pronto que se pôde fazer. Até agora só tem escrito o Rochinha (Manuel Jorge de Oliveira Rocha, acionista do jornal e também de *A Notícia*) de acordo comigo. O outro colaborador quer ouvir a V. [...] Amanhã pretendo ter, com ele, uma conferência reservada. [...]

Dar-lhe-ei, então, a completa ideia do que convém sustentar e desenvolver tão somente para afiná-lo no nosso som, pois o mais sabe ele bem.[29]

Num outro trecho da carta, a respeito da indicação de Campos Salles para disputar a presidência da República, ele diz: "Fiz o Rochinha interessar a *Gazeta* e o Araújo será companheiro. Quero ver se entro no *Jornal do Commercio* também".

A carta de Bernardino de Campos, embora mostre o apoio efetivo da *Gazeta*, não diz se os artigos em defesa do governo foram pagos. Rochinha fora discípulo, companheiro e amigo de Campos Salles desde o tempo da adolescência, quando morava em São Paulo.[30] Talvez isso explique o apoio dado ao governo pelos jornais de que ele era acionista, mas não é improvável que fosse um apoio remunerado.

Mais direta é a afirmação feita por um editorial de *O Estado de S. Paulo* de dezembro de 1915, quase 20 anos mais tarde, provavelmente escrito por Júlio de Mesquita, a respeito desse mesmo episódio no fim de governo de Prudente de Morais. O *Estado* começa elogiando o jornal: "A *Gazeta de Notícias*, cuja brilhante redação obedecia, naquela época, à orientação do grande jornalista Ferreira de Araújo e seus talentosos companheiros escreviam admiravelmente e com sinceridade, que transparecia, evidente, em todas as colunas da folha". Prossegue dizendo que, já antes de receber os subsídios, "o popularíssimo jornal" não atacava o governo e que, sem quebra da sua antiga neutralidade, era governista. "Nada, pois, mais natural que o governo dele se aproximasse, para conseguir, mediante uma subvenção, um apoio mais direto e mais constante". Finalmente comenta: "O que hoje não é natural, o que hoje parecerá simplesmente espantoso, caso fora de todas as regras, verdadeiramente do outro mundo, é como se fez o acordo promovido pelo governo".

Segundo *O Estado*, a *Gazeta* criou uma seção paga na segunda página, dedicada exclusivamente à defesa do governo, assinada com a letra "E", que logo chamou a atenção do público. Era escrita pelos próprios redatores da *Gazeta*. O jornal queria cobrar 2 mil-réis por linha; aceitou a metade. Quando Prudente deixou o governo, a *Gazeta* tinha recebido uns 15 ou 20 contos de réis. Provavelmente, é a esse episódio que se refere Marialva Barbosa quando escreveu que a *Gazeta* recebia, para cada matéria em defesa do presidente Prudente de Morais, mil-réis por linha.[31]

Medeiros e Albuquerque, um contemporâneo, porém, diz que os pagamentos feitos no governo de Prudente de Morais se referiam a apenas editais e a outras publicações oficiais; mas eram distribuídos aos jornais amigos e se negavam aos outros.

CANUDOS, A FERRO E FOGO

A *Gazeta* foi um jornal de tendências republicanas e, provavelmente, a primeira folha abolicionista entre as principais publicações. Mas sua cobertura da Guerra de Canudos e de Antônio Conselheiro, no fim do século XIX, esteve tão eivada de preconceitos como a do restante da imprensa.

A *Gazeta* despachou um enviado especial ao sertão baiano, o "coronel honorário" Júlio Procópio Favila Nunes, florianista fanático, que acompanhou os últimos combates em 1897. Em seus despachos, ele elogia, com pouca mesura, os chefes militares, vários dos quais eram amigos, e a ofensiva militar: "Um projétil matou 22 jagunços. Bendita granada". Também foi combatente e dizia ter uma carabina numa mão e, na outra, a caderneta de repórter.

Mas não deixa de mencionar a morte dos jagunços feitos prisioneiros e a censura dos despachos telegráficos: "É necessário não dizer a verdade para que os telegramas, ainda assim, não sejam transmitidos". Descreve o despreparo da tropa: "As nossas forças, seminuas, meio famintas e com as maiores privações. [...] Roupa e víveres é do que mais carecem". "[...] muitos outros oficiais, vindos doentes e feridos de Canudos, todos na mais desoladora miséria, maltrapilhos e famintos". "Simplesmente a fome é o elemento que mais aterroriza, mil vezes pior que os tiroteios da jagunçada, que traiçoeiramente se oculta por detrás das pedras". Menciona também o elevado número de desertores, fica ambivalente diante da coragem dos "inimigos", elogia sua esplêndida pontaria, sua tenacidade e audácia e, confuso, diz que são "covardes e audazes".

Em face da tenaz resistência dos jagunços, escreveu que: "Não era possível mais protelações e os sentimentos de humanidade deviam ser banidos". A seguir, passa a descrever como os habitantes de Canudos foram incinerados:

Foi colocado fogo com querosene [...] Mal se ouviam as agonias das vítimas do fanatismo [...]. O incêndio devorava "casas, homens, mulheres e crianças, nada poupando, nada respeitando. O fétido nauseabundo da carne humana em cremação era insuportável. [...] O pavilhão nacional foi hasteado em todos os recantos de Canudos; as músicas tocavam o hino glorioso da Pátria. Canudos era uma vasta fogueira! As ruas estavam tapetadas de milhares de cadáveres! [...] A cidadela maldita, onde o banditismo, a ignorância e o fanatismo estúpido e perverso acastelaram-se para eterna vergonha de nossa Pátria, não existe mais [...] Há um monte de ruínas.

A respeito dos poucos sobreviventes, Favila Nunes diz: "Os prisioneiros sobem a 160, na maior parte mulheres e crianças, visto ter o general ordenado não aprisionar homens que são de uma mudez revoltante e cínica". No entanto, ele afirma que aos generais que comandaram as tropas "não se devem atribuir atos que não sejam merecedores de aplausos". Como escreve Francisco Aparecido Copanuchum de Campos:

Algumas passagens da longa coletânea de correspondências de Júlio Procópio Favila Nunes, enviado à frente de batalha pela *Gazeta*, chegam a causar muito mais que mero desconforto: causam repugnância a maneira corrosiva pela qual ele se refere ao sertanejo; na visão transmitida por esse militar o povo de Canudos era uma escória desprezível, mais que "bichos", na pior acepção que se possa ter deste termo. Por outro lado, em que pese o conteúdo tendencioso da *Gazeta*, há imagens da guerra em detalhes, com amplas descrições em seus textos, que pouco ficam devendo a grandes obras de nossa Literatura e, vale ressaltar, literato era o que não faltava em suas fileiras. A representação galhofeira da guerra ainda consegue fazer rir, ainda que seja um riso amargo e ressentido porque Canudos é uma ferida perpétua, cuja "História" a *Gazeta* contou permeando-a com ficção e procedimentos que o jornalismo dos dias atuais jamais aceitaria, como por exemplo, a parcialidade de juízos.[32]

Mas, quando voltou ao Rio, Favila Nunes negou que a Revolta de Canudos tivesse intuitos monarquistas.

Eu também pensei isso enquanto Canudos não caiu em nosso poder, mas a 5 de outubro me convenci do contrário, visto que ninguém encontrou o menor indício de proteção por parte dos supostos inimigos da República. Uma população enorme, acumulada em seis mil ranchos, não tinha uma cadeira, uma mesa, uma só cama. Os combatentes não souberam utilizar-se de quatro canhões Krupp 75 e não sabiam fazer uso da alça de mira das carabinas que nos tomaram nas expedições anteriores. [...] Viviam na mais absoluta miséria e morreram de fome e sede, sem ter ao menos quem lhe fizesse um curativo nos ferimentos mais graves. Em que consistia, então, essa imaginária proteção monárquica?[33]

O RENOVADOR DA IMPRENSA

Uma doença limitou a capacidade de trabalho de Ferreira de Araújo a partir de 1896. Foi diagnosticado com arteriosclerose. Pediu a seu amigo Manuel Rocha: "Você não diga nada. Não há nada mais triste do que ser olhado como se fosse moribundo". Viajou à Europa e a doença se agravou, mas ele continuou escrevendo para várias publicações. Fazia um artigo diário para "O filhote", outro para *O Commercio de São Paulo*, que mandava por telégrafo, uma crônica semanal para *O Estado de S. Paulo* e, às quintas-feiras, um folhetim para a *Gazeta*. Desde meados de 1899 ficou de cama. A saúde se complicou com uma erisipela e uremia.

Morreu em 21 de agosto de 1900, com 52 anos, seis dias depois de Eça de Queiroz. Foi lamentado pela elite intelectual do Rio.

Para Olavo Bilac, ele "era de uma superioridade intelectual, ao serviço de uma superioridade moral". Cinco anos mais tarde, escreveu:

Se já temos – nós, os que escrevemos, – um público, pequeno, mas inteligente, devemo-lo, em grande parte, a esse mestre exemplar, que, num tempo em que a imprensa diária ainda era um luxo caro, decidiu colocá-la ao alcance de todos, barateando-a, e popularizando-a. Foi ele quem chamou ao jornal a gente moça, que se ensaiava nas letras. Na *Gazeta de Notícias*, que possuía a colaboração preciosa de Machado de Assis, de Eça de Queiroz e de Ramalho Ortigão – começaram a aparecer os rapazes cheios de talento, mas ainda sem nome, que daquelas colunas se impuseram ao público [...]. Foi também na *Gazeta* que os pintores, os escultores, os músicos encontraram sempre defesa, amparo, propaganda. Ferreira de Araújo adorava todas as artes. [...] o jornalismo, compreendido como o compreendeu Ferreira de Araújo, é arte, e é poesia. Esses dois serviços prestados por Ferreira de Araújo: a *democratização* da imprensa diária e o apoio dado a uma geração literária e artística, cujo talento não tinha campo onde se pudesse exercitar, já bastariam para tornar inesquecível o seu nome, na história da inteligência brasileira.[34]

Machado de Assis, em carta a Henrique Chaves, escreveu:

Agora que ele se foi, podemos avaliar bem as qualidades do homem. Esse polemista não deixou um inimigo. Pronto, fácil, franco, não poupando a verdade, não infringindo a cortesia, liberal sem partido, patriota sem confissão, atento aos fatos e aos homens, cumpriu o seu ofício com pontualidade, largueza de ânimo e aquele estilo vivo e conversado que era o encanto dos seus escritos. As letras foram os primeiros ensaios de uma pena que nunca as esqueceu inteiramente. O teatro foi a sua primeira sedução de autor. Vindo da imprensa diária, não cedeu ao acaso, mas à sua própria inclinação do talento. Quando fundou esta folha, começou alguma coisa que, trazendo vida nova ao jornalismo, ia também com o seu espírito vivaz e saltitante, de vária feição, curioso e original. Já está dito e redito o efeito prodigioso desta folha, desde que apareceu; podia ser a novidade, mas foram também a direção e o movimento que ele imprimiu. [...] A *Gazeta* ficou sendo assim uma comunhão em que o dissentimento de ideias, quando algum houvesse, não atacaria o coração, que era um para todos.

Para o *Jornal do Commercio*, Ferreira de Araújo foi "o brilhante reformador dos antigos moldes jornalísticos do Brasil". E, segundo Gondin da Fonseca, "foi um sujeito notável, um renovador. E o seu jornal, a *Gazeta de Notícias*, o melhor dos melhores – onde França Júnior e dezenas de outros cronistas cintilaram. Quintino Bocayuva admirava muito Ferreira de Araújo". O próprio Quintino disse que ele tinha as qualidades de três jornalistas franceses: de Armand Carrel, a coragem e independência; de Jules Janin, a verve fácil e a extrema correção; de Émile de Girardin, o talento e a fecundidade.[35]

José do Patrocínio mencionou "o fundador da imprensa popular, o homem-coração, o homem-verve, o homem-desinteresse, o homem-patriotismo, o homem-genial, o dr. Ferreira de Araújo".[36] Seu jornal, a *Cidade do Rio*, escreveu que ele era "o pai espiritual do jornalismo deste último quarto de século", e que a *Gazeta de Notícias* era "o jornal do jornalista".

O Estado de S. Paulo escreveu: "Ferreira de Araújo, na história da imprensa brasileira, marca uma transformação radical. Deve-se-lhe o jornal para o povo, o jornal que dá notícias e discute os problemas sociais, políticos, religiosos; em que cabem o conto, o telegrama, a poesia, a ciência; mas em que tudo isso é compreendido pelos leitores e cujos leitores podem ser de todas as classes sociais". Assinalou também "a luta generosa pela emancipação dos escravos e a resistência a todas as tendências reacionárias".

Ferreira de Araújo foi substituído na direção pelo redator-chefe Henrique Chaves, "português amável"; "meio 'homme du monde', meio boêmio, tipo simpático, amabilíssimo, dessorando sorrisos e bondades, o monóculo, às vezes, espetado ao canto de um olho brejeiro e terno, figura popular [...]", no comentário de Luís Edmundo.[37] Ele também ficou com as ações de Ferreira de Araújo no jornal. Outros acionistas eram Oliveira Rocha (o Rochinha), que assumiria o controle da sociedade, assim como d'*A Notícia*, e Salvador Santos, o que provocou comentários de que a *Gazeta* dependia do comércio lusitano.

O italiano Carlo Parlagreco seria redator-chefe. Segundo Luís Edmundo, era a figura central da redação, "de rosto moreno e seco, sólida cultura. Solidíssima. Lindas maneiras e um ilibadíssimo caráter. Escreve corretamente o idioma, apesar de falar com uma prosódia estrangeira e horrível. [...] Redator-chefe é ele, ao mesmo tempo, o mais ativo dos seus repórteres. Faz a ronda diária dos ministérios, da Câmara e do Senado, de onde volta, sempre, pejado de notícias". Deixou o jornal depois de publicar uma notícia, correta, que irritou os comerciantes portugueses.[38]

A *Gazeta* fez em 1904 uma reforma gráfica, com a introdução de charges e de uma manchete geral, que ocupava todo o alto da primeira página e destacava os principais assuntos do dia. Alguns anos depois, importou novas máquinas e o jornal foi impresso em cores, no que foi uns dos pioneiros da imprensa brasileira.

De acordo com a publicação inglesa *Impressões do Brasil*: "Foi o jornal que iniciou a *interview*, a reportagem fotográfica, a caricatura diária, o que deu a fórmula da reportagem moderna".

O RIO CIVILIZA-SE!

Na nova etapa, Alberto Figueiredo Pimentel, depois de 15 anos no jornal *O Paiz*, começou na *Gazeta* a pioneira coluna social "Binóculo". Era rica em rumores, boatos, insinuações maliciosas, conselhos sobre etiqueta e boas maneiras; transformou-se numa espécie de árbitro da elegância da *Belle Époque* carioca. Pimentel terminava suas crônicas com a frase "O Rio civiliza-se!". Ele incentivou a batalha das flores, o "five o'clock tea", os corsos na avenida Central.[39]

Segundo Luís Edmundo,[40] Pimentel era meio boêmio e sem grandes apuros de *toilette* no início,[41] mas "começa por elegantizar-se a si próprio" e tornou-se, graças à sua penetrante inteligência, a bíblia das elegâncias da terra. "Não há quem não leia. A elite devora-o". É nele:

> [...] que o Dr. Ataulfo de Paiva vai aprender a melhor maneira de colocar a cartola na cabeça; onde o Sr. Humberto Gottuzzo toma conhecimento da cor da moda para as suas gravatas, a *plastron,* e onde os *smarts* urbanos e suburbanos aprendem, a propósito de elegância e de chique, coisas edificantes. A maneira *up-to-date* de cumprimentar à Príncipe de Gales.

O diplomata Raul Gomes escreveu que as senhoras passavam uma, duas, três vezes daquele lado da rua do Ouvidor, quase à frente da Livraria Garnier, onde ficava a *Gazeta de Notícias*, a cuja porta, particularmente aos sábados, estava o elegante Figueiredo Pimentel. No dia seguinte, ele escrevia, sobre as belas "toilettes" da véspera, com o nome ou as iniciais das senhoras que desfilaram:

> Vimos ontem [...] com elegantíssima "toilette" de "toussor abricot" gênero "demi-tailleur": saia com grande barra de renda de Veneza incrustada no "toussor"; fraque largo e comprido de "toussor" com grande incrustação de renda formando barrete a toda a volta e fechado à frente por grandes botões forrados de "toussor"; gola muito larga do mesmo tecido guarnecido de galão creme bordado o "soutache".

A descrição continuava interminavelmente. Pimentel também pontificava no seu "Binóculo" sobre a elegância masculina. Ele ganhou admiração e elogios. "Frase simples, prontamente popularizada, com a qual o jornalista assinalava o progresso da cidade, a evolução de seus costumes, o abandono dos arcaicos hábitos e a adoção daquilo que era moda nas grandes capitais. Tudo acontecendo numa época ávida de novidades, que se convencionou denominar de bela e, em francês: 'belle époque'". Sentindo que estava próximo da morte, ele orientou, desde o "Binóculo" como deveria ser seu enterro: Dispensou a vela que costumam colocar na mão do moribundo. "É um costume bárbaro, terrível, impiedoso. E nem quero a exibição do cadáver, ladeado de tochas ou tocheiros para que os visitantes o admirem". Também não quis o luto de família e dispensou qualquer ato religioso. Queria uma cova rasa e sem pompa.[42]

Ao tornar-se famosa, a seção de Pimentel atraiu as flechas dos humoristas da época. A revista *Caretas*, por exemplo, como escreve Herman Lima, "nunca levou muito a sério a ridícula algaravia do 'Binóculo' e publicou algumas paródias devastadoras".[43] Até um caricaturista da própria *Gazeta*, G. Neves, não resistiu à tentação de ironizar os "five o'clock tea" no Teatro Municipal.

Pimentel também escreveu romances naturalistas, elogiados em sua época, como *O canalha* e *O aborto*; foi talvez o primeiro escritor brasileiro a se dedicar ao livro infantil, compilando, para a editora Quaresma, obras que ficaram populares, como *Histórias da Carochinha, Contos da Baratinha, Histórias da avozinha, Histórias do arco-da-velha*; publicou livros de poesias; fez para a respeitada revista *Mercure de France* uma seção sobre a literatura brasileira.

Assim como o *Correio da Manhã*, a *Gazeta de Notícias* criticou e fez uma cobertura negativa da obrigatoriedade da vacinação no Rio, que culminou com a "Revolta da Vacina", provocando um elevado número de mortos. No entanto, Olavo Bilac em sua coluna na *Gazeta* deu apoio ao governo quanto à imunização e às reformas e obras públicas de saneamento que eram realizadas na cidade pelo prefeito Pereira Passos. O governo fechou temporariamente esses dois jornais, o *Correio da Manhã* e a *Gazeta*, além do *Commercio do Brasil*. Não era uma experiência nova. A *Gazeta* já tinha sido fechada anteriormente por Floriano Peixoto durante outra rebelião, a Revolta da Armada.

O CRONISTA DA CIDADE

A *Gazeta* foi também o jornal que consagrou outro grande cronista da cidade, João do Rio, pseudônimo de João Paulo Emílio Coelho Barreto. Ele entrou no jornal por indicação do deputado Nilo Peçanha, futuro presidente da República. Dândi, excêntrico, escritor prolífico, mulato, gordo, exibicionista, assumidamente homossexual, foi um dos melhores repórteres de temas urbanos – talvez o melhor – que a imprensa brasileira já teve. Outro cronista do cotidiano da cidade, considerado um precursor do gênero, foi Francisco Octaviano com sua coluna "A semana", no *Jornal do Commercio*.

Paulo Barreto estreou na *Cidade do Rio* de José do Patrocínio, seu contraparente, passou por vários jornais e começou a colaborar na *Gazeta* em 1903, escrevendo a coluna "A cidade" e fazendo crítica de teatro em substituição a Arthur Azevedo. Publicou em fevereiro e março de 1904 uma série de reportagens sobre "As religiões do Rio", inspirada numa série equivalente, "Les petites religions de Paris", que Jules Bois, do jornal francês *Le Figaro*, tinha escrito em 1898.[44] João do Rio visitou templos e falou com sacerdotes de credos que pouca gente conhecia; pesquisou demoradamente os ritos afro-brasileiros. "O Rio, como todas as cidades nestes anos conturbados, tem em cada rua um templo e em cada homem uma crença diversa", escreveu na apresentação das reportagens. A série – que teve uma enorme repercussão, o tornou popular e o consagrou como um grande jornalista – foi publicada depois como livro, com o mesmo título: um *best-seller* do qual foram lançadas inúmeras edições. A crítica também foi generosa: "O livro *As Religiões do Rio* é único em seu gênio na literatura brasileira [...]. Escrito com verve, graça e cintilação de estilo, o livro é uma verdadeira joia".[45] Em anos seguintes, ele republicaria em forma de livro, tanto no Brasil como em Portugal, um elevado número de crônicas, colunas, críticas e reportagens. As compilações de sua produção jornalística foram uma importante fonte de renda.[46]

João do Rio fez uma pesquisa em 1905 para a *Gazeta* sobre os escritores brasileiros com o título de "Momento literário". Foi inspirada num levantamento feito em 1893 por *L'Écho de Paris*, que depois foi publicado em livro. Teve uma extraordinária repercussão e até hoje é mencionada.

Quando a *Gazeta de Notícias* foi impressa a cores, em 1907, João do Rio começou uma nova coluna, "Cinematographo", a qual assinou como Joe e que era um símbolo da *Belle Époque* do Rio, como disse seu biógrafo João Carlos Rodrigues. Escreveu também "O momento literário", colunas de crítica, também republicadas como livro. Outro tema recorrente de suas crônicas era a frivolidade.

As ruas da cidade foram sua principal fonte de inspiração e o objeto de várias das suas melhores reportagens. Para ele, "a rua é a mais igualitária, a mais socialista, a mais niveladora das obras humanas". Numa viagem a Portugal ficou fascinado com a cidade do Porto, a qual achou muito mais brasileira que Lisboa e que lhe evocava o seu Rio antigo: "Descobri uma evidentemente mãe da antiga rua da Carioca, da rua Correia Dutra; em arrabaldes, na estação Boa Vista, não sabia bem se estava no Porto, se no boulevard de Vila Isabel ou na estação final da rua Voluntários da Pátria". Algumas das reportagens, publicadas na *Gazeta* e na revista *Kosmos*, dirigida por Olavo Bilac, foram editadas no livro *A alma encantadora das ruas*, também um extraordinário sucesso e talvez sua obra mais conhecida e uma das melhores, da qual saíram várias edições. Apesar da semelhança do título, João Carlos Rodrigues diz que a série não foi inspirada em *El alma encantadora de Paris*, de Enrique Gómez Carrillo, mas em *Les Petites choses de Paris*, de Jean de Paris.

João do Rio foi acusado de seguir o costume bastante generalizado na época de receber pagamento em troca de elogios em suas reportagens. Agrippino Grieco afirma que o próprio João do Rio reconheceu que algumas de suas entrevistas passavam pelo caixa do jornal. Humberto de Campos, de quem se tornou inimigo, disse que ele cobrava a inclusão de alguns nomes em suas colunas. Paulo Barreto, depois de várias tentativas, foi eleito para a Academia Brasileira de Letras.

POPULISTA E AGRESSIVO

A *Gazeta* foi reformada. A imprensa do Rio tinha mudado para atender a um novo tipo de leitor. O *Jornal do Brasil*, que nascera como jornal de elite, tinha sido transformado em folha eminentemente popular, com destaque para a crônica policial e com histórias sobre "A mulher sem cabeça" e almas penadas, que aumentaram extraordinariamente a circulação. O *Correio da Manhã*, lançado em 1901, adotou uma linha também populista e chocantemente agressiva, que caiu no gosto do público.

A *Gazeta* também mudou. Tornou-se mais séria e mais conservadora politicamente. Para enfrentar a concorrência, fez em 1907 uma reforma gráfica e, em especial, de orientação. Sem abandonar de maneira total suas veleidades literárias, foi também atrás de crimes e tragédias passionais, de desastres e desgraças, devidamente ilustrados; tornava-se um jornal crescentemente sensacionalista, distanciando-se do modelo anterior. Tentou aumentar a circulação e perdeu influência.

Em 1910 estoura uma crise no jornal. Morreu Henrique Alves, o diretor da redação. Outro diretor, Manuel de Oliveira Rocha (Rochinha), "o homem mais polido do Brasil", segundo Humberto Campos, pensou em fechar a publicação. Temia as represálias do governo por ter apoiado a campanha civilista de Ruy Barbosa para a presidência da República frente à do marechal Hermes da Fonseca, que ganhou as eleições.

Um grupo de São Paulo tentou comprar o jornal. Segundo João do Rio, o governo desse estado repassaria 600 contos, por meio de um banco, a Medeiros e Albuquerque, que pagaria o empréstimo num prazo de 10 ou 12 anos.[47]

No ano seguinte, Irineu Marinho, secretário de redação, saiu com uma dúzia de colaboradores e lançou o vespertino *A Noite* com grande sucesso. João do Rio foi nomeado diretor da *Gazeta* e assumiu a redação. Era o terceiro homem do jornal, depois de Rochinha e do outro proprietário, Salvador Santos. Na nova função, passou a escrever menos. Em 1913, Manuel da Rocha deixou a *Gazeta* e Salvador Santos ficou proprietário único. João do Rio se desentendeu com ele e com o redator-chefe, seu amigo Cândido de Campos, por defender o também amigo Gilberto Amado, que tinha matado um desafeto com tiros de revólver. Saiu definitivamente em 1915. Foi escrever para *O Paiz*.

Assim como o *Correio da Manhã*, a *Gazeta* era violentamente crítica ao general Pinheiro Machado, talvez o político mais poderoso daquele momento. Quando ele foi assassinado, em 1915, no Hotel dos Estrangeiros do Rio, com várias facadas nas costas, o assassino, Francisco Manso de Paiva Coimbra, disse que a morte de Pinheiro Machado era a salvação do Brasil e que ele tinha se inspirado num artigo publicado naquele dia pela *Gazeta de Notícias*.

Apesar de o jornal ter sua imagem associada ao comércio português do Rio, Lima Barreto escreveu que a *Gazeta* era de (Cândido) Gaffrée – o sócio de Eduardo Guinle na Companhia Docas –, mas não entrou em detalhes. Em 1921, o jornal mudou novamente de dono. Foi comprado por Wladimir Loureiro Bernardes, pai do arquiteto Sérgio Bernardes. Cândido de Campos, o novo diretor, fora contratado em 1906 por "Rochinha" para dirigir um suplemento dominical. Logo assumiu a secretaria e depois a direção. Em 1924 passou para *A Notícia*, jornal que compraria três anos mais tarde.

A figura mais importante no jornal daquela época era o escritor Antônio Torres, um ex-padre de quem João Carlos Rodrigues escreveu que, ao contrário de Humberto de Campos, tinha talento, mas igual falta de caráter.[48] Em sua coluna, ele criticava os mais renomados escritores. Quanto mais famosos, mais ferino o ataque, como sentiram Paulo Barreto (João do Rio), "um balaio de toucinho podre"; Guilherme de Almeida; Félix Pacheco. As edições de livros com suas crônicas se esgotaram. Segundo Humberto de Campos, ele não perdoava ninguém e "foi, na língua pura em que escrevia, o escritor mais admirado e lido, na sua hora, no Brasil". O crítico Agrippino Grieco, que seria conhecido pelo estilo ferino, começou escrevendo na *Gazeta*, mas logo passaria para *O Jornal*. Graciliano Ramos foi revisor nesse período.

ADMIRADOR DE HITLER

O jornal já tinha entrado numa fase de decadência que seria acentuada nos anos seguintes. Continuou dependendo dos favores do governo. Fez a campanha de Júlio Prestes à presidência da República. Sua redação foi invadida e destruída em outubro de 1930, quando a Aliança Liberal ocupou o poder e Getúlio Vargas se tornou presidente, por ter defendido o regime da Velha República. Na última edição publicada antes do empastelamento, escreveu na primeira página: "Os revoltosos rechaçados em todas as linhas". Deixou de circular durante 3 anos e 11 meses. Voltou em setembro de 1934.

Ao retornar – sob a orientação de Wladimir Loureiro Bernardes, ainda seu diretor e principal acionista, com Alberto Figueiredo Pimentel Segundo, filho do cronista da *Belle Époque*, na secretaria da redação –, a *Gazeta* retomou sua vocação governista. Elogiou o governo de Getúlio Vargas, a Consolidação das Leis do Trabalho, a construção da siderúrgica de Volta Redonda, a introdução da Lei de Segurança Nacional e a implantação do Estado Novo com o mesmo entusiasmo com que condenava a Aliança Nacional Libertadora, da qual participava o Partido Comunista.

A *Gazeta* mostrou também simpatia pela Alemanha de Hitler e pela Itália de Mussolini. Às vésperas da Segunda Guerra Mundial (1939-45), o jornal afirmava que havia no ar confusão e intrigas para criar no país uma atmosfera de antipatia contra certas potências que mantinham com o Brasil as melhores relações de amizade. Era evidente que o jornal se referia à Alemanha e à Itália. Bernardes criticava a intransigência da Polônia a entregar à Alemanha a cidade de Danzig como condição para não invadir o país. O jornal, no início da contenda, fez uma cobertura abertamente favorável aos países do Eixo e seus editoriais eram nitidamente favoráveis ao nazismo. Considerava a democracia liberal uma "síntese política da plutocracia anglo-judaica", antecipava "a vitória do nacional-socialismo contra o último reduto (a Inglaterra) da liberal-plutocracia", e previa a derrocada final do Império Britânico para "muito breve".

Num editorial de novembro de 1940, Bernardes escreveu que as pessoas deveriam adaptar-se à nova ordem na Europa, que estava sendo liberada do domínio de 100 ou 200 famílias, quase todas judias. A *Gazeta* reproduzia as informações da agência alemã de notícias Transocean (T.O.). A editora do jornal publicou o livro *Por que o Eixo combate a Inglaterra*, escrito por Bernardes, que foi republicado em 1987. Gerardo Mello Mourão, que trabalhou no veículo naquela época, disse que a *Gazeta* era germanófila e tinha uma tiragem de 60 mil exemplares. Eram também acionistas Miguel Bulhões Pedreira, Miguel Bastos Tigre, que dividia a direção do jornal com Bernardes, e José da Silva Lisboa.

Entre os jornais de alguma influência no Rio, a *Gazeta de Notícias* foi o único favorável à Alemanha nazista e à Itália fascista nos primeiros anos da

Segunda Guerra Mundial. O jornalista Osmar de Almeida Flores, que foi diretor da *Gazeta* entre as décadas de 1970 e 1980, afirmou que a relação de Bernardes com o Eixo tinha uma "contrapartida financeira". Outros diários de orientação germanófila foram o *Meio-Dia*, no Rio, de Joaquim Inojosa; *A Platéa*, em São Paulo, de Jorge Lacerda; o *Diário de Notícias*, de Salvador, de Antônio Balbino. A *Gazeta* sofreu represálias das delegações no Rio dos Aliados e boicote de publicidade de empresas norte-americanas e inglesas.

Em 1942, quando os submarinos alemães afundaram navios brasileiros perto do litoral e a vitória da Alemanha parecia cada vez mais remota, o jornal mudou de orientação, passou a condenar "os processos bárbaros e os crimes do Eixo" e fez referências ao "sanguinarismo totalitário". Nesse mesmo ano, as instalações da *Gazeta* foram invadidas pela multidão, mas o veículo continuou circulando, ao contrário do que aconteceu com o *Meio-Dia*.

JORNAL MALFEITO

Em março de 1945, Fioravanti di Piero assumiu a direção e disse que o jornal entrava em "nova fase, com nova direção e orientação diferente", mas Bernardes manteve a propriedade do título. A *Gazeta* continuou com sua tradição governista ao apoiar o presidente Dutra.

Mudou, porém, seu foco. Depois de uma tentativa de tornar-se mais popular, passou a dirigir-se a um público mais restrito, captando um considerável volume de anúncios de natureza legal, como balanços, atas, convocação de assembleias, comunicados, que garantiram por um tempo a sobrevivência do jornal. Em 1949, o controle acionário ficou com Amberê Santinho e Benjamim Rangel e a direção com José Bogea Nogueira da Cruz, antigo jornalista dos Diários Associados, que, em 1954, seria o proprietário.

A revista *Propaganda e Negócios (PN)* informou que a *Gazeta de Notícias* estava sendo vendida a um grupo político ligado à facção do Partido Social Democrático (PSD) de Amaral Peixoto, genro de Getúlio Vargas, mas no final das negociações houve um recuo diante do elevado preço pedido: Cr$ 140 milhões. O jornal, porém, não mudou sua vocação e se manteve simpático ao governo Vargas, que assumiu em 1951, e a quem deu apoio até o fim. Outro político que teria mostrado interesse em comprar o jornal foi Amaral Neto, da antiga União Democrática Nacional (UDN), mas também desistiu do negócio.

O *Anuário brasileiro de imprensa 1954-1955* escreveu que foram tantas as modificações de orientação e apresentação, que a *Gazeta de Notícias* tinha perdido tradição e prestígio. Adotara um tom popular, com "fotografias horripilantes" e escassos leitores. Era um dos poucos jornais remanescentes do "getulismo". Uma década depois, em 1965, a revista *Propaganda* de julho de 1965 dizia que a *Gazeta,* apesar de seu passado brilhante, era um jornal praticamente desconhecido do grande público. Circulava com apenas oito páginas em formato semitabloide e mal impresso em equipamento obsoleto. Subsistia devido à sua frugalidade e aos anúncios das sociedades anônimas. Sua perspectiva era de uma subsistência precária – até que faltassem os editais.

Em 1975, o *Boletim da ABI* publicou uma reportagem sobre o centenário da *Gazeta de Notícias*, que ainda circulava. Era um jornal pequeno de 14 páginas, empregava 15 jornalistas na redação. Tinha 11 linotipos e apenas sete máquinas de escrever. Publicava notícias das agências USIS, do governo norte-americano, e da ANI, do governo português, que as enviavam de graça. Osmar Flores, o diretor de redação, secretário de redação, chefe de reportagem, diagramador e pauteiro, além de redator e mancheteiro, manobrava a tesoura e a cola com habilidade. No jornal, destacavam-se as seções de turfe e a semanal sobre umbanda. Empregava um total de 115 pessoas, com folha de pagamento de CR$ 45 mil por mês. Mas, ao contrário de outros jornais maiores, tinha o orgulho de nunca atrasar os salários. O jornal, que era sustentado pelas atividades da gráfica, fecharia em 1977, dois anos depois de tornar-se centenário.

Como disse Gondin da Fonseca em 1941: "Está por escrever a sua biografia!".

A NOTÍCIA
(1894-1930/
1938-79/1991-8)

**Fundador: Manuel Jorge de Oliveira Rocha,
"Rochinha"**

DA MODERAÇÃO À
VULGARIDADE

A Notícia do Rio de Janeiro deixou de circular definitivamente em 1998. Para as poucas pessoas que ainda se lembram dela, era um jornal sensacionalista e vulgar, feito com sangue, cadáveres esquartejados na primeira página, descrições detalhadas de crimes violentos, além de uma chocante dose de sexo e exotificação, preparado para leitores ávidos de emoções da periferia carioca e da Baixada Fluminense.

Essa imagem de violência e vulgaridade, que retrata o jornal dos últimos anos, encobre *A Notícia* das primeiras décadas, uma folha moderada e bem cuidada, que renovou a imprensa e tinha a preocupação de informar sem chocar e de opinar com serenidade.

A Notícia, diário vespertino, foi fundada em setembro de 1894 por Manuel Jorge de Oliveira Rocha, o "Rochinha", e Salvador Santos, que foi o secretário da redação. Era um jornal inovador. Circulava também aos domingos, fato raro entre os vespertinos. Talvez a principal diferença fosse sua independência: enquanto os outros jornais eram assumidamente partidários ou foram lançados para defender uma causa, o principal objetivo de *A Notícia* era informar, publicar notícias, antecipar-se, no fim do dia, ao que os jornais iriam publicar na manhã do dia seguinte. Segundo J. Santos, pseudônimo de José Joaquim de Campos da Costa de Medeiros e Albuquerque:

> À *Notícia* coube a tarefa de realizar o primeiro vespertino de feitio moderno, com um noticiário abundante *e de primeira mão*. Nela apareceram, pela primeira vez em órgãos vespertinos, telegramas estrangeiros. Daí por diante, os outros não tiveram remédio senão imitá-la.
>
> Dantes, um jornal da tarde se fazia folgadamente, com cinco a seis contos por mês: hoje exige mais de 30! Dantes, a imprensa da tarde é que *filava* as notícias da matutina. Hoje é o contrário e isto foi obra d'*A Notícia*.
>
> Dirão que outra não podia ser a evolução da imprensa? É exato; mas era preciso que alguém fosse o primeiro a dar o exemplo; e o primeiro foi *A Notícia*.[1]

Ele escreveu também que *A Notícia* criou o jornalismo vespertino.[2] Tinha mais repórteres que os concorrentes, além de um bom e dispendioso serviço telegráfico internacional. Aproveitava a vantagem do fuso horário, com uma diferença de quatro ou cinco horas em relação à Europa: uma notícia do que acontecia no Velho Mundo durante a tarde chegava ao Rio, pelo telégrafo, em torno do meio-dia e em tempo de ser publicada na edição que circulava a partir das 15 horas.

Conseguia, com frequência, dar as notícias do exterior antes que os outros jornais. Foi o primeiro a informar em 1895 sobre a luta de guerrilheiros em Cuba, então colônia espanhola, pela independência. Mas a maioria da opinião pública só acreditou quando a informação foi confirmada pelo *Jornal do Commercio* no dia seguinte. Tinha uma boa penetração na burocracia e no meio diplomático, atraído pelo serviço telegráfico do exterior, e uma atraente seção literária.[3] Com o tempo, tornou-se um jornal extremamente rentável.

CALMO, TOLERANTE, MODERADO

A Notícia tinha uma apresentação gráfica arejada e leve. Em lugar de oito colunas numa página, como os outros jornais, tinha apenas seis, com letras maiores para facilitar a leitura. Circulava com a data do dia e a do dia seguinte.[4] Sua cobertura política era moderada. A premissa da publicação, segundo seu colaborador Alberto Torres, era ter a: "calma e educação de meninas nas discussões que nem sempre é fácil manter no escabroso terreno da política. Ser calmo, tolerante e moderado é mesmo, no fundo, o único programa político da *Notícia*". O jornal tinha uma "opinião calma, correta e serenamente dita".[5] Ou, como disse a *Gazeta*, *A Notícia* nasceu fadada a ser uma folha gentil, amável, benquista e bem-aceita pela classe conservadora.

Sua principal coluna, praticamente a única manifestação de opinião, era "O boletim do dia – o caso de hontem", na qual comentava os fatos da atualidade com a ponderação que caracterizava todo o jornal.

Já no primeiro ano, *A Notícia* imprimia 15 mil exemplares, uma tiragem considerável para a época, lidos por uma elite, segundo Luís Edmundo. Seus leitores "formam na opinião brasileira a fidalguia da inteligência e dos costumes. Não há carioca de boa linha e espírito fino que, ao tomar o *bond* às 5 horas da tarde, não leve na mão o ligeiro papel cor-de-rosa", escreveu Alberto Torres.[6]

O jornal tinha fortes vínculos com a *Gazeta de Notícias* que, ao lado do *Jornal do Commercio*, era a folha mais influente do Rio. Os dois compartilhavam os mesmos acionistas, vários colaboradores e as mesmas oficinas: *A Notícia* era impressa pela *Gazeta*. O editorial d'*A Notícia*, escrito por Ferreira de Araújo, fundador e diretor da *Gazeta*, era lido dos salões de Botafogo aos cortiços da Cidade Nova. Rochinha viria a ser o maior acionista da *Gazeta*; Salvador Santos, gerente de *A Notícia*, seria mais tarde diretor da *Gazeta* e, com a morte de "Rochinha", seu único proprietário. Dois anos depois do lançamento, Ferreira de Araújo, cuja colaboração foi importante para a aceitação inicial do jornal, deixou de escrever por desentendimento com Medeiros e Albuquerque.

Salvador Santos tinha, segundo Luís Edmundo, formidável tino comercial e "arguta inteligência, trabalhando como um mouro, criando a prosperidade da empresa e a tranquilidade do Rocha, que é a negação para toda e qualquer atividade mercantil, infenso, como sempre se mostrou, ao prosaísmo dos números e ao materialismo dos negócios".[7]

A partir de julho de 1895, para diferenciá-lo dos concorrentes, foi impresso num fino papel cor-de-rosa, "importado expressamente". Informou na primeira página que: "Esse papel é igual ao da edição da tarde do *Journal des Débats* (de Paris), e ao papel em que se imprime habitualmente o *Gil Blas*".[8] Era conhecido como "o jornal dos punhos de renda" ou "a dama cor-de-rosa". Ferreira de Araújo, que assinava o editorial sob a letra 'F', escreveu, por ocasião do primeiro aniversário, que "este risonho papel cor-de-rosa, que faz com que do Alto do Corcovado se veja que é *A Notícia* que um sujeito vai lendo no *bond* da Gávea". Na data, porém, o jornal foi impresso em papel branco, porque não havia "bobinas de papel cor-de-rosa para oito páginas".[9]

As páginas coloridas não eram novidade na imprensa brasileira e haviam sido inauguradas pel'*O Cruzeiro*. O jornal era impresso em papel amarelo, "como se fosse pintado com a bile da sociedade rica e insaciável contra a clareira democrática aberta pela *Gazeta de Notícias*", escreveu a *Cidade do Rio*, de José do Patrocínio. [*A Cidade* se tornou o principal concorrente de *A Notícia* em 1895, quando passou circular à tarde.]

O MAIS SIMPÁTICO, O MAIS LIDO

Na opinião de Luís Edmundo, *A Notícia* era o mais simpático, o mais lido e o de maior tiragem entre os vespertinos:

> Quatro páginas de papel cor-de-rosa que o senhor Manuel Jorge de Oliveira Rocha, o "Rochinha", orienta e dirige e, quando escreve, usa uma literatura de confeitos e *brioches*, prosa alambicada, leve, sempre bem penteadinha, tocada de *rouge* e de pó de arroz, onde os adjetivos se movem, vestindo *toilettes* de cerimônia, casaca e luvas de pelica brancas. Ele era mais *homme du monde* que jornalista.[10]

Segundo Olavo Bilac, o jornal estava bem integrado na cidade. "Eram 4 horas da tarde. Passavam homens apressados, carregando embrulhos. Os garotos apregoavam *A Notícia*. Era a hora em que se fecham os escritórios e as repartições públicas".[11] Dizia-se que uma folha devia estar na rua até as três da tarde, porque depois das seis não se vendia nada. Mas é provável que, como os outros vespertinos, esperasse pelos resultados do jogo do bicho antes de ser impresso.

A maioria dos colaboradores da *Cidade do Rio* passou a escrever para *A Notícia*, como Medeiros e Albuquerque, que fazia a "Crônica literária" sob o pseudônimo de J. Santos,[12] Luís Murat, Lima Barreto, Arthur Azevedo como crítico de teatro e, inclusive, o antigo proprietário e fundador da *Cidade*, José do Patrocínio. Irineu Marinho, que depois fundaria *A Noite* e *O Globo*, também trabalhou no jornal.

Olavo Bilac colaborou com o veículo durante 12 anos. Escrevia crônicas e poesia. Assinou com as iniciais O. B. a coluna "Fantasia" três vezes por semana, durante dois anos. Depois usou o pseudônimo Flamínio para assinar a seção "Crônica". A seguir escreveu "A data", assinando B, na qual contava a efeméride, os eventos históricos que tinham acontecido nesse dia em tempos passados. Usava as questões do passado para comentar os assuntos da atualidade. Durante oito anos manteve a coluna "Registro", com o pseudônimo Fantasio, numa delas observou que a guarda civil de São Paulo não aceitava pretos nem mulatos em seus quadros.

No período da *Belle Époque*, em 1908, o jornalista e poeta Coelho Netto, quando a cidade tentava modernizar-se tendo Paris como modelo, deu ao Rio de Janeiro, nas páginas de *A Notícia*, o nome de "Cidade maravilhosa", que ainda conserva, embora ele tivesse escrito que se tratava de uma cidade numa paisagem realmente maravilhosa. O nome ficou.

A Notícia deixaria de lado a sua isenção política para defender a presidência de Floriano Peixoto, tornando-se abertamente governista e uma espécie de porta-voz do governo. Deu também apoio ao presidente Campos Salles, de quem "Rochinha" tinha sido "discípulo, companheiro e amigo desde os tempos da adolescência".

Durante a campanha de Canudos, no sertão da Bahia, *A Notícia*, como a maioria dos jornais, retratou os jagunços de Antônio Conselheiro, que enfrentavam as tropas federais, como guerrilheiros cruéis e fanáticos. Publicou telegrama, enviado ao governador baiano por um deputado federal, que se congratulava pela "completa destruição de Canudos, baluarte de bandidos e fanáticos, atentado à ordem legal e instituições". Na mesma página, reproduzia o discurso do presidente da República falando: "Desses fanáticos aglomerados junto a um velho mentecapto" e declara que "em Canudos não ficará pedra sobre pedra".[13]

Paulo Barreto, que ficara conhecido como João do Rio por sua coluna na *Gazeta de Notícias*, fazia uma crônica semanal com o pseudônimo "Claude". Instigou a curiosidade dos leitores ao escrever sobre um misterioso assassino. Em 1911, contou ter recebido uma carta anônima de um leitor confessando ser o autor do crime insolúvel de uma prostituta, afirmou que "o verdadeiro assassino mata por prazer" e que ameaçou jogar uma criancinha debaixo de um bonde para dizer aos jornais que foi o seu salvador. A ameaça não foi cumprida.

Um mês depois foi preso em Juiz de Fora (MG) um famoso ladrão de casaca, o "Doutor Antônio", membro de uma tradicional família gaúcha e velho conhecido da polícia de vários estados. Paulo Barreto fez uma crônica chocantemente simpática e o comparou a Arsène Lupin, o famoso ladrão dos romances-folhetins. Perguntava: "Que diferença entre um grande artista, um grande político e um grande gatuno?". E concluía: "Quando se chega então a ser o doutor Antônio, um representativo, o primeiro, o grande crime é não continuar".

Meses mais tarde, publicou "O assassino volta a escrever", crônica em que o autor da carta confessava ter matado outra mulher. Uma semana depois, Paulo Barreto escreveu, em "O assassino fala-me", que num parque, um estranho personagem, um velho de barba grisalha, disse ter acabado de esmagar o crânio de um mendigo. Queria que Barreto escrevesse sobre ele. Depois, no bonde, viu um jovem bem-vestido. Em sua última crônica, "O assassino visita-me", percebeu que o velho de barba e o jovem eram a MESMA pessoa. Quando apareceu um delegado de polícia, ele sumiu para nunca mais voltar. As narrativas prenderam a atenção dos leitores. É difícil separar nelas o que era realidade e fantasia, mas certamente esta última predominou. As memórias do "Doutor Antônio", que morreu na prisão, foram publicadas na *Gazeta de Notícias* com um estilo parecido ao de Paulo Barreto.[14]

Em meados dos anos 1910, o jornal já tinha perdido a qualidade, expressão e influência. Depois da morte de "Rochinha", Cândido de Campos, antigo diretor da *Gazeta de Notícias*, assumiu a redação em 1921. Três anos mais tarde ficou com o controle acionário e mudou a linha do veículo. Passou a viver dos subsídios oficiais. Continuava conhecido como o "jornal cor-de-rosa", mas agora não tanto pela cor de seu papel como pelo tom róseo com que noticiava e comentava os atos governamentais; tinha também "punhos de renda" em sua cobertura do poder Executivo, embora fosse agressivo com a oposição. *A Notícia* afirmava que os liberais eram "baderneiros, corruptos castradores da liberdade", e assegurava que, ao contrário do que se dizia, não havia latifúndios no Brasil. Associado a governos impopulares, sua circulação era baixa e sua influência escassa.[15]

Como represália a esse adesismo ao governo, ao apoio ao presidente Washington Luís e à candidatura de Júlio Prestes, o jornal foi invadido e depredado em outubro de 1930, quando a Aliança Liberal, encabeçada por Getúlio Vargas, assumiu o poder. Cândido de Campos refugiou-se na embaixada do Peru, teve que sair do país apressadamente e foi morar em Paris.[16] As instalações foram destruídas. O jornal, que ficou vários anos sem circular, pediu "ressarcimento dos danos".

POPULISMO E DENÚNCIAS

Quando voltou ao Brasil, em 1932, Campos lançou um semanário de economia, *A Informação*. Seis anos mais tarde, em outubro de 1938, com recursos próprios e a ajuda de Joaquim Ferreira de Sales, relançou *A Notícia* com novo enfoque. Campos observara em Paris um jornal que colocava todos os crimes na primeira página e fazia muito sucesso, e ele adotou a mesma fórmula para *A Notícia*.[17]

Em lugar de dar ênfase à política, fez um jornal popular, de denúncias, com abundante cobertura policial, populismo, ataques aos "exploradores do povo" e grandes manchetes, conhecidas como "os zincos da *Notícia*", pelo enorme tamanho das letras, mas ainda sem as características de jornal de escândalos que teria mais tarde. Pelos balanços dos anos seguintes, a situação econômica e financeira era "excelente".

Depois do fim da ditadura Vargas, em 1945, foi um jornal crítico do governo do marechal Gaspar Dutra, a quem fez acirrada oposição. A redação ficou a cargo de Francisco Octaviano Silva Ramos. Sob sua orientação, tornou-se um dos diários de maior circulação do Rio. O jornal não tinha oficinas. Era composto e impresso nas instalações do *Diário de Notícias* de Orlando Dantas.

Em suas memórias, o jornalista Luiz Antônio Villas-Bôas Corrêa contou como era *A Notícia*, onde trabalhou mais de 30 anos. Quando foi pedir emprego, o proprietário, Cândido de Campos, o mandou falar com o chefe da redação, "e o Silva Ramos me recebeu com essa frase de que nunca me esqueci: 'Seu sogro está dizendo aqui que você é bacharel, mas isso não quer dizer que você seja necessariamente analfabeto. Tira o paletó, senta aí!'" Afirmou Villas-Bôas que *A Notícia* era um jornal popular, mas um jornal popular cuja primeira página era política. Ele conta:

> Dois ou três copidesques (redatores) ficavam na redação refazendo as matérias, e o resto, a turma da briga, cobria tudo. A única coisa separada no jornal era esporte – separada e desdenhada, porque a turma trabalhava numa salinha e quase não se tinha muito contato com eles.
>
> Quem dirigia tudo, como já disse, era o Silva Ramos: Francisco Otaviano da Silva Ramos. Fantástico cozinheiro de jornal, em um tempo em que o secretário do jornal acumulava funções que hoje são exercidas por 10, 12 pessoas. O secretário era o editor-chefe, o subeditor, o secretário da redação, o editor de política, o editor de economia, o editor de esporte, tudo passava por ele.
>
> O jornal funcionava num conjunto de salas num segundo andar da avenida Rio Branco, do tamanho de um apartamento médio de três quartos. A redação era uma sala comprida, com uns cinco, seis metros de frente, dando para a avenida Rio Branco, e uns 15 metros de profundidade. Havia um mesão no meio, onde a maior parte da turma desunhava as matérias na munheca. Alguns, muito poucos, escreviam a lápis, aquele lápis preto Faber n. 1, mas a grande maioria escrevia a caneta tinteiro, e generosamente a empresa fornecia uma tinta vagabunda. Papel era apara de bobina cortada a faca. Foi um enorme progresso quando se

> comprou uma guilhotina para, pelo menos, as laudas saírem com uma margem limpa [...] Naquele tempo não havia paginação, paginava-se na oficina. No caso d'*A Notícia*, você nem via a paginação, porque o jornal era impresso na gráfica do *Diário de Notícias*, na praça Tiradentes. Enfeitava-se a primeira página com o começo das matérias principais e jogava-se a sobra no corte. Havia página inteira de corte. Mas a manchete d'*A Notícia* era – o que era incrível para um jornal popular – um comentário político.
>
> Lembro-me que se comemorou com um cafezinho quando a tiragem bateu em 100 mil exemplares. [...] *A Notícia* tinha a pretensão de disputar com *O Globo* e encostava no *Globo*, que não tirava muito mais do que 150 mil.[18]

A manchete do jornal não era, geralmente, uma notícia, mas um artigo de Silva Ramos – "que escrevia muito bem" – ou de José Barbosa Pacheco. O assunto era quase sempre político.

A redação só dispunha de três máquinas de escrever. Havia um único fotógrafo. Segundo Villas-Bôas, o jornal adotava uma linha popular, guardando a compostura e a sensibilidade para todos os assuntos, com linguagem comedida e fotos de impacto. "O noticiário policial era intenso naquela época, embora *A Notícia* não desse destaque aos crimes sangrentos da forma como se dá hoje. Esses cadáveres com a cabeça arrebentada, isso não saía de forma alguma. Usava-se muito 'boneco', que era a fotografia do rosto".

Villas-Bôas Corrêa assegura que Mauro de Almeida, o popular "Peru dos pés frios", parceiro de Donga no samba "Pelo telefone", escreveu no jornal uma manchete, que passou à história da imprensa, "Extirpou o mal pela raiz", quando uma mulher decidiu vingar-se com uma faca do amante que a traiu.[19]

A última página era o chamariz do leitor cativo de matérias policiais, homicídios, suicídios, desastres, furtos, incêndios. Os repórteres se deslocavam a pé, de bonde e, em ocasiões especialíssimas, de táxi. Era o modelo de jornal para o leitor que no fim do dia voltava para casa de bonde.

ADHEMAR NO CONTROLE

A Notícia mudou-se no fim dos anos 1940 para um prédio próprio e teve suas próprias oficinas, muito precárias, equipadas com máquinas velhas. Depois da morte de Silva Ramos, Cândido de Campos, já cansado, preocupado com as dívidas assumidas ao comprar a nova sede e com medo de deixar a viúva em dificuldades, vendeu o jornal em 1950 a dois políticos, o paulista Adhemar de Barros e o carioca Antônio de Pádua Chagas Freitas. Eles queriam o jornal como trampolim. Adhemar tinha sido interventor em São Paulo, era governador e aspirava à presidência da República; necessitava reforçar a base do Partido Social Progressista (PSP), o qual integrava no Rio de Janeiro.

Chagas Freitas, um antigo jornalista, com passagem nos Diários Associados, *Correio do Norte* e *Gazeta de Notícias*, conhecera Adhemar, então interventor, em 1938, quando o entrevistou em sua condição de repórter de *A Tarde* de Salvador. Posteriormente, trocou o Partido Socialista Brasileiro (PSB) pelo PSP de Adhemar, a pedido deste, e foi seu homem de confiança no Rio.

Ainda permanece confusa a verdadeira relação entre os dois na compra de *A Notícia* e no lançamento, um ano depois, do matutino *O Dia*. A versão mais plausível é que Adhemar de Barros fosse o sócio majoritário na compra de *A Notícia*, um vespertino, e que posteriormente Chagas Freitas sugerisse o lançamento de *O Dia* para circular de manhã, ele como acionista controlador.

No entanto, há versões com interpretação diferente. O *Dicionário histórico biográfico brasileiro (DHBB)* dá duas, que não coincidem entre si. Na página 4118 afirma: "Em outubro de 1950, após a morte de Silva Ramos, Cândido de Campos vendeu o jornal (*A Notícia*) a Adhemar de Barros e a Antonio de Pádua Chagas Freitas. Este último tornou-se diretor do órgão, tendo como secretário de redação José Leão Padilha". Mas na página 2376 diz: "Em 1949 (sic), contando com a ajuda de Mateus Martins Noronha, pai de sua esposa, Zoé Noronha, Chagas Freitas comprou o vespertino *A Notícia*, de propriedade de Cândido Campos [...] tendo Ademar como sócio".

Isto é, numa versão o jornal foi vendido para Adhemar e Chagas Freitas; na outra, foi vendido para Chagas Freitas, que recebeu ajuda do sogro e incorporou Adhemar como sócio. Zoé Noronha Chagas Freitas, viúva de Chagas

Freitas e filha do empreiteiro e banqueiro Matheus Martins Noronha, deu também esta última versão em várias ocasiões. Numa entrevista aos *Cadernos da Comunicação*, ela disse:[20]

> Meu pai era amigo do grupo da República Velha. O dono de *A Notícia* era muito amigo do meu pai. Graças ao meu pai, em 1939, *A Notícia* não foi empastelada.[21] E o Cândido permaneceu como político exilado em Paris. Meu pai recusou a oferta de compra do jornal, porque estava construindo a ponte Brasil-Argentina, o negócio não o interessou. Mas ele indicou Chagas como comprador, que propôs o negócio ao Ademar.

Em carta a *O Estado de S. Paulo*, Zoé Noronha Chagas Freitas deu mais detalhes sobre a compra de *A Notícia*.[22]

> Em 2 de abril tive a desagradável surpresa de ler no *Estado* (B12) que "Adhemar de Barros fundou o jornal *O Dia*". *O Dia* foi fundado em 1951 por Chagas Freitas, sem a presença e nunca da propriedade do sr. Adhemar de Barros. O nome *O Dia* foi uma escolha minha e meu marido acatou a sugestão. E já que estamos falando de *O Dia*, vamos relembrar a compra de *A Notícia*. Meu pai, Matheus Martins Noronha, era empreiteiro e banqueiro no Rio de Janeiro, amigo fraternal de Cândido de Campos, proprietário de *A Notícia*. Na mocidade, papai tivera um jornal, *A República* – daí a intimidade com os jornalistas e donos de jornais da época. Meu pai era amigo de Júlio Prestes e Cândido de Campos, compadre de Otavio Mangabeira. Ele os ajudara financeiramente quando os dois foram exilados em Paris, após a Revolução de 1930. Quando Cândido de Campos voltou ao Rio, *A Notícia* foi empastelada, teve a ajuda financeira de meu pai e voltou a circular no Rio como um jornal vespertino. Já idoso, sem filhos, Cândido foi procurar meu pai para oferecer-lhe *A Notícia*: – Matheus, ela é sua. Meu pai sugeriu o nome do genro, meu marido: Antônio de Pádua Chagas Freitas. E qual a surpresa de meu pai quando Cândido o procurou dizendo que meu marido oferecera sociedade na compra de *A Notícia* a Adhemar de Barros. Meu pai, furioso, discutiu com meu marido, por ser contra essa sociedade. Eu também me opusera, por

ser meu pai o benfeitor. Felizmente, Chagas Freitas acatou as ponderações do amigo e advogado Egberto Miranda Silva, nosso compadre e amigo, e inimigo de Adhemar, que o fez majoritário na sociedade. Para o meu sossego. Adhemar de Barros não frequentava o jornal nem indicara nenhum diretor ou funcionário. O diretor financeiro era meu tio, irmão de minha mãe, o General Paschoal Marchetti, e o diretor de publicidade, meu irmão Gerson Martins Noronha. Meus três filhos lá trabalharam. Villas-Bôas Corrêa, o grande jornalista, trabalhara em *A Notícia* no tempo de Cândido de Campos e lá ficou por 50 anos. Trabalhou em *O Dia* com o Chagas e não se lembra de ter visto Adhemar no jornal. Adhemar entrou com uma ação contra Chagas Freitas, mas a perdeu. A venda de *O Dia* à revelia da família – mulher e filhos –, às 22 horas na residência do sr. José Luiz Magalhães Lins, deixou-a atônita e triste. *O Dia* foi vendido a um preço ínfimo. Chagas Freitas iniciara a sua descida, com uma depressão profunda, que o acometeu até a sua morte. ZOÉ NORONHA CHAGAS FREITAS, Rio de Janeiro.

É certo que Chagas empregou parentes em altos cargos n'*A Notícia* e que, talvez, Adhemar, que morava em São Paulo, não fosse visto no jornal. No entanto, o próprio Villas-Bôas Corrêa disse numa entrevista: "O Chagas Freitas assumiu a empresa; na realidade, ela foi comprada pelo Adhemar de Barros, posteriormente, o Chagas Freitas fez uma negociação". A versão mais comum, repetida inúmeras vezes, mas que não é necessariamente verídica – ou errada –, é que Adhemar de Barros teria comprado o jornal, ficando Chagas Freitas como acionista minoritário, diretor e administrador. E que depois Chagas fez "uma negociação".

A carta da viúva de Chagas Freitas confirma que Adhemar foi sócio do marido. Não explica como foi feita e desfeita a sociedade.

A Notícia foi uma alavanca na carreira política de Chagas, que o tornaria deputado federal pelo PSP e depois governador do estado do Rio pelo Movimento Democrático Brasileiro (MDB).

Uma das primeiras medidas da gestão de Chagas foi dotar o jornal de instalações gráficas modernas, comprando uma rotativa Walter Scott.

A redação foi comandada por José Leão Padilha. *A Notícia* reforçou o noticiário político, mas sem abandonar o sensacionalismo. Criou seções políticas, como "Flagrantes do Monroe" e "Movietone dos deputados".[23]

O jornal escolheu, como um dos alvos das críticas, o prefeito do Distrito Federal, o general Ângelo Mendes de Morais, que já tinha uma imagem desgastada e era um alvo fácil. Ao bater num prefeito impopular, *A Notícia* aumentou a sua popularidade correndo pouco risco. Ao mesmo tempo, glorificava com persistência a figura de Adhemar de Barros e o seu partido. Em pouco tempo, a circulação chegou a 100 mil exemplares, atraindo novos anunciantes.

Ao dispor de rotativas mais modernas, *A Notícia*, que era um jornal vespertino e alegava ser o de maior venda avulsa do país, com 130 mil exemplares, lançou o matutino *O Dia*, em junho de 1951, para aproveitar a capacidade ociosa das novas instalações. E também para dar impulso às ambições políticas de seus donos. Em pouco tempo, afirmava ser o matutino de maior circulação.

ADHEMAR PERDE O CONTROLE

Trabalhos sobre a imprensa costumam afirmar que os jornais populares no Brasil tiveram pouca influência na vida política. Os fatos mostram algo diferente. Como lembrou em seu blog o ex-prefeito do Rio, César Maia, nas eleições de 1955 para a presidência da República, Adhemar de Barros ficou em terceiro lugar na contagem nacional dos votos, atrás de Juscelino Kubitschek, que foi eleito, e de Juarez Távora, da União Democrática Nacional (UDN). No entanto, Adhemar foi o candidato mais votado no Rio de Janeiro, resultado que pode atribuir-se, principalmente, à persistente cobertura política de *A Notícia* e *O Dia*.

Depois dessas eleições houve uma disputa, até hoje controvertida, pelo controle desses veículos. Adhemar de Barros, acusado de malversação de fundos como governador de São Paulo, episódio conhecido como o "caso dos Chevrolets", teve que fugir ao Paraguai e à Bolívia para não ser preso. Ele teria passado a Chagas Freitas, que também era seu advogado, a propriedade dos jornais cariocas *pro forma*, temporariamente, caso a Justiça declarasse seus bens indisponíveis. Chagas convocou uma assembleia extraordinária para aumentar o capital da empresa editora. Como o ex-governador paulista, ausente, não pôde exercer o direito de compra, as ações que lhe correspondiam foram colocadas em leilão e adquiridas por Chagas Freitas por um preço baixo. Essa versão é também dada pela história oficial de *O Dia*.

Quando um *habeas corpus* permitiu que voltasse ao Brasil, Adhemar tentou retomar *A Notícia*. Diante da recusa de Chagas de devolver o controle, ele abriu um processo na Primeira Vara Cível do Rio, pedindo a reintegração da posse, mas, depois de uma disputa judicial que durou vários anos, o Supremo Tribunal Federal deu ganho de causa a Chagas e obrigou a família de Adhemar, já falecido, a pedir desculpas públicas. Na verdade, no Brasil, raramente a parte que tem o controle efetivo da redação perde na Justiça uma ação pelo controle de um jornal.

Zoé Noronha Chagas Freitas disse que questões pessoais também interferiram na sociedade. Segundo ela declarou aos *Cadernos da Comunicação*:

> Quando houve o rompimento, Adhemar quis ficar absoluto no jornal. Mas meu pai (o empreiteiro e banqueiro Matheus Martins Noronha) havia protegido Chagas, instruindo-o sobre o contrato da sociedade. Adhemar queria colocar no jornal a amante dele, que se chamava Gimol (Ana Gimol Benchimol Capriglione). Nessa ocasião, havia uma mulher que ficou muito famosa no Rio de Janeiro, era a mulher do Paulo Bittencourt (Niomar Bittencourt), que tomou conta do *Correio da Manhã*. A outra era a Condessa (Maurina Dunshee de Abranches Pereira Carneiro) do *Jornal do Brasil*. Então o Adhemar quis lançar a Gimol como terceira mulher a tomar conta de um jornal. Imagine... Com a base jurídica que Chagas tinha, manteve a sua condição e pôde fazer o que a lei permitia a ele, já que era o único com o direito de aumentar as cotas.[24]

Numa versão diferente, Nelson Werneck Sodré diz que o sindicato dos jornalistas do Rio ameaçou:

> [...] dedicar um "capítulo especial" ao deputado Chagas Freitas, para contar ao povo como se tornara ele proprietário de *O Dia* e *A Notícia*, lesando o antigo patrão, o sr. Adhemar de Barros, que naquele momento o acionava na 1ª Vara Civil da Guanabara, para reaver os bens que o

presidente do Sindicato das Empresas lhe usurpara. A história seria simples: "Adhemar colocou suas ações na empresa em nome de Chagas, que era seu advogado, e este acabou por convencer-se de que era realmente dono das duas empresas, ficando com tudo".[25]

Talvez a informação seja correta. Mas não há notícia de que esse "capítulo especial" com que o sindicato ameaçou Chagas Freitas tenha sido publicado.

A versão mais plausível é a de que *A Notícia* era realmente propriedade de Adhemar de Barros, como acionista majoritário, e que *O Dia* fosse fundado e controlado por Chagas Freitas. Segundo Dacio Malta, que foi editor-chefe de *O Dia*: "Antes existia *A Notícia*, que era do Adhemar de Barros, não é? O Chagas pegou *A Notícia* do Adhemar de Barros, com a estrutura da *Notícia* criou *O Dia*, matou *A Notícia* e ficou com *O Dia*. *O Dia* era igual à *Notícia*".

CHAGAS ESVAZIA *A NOTÍCIA*

A queda de circulação do jornal tornou-se visível já em meados da década de 1950, quando Chagas Freitas passou a priorizar *O Dia*, de sua propriedade, esvaziando, *A Notícia*.

Chagas unificou as duas redações, o que significou, na prática, que *A Notícia* tinha que se contentar com as sobras do material que *O Dia* não aproveitava. Tinha passado de uma circulação de 60 mil, em 1949, um ano antes de ser comprado por Adhemar e Chagas, para 120 mil a 130 mil exemplares de 1951 a 1953, mas caiu para 95 mil no ano seguinte e para 56 mil em 1960, enquanto a de *O Dia* chegava, nesse ano, a 230 mil, de acordo com o *Anuário brasileiro de imprensa*. O declínio de *A Notícia* se acelerou nos anos seguintes. E, ao contrário dos bons resultados de *O Dia*, os balanços de *A Notícia* mostravam elevados prejuízos.

Sem redação própria, foi perdendo a personalidade. Afirmava-se, na época, que Chagas adotou essa política para prevenir-se contra uma eventual vitória dos herdeiros de Adhemar na Justiça e ter que lhes devolver *A Notícia*.

A revista *Propaganda* escreveu em julho de 1965 que *A Notícia*, embora com uma elevada ração de violência, era um jornal mais variado que *O Dia* e tinha uma apresentação mais cuidada, sua cobertura política era de melhor qualidade e o noticiário internacional mais amplo e mais bem coordenado. Suas páginas femininas e de espetáculos estavam bem desenhadas, sóbrias, equilibradas, com ilustrações discretas. Até pareciam deslocadas dentro de *A Notícia*, segundo a revista. Certamente, sem reportagem própria, o jornal destacava outros assuntos.

Constatação parecida foi feita por Alberto Dines. Ele conta que os alunos da Pontifícia Universidade Católica do Rio de Janeiro, onde era professor, fizeram uma análise comparativa de *A Notícia* em 1966, escolhendo uma edição daquele ano e outra do mesmo dia de quatro anos antes. "Verificou-se uma sensível alteração no perfil do jornal: mais notícias internacionais, mais notícias científicas, mais notícias sobre a vida da cidade". Em quatro anos, o jornal mudara substancialmente seu conteúdo, sem mudar suas características fundamentais. Ao levar o resultado da pesquisa a Chagas Freitas, ele se surpreendeu agradavelmente com o que constatou. O interessante é que não tinha havido nenhuma orientação para essa mudança.[26]

No entanto, Chagas Freitas continuou dando cada vez menos atenção ao jornal, um vespertino que circulava às 6 horas da manhã. Em 1972 vendia apenas 28 mil exemplares de terça a sexta-feira, mas na segunda-feira, aproveitando a ausência de *O Dia* nas bancas, dia em que não apareciam os matutinos, chegava a superar os 110 mil exemplares. Parou de circular em agosto de 1979.

Depois de 12 anos, o jornal voltou às bancas. A empresa editora de *O Dia* e proprietária do título de *A Notícia* foi comprada pelo jornalista Ary Carvalho, fundador do Grupo Arca. Quando consolidou a posição de *O Dia,* Ary voltou sua atenção para *A Notícia*, relançando-a em maio de 1991. Tinha como editor-chefe o cartunista Jaguar (Sérgio de Magalhães Gomes Jaguaribe), que ofereceu aos leitores muito "presunto e lombo" – cadáveres e mulheres sem roupa. Ele declarou a *O Globo*: "Havia muito espaço para um jornal popular, mais 'povão', com muita mulher nua, 'presuntos' e 'sacanagem'"; um jornal "popular e bem-humorado". Foi realmente uma fase de muito sexo e bastante violência. Manchete do primeiro número da nova fase: "Vagabundo dá duro no Dia do Trabalho: 26 presuntos!". Eram comuns as fotografias de cadáveres decapitados. Divulgava confissões de homossexuais e fotos de casais tendo relações sexuais. Numa espécie de prestação de serviços para o leitor, publicava fotos de garotas de programa na primeira página, e onde e como encontrá-las. Uma conselheira sexual dava conselhos com linguagem chula.

A Notícia brigava com *O Povo*, jornal sensacionalista controlado, aparentemente, pelo bicheiro Raul Capitão, pela liderança da circulação entre as classes C, D e E, principalmente na Baixada Fluminense.[27] Queria também atrair o público que antes lia a desaparecida *Luta Democrática*, assim como os antigos leitores de *O Dia* que ficaram meio órfãos quando este jornal mudou seu foco editorial, orientando seu conteúdo para atender às classes B e C, competindo com *O Globo.*

Nesta fase, *A Notícia* era uma publicação de baixo custo. Como no fim da etapa anterior, era um subproduto. Tinha uma redação pequena e aproveitava o material que sobrava na redação de *O Dia.* A circulação cresceu e chegou aos 120 mil exemplares, mas por pouco tempo. Durante um período, foi uma publicação rentável. Num ano teve um lucro de R$ 1 milhão. Quando as vendas começaram a cair, o jornal aumentou a ração diária de violência, mas ficou evidente que o relançamento não tinha dado certo.

Em 1997, quando vendia apenas 34 mil exemplares, foi feita uma nova tentativa. Teve como objetivo dobrar a circulação e quadruplicar a receita publicitária, mas sem competir com *O Dia.* Dava ênfase ao humor, com mulher bonita na capa, mas com "tratamento bem menos vulgar". Menos pornografia e mais matérias de comportamento e de assuntos cotidianos. O formato encolheu para ser um "tabloide de alta voltagem". Foi um projeto da empresa espanhola Case i Associats, mas a recepção não foi a esperada.

No ano seguinte, as Organizações Globo anunciaram o lançamento de um novo jornal, o *Extra*, como parte de uma contraofensiva dirigida a enfraquecer o crescimento de *O Dia*, que se tinha tornado o jornal de maior circulação do Brasil e estava avançando sobre os leitores de *O Globo*. Mas a empresa editora, o Grupo Arca, em lugar de pôr *O Dia* para enfrentar o *Extra*, preparou *A Notícia* para brigar com ele.

O jornal foi totalmente reformulado. A dançarina Carla Perez assinava uma coluna, assim como o jogador de futebol Roberto Dinamite e Hélio de la Peña, humorista do grupo Casseta & Planeta. Mário de Morais lançou o folhetim *Histórias do além*. A ícone do transformismo publicou *Rogéria, minha vida e meus amores*. A cobertura esportiva foi aumentada.

Para promover a nova *A Notícia* foi lançada uma campanha de publicidade pela televisão com o apresentador Carlos Massa, o "Ratinho", que era também colunista. "*A Notícia* vai matar a pau!", dizia ele. A promoção custou R$ 1 milhão. Como seu concorrente o *Extra* custava 25 centavos na banca, *A Notícia* passou a ser vendida por 20 centavos, metade do seu preço anterior. O objetivo imediato era passar a circulação de 38 mil exemplares para 50 mil. O relançamento começou em março. Em outubro de 1998, depois de muito tentar e de perder dinheiro, *A Notícia* saiu das bancas. Seu lugar, como parceiro de *O Dia*, foi ocupado anos depois, em outubro de 2005, pelo tabloide *Meia Hora*. Foi o fim de *A Notícia*.

CIDADE DO RIO
(1887-1902)

Fundador: José do Patrocínio

BRILHANTE, CAÓTICO E EM CRISE

José do Patrocínio, diretor e proprietário da *Cidade do Rio*, encomendou ao pintor e escritor francês Emílio Rouède, secretário do jornal, a tradução de um romance-folhetim pagando 1 tostão (100 réis) por linha. Ele fez a tradução durante alguns dias, mas se cansou e passou a encomenda a Guimarães Passos, dando-lhe 80 réis e ficando com um vintém, 20 réis. Este também ficou com preguiça e repassou a tradução ao romancista Coelho Netto, a 60 réis por linha, embolsando 20. Coelho Netto, naquele tempo pouco dado ao trabalho, acertou a tradução com Olavo Bilac, dava 40 réis por linha e guardava seu vintém.

Quando Bilac soube desses acertos decidiu vingar-se. Não dos três parasitas que se aproveitavam de seu trabalho, mas do velho barão de Paranapiacaba, um poeta bissexto, antigo conselheiro do Império, sua *bête noire* e alvo de suas brincadeiras, a quem chamava "o barão de Nunca-mais-se-acaba"[1] e quem, além do mais, era amigo de Patrocínio, o dono do jornal.

Num episódio do romance-folhetim que estava traduzindo, um homem entra nas altas horas da noite pela janela do quarto de uma mocinha "para fazer-lhe mal". De repente, um raio de luz mostra o rosto do sedutor, e Bilac acrescentou por sua conta: "Era o barão de Paranapiacaba!"

Esta história, contada em suas memórias por Medeiros e Albuquerque,[2] amigo de todos eles, revela, além da esperteza dos envolvidos e da maliciosa imaginação de Olavo Bilac, a generosidade de José do Patrocínio e a sua capacidade para atrair escritores de talento para seu jornal.

A *Cidade do Rio* foi um diário moderno, brilhante e caótico em ocasiões, como seu dono, e de vida muito curta, ceifada pela truculência do militarismo dos primeiros anos da República e, principalmente, por uma gestão desordenada. Houve poucos jornais tão identificados com a personalidade de seu dono.

José Carlos do Patrocínio escreveu que era filho, nunca reconhecido, do cônego de Campos dos Goytacazes (RJ), senhor de escravos e brilhante orador da Capela Imperial, "que não me perfilhou, mas que toda a gente sabe que era meu pai", e de "uma pobre preta quitandeira de Campos".[3] Ela teria sido uma escrava de 13 ou 15 anos cedida ao eclesiástico. Nasceu em 1853, "cor de tijolo queimado", segundo ele, concluiu o curso de Farmácia e casou-se com a filha do capitão Emiliano Rosa de Senna, um rico proprietário de terras e de imóveis, um dos chefes do Clube Republicano de São Christóvão, em cuja casa morava como professor dos filhos.

Patrocínio trocou a Farmácia pelo Jornalismo. Em companhia de Demerval da Fonseca, lançou em 1875 um pequeno jornal, *Os Ferrões*, do qual foram publicados dez números. Em 1877 entrou na *Gazeta de Notícias* de Ferreira de Araújo, no qual escreveu "A semana parlamentar" e "A semana política", com o pseudônimo de "Proudhomme". Era também conhecido como "Zé do Pato".

No ano seguinte, foi enviado para informar sobre a grande seca do Ceará; as cartas que enviava eram publicadas no rodapé como "Viagem ao Norte". Em 1879 iniciou, em sua coluna, a campanha abolicionista, que lhe deu fama em todo o país, e da qual também participaram Joaquim Nabuco, José Ferreira de Menezes, Gusmão Lobo, Ubaldino do Amaral, Francisco Paula Ney. Era uma luta, como escreve José Murilo de Carvalho, que em Patrocínio estava "gravada na cor da pele e no fundo da alma". Nabuco dizia que ele era um negro de gênio, "uma mistura de Espártaco e Camille Desmoulins", numa referência ao líder da revolta dos escravos no Império Romano e ao revolucionário francês amigo de Robespierre. Mas começou também uma campanha de difamação contra ele. No jornal *O Corsário* era chamado "O Preto-cínico", numa clara alusão a seu nome.

GAZETA DA TARDE

Em 1880, Ferreira de Menezes e Augusto Ribeiro fundaram a *Gazeta da Tarde* para defender a abolição da escravatura.[4] O jornal dizia como era "estranho, mas imenso este país do Brasil, dentro do qual se pode ser a um tempo o pontífice dos liberais e um senhor de escravos". Patrocínio se transferiu para a *Gazeta da Tarde*, com Paula Ney, levando com ele a coluna "A semana política" e o pseudônimo Proudhomme. No novo jornal, escreveu uma frase que ficou famosa: "A escravidão é um roubo e todo dono de escravo é um ladrão".[5]

Quando foi lançada, a *Gazeta da Tarde* não vendia assinaturas para não assumir compromissos e ter a liberdade de fechar as portas como e quando bem entendesse. Meses mais tarde, afirmava que já vivia sem impor sacrifícios e podia aceitar compromissos. A assinatura anual custava 12 mil-réis no Rio e 15 mil nas províncias. Um tempo depois, porém, decidiu acabar com as assinaturas na Corte, talvez por não ver o futuro com muita segurança.

Quando Ferreira de Menezes morreu, em junho de 1881, Patrocínio comprou o jornal com a ajuda financeira do sogro, que lhe cedeu 15 contos, e continuou a pregação antiescravagista.

Recuperar a *Gazeta* foi tarefa árdua. O jornal encontrava-se "no maior grau de depressão financeira" e vendia apenas 1.900 exemplares. Para reformar a tipografia, precisou investir mais dinheiro, emprestado pelo sócio comanditário da empresa, Augusto Ribeiro, que morreu pouco depois. Ele teve dificuldade para honrar os compromissos assumidos. O sogro correu de novo na ajuda de Patrocínio, que conseguiu aumentar a circulação para 4 mil e, depois para 12 mil exemplares, competindo assim com o *Jornal do Commercio* e com a própria

Gazeta de Notícias. Patrocínio precisou de novos sócios e o jornal passou a ser "Propriedade de Patrocínio & Brito".

Um contemporâneo, o alemão Carl von Koseritz, monarquista que viajou do Rio Grande do Sul à Corte pela primeira vez em 1883, ficou chocado com a desinibição do jornal. Para ele: "A *Gazeta da Tarde*, que trabalhava em denegrir a tudo e a todos, conquistou uma situação tão alta que roça pelo fabuloso. O senhor Patrocínio está agora se metendo pessoalmente com o Imperador e da mais insolente maneira que se possa imaginar".

Havia também restrições de outra ordem. Patrocínio foi acusado de financiar uma viagem de vários meses a Paris com dinheiro arrecadado para combater a escravidão, e teve que dar uma longa e complicada explicação na primeira página do jornal.

UM JORNAL PARA O RIO

Em 1887, Patrocínio deixou a *Gazeta da Tarde* e fundou a *Cidade do Rio*. O jornal foi lançado no dia 28 de setembro, em homenagem à data da Lei do Ventre Livre, e tinha também como objetivo o fim da escravidão.

Patrocínio pretendia construir um edifício de 15 andares e fazer o maior jornal da América do Sul. No discurso do lançamento, prometeu a seus jornalistas que a folha seria de todos. E lhes ofereceu um sonho que não poderia cumprir:

> Rapazes, vamos fazer o nosso jornal. Aquilo não será meu, será de todos nós. Um pouco de trabalho, um bocado de esforço, e acharemos o veio da mina! Porque será uma verdadeira mina. Tudo estará em saber explorá-lo. Que diabo! não basta ter talento, é preciso também ser um pouco prático. Andam vocês nessa vida de eterna contingência. Um não tem sapatos; o outro não pode cortar o cabelo; este aparece com um chapéu de palha que parece uma cesta de compras; aquele anda com umas calças de telha, que, quando ele as tira, ficam de pé no meio do quarto como se fossem de barro. Que necessidade têm vocês de continuar semelhante existência? Se quiserem trabalhar comigo, em um ano [...] em um ano não digo, mas em dois fazíamos fortuna e abalávamos para a Europa. Vocês não conhecem a Europa. Nem imaginam bem o que é Paris.[6]

A *Cidade do Rio* estava instalada na rua do Ouvidor, o centro da imprensa carioca. Tinha quatro páginas e custava 40 réis, o preço dos novos jornais depois do lançamento da *Gazeta de Notícias*. Era um vespertino de corte moderno, paginação leve e clara, com títulos discretos e texto bem-cuidado, cujo modelo editorial e empresarial era inspirado, segundo diz Juarez Bahia, no diário norte-americano *The New York Herald*.[7] Foi o primeiro jornal a utilizar a caricatura.

Com seu prestígio, José do Patrocínio conseguiu aliciar alguns dos melhores jornalistas da época. Levou para o jornal escritores como Olavo Bilac, que publicava poesias e a crônica "Através da semana"; Pardal Mallet, que escrevia "Um diário" e "Correio do Rio" e a crônica "Semanais", assinando "Fulano de Tal"; Raul Pompeia; Paula Ney; Coelho Netto fazia a série "Da sombra", com o pseudônimo "Caliban"; Aluísio Azevedo, Guimarães Passos, Medeiros e Albuquerque, a maioria deles também da equipe da *Gazeta de Notícias*. Bilac e Mallet compartilhavam o pseudônimo "Victor Leal", que também usariam na *Gazeta de Notícias* na qual escreveram *O esqueleto: mistérios da Casa de Bragança*, com enorme repercussão.

Paladino no combate pelo fim da escravidão, o jornal tornou-se alvo da imprensa conservadora, cresceu rapidamente em tiragem e foi líder de vendas no Rio durante um curto período. A fase brilhante da *Cidade* foi retratada no romance *A conquista*, de Coelho Netto. Vivaldo Coaracy afirma que nesse jornal trabalhou a primeira mulher jornalista da imprensa brasileira, Corina Coaracy, sua mãe, que depois escreveria para *O Correio do Povo* e *O Paiz*.

Paulo Barreto, repórter da *Cidade*, escreveu que José do Patrocínio, seu contraparente, "era irreprimível, era impetuoso [...] como certos fenômenos da natureza. [...] Preto, musculoso, bocarra aberta e pulso grosso, só teve na vida uma atitude: a de portador de raios, a de fulminante [...] ora achando-nos gênio, ora achando-nos piores que a poeira". A *Cidade* "nada mais é do que uma simples gazeta de boêmios que se faz um pouco pelas mesas da Pascoal e da Cailteau [duas confeitarias famosas do Rio], entre copos de cerveja e cálices de *cognac*, grandes frases de espírito, grandes gestos". Sua descrição da redação ilustra o espírito do jornal: "Os grandes escritores escreviam à luz de velas fincadas em garrafas vazias. Havia também muitas garrafas de cerveja cheias, que no fim podiam servir de castiçais".[8] Paulo Barreto fazia a "Crítica literária" assinando "Claude". Ele, assim como outros jornalistas, desentendeu-se com a mulher e com um filho de Patrocínio e foi trabalhar na *Gazeta de Notícias*, onde tornaria famoso o pseudônimo de João do Rio.

Patrocínio, por sua vez, desentendeu-se com Quintino Bocayuva. Os dois eram abolicionistas e republicanos. Mas Quintino dava prioridade à luta pela República e Patrocínio à abolição.

"QUE BELO DIA PARA MORRERES"

A situação no jornal mudou em 1888, um ano depois de fundado. Patrocínio, o "tigre da Abolição", estava no auge da fama. "Se fosse possível reunir todos os artigos, todos os discursos, com que Patrocínio atacou a escravidão e seus defensores, o livro em que ficassem compendiados esses libelos seria o mais belo poema da Justiça", escreveu Olavo Bilac. Para Brito Broca, no dia 13 de maio, quando a princesa Isabel decretou o fim da escravidão, nunca no Rio de Janeiro um homem teria sido aclamado como ele.

Na noite do dia 13, um amigo, João Marques, lhe disse ao ouvido: "Que belo dia para morreres, Patrocínio!" Para José Murilo de Carvalho:

> Foi uma observação perfeita. Patrocínio deveria ter morrido de uma síncope naquele dia, enquanto era aclamado pela multidão. Depois da República, rejeitado pelos republicanos, não encontrou outra causa à altura de seu talento e de sua paixão. [...] Sua vida após a proclamação foi um decair constante até o final melancólico. [...] Patrocínio também mudou várias vezes de posição em relação à Coroa, ao Poder Moderador e à própria Monarquia.[9]

Para Ana Carolina Ferracin da Silva, prevalece a memória de que "feita a Abolição" a *Cidade do Rio* personificada em seu chefe, José do Patrocínio, ficou destituída de ideais, "sem bandeira" e nenhuma causa "nobre" pela qual valesse lutar.

Patrocínio, que tinha defendido a República nos momentos mais difíceis – embora criticasse a timidez dos republicanos na campanha abolicionista –, deu seu apoio à princesa Isabel – a quem antes chamara a "sereníssima carola" –, em gratidão à autora do decreto que libertou os escravos, e ao governo de João Alfredo Correia de Oliveira.

Muitos libertos, agradecidos, passaram a defender a "Excelsa Redentora" dos ataques de seus antigos senhores, que queriam o fim da Monarquia e uma indenização como pagamento pela perda de propriedade – os escravos. Formaram a "Guarda-Negra da Redentora", dedicada exclusivamente a defender a princesa. Patrocínio os apoiou. Emílio Ruède afirma que essa movimentação foi uma reação aos "fazendeiros neorrepublicanos" de São Paulo, cuja palavra de ordem era, ainda segundo Ruède: "Às armas".

Nesse surto de "isabelismo" e devido a suas posições ambíguas, Patrocínio rompeu com seus antigos companheiros republicanos; a *Cidade do Rio* aliou-se aos conservadores e combateu o gabinete do liberal visconde de Ouro Preto. Ele teria defendido o início de um terceiro reinado no Brasil, que seria encabeçado pela princesa Isabel. A brusca mudança de orientação chocou a opinião pública e os leitores. Patrocínio foi acusado por Quintino Bocayuva, de *O Paiz*,[10] e por Rangel Pestana de *A Provincia de S. Paulo*, de ter traído os princípios republicanos e de ter vendido sua opinião. A *Gazeta da Tarde*, seu antigo jornal, o chamava José do Latrocínio, insulto reproduzido n'*O Paiz*.

Em resposta a quem o acusara de ter-se ajoelhado na assinatura da Lei Áurea, ele escreveu:

> Quando foi que pedi, de joelhos, a libertação? Seria pedir de joelhos o manter-me dez anos em guerra contra tudo e contra todos os que não eram abolicionistas? [...] Enquanto o Partido Republicano [...] comia tranquilamente o suor do negro, e tratava a chicote os seus irmãos; [...]; o que era que eu fazia senão combater dia e noite na tribuna e na imprensa? Que fizeram os republicanos neste tempo? Qual o sacrifício coletivo por eles feito?

Mas os ataques continuaram. O antigo tigre da Abolição passou a ser chamado "o último negro que se vendeu" no Brasil. Inconformados com a nova orientação política do jornal, Olavo Bilac, Pardal Mallet, que era o redator-chefe, Luís Murat e Raul Pompeia deixaram a *Cidade do Rio* para lançar um jornal, o semanário *A Rua,* e defender a República.

No entanto, Olavo Bilac decidiu voltar para a *Cidade*, em que foi secretário do jornal. Inconformado, Pardal Mallet, que dirigia *A Rua*, acusou seu amigo de traidor e o desafiou para um duelo à espada, no qual ficou levemente ferido na barriga. O semanário, como escreveu Bilac, morreu do "mal dos sete... números". Pouco depois, Mallet estava trabalhando de novo no jornal de Patrocínio, ao lado de Bilac, dividindo com ele a secretaria da redação.

Já nessa época, Patrocínio enfrentava problemas com os credores. Apesar de seus talentos, sua "capacidade para os negócios era absolutamente nula"; o dinheiro passava-lhe pelas mãos como água em peneira.[11] Os bens do jornal foram penhorados e, generosamente, um comerciante português, Manuel José da Fonseca, pagou-lhe a dívida.[12]

O redator-chefe do *Jornal do Commercio* escreveu que a *Cidade do Rio* era "escandalosamente subvencionada", mas não disse por quem. O jornal conservava vigor e energia. No dia 15 de novembro, publicou três edições informando de maneira direta e por vezes confusa, mas refletindo o calor e as contradições do momento, a queda da Monarquia e a proclamação da República. Sua consulta é obrigatória para os estudiosos desse momento. José do Patrocínio, realista, aceitou a situação e, nesse mesmo dia, saudou novo regime, "em nome do povo"; novamente foi acusado de inconsistente e "vira-casaca".

"DIZENDO E DESDIZENDO"

Patrocínio reconheceu, em janeiro de 1889, a precariedade de suas finanças e das do jornal *Cidade*:

> Hoje estou paupérrimo. [...]Entrei relativamente afortunado para a imprensa, porque a família de minha consorte pôs à minha disposição sua bolsa, que eu deixei vazia. Além disso, eu saquei sobre meu crédito e contraí dívidas extraordinárias para sustentar a campanha de imprensa, que se estendeu de 1881 a 1888, por minha conta, nos jornais que dirigi. [...] A *Cidade do Rio* tem vivido da magnanimidade de grande parte de seus empregados.[13]

Para enfrentar os contínuos problemas financeiros, Patrocínio contratou alguns administradores competentes que conseguiram restaurar a saúde econômica do jornal, mas não demorava a chegar o dia do inevitável conflito entre o senso comercial do gerente e os caprichos delirantes do dono da folha.[14]

Situação semelhante de descontrole econômico tem sido recorrente na história da imprensa brasileira, com a diferença de que a maioria dos donos de jornal não tinha o talento jornalístico de Patrocínio. Sua complexa personalidade fica evidente nas memórias de Luís Edmundo:

> Não se pode negar a Patrocínio um enormíssimo talento, tão grande que, por vezes, chega a lhe encobrir as falhas de cultura. Escreve muito bem, escreve como ora, com fluência e com lustre. Polemista brilhante, frequenta, entanto, a escola de Camilo [Castelo Branco, o agressivo e irreverente escritor português]. É, por isso, insolente, brutal e muito desbocado. Molhada na lama, a sua pena resplandece. Cultua a técnica do desaforo, abusa da chalaça e do calão. Tem plateia, porém, para tudo isso.[15]

Luís Edmundo acompanhou a decadência do jornalista: "No começo do século, porém, José do Patrocínio é bem outro, é o triste desmoronar de uma grande inteligência". A respeito do jornal, diz que:

> [...] a *Cidade do Rio* vive como sempre viveu o seu proprietário – dos caprichos da sorte, à *la bonne fortune de pot* [...] Quando chega o dinheiro, em geral com bem grande irregularidade, enche-se a redação de gente, porque, então, José do Patrocínio, mãos abertas, paga a todos e paga muito bem. Não se conhece, aí, criatura mais franca, muito generosa. É o momento das grandes reportagens, dos grandes e belos artigos assinados [...]. O contrário diz-se, sempre, quando falta dinheiro. A folha míngua. A matéria escasseia. A redação esvazia-se, embora com a crise de dinheiro não haja crise de gratidão por parte do proprietário, o qual, não podendo pagar os seus escribas, vive a lhes aumentar regularmente os ordenados.[16]

A trajetória errática dos escritos de Patrocínio era cada vez mais evidente. A *Gazeta de Notícias*, o jornal em que começara, escrevia: "Na sua mão, a pena transformava-se conforme a sua opinião, ora em turíbulo, ora em punhal envenenado. O que ele fazia, embora às vezes não fosse justo, era geralmente bom sob o ponto de vista literário".[17] Esta visão era corroborada por Luís Edmundo:

"Muitas vezes, (Patrocínio) ataca, mas só por cálculo. Ataca para, em seguida, defender [...] É lá um negócio. Vive assim, dizendo e desdizendo, afirmando e negando".[18] Uma explicação mais crua viria nas palavras de Coaracy, para quem Patrocínio, "sob a premência da necessidade da vida tumultuada e desordenada que levava, comparava-se, sem rodeios, a um advogado, com banca aberta para contratar defesa e acusações, mediante altas tarifas de serviços. A sua tribuna era o jornal".[19]

A *Cidade* apoiou o regime republicano, mas criticou Ruy Barbosa, ministro da Fazenda, pela sua política financeira de "encilhamento", que provocou um enorme surto inflacionário. Olavo Bilac foi enviado a Paris, em 1890, como correspondente da *Cidade* a convite de José do Patrocínio. Contou que vivia "modestamente mas com conforto" com o ordenado pago pelo jornal, pois "já era jornalista profissional", que lhe permitia custear alimentação, hospedagem, idas ao teatro e carro de aluguel. Escreveu, durante vários meses, a coluna "Jornal da Europa". Voltou ao Rio no ano seguinte. Ele, Pardal, Aluísio Azevedo, Coelho, Luís Murat foram nomeados para cargos públicos do estado do Rio de Janeiro e tinham que tomar diariamente a balsa para Niterói, o que não impediu que continuassem escrevendo para a imprensa. Perderam o emprego público quando foi instalado o governo de Floriano Peixoto.

A *Cidade* combateu o novo presidente e as limitações do governo às liberdades civis. Quando a situação ficou mais tensa, Patrocínio pediu a Luís Murat que assumisse o jornal, pois ele estava com ordem de prisão e tinha que se esconder. Para que a *Cidade* continuasse circulando, sugeriu não provocar o governo e limitar-se a dar notícias sem caráter político e que fossem permitidas pela censura. Patrocínio foi preso em abril de 1892, acusado de conspirar para depor o presidente, e confinado em Cucuí, no alto do rio Negro, no Amazonas. O jornal, em vez de seguir a linha de moderação traçada por Patrocínio, fez acirrada oposição ao governo e publicou o manifesto do almirante Custódio José de Mello, o comandante da esquadra que se levantara contra Floriano. O jornal foi apreendido em outubro de 1893.

Os jornalistas da *Cidade* foram perseguidos. Em abril 1892, por participar num movimento contra Floriano, Bilac permaneceu preso durante quatro meses na Fortaleza da Laje, no Rio, onde ficou "a ver navios", como ele disse, e reclamou do tédio e da comida. Voltou ao jornal, mas mudou para a *Gazeta de Notícias* quando a *Cidade* insistiu na defesa do almirante Custódio José de Mello. Em novembro de 1893, quando foi decretado o estado de sítio na capital federal, teve que se esconder em Minas Gerais. Mallet foi confinado em Tabatinga, "na fronteira do Peru, a ver tartarugas". Guimarães Passos e Luís Murat se exilaram em Buenos Aires. Eles tinham assinado o "manifesto custodista".

Quando voltou do exílio, José do Patrocínio ficou um tempo escondido e depois reassumiu a direção do jornal, onde continuou atacando o governo. Diariamente, grupos de "florianistas" se concentravam diante da sede da *Cidade*, atiravam pedras e gritavam "morras" a Patrocínio e "vivas" a Floriano. O jornal deixou de circular durante um período.

BENS PENHORADOS E LEILOADOS

Pressionado pelas contínuas dificuldades financeiras, a *Cidade* era um jornal cada vez mais improvisado, com uma gestão desordenada, enfrentando processos na Justiça e ameaças de greve por falta de pagamento. Os oficiais de Justiça chegaram a penhorar o material das oficinas e da redação, por uma dívida de 4 contos de réis, ao negociante italiano Domingos Conde: "Uma máquina de impressão, um motor a vapor, um cofre de ferro, uma escrivaninha de cedro, balcão de madeira, seis cadeiras de palhinha, duas placas de metal contendo o dístico '*Cidade do Rio*, José do Patrocínio & Cia', e seis quilos de tipos". No entanto, o jornal circulou normalmente.

A *Cidade* enfrentou outra ação de penhora executiva do comendador José Augusto Laranja, proprietário do prédio da rua do Ouvidor onde estava instalado o jornal. Devia 5 contos de réis, equivalentes a dez meses de aluguel. Na verdade, o processo aparentemente correu à revelia de Patrocínio, num momento em que este se encontrava em "lugar incerto e não sabido". A ação foi protelada, mas finalmente, em março de 1894, o prédio foi ocupado pelo dono e o material colocado num depósito público municipal, onde foi leiloado por 3 contos, quantia insuficiente para pagar os aluguéis atrasados. O jornal parou de circular. Voltou em maio de 1895, instalado na mesma rua do Ouvidor, mas em outro local, não se sabe com que dinheiro. O redator-chefe era Demerval da Fonseca e Patrocínio o "redator político".

Quando morreu Floriano Peixoto, Patrocínio se recusou a hastear a bandeira a meio-pau, como queiram os partidários do ex-presidente e o jornal foi depredado; como a polícia não lhe dera proteção, Patrocínio teve que sair do Rio. A direção da *Cidade* ficou com Aníbal Falcão, mas diante das ameaças ele teve que embarcar para a Europa.[20]

Patrocínio também fez oposição ao presidente Campos Salles e à política de austeridade do ministro da Fazenda, Joaquim Murtinho, e sofreu com isso. Perdeu os melhores colaboradores. No fim do mandato de Campos Salles, Patrocínio, numa reviravolta, passou a defender o governo. É atribuída a Murtinho a frase: "Este preto não se vende; aluga-se". Vivaldo Coaracy disse que a frase não era original; já tinha sido usada por um estadista do Império em relação a outro mestiço e acrescentou que, se realmente Murtinho a tivesse pronunciado, "não deixaria de ter alguma razão".[21] Patrocínio apoiaria também o governo do próximo presidente civil, Prudente de Morais.

O jornal ainda tinha leitores, atraídos pelo "artigo de fundo" de Patrocínio. "O artigo sustentava a folha, a casa de Patrocínio e as suas extravagâncias. [...] E era sempre uma preciosa lição de estilo ou de jornalismo, de técnica de imprensa e até mesmo de português".

Olavo Bilac conta que a *Cidade* era: "Pobre, boêmio e alegre. Não havia dinheiro para pagar telegramas do exterior. Mas era absolutamente necessário que o jornal publicasse telegramas... Que fez o diretor? Contratou o serviço de dois fios telegráficos humanos – um encarregado de inventar notícias do Rio da Prata, e outro incumbido de noticiar, sem sair daqui, tudo quanto acontecia no resto do mundo".[22]

O jornal publicava notícias fantasiosas de cidades imaginárias.

No Rio, surgiu em 1894 um vespertino que fez apertada concorrência à *Cidade* entre as classes populares, *A Notícia*, lançado por Manuel Oliveira Rocha, o Rochinha. No ano seguinte, a *Cidade* tornou-se, também, vespertino. Os dois jornais circulavam às 2 e meia da tarde, porque às 2 saía o resultado da loteria do bicho. "Havia uma corrida permanente entre a *Cidade do Rio* e *A Notícia*, a ver qual a primeira a sair, envolta no berro agudo dos garotos vendedores, para apanhar os níqueis dos primeiros fregueses", lembrou Vivaldo Coaracy.

A DECADÊNCIA FINAL

Todos os diários, menos o *Jornal do Commercio*, publicavam os resultados da loteria do barão de Drummond. Mas a *Cidade*, além de divulgar os números sorteados, enriquecia a informação acrescentando um serviço adicional de tabelas e estatísticas das apostas, conhecido na redação como "o câmbio do bicho", de grande apelo para os leitores. Organizadas pelo chefe da revisão, "doutor em bicho", informavam que números haviam sido premiados no mesmo dia dos anos anteriores e nos meses precedentes, quantas vezes havia saído cada bicho e outras estatísticas, todas tabuladas cuidadosamente a mão, numa época em que não existia computador. Muita gente só comprava o jornal para saber que bicho tinha dado e inspirar-se nos palpites para o dia seguinte, segundo Vivaldo Coaracy. Um dia, Coaracy, quando trabalhava na *Cidade*, tirou a tabela e houve um protesto geral que levou o secretário da redação a passar-lhe "um pito solene": "o 'câmbio do bicho' era o maior incentivo de venda avulsa. Eu estava prejudicando a circulação do jornal".

Sem recursos, o jornal teve que trocar a elegante rua do Ouvidor pela rua do Sacramento. As más línguas diziam que mudara de endereço para ficar perto do Tesouro, pois nessa mesma rua estava localizado o Ministério da Fazenda. O jornal tinha perdido as oficinas devido à execução de uma hipoteca vencida; a tipografia foi penhorada por falta de pagamento. Em 1900, um português, "seu" Paulino, alugou ao jornal uma tipografia que estava em condições precárias, com uma velha máquina plana acionada a vapor. Um dia, os empregados encontraram o prédio fechado: como Patrocínio não pagava, o proprietário se cansou e trancou a porta.

Patrocínio sumira. Vivaldo Coaracy[23] encontrou uma velha oficina que fora abandonada vários meses antes, uma ruína "cheia de pulgas", propriedade de Gaetano Segreto, onde foi improvisada, às pressas, uma edição do jornal numa velha máquina plana. Não quis cobrar aluguel. Alguns dias mais tarde, passou a ser impresso na tipografia do *Diário*, de Vítor da Silveira, dotada de uma moderna rotativa. Saiu com uma aparência moderna que nunca tivera antes. Não parecia o mesmo jornal, mas o público, aos poucos, o abandonou. Diante de tantas mudanças de endereço, dizia-se que o nome do jornal não era *Cidade do Rio,* mas *Cidade Errante.*

A *Cidade do Rio* entrava numa etapa de decadência final, tanto pelos desmandos econômicos como pelo descrédito na opinião pública, em face da versatilidade com que Patrocínio punha o jornal sucessivamente a serviço de causas ingratas e antagônicas, segundo Luís Edmundo.

O jornal ainda era uma escola. Dizia-se que o prazer de trabalhar para Patrocínio compensava a exiguidade dos salários e a irregularidade dos pagamentos, sempre atrasados. Mas até a paciência dos jornalistas tinha um limite e a maioria foi embora. O jornal fechou definitivamente em 1902.

Patrocínio achou que conseguiria superar as dificuldades econômicas e dar a volta por cima com um novo negócio que o tornaria rico: a construção de um balão dirigível, ao qual daria o nome de Santa Cruz. Instalou um hangar improvisado em sua casa em Inhaúma, mas o balão nunca seria construído.

Patrocínio, tuberculoso, morreu em 29 de janeiro de 1905, aos 52 anos, vítima de um aneurisma, no momento em que escrevia para seu antigo rival, *A Notícia,* o folhetim "Às segundas", que foi publicado.

Os obituários reconheceram seu talento. A *Gazeta de Notícias* escreveu: "A vida e a fama de Patrocínio andaram sempre aos solavancos, ora nos pináculos da glória, ora arrastadas pelas ruas da amargura". A opinião que sobre ele emitiram Olavo Bilac e Vivaldo Coaracy serve como epitáfio:

Bilac:

> Meu grande, meu generoso, meu Santo amigo! [...] Eu não sei quanto dinheiro ganhaste [...] mas sei quanto dinheiro gastaste – e sei em que foi que o gastaste! A tua mão abençoada – que, como a noite, eternamente se fazia em estrelas – era o amparo de todos os que sofriam. Essa mão, querida e paternal, ia arrancar do anonimato todos os que queriam trabalhar [...].[24]

Coaracy:

> Atingindo alturas geniais, em dados momentos, noutros se revelava de uma simplicidade quase infantil, capaz de atos de nobreza e de atitudes de grande desprendimento e dedicação, incide por outro lado em fraquezas morais e erros de julgamento quase incompreensíveis. [...] Mas, no fundo, com os seus erros e fraquezas tão humanas, até mesmo com os seus imperdoáveis deslizes, era um bom. Alma generosa e sentimental, nunca fez o mal pelo prazer do mal [...] nunca negou o apoio de seu entusiasmo exuberante às causas nobres. E era um fulgurante e raro talento que honrou a sua geração e a sua raça.[25]

Essas qualidades pessoais ajudaram José do Patrocínio a fazer um jornal ocasionalmente brilhante, mas seus defeitos não permitiram a construção de uma publicação coerente e sólida.

O PAIZ
(1884-1930/1933-4)

Fundador: João José dos Reis Júnior

UM EFICIENTE JORNAL DE ALUGUEL

Na história da imprensa brasileira, *O Paiz* tem a duvidosa distinção de ser considerado o mais corrupto dos grandes jornais. Embora seja difícil estabelecer um ranking preciso de uma prática tão fortemente enraizada no jornalismo, *O Paiz* foi extremamente eficiente em extrair dinheiro de vários governos, graças à habilidade de seu proprietário, o português João de Souza Lage, para abrir os cofres públicos em troca de um apoio incondicional aos mandatários do dia, qualquer que fosse sua política ou coloração.

O sergipano Gilberto Amado conta em suas memórias, *Mocidade no Rio e primeira viagem à Europa*, como operavam Lage e o jornal. Depois de escrever no *Jornal do Commercio*, ele foi contratado por Lage para colaborar n'*O Paiz*, no qual fazia a crônica "A semana". Num artigo, Amado elogiou Lauro Müller, ministro do Exterior e rival do poderoso senador Pinheiro Machado, amigo de Lage. O próprio Amado presenciara um encontro em que o Lage tratava o senador com grande intimidade: "'*Bocê! Bocê*, Pinheiro...' em tom elevado, bem audível". Em suas relações com Pinheiro Machado, "se o português era pago, arranjava as coisas bem", diz Amado.

Por causa do artigo sobre Müller,[1] Lage explicou a Amado como eram as relações no jornal e como se faziam os negócios: "Rapaz [...] as cavações em *O Paiz* quem faz é a redação, nos editoriais, nos *sueltos* (comentários curtos), no corpo do jornal; não os colaboradores de coluna assinada" (como era o caso de Amado). Depois perguntou: "Quanto o Lauro lhe deu ou lhe mandou prometer?" Quando Amado se preparava para soltar sobre o português um tropel de insultos, a começar pelo "nome de mãe", Lage correu para a porta, a fechou, preparou-se para o que pudesse acontecer e sorriu: "Acalme-se! *Bocê* se ofende à toa. E prosseguiu [...] Um artigo como o seu [...] pondo em tal destaque o Lauro vale muito [...] como matéria paga".

Lage estava certo. Conhecia bem o mercado em que operava. O artigo, realmente, valia muito: valeu a seu autor uma viagem à Europa a serviço do Ministério das Relações Exteriores, que tinha como objetivo analisar as condições e os processos de colonização da Holanda nas Índias Ocidentais. Nessa viagem, ele conheceu Graça Aranha em Haia. O que não impediu que Amado se tornasse posteriormente assessor do senador Pinheiro Machado, o inimigo de Lauro Müller e amigo de Lage.[2]

Ainda segundo Gilberto Amado, Lage também era experto em atacar, ocasiões em que "calçava os tamancos, punha o jaleco nas costas, empunhava a vara de choupa e investia".

Mas *O Paiz* não era apenas uma gazua nas hábeis mãos de Lage. Era, segundo um depoimento, um jornal "materialmente bem-feito, muito bem escrito, dotado de excelente revisão, noticioso e dotado de inúmeras e variadas seções". E talvez, como apregoava, o de maior tiragem. Parte do dinheiro que arrancava dos políticos era empregado por Lage para contratar bons jornalistas.

Aparentemente, os leitores deixavam de lado sua subserviente orientação política e procuravam as crônicas e as opiniões de seus colaboradores, entre os mais brilhantes do momento. O nome do jornal já era curto, mas os cariocas o encurtaram mais ainda, para apenas "O".

O JORNAL DO CONDE

O Paiz foi fundado em 1º de outubro de 1884 pelo comerciante João José dos Reis Júnior,[3] que tinha o título de comendador e, no futuro, herdaria de seu pai, português, os títulos de visconde e depois de conde de São Salvador de Mattosinhos. O jornal custava 40 réis, a assinatura anual 20 mil-réis e se apresentava como "independente, político, literário e noticioso". Seu primeiro redator-chefe foi Ruy Barbosa, que escreveu o editorial de lançamento, mas só ficou três dias por não ter a autonomia que considerava necessária. Foi substituído por Quintino Bocayuva.

Bocayuva, um antigo tipógrafo, estudou Direito em São Paulo, começou no jornalismo como colaborador de *A Hora* paulista e foi chefe da redação do *Diário do Rio de Janeiro* quando esse jornal foi relançado em 1860, de *O Globo* e de *A República*. Era também o chefe do Partido Republicano.[4]

As instalações, sumamente precárias, tinham pertencido anteriormente ao diário *O Cruzeiro*. Gilberto Amado disse que a redação estava num dos mais feios prédios da avenida Central (hoje avenida Rio Branco). O edifício, situado na rua do Ouvidor, ao lado da sede do *Jornal do Commercio*, foi cedido ao jornal pelo seu dono, Reis Júnior, proprietário dos dois imóveis. Luís Edmundo o descreve como "um casarão velho, sombrio, a pedir a esmola de uma boa picareta, a graça de um desabamento, ou então, um incêndio providencial".[5] A pitoresca descrição, embora algo carregada, não parece fora de lugar, mas é necessário olhar com cuidado as avaliações de Luís Edmundo sobre a imprensa da época. Ele trabalhava no *Correio da Manhã*, o principal concorrente de *O Paiz*, e não consta que fosse um observador tão mordaz a respeito do *Correio* e de Edmundo Bittencourt, seu diretor e proprietário.

O Paiz se apresentou aos seus leitores como um jornal progressista, dedicado ao comércio. Para atrair leitores de diversas tendências, declarou-se politicamente neutro, isento e imparcial, e aberto a todas as opiniões desinteressadas, tolerantes e inteligentes. No quarto número, numa polêmica com o jornal *Brazil*, assegurava: "Poderemos ser políticos, na acepção mais ampla da palavra; mas partidários, absolutamente – não". Em pouco tempo se tornava evidente a pregação republicana e abolicionista.

Desde o começo, o jornal encontrou uma boa aceitação a assumir a causa da libertação dos escravos, apoiada pelo proprietário. Começou imprimindo 11 mil exemplares, chegou a 26 mil em 1888 e, por ocasião da proclamação da República, afirmava ter chegado a 62,5 mil.[6]

O Paiz teve entre seus colaboradores alguns dos mais conhecidos escritores da época: Valentim Magalhães; o líder abolicionista maranhense Joaquim Serra, que escrevia a coluna "Tópicos do dia," morreu pouco tempo depois do lançamento do jornal; o romancista Coelho Netto (pseudônimo Charles Rouget) publicava "Os narcotizadores". Em suas páginas saiu *O coruja*, folhetim de Aluísio Azevedo, em 1885; em 1892, Afonso Arinos (Afear) publica sua primeira obra, *Manuel Lúcio.*

O monarquista Carlos de Laet, que deixara o *Jornal do Commercio* por desentendimento com a direção, refugiou-se no jornal, levando com ele sua popular coluna "Microcosmo". Escreveram também Olavo Bilac; Eduardo Salamonde, editorialista e articulista político que assinava "A semana"; Camilo Castelo Branco escrevia de Portugal; Abner Mourão (que escrevia sob o pseudônimo de Isabela Nelson), o qual seria redator-chefe do *Correio Paulistano* e diretor de *O Estado de S. Paulo* quando foi tomado da família Mesquita durante a ditadura de Getúlio Vargas; Medeiros e Albuquerque.[7] Outro assíduo colaborador foi Euclydes da Cunha.

O monarquista Joaquim Nabuco foi, com Joaquim Serra, abolicionista de primeira hora. Ele começou a escrever n'*O Paiz* em 1886 por insistência de André Rebouças. Fez "A sessão parlamentar", de enorme repercussão; seus artigos contra a escravidão foram um dos fatores de sucesso do jornal. Esteve em Londres como correspondente em 1887 e 1888 e, na volta ao Brasil, continuou colaborando, mas desentendeu-se com Quintino. Este, republicano, usara a campanha abolicionista para combater a monarquia. Extinta a escravidão, o jornal deixou de lado sua alegada posição apolítica e defendeu abertamente a proclamação da República. Depois de assinada a Lei Áurea, em 13 de maio de 1888, o jornal não via mais necessidade da colaboração do monarquista Nabuco.[8]

Segundo José do Patrocínio, que polemizava asperamente com Quintino, "era impossível a convivência do grande homem (Nabuco) com a pequena política do chefe da redação".[9] Em 1888, *O Paiz* deixou de lado o apartidarismo e publicou vários artigos de Silva Jardim, encorajado por Quintino, de veementes críticas contra a monarquia.

Quando, em junho de 1888, o jornal deixou de publicar um artigo seu, Nabuco pediu demissão.[10] Quintino tentou colocar panos quentes, apelou para a velha amizade e o convenceu a continuar colaborando, comprometendo-se a respeitar suas opiniões. O jornal escreveu, sob o título "Propaganda política", que nessa edição publicava "um artigo de nosso ilustre colega Dr. Joaquim Nabuco", e reiterava sua alegada neutralidade partidária: "Como é sabido, a nossa folha é neutra nas contendas dos partidos políticos que entre si disputam a preponderância no governo do Estado". Anunciava a criação de uma nova seção, "Campo neutro", para divulgação de artigos assinados, "com inteira liberdade sob seu ponto de vista individual, doutrinário ou partidário". E abria espaço para uma "seção especial que por convenção fica pertencendo ao *Partido Republicano*", esclarecendo que esse direito, nas mesmas condições, podia ser exercido por qualquer outro partido. A coluna "Boletim republicano" na defesa da República começou sendo escrita por Aristides Lobo, depois por Silva Jardim e Júlio Dinis.

A convivência provou ser impossível e Nabuco se afastou definitivamente. A gota d'água foram dois artigos de Quintino Bocayuva propondo a proclamação da República. No começo de janeiro de 1889, *O Paiz* anunciou a saída de Nabuco dizendo "que, para esta separação, concorreram exclusivamente motivos de ordem política", sem dizer quais foram. No dia seguinte, o jornal explicou que "só escrúpulos políticos muito respeitáveis influíram para que Joaquim Nabuco deixasse de continuar a honrar-nos com a sua colaboração". Nessa mesma página, insistiu em apregoar sua isenção: "*O Paiz* não faz propaganda republicana [...] *O Paíz* não faz propaganda monárquica [...] *O Paiz* não serve aos interesses de nenhum partido [...] *O Paiz* não faz igualmente, nem propaganda nem oposição dinástica"; e enfatizou que não tinha "ponto de vista partidário". Em outras edições, escreveu que o seu partido era: "O partido dos contribuintes" e que o pacto do jornal era com a lei. "Com ela estaremos diante dos republicanos. Com ela estaremos diante dos monarquistas".

André Rebouças escreveu que Nabuco, "por não poder suportar mais a hipocrisia" de Quintino Bocayuva, acabou abandonando *O Paiz*.[11]

Luís Edmundo escreveu que não se conhecia cronista mais lido e mais popular que Arthur Azevedo; ele tinha, como ninguém, a popularidade que decide o sucesso da venda avulsa de um jornal, que se explicava pela indiferença em relação à política e pelo verdadeiro culto à simplicidade: "Escreve com clareza. E como tenha muito talento e muita graça, o que ele compõe, avulta, sempre, impressiona e garante sucesso". Escrevia diariamente n'*O Paiz* duas seções muito lidas, a "Palestra" e um comentário em verso dos acontecimentos da véspera assinado Gavroche.[12]

MULHER NA REDAÇÃO

Várias mulheres colaboraram nas páginas de *O Paiz*. Délia foi a primeira escritora a colaborar na coluna situada no canto à esquerda da primeira página, talvez o lugar mais nobre do jornal, alternando com Coelho Netto, Valentim Magalhães e outros. Délia era o pseudônimo da escritora gaúcha Maria Benedita Câmara Bormann. De 1886 a 1892, publicou 19 folhetins em *O Paiz*, entre eles, *Angelina* e *Estátua de neve*, além de 19 contos curtos. Outras colaboradoras foram Julia Lopes de Almeida e Emília Moncorvo Bandeira de Mello, que assinando como Julia de Castro e Carmen Dolores, substituiu Salamonde na crônica dominical "A semana", de 1905 a 1910. Quando ela morreu, a crônica foi escrita por Gilberto Amado. Ele disse de sua antecessora que tinha "a paixão pela vida, a bravura do entusiasmo, a violência das sensações, [...] a exaltação deslumbrada, essa robusta ventura de viver".[13] O jornal tinha seções leves, bem escritas e muito lidas, como "Ao Deus dará", "Estudos de rabeca", "Aparas", "Echos de toda a parte", além da "Chronica semanal".

Numa iniciativa pouco comum, o jornal começou a ganhar dinheiro com informação internacional. Montou um Centro Telegráfico, que nada mais era do que a reprodução dos telegramas que recebia da agência de notícias Havas e os revendia a outros jornais.

Num episódio bizarro, em agosto 1886, o proprietário de *O Paiz*, conde de Mattosinhos, depois de uma azeda polêmica por escrito, foi desafiado a um duelo por Ferreira de Araújo, diretor da *Gazeta de Notícias*. No dia marcado, porém, chegaram a um acordo. Ninguém se machucou.

O jornal retrataria, meses mais tarde, a perplexidade da população no dia em que a República foi proclamada:

> Este povo, que assistiu extático e pasmo de surpresa ao movimento, revolucionário, de 15 de novembro; que viu tudo isso sem impulsos de reações; que aplaudiu, porque viu que aplaudiam, e que depois arrastou-se com a sua apatia até à casa de residência, onde a medo comentou o desmoronamento da monarquia diabética, sem compreender a estupenda evolução de sua pátria, pede apenas que o deixem em paz.[14]

Era voz corrente nos primeiros tempos do novo regime que o *Diário de Notícias* era o órgão do Ministério da Fazenda – Ruy Barbosa, o ministro, tinha sido diretor do jornal e continuava ligado a ele – e que *O Paiz* era o porta-voz do Ministério do Exterior, com Quintino Bocayuva. Este implantou nos primeiros dias da República uma severa censura à imprensa, que tinha funcionado livremente durante o Império. Como ministro, ele negociou um desastrado acordo de fronteiras com a Argentina que foi rejeitado pelo Congresso.

O Paiz se viu envolvido indiretamente na primeira crise política da República recém-instalada. No fim do período imperial, tinham sido proibidas as "maltas" de capoeiras, bandos acusados de agredir pessoas nas ruas e que no tempo da Monarquia hostilizavam os republicanos. Um observador francês escreveu que os capoeiras eram verdadeiros bandidos e, em certos dias, aterrorizavam a capital.

A República decidiu apertar a proibição. O chefe de Polícia do Rio, João Batista Sampaio Ferraz, o "Cavanhaque de aço", mandou prender todos os capoeiristas que fossem encontrados. Um dos mais famosos e temidos era José Elysio dos Reis, "Juca Reis", líder de uma "malta" e conhecido pela sua agressividade. Era filho do conde de Mattosinhos, que falecera em outubro de 1888, e meio-irmão do fundador de *O Paiz*, que herdou o título de conde. Juca Reis e seu grupo tinham dispersado em 1881 um comício republicano em praça pública; em 1877, fora acusado de "chicotear ferozmente" a atriz francesa Suzanne Costera nas escadarias de um teatro. Até o próprio *O Paiz* criticava os capoeiras.

Ao voltar de Portugal para participar da partilha da herança de seu pai, Juca Reis foi preso no Rio e Sampaio Ferraz abriu um processo contra ele. O dono d'*O Paiz*, o principal suporte do governo republicano na imprensa e seu órgão oficioso, pediu a intermediação de Quintino Bocayuva, o primeiro-ministro do Exterior da República, que tinha sido redator-chefe e ainda mantinha estreitas relações com o jornal. Quintino solicitou ao presidente, o marechal Deodoro da Fonseca, a libertação de Juca e ameaçou com a demissão caso não fosse atendido. Deodoro ordenou sua soltura, mas Sampaio Ferraz disse que, nesse caso, soltaria todos os capoeiristas presos e iria embora. Deodoro recuou, Juca foi deportado a Fernando de Noronha, "presídio de turbulentos e capoeiras", e depois autorizado a embarcar para Portugal.

Desgostoso com o episódio e magoado ao perceber que promessas que lhe foram feitas não foram cumpridas, o novo conde de Mattosinhos vendeu o jornal em abril de 1890 e deixou o país definitivamente. Em sua despedida, na primeira página, depois de dizer que a *O Paiz* se devia em grande parte à proclamação da República, afirmou que nesse mesmo mês fora preso seu irmão José Elysio dos Reis, "um moço que tem, talvez, desperdiçado a sua inteligência e atividade em ruidosos prazeres [...] mas, em todo caso, ele não cometeu crime". O conde afirmava que pedira a seu irmão que retornasse de Portugal, com a plena certeza de que não corria perigo, depois das "asseverações" que obteve de "pessoa competente, altamente colocada" – uma óbvia referência a Bocayuva –, mas fora preso horas depois de chegar. Ele pergunta se é assim que se retribuem os sacrifícios que o dono de *O Paiz* empenhou por uma causa, menciona os excessos tirânicos de uma autoridade arbitrária e assegura: "Eis por que decidi passar a folha de minha propriedade a outros mais felizes".

O HOMEM MAIS RICO DO BRASIL

Na mesma edição, no alto da primeira página, consta que *O Paiz* era propriedade de Antonio Pereira Leitão & C. Mas um texto explica que essa companhia era "representante" dos "novos proprietários" e assegura que "a folha prestará a sua mais franca e leal cooperação ao Governo Provisório".[15] Pereira Leitão tinha sido secretário da redação do jornal; nesse projeto, ele estava associado a Bellarmino Carneiro, antigo gerente. Consta que o verdadeiro dono era o conselheiro Francisco de Paula Mayrink, banqueiro e empresário, considerado o homem mais rico do país, proprietário do Banco de Crédito Real do Brasil, diretor do Banco dos Estados Unidos do Brasil, futuro Banco do Brasil, e orientador da política financeira de encilhamento de Ruy Barbosa durante o Governo Provisório da República. O preço pago foi de 1.000 contos de réis; o jornal apresentava o confortável lucro de 122 contos por ano. *O Paiz* trocaria várias vezes de donos num curto período.

Meses depois, em novembro de 1890, Pereira Leitão e Bellarmino Carneiro dissolveram a sociedade. *O Paiz* passou a ser gerido por outra empresa da qual participavam Constâncio Alves e Francisco de Paula Belfort Duarte; a direção da redação ficou com Eduardo Salamonde e Léo de Affonseca. Nova mudança em outubro do ano seguinte quando o jornal foi comprado por uma sociedade anônima, cujo maior acionista era Pedro de Almeida Godinho e da qual participavam Quintino Bocayuva, que voltava ao jornalismo e assumia a "direção intelectual" da folha, Manoel Cotta e Rodolpho Abreu. O capital da empresa era de 4 mil contos de réis.

Ao retomar a direção do jornal, Bocayuva foi um dos principais defensores da férrea política do marechal Floriano Peixoto, mas não seria tão tolerante com o primeiro presidente civil, Prudente de Morais, a quem hostilizou continuamente. Por orientação de Bocayuva, *O Paiz* instigou os militares contra o presidente, alinhando-se com as posições dos jacobinos. Como escreve Edgard Carone, "*O Paiz* e Quintino Bocayuva lançam os primeiros desafios" da reação florianista contra o primeiro governo civil republicano em janeiro de 1895.

Nesse mesmo mês, Prudente de Morais escrevia a seu irmão Manuel:[16] "O Quintino continua amigo do governo, mas o seu *Paiz* continua a dar alfinetadas (ilegível) com muita má-fé!" Em outra carta: "Essa canalha é instigada pelo *Paiz* – que não pode resignar-se com a privação do píngue subsídio que recebia pela verba secreta – e pelo *Diário de Notícias*, a quem recusei essa subvenção. A polícia está preparando para dar uma sova em regra na primeira oportunidade que essa canalha oferecer". ·

Como observa Célio Delbes, o presidente "não enlameava as mãos, tingia-as de sangue", ao optar pela violência para tratar com a imprensa, em lugar da corrupção. Prudente de Morais seria, ele mesmo, alvo da violência em 1897, quando um fanático atentou contra sua vida e matou o ministro da Guerra, marechal Carlos Machado Bittencourt. A multidão atacou os jornais jacobinos, como *A República, Folha da Tarde* e *O Jacobino*, no Rio; e A Nação, em São Paulo. *O Paiz* conseguiu livrar-se dessa explosão de violência.[17]

O DESFALQUE DE LAGE

Bocayuva voltou à política e deixou a redação, mas manteve durante muito tempo suas ligações com o jornal. Ele seria, além de chanceler, presidente do estado do Rio de Janeiro e senador. Como escreveu Luís Edmundo, quando Quintino ocupava "a chefia do executivo fluminense", *O Paiz* continuava "a receber, diariamente, *sueltos*, comentários, sugestões, escritos pela mão do Mestre ou pela de seus secretários"; um estafeta do Palácio servia de agente de ligação.[18] Ele foi candidato à presidência da República em 1902: obteve 42,5 mil votos, contra 592 mil de Rodrigues Alves, que foi eleito.

Um evento quase tão importante na história de *O Paiz* quanto a direção e a marca impostas por Quintino Bocayuva foi a presença de João de Souza Lage, que iria definir a nova personalidade do jornal. Português do Porto, chegara ao Brasil com 17 anos de idade; trabalhou no *Diário de Notícias* de São Paulo e na revista *Novidade* do Rio. Entrou na empresa editora de *O Paiz* depois da morte de Manoel Costa, levado por Sebastião do Pinho, "grande capitalista, grande homem de negócios".[19]

Começou em 1898, aos 23 anos, como gerente comercial, mas também escrevia no jornal e chegou a assinar a seção fixa "Conceitos de Simão de Mântua" e, depois, "Três estrelinhas" na segunda página. Subiu na empresa "a ombradas, derrubando chefes de serviço, sacrificando companheiros, despedindo empregados"; foi promovido a diretor e aproveitou a crítica situação financeira da sociedade para fazer uma manobra que lhe permitiu assumir o controle.

Em abril de 1902, uma assembleia geral escolheu como presidente Pedro de Almeida Godinho, o principal acionista, em substituição a Quintino Bocayuva, que se tornou presidente honorário; Eduardo Salamonde foi diretor da empresa e redator-chefe, e João Lage, homem de confiança de Godinho, diretor-gerente, mas continuou escrevendo no jornal.

Em 1903, Godinho viajou a Portugal e deixou João Lage como presidente interino, com procuração e amplos poderes. Ao voltar no ano seguinte, encontrou um desfalque de 1.250 contos de réis em apólices, dinheiro e ações de *O Paiz* feito por seu homem de confiança.

Com sangue frio, Lage pediu uma semana para ressarcir o desfalque. Conseguiu um empréstimo do Banco da República, suficiente para pagar a dívida a Godinho, assumir o controle da empresa e ainda construir um novo prédio. Percebera, antes que a maioria dos concorrentes, a importância das mudanças na urbanização da cidade do Rio de Janeiro e, em 1906, instalou sua nova sede na recém-inaugurada avenida Central (hoje avenida Rio Branco), esquina com a rua Sete de Setembro.

Arthur Azevedo, que assinava com o pseudônimo de "Gavroche", comemorou:

Viva!
Também eu solto foguete
À nossa folha querida,
Que vai ter um palacete
Na Avenida

Era um prédio suntuoso, de quatro andares, que em nada lembrava o velho pardieiro dos primeiros tempos, embora não caísse no gosto de Gilberto Amado, que o considerou um dos mais feios edifícios da avenida. Segundo ele, a redação "compunha-se de uma grande sala retangular no primeiro andar, na qual se dispunham paralelamente mesas, uma para cada redator, umas dez, todas lustrosas, novas". Para Hélio Silva, porém, o edifício era majestoso. Lage também modernizou o jornal, o tornou mais atraente.

As dívidas de Lage com os bancos aumentaram com a construção da nova sede. Como em 1906 ainda devesse 811 contos, ele propôs pagar apenas 230, com o apoio de Leopoldo Bulhões, ministro da Fazenda.[20]

O Paiz deu um novo salto com a ajuda dos poderes públicos. Cinicamente, Lage dizia que só precisava de 22 leitores: o presidente da República e os 21 governadores.[21] Segundo um eufemismo corrente, *O Paiz* era o grande órgão pelo qual o governo falava à nação. Lage imprimiu ao jornal "uma poderosa orientação conservadora, que lhe assegurou o aplauso das classes produtoras da Nação".[22] Segundo Luís Edmundo: "Na orientação da folha, Lage, amigo incondicional de todos os governos, serve-os com diligência e com agrado. Dá, de uma banda, e de outra banda tira". De maneira mais direta, Nelson Werneck Sodré escreveu: "Lage tipificou, realmente, o jornalista corrupto, de opinião alugada, conluiado com o poder, dele recebendo benefícios materiais em troca da posição do jornal".[23]

Lage não era o único dono do jornal: "O controle acionário da empresa seria dividido entre Lage e a família Sampaio, representada, num primeiro momento, pelo banqueiro Franklin Sampaio e, após a sua morte, por seu tio, José Ferreira Sampaio".[24]

NUMA E A NYMPHA

Lima Barreto, que tinha satirizado o *Correio da Manhã* e seu proprietário, Edmundo Bittencourt, no romance *Recordações do escrivão Isaías Caminha*, fez, em *Numa e a nimpha*, romance que mostra a vida política e social do Rio durante o governo do marechal Hermes da Fonseca, um retrato caricaturesco de João Lage, a quem deu o nome de Fuas Bandeira:

> Fuas Bandeira era português de nascimento e desde muito se achava no Brasil, metido em coisas de jornal. Homem inteligente, não era nem ignorante nem instruído. Tinha a instrução e a inteligência de homem do comércio e pusera na sua atividade jornalística o seu espírito e educação

comerciais [...] Emigrado de Portugal, por motivos suspeitos, [...] um belo dia a magnanimidade de um patrício fê-lo empregado da gerência do *Diário*, mais tarde gerente e, quando o proprietário foi à Europa, deu-lhe procuração em causa própria, para tratar dos negócios da empresa; e Fuas se serviu do instrumento para se apossar dos cabedais do protetor, não só dos que giravam na empresa, como dos particulares. [...] Voltado precipitadamente o proprietário [...] reclamou imediatamente a restituição dos haveres, sob pena de queixar-se à polícia. Fuas foi ter com o chefe de Estado que ordenou ao Tesouro fornecer-lhe os recursos necessários. Daí em diante sua fortuna estava feita. [...] Nunca mais lhe faltou dinheiro e muito sempre obteve, por este ou aquele meio escuso e cínico. [...] Encarava todo o debate jornalístico como objeto de comércio ou indústria. [...] Fazia sistematicamente, porém, entre nós, a indústria do jornal. [...] Conhecia todos os poderosos, os que se faziam poderosos, os que se iam fazer e prometiam sê-lo, e a nenhum se acanhava de pedir isto ou aquilo. À proporção que subiam, subiam os seus pedidos.

O romance *Numa e a nympha* foi encomendado especialmente pelo jornal *A Noite*, de Irineu Marinho, que o promoveu estrondosamente, o publicou em capítulos durante um mês e custeou a sua edição em forma de livro.

Lage não tinha pruridos em submeter a linha editorial do jornal ao governo. Numa carta ao Barão do Rio Branco, ministro das Relações Exteriores, ele menciona que Eduardo Salamonde – diretor de redação do jornal e um dos jornalistas de maior prestígio da capital – não se encontrava no Rio, mas se o ministro quisesse, poderia ser convocado imediatamente. O Barão do Rio Branco aproveita a sugestão. Em carta a José Joaquim Seabra, ministro da Justiça, ele recomenda:

> O Salamonde, do *Paiz*, disse-me hoje que irá amanhã à noite à sua casa para conversar sobre coisas de imprensa. Bem sabe quem é: um homem inteligente e que sabe escrever. Penso que o governo muito ganhará tendo-o do seu lado e contando com a sua dedicação. Em todas as grandes questões, ou questões de empenho, ele tem estado espontânea e desinteressadamente do nosso lado. Suponho que é de boa

política auxiliar de algum modo o jornal que dirige. Somos atacados e precisamos de defensores.

Salamonde não continuaria muito tempo no cargo. Ele informou a Rio Branco em maio de 1904 que renunciaria aos "cargos de redator e diretor do *Paiz* por incompatibilidade pessoal com Souza Lage". Não acrescentou detalhes sobre as divergências. Ele foi substituído da chefia da redação por Dunshee de Abranches, que no ano seguinte cederia o lugar a Alcindo Guanabara.

Dois meses depois da primeira carta, em julho, Salamonde é mais específico em nova carta a Rio Branco:

> Por não ter podido conseguir os elementos que me garantissem completa independência n'*O Paiz* e por outros motivos de ordem particular que em tempo expus a V. Exa., resolvi desligar-me da empresa, que abandono no dia 19 do corrente mês, embarcando no dia seguinte para a Europa, onde tenciono demorar-me seis meses, refazendo a minha saúde comprometida. [...] De toda a minha vida de imprensa nenhum período poderei recordar com mais emoção e mais orgulho do que aquele em que me foi dado defender a política internacional de V. Exa.

O Paiz, numa nota na primeira página, atribuiu sua saída, depois de 14 anos no jornal, unicamente a problemas de "saúde, há tanto tempo alterada por longos anos de trabalho continuado". Alguns dias mais tarde, Pedro de Almeida Godinho renuncia a seu cargo de diretor presidente da Associação Anonyma *O Paiz* e indica, para substituí-lo, o general Quintino Bocayuva, que pela enésima vez volta ao jornal. Salamonde retornaria a seu antigo cargo em 1910.

Lage continuou colocando o jornal a serviço da política externa de Rio Branco. Nesse mesmo mês de julho, escrevia que "de acordo com os desejos de V. Exa. fiz inserir na folha de hoje o artigo em resposta ao *Correio da Manhã*", e explicava as mudanças no jornal: "V. Exa. deve ter visto pela publicação feita no *Paiz*, que reassumiu a direção suprema desta empresa o senhor general Quintino Bocayuva, cujos sentimentos de solidariedade com a ação diplomática de V. Exa. são a garantia de que não houve a menor alteração na orientação de nossa folha para com V. Exa".[25]

Apesar de suas declaradas simpatias por quem melhor pagasse, *O Paiz* foi, na opinião de Max Valentim, um elegante jornal de política, "o matutino da elite, com frequência de parlamentares e escritores, fora as damas da sociedade, atraídos pelo fulgor mundano que João Lage e senhora atraíram para o ambiente de tetos estucados e paredes de lambris".

O Paiz, segundo o *Correio da Manhã*, recebeu dinheiro do presidente Campos Salles para defendê-lo e depois o agrediu desesperadamente. Sustentou o governo de Rodrigues Alves; nas eleições de 1910, esteve a serviço da candidatura do marechal Hermes da Fonseca, combatendo a campanha civilista de Ruy Barbosa; e foi o mentor intelectual do governo Hermes (1910-4) na sua primeira fase, quando Pinheiro Machado "prestigiava incondicionalmente o jornalista português".

O Paiz era o grande concorrente político do *Correio da Manhã*, a quem chamava *Corsário da Manhã*. Ao contrário de *O Paiz*, que apoiava os governos desde que fosse bem retribuído, o *Correio* vivia de fazer uma oposição cega e sem trégua ao poder. De certa maneira, um complementava o outro. Atacado por vários jornais, João Lage disse: "Podem os cães ladrar às minhas pernas, pois tenho canelas de aço!" Ao que Edmundo Bittencourt, diretor do *Correio*, respondeu: "É isso mesmo! Está certo! Canela de aço e *pé-de-cabra...*". Era também conhecido como "João Gazua".

Bittencourt foi extremamente agressivo com Lage, a quem costumava cobrir de insultos, e contra seu jornal, "a cloaca da chalaça": "Não há degradação que ele não conheça; não há infâmia que ele não tenha praticado; não há culto que ele não tenha profanado; não há mão benfeitora que ele não tenha mordido; não há pureza, recato d'alma, que sua boca ulcerosa não tenha conspurcado".

Emílio de Menezes dedicou uma quadrinha à alegada habilidade de Lage:

> Quando ele se achar sozinho,
> Da treva, na escuridão,
> Surrupiará de mansinho
> Os dourados do caixão...

Como indica o relato de Gilberto Amado no início deste capítulo, Lage não colocava de graça o seu jornal a serviço de nenhuma causa sem uma boa remuneração. Mário Guastini, que trabalhava em São Paulo para *O Paiz*, escreve que o secretário da Fazenda do Estado, Cardoso de Almeida, pediu a Lage que atacasse a Companhia Docas de Santos. Lage escreveu a Guastini: "Essa história que o Cardoso pediu como se fosse notícia de casamento ou batizado é coisa muito complexa e ainda para ser discutida pelos Tribunais. Diga ao Cardoso que vou pensar no caso, mas faça-lhe esta consideração: as Docas, na pior das hipóteses, publicam sua memória anual no *Paiz* e a Secretaria de Fazenda de São Paulo não publica o seu".[26]

Em 1913, o *Correio da Manhã* escreveu que *O Paiz* foi pago por defender o ex-ministro da Fazenda, acusado de contratar a cunhagem de 60 mil contos em moedas de prata na Alemanha sem concorrência, e que recebeu 74 contos de réis na defesa da Cia. Sorocabana, pagamento que João Lage confirmou, mas disse que foi em várias parcelas, e que o dinheiro "foi legitimamente ganho". Explicou que, como administrador comercial, não publicaria na primeira página trabalhos destinados à seção livre do jornal (onde o texto publicado era pago) "sem que essa exceção fosse devidamente recompensada".

Em outra ocasião, o *Correio* acusou:

> Quem encomenda e paga as descomposturas e transcrições de *O Paiz* são duas criaturas repugnantes, que merecem chicote na cara deslavada, por estarem a roubar os dinheiros públicos para meter no bolso de um ignóbil safardana, corrido da própria pátria. [...] Essas duas criaturas, cujos nomes estão, para todo o sempre, marcados de ignomínia, são o moleque Nilo Peçanha (antigo presidente da República) e o judas Wenceslau (Braz, vice-presidente).[27]

Em outra ocasião, Edmundo Bittencourt, o dono do *Correio*, escreveu que graças a Lage, "a gente fica sabendo a espécie de patifes que são os srs. Rodrigues Alves e Nilo Peçanha...".

Nem toda a imprensa atacava o dono de *O Paiz*. João Lage também deixou fama de cuidar da qualidade da escrita e da apresentação do diário. O jornalista Max Valentim escreveu no *Jornal da ABI* que *O Paiz* era um jornal elegante, afeiçoado ao governo, "o matutino da elite, com frequência dos parlamentares e escritores, fora as damas da 'society' atraídas pelo fulgor mundano que João Lage e senhora atraíam para o ambiente de tetos estucados e paredes de lambris". Era um jornal com um expressivo volume de informações do país e do exterior e, como já foi dito, tinha uma expressiva colaboração literária, social e científica.

Lage percebia a necessidade de manter os excelentes colaboradores do jornal e de contratar outros novos. O jornalista Joaquim Salles fez um dos poucos retratos favoráveis de Lage, de quem era amigo. Num artigo para o *Jornal do Commercio*, disse que não houve no Brasil alguém mais discutido e atacado por todos os modos do que Lage, mas que, se o conhecessem na intimidade, seus desafetos se transformariam em amigos dele, "cujo temperamento era o de acentuada tolerância e de extrema, sincera e discreta generosidade, mesmo porque a singularidade de seus defeitos constituía prova de suas qualidades morais". Ainda segundo Salles, "sua falta de preparo era patente, mas uma viva e aguda inteligência supria a falta de cultura. Esta se limitava ao que aprendera no curso jurídico da Universidade de Coimbra".[28] Dava a impressão de que Lage nunca mais abrira um livro desde que abandonara os bancos acadêmicos. "Mesmo porque disse que não precisava". Outra grandeza de Lage, afirmava Salles, era a de não perder a calma e o bom humor.

JOÃO DO RIO E ISADORA

Depois de mais de uma década na *Gazeta de Notícias*, João do Rio (pseudônimo de Paulo Barreto) saiu desse jornal quando defendeu seu amigo Gilberto Amado, que matara a tiros o poeta Annibal Teophilo por uma discordância em questões literárias.[29] Foi trabalhar para João Lage n'*O Paiz,* ao lado de Amado, Carlos de Laet, Gustavo Barroso, Oliveira Vianna e outros jornalistas conservadores. O próprio João do Rio via *O Paiz* como "o guia das aspirações conservadoras do Brasil". Seu primeiro artigo: "Opiniões de um jornalista impostor". Também passou a escrever esporadicamente em *A Rua*.

Pouco depois de mudar de jornal, o todo-poderoso senador Pinheiro Machado, o Grande Chefe, foi assassinado. João do Rio, que tinha escrito na *Gazeta de Notícias,* um jornal antipinheirista, e trabalhava agora no seu maior defensor, *O Paiz*, escreveu:

Os amigos dizem:
– A República está perdida!
Os inimigos asseguram:
– A República está livre!

Isso seguido de um emotivo e elogiado necrológio.

No novo jornal, João do Rio lançou uma coluna, "Pall-Mall-Rio", numa referência à rua dos clubes de elite no centro de Londres, assinada como José Antônio José. O nome da seção era "pura imitação dos Pall-Mall de Michel-Georges-Michel, o cronista elegante de Deauville e da Côte d'Azur", do jornal *Le Gaulois*, de Paris.[30] Retratava a vida mundana na *Belle Époque* e teve grande repercussão. Segundo um biógrafo, era um verdadeiro inventário da classe dominante do Rio e São Paulo durante a Primeira Guerra Mundial (1914-8): "a alta sociedade simplesmente adorou José Antônio José".

A popularidade da coluna levou um medíocre poeta maranhense, Humberto de Campos, seu inimigo, a publicar uma sátira com o nome de "Pelle Molle", assinada João Antônio João, n'*O Imparcial*; os ataques foram atribuídos a inveja e despeito, porque João do Rio o aconselhara a abandonar a poesia por falta de vocação. A sátira atingiu o alvo, causando uma depressão tão profunda em João do Rio que ele parou de escrever a coluna.

A bailarina Isadora Duncan, considerada a "mãe da dança moderna", foi personagem de João do Rio no jornal.[31] Na sua primeira viagem a Paris, anos antes, ele ficara fascinado quando a viu dançando: "Desde que o pano se ergueu sob um cenário flutuante cor de palha de seda, e essa mulher apareceu, eu tive a sensação de que era arrebatado [...] E o meu arrebatamento era o de toda gente. [...] Paris devia prostrar-se diante da divina Isadora".

Durante a Primeira Guerra Mundial (1914-8), Isadora esteve no Rio. João se aproximou dela e registraria essa relação em sua autobiografia. No dia de sua apresentação, Isadora entusiasmou a plateia, que a chamou dez vezes à cena. Oswald de Andrade, que fora ao Rio com Guilherme de Almeida para vê-la, escreveu que "sua plástica resplandece na túnica alva que veste"; para Gilberto Amado sua voz era "das mais belas que até hoje ouvi". João do Rio a acompanhou em sua estada no Brasil, em meio a rumores de terem tido um caso amoroso. Quando Isadora mencionou a assumida homossexualidade de João, ele teria respondido: "Je suis très corrompu". (Ele era conhecido como "Joãozinho do Rossio"; o então largo do Rossio, atual praça Tiradentes, era frequentado por homossexuais desde o período da Regência.) Mas ele foi muito discreto, em todos seus escritos, sobre o seu relacionamento com Isadora.

Para os contemporâneos, o reconhecimento por João do Rio de ser "très corrompu" tinha também outras conotações, além de suas preferências sexuais. Quando escrevia na *Gazeta de Notícias* foi acusado de venalidade e de trocar elogios em suas matérias por dinheiro. Ele mandou uma carta desafiando seus acusadores a "apontar uma só das minhas cavações e dos meus elogios pagos", mas não conseguiu acabar com os rumores.

Sem se desligar de *O Paiz*, ele participou, com Azevedo Amaral, em 1918 de uma sociedade para lançar *O Rio-Jornal*, um vespertino de curta duração. Mas deixou *O Paiz* definitivamente, apesar dos apelos de João Lage, para fundar o diário *A Pátria* em 1920 com a ajuda da colônia portuguesa no Rio, que foi considerado "sua menina dos olhos". Era um jornal moderno, bem-feito e de orientação popular, no qual João do Rio escreveu a coluna diária "Bilhete" e Maurício de Lacerda "Minha tribuna". Teve uma boa acolhida inicial, mas tornou-se alvo do nacionalismo da Marinha. Um capitão de corveta e cinco jovens oficiais o espancaram "sem piedade" no Restaurante Brahma do Rio, deixando-o caído no chão e sangrando, com feridas na cabeça, e ameaçaram empastelar o jornal. Morreu em 1921 de um infarto dentro de um táxi. A multidão que acompanhou o enterro foi estimada em 100 mil pessoas.

À BEIRA DA FALÊNCIA

No surto de nacionalismo da época, *O Paiz*, como outros jornais, foi acusado de estar submetido à influência dos portugueses, que controlavam boa parte da imprensa. Dizia Gilberto Amado que o jornal se ocupava mais de Portugal que do Brasil e que o Brasil, como aparecia em suas páginas, nada mais era do que um pedaço de Portugal.

Quando Wenceslau Braz foi eleito em 1914, os estudantes fizeram um enterro simbólico do marechal Hermes da Fonseca, que estava deixando a presidência da República, e depredaram a sede de *O Paiz*. O jornal fez oposição ao novo governo e Lage entregou a direção a Belizário de Souza e Amaral França, mas voltou alguns meses mais tarde. Fiel à sua vocação de arrimar-se ao poder, passou a defender o governo.

Em 1915, em plena Guerra Mundial (1914-8), o jornal quase foi à falência.[32] Seus problemas se agravaram com o aumento do custo do papel imposto pelas dificuldades de importação durante o conflito e pela queda da receita. O balanço desse ano mostrou um prejuízo de 326 contos de réis. No ano seguinte se congratulava por ter reduzido as perdas para apenas 24 contos.

A situação piorou ainda mais em agosto de 1917, quando um incêndio destruiu a sede na avenida Rio Branco. Seus concorrentes, encabeçados pelo *Correio da Manhã*, alegaram que o incêndio fora provocado para receber o dinheiro do seguro, no valor de 500 contos de réis. Lage assegurou que o prejuízo superava os mil contos. No fim desse ano, a dívida da empresa, agravada pelo sinistro, era de 700 contos.

Isso não impediu, porém, que em maio de 1918 *O Paiz* fosse o segundo jornal brasileiro, depois de *O Imparcial*, a contratar, "por alto preço", o serviço da agência de notícias United Press, norte-americana, dispensando a francesa Havas.[33] Talvez devido ao alto custo, o jornal cancelou esse serviço algum tempo mais tarde e contratou de novo a informação internacional da Havas.

Numa iniciativa pouco usual para um jornal conservador, em 1923 e 1924 publicou diariamente uma página dedicada ao movimento sindical com o nome de "No meio operário", feita por membros do Partido Comunista, recém-formado. Essa página deu origem ao jornal comunista *Classe Operária*.

Gilberto Amado, comentando a decadência de *O Paiz* em 1924, a atribui, com malícia, à ausência do *Correio da Manhã*, proibido de circular.

> O certo é que *O Paiz* estava morto. Mas não porque a sua colaboração literária tivesse baixado de qualidade ou porque seu noticiário já não fosse tão bem arranjado. *O Paiz* morrera [...] e quem o matou [...] foi o estado

de sítio (imposto pelo presidente Arhur Bernardes, que fechou o *Correio da Manhã* durante vários meses). Com os adversários cancelados da vida cívica, na cadeia, ou de boca tapada pela censura, não tendo a quem responder, não há órgão defensor da situação que se possa aguentar. *O Paiz* não morreu de morte morrida, mas de morte matada, estrangulado pelas mãos sufocadoras do capangão constitucional do quadriênio. Vivia dos ataques do *Correio da Manhã* e do *Imparcial*, de outros periódicos da oposição, que, descompondo o Presidente, os ministros e investindo contra o "regime" nos seus violentos artigos de fundo, tópicos vivazes e *sueltos* ferinos, lhe forneciam assunto, despertavam a verve dos redatores para revides e represálias interessantes ao leitor. O carioca mesmo hostil à situação gostava de correr os olhos n'*O Paiz*, para ver até onde ia o português. A diatribe, o insulto de Edmundo de Bitttencourt dava leitor ao Lage. Bittencourt calado, João Lage morria. E morreu. Devemos ao Bernardes essa perda.

Certamente, os melhores tempos de *O Paiz* eram coisa do passado, mas, embora decadente, não tinha perdido toda sua influência. No governo de Arthur Bernardes, era ainda "o aríete político do Catete", segundo Octavio Malta. O jornalista Barreto Leite Filho, em entrevista à *Folha de S.Paulo*, lembrou:

> *O Paiz* era uma obra-prima de erudito. Não era muito jornalístico, era mais um jornal assim, vamos dizer, semiliterário; publicava longos artigos, coisas muito leves, era muito bem escrito. Hoje em dia seria um jornal inconcebível, realmente atrasado, mas, naquela época, publicava artigos notáveis, nacionais e estrangeiros, mas ninguém lia. Tinha 3 mil exemplares de circulação.[34]

A situação tornou-se mais crítica quando Lage, doente, afastou-se do dia a dia da gestão do jornal; morreu em junho de 1925 de uma embolia cerebral. O *Correio da Manhã* não publicou uma única linha sobre o falecimento de seu principal rival. Antonio Augusto Alves de Souza tornou-se proprietário e diretor; o redator-chefe, Lindolfo Collor, seria o primeiro-ministro do Trabalho do Brasil e avô do futuro presidente da República, Fernando Collor de Mello. Alguns colaboradores fizeram apologia de Mussolini e do fascismo.

Em 1926, *O Paiz* recebeu um vultoso empréstimo de 7 mil contos do Banco do Brasil, com vencimento em 1932 e juros de 7% ao ano, por intermediação do ministro da Fazenda, Getúlio Vargas. A operação dispensou o fornecimento de garantias pela empresa; o Tesouro Nacional foi o avalista.

O financiamento era triangular. O dinheiro era enviado ao diário *A Federação*, de Porto Alegre, órgão oficial do governo gaúcho, que repassava a *O Paiz* 10 contos de reis por mês. Segundo Werneck Sodré, em 1927, quando o jornal *A Federação* deixou de mandar dinheiro, por decisão de Borges de Medeiros, presidente do Rio Grande do Sul, o diretor de *O Paiz*, Alves de Souza, reclamou com o presidente Washington Luís e ponderou que o fim do auxílio no mês entrante "nos causaria não pequenos embaraços". Solicitou que desse uma palavra a Getúlio Vargas, seu ministro da Fazenda, para que a remessa não fosse interrompida. O presidente pediu a Borges de Medeiros sua boa atenção e empenho para o assunto. O dinheiro continuou fluindo.[35]

Escreve Lira Neto em sua biografia de Getúlio Vargas[36] que Borges de Medeiros subvencionava *O Paiz* para ser a "sucursal" do governo gaúcho na capital da República, com Lindolfo Collor no comando da redação.[37]

"UMA IMENSA FOGUEIRA"

O jornal deu apoio a Washington Luís e à candidatura de Júlio Prestes em 1930, contra Getúlio Vargas. Foi uma decisão que provocou o seu fim quando a Aliança Liberal ocupou o poder. A última edição foi publicada em 24 de outubro desse ano, com Alves de Souza ainda na direção. Todos os jornais da situação foram destruídos e alguns incendiados. *O Paiz* não foi exceção.

Humberto Ribeiro descreveu como foi transformado em cinzas, escombros: "O primeiro ataque deu-se em *O Paiz*, na avenida Rio Branco, esquina com a Sete de Setembro. Primeiro, o saque de uma loja de meias embaixo, depois o arrasamento das máquinas nas oficinas e, finalmente, o incêndio". Medeiros e Albuquerque testemunhou de longe:

> Chegados à janela, vimos, lá de longe, a imensa coluna de fumo, que se elevava do Edifício d'*O Paiz* incendiado. A avenida Rio Branco, na

parte pelo menos em que nos achávamos, estava meio deserta. Passavam, entretanto, de tempos a tempos, grupos que aclamavam a revolução. Em um automóvel um desses grupos levava o retrato do general Mena Barreto. Alguém trouxera para a rua uma bobina de papel, tirada d'*O Paíz* e ia desenrolando. Era um efeito curioso o desse tapete de papel, que vinha de tão longe, pondo um caminho branco no asfalto negro da rua.[38]

Hélio Silva, colaborador do jornal, complementa:

O majestoso edifício de *O Paiz,* construído ao mesmo tempo que a Avenida Central, na esquina da rua 7 de Setembro, foi transformado numa imensa fogueira. A multidão invadia os edifícios arrancando os móveis, os livros, as coleções, saqueando tudo e jogando o material ao fogo. *O Paiz,* que foi durante os 40 anos da República Velha um dos principais jornais do Rio e que refletia os pontos de vista oficiais, quaisquer que eles fossem, foi descartado na virada.[39]

Nessa altura, *O Paiz* mal vendia 3 mil exemplares. Tinha perdido relevância. Seu último diretor e proprietário, o deputado paraense Alves de Souza, partiu para o exílio; quando voltou ao Rio ajudou Orlando Dantas a lançar o *Diário de Notícias.* As rotativas do jornal foram vendidas em leilão para o *Estado de Minas* e o *Diário da Tarde* de Belo Horizonte, dos Diários Associados, por 110 contos de réis.[40] A empresa editora pediu falência.

Depois de três anos, *O Paiz* foi relançado por antigos funcionários, que compraram o título em "público leilão oficial" por apenas 500 mil-réis. A última edição, de 24 de outubro de 1930, tinha o número 16.804. A primeira da nova fase, precisamente em 24 de outubro de 1933, era a 16.805. Seu diretor era Alfredo Neves, que começara como linotipista no jornal e chegou a secretário. A secretaria foi ocupada por Gastão de Carvalho. Um editorial disse, no primeiro número, que *O Paiz* retomava o fio de sua existência, "interrompido por conhecidos acontecimentos".

O novo jornal, porém, era muito diferente do anterior. Não tinha mais os longos artigos de colaboradores ilustres, escritos com cuidado. Explicou que não vinha a "reocupar a sua antiga posição de jornal das elites", pois "certas atitudes seriam hoje obsoletas". Era um diário de conotação mais popular, com notícias curtas e cobertura esportiva e policial. Não é possível determinar a duração do jornal nessa fase. O último número na Biblioteca Nacional é de 18 de novembro de 1934, mas possivelmente não foi o último publicado.

O PAIZ VOLTA NA DITADURA

Em maio de 1968, foi lançado no Rio de Janeiro outro jornal com o nome de *O Paiz*. Era feito por alguns profissionais de prestígio, como Hedyl Rodrigues Valle, fundador e diretor-responsável; Joel Silveira, chefe da redação; Newton Rodrigues. Entre os princípios que o orientavam estava o de proclamar a defesa intransigente dos interesses nacionais e dizia que, em política, poderia apoiar ou não o governo, pois não tinha vínculos com qualquer grupo político de dentro ou fora do poder. Acrescentava com orgulho: "Herdamos do antigo *O PAIZ* o mesmo patriotismo, entusiasmo e disposição de luta (e o zê também). Pretendemos ser os representantes da opinião pública que se formou nos últimos 18 anos (o jornal mais novo do Rio de Janeiro foi fundado em 1950)".

Soa estranha essa referência ao "patriotismo, entusiasmo e disposição" do antigo *O Paiz*, quando a maior lembrança que ele deixou foi a de ser um jornal bem-feito, mas venal. E também revela certo esquecimento da história recente da imprensa carioca. Os jornais mais novos da cidade não tinham sido fundados em 1950; nessa data foi lançada a *Tribuna da Imprensa*. Mas a *Última Hora* e *O Dia* foram fundados em 1951; a *Luta Democrática* em 1954.

O jornal fez oposição à ditadura e apoiou as pretensões do coronel e ministro dos Transportes, Mário Andreazza, à presidência da República, O novo *O Paiz* durou pouco tempo. Fechou em dezembro de 1968; seu diretor, Joel Silveira, foi preso.

JORNAIS
NA
PRIMEIRA REPÚBLICA

Para a imprensa, o reflexo mais imediato da implantação da República em novembro de 1889 foi o fim da extraordinária liberdade de expressão que tivera durante o Segundo Reinado.

Instaurada quase de improviso, sem uma expressiva participação popular, desde o início a República mostrou-se insegura de sua solidez e, discutida sua legitimidade, conviveu com o temor de uma restauração da Monarquia. Numa reação de autodefesa, passou a cercear a imprensa. O decreto 85-A de dezembro de 1889, que criou uma comissão militar para julgar crimes de conspiração, dizia:

> Os indivíduos que conspirarem contra a República e o seu governo; que aconselharem ou promoverem, por palavras, escritos ou atos, a revolta civil ou a indisciplina militar [...] serão julgados militarmente por uma comissão militar nomeada pelo Ministro da Guerra, e punidos com as penas militares de sedição.

Como escreveu Christiano Ottoni, "Aquele decreto restringiu a liberdade da imprensa e tornou impossível toda a discussão política". Foi esse decreto que propiciou a invasão, o empastelamento e o fechamento, por oficiais do Exército, do diário monarquista *A Tribuna*, do visconde de Ouro Preto, episódio em que morreu um revisor. A mão mais pesada que caiu sobre a imprensa foi precisamente a de um famoso jornalista alçado ao posto de ministro da Marinha do Governo Provisório da República, Quintino Bocayuva. Mas não foi o único. Ruy Barbosa, ministro da Fazenda, escreveu: "Toda tentativa de desordem será reprimida com severidade implacável".

Nas quatro décadas da Primeira República, ou República Velha, raros foram os jornais de alguma importância do Rio de Janeiro que em algum momento não sofressem o rigor da censura, tivessem seus diretores presos ou que fossem cooptados pelo poder com dinheiro ou favores. Algumas publicações passaram por todas as experiências.

Ao contrário do período do Império, quando não houve nenhuma legislação sobre a imprensa, com o argumento de que a Constituição e o Código Penal eram adequados, a República foi pródiga em leis repressivas. Além do decreto 85-A, já mencionado, em 1891 foi divulgado o "decreto-rolha", em 1923 a "lei infame" e, em 1927, a "lei celerada".[1]

Se a imprensa brasileira viveu nesse período um dos seus momentos mais duros, ela mesma contribuiu deformando a realidade. Quando nos primeiros anos de uma República ainda jovem e insegura houve o Levante de Canudos (1896-7), a maioria dos jornais viu, na revolta dos jagunços da Bahia, um movimento para a restauração da Monarquia e uma ameaça à estabilidade republicana, que deveria ser aniquilado pela raiz, antes que se espalhasse. A imprensa publicou informações fantasiosas sobre um "Comitê Imperial" e uma vasta conspiração que, a partir do exterior, teria armado e financiado secretamente os jagunços de Antônio Conselheiro, "um degenerado", "um velho bandido", para trazer a Monarquia de volta e aniquilar a República.

Quando o coronel Moreira César foi derrotado e morto no arraial de Canudos, houve um princípio de histeria coletiva no país. Jornais como *A Tribuna* foram invadidos e empastelados, e o coronel Gentil de Castro, diretor de dois deles, *A Liberdade* e *Gazeta da Tarde*, do Rio, foi morto a tiros.

Ruy Barbosa, ao contrário de suas posições iniciais, foi um dos raríssimos homens públicos que não se deixaram arrastar pelas paixões e pela onda de histeria em torno de Canudos. Disse numa conferência que o empastelamento dos jornais foi um desastre muito maior que o desbarato de Canudos e a derrota de Moreira César, e criticou as teorias da conspiração monarquista: "Ninguém logrou, até hoje, precisar o mais leve indício de mescla restauradora nos sucessos de Canudos". A conferência foi publicada pelo jornal *O Commercio de São Paulo*, um dos raríssimos órgãos de imprensa que mantiveram a cabeça fria e denunciaram o massacre no sertão baiano.

Como escreveu Walnice Nogueira Galvão, ao chegar ao sertão baiano, os enviados especiais dos jornais oscilaram entre as opiniões preconcebidas que levavam e a realidade nua e crua que estavam presenciando. A Guerra de Canudos, lembra ela, terminou com o arraial arrasado à dinamite, prisioneiros degolados e algumas centenas de mulheres e crianças dadas de presente ou vendidas. Quase todos os jornais omitiram esses detalhes. Só no fim, já aniquilados, os jagunços, antes vistos pela imprensa como dotados de uma perversa natureza infra-humana, vieram a ser considerados "brasileiros" e incorporados à nacionalidade.

A imprensa também mostrou seu lado intransigente e xenófobo ao aplaudir a repressão das manifestações operárias e a interdição dos sindicatos incipientes, a maioria de tendência socialista ou anarquista, cujos líderes eram principalmente de origem italiana ou espanhola. Os jornais pediram sua expulsão do país como conspiradores e pessoas indesejáveis. Houve uma forte pressão para controlar a imprensa operária e chegou a ser promulgada uma lei de repressão ao anarquismo.

"DINHEIRO HAJA, SENHOR BARÃO"

Durante a República Velha, a imprensa enfrentou censura, leis de imprensa restritivas, arbitrariedades, estados de exceção e ameaças nem sempre veladas vindas do poder. Mas foi também extraordinariamente agressiva, pródiga em insultos e acusações levianas e vendeu por preço alto seu apoio aos governos.

No Império, um bom número de jornais vivia à custa do erário. O governo alegava que não poderia subsistir antes os contínuos ataques dos jornais da oposição se não contasse com o apoio, ainda que pago, de uma parte da imprensa. Um conselheiro imperial reconheceu que era necessário recorrer a "banquetes, festas, afagos, e se por infortúnio tal é o caso excepcional... dinheiro".

Inicialmente, a República recorreu à censura e às ameaças, mas logo descobriu o fascínio que o dinheiro exercia sobre jornais e jornalistas. Em 1890-2, época do florianismo, surgiu no Rio uma multidão de jornais. "A polêmica", disse um observador da época, "tomou caráter violento. A regra é o ataque pessoal", que ficou durante um tempo.

O Barão do Rio Branco ficou famoso pela liberalidade com que usava os fundos públicos, no Brasil e no exterior, para conseguir apoio para suas iniciativas políticas. Atribuiu-se ao presidente Rodrigues Alves a expressão: "Dinheiro haja, senhor Barão" e, para referir-se a Rio Branco, a imprensa passou a usar o refrão: "E... dinheiro haja".

Em sua obra *Da propaganda à presidência*, Campos Salles, que inicialmente deixou de subsidiar os jornais quando foi ministro da Fazenda, no exercício da presidência reconheceu que fizera uso das finanças públicas para receber o apoio da imprensa. Foi duramente criticado, mas ele observou que se enveredou pelo "caminho francamente aberto e trilhado pelos que me antecederam", o qual seria seguido pelos que o sucederam.

Praticamente todos os governos republicanos, de uma forma ou outra, usaram o poder para aliciar ou dobrar a imprensa. João Lage de *O Paiz* e Assis Chateaubriand, fundador dos Diários Associados, têm sido apontados como símbolos de jornalistas venais. Podem ter exagerado nos métodos, mas a prática de condicionar a opinião e a informação ao volume dos recursos públicos recebidos foi um hábito firmemente arraigado na imprensa.

O período foi de mudanças estruturais. Milhões de imigrantes entraram no país no fim do século XIX e começo do XX. A população quase dobrou entre 1900 e 1920, houve uma perceptível urbanização e começava um processo de industrialização. As melhoras da navegação a vapor e a expansão do telégrafo diminuíam o isolamento do país em relação ao exterior e proporcionavam uma informação mais rápida. Ruy Barbosa lamentava que "somos uma nação que mal lê. Miserável é, em nossa terra, a porcentagem dos que sabem ler". Contudo, ainda que precária, a educação melhorava lentamente. Na vida política se entrechocavam os interesses de uma aristocracia rural, uma classe industrial em ascensão, um comércio poderoso, uma burocracia e uma classe média crescentes, um proletariado que emergia, mas ainda com pouca influência nas urnas, e um estamento militar consciente de sua força desde a Guerra do Paraguai e marcado pelo positivismo.

A imprensa, que refletiu e foi a porta-voz, nem sempre articulada, desses conflitos, teve um período de crescimento e renovação, com aumento da circulação, mudanças de propriedade e lançamento de novas publicações.

Os jornais se mecanizaram e elevaram a eficiência e a capacidade das oficinas gráficas, o que permitiu aumentar a circulação. A composição dos textos, antes manual e demorada, letra por letra, passou a ser feita, em boa parte, por linotipos, equipamentos que permitiam maior velocidade e custos mais baixos. Na área de impressão, as máquinas planas, alimentadas manualmente com folhas de papel, foram sendo substituídas, em boa parte, por rotativas, mais rápidas e eficientes, que estampavam os jornais de maneira contínua a partir de papel em forma de bobinas. O rádio começou a dar seus primeiros passos, mas era ainda precário como serviço de informação.

Já no período final da República Velha, acabou o virtual monopólio que a agência francesa Havas tinha sobre a informação internacional, tanto das notícias do exterior, publicadas pelos jornais brasileiros, como das que a imprensa estrangeira divulgava sobre o Brasil. O monopólio foi rompido com a entrada das agências norte-americanas United Press e Associated Press. Os primeiros jornais a contratá-las foram *O Imparcial*, de José Eduardo de Macedo Soares, e *O Paiz*, de João Lage.

Com a República, trocou de mãos a folha mais influente, o *Jornal do Commercio*. Passou do monarquista conde de Villeneuve para o republicano José Carlos Rodrigues; antes inspirado nos jornais franceses, passou a ter a imprensa norte-americana como modelo. Também a instauração da República levou o conselheiro Rodolpho de Sousa Dantas a lançar, com

Joaquim Nabuco, um diário de alto nível, o *Jornal do Brasil*, de orientação monarquista, o qual por um curto período competiu em qualidade e influência com o *Jornal do Commercio*, até que a intransigência dos republicanos exaltados acabou com essa trajetória.

UMA IMPRENSA POPULAR

A República Velha foi um período de enorme dinamismo e renovação para a imprensa. Foi porta-voz, definiu temas, antecipou-se aos movimentos políticos e sociais.

Para atender ao novo tipo de leitor que estava emergindo com a imigração em massa, o aumento da urbanização e uma industrialização incipiente, surgiu uma robusta imprensa popular que dava à política menos importância que às tragédias, às paixões humanas, ao escândalo, ao crime horrendo ou à crendice popular. Não faltavam a esses jornais, porém, pretensões literárias.

O elitista *Jornal do Brasil*, agora controlado pelos irmãos Mendes de Almeida, foi transformado numa folha para as massas. *A Notícia* foi lançada como um jornal de linha popular, embora moderada.

Ruy Barbosa, com os equipamentos do jornal *A República,* lança em 1898 *A Imprensa*, que adota o antigo modelo de folha doutrinária, mas fora de sintonia com o tempo, só chega até 1901. Seu ativo é comprado pelo secretário do jornal, Edmundo Bittencourt, para fundar o *Correio da Manhã*, de uma agressividade com poucos freios; ele usaria a enorme influência do *Correio* para combater os governos de plantão. Competia com o *Jornal do Brasil*, que tinha uma fórmula mais suave de folha popular.

A própria *Gazeta de Notícias*, fundada durante a Monarquia e dirigida por Ferreira de Araújo, depois da morte deste, em 1900, intensificou seu apelo popular. Surgiram também *A Noite*, talvez o de maior apelo e circulação, lançado por Irineu Marinho, que perderia o controle para Gerardo Rocha; *O Imparcial*, de Macedo Soares, ambos jornais de oposição. *O Globo* foi lançado por Marinho depois de perder *A Noite. A Manhã* e *Crítica*, jornais de vida curta, dirigidos por Mário Rodrigues, chegaram ao paroxismo de agressividade.

Quase todas as folhas cariocas da época alegaram, num ou outro momento, terem a maior circulação do Brasil e até da América do Sul. Mas, na verdade, a venda desses jornais era baixa. Bem inferior não apenas em comparação com a imprensa dos Estados Unidos ou da Europa, mas também a de outros países da América Latina, como a Argentina. O principal obstáculo ao crescimento dessa imprensa dirigida às massas era a educação.

Como escreveu Olavo Bilac no início do século XX: "Todos os jornais do Rio vendem, reunidos, 150 mil exemplares, tiragem insignificante para qualquer diário de segunda ordem na Europa. São oito os nossos! Isso demonstra que o público não lê [...] E por que não lê? Porque não sabe!" Ruy Barbosa fez uma constatação semelhante: "Somos uma nação que mal lê. Miserável é, em nossa terra, a porcentagem dos que sabem ler; e, dentre os que se adereçam com essa prenda, grandíssimo o número dos que, por indiferença, ou preguiça, pouco a aproveitam". Houve, porém, uma melhora na abrangência do ensino.

Jornais de combate político e baixa circulação eram *A Batalha* e *A Esquerda*, próximos do Partido Comunista, financiados por um bicheiro, assim como *A Nação* e *O Combate*. Entre os raros jornais novos dirigidos a uma elite estavam o *Diário Carioca*, fundado por Macedo Soares depois de perder o controle de *O Imparcial*, e *O Jornal*, que seria comprado por Assis Chateaubriand; ele lançaria pouco depois um jornal popular, o *Diário da Noite*, dando início aos Diários Associados. O *Correio da Manhã* mudou paulatinamente de perfil, deixando de ser um jornal popular para tornar-se uma folha formadora de opinião. O *Jornal do Brasil*, antes um órgão primordialmente de informação, transformou-se num veículo de pequenos anúncios.

Embora não vinculados de maneira direta a partidos, os jornais continuavam sendo apaixonadamente políticos. Quando na oposição, sentiram as represálias do poder; na situação, receberam benesses.

Assim como no fim do Império, os jornais deixaram de ser liberais ou conservadores para serem republicanos ou monarquistas; nos últimos anos da Primeira República, haveria uma nova polarização política da imprensa carioca. Uma parte combateu a "política dos governadores" e o "voto cabresto" e deu apoio à inquietação emanada dos quartéis e aos "jovens tenentes" positivistas que queriam uma revolução política. Outra parte defendia o governo, bem como a estabilidade social e política.

Essa divisão ficou mais clara no fim dos anos 1920, quando alguns jornais deram suporte à candidatura do paulista Júlio Prestes à presidência da República, com o apoio do presidente Washington Luís, que os financiava generosamente; outros defendiam a Aliança Liberal e seu candidato, Getúlio Vargas. A Aliança bancou o lançamento de vários diários. Perderam e sofreram os jornais que apoiavam o governo. No Rio, *A Noite, Crítica, A Notícia, A Vanguarda, Jornal do Brasil* foram invadidos e depredados e vários foram incendiados. Alguns desapareceram para sempre.

JORNAL DO BRASIL (1891-2010)

Fundador: Rodolpho Dantas

"O JORNAL MAIS BEM ESCRITO"

Com o objetivo de se tornar uma instituição nacional permanente, o *Jornal do Brasil* (*JB*) foi fundado em abril de 1891 por um pequeno grupo de monarquistas que aceitaram, resignados, a instalação da República, mas que pretendiam influir na vida política e social do país. Poucas publicações têm a história de sua fundação e dos seus primeiros passos tão fartamente documentada como o *JB*, graças à correspondência particular do Barão do Rio Branco.[1] A alma do empreendimento foi o conselheiro e antigo ministro da Justiça do Império, Rodolpho de Sousa Dantas, de uma tradicional família política baiana. Seu pai, Manoel de Sousa Dantas, um dos líderes do Partido Liberal, tinha sido proprietário do *Diário da Bahia*, a folha mais importante daquela província no século XIX, da qual Ruy Barbosa fora redator-chefe e na qual Rodolpho tinha colaborado.

Rodolpho Dantas já tinha planos para publicar um diário antes mesmo da Proclamação da República. Em carta de 14 de outubro de 1889, ele escrevia ao Barão do Rio Branco:

> [...] não abandonei o nosso pensamento quanto à criação do jornal e hei de dizer-lhe em breve como o farei ou por que não o farei já, conforme acabe fazendo ou demore por um pouco a execução da ideia. Isto quer dizer que conforme certas circunstâncias em meio das quais agora me acho, levarei ou não por diante o propósito.

O projeto não chegou a ser concretizado. Instalada a República, Dantas recebeu um convite de Paulino José Soares de Sousa, que fora senador no Império, para lançar um novo jornal, mas a iniciativa foi abortada pela repressão do novo governo à imprensa. Também tentou participar do consórcio liderado por José Carlos Rodrigues que, em 1890, comprou o *Jornal do Commercio*. Como não conseguira, decidiu lançar seu próprio diário, num ambiente aparentemente menos intolerante.

A ocasião chegou ao fim de 1890. Dantas escreveu ao Barão do Rio Branco – José Maria ("Juca") da Silva Paranhos Júnior –, cônsul-geral do Brasil em Liverpool, em carta de 13 de dezembro, que Henrique de Villeneuve e outros dirigentes do *Jornal do Commercio* decidiram sair para fundar um diário e lhe ofereceram a direção. Era, nas palavras de Joaquim Nabuco, "um sonho de mocidade realizado na idade madura". Dantas reuniu um grupo de amigos que levantou 500 contos de réis, com possibilidade de dobrar essa quantia se fosse necessário, para capitalizar a empresa editora, a Henrique de Villeneuve & Cia. Na verdade, Dantas entrou com praticamente todo o capital e era o diretor da sociedade. Colocou recursos de sua família para que o jornal tivesse "vida próspera, absolutamente desembaraçada e perfeitamente independente". Na carta a Rio Branco, acrescentou: "Aliás, vou escrever a Nabuco para que ele dali [de Londres, para onde viajara dois meses antes] nos envie correspondências. Ele partiu dizendo-me que o seu melhor desejo era fundar um jornal comigo". O escritor monarquista Eduardo Prado, membro de uma tradicional família paulista e amigo de Dantas, um dos sócios da empresa, foi quem sugerira a contratação de Villeneuve como gerente, mas

INFLUENTE, SEM SEITA

Dantas queria fazer "uma folha preocupada de discutir as questões correntes fora de qualquer espírito de seita e no pensamento exclusivo das soluções mais oportunas e mais convenientes [...] e também que possa exercer influência útil e benfazeja nos negócios gerais". O jornal deveria ter "inteira isenção e independência e subordinação ao nosso ponto de vista liberal".

Para a redação, tirou alguns dos melhores jornalistas do *Jornal do Commercio*. Entre eles, Sancho de Barros Pimentel, que seria redator-chefe, Gusmão Lobo, Souza Ferreira, José Veríssimo como crítico de livros, Ulysses Vianna, Pedro Leão Velloso Filho. Montou uma rede de correspondentes e colaboradores na Europa, com um custo de 12 mil francos por ano, que foi contratada e coordenada sigilosamente pelo Barão do Rio Branco. Ele se comprometeu a escrever a coluna "Ephemerides brasileiras", além de um bom número de artigos com diversos pseudônimos. Villeneuve se encarregou da "gerência técnica".

O colaborador brasileiro mais notável foi Joaquim Nabuco. Ele tinha escrito de Londres para o *Jornal do Commercio* e *O Paiz*. Convidado no dia 18 de dezembro por Dantas para ser correspondente do periódico mediante pagamento de 35 libras esterlinas por mês, ele aceitou: "Escreverei uma correspondência pessoal (sem política, bem entendido) que tanto poderá ser datada de Londres a um dia, como de Roma ou de Jerusalém no outro", disse em carta a Dantas; e observou que "uma correspondência em Londres de primeira linha bastaria para dar reputação e autoridade a nossa imprensa" e seria indispensável para um órgão que queria ser o *leading journal*. Prometeu empenhar-se: "Escreverei regularmente e *con amore*", acrescentando, "*Je ferai de mon mieux* para que V. não ache o meu lado fraco do seu jornal".[2] Dantas ficou aliviado: "É quase certo, confesso-lhe, que eu não teria aceitado a empresa, se não previsse que o seu auxílio não me faltaria".

No entanto, em carta a Rio Branco, Nabuco não mostraria tanto entusiasmo; disse que colaboraria com o jornal de Rodolpho, "mas sem gosto, porque no estado atual do meu espírito, que durará anos, eu receio, eu não tenho vontade de escrever senão para fazer proselitismo". Ele preferiria, disse, colaborar com um jornal abertamente monarquista, uma "espécie de revista-arquivo de crônica da pirataria reinante". Nabuco, em seus artigos, não conseguiria controlar essa agressividade a favor da Monarquia e de crítica à República – uma atitude bem distante da prudência que Dantas queria imprimir à direção da folha. Outro correspondente em Londres seria o barão de Rosário, representante do Banco do Brasil.

Além das informações da agência francesa de notícias Havas, cujo serviço considerava precário, Rodolpho Dantas procurou escritores europeus de grande prestígio, mediante um pagamento generoso. Deveriam mandar uma ou duas "cartas" mensais, na verdade longos ensaios, sobre a política, economia ou cultura de seus países. Na Itália, foi convidado Edmondo de Amicis, jornalista que ficou famoso pelo seu romance para jovens *Cuore* (Coração). Mas surgiu um problema. De Amicis simpatizava com as ideias socialistas. Como Joaquim Nabuco escreveu a Rio Branco: "O De Amicis parece-me antes não querer figurar em jornal reacionário", acrescentando:

> O Rodolpho não fará por certo um jornal reacionário. A concorrência do *Jornal* [*do Commercio*], que exploraria desde logo essa mina, o impediria de fazê-lo, além de que a nova casa está cheia de indivíduos que já quebraram a espinha diante do Generalíssimo (como era chamado o presidente da República, o marechal Deodoro da Fonseca). O Rodolpho terá por programa provavelmente: a melhor república possível. Será difícil da parte dele esconder o asco e a humilhação que tudo aquilo lhe inspira.

Para tranquilizá-lo, Rio Branco escreveu a Edmondo de Amicis:

> O senhor me pede uma informação sobre o programa político do *Jornal*. Deseja saber se será favorável ou contrário à República. Segundo as cartas do sr. Dantas, o *Jornal* não terá cor política. Será um jornal neutro, ou imparcial, discutindo, tanto quanto possível, as grandes questões do dia, "sem espírito sectário". Um empreendimento do gênero, no qual o sr. Dantas comprometeu uma grande parte da sua fortuna, não poderia ser um empreendimento político, atacando o novo regime. [...] Ele quis criar um jornal como o *Times*, de Londres, como o *New York Herald*, ou como

o *Jornal do Commercio*, do Rio. O que ele deseja, como todos os liberais brasileiros, é a ordem, a liberdade, as boas finanças, a prosperidade do país. Vejo por sua carta que é republicano. Eu tenho horror à política, que, entretanto, era a paixão do meu pai. Atribuo uma importância secundária às questões de forma de governo.

TOLERANTE COM A REPÚBLICA

As cartas a Rio Branco mostram claramente a linha comedida que deveria adotar a nova folha: ter uma forte personalidade, mas sem hostilizar uma República que, insegura ao dar seus primeiros passos, mostrava-se pouco tolerante e preparada para esmagar o que considerasse qualquer indício de contestação ao novo regime, ainda em fase de consolidação.

Na França, foi contratado Paul Leroy-Beaulieu, diretor do *L'Economiste*, jornal muito influente na época, para escrever duas cartas mensais sobre questões econômicas e financeiras, mediante pagamento de 500 francos por artigo. Dantas pediu também a Rio Branco "que contratasse Emílio [Émile] de Laveleye; creio que ele vive em Gand.[3] É a meu ver um dos pensadores vivos mais lúcidos e um dos escritores europeus atuais mais elegantes e ao mesmo tempo mais profundos. Dou tudo para tê-lo conosco. Ele escreve proficientemente sobre tudo: economia política, letras, finanças, direito público, artes, história etc.". O professor Wilhelm Schimper, da Universidade de Bonn, mandaria uma resenha mensal sobre o movimento científico e literário na Alemanha. Em Buenos Aires, foi contratado o correspondente do *Jornal do Commercio*.

Dantas contou a Rio Branco como contratou os colaboradores em Portugal:

Em Lisboa terei como correspondente ordinário o Oliveira Lima, de nossa legação. Contratei-o por 100$000 [100] francos mensais, quando daqui ele saiu o mês passado. Além disso foi incumbido de contratar seis cartas mensais do Oliveira Martins, Antônio Ennes e Theophilo Braga (duas de cada um). Esses homens de Lisboa trabalham muito barato, e, quanto mais numerosa for a colaboração deles, tanto melhor, por causa da colônia portuguesa aqui.

Em outra correspondência, Dantas narra algumas mudanças e decepções com as colaborações de Portugal; Theophilo Braga foi demitido por fazer propaganda republicana:

> Está simplesmente imunda a 1ª carta que [Theophilo Braga] enviou-me e eu não publicarei, e diante da qual escrevi para que o dispensassem de continuar! Faz a apologia do exército político e rebelde, apoiado no exemplo luminoso de 15 de novembro, e fora isso descompõe em linguagem de regateira os ministros atuais de d. Carlos [o rei de Portugal]. Guardo essa carta para, se ele ma não exigir, visto eu não publicá-la, mandá-la a V. como curiosidade. Como V. previa bem o que seria a colaboração desse tonto fanático! Aliás, a lembrança do nome dele não foi minha, que só concordei em aceitá-lo na hipótese, que me haviam assegurado, de limitar-se o homem a dissertar de filosofia e crítica científica, o que atrairia leitores das escolas.

Pouco depois, Dantas perdeu a colaboração de Oliveira Martins, que passou a escrever com exclusividade para o *Jornal do Commercio*. Ele quis também contratar Ramalho Ortigão: "Desisti, porém, cuidando que, preso como está à *Gazeta* [*de Notícias* do Rio de Janeiro], nos recusaria a colaboração".

Como correspondente em Nova York, Dantas sugere a contratação de um diplomata brasileiro, Domício da Gama,[4] que trabalhava com Rio Branco em Paris e deveria escrever de lá sobre os Estados Unidos lendo os jornais franceses. Também deveria mandar crônicas parisienses (teatros, letras, artes e mundanidades), mediante a retribuição mensal de 500 francos. Além disso, Dantas pediu a Domício que "sendo possível, nos dê de quando em vez uma carta noticiosa de Roma, enquanto ali não temos quem dessa tarefa se encarregue. Isso é facílimo fazer de Paris". As "cartas" de Bruxelas, Berlim, Viena e Madri seriam escritas no Rio de Janeiro.

Além das colaborações na forma de cartas, o jornal deveria ter informação econômica diária própria, enviada por telégrafo, para complementar o serviço, muito insatisfatório, de notícias da agência francesa Havas. Tendo "diariamente de Londres a cotação dos nossos fundos e suas variações e de New York e Havre os preços, quantidades vendidas, existências etc., do café, muito mais já teremos feito que o noticiado pelas outras folhas, sem exceção", escreveu Dantas a Rio Branco. Com isso, estava dizendo que pretendia atender melhor que o *Jornal do Commercio* às necessidades de informação do mercado. Mas, em outra correspondência, Dantas reconheceu as dificuldades para conseguir esse noticiário telegráfico: "O que somente está me preocupando, agora, é o serviço dos telegramas comerciais, que nem o *Jornal do Commercio*, nem nenhuma de nossas folhas, possui como convinha". Dantas elogiaria mais tarde a qualidade e a repercussão das cartas dos correspondentes europeus.

A ROTATIVA MAIS MODERNA

O jornal foi instalado na rua Gonçalves Dias. "O local, como dimensões e como construção, é magnífico", escreveu Dantas a Rio Branco, "um edifício novo, de cantaria, com dois andares e soteia". Custou "30 contos de luvas e o aluguel mensal d'um conto durante nove anos. Isto basta para dizer-lhe quanto é boa a casa. Não houve como obter do proprietário que no-la vendesse".

Para imprimir o jornal foi encomendada uma rotativa dupla, a mais moderna da época, da casa francesa Marinoni.[5] Como o equipamento somente chegaria depois da data marcada para a inauguração, Villeneuve comprou no Rio uma impressora provisória, uma velha Alauzet-Express, plana, de retiração, que imprimia uma folha dos dois lados simultaneamente, mais lenta e de menor capacidade, movida a vapor a partir da queima de lenha. O formato em oito colunas escolhido para o jornal foi o mesmo do *Le Temps* de Paris ou, mais propriamente, do influente diário *El Ferrocarril*, de Santiago do Chile.

Dantas queria fazer uma publicação para a elite dirigente do país. Já havia no Rio um diário que desempenhava precisamente esse papel, o *Jornal do Commercio*, de cujo controle ele tentara participar. Mas era suficientemente realista para perceber que, se podia competir com ele, não conseguiria substituí-lo: "O *Jornal do Commercio* tem posição feita e seria ridículo pretender derribá-lo", escreveu. Mas era otimista. Escreveu a Rio Branco: "Tudo me faz presumir que fundaremos um jornal tão respeitável como elemento d'opinião pública quanto vantajoso como empresa remuneradora dos capitais nele empregados. V. me conhece bastante para saber que não daria meu nome e minha fortuna a coisa d'outra natureza".

Prudentemente, ao mesmo tempo que dava uma valiosa contribuição para o lançamento do *Jornal do Brazil*, o Barão do Rio Branco mantinha um estreito contato com o *Jornal do Commercio*, que tinha sido comprado, em 1890, por um grupo liderado por seu íntimo amigo, José Carlos Rodrigues.

Os primeiros nomes sugeridos para o diário foram *O Tempo* e *Novo Jornal*. Optou-se, finalmente, por *Jornal do Brazil*.[6] A data de lançamento que seria, a princípio, o dia 2 e depois o 7 de abril, foi novamente adiada, por sugestão de Joaquim Nabuco, para o dia 9 desse mês, que coincidia com o 60º aniversário do "Te Deum" (hino católico de ação de graças) da coroação de D. Pedro II, na capela imperial.

O sobrado do jornal na rua Gonçalves Dias ficava próximo do ponto final dos bondes puxados a burro que vinham do largo do Machado. A impressão do primeiro número foi assistida pelo dono de uma loja de ferragens, instalada no térreo, e por duas mulheres de "vida noturna", moradoras de um sobrado próximo, que pediram ao porteiro para ver a máquina que fazia tanto barulho. Um grupo de "jacobinos" saiu do "Café do Papagaio", na mesma rua, e, num ato de provocação, começou a dar vivas à República. Foram impressos, com dificuldade, 5 mil exemplares, cuja distribuição, em quatro carroças para levá-los até as bancas nos bairros, começou às 6 da manhã.

Em 9 de abril de 1891, uma quinta-feira, o jornal foi lançado com oito páginas, tamanho 120 x 51 centímetros, em oito colunas, com uma apresentação diferente da pretendida por causa do maquinário provisório. O exemplar custava 40 réis e a assinatura anual 12$000 (12 mil-réis), um preço realmente baixo. Na primeira página, o editorial, escrito por Rodolpho Dantas, prometia manter distância igual de todos os extremos e apoiar as reivindicações legítimas do público ou "contrariar-lhe os irrefletidos arrastamentos" na busca da verdade em cada questão. Declarou "peremptoriamente que o jornal não é político nem faz política". Mas se comprometia a apoiar a República, sem ocultar seus defeitos: "Encontrando fundadas no país instituições para as quais não contribuímos, mas cuja consolidação supomos dever nosso de patriotismo cooperar a fim de que elas deem de si o que puderem dar de bom, falaremos sim ao novo regime a linguagem que melhor lhe convém, e dir-lhe-emos a verdade a ele próprio mais útil". Atribui à imprensa a função de fiscalizar os abusos do Poder e espera da Constituição, que estava sendo preparada, a restituição das liberdades. Também na primeira página foi publicada a "Carta de Paris", de Leroy-Beaulieu, e a "Carta de Portugal", de Antônio Serra. As últimas quatro páginas estavam cobertas de anúncios. Na edição seguinte, Joaquim Nabuco inicia a publicação de uma série de artigos sobre "Os mundos em formação".

O jornal enfrentou dificuldades com a precariedade da impressão e com a falta de papel, que o levaram a sair com quatro páginas, como a maioria dos jornais da época, a partir do segundo número. No entanto, mesmo com o tamanho reduzido, a procura pelo jornal aumentou continuamente. Dantas escreve a Rio Branco:

> Lutamos a princípio contra tudo, até contra a máquina! Felizmente quase tudo entrou já nos eixos; a folha, como V. verá dos últimos números, já apresenta outro e muito mais agradável aspecto, e os resultados são além de toda minha expectativa, pois já somos obrigados a uma tiragem normal de 14.500 exemplares, o que é extraordinário após apenas 25 dias de vida. Agora é melhorar cada dia e quando chegarem as Marinoni levar a coisa à perfeição!

Em carta a Nabuco, Dantas reclama do trabalho e da canseira que lhe tem dado o jornal, mas se declara satisfeito: "Felizmente, tudo está entrando nos eixos e o resultado já vai muito além do que jamais eu esperei". Em outra carta, semanas mais tarde, Dantas lhe assegura: "Nosso jornal vai com escandalosa felicidade; se continua assim, podemos estar seguros já de haver fundado uma empresa tão sólida quão útil aos interesses do nosso País". Ele não perdia os velhos hábitos. Segundo a tradição oral da casa, chegava ao jornal em um magnífico tílburi – uma carruagem leve puxada por cavalos.

Apesar da prudência e do comedimento editorial, o *Jornal do Brazil* incomodava. Num sinal de intolerância, no mês seguinte à saída do jornal, um homem foi espancado brutalmente à noite na rua do Ouvidor por um grupo conhecido como "gravatas vermelhas". Exaltados, aos gritos de "Viva a República", pensavam que, devido a sua semelhança física, estavam agredindo Joaquim Nabuco. O *Diario Official* escreveu que a campanha da nova folha contra a encampação pelo Estado dos bens das ordens religiosas "contraria frontalmente os interesses da República".

NABUCO REDATOR-CHEFE

No mês de junho, Nabuco está de volta ao Rio de Janeiro e o redator-chefe, Sancho de Barros Pimentel, lhe cede o cargo. Em lugar da orientação prudente preconizada por Dantas, dada a exaltação dos ânimos e do carregado ambiente político, Nabuco adota uma linha mais beligerante. Ele passa a criticar os adesistas ao novo regime e começa uma série de artigos, "Ilusões republicanas", vista pelo novo governo como uma provocação, seguida de "Outras ilusões republicanas", em que observa que "um dos mais curiosos efeitos da Proclamação da República foi o desaparecimento do Partido Republicano". Os artigos aumentaram a ira dos republicanos contra Nabuco e a nova publicação. Ele, porém, se recusa a fazer um jornal de ataque sistemático ao regime, como queriam Eduardo Prado e vários monarquistas radicais.

Em outubro, o *Jornal do Brazil* é impresso finalmente na rotativa Marinoni.[7] Ao escrever sobre os primeiros seis meses, Nabuco registra "o crescimento que em poucos meses teve este jornal e a posição a que ele chegou na imprensa"; e afirma: "os que têm seguido a marcha do *Jornal do Brazil* podem descobrir em sua feitura literária e política uma antiga familiaridade com o *Journal des Débats* ou o (*Le*) *Temps*, isto é, com a classe de jornais que prefere a seriedade à sensação, os assuntos às personalidades, e cujo ideal seria serem dia por dia páginas definitivas da História". Ele mostrou a preocupação do jornal com a educação. "Quando deve começar a educação da criança? perguntaram a [Ralph Waldo] Emerson, e o grande americano respondeu – 'Cem anos antes de ela nascer'. Muito mais que a educação de uma criança, a de um povo tem que ser preparada de um século atrás". Comentando a publicação, em duas colunas, dos artigos sobre educação, a *Gazeta de Notícias* escreveu que "essa é mais uma novidade que o nosso colega da manhã introduz na nossa imprensa".

A situação política, já instável, tornou-se volátil e muito tensa. O presidente da República, marechal Deodoro da Fonseca, recusou-se a assinar a nova Constituição ou qualquer ato administrativo se antes não fosse lavrado o decreto de concessão do porto de Torres, no Rio Grande do Sul, para um amigo. O ministério, o primeiro do regime republicano, preferiu renunciar. Deodoro escolheu outro gabinete, que assinou a concessão do porto, e nomeou o marechal Floriano Peixoto presidente do Senado e vice-presidente da República. No dia 3 de novembro de 1891, ele dissolveu o Congresso e proclamou o estado de sítio. Parte da Marinha, com o almirante Custódio de Mello, e das Forças Armadas se levanta. Floriano conspirou e forçou a demissão de Deodoro, que, doente, preferiu sair e evitar uma guerra civil. Floriano foi proclamado presidente em 23 desse mesmo mês. A atmosfera política tornou-se mais tensa e intolerante.

Antes de ser fechado, *O Brazil*, um pequeno jornal monarquista, extremamente radical, dirigido por Carlos de Laet, acusou o *Jornal do Brazil* de trair seu programa por não ter protestado contra esses eventos. José Veríssimo, um dos críticos literários mais influentes do Brasil no século XIX e começo do XX, explicou que "ao *Brasil* (sic) era fácil fazer o que fez, ao *Jornal do Brazil* não, pois representa interesses muito mais avultados do que aquele. O que o *Jornal do Brazil* fez foi limitar-se a notícias, apesar das provocações para tratar das questões públicas".

No entanto, o novo diário foi suficientemente crítico para levar o *Diário Official* a escrever que "o *Jornal do Brazil*, na primeira campanha de repercussão desde seu aparecimento, contraria frontalmente os interesses da República".

"MATA! MATA! NABUCO!"

Na madrugada do dia 5 de dezembro, morre D. Pedro de Alcântara (D. Pedro II) no exílio em Paris. No dia 6, domingo, o jornal publicou a notícia sem indicar sua origem. Em sinal de luto, a primeira página tinha uma tarja preta.

Décadas mais tarde, no suplemento especial em que comemorava seu 70º aniversário, o *Jornal do Brazil* revelou que a informação da morte de D. Pedro II, publicada em primeira mão, fora enviada de Paris, por telegrama, pelo seu correspondente, Ferdinand Hex. O que o suplemento não disse é que esse era um dos pseudônimos utilizados pelo Barão do Rio Branco quando escrevia no jornal. Além disso, a notícia da morte de D. Pedro não foi publicada em "primeira mão" pelo *Jornal do Brazil*; foi divulgada por todos os diários. O *Jornal do Commercio*, por exemplo, publicou informações mais detalhadas.[8]

O *Jornal do Brazil* escreveu que, apesar da "tiragem extraordinária", a edição desse dia esgotou rapidamente e teve que imprimir uma tiragem suplementar no dia seguinte. A notícia da morte do antigo imperador, realmente, comoveu a nação; o *Jornal do Commercio* teve que imprimir durante o dia duas edições extraordinárias para atender à demanda.

O suplemento dos 70 anos também atribui a Nabuco alguns artigos doutrinários, que teriam exaltado o ânimo dos republicanos. Na verdade, esses artigos foram publicados em meses anteriores à morte de D. Pedro. Mas a cobertura das exéquias e do enterro em Portugal do antigo monarca reacendeu a ira do governo e das massas republicanas.

No dia 16 de dezembro, a multidão enfurecida invade o jornal aos gritos de "Mata! Mata! Nabuco!", tiros são disparados e as oficinas depredadas. Um homem parecido com Nabuco é assaltado e agredido na rua. Dantas e José Veríssimo são salvos pela intervenção do senador João Cordeiro. Nabuco não tinha ido à redação por intuir que seus artigos provocariam distúrbios.

Quando, nessa mesma noite, Dantas e o senador Cordeiro procuraram o ministro da Justiça, o barão de Lucena, ouviram dele que "o governo não tem meios de garantir a vida dos jornalistas que trabalham em jornais monarquistas". Como escreveu Luiz Vianna Filho, biógrafo de Nabuco, a República ainda estava muito nova para ser tolerante.[9]

Na edição do dia seguinte, o jornal não fez referência aos distúrbios, mas Dantas avisa a Nabuco que "amanhã anuncio em nosso jornal que deixo a direção da folha e que ao mesmo tempo você e Sancho deixam de fazer parte da redação". Efetivamente, no dia 18 de dezembro, Dantas escreve no alto da primeira página: "Os proprietários do *Jornal do Brazil* deliberaram transferi-lo a novos donos. Deixo, por isso, desde hoje a direção desta folha. Resignam também os seus postos os meus ilustrados amigos Drs. Sancho de Barros Pimentel e Joaquim Nabuco. Rodolpho Dantas". O novo chefe da redação era Ulysses Vianna; José Veríssimo e Constâncio Alves, redatores principais.

Dantas, que pretendia morar no Sul da Espanha, embarcou para a Europa. Antes de partir, escreveu a Rio Branco:

V. sabe com que intuitos desinteressados eu fundara a folha e como procurei mantê-la em nível desconhecido entre nós, a certos respeitos. Isso valeu-me, na véspera de deixar o *Jornal*, que me crivassem de balas as portas, tendo a malta dos assaltantes à frente os delegados de polícia. Coisa mais grave ameaçou-me ainda, mas isto será para conversarmos de viva voz. Lutar com gente semelhante era ignominioso e estéril; eis por que no dia imediato fiz logo aparecer a declaração, que V. já terá lido e na qual, sem aludir sequer às violências de que fôramos alvo, declarei deixar a folha com Sancho e Nabuco, por terem os proprietários decidido transferi-la a novos donos. O maior proprietário, porém, da folha sou eu, e os outros que lá entraram só por mim o fizeram; eles ratificaram a minha declaração como tudo quanto eu fizesse e quisesse, e visto realmente que não deixariam continuar a folha comigo à frente, deliberamos vendê-la. À minha saída a venda não estava realizada: havia duas propostas para compra e eu deixei procuração ao Sancho para preferir a melhor ou alguma outra se por qualquer circunstância alguma daquelas duas não for definitivamente aceita. Em todo caso a propriedade e direção da folha se transformarão. No 1º vapor terei notícia do que houver passado após minha partida e logo lha transmitirei. [...] Fique, porém, V. sabendo que não nos deixaram continuar com o *Jornal* e, ao demais, que eu não estava em segurança no Rio. E eis aí, sr. Juca, onde caímos! Aliás, todos do *Jornal* quiseram abandonar os postos, e a custo os contive.

Joaquim Nabuco, que voltou à Europa no mesmo mês, também escreveu a Rio Branco: "Se o *Jornal do Brazil* continuasse na antiga atitude teriam já a esta hora destruído as máquinas e sacrificado as vidas dos empregados que se achassem no meio do conflito. A verdade é que a República não tolera nenhum grau de liberdade de opinião".

Tinha acabado de maneira violenta o sonho de Rodolpho Dantas de fazer um jornal de referência, no modelo das melhores publicações europeias. Durou apenas oito meses. O sonho seria concretizado várias décadas mais tarde, quando no fim da década de 1950 o *Jornal do Brasil* se tornaria um dos mais influentes órgãos de referência do país.

JORNAL ASSUSTADO E EM CRISE

José Veríssimo disse que durante alguns dias todos tinham vivido no jornal sob regime de terror, "provocado por quanto vagabundo da rua do Ouvidor se intitula republicano e que turva as águas para nelas pescar". Ele confirma as ameaças feitas a Dantas: "Não era possível ao Rodolpho continuar, a menos que se não sujeitasse a desfeitas de toda a ordem ou a ser assassinado [...] naturalmente, em nome da liberdade". Disse também que o programa da folha "continua o mesmo, conservador na República e sustentando contra o jacobinismo e o radicalismo os princípios eternos da liberdade de tolerância e de justiça". Villeneuve escreveu que ficou no jornal para preparar a transição aos novos proprietários.

O conde de Leopoldina mostra interesse em comprar a empresa, mas o diretor interino, Henrique de Villeneuve, recusou-se a vendê-la. O jornal enfrentou uma crise interna. Villeneuve quis seguir uma linha abertamente monarquista, ao que se opôs Ulysses Vianna, o redator-chefe, que pediu demissão e foi substituído por Constâncio Alves.

Em abril de 1892, um ano depois da fundação, a empresa, uma sociedade em comandita, muda de dono e é transformada em "associação anônima", com Ulysses Vianna na direção. Os novos proprietários eram antigos monarquistas. Entre eles, o conde de Figueiredo, Paulino José Soares de Sousa, Manuel Buarque de Macedo, o barão de Drummond e, curiosamente, o próprio Rodolpho Dantas e seu pai, Manuel Pinto de Sousa Dantas. A propriedade ficou diluída, sem um controlador, mas a orientação política pouco mudou; a diferença estava no tom, menos elitista e mais popular, dando destaque, o que chocaria os antigos leitores, à informação policial.

Na edição de 11 de abril, o jornal informou que mantinha os mesmos colaboradores estrangeiros que tinham sido contratados por Dantas, disse que não estava "adstrito a partidos, caso existam neste país", e manteria "a mesma franqueza e independência perante o governo e a oposição". Procuraria, sim, "concorrer para a consolidação da República". Na mesma edição, noticiou o assalto ao Palácio do Itamaraty pela multidão que queria prender o presidente da República e vários ministros, e comentou: "Essa tentativa de revolta tem um caráter tão excepcional que poderia ser acompanhada à música de Offenbach".

O *Jornal do Brazil* adotou um tom discreto. Assegurou que, não pertencendo a nenhum grupo ou partido, não era um jornal político. Mantinha as quatro páginas e tinha uma apresentação gráfica menos sóbria, com títulos maiores, matérias dispostas em várias colunas. O Barão do Rio Branco escrevia todos os domingos sob o pseudônimo Nemo. Joaquim Nabuco voltou a colaborar com as "Cartas da Inglaterra", assinadas como Axel. Eça de Queiroz manda as "Notas contemporâneas". Alphonse Daudet escreve sobre o "Sítio de Berlim".

O jornal inicia várias campanhas, uma delas contra a mudança da capital para o planalto de Goiás, amplia as informações sobre questões populares e reforça ainda mais a cobertura policial. Nesse período, começou a ser divulgado o "sorteio dos bichos" do Jardim Zoológico, que fora introduzido pelo barão de Drummond, um dos acionistas do jornal. Em 1893, anuncia que dobrará a tiragem, uma vez que "as nossas edições vivem se esgotando muito cedo". Um equipamento a vapor, adquirido em Paris, passa a fornecer energia elétrica para a redação e as oficinas. Constâncio Alves discorda da orientação, mais popular, dada à folha por Vianna, e sai.

RUY BARBOSA "VIVO OU MORTO"

Nova mudança de proprietários. Foi formado um consórcio de investidores, numa sociedade em comandita, a J. Lucio & C., liderada por Joaquim Lúcio de Albuquerque Mello, que em maio de 1893 comprou, por 350 contos, o controle da empresa. Vianna deixou o jornal e a orientação editorial foi entregue a Ruy Barbosa, redator-chefe, que levou Tobias Monteiro como secretário. Por contrato, Ruy Barbosa, que era senador, ficou "revestido de autoridade absoluta, em tudo que diga respeito à redação e direção do jornal, em todas as suas seções e manifestações, de qualquer natureza", pelo prazo de seis anos. Ficou apenas alguns meses. Ruy tinha grande admiração pelo diário. A respeito da fase anterior, ele escreveu que "de acordo com seu programa, o *Jornal do Brazil* manteve-se numa alta categoria jornalística, pela polidez, dignidade na discussão, seriedade nos propósitos e grande senso dos direitos do público e do valor da opinião".[10]

Uma das primeiras iniciativas de Ruy Barbosa foi trocar a letra "z" pela "s" no título do jornal, que desde o dia 27 de maio de 1893 passou a chamar-se *Jornal do Brasil*. Outra medida foi de natureza política. Ruy, republicano desde o tempo do Império, tinha sido o primeiro-ministro da Fazenda da República. Sob sua orientação, o jornal abandonou os últimos resquícios do monarquismo de seus fundadores. Seu objetivo era defender a Constituição e o regime republicano, além de combater a ditadura de Floriano Peixoto. Escreveu que "a oligarquia militar é tão incompatível com o parlamentarismo como com o presidencialismo" e "agora só a república é praticável, e não há escolha senão entre a república degenerada pela ditadura, ou a república regenerada pela constituição. O *Jornal do Brasil* é constitucional a todo transe: eis, numa palavra, o nosso roteiro político". E insistiu: "Não somos, portanto, profissionalmente oposicionistas nem governistas. Somos legalistas, acima de tudo e a despeito de tudo".[11] Para Ruy, República e Constituição significavam adotar uma linha de categórica e tenaz oposição ao governo de Floriano Peixoto. Com ele, o jornal abandonou a linguagem ponderada que o caracterizava para adotar um estilo mais agressivo e contundente.

Quando o almirante Eduardo Wandenkolk, que liderou a Revolta da Armada contra Floriano, foi ameaçado de ser acusado de pirataria, Ruy Barbosa saiu em sua defesa e publicou uma série de editoriais, fundamentados no Direito Internacional, nos quais alertou a opinião pública sobre a "arbitrariedade que Floriano pretende consumar". O presidente ficou irritado. O almirante foi preso e transferido ao Rio de Janeiro e Ruy escreveu: "Pirata ou conspirador, o Almirante Wandenkolk está sujeito aos tribunais do país – não tem por juiz o Marechal Floriano", e preparou um pedido de *habeas corpus* para o almirante, que foi encaminhado ao Supremo Tribunal Federal e publicado no diário ocupando toda a primeira página.

Floriano intima Ruy Barbosa a deixar o *Jornal do Brasil*. Ele se recusa e o jornal é atacado à bala pelo Exército. Em 6 de setembro, início da Revolta da Armada, Ruy publicou outro artigo, o último. Floriano manda prendê-lo "vivo ou morto", mas ele consegue escapar. Dois dias mais tarde, volta ao jornal à noite, despede-se da redação, suspende a circulação, "até que se resolva, em definitivo, a situação", estimando que "uns quinze dias bastam para isso"; manda distribuir uma bonificação de 1 mil-réis a cada tipógrafo e se refugia na legação do Chile. Pede asilo na legação inglesa, que lhe nega, e embarca num navio inglês rumo a Lisboa. Para desorientar o governo, o *Jornal do Brasil* escreveu que Ruy viajara ao rio da Prata. Joaquim Lúcio de Albuquerque Mello assume a redação.[12] Foi a única publicação que continuou informando sobre o levante da Armada. Floriano mandou parar com o noticiário e, como não foi obedecido, a tropa ocupou a sede do jornal, que parou de circular. A última edição foi de 30 de setembro de 1893, cinco dias depois de ter sido decretado o estado de sítio.

NOVOS DONOS, NOVA ORIENTAÇÃO

O jornal voltou um ano e 45 dias mais tarde. A primeira edição da nova fase sai em 15 de novembro de 1894, aniversário da Proclamação da República e no dia em que Prudente de Morais, um civil, assume a presidência. Sua imagem ilustra a primeira página. Saía com novos donos e nova orientação. Pertencia à firma Mendes & C., que tinha editado o *Diario do Commercio*. O redator-chefe era Fernando Mendes de Almeida, senador e coronel da Guarda Nacional, republicano; o secretário da redação, seu irmão, Cândido Mendes de Almeida, era monarquista.

O jornal não era mais dirigido a uma elite nem pretendia influir sobre a condução da vida pública. Nesta nova fase se metamorfoseou em jornal popular, dirigido a um público pouco instruído. Concentrou seu esforço comercial na publicação de anúncios classificados, mercado que controlaria durante várias décadas.

Em sua reapresentação, o jornal disse que tinha mudado. Esclareceu que apenas o título era o mesmo, mas com uma orientação diferente e que se mantinha distante da política militante. Para mostrar esse distanciamento, suprimiu o artigo de fundo que caracterizava os jornais da época.

Dava os fatos sem comentá-los. Disse que "o *Jornal do Brasil* se propõe ser o defensor dos pequenos e oprimidos. Aqui estamos para registrar suas queixas e para reclamar pelos seus direitos". Era favorável ao voto dos analfabetos e, curiosamente, defendia a mudança da estrutura das companhias de seguros, medida que levou ao afastamento das seguradoras estrangeiras e propiciou a fundação da Sul América, que seria durante mais de um século a maior empresa brasileira do setor.[13]

Entre as seções de maior repercussão da nova fase, estavam "Os pobres do *Jornal do Brasil*", "Para quem apelar?" e "Será verdade?". Estas duas últimas inspirariam músicas populares com esses mesmos títulos. As reclamações, publicadas gratuitamente, apareciam em "Queixas do povo", às segundas-feiras, que deram nome a uma valsa popular e que inspirariam seções semelhantes em outros jornais. Para fazer a queixa não era necessário saber ler e escrever. Sempre havia um redator do jornal à disposição dos reclamantes, que anotava pacientemente suas queixas e as tornava facilmente acessíveis ao público. Era, disse um observador, "o Parlamento dos oprimidos". A seção "Problemas a prêmio" oferecia 10 mil-réis por dia aos leitores que decifrassem "todos os problemas de adivinhações, charadas e logogrifos que publicarmos". Durante dois anos, publicou uma série de reportagens, talvez a mais longa de sua história, com o título "Os crimes da polícia". Um de seus alvos era o descalabro dos Correios, "a maior vergonha do país".

Os resultados do sorteio do bicho saíam sob a rubrica "Jardim Zoológico", com destaque na primeira página; mais tarde mudaria o título para "A bicharada", e depois para "O enigma pitoresco", às vezes com palpites em versos. O jornal chegou a publicar uma página diária sobre o jogo, com seções fixas, como a "Chapa do dia", "Palpites da joaninha", "Sonhos do felizardo" e "Estatísticas do bicho".[14]

A apresentação gráfica era exuberante. O jornal aumentou o tamanho dos títulos e deu mais informação esportiva. Abundavam as seções de humor, várias delas em forma de verso. Durante um bom período, o cabeçalho foi impresso em vermelho. Nas quintas-feiras e nos domingos, publicava uma edição fartamente ilustrada com desenhos em xilogravura na primeira página. Foram contratados vários dos melhores caricaturistas da época. Segundo o desenhista Álvarus (Álvaro Cotrim), nenhum diário brasileiro deu tanta importância à caricatura como o *Jornal do Brasil*.

Em 1893, começa a publicar o *Jornal do Brasil Ilustrado*. Era quinzenal e impresso em Lisboa, dirigido por Jaime Vítor e o visconde de São Boaventura; seria substituído pela *Revista da Semana*.

A informação policial era ilustrada com desenhos a bico de pena que mostravam a cena do crime ou reproduziam o evento, de acordo com a imaginação do ilustrador. Celso Hermínio, importado diretamente de Lisboa, desenhou "A mulher sem cabeça das Laranjeiras". Outros desenhistas: Raul Pederneiras, Artur Lucas (Bambino), Julião Machado, português de Angola, que assinava Casimiro Miragy e era considerado, "sem o menor favor, o mais interessante dos caricaturistas"; ele fez o primeiro romance policial em quadrinhos.

No primeiro dia de janeiro de 1902, o jornal informava a seus leitores:

> Foi o *Jornal do Brasil* um dos primeiros a introduzir as ilustrações nas suas edições diárias. Toda a imprensa contemporânea adota essa tendência, que consiste em pôr a serviço do jornal a contribuição de todas as artes. Uns, como o aristocrático *Le Figaro*, limitam-se, em dias determinados, à caricatura do acontecimento palpitante da atualidade; outros, como *Le Journal* e *Le Matin*, os órgãos de maior circulação na França, depois do *Petit Journal*, e o *New York Herald, New York Journal, New York World*, da União Americana, ilustram largamente a local, o *fait divers*, o folhetim, o crime sensacional, a vida cidadã ou provincial. O *Jornal do Brasil* adota, simultaneamente, os dois processos e à caricatura diária alia o comentário ou a elucidação gráfica da vida contemporânea, própria ou alheia. Os seus artistas são conhecidos; algumas de suas páginas têm sido aplaudidas pelos mais exigentes paladares do jornalismo europeu.

O jornal continua a tradição de publicar, no rodapé, romances-folhetins, escolhidos para estimular as emoções: *A viúva virgem, O filho de três pais*, "um emocionante e atrevido romance [...] um estudo sensacional e verdadeiro dos nossos costumes". Atraíram grande número de leitores, como *A filha do pecado* e *A mão do defunto*.

O recurso ao sobrenatural foi fartamente explorado. Escrevia sobre as *Almas do outro mundo*, que à noite jogavam pedras a pessoas e a casas penadas, em diferentes lugares da cidade, fotografadas pelo jornal. As almas ajudaram a aumentar a circulação. Contou também a *História do homem que esporeou a própria mãe e virou bicho cabeludo*, de forte apelo popular, e localizou um fantasma no Rio, a *Aranha luminosa*.

Nem só as reportagens fantasiosas atraíam a atenção do jornal. Quando em 1895 a frota inglesa ocupou a ilha de Trindade, o governo brasileiro protestou contra a invasão. Portugal serviu de intermediário na disputa. O *Jornal do Brasil*, que tinha fretado um rebocador e mandado um repórter para a ilha, ficou sabendo que o ministro português, hospedado no Hotel Internacional do Rio, tinha uma nota favorável à posição brasileira. O repórter Salvador Nicósia entrou de noite na suíte do diplomata e, enquanto este dormia, encontrou numa escrivaninha o telegrama com o informe e o papel em que tinha sido decifrado. No dia seguinte estava na primeira página.

O *Jornal do Brasil*, que assegurava ter o mais numeroso e completo corpo de reportagem, reclamava da falta de água, da arbitrariedade dos poderes públicos, do custo de vida, do aumento das passagens do bonde. Afirmava que as tiragens se esgotavam rapidamente e era necessário imprimir uma nova edição ao meio-dia. Passou a ser conhecido como O Popularíssimo, o que levaria Carlos de Laet a escrever: "Não podiam ser mais gentis na sua malignidade os que chamam o *Jornal do Brasil* de popularíssimo [pois é] por excelência a folha popular, a folha do povo". Para o *Brasil Operário*, o *Jornal do Brasil* era, em 1903, a folha de "melhor conceito" entre os trabalhadores. Foi o último jornal do Rio a publicar fotografias. Mas tinha páginas inteiras ilustradas dedicadas ao futebol e ao automobilismo.

Segundo a *Gazeta de Notícias*, o *Jornal do Brasil* era de uma urbanidade discreta, tolerante e calma nas discussões, e tinha um prestígio quase supersticioso nas classes populares e alcançou a maior tiragem registrada na imprensa brasileira.[15]

No entanto, o evento político mais importante do Brasil no fim do século XIX, a Revolta de Canudos, não recebeu a atenção devida do jornal e, como outros veículos, fez uma cobertura eivada de preconceitos. Viu no conflito um "Exército, que heroicamente se bate nos sertões da Bahia contra os jagunços assassinos", "paladinos da reação monárquica", como escreveu "nosso zeloso correspondente".

APOLÍTICO E POUCO AGRESSIVO

Não faltaram críticas dos concorrentes à orientação popular, apolítica e pouco agressiva do jornal. Segundo a ferina língua do *Correio da Manhã*, fundado por Edmundo Bittencourt, o *Jornal do Brasil* era assexuado e vivia, coitadamente, para seu ganho. "Para ele, ter ideias e regras de gramática é um luxo". Mas o jornal apoiou as reformas urbanas na cidade do Rio na presidência de Rodrigues Alves, combatidas pelo *Correio da Manhã* e a *Gazeta de Notícias*.

Gondin da Fonseca elogiou a decisão de ressuscitar a publicação, uma tarefa realmente arriscada depois do longo período fora de circulação:

> Ninguém me parece ter admirado, por exemplo, a Fernando Mendes de Almeida, que reabriu o *Jornal do Brasil* no governo de Prudente. Esta foi uma das raras pessoas que viu como ter sucesso no jornalismo comercial moderno. Conseguiu o monopólio do pequeno anúncio no Rio de Janeiro. [...] Publicando anúncios, dava notícias, sem ter opiniões. [...] Na parte editorial, o seu cuidado consistiu em vogar sem leme na onda da opinião média do Rio. Sempre que usou do leme se saiu pessimamente.[16]

Se não era o jornal político de antes, não escondeu seu viés conservador, nem a sua proximidade com a Igreja Católica e com seus mandatários: os dois irmãos Mendes de Almeida tinham recebido o título de conde, outorgado pelo Vaticano.

Ruy Barbosa, antigo redator-chefe, voltou a escrever notas políticas depois do fechamento de seu diário, *A Imprensa*. Isso não impediria que, em 1910, o *Jornal* fosse favorável à candidatura de Hermes da Fonseca para a presidência contra a de Ruy e sua campanha "civilista". De novo se oporia a ele em 1919 para aderir à candidatura de Epitácio Pessoa e, nesse mesmo ano, combateu sua indicação para chefiar a delegação brasileira à Conferência da Paz.

Em 1900, *o Jornal do Brasil* comprou a *Revista da Semana*, que passou a circular encartada como suplemento semanal ilustrado. Nesse mesmo ano, lançou uma edição vespertina, que foi à rua às 3 horas da tarde para poder incluir, como os outros vespertinos, os resultados do jogo do bicho, mas foi descontinuada quatro anos depois.

Para a informação internacional, além de utilizar a agência Havas, manteve "correspondentes literários" em Lisboa, Porto, Paris e Roma, e "correspondentes telegráficos" em Paris, Roma, Londres, Lisboa, Montevidéu e Buenos Aires. Disse que recebia de 600 a mil palavras diárias pelo telégrafo submarino. É um número elevado, e certamente exagerado, dado o custo da transmissão de telegramas naquele tempo. Publicava também as informações da Agência Americana, fundada por Olavo Bilac.

No começo do século XX, o jornal assegurava imprimir 50 mil exemplares por dia, mais que *La Prensa* de Buenos Aires, que até então era o de maior tiragem da América do Sul, passando mais tarde aos 62 mil exemplares. Assim como seu concorrente *O Paiz*, repetiria ao longo dos anos que tinha a liderança da circulação.

No começo do século XX, disse ter sido o primeiro jornal do país a instalar uma oficina de gravura no Brasil, as primeiras linotipos,[17] eliminando a composição manual, e "o maior parque gráfico da imprensa brasileira", equipado com uma moderna rotativa Walter Scott, fabricada nos Estados Unidos, que imprimia cor, "modelo único na América do Sul".[18] Começa a publicar as primeiras fotografias em 1905. Em 1912, aparecem na redação, pela primeira vez, 12 máquinas de escrever.

PRIMEIRA PÁGINA SÓ COM ANÚNCIOS

Luís Edmundo narra o processo de modernização:

> Quem possui, pelo começo da centúria, as melhores máquinas de imprimir? O *Jornal do Brasil*. Que empresa monta, de forma regular, entre nós, a principal oficina de gravura? A do *Jornal do Brasil*. Que jornal tem, primeiro, ideia de se insurgir contra a estólida tradição do título solitário, morno, cediço, arejando-o, dando-lhe caráter, interesse, valor, com a criação de irrequietos e sugestivos subtítulos? O *Jornal do Brasil*. O interesse que essas pequeninas novidades acordam no espírito do público, até então habituado a normas das velhas gazetas portuguesas! O jornal é vivo, novo, alegre e movimentado.[19]

E ainda: "A não ser o *Jornal do Brasil,* que mantém um corpo de caricaturistas e diariamente publica *charges,* só uma vez ou outra é que, as mesmas, nas outras gazetas aparecem".[20]

Quando, durante o processo de modernização do Rio, é aberta a avenida Central, atual Rio Branco, o *Jornal do Brasil* decide instalar nela a sua nova sede. Anunciou que "não seria o mais belo nem o mais grandioso, nem o mais luxuoso; terá apenas a qualidade de original como arquitetura inteiramente do que geralmente apreciada aqui [...]". Projetado pelo arquiteto italiano Benevenuto Berna, o prédio começou a ser construído em 1904 e foi concluído em 1910. Era um edifício de um estilo misto, mas considerado Art Déco, de oito andares, o mais alto da América do Sul e o primeiro com estrutura de ferro, com uma torre na parte superior, coroada por uma bola. Cândido Mendes disse que o prédio foi inspirado na sede do Chicago Tribune, "com sua torre e cúpula", que os irmãos Mendes tinham visitado.[21] Mas isso parece pouco verossímil.[22]

O acúmulo de investimentos num curto período, principalmente a construção do majestoso prédio da avenida Central, onerou a Mendes & C., cujas dívidas somavam 1.500 contos. Em 1911, a empresa levanta um empréstimo de 1.773 contos no Banco do Brasil para saldar uma dívida com o Mosteiro de São Bento e dá como caução títulos do mesmo valor. O ministro J. J. Seabra teria sido intermediário da operação.[23] Mas essa ajuda não foi suficiente e, no ano seguinte, a empresa é substituída por uma sociedade anônima presidida por Carvalho de Morais, à qual se incorporam novos acionistas, entre os quais Ernesto Pereira Carneiro, pernambucano de ascendência argentina, proprietário da Companhia Comércio e Navegação e presidente da Associação Comercial, que passa a escrever no jornal. Além de acionista e colaborador, ele se tornou o maior credor ao fazer à empresa editora um empréstimo com garantias mediante a emissão de debêntures.

Seguindo o exemplo do *The Times* de Londres, *La Prensa* de Buenos Aires e *The New York Herald,* o *Jornal do Brasil* foi o primeiro jornal do país a retirar todo o texto da primeira página para, a partir de 1º de agosto 1906, publicar anúncios classificados e uma charge. O objetivo, escreveu, era valorizar devidamente o pequeno anúncio. Com o tempo, dominaria o mercado de classificados do Rio. O jornal circulava com 12 páginas, as quatro primeiras e as quatro últimas de pequenos anúncios.

Durante a Revolta da Chibata em 1910, quando os marinheiros pediram o fim dos castigos corporais e melhores condições, o jornal deu "franco apoio à legalidade", mas publicou várias edições diárias e deu destaque às reivindicações dos marinheiros.

Embora popular, era um jornal bem-comportado. Tentou fazer uma tímida defesa do Manequinho, estátua de um garoto urinando instalada no largo da Mãe do Bispo, atual praça Floriano, no Centro do Rio. Era uma réplica da estátua da fonte Manneken Pis, em Bruxelas. O jornal escreveu que vestir o Manequinho, como queria pudicamente um movimento de cidadãos escandalizados, era dar prova de mau gosto e de falta de senso artístico. Mas, órgão conservador, sugeriu levar a estátua a um lugar mais discreto, como o Mourisco, no bairro do Botafogo – onde certamente menos pessoas veriam o menino despudorado. A estátua foi transferida.

Dados os seus vínculos com a hierarquia católica, opôs-se ao divórcio quando o assunto foi debatido, e fez uma campanha sistemática em defesa da censura aos filmes que chegavam ao Rio. Alertava para os riscos de assistir às "contorções da bela Makowska, aos requebros voluptuosos da Menichelli e aos beijos da Theda Bara", e precavia o espectador contra "as lições afrodisíacas das Aspásias do cinematógrafo". Como a campanha moralista não dera resultados e a censura não foi imposta, o jornal começou a publicar seus próprios alertas sobre as fitas que podiam ser vistas "sem que a sociedade corra o risco de se deparar no 'écran' apenas com as exibições excitantes das Vênus".

Quando em julho de 1914 começou a Grande Guerra, mais tarde conhecida como a Primeira Guerra Mundial, foi contratado um jornalista do *Le Figaro* de Paris, Marcel Bernard, como correspondente especial no *front*. O *Jornal do Brasil* passou a publicar várias edições por dia. Com o fim da guerra, designou o jornalista Otto Prazeres para cobrir a Conferência da Paz, em Versalhes, em 1919.

NOVAS DÍVIDAS E NOVO DONO

Com as dificuldades financeiras agravadas pelo grande aumento do preço do papel durante a guerra, os irmãos Mendes de Almeida não conseguiram pagar o empréstimo hipotecário que tinham tomado de Ernesto Pereira Carneiro e este assumiu o controle da empresa em 1918.[24] Houve polêmica e uma longa briga jurídica na Justiça.

Segundo conta Cândido Mendes, seu avô e tio-avô tinham hipotecado apenas o prédio da avenida Central, mas não o título, e:

> [...] estavam absolutamente tranquilos de que na pior das hipóteses eles perderiam o imóvel, como garantia hipotecária; mas o outro lado já tinha o título também na hipoteca [...]. Ou seja, um impasse. Meu pai contava que meu avô foi lá de manhã e encontrou as fechaduras trocadas. Houve uma imposição, quase que de força, de uma situação de desocupação pelo Mendes de Almeida da administração e começou uma das pendengas judiciárias mais demoradas da história do Brasil.[25]

Em 1950, finalmente, o Supremo sentenciou que Pereira Carneiro deveria prestar contas de qual era o passivo real dos Mendes de Almeida, mas ele obteve outra liminar para ver se com a mudança de fórum, que deixara de ser estadual para ser federal a partir de 1937, o processo seria considerado prescrito. Efetivamente, prescreveu em 1952.[26]

O *Jornal do Brasil* não foi o único diário brasileiro cujas finanças ficaram abaladas pela construção de sedes monumentais, dando início a sua decadência. Entre eles, *A Noite* de 1910, *O Estado de S. Paulo*, da família Mesquita, e, novamente, o *Jornal do Brasil*, dos herdeiros de Pereira Carneiro a partir dos anos de 1970.

Quando, durante a briga jurídica, Pereira Carneiro assumiu o controle de fato em dezembro de 1918, o jornal vendia pouco.[27] Foi feita uma tentativa de resgatar o antigo prestígio e transformá-lo no melhor diário do país. Depois de recusar uma vez o convite, pois não queria trabalhar com "a corja socialista" da redação, Assis Chateaubriand aceitou o cargo de redator-chefe e recebeu "carta branca para tirar o jornal da poeira". Chatô pediu a ajuda de José Carlos

Rodrigues, antigo diretor e proprietário do *Jornal do Commercio*, para ajudá-lo a reformar a redação.[28]

Chateaubriand demitiu a maioria dos jornalistas e mudou a orientação editorial. Contrariando a vontade do dono do jornal, atacou a candidatura de Ruy Barbosa à presidência e criticou seu rebuscado estilo literário. Contratou novos colaboradores, entre eles, o conde Afonso Celso, Carlos de Laet e o engenheiro José Pires do Rio, que tinha sido inspetor da estrada de ferro Madeira-Mamoré e a quem indicaria para o Ministério da Viação e Obras Públicas no governo de Epitácio Pessoa.

Aparentemente, as vendas aumentaram. O *Jornal do Brasil* informou em 1922 "aos leitores e ao comércio que está devidamente comprovado que a tiragem deste jornal é maior que a de qualquer outro diário do País; excede mesmo a de cinco dos maiores matutinos desta capital, reunidos". Marialva Barbosa diz que o *JB* tinha tiragem superior a 60 mil exemplares, a maior da época. Mas tanto a reforma como Chateaubriand na direção duraram pouco tempo. Ele saiu em 1920 para ser o enviado especial do *Correio da Manhã* à Alemanha. Anos depois, achando que o jornal estava à venda, Chateaubriand tentou comprá-lo, mas sua proposta foi recusada por Pereira Carneiro. Chatô viu na recusa a mão do presidente da República, Arthur Bernardes.

O jornal continuava conservador e defensor da Igreja Católica. O monarquista Carlos de Laet escreveu: "Uma das razões que me induzem a estimar o *Jornal do Brasil* é a sua nunca desmentida dedicação ao catolicismo". Em 1919, Pereira Carneiro recebeu do papa Bento XV o título de conde pelos donativos feitos durante a epidemia da gripe espanhola.[29]

POUCA POLÍTICA, MUITO CARNAVAL

O jornal decidiu não se envolver em debates políticos e seguiu uma linha editorial de extremada prudência. Continuava dependendo dos anúncios classificados, com edições de até 50 páginas. Reforçando a linha popular, promoveu o primeiro desfile de Carnaval, o I Campeonato Carnavalesco das Grandes e Pequenas Sociedades, e formou uma comissão para premiar os blocos e os ranchos que passavam diante de sua sede, na avenida Rio Branco. O conde

Pereira Carneiro lançou em 1920 um diário vespertino, *A Hora*, que teria vida curta. Em 1922, contratou os serviços telegráficos da agência norte-americana United Press, que até então atendia apenas ao *Rio-Jornal*.

Benjamim Costallat, o escritor mais popular do país na época, ganhava no *Jornal do Brasil* 500 mil-réis por mês, o maior salário pago a um jornalista brasileiro; o dobro do pagamento dos redatores-chefes da imprensa carioca. Fazia um folhetim policial, "Os mistérios do Rio", em que descrevia a vida noturna, os crimes, a miséria e a prostituição da cidade. Ele se inspirou na obra *Les Mystères de Paris* que Eugène Sue publicara no *Journal des Débats* de Paris em 1842 e 1843, a qual inspirou dezenas de outros "Mistérios" em diversas cidades e em várias línguas: na Marselha de Émile Zola, em Londres, Munique, Lisboa, Nova York etc. Tal foi o sucesso do folhetim de Costallat, com simpatia para os humildes, que o jornal aumentou o preço do exemplar. Concluída a série, Costallat passou a escrever a coluna "A nota" sobre os fatos cotidianos. Antes dessa série, ele foi o autor de *Mademoiselle Cinema*, uma obra que venderia mais de 75 mil cópias, e foi crítico de *O Imparcial* e da *Gazeta de Notícias*. Como editor de livros, revolucionou a edição gráfica.

Antônio Torres, um escritor ferino, mordaz e irreverente, era "o mais admirado e lido, na sua hora, no Brasil", segundo Humberto de Campos, fez a crítica literária. O *Jornal do Brasil* foi também uma espécie de mural da Academia Brasileira de Letras, dado o grande número de acadêmicos que escreviam em suas colunas.

Apesar da introdução da fotografia, o jornal insistiu no desenho e manteve a tradição iniciada no começo do século de contratar alguns dos melhores ilustradores da época. Um deles foi o caricaturista mexicano Enrique Figueroa, que introduziu no Brasil o *portrait-charge*, para ilustrar a "Galeria de homens célebres". Figueroa depois trabalharia para Mário Rodrigues nos jornais *A Manhã* e *Crítica*, quando morreu.

No começo da década de 1920, o *Jornal do Brasil* passou a publicar o *Diário Oficial* do município, proporcionando uma boa receita à empresa. Como escreveu Edmar Morel, que passou por lá em 1932, o jornal transformou-se num órgão oficioso da prefeitura. "Trabalhar no *JB* naquela época era uma honra e uma porta aberta para conseguir emprego na Prefeitura do Distrito Federal";

os principais jornalistas garantiram ocupações com "gordos proventos".[30] O jornal era também o órgão oficial das entidades esportivas.

A orientação da direção era evitar qualquer tipo de campanha e engajamento político que apresentasse risco para o jornal. Quando ousou, fez a aposta errada, ao endossar a candidatura à presidência de Nilo Peçanha, com quem Pereira Carneiro tinha ligações pessoais, que perdeu. No entanto, como precaução, eleito Arthur Bernardes, foi nomeado redator-chefe Annibal Freire, seu amigo, e o jornal teve para com o novo presidente um comportamento marcado por um período inicial de moderação e depois de adesão. Freire deixou a redação, por um curto período, para assumir o Ministério da Fazenda, sendo substituído interinamente por Barbosa Lima Sobrinho.

Novamente, o jornal assumiu uma posição política, ao apoiar a presidência de Washington Luís, amigo de Pereira Carneiro, e em 1930, em outra decisão equivocada, deu suporte à candidatura de Júlio Prestes, presidente de São Paulo. A base do noticiário político eram os comunicados do Ministério da Justiça.[31] Prudentemente, o jornal abriu espaço em suas páginas para a Aliança Liberal e Getúlio Vargas, seu candidato, medida que não o livrou da ira dos "aliancistas".

PRÉDIO INVADIDO E DEPREDADO

Na edição de 24 de outubro de 1930, o editorial foi dedicado à "Inflação internacional de mercadorias" e publicou um comunicado do Ministério da Justiça: "É de absoluta calma a situação na capital da República, onde a ordem se mantém inalterada". O principal título sobre a situação político-militar foi: "A Prefeitura vai conhecer os estoques de gêneros nesta capital". Nesse mesmo dia, o presidente Washington Luís foi deposto.

Com a vitória de Getúlio Vargas e da Aliança Liberal, o prédio do jornal foi invadido e depredado; as mesas da redação, as máquinas da oficina e os arquivos foram quebrados. Um manifestante disparou contra Costallat, mas errou o alvo. Octavio Malta escreveu que houve um começo de fogo no prédio do *Jornal do Brasil*, mas foi salvo pela presença da Cavalaria do Exército, que atirava para o ar e "debandou os populares que vingavam a archote os insultos contra a Revolução".[32]

A folha deixou de circular durante quatro dias.[33] Reapareceu ilustrando a primeira página com um desenho em quatro colunas de Juarez Távora, o chefe da revolução no Norte. Távora foi, inicialmente, descrito como o próximo presidente da República. Annibal Freire, que já havia deixado o Ministério da Fazenda, partiu para o exílio e foi substituído como diretor-secretário por Jânio Pombo Brício Filho, antigo diretor de *O Século*, que mantinha boas relações com os novos donos do poder. Desaparece do expediente o nome de Barbosa Lima Sobrinho como redator principal.

O jornal reconheceu em editorial que apoiara o governo destituído por temer a desordem social, mas, "fiel ao seu conservadorismo", não criaria entraves ao novo regime. Afirmou que todos os colaboradores foram mantidos em seus postos, "até mesmo os manifestadamente apontados como partidários do movimento revolucionário". O que não disse é que, como lembraria um redator, Martins Alonso, os prejuízos da depredação, avaliados em 300 contos de réis, foram pagos pelos empregados mediante descontos em seus vencimentos, por determinação do diretor-tesoureiro, Pires do Rio.

O jornal mostrou simpatia pelo movimento constitucionalista de São Paulo, em 1932. Nos anos seguintes, como quase todas as publicações, seguiu uma linha governista. Evitava tratar de política e economia. Para impedir que fosse publicada qualquer informação que desagradasse o governo, o diretor levava para casa as matérias da redação, que lia com cuidado e publicava com atraso de um ou dois dias.

Anos mais tarde, um informe da polícia de Filinto Müller a respeito do jornal e de seu proprietário reforçava essa percepção de retraimento e medo de desagradar o governo: "A orientação do jornal é quase sempre neutra em tudo. O conde não gosta de assumir compromissos e tem verdadeiro terror da autoridade governamental. Pessoalmente é tímido, dirigido por intrigas tremendas dentro do jornal".[34]

Em 1933, o conde Pereira Carneiro foi eleito deputado pelo Partido Autonomista do Distrito Federal para a Assembleia Constituinte, na qual defendeu a obrigatoriedade do ensino religioso. Em 1935, ele funda a Rádio

Jornal do Brasil, enfrenta problemas econômicos e vende a maioria de seus negócios. A administração do *Jornal do Brasil* foi entregue a José Pires do Rio, antigo assessor da empresa quando Assis Chateaubriand era redator-chefe, e que fora nomeado ministro da Viação e Obras Públicas por Epitácio Pessoa, também com a ajuda de Chatô. Ele acumulou o cargo no jornal com o de tesoureiro da Companhia Comércio e Navegação, também propriedade de Pereira Carneiro.

JORNAL SEM JORNALISTAS

Pires do Rio tinha "facilidade de acesso às repartições", o que era difícil nessa época.[35] Ele concentrou seus esforços em aumentar o já considerável volume de anúncios classificados colocando a redação em segundo plano, ainda que isso resultasse numa queda da tiragem. Dizia que seu ideal seria fazer um "boletim de anúncios": "Os redatores gostam de assinar artigos e se consideram os sustentáculos do *Jornal do Brasil*. Mas, se todos deixassem de escrever, as coisas continuariam sem nenhuma alteração. Aliás, alguns têm deixado de escrever e nada aconteceu, o jornal continua". Seu ideal, como o de um bom número de administradores, seria fazer um jornal sem jornalistas.

Martins Alonso, que trabalhou na redação naquela época, disse que se alguém pegasse um táxi corria o risco de ser despedido. Repórter tinha que andar de bonde. Barbosa Lima Sobrinho afirma que Pires do Rio se limitava a defender e a procurar expandir os interesses de seu balcão e intervinha na redação, sem a menor cerimônia. Barbosa Lima, que era o redator principal, mandava as matérias para publicação, mas Pires do Rio descia às oficinas e as proibia. Foi retratado como "um homem mesquinho, rancoroso, sem grandeza", além de "retrógrado e desumano".[36] Em 1938, Annibal Freire voltou ao comando da redação.

O jornal ficou alinhado com a ditadura de Getúlio Vargas, apoiando tanto a Lei de Segurança Nacional, vista como instrumento para reprimir extremistas, como todo o Estado Novo. Era uma folha de pouca expressão, comprada principalmente por causa dos anúncios classificados. Mas a ênfase nos pequenos anúncios consolidou sua saúde financeira. Pesquisa da *Editor &*

218

Publisher, revista norte-americana especializada em temas de imprensa, colocou o *Jornal do Brasil* em segundo lugar no mundo e o primeiro no Brasil em força de penetração devido aos classificados.

Durante a Segunda Guerra Mundial, Carlos Alberto Dunshee de Abranches foi enviado como correspondente para informar sobre a campanha da Força Expedicionária Brasileira (FEB) na Itália, mas foram raros os despachos que ele enviou. A precária cobertura do jornal se baseou nas notícias das agências.

Com a queda de Vargas e a restauração da democracia, o jornal mostrou-se favorável à candidatura do brigadeiro Eduardo Gomes à presidência da República em 1945 e em 1950 e, embora fizesse críticas a Getúlio Vargas, não se opôs a que assumisse a presidência quando ganhou as eleições. Assim como não pediu o seu *impeachment* depois do atentado da rua Tonelero contra Carlos Lacerda em agosto de 1954, que antecedeu ao suicídio do presidente, nesse mesmo mês. Nas eleições presidenciais de 1955, o *Jornal do Brasil* não tomou partido e se manteve equidistante de todos os candidatos.

COMEÇAM AS MUDANÇAS

Na década de 1950, começou uma era de mudanças. Pires do Rio, o executivo que geria as operações do dia a dia do jornal, morre em 1950. O conde Pereira Carneiro, o proprietário, fica doente em 1951, afasta-se dos negócios e falece em 1954. O *Jornal do Brasil*, já em excelente saúde financeira, é herdado por sua viúva, Maurina Dunshee de Abranches Pereira Carneiro, que adotou o título de condessa Pereira Carneiro.[37] Ela e seu genro, o advogado Manuel Francisco do Nascimento Brito, deram início à "reforma" que colocaria o *Jornal do Brasil* entre os diários brasileiros mais influentes e admirados de todos os tempos.[38]

Ao longo de um processo que demorou anos, transformou-se no "jornal dos jornalistas", o diário que com mais facilidade atraía os melhores profissionais, apesar da sua linha política incerta e de suas ambíguas relações com o poder.

A condessa Pereira Carneiro deixou muito evidente quem, em sua opinião, iniciou a "reforma": ela.[39] Era filha do jornalista João Dunshee de Abranches, maranhense, redator-chefe do *Jornal do Brasil* no fim do século XIX, quando criou a coluna "Cousas da política", e descendente de João António Garcia de Abranches, editor de *O Censor Maranhense* na época da Independência.

O jornal que herdou tinha, segundo a condessa, 380 funcionários e uma rotativa de 50 anos. A circulação era de 17 mil a 18 mil exemplares. "Quando fazia 20 mil era uma festa!" Havia muito tabu interno, gente bem antiga e bastante apegada ao jornal velho. "Nós tínhamos dois secretários de redação, que trabalhavam em dias alternados. Então, o jornal ia ora para um lado, ora para o outro, dependendo do secretário".[40] Faltou-lhe dizer que os dois secretários tinham empregos públicos e dedicavam pouco tempo e atenção ao jornal.

As máquinas de escrever eram trancadas a chave e os secretários do jornal entregavam a chave às pessoas com quem simpatizavam. Um jornalista que participou da reforma lembra que "ainda se escrevia à mão numa imensa mesa de madeira preta, pés torneados e tampo verde". Outro antigo jornalista lembrou que "o jornal era escrito com tinta Sardinha. Molhava-se a pena no tinteiro e se escrevia".[41]

Em 1954, depois de assumir a presidência da empresa, "procurei dar os passos necessários para uma reforma que julgava imprescindível", disse a condessa. O primeiro foi conhecer a experiência de outros diários. "Fui imediatamente visitar *O Estado de S. Paulo*, que era o jornal mais moderno daquele tempo. Eu estava mais de dez anos atrás dos meus concorrentes". Viajou para os Estados Unidos, onde visitou os principais diários. Chegou à conclusão de que o jornal teria que mudar radicalmente para sobreviver. Disse ela:

> A primeira página era toda de classificados, como no *La Prensa*, como *The Times* de Londres. A minha ideia de modificar era uma ideia muito arriscada. Nessa época encontrei o Alberto (Gainza Paz) diretor de *La Prensa* (de Buenos Aires), que era muito amigo do meu marido [...] e foi logo dizendo: "Pelo amor de Deus, condessa, não faça uma coisa dessas". Mas eu comecei a reforma.[42]

Em 1956, "o jornal já estava maduro para a reforma. Sem quebrar aspectos tradicionais".

O espaço editorial reservado à redação consistia basicamente numa página de opinião, com editoriais e colaborações, várias delas de membros da Academia

Brasileira de Letras ou de escritores conhecidos, que estava aos cuidados de Annibal Freire, o diretor-tesoureiro. Publicava também notícias fornecidas pelas agências e alguns artigos. Uma dieta pouco apetitosa, que não atraía muitos leitores.

O *Jornal do Brasil* tinha deixado de fazer jornalismo e confundia as prioridades. Quando o Brasil foi derrotado pelo Uruguai na Copa do Mundo em 1950, o principal destaque foi o noticiário da Guerra da Coreia. A eleição de Getúlio Vargas como presidente em 1950 também foi menos importante do que o conflito coreano. E o suicídio de Vargas em 1954 ficou em segundo plano; a notícia principal foi a declaração de ilegalidade do Partido Comunista nos Estados Unidos.

Por isso, não deixa de surpreender a afirmação de Lourival Fontes, chefe da Casa Civil, de que Getúlio Vargas "preferia por tradição ou como uma lembrança do passado, o *Jornal do Brasil*. [...] Tudo que publicava, porém, merecia a sua atenção e correção". Um dia, Lourival Fontes lhe disse: "Presidente, o senhor se dedica demasiado a esse jornal que é o tipo de jornal de cozinheira". Alguns meses depois, Getúlio lhe mandou uma nota, talvez como resposta: "Li no *JB* de hoje a nota: – Lamúrias que enjoam – e confesso que, às vezes, vale a pena ler o velho órgão". Em outra ocasião escreveu: "Compare o artigo do *Jornal do Brasil* de hoje com o de *O Globo* de ontem sobre o discurso de Ouro Preto; a elevação do primeiro e a canalhice do segundo". O embaixador José Sette Câmara Filho, que seria diretor do jornal, confirma o depoimento de Lourival Fontes. Ele escreveu: "Dos meus tempos de trabalho no Catete ficou a lembrança de que o *Jornal do Brasil* era o primeiro jornal que Vargas lia pela manhã".[43] É provável que diante dos contínuos ataques demolidores de quase todos os jornais do Rio, a leitura do *JB*, pouco expressivo, mas ponderado, representasse um alívio para o presidente.

JORNAL DAS COZINHEIRAS

Os anúncios classificados, resultado da administração de Pires do Rio, formavam a base da invejável prosperidade do diário. Anúncios para comprar, vender e alugar, além de consulta obrigatória para procurar emprego. Era conhecido, pejorativamente, como "Jornal das Cozinheiras" e, também, como "Jornal dos Desempregados", o que levava a condessa a dizer "Viva a cozinheira", pois a "cozinheira" viabilizava a prosperidade do jornal.

Os classificados do *Jornal do Brasil* faziam parte da vida cotidiana do Rio de Janeiro. Negociantes mantinham elevadas somas de dinheiro no fim de semana para aproveitar as oportunidades oferecidas nas colunas da edição de domingo. No saguão do jornal, formavam-se filas imensas de pessoas que aguardavam pacientemente para colocar seus pequenos anúncios. Era, de longe, o líder dos classificados no Rio. Os anúncios ocupavam as primeiras quatro páginas do jornal, a quinta era dedicada aos editoriais, seguida por poucas páginas de notícias e muitas de anúncios.

Millôr Fernandes escreveu em 1955 uma obra de teatro inspirada nesses classificados, que teve como um dos seus títulos *Um elefante no caos ou Jornal do Brasil*.[44] Na abertura da peça, no telão de fundo do palco, são reproduzidas duas páginas de anúncios do diário. Um ator entra em cena:

> Bem, esta reprodução do *Jornal do Brasil* é uma homenagem que prestamos ao velho matutino. Não, frisamos, porque a história tenha qualquer coisa a ver com este país ou com este jornal. Mas é que na seiva de humanidade que corre nas páginas do *Jornal do Brasil* – onde encontramos os imprevidentes, os calculistas, os tolos, os aproveitadores, os sórdidos e, sobretudo, os perplexos diante da vida –, aí está contida em resumos a história dessa pequena ilha de homens ao mesmo tempo tontos, calhordas e idealistas, mistura de santos e de lobos.

Segundo Millôr, "o *Jornal do Brasil* abriga uma humanidade algumas vezes curiosa, algumas vezes ansiosa, algumas vezes ávida ou desesperada, a maior parte das vezes simplesmente confusa". Ele mostra também a vida, as esperanças e as tragédias que se escondem nos pequenos anúncios:

> Há mais mistérios entre o céu e a terra do que sabe a nossa filosofia e há mais gente lendo diariamente os classificados do *Jornal do Brasil* do que podemos imaginar. Uns o fazem em busca de algo perdido para ver se alguém o encontrou, outros o fazem por alguma coisa achada para ver

quanto oferece de prêmio quem a perdeu, outros querem simplesmente o sonho de uma casa em que morar, alguns procuram um braço para o trabalho, outros oferecem o braço procurado e muitos leem de simples curiosidade, observando da plateia o tumulto de ofertas, danos, misérias, cobiça, abandono e busca de que as páginas de classificados estão cheias. [...] Se você tiver a paciência e a habilidade suficiente para ler e perceber a orgia de seiva vital que corre por essas páginas, ali você encontrará realmente tudo.

Ainda segundo Millôr, a linguagem dos anúncios é quase sempre dúbia, muito por incapacidade de redigir, muito por manha, a fim de apanhar o tolo que lê e conduzi-lo entusiasmado à emboscada de compra errada ou do aluguel em local impróprio. "Casa necessitando pequenos consertos, aluga-se barato a quem dê referências", significa: "Precisa-se de carpinteiro que deseje passar o resto da vida consertando de graça casa alheia"; e "Vende-se propriedade com água corrente" pode muitas vezes significar que a água cai do teto.[45]

PERDEU-SE MORENA DE OLHOS VERDES

Havia também anúncios sentimentais no *JB*, como o do jovem mencionado por Millôr que procurava, em versos, "a morena de olhos verdes que dançou comigo no Baile do Municipal de 2 às 2.45". Décadas depois, a procura de morenas perdidas renderia outro classificado:

> Perdeu-se preciosidade de grande valor afetivo com as seguintes caracterís-
> ticas: cabelos e olhos castanhos, morena, linda, 18 anos, carinhosa, sensível,
> adorável e maravilhosa, atendendo pelo nome de ANGELICA, amiga e
> antiga namorada. Gratifica-se a quem a fizer voltar. URGENTE. – EU.

Esse anúncio foi publicado em 13 de novembro de 1976 na seção "Caixa postal" dos classificados do *JB*, seção em que só saíram dois anúncios nesse dia, segundo escreveu o jornalista Leonel Kaz. Ele gostava de ler os classificados, sempre gostou, segundo escreveu numa carta a Carlos Drummond de Andrade, que respondeu ser ele também um velho caçador desses anúncios, "garrafas lançadas ao mar com mensagem dentro", que eram portadoras do segredo humano.[46]

Próspero por causa dos anúncios, com a redação reduzida ao mínimo, sua influência na opinião pública era próxima de zero. "O *Jornal do Brasil* tinha anúncios, mas não tinha redação. Tinha redatores, alguns deles da mais alta categoria, mas não se sentia nele um jornal".[47] Era próspero e pouco influente.

Num jantar, em 1955, Ondina Portella Ribeiro Dantas, diretora do *Diário de Notícias* e viúva de seu fundador, Orlando Ribeiro Dantas, perguntou à condessa Pereira Carneiro o que pensava de um dos candidatos à presidência da República. Ao responder: "O *Jornal do Brasil* é de opinião...", Niomar Moniz Sodré Bittencourt, mulher de Paulo Bittencourt, proprietário do *Correio da Manhã,* e dona de uma língua viperina, a interrompeu: "Uê? O jornal das cozinheiras já tem opinião?"[48]

A reforma iniciada pela condessa consistia em utilizar a receita da publicidade para fazer um diário respeitado e de leitura obrigatória entre os formadores de opinião, o que significava, necessariamente, uma profunda mudança na redação.

Se a reforma foi uma iniciativa da condessa, como ela mesma disse, quem contribuiu para dar forma a essa reforma foi o seu genro, casado com sua única filha, Leda, nascida de casamento anterior. Manuel Francisco do Nascimento Brito tinha sido oficial da Força Aérea Brasileira durante a guerra, formou-se em Direito. Era também consultor jurídico do Banco do Brasil. Em 1949, trabalhando como advogado no escritório de João Dunshee de Abranches, recebeu um convite do sogro para ser diretor da Rádio Jornal do Brasil. Depois de um período de dúvidas aceitou a oferta e fez da rádio, sob a direção de Reynaldo Jardim, uma emissora moderna e bem-sucedida. Com a morte do sogro, conde Pereira Carneiro, ele se tornou diretor executivo do *Jornal do Brasil.*[49] Segundo Sônia Carneiro, sobrinha da condessa, "Brito era a personalização da empáfia".

Marcos Sá Corrêa, que foi diretor do jornal, escreveu que uma coincidência na reforma do *JB* não se discute: "Ela começou assim que M. F. (iniciais de seu nome, Manuel Francisco) chegou dos Estados Unidos, depois de um curso na Universidade de Columbia para editores. Voltou disposto a fazer um produto diferente. Ou seja, igual aos americanos. Acabou dono do primeiro jornal tipicamente brasileiro". Mas, segundo o próprio Sá Corrêa, Brito aparecia poucas vezes no jornal que comandava.

Antes de iniciar as mudanças editoriais e gráficas, a condessa e seu genro tiveram o cuidado de dar ao jornal uma infracstrutura sólida com a compra de uma nova rotativa Hoe, de três unidades, que começou a funcionar em maio de 1958.[50] "Gastei tudo que havia no banco para melhorar o equipamento", disse a condessa. O jornal encomendou novas rotativas, que chegariam no início dos anos 1960.

Até hoje se discute quem foi e quem não foi, na redação, o pai da reforma.[51] Sem seguir um plano previamente traçado, foi realizada aleatoriamente, de maneira pragmática. Não houve propriamente um projeto, mas experiências feitas "a duras penas e com grande relutância", como disse Nascimento Brito. Muitas das medidas foram improvisadas ao sabor do momento. Havia, porém, alguns objetivos claros: fazer um diário de importância nacional e de referência internacional, independente, informativo e com variedades de opinião. Foi um processo sem roteiro executado por vários editores. Como no poema do poeta espanhol Antonio Machado, o caminho se fez caminhando.[52]

SEM MAPA E SEM BÚSSOLA

As mudanças começaram em junho de 1954, com o lançamento do "Suplemento dominical do *Jornal do Brasil*" na rádio do periódico. Produzido por Ivan Meira, com colaboração do escritor Geir Campos, o programa de meia hora versava sobre arte e livros. No ano seguinte, passou a ocupar o dobro do tempo na emissora e a ser dirigido por Reynado Jardim, que em fevereiro de 1956 começou no jornal uma coluna e depois uma página aos domingos, inspirada no programa do rádio, com o título "Livros e autores contemporâneos", que mudaria para "Literatura contemporânea". Editou também uma página feminina não muito diferente das que já eram publicadas pelos outros jornais, com receita de bolo, moda e poemas.

O número de páginas foi aumentando e, a partir de junho desse mesmo ano, essas seções foram agrupadas num caderno de seis páginas, o "Suplemento dominical", que dava destaque às artes e ao entretenimento, com a página feminina publicada à parte. Era um caderno feito separadamente da redação do diário, com uma equipe diferente. Reynaldo Jardim chamou, para trabalhar com ele, Ferreira Gullar, poeta concretista. Dados os baixos salários pagos na imprensa naquela época, Jardim era também, simultaneamente, redator da revista semanal *O Cruzeiro*. Janio de Freitas disse que Reynaldo Jardim tinha um comando mais formal, "mais estético, digamos, e o Gullar mais de conteúdo, do teor do caderno".

O suplemento teve grande aceitação, chamando a atenção do público para um jornal cuja principal atração, até então, eram os anúncios classificados. Passou a usar apenas a sigla SDJB por decisão de Reynaldo.

Graficamente arrojado, a principal característica do suplemento era a contínua renovação, além do uso generoso de espaços em branco, propiciados pelo baixo custo do papel, subsidiado na época. Cada semana, uma apresentação gráfica diferente. Era atrevido e criativo, frequentemente caótico e nem sempre fácil de ler, em contínua renovação. O suplemento foi o porta-voz dos movimentos concretista e neoconcretista, hoje praticamente esquecidos, mas que fizeram barulho na época, principalmente pelas brigas entre seus membros. Nascimento Brito nunca gostou e dizia que o SDJB era um absurdo.

Para um bom número de seus leitores – entre eles o autor destas linhas –, alheios às disputas internas dos concretistas, o que atraía no suplemento era a qualidade polêmica e renovadora das colaborações sobre artes, literatura e ideias. Rubem Braga também se mostrou pouco entusiasmado com a poesia concretista defendida pelo caderno. Numa crônica na revista *Manchete*, escreveu que para desenvolver a lavoura era necessário mandar gente para o campo e sugeriu que a primeira turma "poderia ser composta de poetas concretistas".

Bárbara Heliodora fazia a crítica de teatro, o poeta Mário Faustino, a literária, Mário Pedrosa escrevia sobre artes plásticas e sua filha Vera Pedrosa sobre literatura. A irreverência, a ousadia e o espírito de renovação do suplemento atraíram jovens recém-saídos da adolescência, como Sérgio Paulo Rouanet e José Guilherme Merquior.

O SDJB colecionou uma série de inimigos notáveis. Criticava eventualmente a pintura de Candido Portinari, a poesia de Carlos Drummond de Andrade e de Cecília Meireles, e alguns contos de Dalton Trevisan, o que não impediu que este publicasse contos como "O cemitério de elefantes" e "Penélope" por lá. Quando Mário Faustino criticou o poeta Manuel Bandeira, este, conforme lembrou Humberto Werneck, "deu o troco com um poeminha de circunstância, tão ácido como preconceituoso", que mencionava sua homossexualidade.[53]

Paulo Francis escreveu que Mário Faustino era violento e opiniático, mas seus argumentos impressionavam pela lucidez e pela amplitude cultural, embora não fossem necessariamente irrefutáveis. Mas "os criticados procuravam a direção do *Jornal do Brasil*, tentando intrigá-la com o crítico para impedi-lo de escrever". Numa ocasião, quando um poeta que estava lançando um novo livro pediu à condessa Pereira Carneiro que "dissuadisse" Mário Faustino de atacá-lo, ela perguntou-lhe como sabia de antemão o sentido da crítica. "O livro foi de fato arrasado. O poeta tinha a medida exata do seu próprio valor", escreveu Francis. Segundo ele, o suplemento efetuou uma verdadeira *razzia* nos medalhões e nas mediocridades empoleirados na glória artística. Até afundar no concretismo.[54] Mário Faustino deixou o suplemento em 1959 por divergências internas, e passa a ser redator e editorialista do *JB*.

Anos depois de lançado, o suplemento passou a ser publicado aos sábados, em lugar dos domingos, talvez por ter nesse dia uma circulação menor, o que representou uma grande economia de papel, levando Rubem Braga a escrever que era o único suplemento dominical do mundo que circulava aos sábados. Mais tarde, para economizar papel, o tamanho do suplemento foi reduzido para o formato tabloide.

ODYLO E O INÍCIO DAS REFORMAS

Em dezembro de 1956, o mesmo ano em que foi lançado o suplemento, a condessa escolheu o jornalista e poeta Odylo Costa Filho para modernizar o jornal. Odylo era de São Luís do Maranhão; seu pai, o desembargador Odylo Costa, tinha sido muito amigo do pai da condessa, João Dunshee de Abranches.

Os reais motivos da escolha não são conhecidos. Aparentemente, a condessa teria acompanhado com interesse a tentativa feita por Odylo de recuperar o vespertino *A Noite* no curto período em que foi presidente das Empresas Incorporadas ao Patrimônio da União, no governo do presidente Café Filho, entre 1954 e 1955. Teria também influído na escolha o fato de Odylo ser católico praticante, como ela. Mas o motivo real da escolha é ignorado. Quando Assis Chateaubriand fez essa pergunta à condessa, ela respondeu: "Segredo meu".[55]

Odylo tinha sido chefe da seção de política do *Diário de Notícias*, um influente jornal de feroz oposição a Getúlio Vargas e depois a Juscelino Kubitschek (JK). Ele próprio era conhecido por seus profundos vínculos com a UDN e por seus artigos panfletários oposicionistas. Quando João Café Filho assumiu a presidência, em agosto de 1954, depois do suicídio de Getúlio Vargas, o nomeou seu assessor de imprensa.[56]

A condessa convidou Odylo para "fazer do *Jornal do Brasil* um grande jornal da cidade. Aquele jornal que ela dizia – nós nos dissemos várias vezes – que fosse indispensável, sem o qual ninguém pudesse participar da vida política, da vida social, da vida esportiva, um jornal para todas as classes".

A principal iniciativa de Odylo foi montar uma equipe numa redação cujos escassos jornalistas estavam apegados a velhos hábitos. No Rio, em meados dos anos 1950, havia vários celeiros de jornalistas. O principal era o *Diário Carioca* (*DC*), um matutino dinâmico, irreverente, leve e bem escrito, de baixa circulação e relativamente influente. O *DC* introduziu técnicas editoriais que depois seriam adotadas pelo resto da imprensa, como o uso do *lead* (aportuguesado para "lide", as primeiras linhas de uma informação, que resumem os dados mais importantes); a pirâmide invertida (estruturação jornalística na qual o texto parte das informações mais relevantes para as menos relevantes, visando à objetividade e ao maior interesse do leitor); o estilo direto com frases curtas; a adoção de um manual de redação para sistematizar e padronizar as práticas em uso. Tinha a tradição de pagar mal, como quase toda a imprensa carioca, e ainda com atraso de vários meses. Tirar profissionais do *Diário Carioca* não foi tarefa difícil.

Outro celeiro foi o *Tribuna da Imprensa*, o vespertino de Carlos Lacerda, usado como plataforma para suas ambições políticas. Como as condições do emprego eram precárias, tornou-se uma porta de entrada ao jornalismo para jovens ambiciosos e atraídos pela forte personalidade e pelo carisma do seu fundador. Zuenir Ventura diz que, depois de fechar de manhã a edição do jornal, Lacerda dava aula para a redação: parava tudo e ele comentava o jornal, criticava, ensinava. A redação virava uma sala de aula.

Do *Diário Carioca* e da *Tribuna* Odylo levou profissionais que alcançariam grande prestígio, como Janio de Freitas, Ferreira Gullar, que continuou colaborando com o SDJB, Wilson Figueiredo, Hermano Alves, Luiz Lobo, José Ramos Tinhorão, Edilberto Coutinho, Nilson Lage, Carlos Lemos, Villas-Bôas Corrêa, entre outros. Eles levaram para o *JB* as modernas técnicas de redação usadas nesses jornais. Como disse Odylo, todos eles confluíram para o *Jornal do Brasil*, fornecendo gente, *know-how* e suas experiências anteriores. Segundo ele, a reforma do *JB* não teria sido possível sem o trabalho da equipe que antes tinha estado no *Diário Carioca*. As portas também ficaram abertas para os recém-formados nas faculdades: "Você tem experiência? Certo. Não tem experiência? Certo também. Para mim era indiferente quem tivesse experiência ou não, o que eu queria é que tivesse coragem para trabalhar", dizia Odylo. Ajudava o detalhe de que o *Jornal do Brasil* pagava maiores salários que os outros jornais.

SÉRIO, MODERADO E LIBERAL

Outra das tarefas de Odylo foi canalizar as energias da jovem equipe, nem sempre disciplinada, para fazer um jornal moderno, porém sério, moderado, equilibrado, ponderado, de orientação liberal-conservadora. O *Diário Carioca* era considerado um jornal moderno, mas não controlava os arroubos juvenis de seus jornalistas. Alguns deles tentaram transferir para o *Jornal do Brasil*, que queria ser moderno, mas sóbrio no estilo, a irreverência a que estavam acostumados no *Diário*. Ferreira Gullar conta que tentou valorizar com o título uma notícia internacional sem importância escolhida para fechar uma página. Como o telegrama mencionava a descoberta de que o vírus da icterícia tinha forma redonda escreveu no título: "Descoberto o vírus da icterícia: é redondo". Odylo reclamou.

Logo surgiu o problema da coexistência na redação da nova equipe de jovens entusiastas com os antigos jornalistas, apegados a métodos que tinham ficado obsoletos, a maioria dos quais foi mantida por Odylo, sobrecarregando os custos. Só pouco a pouco foram sendo aposentados, segundo Cecília Costa.[57]

O aspecto mais visível da nova etapa foram as mudanças na apresentação gráfica. A maioria do elevado número de teses e de estudos sobre o *Jornal do Brasil* nesse período dá menos atenção ao conteúdo e à renovação da redação do que à diagramação inovadora. Com frequência, as referências à "reforma" do *JB* se concentram na, ou se limitam à, reforma gráfica, que serviu como base para a renovação visual da imprensa brasileira.

Mais de meio século mais tarde, ainda é polêmica a paternidade da reforma na redação do *Jornal do Brasil*. Pode afirmar-se que começou, timidamente, e avançou com muita prudência com Odylo Costa Filho; foi concretizada e ganhou sua forma com Janio de Freitas, que ficou menos de três anos no comando da redação; e foi consolidada no longo período de Alberto Dines.

A reforma gráfica foi com frequência atribuída exclusivamente a Amilcar de Castro, o que talvez seja uma apreciação excessivamente unilateral. Ele tinha sido contratado em 1956 para trabalhar como diagramador na revista *Manchete*, dirigida na época por Otto Lara Resende, seu amigo. Amilcar, escultor e artista plástico, não tinha experiência em diagramação. Trabalhou na revista ao lado de Ferreira Gullar e de Janio de Freitas, que estava fazendo mudanças gráficas inspiradas na revista *Paris Match*, com o uso de fotografias grandes com impacto, espaço em branco entre as colunas de texto, sem fios. Havia "a preocupação com a coisa gráfica, com a limpeza da página, pela composição limpa e simples apenas, sobretudo nas massas de cor, ou de preto em contraste com o branco, isso tudo de certo modo influenciou o nosso gosto".[58]

Essa experiência gráfica foi transferida ao *Jornal do Brasil* a partir do início de 1957. A diagramação do velho jornal era confusa, com uma profusão de vinhetas, fios, grisês, títulos em negativo, que tornavam pesada a apresentação e difícil a leitura. A confusão era acentuada pelo uso de uma grande variedade de tipos gráficos, resultado da limitação de recursos. Os títulos de tamanho maior tinham que ser montados manualmente. A escolha dos tipos era feita em função do tamanho disponível. Outra limitação do jornal era a péssima qualidade da impressão da velha rotativa. As novas máquinas importadas só começaram a funcionar em 1958.

Jornal do Brasil (1891-2010)

MUDANÇAS EM MARCHA LENTA

Como no resto da imprensa, os hábitos de trabalho eram antiquados. O jornal velho não era diagramado previamente. O secretário da redação marcava as matérias e as guardava na gaveta, para encaminhá-las todas juntas à oficina depois de uma hora da manhã. O tamanho das matérias, a maioria escrita à mão, não era calculado; um grande número delas levava a indicação de "prioridade", mas nem todas as "prioridades" cabiam no jornal. Com exceção de quatro ou cinco artigos importantes, quem decidia a matéria a ser publicada, qual seria o tamanho e a disposição na página era o chefe das oficinas. As matérias que sobravam ficavam para o dia seguinte ou, eventualmente, eram jogadas fora. Fazia muito tempo que nenhum secretário de redação do jornal colocava o pé nas oficinas. As mudanças introduzidas na diagramação e na maneira de fazer provocaram uma forte oposição dos operários gráficos, acostumados com os hábitos antigos.

A primeira página de anúncios classificados era diagramada em nove colunas. Havia também nessa página alguns títulos que remetiam para as matérias das páginas internas. Os classificados ocupavam as quatro primeiras páginas. Na quinta página começava o texto, com os editoriais e os artigos dos colaboradores, dispostos em oito colunas, seguidos de algumas poucas páginas de informações de agências e raras reportagens, e depois por mais páginas de classificados.

As mudanças começaram lentamente. No dia 10 de março de 1957, é publicada uma bela foto em cinco colunas no centro da primeira página. Mostra parcialmente a silhueta obscura de um navio descarregando material na Antártica, tendo a neve branca como fundo. Ferreira Gullar assegurou que a foto foi publicada à revelia de Odylo.

> Em um belo dia, na ausência do Odylo, eu fiquei, como chefe do *copy desk*, no lugar dele e autorizei colocar uma fotografia na primeira página do jornal. Era uma fotografia grande. No dia seguinte, ele me chamou para reclamar que eu tinha ido além da orientação do jornal. Mas, enquanto ele estava se queixando de eu ter feito aquilo na ausência dele, tocou o telefone. Era a condessa o cumprimentando pela fotografia na

primeira página. [risos] Aí, ele ficou meio assim e falou: "a dona quer, a dona gostou, tudo bem".[59]

A partir dessa data, o jornal passou a publicar fotos na primeira página, embora não todos os dias, e alguns desenhos esporádicos.

Em outra mudança, no mesmo mês, Amilcar de Castro tirou os fios dos editoriais e dos artigos de opinião e a página ficou mais limpa e mais bem organizada, mas a estrutura das colunas permaneceu a mesma; só mudaria para uma apresentação mais flexível e variada em 1959. O projeto da página dos editoriais teve que ser apresentado a Annibal Freire. Ele gostou e deu o sinal verde.

Embora antes de trabalhar na *Manchete* não tivesse experiência como diagramador, Amilcar era, como disse Ferreira Gullar, um artista talentoso; "um cara muito inteligente, muito sensível e aberto às coisas. Essa abertura dele por isso foi muito importante na renovação do jornal". Pelo fato de ser escultor, tinha uma concepção artística de racionalidade, de construção limpa. Gullar acrescenta que a ida de Amilcar, que participara das mudanças na *Manchete*, foi importante, porque tinha uma visão gráfica, um grande bom gosto e uma compreensão da qualidade gráfica; "É uma coisa meio dialética, um certo rompante do cara que quer fazer uma coisa bacana, pouco ligando para outros aspectos, e do outro lado o cara que tá apoiando aquilo, mas ao mesmo tempo tem que dar a norma para não fugir do espírito jornalístico propriamente dito. E nisso acho que o trabalho do Janio [de Freitas] foi fundamental".[60]

Ainda segundo Gullar, sobre a mudança gráfica do jornal: "A principal pessoa que fazia isso era o Janio, que era o jornalista do grupo [formado por Gullar, Janio e Amilcar de Castro], [...] mudar o jornal não só graficamente como redacionalmente, a estrutura dentro do jornal. Então, começou-se a mudança com alguma resistência do Odylo, mas, como ele era um homem inteligente, logo compreendeu que o certo era fazer a reforma".[61] Reynaldo Jardim era da mesma opinião: Amilcar "era o responsável pela parte essencial do jornal, a primeira página, toda a diagramação, ele e o Janio de Freitas. O Amilcar desenhava e o Janio orientava".[62]

A aceleração das reformas começou pela seção de Esportes. Quando Carlos Lemos, jornalista que não era repórter esportivo, foi chefiar a seção, fez como única exigência levar Janio de Freitas, que "tinha muito mais experiência" e sabia diagramar, o que foi o principal motor da mudança na seção, como depois seria do jornal. Na editoria de Esportes, Freitas transferiu a técnica, inspirada na *Paris Match* e transferida para a *Manchete*, de equilíbrio entre imagens, texto e espaço em branco.

Segundo Freitas, "não havia nenhuma razão para uma página só de esporte fazer vender o jornal, enfim, chamar atenção para o jornal; ficou sendo aquilo mesmo e eu fiz ali uma porção de experimentações com muito entusiasmo do Odylo, mas não só do Odylo, o Nascimento Brito [...]".

As mudanças na seção de Esporte começaram a ser levadas para o resto do diário. Carlos Lemos ficou incomodado, porque "no Esporte estávamos fazendo a reforma, mas os méritos iam sempre para o Janio, que era mais conhecido do que eu, mais antigo na profissão"; "e todo mundo atribuía ao Janio a reforma. Eu ficava meio p..., porque era o Janio, mas o chefe daquela m... era eu". "Aí mostrei que não era o Janio que fazia tudo, que eu fazia também minhas lambanças".[63] Diante da reivindicação de Carlos Lemos, Janio de Freitas disse: "O Carlos faz tanta questão da autoria, deixa para ele".

Para Amilcar de Castro:

> Desenhar jornal e fazer desenho "pra" uma pintura, por exemplo, pode ser muito parecido, conforme a figura que você vai fazer. Então, quer dizer, o fato de saber desenhar, o fato de saber organizar o espaço num desenho, ou numa pintura ou num desenho "pra" escultura, essa experiência de organizar o espaço aqui no papel, é a mesma coisa que fazer jornal; não tem diferença, não. Em vez de você dar uma pincelada preta, você põe um título de cinco colunas.[64]

Amilcar disse a respeito de Odylo que:

> [...] o cuidado dele era de fazer o jornal conservando as características do jornal antigo. Quer dizer, características de falar de seriedade; essa observação tem importância porque o *Diário Carioca* era um jornal muito brincalhão, não levava nada a sério. Então o *Jornal do Brasil* tinha que ser

moderno, novo, agressivo, mas severo, equilibrado, ponderado, inclusive na paginação. Então, essa foi a atribuição inicial.[65]

Ainda segundo Amilcar de Castro, a condessa queria "um jornal severo", que fizesse tanto estardalhaço como seu principal concorrente, o *Correio da Manhã*, porém mais comedido.[66]

Amilcar menciona a resistência dos veteranos tipógrafos do jornal:

> [...] nesse início, a dificuldade não era de organização gráfica. A dificuldade era com pessoal. O mais novo tinha 30 anos de casa. Então "pra" botar na rua, "pra" despedir, ou conversar "pra" se adaptar à reforma e tal, é um negócio muito mais difícil que o Odylo 'tava' pensando. E ele ficou meio perdido nisso aí, porque não é brincadeira não. O *Jornal* era escrito à mão, não era à máquina. Você não podia contar as linhas, porque é muito irregular demais uma coisa escrita à mão. Então já havia essa dificuldade, era terrível. [...] pedir "pro" sujeito lá embaixo, na oficina, dar aquele claro em 24 pontos; ele achava que era um absurdo, não podia separar uma matéria da outra, não botar fio. Isso aí foi uma batalha imensa na oficina também; a gente saía de lá, 4, 5 horas da manhã.[67]

Os gráficos não teriam sido os únicos a ressentir-se das reformas. José Sarney escreveu que a condessa Pereira Carneiro, de quem era amigo, enfrentou a resistência interna da velha guarda do jornal, que tinha à frente Annibal Freire.[68] Odylo diria, enigmaticamente, que Freire "não representou na nossa tarefa nem mesmo apenas o simples trabalho complacente, mas no sentido de continuidade atenta". Segundo Wilson Figueiredo, Odylo tentava fazer mudanças, mas era sabotado pelos antigos, aqueles do pró-labore.[69]

A adoção generalizada de máquinas de escrever facilitou o cálculo do tamanho das matérias e o jornal passou a ser diagramado na redação, não na oficina. Para dar às páginas uma aparência mais limpa, foram eliminados os fios e as vinhetas, os títulos em negativo, os elementos considerados supérfluos, reduzindo parcialmente os efeitos da precariedade da impressão.

"FIO NÃO SE LÊ"

"Tudo que não era essencial à leitura, tirava 'pra' clarear um pouco o jornal, 'pra' dar mais força à matéria escrita", disse Amilcar. As matérias passaram a ser separadas não por fios, mas pelo espaço branco criado entre elas. "Fio não se lê", dizia ele. Para aumentar o espaço em branco entre as colunas e as matérias, diminuiu ligeiramente a largura das colunas: "E o Odylo foi então, vagarosamente, conversar; o sujeito não concordava com aquilo, uma foto não podia ser de uma coluna, a matéria de três. Não pode, se a matéria é de três a foto tem que ser de três. Coisas assim. Então, esse pessoal foi sendo substituído e o Odylo teve grande trabalho com isso". Para uniformizar a apresentação gráfica, foi escolhida uma família de tipos, o Bodoni, encomendada nos Estados Unidos.

Na mudança do visual do jornal, Amilcar partiu de alguns princípios. Um deles é de que o jornal é lido "de cima para baixo, da esquerda para a direita". E, ao contrário das revistas, que têm uma disposição horizontal do texto e as páginas são diagramadas de duas em duas, o espaço no jornal tem que ser vertical. "Você pagina uma página (de jornal) com várias matérias, é completamente diferente; o raciocínio é diferente". Outra característica era a mudança contínua das páginas, evitando ter um modelo padrão. Ele disse que desenhou milhares de páginas diferentes, mas os princípios que orientavam a diagramação eram sempre os mesmos.

Foi preparada uma diagramação assimétrica e dinâmica, em módulos, com blocos de matérias intercambiáveis. Amilcar:

> [...] desenhou diagramas de três, cinco e oito colunas, usando-os isoladamente ou combinando-os em uma mesma página, possibilitando uma grande variação dentro da mesma estrutura. No sentido horizontal, dividiu o retângulo da página em oito módulos e, no sentido vertical, em cinco, todos de mesma medida. Essa disposição criou relações de espaço baseadas na proporção áurea, pois cinco e oito são dois números consecutivos da série de Fibonacci.[70] [...] Cada página constitui uma composição independente, formada por retângulos de diversos tamanhos e tonalidades (colunas de texto e imagens), linhas negras (títulos) e áreas brancas.[71]

Como o "Suplemento dominical do *Jornal do Brasil*" não estava subordinado a Odylo, criou-se um ambiente pouco cordial entre as duas redações. Reynaldo Jardim disse que Odylo tinha horror do suplemento, porque o suplemento, em vez de servir para ele entrar na Academia, era inimigo da Academia. Ele tinha vontade de se apropriar do "Suplemento dominical", e "ele ficou nosso inimigo".[72] Essa percepção de que Odylo queria mandar no suplemento era generalizada, mas não foi compartilhada por toda a redação.

As mudanças na primeira página do jornal fizeram uma pausa. Uma reportagem da revista *Publicidade & Negócios (PN)* de outubro de 1957 observa que Odylo fez alterações paulatinas, para não chocar o leitor. Queria renovar o jornal "sem ferir as suas características". Colocava, na primeira página, uma grande fotografia e informações sobre a falta de água. A revista afirma que o *JB* não ousou avançar mais um milímetro na modernização dessa página. Além dos classificados, os elementos de renovação continuavam os mesmos: as grandes fotos, os boletins sobre o tempo e a falta de água. "Nada mais". O uso de ilustrações na primeira página foi eventual durante o ano de 1957; somente no ano seguinte, seria publicada uma foto diariamente.

Uma única seção do jornal que, segundo a *PN,* ficou à margem das reformas, foi a cobertura do "grand mond" (sic), dos fatos mundanos e sociais. Odylo explicou, em tom de blague: "Não queremos expor os armarinhos da burguesia à ira do proletariado".

Como disse Wilson Figueiredo, a reforma não foi apenas uma operação gráfica, mas também uma reforma profissional e empresarial. Em lugar de dois secretários, a redação passou a contar com apenas um, o próprio Figueiredo, com um chefe de reportagem e um chefe do *copy desk* (copidesque na adaptação brasileira, a área da redação na qual as reportagens eram, com frequência, reescritas). Melhorou a qualidade da informação e do texto, mais elaborado, sóbrio e com humor. A opinião e a informação ficaram separadas.

A cobertura política foi reforçada e ampliada, mas o jornal se manteve apartidário. A orientação era manter as boas relações tradicionais com a Igreja Católica e seguir uma linha liberal conservadora, defensora da iniciativa privada e da Constituição. O jornal, partidário da austeridade, criticou a política econômica de Juscelino Kubitschek, considerada inflacionária, a corrupção e a construção de Brasília, mas defendeu a criação da Superintendência do Desenvolvimento do Nordeste (Sudene) e a política externa do país.

Com a chegada da nova equipe, a redação do *JB* se transformou num agradável ambiente de trabalho que duraria várias décadas. Figueiredo coloca como um exemplo o fato de não haver cartão de ponto na redação: "Eu atribuo a essa (digamos) liberalidade consentida pela direção um dos motivos do estado de espírito que identifica os que passaram pelo *JB*".

O jornal incorporou as mudanças no texto feitas no *Diário Carioca*, como o uso do *lead*, mas com algumas alterações, que resultaram inicialmente num *lead* mais curto e mais fácil de ler.

Com o tempo, as normas rígidas de redação e de estilo se transformariam eventualmente numa camisa de força. O jornal estava acabando com o estilo individual, para adotar um estilo padronizado e esterilizado. A abertura de uma reportagem, por exemplo, tinha, necessariamente, dois blocos de cinco linhas cada um. Era conhecida na redação como "a ditadura do *lead*". Murilo Felisberto, que trabalhou no jornal nos anos 1960, lembrou que "no *JB*, por exemplo, é proibido você escrever o primeiro parágrafo com mais de seis linhas. É preciso seis linhas e um só ponto". Carlos Lemos observou que o texto do jornal tinha ficado muito igual e que quase todas as matérias eram escritas dentro de uma fórmula; achava que se estava incorrendo num erro de excesso e o jornal se tornava monótono.

Nelson Rodrigues foi um contumaz crítico do estilo do *JB*.

> Quando Kennedy morreu (quando uma bala arrancou o seu queixo), o *copy desk* do *Jornal do Brasil* redigiu a manchete sem nada conceder à emoção, ao espanto, ao horror. O acontecimento foi castrado emocionalmente. Podia ser a guerra nuclear, talvez fosse a guerra nuclear. E o nosso *copy desk*, na sua casta objetividade, também não concederia ao fim do mundo um vago e reles ponto de exclamação.

MUDARAM ATÉ OS NOMES

Outra curiosa norma do *Jornal do Brasil* foi adaptar todos os nomes das pessoas à reforma ortográfica de 1943, mesmo das que nasceram antes dessa data. Trocava o "w" por "v", "nn" por "n", "ll" por "l", "y" por "i" etc. A grafia usada pelo jornal ignorava o nome que constava na certidão de nascimento e na carteira de identidade. Para o *JB*, "Walter" era "Válter", "Ruy" era "Rui" e "Vianna" era "Viana". O nome da mulher do presidente Emílio Garrastazu Médici, na certidão de nascimento, era "Scylla", mas o *JB* grafava Cila. O jornalista Carlos Heitor Cony disse que seu sobrenome era escrito Coni, que o do ex-presidente da República, Kubitschek, nas raras vezes em que era citado, passou a ser Cubitscheque, e que as famosas iniciais JK viraram JC, sigla que normalmente indica Jesus Cristo.[73] Nesse comentário, porém, há algum exagero. O nome do ex-presidente, por exemplo, era escrito com a grafia original.

O argumento do jornal e dos redatores que mudavam o nome da mulher do presidente, do ex-presidente e de todas as pessoas que fosse necessário era de que jornais e revistas não têm nada a ver com a certidão de nascimento, pois não são cartórios de registro civil; seu compromisso era escrever corretamente. Insistir em usar o nome da pessoa que consta do registro civil, segundo eles, era fazer perder o tempo e a produtividade dos repórteres com questiúnculas. Escrever Mello, Salles ou Mattos era tolice.[74] O *JB* se considerava não no direito, mas na obrigação, de mudar o nome das pessoas para escrevê-lo "corretamente".

A reforma do jornal foi bem recebida. Manteve os compradores tradicionais atraídos pelos classificados – dois terços da circulação estava na zona norte, de menor poder aquisitivo – e conquistou um novo tipo de leitor formador de opinião: classe média, intelectuais, políticos, empresários, academia. Viam no *JB* um diário reformador e na vanguarda do seu tempo. Nascimento Brito diria mais tarde: "Nossa tendência real é ser um jornal que influencia as classes dominantes – políticas, econômicas, culturais. Nossa meta é ter uma circulação, não entre as massas, mas entre os prestigiados".[75] Como Sérgio Augusto escreveria mais tarde, o *Jornal do Brasil* era a leitura diária das mais finas camadas da burguesia carioca.

A circulação disparou. De meados de 1956 a setembro de 1957, aumentou 45%. Chegou a 40 mil exemplares nos dias úteis e a 105 mil aos domingos. Em lugar de ser vendido pelos atacadistas (capatazias), como os outros matutinos, o *JB* era levado diretamente às bancas, como os jornais vespertinos. Uma importante inovação foi a entrega às agências de publicidade de um

Boletim Mensal de Tiragem, uma das poucas publicações a fazê-lo. Com o aumento da circulação e o novo perfil do leitor, o jornal, que antes dependia dos anúncios classificados, conseguiu uma nova fonte de receita por meio da publicidade obtida através das agências, antes praticamente ausente.[76] Janio de Freitas, porém, afirmou que, com todos os investimentos feitos, a circulação não reagiu. "A redação cresceu, entrou uma porção de gente, mas em termos de tiragem, de anúncio, nada, o anúncio continuava sendo o classificado, a tiragem continuava sendo a de sempre e produzida pelo classificado".[77]

Por desentendimento com Odylo, Amilcar de Castro e Ferreira Gullar deixaram o jornal em 1958. Odylo, por sua vez, saiu em dezembro desse mesmo ano, exatamente 24 meses depois de ter assumido o cargo de editor-chefe. Os motivos não ficaram claros. Provavelmente, o fator mais importante para sua demissão foi a publicação de uma fotografia.

"TENHA PACIÊNCIA, MISTER"

A história da imprensa brasileira está recheada de mitos. Poucos são tão fortes e duradouros como o originado pela fotografia que o *Jornal do Brasil* publicou há mais de meio século, em 6 de agosto de 1958. Como em todo mito, há nesse alguns fatos comprovados e várias versões contraditórias, decorrentes de lembranças vagas. Por suas consequências, é uma história que vale a pena contar com detalhes.

Algumas das fotografias publicadas na primeira página no início da reforma do jornal tinham provocado polêmicas, como a de um jogador negro, um escândalo na época, ou a reprodução de um nu, num quadro de Renoir, outro escândalo. Mas nenhuma delas teve o impacto da foto do secretário de Estado norte-americano John Foster Dulles e do presidente Juscelino Kubitschek.

Em sua viagem ao Brasil, John Foster Dulles teve um encontro com o presidente Juscelino Kubitschek no Palácio do Catete. No dia seguinte, o *Jornal do Brasil* publicou uma fotografia em sete colunas na primeira página. JK no primeiro plano, de um lado da mesa, em pé, braços ao longo do corpo, com as palmas das mãos ligeiramente estendidas para cima, cabeça com uma pequena inclinação para a direita. Parece dirigir-se, em tom de súplica, a Foster

Dulles, sentado frente a ele, que consulta distraidamente o que parece ser uma agenda. Em plano secundário, no fundo, participantes da reunião, alguns deles sorridentes. A cena é distendida. A fotografia foi feita pelo fotógrafo do *JB* Antônio Andrade.[78]

Sobre a foto, no canto esquerdo, um título malicioso: "Tenha paciência, mister...". Embaixo da foto, uma longa legenda de cinco linhas, extremamente negativa, sobre um pedido de financiamento ao Eximbank norte-americano para a Petrobras. Na última frase, uma tentativa de explicação da cena: "Na foto o Sr. Juscelino Kubitschek argumenta com o Sr. Dulles, que está lendo alguns documentos de seu caderno da capa preta".

A fotografia teve uma enorme repercussão dentro e fora do Brasil. Foi explorada pela UDN, partido que fazia uma oposição virulenta, como um símbolo da humilhação do presidente do Brasil diante do representante dos Estados Unidos. Carlos Lacerda, que negara o direito de JK a candidatar-se e, se vencedor nas eleições, a tomar posse, aproveitou a fotografia para fustigá-lo. Ele a reproduziu duas vezes em seu jornal, a *Tribuna da Imprensa*, e escreveu que era "o retrato de todo o comportamento de um grupo de homens que não têm compostura". Segundo ele, "O rosto de Kubitschek é o de um subalterno, um pedinte".

Odylo Costa Filho, o editor-chefe do *JB*, escreveria anos depois: "Essa fotografia foi encontrada por Aluizio Alves (deputado da UDN) no sertão do Rio Grande do Norte, pregada numa casa de palha. Ela teve, realmente, uma profunda repercussão". Foi amplamente reproduzida no exterior e ganhou destaque no jornal *The New York Times* e na revista *Time*.

O jornalista David Nasser, da revista *O Cruzeiro*, aproveitou a oportunidade para acertar as contas com Odylo e atacar a condessa:

> Aquela foto lamentável, um flagrante na série de flagrantes, maldosamente adulterado, ardilosamente, capciosamente utilizado como arma contra a política brasileira por um jornalista da oposição, teve o efeito de uma bofetada em nossa Pátria, aplicada por mãos brasileiras, e reproduzida por toda a imprensa mundial, graças a um gesto impatriótico de um dos mais brasileiros dos jornais, um jornal que traz o Brasil até no nome.

Anos mais tarde, ele pediria desculpas à condessa pelo artigo. Segundo Nascimento Brito, ela não o perdoou "e não queria nem ouvir falar dele".

Em face da extraordinária e da inesperada repercussão, o *Jornal do Brasil* voltou ao assunto três dias mais tarde e disse que cedera a foto a jornais, revistas e agências. Com o título "Foto foi a Nova York e criou problema", reproduziu na primeira página como a foto fora publicada no jornal *The New York Times*. Na legenda, o *JB* divulga a versão do chanceler Negrão de Lima. Segundo ele, o flagrante é do momento em que o fotógrafo Jean Manzon pedia ao presidente uma pose apertando a mão de Mr. Dulles e o presidente respondia: "Mas... agora?".[79] O *JB* também explicou que a legenda da foto publicada três dias antes, e que incomodara profundamente o governo, "apenas resumiu o noticiário do dia". Na página quatro dessa mesma edição, o repórter Calazans Fernandes, que cobrira o evento, deu outra explicação. Escreveu que o presidente:

> Parece que respondia com uma piada a outra piada do Secretário americano, provocando risos generalizados, ao mesmo tempo que se levantava para o aperto de mão. Ao gesto do presidente, de estender os braços, já de pé, para dar maior ênfase à piada, o Sr. Dulles levantou-se para o cumprimento. Mas antes o fotógrafo fez a foto.

No dia seguinte, 10 de agosto, como o assunto continuasse vivo, o *JB* pergunta num editorial o que havia demais na foto, se poderia sonegar ao público aquele expressivo gesto humano, e lembra que, para Negrão de Lima, o mal não estava na foto, mas na legenda. O jornal discorda do chanceler e diz que se o instantâneo provocou tanto sucesso é porque corresponde ao retrato psicológico que uma parte da opinião – da maioria que não votou nele para presidir a República – tem de JK. Conclui dizendo que o "Presidente representa instituições, que para nós são sagradas. Assim também o fossem para ele, e não haveria 'jokes' a fazer rir a pessoas que ficam sentadas enquanto o Presidente da República está de pé".

"JORNAL TRAIDOR DA PÁTRIA"

Em nenhuma das explicações, o *JB* deu o braço a torcer. Pelo contrário, aproveitara o assunto para reforçar as críticas ao presidente. Continuaria nessa linha no dia 13. No editorial principal, intitulado "Ao público", afirmou que o jornal já tinha dado explicações. "Mas que o Presidente da República, no entanto, julgou do seu dever intervir no episódio, perdendo a serenidade que é própria do Chefe do Estado. Ao contrário do que Sua Excelência assevera, não houve na nossa legenda nenhuma nota infamante". Declarou que: "Não nos amedrontam as declarações presidenciais, inspiradas pela exaltação". A seguir, em corpo menor, uma nota dizia que o Chefe da Redação, Odylo Costa Filho, apresentara sua demissão e que a diretoria ignorou o pedido, "reafirmando sua confiança em nosso companheiro". Nessa mesma edição, o presidente da República acusa o jornal de traição à Pátria: "Não fui eu o traído, foi o Brasil", Odylo diria três décadas depois que essa imagem "foi publicada porque era a melhor fotografia das que nós tínhamos. Era muito engraçada". Mas, irritado com a repercussão dentro e fora do Brasil, Juscelino não aceitou que se tratasse de uma brincadeira do jornal, destacando uma boa foto.

O governo acusou o jornal de crime de lesa-pátria e teria ameaçado processar o veículo e seu editor-chefe por crime de traição à pátria. Ainda segundo Odylo, o então assessor de imprensa do presidente, o escritor Autran Dourado, disse mais de meio século depois que "aquilo foi uma maldade" e que a fúria do presidente fora estimulada por Augusto Frederico Schmidt, mas depois entrou o pessoal dos "panos quentes" e ele se acalmou. Annibal Freire, que era diretor do *Jornal do Brasil*, renunciou à chancelaria da Ordem do Mérito, em solidariedade a Odylo, e resistiu a todos os apelos para voltar atrás.[80]

Esses são os fatos. Como o assunto teve uma enorme repercussão, vale a pena reproduzir algumas das inúmeras versões.

A maneira como foi feita a foto foi contada de formas diferentes.

Cristina Costa, sobrinha de Odylo, diz que o fotógrafo do *Jornal do Brasil*, Antônio Andrade, e o repórter Calazans Neto (foi Calazans Fernandes), que chegaram atrasados, viram que JK, numa posição infeliz, dava a impressão de fazer um pedido a Dulles e, "muito matreiramente", pediram para refazer a cena.[81]

Joaquim Ferreira dos Santos[82] repete a versão de Negrão de Lima, e diz que quem chegou atrasado foi o fotógrafo Jean Manzon, da revista *O Cruzeiro*, e pediu a Juscelino que repetisse a cena do aperto de mãos com Foster Dulles.

242

O presidente, dirigindo-se a ele, que estava atrás do secretário de Estado, mas sem aparecer na foto, teria dito: "Você de novo, Manzon?" Esse teria sido o momento que Antônio Andrade aproveitou para bater a famosa fotografia.

É possível que a celeuma em torno do assunto tivesse acabado se não fosse porque, um tempo depois, alguém assegurou que a legenda da foto dizia: "Me dá um dinheiro aí", título de uma popularíssima marcha de Carnaval. Realmente, essa legenda, como paródia, seria insuperável e talvez por isso teve uma extraordinária divulgação. Livros, artigos, trabalhos sobre a imprensa e blogs na internet a repetem incansavelmente, como se fosse verdadeira.

O livro *E a vida continua*, biografia do jornalista Wilson Figueiredo, que nessa época era redator do *JB*, assegura que a atitude de JK não passava de um gesto de delicadeza: o visitante era convidado a sentar primeiro. Afirma também que a foto publicada correu o mundo com o título "Me dá um dinheiro aí". Figueiredo ainda escreveria em 2010 que a "legenda subentendia no gesto dos dois (Dulles e JK) uma peça de sucesso no teatro de revista".[83]

O poeta e jornalista Ferreira Gullar, que também trabalhava no *JB* e mais tarde seria demitido por Odylo, disse que o fotógrafo, Antônio Andrade, explicara a Odylo que o presidente falava com Jean Manzon, que não aparecia na foto. Mas ele não lhe deu ouvidos e mandou redigir uma legenda com o título "Juscelino para Dulles: Me dá um dinheiro aí!" Juscelino indignado pediu que o jornal se retratasse e, como não o fez, ordenou uma ação judicial. A condessa, segundo Gullar, pressionou Odylo, que, a muito custo, admitiu a retratação num editorial.[84]

Ferreira dos Santos afirma que Ferreira Gullar atribuiu a Odylo a culpa pelo incidente por ser inimigo político de Juscelino: "Odilo (sic) olhou a foto de JK com a mão estendida para o americano e não teve dúvidas, era a alfinetada política que esperava", e decidiu "manda(r) brasa no título da foto". Acrescenta que: "O processo que JK moveu contra o *JB*, ameaçando enquadrar o jornal na Lei de Segurança Nacional, só terminou um ano depois, com uma desculpa meio sem jeito de Odillo (sic)".[85]

A "desculpa meio sem jeito" de um ano depois não podia ter sido dada por Odylo, que já tinha saído do *JB*. Aliás, o jornal não chegou a pedir desculpas.

"Me dá um dinheiro aí" parece, sem dúvida, uma legenda maliciosa para a foto. Mas dificilmente poderia ter sido publicada pelo *JB*, porque a marcha de Carnaval com esse nome ainda não existia. Seria lançada no ano seguinte.[86] Cristina Costa escreveu que, embora a legenda da foto não fosse essa, o povo a interpretou desse modo. Ela também afirma que a legenda dizia: "E aí, mister".[87]

"INTRIGA DA UDN"

O mito da foto e da legenda recebeu uma conotação política por causa da vinculação de Odylo Costa Filho com a UDN. Várias versões chegam a dizer que ele pessoalmente escreveu a legenda "Me dá um dinheiro aí" com o fim de ridicularizar o presidente, um adversário político.

Outro exemplo de politização da fotografia do *JB* e das amplas asas que o mito deu à imaginação é o artigo do jornalista e professor de Jornalismo Nilson Lage, dizendo que:

> Provavelmente foi Odylo ou alguém da UDN quem descobriu no canto inferior direito de uma página de *O Cruzeiro* [...] uma fotografia em que apareciam Juscelino e o secretário americano de Estado, John Foster Dulles, em visita ao Brasil. O presidente erguia-se da cadeira com a mão espalmada para cima, na horizontal; o embaixador o esperava, de pé, braço semiestendido, a palma da mão para baixo. O *Jornal do Brasil* pediu ou comprou a foto (creio que de Jean Manzon) e a abriu na primeira página. Até aí, o viés oposicionista do diretor da redação.[88]

A seguir, Lage afirma que a legenda foi feita por (José Ramos) Tinhorão. Lage diz que tirou tudo isso "do porão da memória, com o risco de cometer erros e omissões graves – ser contestado e xingado por isso".[89]

Ao contrário de todas as outras fontes, Lage atribuiu a foto não a Antônio Andrade do *JB*, mas a um fotógrafo de *O Cruzeiro*, que acredita ser Jean Manzon. Além de não indicar a origem das informações publicadas – a não ser o porão de sua memória –, Lage não diz como a fotografia poderia ter sido estampada primeiro em *O Cruzeiro*, uma revista semanal, e depois no *Jornal do Brasil*, se este a publicou no dia seguinte ao evento. Também não explica a presença na fotografia do "embaixador" que estaria de pé na foto. Com exceção de Juscelino, todas as outras pessoas que aparecem em primeiro e segundo plano estão sentadas; pessoas de pé, só no plano de fundo. E não é possível identificar a presença de nenhum "embaixador". É provável que Lage tenha se referido a Foster Dulles, que não era embaixador nem estava de pé.

Odylo assumiu a responsabilidade pela publicação da foto, mas disse que ele não escreveu a legenda. É possível que Odylo não fosse, realmente, o autor da legenda e do título da foto, mas autorizou sua publicação. Segundo Wilson Figueiredo, o fotógrafo Antônio Andrade alertou Odylo que JK se dirigia a Manzon, não a Dulles, mas que Odylo chamou seu redator de confiança, Quintino de Carvalho, e pediu-lhe que carregasse a mão.[90] Udenista, certamente aproveitou uma oportunidade para alfinetar JK, um rival político. Ruy Castro diz que o título da foto era maldoso e que o udenismo de Odylo, inimigo de JK, o levara a cometer aquele ato falho, pelo que foi demitido pela condessa.[91]

Na época, comentou-se que, em represália, Juscelino Kubitschek teria desistido de outorgar a concessão de uma emissora de televisão para o *Jornal do Brasil*, o que parece bastante plausível. Segundo Carlos Lemos, o decreto já tinha sido assinado e faltava somente a publicação no *Diário Oficial da União*.

Também se disse que o presidente negou ao jornal uma licença para importar uma rotativa. Alberto Dines, que foi editor-chefe do *JB* anos depois, afirmou que Nascimento Brito, diretor do jornal, não teve dúvidas em oferecer ao governo a cabeça de Odylo porque precisava de rotativas novas e que o episódio da foto atrapalhou as negociações para um empréstimo do Banco do Brasil para financiar a compra.[92]

No entanto, a fotografia foi impressa, em agosto de 1958, no equipamento que já tinha sido comprado, instalado e inaugurado. O equipamento tinha sido pago à vista, segundo escreveu o próprio jornal na edição comemorativa de seus 110 anos. Nascimento Brito declarou na época à revista *Publicidade e Negócios (PN)* que o jornal não pegou um único tostão de financiamento. Em 1956, ele e sua sogra, a condessa Pereira Carneiro, dona do jornal, estiveram nos Estados Unidos e encomendaram uma rotativa Hoe, com três unidades, para substituir o velho equipamento Walter Scott. Foi inaugurada em maio de 1958, três meses antes de a conflituosa fotografia ser publicada.

ODYLO TEVE QUE SAIR

Apesar dos fatos, o mito em torno da fotografia e da legenda ganhou vida própria e continua vivo na memória dos jornalistas. Em 2010, a *Folha de S.Paulo* reproduziu em "O século de imagem" a famosa foto do *JB* e repetiu que a legenda era "Me dá um dinheiro aí".

"Entre a lenda e a realidade, publicou-se a primeira. Nem mil palavras conseguiriam restabelecer a verdade", escreveu a revista *Época*. Efetivamente, os fatos não conseguiram acabar com os mitos.[93]

Odylo Costa Filho deixou o *JB* em dezembro de 1958, exatamente 24 meses depois de ter assumido a chefia da redação. Disse que saiu por não querer demitir 40 pessoas no Natal. Segundo outra versão, ele saiu no dia em que o relógio de ponto foi instalado na redação, por se recusar a usá-lo. Mas o mal-estar provocado pela repercussão da foto foi certamente um fator importante, talvez decisivo. Segundo Ruy Castro, para evitar que a demissão parecesse uma consequência da foto, foi permitido que Odylo ficasse até dezembro. Cecília Costa, sobrinha de Odylo, escreveu que ele "sempre negou o peso corrosivo da foto".

Uma grande parte da redação ofereceu um almoço a Odylo e se solidarizou com ele. Houve discursos inflamados e um acordo de demissão coletiva, mas somente Luiz Lobo saiu. "O resto todo ficou", disse ele.

Se a foto foi a gota d'água que provocou a demissão de Odylo, não era nenhum segredo que Nascimento Brito queria trocar o comando da redação. Achava que a reforma estava sendo feita não por Odylo, mas contra a sua vontade. Houve também um atrito constante entre Nascimento Brito e Odylo, escolhido pela condessa, não por Brito.[94]

A condessa, que gostava de Odylo, não queria que seu genro, que cuidava da emissora de rádio, se intrometesse na redação, mas essa era precisamente a intenção dele e no fim acabou interferindo. Wilson Figueiredo disse que a saída era "inevitável".[95]

> Odylo não era um temperamento afeito ao trabalho organizado, metódico. [...] Faltava-lhe método e tinha o prazer de improvisar, mas o que o jornal precisava naquela altura era de mão firme para operar com a direção, sem injunções alheias ao trabalho profissional. A Redação nova se sentia

preterida pela eterna redução de custos, e pressionada pela gerência comercial [...] (Odylo) bateu de frente com a empresa, por motivos políticos
e de custos. Não tinha cabeça de empresário. Desentendeu-se e saiu.[96]

Luiz Lobo disse que Odylo não era um primor de organização, mas que,
mesmo assim, o jornal funcionava bem. Rubem Braga escreveu que 1958 foi
o ano do *Jornal do Brasil*.

"SEM O ANTES NÃO VINHA O DEPOIS"

Cecília Costa afirma que o *JB* pediu a Odylo um artigo em 1976, por
ocasião dos 20 anos do início da reforma. Terminava dizendo que "sem o
antes não teria vindo o depois". Não foi publicado. Realmente, como chefe da
redação, Odylo deu a partida à reforma, mas depois dos primeiros passos, ele
andou devagar com as mudanças, que só seriam concretizadas na etapa seguinte.

Há, porém, quem negue a Odylo qualquer participação na reforma. Segundo
Ruy Castro, ele não era bem um jornalista, mas um político que atuava na imprensa. "Participou tanto da reforma do *Jornal do Brasil* quanto Adalgisa Colombo, a
miss Brasil em exercício". Castro assegura que a reforma começou com Janio de
Freitas.[97] Cláudio Abramo, de mesma opinião, disse que Odylo "não tem nada
a ver com a reforma. Ela foi feita por Janio e Amilcar de Castro".[98] Paulo Francis
concorda: "Nosso colega Alberto Dines dirigiu o jornal no auge da reforma, ex-
pandindo-a, mas o autor da reforma não foi Odylo Costa Filho, e sim Janio de
Freitas, nos cadernos principais".[99] Segundo Wilson Figueiredo: "O Janio sempre
foi obstinado pelo trabalho bem-feito, e o *JB* só começou a funcionar como um
embrião de jornal moderno quando ele assumiu a chefia da redação".[100] Alberto
Dines, porém, atribuiu a reforma a Odylo e Amilcar de Castro.

Amilcar de Castro disse que Odylo "fundou as possibilidades de reforma",
no entanto, "as mudanças na parte gráfica não foram, de um modo geral, muito
evidentes". Segundo ele: "Apesar de muitas mudanças já terem sido aos poucos
implementadas, o novo projeto do jornal ainda não havia sido elaborado nessa
primeira fase, podendo ser caracterizado, então, como uma adaptação do projeto
antigo, mais do que como um projeto efetivamente novo".

Com a saída de Odylo, Nascimento Brito, que assumira os cargos de superintendente e editor,[101] convidou Carlos Castello Branco, jornalista político da revista semanal *O Cruzeiro,* para assumir a redação, mas ele recusou: "Olhe, Brito, eu sou muito amigo do Odylo, de modo que não tenho condições morais de substituí-lo. Fica 'pra' outra oportunidade, mais adiante eu vou trabalhar com você. Agora não vou, não". Ele disse também: "O pessoal da redação fez apelos, Araujo Netto, Janio de Freitas, Hermano Alves, todos pediram para eu aceitar, mas eu não podia agredir o Odylo, aceitando o lugar dele".[102] Wilson Figueiredo assumiu o comando interinamente.[103]

JANIO: IMPULSO ÀS MUDANÇAS

Janio de Freitas foi convidado por Nascimento Brito para aprofundar em todo o jornal algumas das mudanças que ele introduzira na seção de Esportes e depois como chefe do *copy desk* no resto do jornal. Mas quando pediu um aumento para deixar um dos outros dois empregos, na revista *O Cruzeiro* e na Rádio Jornal do Brasil, e ter mais tempo para dedicar-se ao projeto, Brito ficou irritado. Meses depois, insistiria no convite, mas dessa vez ofereceu um novo salário. Janio, que assumiu em abril de 1959 com o compromisso de dobrar a circulação em um ano, acelerou e aprofundou a reforma iniciada timidamente no período de Odylo Costa Filho.[104] Ele ordenou e limpou as páginas, deu um novo uso à fotografia para torná-la mais informativa e menos decorativa.

De acordo com Carlos Lemos, o jornal passou a ser dirigido por um triunvirato composto por Freitas, a figura principal; Araujo Netto, chefe da reportagem; e ele, Lemos, chefe do Esporte. Segundo Lemos, Freitas podia discordar da existência do triunvirato, mas a prova, disse ele, é que os três despachavam às 5 da tarde com Nascimento Brito.[105]

Amilcar de Castro retornou ao jornal a convite de Freitas. Ele o chamou de volta no mesmo dia em que assumiu a redação. Sua relação pessoal com Amilcar de Castro, disse, era muito boa, tanto que era padrinho de sua filha, se davam bem e eram amigos. No entanto, algumas de suas declarações sugerem que, em sua opinião, a importância atribuída à participação de Amilcar na reforma gráfica do *JB* tem sido exagerada.

Muita gente – nem todos – diz que o Amilcar de Castro foi quem tirou os fios. Na verdade, a experiência da página sem fios não foi na primeira página, foi na página de Esportes do *Jornal do Brasil* e todo mundo sabia que eu era redator e paginador de Esporte. Ainda não tinha havido a grande reforma do jornal e o Amilcar não trabalhava no *Jornal do Brasil*. Isso é facilmente demonstrável pelas datas: ele tinha trabalhado, saiu e voltou quando eu dava início à grande reforma do jornal. Nesse interregno, coisa de uns oito meses, foi que o fio saiu da página de Esportes. O Amilcar sequer trabalhava no jornal. Como paginador, ele teve um papel importante na reforma gráfica do *Jornal do Brasil*, assim como todas as pessoas que lá trabalhavam. Uma pessoa que nunca é citada, mas que trabalhava com grande eficácia, com uma velocidade fantástica – nunca vi outro diagramador tão veloz – era o Valdir Figueiredo. Com ele, eu editava todo o miolo do jornal. A página de Esporte passou a ser feita pelo Fernando Horácio ou pelo Carlos Lemos, e a primeira por mim e pelo Amilcar. Eventualmente, por mim e pelo Valdir Figueiredo.[106]

Poucos meses depois, em junho desse mesmo ano, foi retirada a maioria dos anúncios da primeira página. Inicialmente, Nascimento Brito se mostrou receoso de que, sem os classificados na primeira, o jornal perderia a característica do pequeno anúncio. Janio, segundo Amilcar, sugeriu que os classificados fossem mantidos em duas colunas laterais. Mas Brito preferiu manter os anúncios no rodapé e Amilcar colocou, além do rodapé, uma coluna do lado esquerdo, formando um "L" com os classificados. Os anúncios do rodapé ficaram demasiado altos e foram baixados um centímetro por dia, até que a altura do rodapé ficou igual à largura da coluna. Janio diz que a mudança dos classificados na primeira página foi o resultado de estudos nos quais se avaliaram diversas hipóteses, primeiro com classificados nos dois lados e depois na forma de um "L".[107]

A primeira página passou a publicar duas fotografias, uma grande no centro e uma menor na parte inferior, além do texto. Graficamente, a página não tinha um padrão definido e, embora por princípio fosse assimétrica, mudava continuamente, inclusive a colocação do logotipo do jornal, que se tornou itinerante, sem uma posição fixa. Com o tempo, porém, o logotipo voltou à sua posição original, no alto da página. Amilcar disse que chegou a desenhar mais de 300 primeiras páginas com esquemas e padrões diferentes, mas todas elas assimétricas e cheias de movimento.

A reforma da primeira página não foi apenas uma mudança gráfica. A página foi também uma vitrine de textos, uma espécie de resumos do conteúdo do jornal e foi importante para o êxito do *JB*. Segundo Freitas, permitiu dar um caráter gráfico muito específico ao jornal. Além disso, rompeu com o hábito, arraigado nos outros matutinos, de reservar a primeira página para temas internacionais, e passou a publicar nela assuntos nacionais, como política, economia e questões sociais. Ele disse que o *JB*:

> [...] criou algumas coisas em que o Brasil se tornou inovador. Por exemplo, em elaboração da primeira página. Pois uma coisa que me incomodava muito na leitura dos jornais era aquilo de você começar a ler um assunto na primeira página e, a dada altura, encontrar: "continua na página 19" [...] Acabei criando a fórmula de encontrar um texto extremamente sintético que, sem desvendar toda a importância do assunto, funcionasse, ao mesmo tempo, como uma síntese atrativa para o leitor e como vitrina do que era todo o jornal. [...] Isso acabou sendo uma coisa adotada, eu creio, hoje, por todos os jornais brasileiros, exceto a *Gazeta Mercantil.* E isso interessou a jornais do exterior porque, desde então, muitos adotaram o sistema.

Nilson Lage disse que o *Diário Carioca* já adotava a técnica de publicar resumos das matérias internas na capa do jornal, sem continuação nas páginas internas. E, em São Paulo, no início dos anos 1950, *O Tempo*, um pequeno jornal de corte moderno e curta duração, cuja redação era chefiada pelo jornalista Hermínio Sacchetta, colocava na primeira página resumos, sem continuação, das matérias publicadas nas páginas interiores. No fim da década de 1950, na *Folha da Manhã* e posteriormente na sua sucessora, a *Folha de S.Paulo*, eram raríssimas as matérias com "continuação" em páginas internas.

Como escreveu Ruy Castro, o *JB* tornou-se um jornal de notícias, com texto tão enxuto e direto quanto a sua nova cara gráfica, e que, com a ajuda de uma equipe de brilhantes copidesques, mudou o estilo de escrever do jornal. Tinha títulos criativos; textos objetivos e elegantes. Em pouco tempo, o *JB* dobrou a tiragem e se tornou o jornal mais influente e discutido do Brasil.[108] Não foi feita nenhuma campanha de publicidade, nenhuma promoção, nem sequer pela própria emissora do jornal, para anunciar as mudanças e atrair novos leitores. Era uma coisa dos próprios jornaleiros, que gostaram do jornal, se entusiasmaram e procuravam expô-lo nas bancas. Segundo o próprio jornal, eram 35 mil assinantes, uma tiragem de 71 mil exemplares nos dias de semana e de 130 mil aos domingos, em 1961.

Janio de Freitas diz que a criação de um plano de cargos e salários para a redação é um dos maiores orgulhos de sua passagem pelo *Jornal do Brasil*. Era comum o jornalista acumular seu emprego no jornal com uma função pública. Freitas melhorou os níveis salariais, e o jornal passou a não aceitar repórteres e redatores que tivessem emprego no setor público.

Ele também introduziu normas flexíveis para orientar a redação:

> Paulo Francis escreveu uma vez na revista *Status*, ou na *Folha de S.Paulo*, num dos seus artigos, que o melhor manual de jornal que ele já viu foi o que eu fiz para o *JB*. Ele viu uma coisa que o *JB* não viu, não chegou a ver. O *JB* tinha um roteiro. Eu sempre fui muito de tentar passar as coisas conversando. De chegar e falar, mostrar. Jamais entreguei uma matéria para alguém e falei: "você faz isso". Eu sempre disse o que eu achava, não pegava a matéria do repórter que precisava ser escrita, mas dizia: "O *lead* está aqui e tal, isso é assim, assim, assado e etc.". Então, eu evitei muito estabelecer regras rígidas no *JB*. Porque, do meu ponto de vista, eu achava isso na época e, hoje em dia, eu acho definitivamente que é assim: essas regras são fatores anticriativos. [...] Então, no *JB* não havia assim "regras fundamentais" a serem seguidas. Havia princípios que as pessoas ali absorviam com a maior facilidade. Eu tinha algumas ideias fundamentais, várias delas trazidas do *Diário Carioca*, porque funcionavam mesmo. Nós já tínhamos provado no *Diário Carioca* que funcionavam muito bem e nós adotávamos.[109]

NASCE O "CADERNO B"

A revista *Publicidade & Negócios (PN)* escreveu em fevereiro de 1960 que o *JB* era o jornal mais bem escrito e apresentado do Rio. Janio de Freitas fazia questão de implementar uma ortodoxia gráfica e tinha intolerância com os maus textos, segundo Wilson Figueiredo.[110]

Para dar mais ordem ao jornal, os anúncios classificados foram agrupados num caderno separado, o "Caderno C". Em 1960, foi lançado o "Caderno B", que agrupava as informações, as reportagens e os serviços de artes e espetáculos, além de matérias leves, e incorporava o "Suplemento feminino", que saía às terças e às sextas-feiras. Foi desenhado por Amilcar de Castro e batizado por Janio de Freitas com esse nome porque foi colocado entre o "Caderno A" (Atualidades) e o "Caderno C" (Classificados). Circulou, a princípio, de terça a sexta-feira; somente em 1964 sairia também aos sábados e domingos; nessa época, o *JB* não circulava na segunda-feira. O idealizador foi Reynaldo Jardim, que fora o editor do SDJB e que também lançou a "Revista de domingo".

> Não houve um planejamento *a priori*. As coisas foram tomando forma aos poucos, à proporção que ia formando a equipe. Havia páginas com editorias fixas. Por exemplo, o Sérgio Cabral escrevia uma página chamada "Música naquela base". O Noronha copidescava "Onde o Rio é mais carioca" com matéria produzida pelo Amaury e a Vera. O Newton Carlos, "O céu também é nosso".[111]

O "Caderno B" serviria de inspiração e modelo para os "segundos cadernos" que depois dele proliferaram na imprensa brasileira. O *JB* foi um dos primeiros jornais a instalar teletipos na redação para recepção de notícias. Reynaldo Jardim pediu demissão em 1964.[112]

O título de jornal de maior prestígio do Rio de Janeiro, a capital federal, estava passando do *Correio da Manhã* para o novo *Jornal do Brasil*.

Charles Kuralt, correspondente para a América do Sul da cadeia norte-americana de televisão CBS e que mais tarde ficaria famoso como âncora de um programa, disse a seus espectadores que o *JB* era um dos mais antigos jornais do

Brasil, "mas é mais moderno que o jornal que você lê", elogiou a paginação e a organização do diário e disse que o "Caderno B" é que fazia do *JB* seu jornal favorito.

No "Caderno B", o crítico de música popular José Ramos Tinhorão, que se destacara no *Diário Carioca*, começou a sua longa e famosa série de artigos criticando a bossa-nova. Dizia que era tão brasileira como os carros de marca estrangeira montados no país. Tinhorão não foi um repórter especializado em música popular: foi um dos maiores estudiosos, durante décadas, da música brasileira.

A cobertura do jornal contrariou muitos interesses. Numa ocasião, o editor-chefe foi agredido na rua pelo deputado lacerdista Amando da Fonseca, antigo capanga e sócio de Gregório Fortunato, e dois capangas.

Como ocorrera com Odylo, Janio de Freitas também se desentendeu com Nascimento Brito, cujo prestígio social crescera com a ascensão do jornal. Brito até pensou em candidatar-se a deputado federal pelo Partido Trabalhista Brasileiro (PTB). Do Country Club, onde jantava, Brito telefonava ao editor-chefe e perguntava pela manchete. "Não sei ainda, estamos trabalhando, amanhã você vê quando o jornal chegar a sua casa", era a resposta de Freitas.[113] Ele saiu em abril de 1961, dois anos depois de ter assumido o cargo de editor-chefe. Amilcar de Castro saiu junto. Wilson Figueiredo diz que Janio:

> [...] também não teve condições de promover mudanças coerentes sem a renovação de pessoal. O conflito de gerações, entre os profissionais antigos e a garotada que estava chegando, passava-se nos bastidores. Janio saiu, mas deixou as bases da reforma cujo primeiro objetivo era exatamente estabelecer o padrão moderno de texto e o padrão gráfico que demandavam condições materiais com que não podia contar.

"PRESSÕES INTOLERÁVEIS"

Ruy Castro diz que Janio saiu por pressões intoleráveis, mas não as identificou. Carlos Lemos afirma que o jornal passara a receber pressões quando ficou importante e que, além disso, Janio "foi um pouco além das chinelas com o patrão e com as bases", mas sem explicar o que isso significava em concreto.[114] Janio de Freitas deu suas razões para sair do jornal:

Olha, eu disse isso há alguns anos: eu não saí do *JB*, eu quis sair do jornalismo. Uma das minhas intenções fundamentais no *JB* era fazer um jornal sem nenhum tipo de comprometimento de ordem política. Muito menos de ordem "negocial", claro. E, de repente, isso começou a ficar uma coisa difícil. [...] E foi chegando a um ponto em que eu não tive mais esperança de que fosse possível. Falei: "Olha, vai chegar um momento em que vai se dar um atrito profundamente definitivo entre essa ideia de jornal e o que a empresa está tendendo a ser ou que está começando a ser". Então, eu preparei a mala e fui embora.

Ele explicou que tipo de pressões enfrentava na redação:

O *JB* apareceu fazendo um tipo de jornalismo descomprometido quando todos os jornais tinham os seus compromissos políticos e partidários [...]. Também não tinha compromisso de negócios. [...] Obviamente, toda a notícia contraria algum lado. O *JB* entrou contrariando setores que não admitiam serem contrariados, porque nunca tinham sido contrariados. Então, eles estavam vendo, de repente, serem publicadas coisas a respeito de negócios que não agradavam. Os governos também não estavam dispostos a esse tipo de coisa. Então, a carga de pressão era muito grande. [...] Mas pelo lado dos negócios, pegava. Pegava. Começaram a falar que eu era comunista, cubano. [...] Durante certo período, enquanto estávamos tendo um êxito que eles não esperavam – porque eles nunca esperaram aquilo –, tudo bem. Nunca tinham pretendido ter o maior e o mais influente jornal do país. Eles nunca tinham pensado nisso, nunca tinha passado pela cabeça deles. De repente, acontece esse troço. Então, eles estavam muito deslumbrados com aquilo tudo. E pensavam: "É melhor não mexer com esse menino". Então, eram cuidadosos e tal. Seguravam muitas pontas, mas outras também não seguravam. De repente, começaram a achar que voavam sozinhos: "Então vamos começar a tomar providências para cortar as asas desse menino". Eu não estava lá para cortar as asas de ninguém. Muito menos as minhas. Caí fora.[115]

Além disso, ele soube que o *JB* tinha recebido um empréstimo em bases privilegiadas da Caixa Econômica Federal, onde um sobrinho da condessa era procurador. Também teria recebido recursos do Instituto de Pesquisas e Estudos

Sociais (Ipes), formado por grupos conservadores para combater a presidência, recém-instalada, de João Goulart.[116]

Nascimento Brito quis colocar uma pessoa como uma espécie de intermediário na redação: o poeta e jornalista Mário Faustino, que se tinha destacado como um brilhante crítico literário no "Suplemento dominical" e era editorialista do *JB*.[117] Janio de Freitas não aceitou e ele, Araujo Netto e Lemos combinaram sair do jornal, mas na última hora os outros dois ficaram e Janio saiu.

"Janio de Freitas", escreveu Mario Sergio Conti, "tem mãos longas e as move com graça. Mais escuta do que fala. Prefere elogiar a descer o cacete. Não é fofoqueiro nem maledicente. É simples e sábio. Tudo isso, além do emprego implacável dos prenomes, configura alguém à margem dos costumes comuns aos jornalistas – uma categoria espaçosa e deselegância lendária".[118]

O cargo de editor-chefe foi ocupado por Omer Mont'Alegre, um jornalista especializado em assuntos econômicos, funcionário do Instituto do Açúcar e do Álcool, e que não se sentiu muito confortável na função. Ficou apenas alguns meses.

Nascimento Brito, que desde o começo vinha criticando o uso de espaço em branco do SDJB, em sua opinião exagerado, decidiu acabar com o suplemento em 1961, quando o preço do papel aumentou astronomicamente por causa do fim do subsídio cambial. Marcos Sá Corrêa mencionou que: "Eram páginas e mais páginas dedicadas a uma poesia sem conteúdo e muito movimento gráfico; um gasto de papel inconcebível para uma época de recessão com a que estamos atravessando".[119] O SDJB morreu, como se disse na época, "do mal do branco". No início da década de 1970, foi publicado um novo suplemento literário, "Livro", no qual, fazendo jus ao nome, predominavam resenhas e críticas literárias. Na década seguinte surgiu o suplemento "Ideias", dedicado a ensaios e debates sobre artes e literatura, cujo primeiro editor foi Zuenir Ventura.

DINES, A CONSOLIDAÇÃO DA REFORMA

Em janeiro de 1962, Nascimento Brito, por sugestão do banqueiro José Luiz de Magalhães Lins, convidou Alberto Dines – um jovem jornalista, mas com longa experiência, com passagem nas revistas *Visão, Manchete* e *Fatos & Fotos* e em jornais como *Última Hora* e *Diário da Noite*, para ser editor-chefe. Dines aceitou, mas prudentemente manteve seu emprego com carteira assinada em *Fatos & Fotos*, da editora Bloch, onde trabalhava de manhã. No *Jornal do Brasil*, no qual era autônomo, entrava à tarde e recebia em dinheiro vivo. Esta situação precária de duplo emprego durou alguns meses, até ser efetivamente contratado.

Nascimento Brito queria, já no dia seguinte, um jornal totalmente diferente: "Você me ponha os fios de volta". Segundo Dines, Brito tinha um problema de rivalidade. Estimulava as pessoas e quando dava certo ficava com ciúmes. "Queria, porque queria, acabar com a reforma gráfica do Odylo e do Amilcar". "Ele queria mudar aquela experiência fantástica que foi a mais importante evolução gráfica e editorial já feita na imprensa brasileira."

Dines disse, sensatamente, que não faria um jornal diferente. "O *JB* será um jornal diferente dentro de poucos anos. Agora é impossível." Na primeira edição, a única alteração foi o fio de paginação sob o logotipo para prendê-lo no alto da primeira página. "Mas 11 anos e 11 meses depois, seguramente tínhamos um jornal bem diferente."[120]

Dines foi incorporando de maneira gradativa algumas inovações dentro do espírito original, numa evolução natural, "conservando o arcabouço, a inspiração, a padronagem, todos os paradigmas do projeto que o transformou". Chamou de volta Amilcar de Castro. Desse modo, ele consolidou a reforma iniciada por Odylo e executada por Janio de Freitas.

Pouco depois de Dines assumir, estourou uma greve dos gráficos provocada por um aumento salarial que, segundo os empregados, fora prometido, mas não cumprido. Foi apoiada por uma parte da redação e vários jornalistas foram demitidos.

"Outra coisa que eu fiz, também por opção, foi não trocar a equipe que eu encontrei", disse Dines – uma decisão sensata, mas rara na imprensa, onde os novos editores de uma publicação querem instalar a "sua equipe".[121] "O que faltava no *JB* era organização e ataquei por aí [...]. Descobri que jornalismo nada mais é do que organizar talentos." Havia também, segundo ele, assuntos proibidos quando entrou, embora reconhecesse que os tabus eram poucos, mas o número desses tabus aumentou com a expansão do jornal e o crescimento dos interesses da empresa.

Dines também sistematizou as práticas da redação e as mudanças anteriores. Afirma Wilson Figueiredo que ele entrou ciente das dificuldades, mas com a disposição de equacioná-las e resolvê-las racionalmente. Fez a ponte entre o jornalismo e a empresa, ainda não acostumada às mudanças e às novidades que estavam em curso. Dines administrou as diferenças. Com ele, diz ainda Figueiredo, o *JB* chegou ao auge do projeto: atou as duas pontas da solução possível.

Foi adotada a técnica, introduzida por Samuel Wainer na *Última Hora*, de incluir o gerente de circulação na reunião final de edição para ajudá-lo a tomar decisões sobre a tiragem e alterar o reparte em função das informações a serem publicadas.

Segundo Dines, Nascimento Brito não se cansava de repetir: "'Quero que todas as manhãs entre na minha casa o melhor jornal do país.' Foi coerente: não fez economias em papel, contratações e, sobretudo, em treinamento. O *JB* foi o primeiro jornal brasileiro a implementar uma política de formação que envolveu todos os escalões. Isto em meados dos anos 60".

O *JB* foi uma rara exceção à regra, segundo a qual se um jornal entra em decadência nunca mais levanta a cabeça. As principais mudanças de Dines ocorreram depois de uma estada de vários meses nos Estados Unidos, onde fez um curso para editores na Universidade de Columbia e visitou vários jornais, entre eles *The New York Times*, no qual fez estágio, e *The New York Herald Tribune*, um jornal moderadamente conservador, bem escrito e bem editado, agora extinto, mas até hoje lembrado.

DEPARTAMENTO DE PESQUISA

Pela primeira vez na imprensa brasileira, segundo Dines, foi adotado o sistema de editorias, agrupando os jornalistas em núcleos operacionais. Em 1963, foi implantado o Departamento de Pesquisa e Documentação (DPD), que chegou a contar com até 60 pessoas, entre as quais dez jornalistas. Foi o primeiro no Brasil. Alguns críticos alegaram que não era novidade, pois já existia em jornais no exterior, ao que Murilo Felisberto, que montou e chefiou o departamento, contra-argumentou que lá fora existia, sim, mas ninguém além de Alberto Dines havia notado: "E eu tenho isso como um grande ato criador".

Foram criados também a Agência JB, a editoria de fotografia e o arquivo fotográfico. Segundo Murilo Felisberto, o *JB* não possuía arquivo fotográfico porque Janio de Freitas não permitia a publicação de fotografias antigas ou já publicadas.[122] O DPD tinha uma redação própria e um elevado grau de autonomia operacional; dele saíram algumas das melhores matérias analíticas do jornal, que contribuíram substancialmente para aumentar o seu prestígio. Murilo saiu por desentendimento com a empresa e com Dines.

Janio de Freitas diz que uma foto jornalística tem como premissa a sua atualidade. Assim como se dá com a informação textual. Restringe, portanto, o uso de material de arquivo que não acrescente substância jornalística ao que se noticia.[123]

Dines afirmou que, antes dele, o jornal era feito muito personalisticamente e que ele introduziu a reunião de redação, primeiro às 3 horas da tarde e depois duas vezes por dia. Disse também que elaborou um plano de carreira, níveis salariais: "Isso, até então, nunca tinha existido na imprensa". E substituiu a seção de "A pedidos", que era de matéria paga, por outra com cartas dos leitores.

Algumas dessas informações são controvertidas. Cecília Costa escreveu que "com Odylo foi criada a pauta, os setores de cobertura e as reuniões de editores, uma pela manhã e outra à tarde".[124] Segundo Isabel Travancas, Janio de Freitas disse, em suas declarações sobre sua passagem no *Jornal do Brasil*: "Gosto de ter feito um plano de cargos, salários e funções. Foi o primeiro da imprensa brasileira, com o qual os jornalistas passaram a ganhar um salário com o qual podiam viver sem ter emprego público".[125]

Contudo, se pode haver dúvidas sobre o pioneirismo de algumas iniciativas, é indiscutível que Dines modernizou, agilizou e profissionalizou o funcionamento da redação. O gosto pelo trabalho de equipe foi outra de suas características, diz Wilson Figueiredo. "A liberalidade, desorganização e criatividade de Dines deu resultado e o *JB* se tornou o mais influente jornal brasileiro".[126] Para Walter Fontoura, Dines foi o grande editor do *JB*, apesar das paixões que turvavam por vezes sua capacidade de julgar; foi "o consolidador do projeto de renovação do jornal", que era "mais criativo, mais inteligente, mais bonito, tinha mais charme e mais prestígio que os outros – e o Dines tinha tudo a ver com isso".[127] "Mais do que grande, o *Jornal do Brasil* era *great*",[128] ainda de acordo com Fontoura, que sucederia a Dines na chefia da redação. Para Carlos Lemos, o *JB* foi o Boeing que aterrissou.

Nesse período foi implantada a Agência JB, que mandava informações para jornais do interior e do exterior e se tornou uma boa fonte de receita. Tinha uma composição acionária pouco comum no Brasil: 51% do capital pertencia ao *JB*; 49% aos principais executivos da redação.[129]

Com Dines como editor-chefe, o jornal abriu mais espaço para a informação e a análise da economia, um setor cuja importância crescia sob o impulso do incipiente "milagre econômico". Nomeou como editor o baiano Noenio Spinola, que formou uma respeitável equipe de repórteres, que se diferenciavam do resto da redação até na maneira de se vestir. Dizia-se da editoria de Economia que "até contínuo de lá é mais gordo". As páginas de economia e investimentos se tornaram leitura obrigatória dos agentes do mercado, mas tinham um evidente viés governista. Dines afirmou que, como havia na imprensa uma preocupação com a macroeconomia, tentou-se escrever sobre a vida das empresas, mas a iniciativa não deu bons resultados.

O jornal apoiou a política econômica do ministro da Fazenda Delfim Netto, de quem recebia favores. O jornal recorria a ele com frequência para pagar os salários. Ocasionalmente, o noticiário da área financeira se distanciava da realidade. Sua cobertura da Bolsa de Valores, no início da década de 1970, por exemplo, tentava apresentar um quadro de otimismo que pouco tinha a ver com os fatos. Segundo o jornalista Aloysio Biondi, a Bolsa nunca caía no *Jornal do Brasil.* Quando havia uma queda do índice geral, em lugar de publicar essa informação, se uma ação tinha subido, dava-se essa notícia no título: "Ele era totalmente comprometido", disse. O *JB,* "governista", lançou uma revista, *Brasil S.A.* Para ela, "estava tudo certo, maravilhoso; quem não está entendendo que nós estamos indo para a modernidade, está por fora", segundo Biondi.[130]

Vários jornalistas da seção de Economia tinham outras ocupações pouco compatíveis com sua função no jornal. Um editor tinha uma agência de comunicação que assessorava uma associação de crédito imobiliário; a agência de um repórter tinha a Shell como cliente; o repórter que cobria a Bolsa de Valores era também funcionário da Bolsa.

JOSÉ SARNEY DEMITIDO

Quando em 1965 foi lançada a TV Globo, Dines preparou um memorando para a redação, dizendo que começava um novo concorrente e que era necessário fazer um jornal cada vez mais denso, e incentivou a especialização dos redatores. Isto é, era preciso fazer um jornalismo interpretativo.

Um dos primeiros atos de Dines foi demitir o futuro presidente da República, José Sarney, correspondente no Maranhão, seu estado natal, que tinha sido contratado por Odylo Costa Filho, seu amigo, a pedido da condessa. "Era um pilantra", péssimo profissional, ligado à política e só fazia matérias que lhe interessavam politicamente, "ganhava uns tostões". "Eu tive o maior prazer em demiti-lo por telegrama".[131] Sarney disse que escrevia "sem receber um centavo".

Nascimento Brito criou uma coisa nova: a reunião de editorialistas, da qual participavam, de acordo com Dines, "sempre pessoas de altíssimo nível, diplomatas, jornalistas *seniors*, como Antonio Callado, Luiz Alberto Bahia e outros. Às vezes chamava figuras ilustres, ministros, para 'briefings' sobre questões importantes, e se fazia a tomada de posição do jornal. É claro que a orientação final era do Brito".[132] Walter Fontoura confirma que os editoriais eram o resultado de uma discussão acalorada entre os editorialistas e a direção. Nesse período, expandiu a rede de correspondentes no exterior e foi montada uma equipe de colunistas de bom nível. Dines disse que quando assumiu o cargo, em 1962, "os correspondentes internacionais estavam dispensados e que Nascimento Brito não fez economia em gastos de papel, contratações e, sobretudo, em treinamento".

A administração do jornal era uma bagunça, ainda segundo Dines. Não tinha departamento comercial, não havia departamento de publicidade. Tinha os classificados e o resto eram "bicadas". Na verdade, embora fosse evidente a necessidade de melhorar a gestão, nos anos 1950, o jornal já mantinha um serviço de publicidade e um contato regular e profissional com as agências, às quais mandava informes periódicos, de acordo com a revista *Propaganda e Negócios (PN)*.

Para modernizar a administração foi chamada uma empresa de engenharia, a Montreal, que reorganizou a companhia, a estrutura funcional, os métodos de gestão e estabeleceu normas. Um executivo da Montreal, o comandante Lywall Salles, foi contratado pelo *Jornal do Brasil*, o que deu estabilidade à gestão da empresa. A circulação continuava crescendo. Em 1965, vendia 60 mil exemplares nos dias úteis e 170 mil aos domingos; em 1971, 110 mil e 220 mil; e em 1972 chegava a 130 mil e 260 mil, respectivamente. Dines disse que Roberto Marinho o convidou para ser editor-chefe de *O Globo*, mas não aceitou, "porque eu havia começado um trabalho, estava no meio dele e precisava terminar".

A revista *Propaganda* escreveu em junho de 1965 que o *JB* era "sem favor, o jornal melhor escrito, mais atraente, melhor editado, menos provinciano e mais sofisticado do Brasil"; era também, "talvez, o único diário que procura mostrar de forma inteligível os acontecimentos internacionais e que apresenta, de maneira facilmente assimilável, o pano de fundo sobre o qual se desenvolvem os fatos do dia a dia". "Seu noticiário político, equilibrado e de boa qualidade, é procurado por leitores de diversas tendências políticas, que o consideram um barômetro razoavelmente fiel da evolução do país". A área de economia evitava o academicismo e a monotonia dos outros jornais e, embora não tivesse atingido o objetivo de dar ao leitor médio uma visão clara, em linguagem acessível, de mundo econômico, cumpria sua tarefa melhor que os concorrentes.

Propaganda dizia ainda que a diagramação procurava valorizar tanto as fotografias quanto o texto. Entre os defeitos mais graves, estavam os editoriais, antes claros e incisivos, os quais passaram a expressar uma opinião confusa e rebuscada, expressada num estilo vago e hermético. A revista também reclamava das regras de redação; os *leads*, com frases quilométricas, requeriam paciência para se chegar ao fim. O "Caderno B" tinha perdido alguns de seus melhores críticos, como Bárbara Heliodora e Cláudio Mello e Souza; sua principal atração eram os cronistas Rubem Braga, Fernando Sabino, José Carlos de Oliveira. *Propaganda* lamentava o fim do "Suplemento dominical", o mais estimulante da imprensa brasileira. Sua principal crítica: o *JB* era um bom jornal, mas não tinha conseguido ser um grande jornal.

Apesar de uma orientação política oscilante, o *Jornal do Brasil* ganhou a admiração e o respeito de muitos profissionais, atraídos pelo ambiente de trabalho. Várias décadas depois, a jornalista Ana Arruda Callado, que fora contratada na época de Odylo Costa Filho, declarou:

Era um jornal tão fantástico! Era o melhor jornal deste país, não tenho a menor dúvida. *Estadão*, *Folha*, *O Globo*... não havia comparação. Naquele período que trabalhei, de 1958 a 1962, havia certo romantismo. Nós achávamos que éramos donos do jornal. A gente tinha muito orgulho e isso não existe mais. [...] Você vê o saudosismo que há quando junta muita gente do *JB*, a conversa é essa. A gente acreditava que estava trabalhando para informar a população, não para agradar o chefe, nem o patrão.[133]

Ela foi demitida em janeiro de 1962, quando fez greve em solidariedade à paralisação dos gráficos do jornal.

No entanto, o *JB* carregava algumas deficiências das quais não conseguiu livrar-se. Tinha a melhor seção de Esportes e nos grandes acontecimentos, como disse Carlos Lemos, o jornal "atropelava" e era imbatível. Isso acontecia na cobertura da Copa do Mundo ou em eventos como a reunião do Fundo Monetário Internacional no Rio em 1967 ou a inauguração de Brasília. Mas, no dia a dia, a informação era deficiente, aleatória.

A ascensão do jornal certamente foi beneficiada pelo declínio, provocado em grande parte pelas pressões do regime militar, do seu principal concorrente, o *Correio da Manhã*. Com uma invejável saúde financeira, o *JB* publicou um editorial em julho de 1967 reclamando que outras empresas jornalísticas não pagavam os tributos devidos. Descontavam dinheiro dos empregados e, em lugar de encaminhá-lo à Previdência, pagavam com anúncios.

> São muitas as empresas de divulgação de notícias que só evitam a falência mediante expedientes como o de não pagar a Previdência, o Banco do Brasil, os Correios e Telégrafos. Acontece que empresas assim perdem a principal característica da imprensa num país livre: o de ser livre. Ninguém é livre quando vive à mercê dos credores [...]. O caso exige uma definição do presidente da República. O *Jornal do Brasil* quer saber se precisa ou não precisa continuar pagando o Banco do Brasil, os Correios e Telégrafos, os impostos, os Fundos e a Previdência. Ou a lei obriga a todos ou os que a cumprem são tolos. Isto fazemos questão de não ser.[134]

Anos mais tarde, o *JB* deixaria de ser "tolo", como as muitas empresas de divulgação de notícias a que se referira, também passaria a não pagar tributos, empréstimos, água, luz, nem sequer os salários.

O *JB*, que já operava várias emissoras de rádio, tentou um frustrado exercício de diversificação adquirindo vários jornais diários. Em 1962, comprou a *Tribuna da Imprensa*, de Carlos Lacerda, para vendê-la poucos meses depois ao jornalista Hélio Fernandes. Comprou também o *Diário de Minas*, uma experiência que durou apenas dois anos, e tentou adquirir a *Folha de S.Paulo*.

Durante a campanha em 1960 para o governo do estado da Guanabara, o candidato Carlos Lacerda, que foi eleito, acusou o *JB* de estar infiltrado de comunistas. Quando o presidente Jânio Quadros renunciou, em agosto de 1961, o *JB* apoiou a legalidade e a posse do vice-presidente, João Goulart. O governador Carlos Lacerda mandou censurar o jornal, que somente voltou a circular quando tirou da edição o manifesto do marechal Henrique Lott contra a tentativa de golpe dos ministros militares. Lacerda chegou a pedir a cabeça de jornalistas que o criticavam.[135]

Carlos Lemos diria mais tarde que no *JB* ninguém foi demitido por razões ideológicas. Ele ouviu da condessa: "'Meu filho, ninguém vai ser demitido aqui neste jornal, fique tranquilo.' Fui no gabinete do dr. Brito e ele disse que ninguém saía. Alguns saíram porque tiveram que fugir, mas saíram porque quiseram e estavam sendo perseguidos".[136] Um deles foi Fernando Gabeira, que participou em 1969 do sequestro do embaixador norte-americano Charles Elbrick, foi detido e trocado com outros 39 presos pelo alemão Ehrenfried von Holleben, sequestrado em 1970.

A FAVOR DO GOLPE MILITAR

Durante o governo de Goulart, o jornal apoiou a política externa independente do chanceler San Tiago Dantas, a não intervenção em Cuba e as reformas de base. Mas, com a radicalização da cena política, o jornal passou a fazer oposição ao governo. Em outubro de 1963 foi formada uma aliança, conhecida como Rede Democrática, que unia as emissoras de rádio do *JB*,

Diários Associados e *O Globo*. E, em 1964, o jornal pregou a necessidade de uma intervenção militar, recorrendo ao que chamou de poder preventivo do Exército. Numa "situação de fato, onde não existem figuras constitucionais", os militares "detêm o poder de agir para restabelecer o estado de direito" e evitar que o país se estilhace numa guerra civil.

Em 31 de março, a sede foi invadida por fuzileiros navais que queriam entrar nas instalações da rádio. No dia 1º de abril, o jornal escreveu que se instalara no país a verdadeira legalidade: "A legalidade está conosco e não com o caudilho aliado dos comunistas". Os editoriais dos dias seguintes foram igualmente eufóricos. O *JB* ganhou o Prêmio Esso pela cobertura do golpe.

Esta posição a favor da intervenção militar não foi apenas dos editoriais, que costumam refletir a opinião da empresa. O livro *Os idos de março e a queda em abril* foi escrito por alguns dos principais jornalistas do *JB*, que não esconderam sua simpatia pelo golpe: Alberto Dines, Antonio Callado, Araujo Netto, Carlos Castello Branco, Cláudio Mello e Souza, Eurilo Duarte, Pedro Gomes, Wilson Figueiredo.[137] A maioria da redação, porém, era contrária ao movimento militar.

Nesse livro, Dines escreve que, no dia 2 de abril, "Acordamos sabendo que o pesadelo acabara" e que "se Jango vencesse seríamos nós a sofrer algo mais grave do que o expurgo ou a perda de direitos". Ele reclama das arbitrariedades iniciais. Mas põe a culpa no ex-presidente: "A única saída era desprezar Jango, porque fora a sua leviandade, fora a ambição primária dos que o rodeavam, as causadoras do expurgo". E minimiza os abusos e a violência dos militares dizendo que, se houve algumas prisões à base do bofetão, "houve também muita prisão à base do 'desculpe, mas o senhor está preso'". Segundo ele, alguns esquerdistas se esconderam, porque foram "tomados de súbita importância" e "adotaram a decisão heroica e bem divulgada de sumir"; ou porque se achavam importantes ou "porque as consciências os acusavam".[138]

Para Dines, os fracassos dos norte-americanos no Vietnã foram compensados brutalmente pelos acontecimentos no Brasil. Ele também reclamou da preocupação com o legalismo, "que chega a ser mania em dias anormais como estes", e aplaudiu "a coragem inédita de quebrar tabus legalistas" do primeiro Ato Institucional preparado por Francisco Campos. Lamentou também que na época fosse uma temeridade dizer que a repressão tinha suas razões. Ele foi interventor no sindicato dos jornalistas do Rio de Janeiro.[139]

Dines mudaria de opinião a respeito do regime e sofreu as consequências desse gesto. Em março de 2014, meio século depois do golpe, olhando pelo retrovisor, ele escreveu: "Na ocasião, nossos radares espirituais estavam embaçados, incapazes de identificar a catástrofe. Faltou à maioria aquele sentimento trágico da vida de que falava Miguel de Unamuno – a percepção do abismo, a aproximação veloz do desenlace e da ruína. Faltou, talvez, ler Shakespeare".[140] Mas ele assegura que o *Jornal do Brasil* era isento: "As manchetes eram objetivas. A posição contra Jango não era no dia a dia porque eu estava no comando e não tinha nenhum interesse em derrubá-lo".[141]

ENTUSIASMO COM AS CASSAÇÕES

Carlos Heitor Cony escreveu que Antonio Callado, que pertencia na época ao corpo editorial do *Jornal do Brasil*, apoiara o golpe, mas, talvez arrependido, nos dias seguintes, não podendo escrever contra os militares no diário, mandava os artigos para publicação no *Correio da Manhã*. Essa situação durou pouco tempo. Callado voltou ao *Correio*, jornal de que fora redator-chefe e do qual saíra para trabalhar na Enciclopédia Barsa. Ficou dois meses.

O *JB* continuou apoiando o governo militar. Recebeu com entusiasmo o Ato Adicional n. 1, que autorizava o presidente da República a cassar mandatos legislativos federais, estaduais e municipais e que, segundo o jornal, autolimitava a Revolução vitoriosa. Apoiou a cassação do ex-presidente Juscelino Kubitschek, publicou matérias extremamente negativas contra ele e criticou os políticos que reagiram contra a cassação. "A Revolução nos salvou. E por isso temos que aceitar o preço de sua execução, da limpeza que procede indo às raízes do mal para impedir a volta a um estilo de governar irresponsável e corrupto".

Para Janio de Freitas, "o comportamento das chefias de redação em 1964 e daí em diante foi o pior possível. Hoje em dia ouço muito falar 'O *Jornal do Brasil* fez', 'O *Jornal do Brasil* protestou'. Que eu saiba não".[142] E, no início da luta armada, quem começou a chamar os participantes desses movimentos de "terroristas" foi o *Jornal do Brasil*, diz Freitas.[143] Segundo ele:

Naqueles tempos, e desde 1964, o *JB*, que ainda era o maior e mais importante jornal brasileiro, foi o grande propagandista das políticas do regime, das figuras marcantes do regime, dos êxitos verdadeiros ou falsos do regime, do "milagre brasileiro", do "Pra frente Brasil". E do "Ame-o ou deixe-o", com o tratamento discriminatório dado aos oponentes do regime, mesmo que da estatura de grandes políticos como Ulysses Guimarães, Nelson Carneiro, tantos outros. Os arquivos guardam hoje coisas inacreditáveis, pelo teor e pela autoria.[144]

No entanto, se os editoriais davam ao governo um apoio discreto, poucas vezes crítico, as páginas de informação do *Jornal do Brasil* provocavam ocasionalmente uma reação irritada dos militares.[145] Em 1967, por exemplo, publicou uma corajosa reportagem mostrando a tortura do sargento Raymundo Soares no Rio Grande do Sul. Com o tempo, o *JB* adotou uma posição que Wilson Figueiredo qualifica como "meio petulante, meio desafiadora, mas que não ia para o confronto aberto com o governo, como o *Correio da Manhã*. Nunca fechava a porta. Liberal nas convicções, instigante e provocador nas reportagens e nas manchetes e chamadas de primeira página". O jornal tentava ser eventualmente crítico para atender a uma boa parte de seus leitores e, ao mesmo tempo, manter boas relações com os militares.

Em janeiro de 1966, o *JB* publicou a notícia do casamento de Pelé, o herói de duas copas do mundo, mas, ao contrário do que ainda se propala, não foi exclusiva. O repórter que apurou a informação, o editor da seção de Esportes, Oldemário Touginhó, escrevia também para o *Jornal da Tarde* de São Paulo, no qual a notícia foi publicada, no mesmo dia que no *JB*, como manchete de seu primeiro número.

"CRÍTICAS CONSTRUTIVAS"

O *JB* saudou o marechal Costa e Silva, escolhido para a presidência da República em substituição a Castello Branco, como sendo a "encruzilhada de todas as aspirações". Quando a condessa Pereira Carneiro disse que o jornal iria fazer "críticas construtivas" a seu governo, ouviu do presidente: "Gosto mesmo, senhora condessa, é de elogio". Essa posição ambígua – de apoio, mas sem euforia – certamente desagradou a fação mais radical do regime. Em 1968, houve um atentado contra um depósito do jornal. Nesse mesmo ano, numa edição de domingo, o *JB* publicou: "Algumas questões sobre as guerrilhas", de Carlos Marighella.

Mas em dezembro de 1967, ao receber o Prêmio Maria Moors Cabot nos Estados Unidos, Nascimento Brito justificou o golpe militar e o arbítrio num discurso que dava ao regime o selo de qualidade do *Jornal do Brasil*: "Nossa voz, somada às de outros órgãos de imprensa brasileira, criou a base popular espontânea para o desfecho de 1964, que salvou o país de mergulhar no caos, para o qual a única saída seria o sacrifício da democracia. [...] A imprensa foi preservada, a liberdade de opinião respeitada". Ele considerou a "aceitação da violência cometida como indispensável para salvar da catástrofe uma Nação gravemente enferma". Afirmou que a imprensa era inteiramente livre, sem qualquer limitação no seu direito de análise e de crítica das atitudes do governo. Por esse motivo, "o governo jamais será tachado de ditadura". E disse que foi "dado ao governo revolucionário o aval da imprensa livre".

Durante o governo de Castello Branco, a Companhia Vale do Rio Doce financiou, segundo Roberto Campos, uma "ácida campanha" no *Jornal do Brasil* para defender uma política nacionalista para o minério de ferro e enfrentar os defensores do liberalismo econômico, liderados pelo presidente e por Octavio Bulhões.[146]

Ao mesmo tempo que queria desenvolver uma política de boa vizinhança com o governo militar, o *JB* mantinha colunistas como Tristão de Athayde (pseudônimo de Alceu Amoroso Lima), Rubem Braga, Carlos Castello Branco e outros, com opiniões que divergiam dos editoriais. Era norma do jornal dar liberdade a seus colaboradores, que atraíam um amplo contingente de leitores liberais. Barbosa Lima Sobrinho escreveu que a condessa queria colunistas que sustentassem suas próprias opiniões, mesmo quando não identificadas com as opiniões do jornal. No entanto, como alguns dos colunistas não eram bem-vistos pelo regime, Nascimento Brito passou a enxergá-los como um problema.

Em 1964, Rubem Braga publicou uma crônica no *JB* dizendo que o responsável pelas torturas não podia ser o mesmo Exército que, 20 anos antes, lutara nos campos da Itália contra o nazifascismo. A seu amigo Carlos Lacerda, governador da Guanabara, mandou um recado: "Bastaria para mim sua atitude inconcebivelmente reacionária a respeito das colônias portuguesas para tornar seu nome impossível de sequer ser levado em conta como candidato à presidência da República". Ele também denunciou o acordo entre a Polícia Internacional e de Defesa do Estado (Pide), a polícia secreta portuguesa, e a polícia do Rio para prender os opositores portugueses ao regime de Salazar. Título da crônica: "E agora, Carlos?". O truculento secretário de Segurança de Lacerda, Gustavo Borges, exigiu direito de resposta e insultou o cronista dizendo que era mentiroso, bêbado contumaz, decadente, desmemoriado e esquerdista covarde. Dines e Otto Lara Resende tentaram ajudar Rubem Braga.

O desfecho se deu quando ele criticou a empresa norte-americana de mineração Hanna. Nascimento Brito tinha proibido que o nome da Hanna fosse mencionado. Rubem Braga achou melhor sair do jornal. Na carta de demissão, disse: "O ideal seria que escrevesse apenas sobre mulher, flor, passarinho. Mas que fazer? Não sou nem consigo ser, para usar uma expressão de Maiakovski, uma 'nuvem de calças'. Como não desejo mudar essa orientação [...], venho-lhe apresentar meu pedido de dispensa".

Segundo Araujo Netto, jornalista do *JB*, a saída de Rubem Braga não se deveu apenas à pressão do coronel Borges, mas, principalmente, a uma profunda e incontrolável antipatia por parte de Nascimento Brito, "sentimento que este jamais disfarçou".[147]

Otto Lara Resende se irritava com a forma pela qual o jornal cedia às pressões do governo. Ele intercedeu também por outro colunista. Quando soube que Tristão de Athayde seria dispensado, disse a Nascimento Brito: "Você quer passar à história como o homem que demitiu o doutor Alceu?" Conseguiu sustar a demissão.[148] Dines disse que o colunista era perseguido porque tinha uma posição contrária à do jornal.

A COLUNA DO CASTELLO

Carlos Castello Branco foi considerado o melhor dos analistas políticos brasileiros. Depois do fim da ditadura de Getúlio Vargas e do retorno do país à democracia, reconheceu que era "simpatizante da UDN, que éramos todos os liberais que sofremos o Estado Novo"; ele tinha maior afinidade com políticos conservadores do que com a esquerda. Castello ficara engajado politicamente por um longo período e participou dos furibundos ataques da UDN contra os mandatos de Getúlio Vargas e Juscelino Kubitschek. Em 1962, percebeu que o engajamento era excessivo e tentou fazer análises mais equilibradas.[149]

Ele começou a publicar a "Coluna do Castello" na *Tribuna da Imprensa* em julho de 1962, quando este jornal foi comprado pelo *Jornal do Brasil*. Vendida a *Tribuna*, a coluna foi transferida ao *JB* em janeiro de 1963, onde a manteve durante 30 anos. Seu autor a considerava uma área de análise e divulgação de questões que afetavam o processo institucional e tentava manter o debate político em nível impessoal. Não se limitava a publicar notícias; explicava as circunstâncias em que se encaixavam. Evandro Carlos de Andrade, diretor de *O Globo*, o considerou o maior jornalista brasileiro, herdeiro de Tobias Monteiro, o primeiro jornalista de análise. Mas seu modelo era o norte-americano Walter Lippmann pelo seu padrão cultural e pela capacidade de visão. O estilo floreado de Castello levou Otto Lara Resende a chamá-lo "a catedral de Milão". Ao mudar para o *JB*, Castello assumiu também a direção da sucursal em Brasília.

> Foi um sucesso a partir do primeiro dia. Castello encontrou imediatamente a entonação apropriada – informação de bastidores combinada à análise personalizada, distanciamento crítico e malícia. Tudo isso num estilo enxuto e aliciante. O leitor saía da primeira página e, em seguida, mergulhava no emaranhado da política explicado por um escritor de talento.[150]

Ele não via nenhuma contradição entre o fato de, além de ser analista político do *JB*, ser funcionário público, tendo sido nomeado procurador do Departamento Nacional de Estradas de Rodagem (DNER), numa indicação política; sua mulher era juíza do Trabalho, mas, a pedido de Castello, foi transferida ao Tribunal de Contas em Brasília com salário sete vezes maior.

Como boa parte dos jornalistas, Castello Branco apoiou o golpe de 1964 e depois o justificou. Segundo ele: "O Brasil passou a tomar conhecimento das doutrinas sobre o poder constituinte das revoluções e a experimentar sua imediata execução. O legalismo das Forças Armadas ganhou novo dinamismo e novas dimensões". Acrescentou que "a intervenção militar gerou direito e reformou a Constituição".[151] Quando passou a criticar o regime, atraiu a ira dos militares.

Durante um jantar com jornalistas, o presidente Humberto de Alencar Castello Branco, um parente longínquo de Carlos, perguntou-lhe se tinha lido a notícia de que o colunista político do *Jornal do Brasil* era filho do presidente da República. Ele respondeu que lera coisa parecida, mas não exatamente isso: "Li que *La Época*, de Montevidéu, publicou que o colunista político do *Jornal do Brasil* é filho do ditador de plantão".[152]

Quando, em novembro de 1968, viu-se obrigado a publicar a resposta do regime a uma informação de Castello, o *JB* pediu a seus leitores "desculpas pela abismal queda de estilo que sofre em nossa folha a 'Coluna do Castello'. Vem assinada – perdão a todos – pelo ministro Gama e Silva [...]. Forçar um jornal a publicar retificações no mesmo local em que saiu a notícia inculpada é truque de ditaduras envergonhadas". No mês seguinte, com a promulgação do Ato Institucional n. 5, Castello Branco foi preso e no quinto dia declarou greve de fome; José Luiz de Magalhães Lins, diretor do Banco Nacional, teria feito mais esforços para libertá-lo do que Nascimento Brito.[153]

O *JB* foi pressionado para acabar com a coluna, que em abril de 1969 deixou de ser publicada temporariamente. Castello recebeu pedidos do jornal para amenizar os comentários e cuidar mais de literatura do que de política; pediu demissão, mas concordou em continuar escrevendo para evitar uma repercussão negativa e solicitou "um mínimo de espaço". Como ele disse: "Continuei publicando, tateando o terreno". Mas suas relações com Nascimento Brito, que nunca chegaram a ser boas, tinham azedado ainda mais. O jornal precisava de seu prestígio, mas reclamava dos problemas que lhe causava. Castello chegou a sondar com seu amigo Fernando Pedreira, diretor de *O Estado de S. Paulo*, a transferência da coluna para esse jornal. A família Mesquita concordou, mas Castello não foi, preferiu usar a carta que recebera para negociar com o *JB*.[154]

APOIO A MÉDICI

A situação piorou depois que o jornal decidiu apoiar o governo do presidente Emílio Garrastazu Médici, de quem esperava receber favores. Castello a Brito: "Hoje, você, segundo me disse, está com o governo e deseja dar-lhe total cobertura no presente e no futuro. Minha coluna tornou-se assim apenas um obstáculo. Vamos removê-lo". Seu biógrafo Carlos Marchi observou que antes a pressão era dos militares; agora vinha diretamente do dono do jornal. O pedido foi recusado. Mas se não houve censura à coluna, ele foi preso ou chamado para depor diversas vezes.

A situação mudou na presidência de Emílio Garrastazu Médici, quando Castello voltou a publicar a coluna e teve acesso a algumas figuras do poder. Escreveu em 1970 o discurso de posse do jovem ministro da Indústria e Comércio, o gaúcho Marcus Vinicius Pratini de Moraes, a quem orientou para montar sua assessoria, e era amigo do filho do presidente, Roberto Médici, e do chefe da Casa Civil, Leitão de Abreu. Participou da comitiva oficial da viagem de Médici aos Estados Unidos em 1971, que o apresentou ao presidente Richard Nixon como "o mais importante jornalista brasileiro". Chegou a escrever: "Todos sabem a moderação com que o Presidente Médici, desde que assumiu a presidência, tem recorrido aos poderes discricionários. Essa atitude tem contribuído para a quebra de tensões e equilíbrio do processo". No fim de seu governo, escreveu: "Durante quatro anos e meio ele assegurou ao país ordem e progresso, criando além do mais uma atmosfera de otimismo e uma expectativa de grandeza", para acrescentar: "Certamente outras coisas ocorreram na sua presidência [...]". Ele escreveu durante esse período colunas pouco críticas, mas para Brito continuava implicando.

Houve novas pressões indiretas e um novo pedido de Castello para deixar de escrever a coluna. Permaneceu a pedido dos ministros Jarbas Passarinho e Mário Andreazza, mas novas restrições seguiram. O próprio cronista contou que o general Antônio Bandeira reclamou ao jornalista Pompeu de Sousa: "Doutor Pompeu, o senhor veja aqui essa 'Coluna do Castello': ele diz tudo o que não pode. Eu li a coluna com o lápis vermelho na mão, do começo ao fim, e não consegui baixar o lápis vermelho nenhuma vez".[155] O próprio Castello comentou: "Um coronel uma vez me disse: 'O senhor escreve o que está escrevendo e não lhe acontece nada porque sabemos que só nós entendemos isso'".[156]

Fernando Pedreira, que foi diretor do *JB*, disse numa conferência que a "Coluna do Castello" transformou-se, ao longo dos anos, numa "instituição permanente do quadro político brasileiro, pelo menos tão importante quanto a tribuna do Senado".

Apesar da diminuição das críticas, Castello recebeu várias ameaças de morte. Quando, abatido pela morte do filho num acidente de carro – houve suspeitas de atentado –, ele pensou em deixar o jornalismo e parar de escrever a coluna. Mas tal era o seu prestígio que o regime pressionou o jornal para que continuasse escrevendo: temia que a saída de Castello fosse atribuída à intervenção do governo.[157] Ele diria anos mais tarde que nunca recebeu pressões diretas do regime ou da censura, embora o jornal tivesse recebido pressões por causa de suas análises. Em seus 30 anos no *JB*, no qual escreveu mais de 8 mil colunas, nunca ninguém no jornal lhe pediu que desse ou tirasse uma notícia.[158] Mas, como diz seu biógrafo, a sua relação com o jornal nunca foi tranquila; em boa parte, as pressões que sofreu se deveram ao excesso de realismo de Brito. No fim de sua vida, Castello diria que Brito tinha ciúmes dele, do brilho de sua coluna e de sua inserção no mundo político. Uma queixa, fundamentada, de Brito era o excessivo espaço dado na coluna a José Aparecido de Oliveira e às veleidades políticas de Jânio Quadros depois que ele largou a presidência.

Ricardo Noblat, seu sucessor na coluna, disse que recebera de Nascimento Brito a orientação de não falar mal da livre-iniciativa, da Igreja Católica e do ministro Delfim Netto.[159]

Um colunista que deixou de escrever, em 1975, por pressões do Planalto, foi Carlos Lacerda. Nascimento Brito afirmou que o jornal gozava de ampla liberdade, "com exceção de um ou outro episódio isolado, como no caso de Carlos Lacerda, quando houve uma forte pressão para que ele deixasse de escrever. Mas o jornal não o obrigou a parar; ele é que entendeu que deveria parar".[160] Era a quarta vez que deixava de escrever no *JB* por pressão externa.

Um colunista que não chegou a colaborar com o *Jornal do Brasil* foi Nelson Rodrigues. Ele escrevera diversas crônicas em outros jornais satirizando a figura do copidesque no *JB* por tirar a vida e a emoção das reportagens e debochando de alguns de seus colunistas, como o progressista Tristão de Athayde e o próprio Nascimento Brito. Nelson era pessoa pouco grata no jornal.

Pedro Gomes deixou de editar a seção "Informe *JB*" por recusar-se a publicar, a pedido de Nascimento Brito, uma nota contra o então governador da Guanabara, Negrão de Lima, do MDB, o partido de oposição na área federal.[161] Gomes continuou no jornal como editorialista. O "Informe *JB*", que fora criado por Wilson Figueiredo, tinha inicialmente o nome de "Segunda seção", numa referência ao departamento do Exército que colhia e analisava informações e que foi certamente inspirado no Deuxième Bureau, do Estado Maior do Exército francês, encarregado dos serviços de informação, incluindo espionagem. Era vista como a coluna "oficiosa" do jornal, usada pela diretoria para passar recados. No entanto, Heráclio Salles, titular da coluna não assinada "Coisas da política", escreveu que mostrava a evolução o quadro político, "muitas vezes em desacordo com a opinião expressa do jornal". A coluna, iniciada no fim do século XIX, deixou de ser publicada em 1973. Com o Congresso fechado, não havia muito fato político para noticiar.

O cronista social Zózimo Barrozo do Amaral foi um dos pilares do jornal. Era bem-informado, com ares aristocráticos, dono de um estilo elegante e de um humor causticante. Fernando Pedreira, de quem era amigo, o considerava o melhor e mais elegante dos colunistas, e atribuiu ao "doutor Brito" a afirmação de que o *Jornal do Brasil* esteava-se em duas colunas: o Castellinho no primeiro caderno e o Zózimo no segundo.[162] Ele informou sobre a presença no Brasil de um famoso falsificador de quadros, Fernand Legros, e escreveu que Pietro Maria Bardi, diretor do Museu de Arte de São Paulo (Masp), vendia obras da instituição por baixo preço em benefício próprio e de expor obras falsas como se fossem verdadeiras. Zózimo, além da coluna no jornal, tinha um emprego como auxiliar administrativo na Confederação Nacional da Indústria, ao qual nunca compareceu.[163] Ele foi preso durante alguns dias depois da edição do AI-5.

Antonio Callado, conhecido pelas ideias de esquerda, que apoiara o golpe de março de 1964 e depois fez oposição ao governo, era editorialista, mas o jornal teve a elegância de não pedir que escrevesse sobre nenhum tema contrário a seu foro íntimo. Quando foi proibido pelo governo de escrever, ele continuou trabalhando e recebendo seu salário.[164] Outros jornalistas que a direção queria demitir eram Araujo Netto, que fora chefe da reportagem e era na época correspondente em Roma, e o cartunista Ziraldo.

No entanto, em novembro de 1968, o jornal afirmava, surpreendentemente, que: "O fato de que os jornais brasileiros escrevem exatamente o que pensam e fazer as críticas que entendem é o fato que nos separa dos regimes ditatoriais". Mas temia que isso fosse mudar. Como realmente mudaria no mês seguinte.

TEMPO NEGRO NO DIA DOS CEGOS

Quando foi decretado o Ato Institucional n. 5, em 13 de dezembro de 1968, uma sexta-feira, chegaram ao jornal vários oficiais do Exército para fazer "acompanhamento" da redação. Dines combinou com Nascimento Brito que era necessário dizer ao leitor, pelo menos uma vez, que o *Jornal do Brasil* estava sob censura. Foi uma edição memorável.

A manchete do dia seguinte foi factual: "Governo baixa Ato Institucional e coloca Congresso em recesso por tempo ilimitado". Também na primeira página estava escrito, no alto, à direita, "Ontem foi o Dia dos Cegos". A previsão meteorológica, no alto, à esquerda, da mesma página, dizia: "Tempo negro. Temperatura sufocante. O ar está irrespirável. O país está sendo varrido por fortes ventos. Máx.: 38°, em Brasília. Min.: 5°, nas Laranjeiras".

O Dia dos Cegos era uma alusão aos óculos escuros do presidente Costa e Silva, semelhantes aos usados pelos cegos. Para não deixar lugar a dúvidas, foi publicada uma foto do presidente de óculos escuros. Os 38 graus de Brasília se referiam à alta temperatura política na capital e ao Ato Complementar n. 38, que decretou o recesso do Congresso. O Palácio das Laranjeiras, no Rio de Janeiro, com temperatura de apenas 5 graus, era o local onde o presidente Costa e Silva reuniu o gabinete para decretar o AI-5. Uma notícia da primeira página encontrava uma forma indireta de referir-se às prisões feitas ao dizer que alguns cidadãos "deixaram de chegar ontem às suas casas". O texto foi escrito por Roberto Quintaes, do Departamento de Pesquisa e Documentação, a pedido de Dines.

Na mesma edição, textos censurados na primeira página foram substituídos por fotografias de esportes, com legendas aparentemente sem sentido, como "Garrincha foi expulso quando o Brasil vencia o Chile na Copa de 1962"; ou mostrando os jogadores do Brasil e da Alemanha Oriental, que se enfrentariam nesse dia, dizendo: "Prisão dos jogadores na concentração. Os bolipodistas do Brasil ficaram muito felizes com o conforto das instalações e estão descansando bastante". O *JB* publicou mais fotos inusitadas, com legendas mais estranhas ainda, inclusive na página de opinião, "A aparição" e "O desaparecido", substituindo dois editoriais censurados. Uma foto do chefe da delegação brasileira de futebol tinha como título "O marechal", numa referência a Paulo Machado de Carvalho, "o Marechal da vitória" de dois campeonatos mundiais de futebol, mas a alusão ao marechal Costa e Silva era evidente. Textos e anúncios apareciam nos lugares mais inesperados. Parecia uma edição caótica, mas o objetivo era claro: alertar o leitor para o início de um estado ainda mais arbitrário que o anterior.

Quando foi publicada a edição e perceberam o que tinha acontecido, os censores, irritados, proibiram às agências internacionais de notícias a transmissão ao exterior de informações sobre o tempo no Brasil. Um diretor do *JB*, o embaixador José Sette Câmara Filho, de grande prestígio, muito amigo de Juscelino, foi preso no mesmo dia 14, um sábado. Como protesto, a condessa mandou suspender a circulação da edição de domingo, sacrificando a receita de anúncios do melhor dia da semana. Ele foi solto imediatamente.

Dines foi preso alguns dias depois e voltaria a ser preso em janeiro do ano seguinte. Ele disse que a direção fizera um acordo para que ele, na prisão, não estivesse presente no momento em que o jornal passou a autocensurar-se, como condição para a retirada dos censores. "Evidentemente houve um acerto entre as autoridades militares e o comando do jornal", afirmou. Ele atribuiu o episódio a "uma canalhice do Brito":

> Eu não me senti trapaceado pelo Brito imediatamente. Achei estranho e só algum tempo depois avaliei mais esta fraqueza do seu caráter. Ele queria mostrar na SIP (Sociedade Interamericana de Imprensa) sua bravura, livrando-se dos censores. Só que esta bravura foi um disfarce para uma canalhice maior: aceitar a vergonhosa autocensura.[165]

O próprio Nascimento Brito foi preso e interrogado ao desembarcar no aeroporto, em maio de 1969, quando voltava de uma reunião da Sociedade

Interamericana de Imprensa, porque as autoridades militares interpretaram que criticara o regime num discurso. Ele aconselhou os editores do jornal a manter a calma: "Ninguém bota a cabeça de fora, porque os perigos são grandes!"[166]

DEVAGAR COM O ANDOR

Essa mesma orientação de agir com prudência foi dada por Sette Câmara Filho, com mais detalhes, numa circular interna de cinco páginas, em dezembro de 1969, na qual dizia que não se tratava de autocensura, porque em teoria havia plena liberdade de expressão. "Mas na prática o exercício dessa liberdade tem que ser pautado pelo bom senso e pela prudência". Fazia ele referência ao "relativo desafogo institucional" do governo Médici, e assegurava que o *JB* não era um jornal de situação nem de oposição e que lutava pela restauração da plenitude do regime democrático e pelo retorno ao estado de direito, mas, enquanto estivesse em vigor o estado de exceção, tinha que defender a linha democrática, mas "sem correr os riscos inúteis de um desafio quixotesco ao governo".

Sette Câmara Filho lembrou que o *JB* teve um papel importante na Revolução de 1964, que arriscara tudo para enfrentar o desvario comunizante do fim do governo Goulart: "depois de termos os fuzileiros do Almirante Aragão dentro de nossas oficinas, não vamos agora, por ação ou omissão, ajudar os revolucionários radicais de esquerda", e afirmou que continuava fiel ao ideário que então pregou. Não interessava ao jornal "destacar quaisquer atos detrimentários da condução dos políticos" e optava pela "suspensão de qualquer notícia que possa representar um risco para o jornal". Concluía dizendo que para cumprir o dever de retratar a verdade era preciso, antes de mais nada, sobreviver. Para cuidar dessas questões, instituía uma equipe de Controle de Qualidade.

Dines encaminhou a circular à redação com um memorando de introdução, no qual ele explicava que o sistema de autocontrole fora substituído pelo Controle de Qualidade, que estava centrado nas questões políticas expostas por Sette Câmara Filho e nas técnicas – para viabilizar a proposta – que ele formulava.[167] Ele contratou um coronel reformado do Exército, aparentemente ligado aos órgãos de repressão e que dizia ser psicólogo, como gerente de Relações Humanas.

Num fim de semana de dezembro de 1972, por decisão da direção, o jornal publicou as acusações de "Carlos", um antigo membro do Partido Comunista, que se dizia homem de confiança de Luís Carlos Prestes e confessava ser agente da Central Intelligence Agency (CIA). Mostrou como era a estrutura do partido, suas ligações na América Latina, e deu o nome dos dirigentes e de diversos membros do partido. Publicada a matéria, várias pessoas foram presas e torturadas, algumas morreram, outras fugiram para o exterior. Dines explicou: "Chegou da direção aquela versão e fomos obrigados a publicar". Ele quis deixar o jornal, mas foi dissuadido por Castello Branco.[168]

Durante esse período, Nascimento Brito ficou com mania de comprar outros jornais. Brito teve ocasião de tentar comprar o *Diário Popular*, mas não quis. No entanto, falou com o Frias para comprar a *Folha*, ouvindo como resposta que, por US$ 70 milhões, porteira fechada.

Em política externa, o *JB* via o cenário internacional a partir da óptica da Guerra Fria e do confronto Leste-Oeste, dentro da qual cabia ao Brasil participar, ao lado dos Estados Unidos, na cruzada contra o comunismo; adotou também uma orientação sionista e a favor de Israel. Segundo Dines: "Brito era – isso é muito importante que se diga – muito mais sionista do que eu. Por uma razão simples: a Guerra Fria [...] e Israel representava[m] a órbita ocidental".[169] Ainda de acordo com Dines, "o *Jornal do Brasil* tinha uma posição pró-Israel – que não fui eu que fiz, eu não fazia editoriais; o Brito sempre teve posições pró-Israel porque estava dentro do esquema da Guerra Fria".[170] Mas, segundo Dines, "o Brito quis se aproximar do Geisel dizendo que o jornal estava fazendo uma política sionista, porque tinha um judeu como editor [...] fui apresentado como o bode expiatório".[171] Millôr Fernandes teve na época uma percepção diferente. Escreveu que Israel era um dos feudos de Dines, "onde (et pour cause) é recebido como chefe de Estado".[172]

Durante a Guerra dos Seis Dias, o conflito no Oriente Médio entre Israel e os países árabes, em junho de 1967, Dines escreveu, de Paris, Londres, Telavive e Rio de Janeiro, artigos nitidamente favoráveis a Israel; fez a cobertura, disse, a pedido de Nascimento Brito. Luís Edgard de Andrade, enviado especial, que chegou ao Oriente Médio quando a guerra estava terminando, fez um trabalho equilibrado. Dines estava certo quando afirmou que o jornal fez uma cobertura espetacular, mas não foi isenta.

CRUZADA CONTRA O COMUNISMO

Na Guerra do Yom Kippur – Guerra do Ramadá para os árabes –, o novo conflito no Oriente Médio, em outubro de 1973, a cobertura no local foi feita pelo correspondente em Telavive, Nahum Sirotsky, e pela redatora da seção Internacional, Helena Salem, especializada no Oriente Médio, no Cairo. Ela se licenciara do *JB* quando ganhou uma bolsa de estudos na área de Relações Internacionais na Itália e pretendia passar três meses no Egito e um em Israel para conhecer a região. Encontrava-se no Cairo quando começaram os combates e o jornal contratou seus serviços.[173]

A. Drori participou da cobertura com artigos especiais para o *JB*, um de Jerusalém e outros sem identificação de origem, talvez escritos do Rio. Ele defendia a mudança das fronteiras, incorporando a Israel diversos territórios palestinos para aumentar a sua segurança. A autoria dos artigos foi atribuída a Alberto Dines, que os teria assinado com pseudônimo. Ele disse que, durante a Guerra do Yom Kippur, "eu estava aqui (no Rio), não estava lá", e que escrevera depois alguns artigos sobre essa guerra. Helena Salem falou que Dines, "embora sem querer esconder sua posição francamente pró-israelense, era aberto e consciente o bastante para prestigiar o trabalho de um bom profissional e querer oferecer ao leitor os vários aspectos de uma realidade".[174]

Carlos Marchi escreveu que "o *JB* fez uma cobertura rigorosamente imparcial". Brito não gostara da cobertura da Guerra Yom Kippur, pró-Israel em sua opinião, e enviou o jornalista Juarez Bahia ao Oriente Médio, de onde produziu farto material favorável aos árabes para agradar o presidente Ernesto Geisel – sem avisar Dines.[175]

Essa afirmação contradiz as diversas manifestações de Brito em prol de Israel. O autor destas linhas não encontrou nenhuma reportagem de Juarez Bahia no *JB* sobre o Oriente Médio nesse período. Quem viajou pela região para o jornal, depois da guerra, foi a enviada especial Helena Salem. Dines, por sua vez, disse: "Coincidência: uma semana antes de eu sair, sem que eu soubesse, mandaram o Luiz Alberto Bahia fazer uma reportagem no Oriente Médio".[176] Na verdade, Bahia viajara ao Oriente Médio em agosto, quatro meses antes de Dines sair do jornal e três antes da Guerra do Yom Kippur. Uma das matérias, de uma página, reflete simpatia por Israel.

O alinhamento de Brito com os Estados Unidos durante a Guerra Fria ficou nítido durante a Guerra do Vietnã. Segundo Luís Edgar de Andrade:

> Quando voltei [de Paris, onde era correspondente] para o Brasil, em 1965, chamado por Alberto Dines, a fim de chefiar a Editoria Internacional do *Jornal do Brasil*, o jornal dedicava uma página por dia à Guerra do Vietnã. [...] Mas, em dezembro de 1967, o então vice-presidente do *Jornal do Brasil*, Manoel Francisco do Nascimento Brito, passou uma semana em Saigon a convite dos americanos. Na volta deu uma entrevista em Nova York, dizendo: "Os Estados Unidos ganharam a Guerra do Vietnã". Azar dele, porque a ofensiva do Tet (com um ataque simultâneo do vietcongue às posições norte-americanas, em janeiro de 1968, que abalou a opinião pública do país) começou em seguida.[177]

Luís Edgar de Andrade foi demitido precisamente no último dia de 1967. Ficou cobrindo por alguns meses a Guerra do Vietnã.

Em 1968, o *JB* mandou Antonio Callado ao Vietnã do Norte para mostrar a guerra do "outro lado", pois a quase totalidade das notícias publicadas pela imprensa vinha de Saigon, a capital do Sul. Ele enviou de Hanói, a capital do Norte, informações pelo telex que não foram publicadas. Somente quando voltou ao Brasil foram impressas, em outubro desse ano, cinco longas reportagens retratando a vida do país sob contínuo bombardeio. O título da primeira matéria, "Hanói ou o heroísmo como rotina", mostra o tom acrítico de admiração pela maneira como a população enfrentava as agruras da guerra. As reportagens foram editadas posteriormente em forma de livro. *Vietnã do Norte: advertência aos agressores*, publicado em 1977.

Callado trouxe do Vietnã cartas dos prisioneiros norte-americanos para enviá-las a suas famílias. Dois meses depois de seu retorno, quando foi baixado o Ato Institucional n. 5, foi-lhe proibido o direito de exercer a profissão, pena que foi revertida por intermediação do colunista de *O Globo*, Ibrahim Sued. Seu adversário ideológico, Nelson Rodrigues, escreveu também em *O Globo*. "Alguém pode conceber Callado um açougueiro, ou um quitandeiro, ou quebrando pedras? Teoricamente, ou ele vai para o açougue, a quitanda ou a pedreira ou morre de fome. Eis um homem que só existe como escritor". Callado permaneceu como editorialista até 1974.

A BRIGA COM *O GLOBO*

No fim de 1970, o *Jornal do Brasil* imprimia uma média de 93 mil exemplares nos dias úteis e de 206 mil aos domingos. Em 1972, enfrentou um dos mais sérios embates de sua história. Em julho desse ano, num confronto com *O Globo*, passou a circular também às segundas-feiras. *O Globo* começou a ser publicado aos domingos; era vespertino e circulava de segunda-feira a sábado, mas vinha adiantando, paulatinamente, o horário de chegada às bancas, transformando-se, na prática, em matutino. Sair aos domingos era um passo natural. A edição dominical foi promovida por uma maciça campanha publicitária na TV Globo. Nessa briga, quem perdeu foi o *JB*, uma vez que teve que dividir com seu concorrente os anunciantes de domingo, o melhor dia para a inserção de publicidade.

Para Dines, a decisão de *O Globo* de circular aos domingos rompia "o acordo de décadas que deixava o domingo para os matutinos e as segundas-feiras para os vespertinos. Era a declaração formal de guerra depois de tensas e demoradas negociações entre as duas empresas mediadas pelo deputado Chagas Freitas e o banqueiro José Luiz de Magalhães Lins". Outras versões asseguram que foi Nascimento Brito quem rompeu essa trégua, pois queria que seu jornal circulasse também às segundas-feiras. De acordo com testemunhas, sua competição com Roberto Marinho, o dono de *O Globo*, ultrapassava os limites da disputa empresarial, chegando ao terreno pessoal.

Na época, surgiu também o boato de que o *JB* pretendia lançar um vespertino, *Jornal da Cidade*, com base na experiência do *Jornal da Tarde* de São Paulo, para competir com *O Globo*.

Por ocasião do golpe no Chile e da morte do presidente chileno Salvador Allende, em setembro de 1973, a censura proibiu dar a informação na manchete do jornal ou publicar fotografias. A instrução foi seguida ao pé da letra. A notícia foi publicada em um corpo muito maior do que o habitual, em quatro colunas, ocupando toda a primeira página, sem título nem fotografias – exatamente como a censura tinha pedido. Tanto Carlos Lemos como Alberto Dines atribuem a si mesmos a paternidade da ideia.[178] A repercussão foi extraordinária. O jornal esgotou nas bancas e quebrou o recorde de circulação.

Apesar da ousadia demonstrada na primeira página, o editorial do jornal deu nesse dia um apoio velado ao golpe. Lamentava a "ruptura político-institucional" no Chile, mas afirmava: "Impôs-se a alternativa da intervenção militar".[179] A "Coluna do Castello" na mesma edição também parece aliviada com a derrubada do governo. Afirmava que a eleição de Allende em 1970 representava uma ameaça de colapso das instituições democráticas mais sólidas da América do Sul, que o governo socialista de Allende objetivava solapar as instituições, substituindo-as por um Estado autoritário, e que fez tudo que pôde para desarticular a economia do país. Com os militares no poder, Castello opina que, nas condições do momento, uma eleição poderá ser um risco a não ser corrido.

É interessante ver que, como fizera no caso do Brasil em 1964, Castello Branco também parece justificar no Chile a derrubada de um governo ineficiente e radical, mas democraticamente eleito, por meio de um golpe militar.

A capa do *Jornal do Brasil* sobre a derrubada de Allende, que entrou para a história da imprensa, causou na época um grande escândalo e a represália dos censores. A direção do jornal ficou irritada com o episódio e, a partir dessa época, afirma Dines, mudou a relação com Nascimento Brito. É curioso que tanto a primeira página com "o Dia do Cego" como a do golpe no Chile, que fariam o orgulho de qualquer redação e qualquer dono de jornal, provocassem uma animosidade insuperável dentro da empresa, que, com problemas financeiros, ficou preocupada com eventuais represálias do governo.

SAI DINES, ENTRA FONTOURA

Três meses depois desse episódio, Dines foi "sumariamente demitido", segundo ele, sob a estranha alegação de que era necessário punir a indisciplina da redação. Ele ficou com "uma grande mágoa do *JB*". É pouco provável, porém, que depois de quase 12 anos, um longo período de sobrevivência no cargo que não seria igualado por nenhum de seus sucessores ou antecessores a partir da "reforma", ele fosse demitido por um único motivo. As relações do editor-chefe com o diretor do jornal já estavam desgastadas[180] e Nascimento Brito era conhecido por trocar de editores-chefes com facilidade. Havia conflitos de personalidade. Dines ameaçara diversas vezes com sua saída. Sua demissão parecia ser uma questão de tempo.[181] Ele escreveu que, por ocasião do centenário do jornal, já reconciliados, Brito alegou que foi Otto Lara Resende quem quis derrubá-lo, o que este desmentiu.[182]

No dia 7 de dezembro de 1973, o jornal publicou uma curta nota com o título "Aos leitores", no alto da página 3. O texto dizia: "Deixou ontem o lugar de Vice-Diretor Editor-Chefe do *JORNAL DO BRASIL* o jornalista Alberto Dines. / Na mesma ocasião, a Diretoria decidiu extinguir o cargo de Vice-Diretor Editor-Chefe". A rispidez da nota mostra que o divórcio realmente não fora amigável. A saída de Dines marca o fim do longo período da "reforma" do *Jornal do Brasil*. Depois dele, a vida seria "normal". Anos depois, ele diria: "Eu fiquei no jornal 11 anos e 11 meses, foi uma experiência extraordinária. A não ser na parte política, onde eu não tinha nenhuma interferência, de resto eu tinha liberdade pra tudo".

A demissão de Dines causou um forte impacto e foi lamentada durante meses na redação. Vários jornalistas saíram com ele em solidariedade. Nascimento Brito mandou demitir Clarice Lispector por telegrama; não gostava dela nem de seu estilo. Mas, apesar dos fortes rumores, seu substituto, Walter Fontoura, não demitiu nenhum judeu e nenhum comunista.

Quatro dias depois, 11 de dezembro, em outra nota, também com o título "Aos leitores", o *JB* comunicava a saída de Otto Lara Resende, mas em lugar das sóbrias linhas dedicadas ao ex-editor-chefe, dessa vez o texto seria bem mais longo e repleto de elogios ao brilho natural do jornalista:

> Otto Lara Resende deixou ontem a Diretoria que ocupava no *Jornal do Brasil*, por vontade sua, explicitada em carta irrevogável de pedido de demissão. Por vontade nossa estaria ainda no cargo, que desempenhou

com aquele brilho que põe em tudo que faz, um brilho natural, sem esforço, parte integrante de sua natureza.

Continuava dizendo: "O *Jornal do Brasil* acolhe, a partir de hoje, em dois cargos novos, dois jornalistas que já lhe vinham prestando assinalados serviços: Walter Fontoura, Editor, e Luiz Alberto Bahia, nomeado Editor de Opinião". O que a nota não disse é que Lara Resende saíra em protesto pela demissão de Dines. Bahia durou pouco tempo no novo cargo; sairia para trabalhar em *O Globo* e depois na *Folha de S.Paulo*. Fontoura telefonou a Dines para dizer por que aceitara o cargo, mas este disse que fora traído e cortou a ligação.[183]

É provável que o nome de Fontoura fosse sugerido pelo diretor da empresa, Bernard Campos, de quem era amigo. Anteriormente, Dines insistira para que Fontoura fosse superintendente da empresa, um cargo executivo importante, mas fora da área editorial, à qual Fontoura queria permanecer ligado. Ele tinha dirigido temporariamente a sucursal de Brasília, onde se indispôs com parte da equipe, levando Castello Branco a deixar a direção da sucursal.

Dines atribuiu sua saída a razões políticas, pois o *Jornal do Brasil* precisava se aproximar do futuro governo do general Ernesto Geisel e tinha que oferecer alguma cabeça como bode expiatório; o *JB* tinha que se aproximar do novo presidente, principalmente por causa da televisão – um canal já estava concedido, mas faltava outro e mais uma série de créditos. Ouro motivo, em sua opinião, seria a necessidade de oferecer sua cabeça para corrigir o erro estratégico de Nascimento Brito de ter apoiado o nome de Leitão de Abreu para suceder a Costa e Silva na presidência, em oposição ao general Ernesto Geisel. Segundo Dines, a pessoa convocada para sucedê-lo era "um profissional alheio à redação e alheio ao jornalismo para comandar um esquadrão golberista".[184]

Dines repetiu várias vezes que, com sua saída, o jornal foi entregue ao esquema do general Golbery do Couto e Silva.[185] De fato, parece evidente uma tentativa de aproximação com o governo; Luiz Alberto Bahia, o novo editor de "Opinião", era amigo de Golbery e Gaspari tinha neste uma de suas melhores fontes de informação. No entanto, as difíceis relações do jornal com o governo

Geisel, no qual Golbery era o chefe da Casa Civil, mostram que, se acordo houve, o *JB* beneficiou-se pouco dele. Na verdade, as relações com o governo permaneceram num ambiente tenso. A opinião liberal do jornal nem sempre coincidiria com a orientação intervencionista do governo.

FASE DE ESTABILIDADE

Ao período de consolidação das reformas de Dines sucederam oito anos de relativa estabilidade, quando o diretor da sucursal de São Paulo e antigo editorialista e responsável nos anos 1960 pela coluna "Informe *JB*", Walter Fontoura, foi nomeado editor do jornal, "tendo Elio Gaspari como 'spala' e maestro ao mesmo tempo, na execução das partituras políticas nacionais", nas palavras de Wilson Figueiredo.[186] Gaspari, saído da revista *Veja*, foi editor de Política, uma área que tinha perdido importância, e titular da coluna "Informe *JB*", considerada estratégica. Era visto como um dos mestres de jornalismo de seu tempo. Levou ao jornal Marcos Sá Corrêa, também da revista *Veja*, que futuramente dirigiria a redação.

Ao ser ultrapassado em circulação por O *Globo*, que ampliou sua distribuição na Zona Norte do Rio e nos subúrbios, o *JB*, concentrado na Zona Sul, colocou-se no mercado da imprensa diária como um jornal voltado à elite dirigente, orientado para o entorno político, a área governamental, os intelectuais e o mundo dos negócios, principalmente o setor financeiro. O prestígio do *JB* continuava elevado. A cobertura política era, de longe, a melhor da imprensa. O *Correio da Manhã* estava nos estertores; só anos mais tarde a *Folha de S.Paulo* começaria a destacar-se, mais pelas páginas de opinião que pela informação de Brasília; O *Estado de S. Paulo* enfrentava uma crise e O *Globo* se renovava sob a direção de Evandro Carlos de Andrade, mas somente no fim da década faria uma persistente concorrência ao *JB*.

O jornal contava com uma ampla rede de correspondentes no exterior que começara a ser instalada no período de Dines. Segundo Ricardo Kotscho, que foi correspondente na Alemanha, o *JB* tinha uma retaguarda na área internacional de boa qualidade, com Dorrit Harazim como coordenadora dos correspondentes, que deu à cobertura no exterior uma visão brasileira. Brito, que achava estratégica a criação de escritórios internacionais e uma das fontes de prestígio do jornal, não negou recursos a essa iniciativa.

Nesse período, porém, o Departamento de Pesquisas perdeu importância e foi desmantelado; a revista *Cadernos de Jornalismo e Comunicação*, feita pelo departamento, foi fechada. Para Walter Fontoura, o departamento era demasiado caro; tinha jornalistas com texto primoroso, mas ele preferia investir na reportagem.

A linha editorial, determinada pela direção, continuava apoiando o regime. Luiz Alberto Bahia afirmou que o *Jornal do Brasil* tinha abraçado os valores liberais e uma opção tecnocrática. Partia do princípio de que, com a falência do governo Goulart e o descrédito em que caíram os valores liberais, ganhava força a ideia de que a concentração de poderes nas mãos do Executivo e a limitação dos poderes do Congresso representavam um fator de modernização da sociedade brasileira. Apesar de sua reação inicial ao AI-5, o jornal deu apoio ao governo do presidente Emílio Garrastazu Médici. A razão, ainda de acordo com Bahia, já não era mais a necessidade de enfrentar a ameaça comunista, mas acabar com a desordem financeira no país. Na esfera política, disse ele, o jornal manteria uma posição menos comprometida e foram conservadas "certas janelas de oposição forte ao regime".[187]

As dificuldades financeiras do *JB* foram suavizadas parcialmente, por um tempo, com a ajuda de Delfim Netto quando foi ministro da Fazenda e, depois, do Planejamento. Ele era amigo de Bernard Costa Campos, que estava casado com uma sobrinha da condessa e era diretor da empresa, com quem almoçava regularmente. Em reciprocidade, recebia apoio editorial do jornal.[188]

O francês André de Seguin des Hons disse que, se o *JB* nunca entrou em conflito aberto com os militares, mostrou sua reticência não em relação ao golpe de Estado, mas à permanência dos militares no poder. Por seu lado, os governos não pretendiam permitir a expansão de um grupo jornalístico que não mostrava claramente sua adesão.[189]

Segundo o jornalista Henrique Caban: "A relação do *JB* com a ditadura era de troca. O jornal dava o que os militares queriam. E de forma mais inteligente que Roberto Marinho. As capas do *JB* tinham marca de independência. Marinho, não; se afundou, acabou se metendo com os pés e a cabeça".[190]

Embora eventualmente relutante, o apoio dos editoriais ao governo era também uma maneira de buscar uma saída para a desordem financeira do próprio jornal, que já começava a ficar evidente. Otto Lara Resende, que fora diretor estatutário, com uma participação acionária simbólica, teve, por ordem da Justiça, todos seus bens arrestados como garantia das dívidas da empresa. Ele ficou desesperado e colocou um revólver no bolso para tomar satisfações na sede do jornal. Foi dissuadido e desarmado por um amigo.[191]

Um editorial de *O Globo* mostrava a precária situação das finanças do *JB*, com baixa liquidez e elevado endividamento: "Faltam-lhe recursos e falta-lhe crédito. Falta-lhe numerário para o pagamento integral do aumento de seus assalariados". (Realmente, o balanço do *Jornal do Brasil* mostrava um grave desequilíbrio financeiro. Em 1975, suas dívidas de curto e longo prazo eram de Cr$ 233,8 milhões, mas tinha disponíveis para cobri-las apenas 168,7 milhões.)

No dia seguinte, o *JB* escreveu que entregara a questão ao exame de seus advogados, mas nada aconteceu. Em 1976, a Rádio Tupi e a TV Tupi, dos Diários Associados, divulgaram que o *Jornal do Brasil* se encontrava em estado "pré-falimentar", devendo quase Cr$ 200 milhões, com base em dados do Boletim do Sindicato dos Jornalistas do Rio de Janeiro: o jornal não respeitara o acordo salarial; em vez de pagar um aumento de 44% em fevereiro, pagou 20% em abril. O *JB* denunciou os diretores das emissoras por injúria.

Em outra disputa com os Diários Associados, também em 1976, quando o *JB* escreveu, com provas, que o *Correio Braziliense* tinha recebido dinheiro para fazer uma cobertura jornalística favorável ao governador do Rio Grande do Norte, esse jornal escreveu que, para ter um canal de TV, o *JB* "tornou-se dócil à orientação e à natureza do governo. Quando percebeu que o apoio imaginado para essa empreitada não lhe seria concedido, tornou-se áspero contra o governo e azedo contra o regime. O pânico dos compromissos a vencer invade, então, a página de opinião". *O Globo* reproduziu o artigo com destaque.

O "TITANIC" DA AVENIDA BRASIL

Uma das causas do desequilíbrio econômico do *JB* foi a construção de uma monumental sede de nove andares na avenida Brasil, n. 500, na zona portuária, perto da ponte Rio-Niterói. Fez a aposta errada. A cidade, em lugar de crescer em direção à zona portuária, como talvez fosse lógico, cresceu orientada para a Barra da Tijuca.

A empresa achou que o histórico prédio *art nouveau* de oito andares da avenida Rio Branco estava ficando acanhado e não teria condições de acomodar a expansão do jornal. Já em outubro de 1957, a revista *Publicidade & Negócios (PN)* observara a premente falta de espaço no velho edifício do *JB*. Escreveu que tinham sido construídos mais três pavimentos e readquiridas duas lojas no andar térreo, e disse que a solução viria com a ampliação do espaço. Em lugar de ampliar as instalações, a empresa preferiu sair de lá e construir um novo prédio.

Nos anos 1960, a empresa conseguira permissão para derrubar esse prédio histórico e liberar o gabarito para construir um edifício de 42 andares mais heliponto, dos quais ficou com uma grande parte, que seriam vendidos posteriormente para saldar dívidas. O prédio seria hipotecado várias vezes. A operação foi financiada pelo Banco de Boston, que ficou com alguns andares e, ainda, emprestou US$ 8 milhões ao *JB* dos US$ 20 milhões necessários para a construção da nova sede.

A liberação do gabarito, muito acima dos limites legais, teria custado ao *JB* "compromissos políticos e morais" com o governador da Guanabara e dono do jornal *O Dia*, Chagas Freitas, que passou a receber uma cobertura jornalística extremamente favorável.[192] Outras construtoras pediram isonomia e conseguiram a mudança geral do gabarito do centro do Rio.

Quando Chagas Freitas reclamou de uma nota na coluna "Informe *JB*", Nascimento Brito chamou o editor-chefe, Walter Fontoura: "Chagas é como se fosse meu irmão. Ele me telefonou reclamando de você. E eu disse que iria demiti-lo". Pediu a Fontoura que não fizesse nada. "Se um dia [Chagas] perguntar, diga que foi demitido e recontratado imediatamente".[193]

A mudança para o novo prédio, o Conde Pereira Carneiro, deu-se em meados de 1973. Móveis e equipamentos ficaram no antigo edifício; tudo foi comprado novo. A nova sede era imponente. O projeto arquitetônico, de estilo brutalista, foi inspirado no prédio do jornal *The Miami Herald*. Os jardins do terraço foram projetados por Burle Marx. Ganhou até um poema de Carlos Drummond de Andrade intitulado "A casa do *Jornal do Brasil*, antiga e nova". Foi uma construção cara. Tinha 33 mil metros quadrados, em comparação com os 6 mil do velho prédio; a área da redação aumentou de 850 para 3.400 metros quadrados. Seu consumo de energia poderia abastecer uma cidade de 30 mil habitantes. Foram instaladas 1.200 janelas e 300 portas. Os vidros duplos das janelas externas, de grande tamanho, foram importados, assim como as esquadrias. Além do financiamento do Banco de Boston, o *JB* recebeu também recursos da Caixa Econômica Federal.

Wilson Figueiredo elogiou a nova sede: "Com o projeto de Henrique Mindlin, premiado internacionalmente, [o *JB*] construiu um edifício que se tornou referência e marcou época pela concepção funcional que foi a última do tempo iniciado no século XIX". Mas Otto Lara Resende o detestou: "É tão horrível que só pode ter sido escolhido pelo Roberto Marinho", o dono de *O Globo*, o maior concorrente do *Jornal do Brasil*. Ele escreveu ainda: "devo ter sido o único jornalista da numerosa equipe que entrou em estado de depressão [...] Durante a mudança, escondi-me em Petrópolis". E observou: "está muito perto do cemitério". Henrique Caban, que seria tempos depois diretor da empresa, diz que era um prédio caro e inadequado num lugar caro e inadequado. Segundo Eliakim Araújo:

> A mudança para o gigantesco prédio da Avenida Brasil 500 mudou radicalmente a vida da empresa e de seus funcionários. A começar pela localização, numa zona inóspita em local de acesso complicado junto a um emaranhado de viadutos [...]. A redação perdeu o charme da Avenida Rio Branco, o ponto mais nobre e central da cidade. Agora, as editorias eram grandes salas fechadas, sem comunicação umas com as outras [...] ambiente frio, sem calor humano.[194]

Nos anos 1990, o prédio ganhou o apelido de "Titanic". Villas-Bôas Corrêa disse que um jornalista italiano foi visitar o prédio e, depois de percorrê-lo inteiro, já na portaria, perguntou: "Além do *Jornal do Brasil*, o que mais vocês editam neste prédio?" E o jornalista que o acompanhava respondeu: "Mais nada". Ao que o italiano comentou: "Ih... vai quebrar".

Luiz Orlando Carneiro, que foi diretor do jornal em Brasília, afirmou: "Não foi a construção da sede nova, na avenida Brasil, que complicou o *JB*. Foi a maxidesvalorização [de 1982] que multiplicou a nossa dívida a um montante impagável". A dívida fora contraída para construir a JBIG, uma moderna gráfica desenhada para competir com a gráfica da Bloch Editores, então a melhor do Rio de Janeiro. A dívida pela montagem da JBIG era em dólares. Para se equilibrar, o *JB* teve que vender dez andares dos que lhe couberam na construção do enorme prédio na avenida Rio Branco; outros 30 andares ficaram com o Banco de Boston.[195]

A empresa recebeu ajuda informal do governo Médici para enfrentar o endividamento. Como disse Nascimento Brito: "Já havíamos feito compromissos com a nova sede. O Delfim (Antonio Delfim Netto, na época ministro da Fazenda) me avisou da desvalorização do dólar e eu paguei uma parcela adiantada de US$ 5 milhões".[196]

A ROTATIVA ERRADA

Para o novo prédio foram compradas rotativas novas. A escolha do equipamento foi um erro quase tão monumental quanto as gigantescas dimensões e a localização do novo edifício. Jornais no exterior e até no Brasil, como a *Folha de S.Paulo*, estavam renovando seu equipamento gráfico com rotativas *off set*, então um processo relativamente novo na imprensa diária que proporciona uma impressão mais limpa, melhor reprodução de fotografias e de anúncios, além de um custo de operação mais baixo.

Nascimento Brito, porém, preferiu encomendar rotativas HOE que utilizavam o tradicional processo tipográfico (*letterpress*, em inglês).[197] Instalou na nova sede 20 unidades de impressão divididas em dois grupos, extremamente caras.[198] Foi o último equipamento *letterpress* fabricado pela empresa. O *JB* ficou preso a uma tecnologia obsoleta, irritando leitores e anunciantes com uma impressão menos nítida e mais suja que a do seu concorrente direto, *O Globo*, que optara pela impressão *off set*. Vários anos mais tarde, percebendo o erro cometido, o jornal vendeu a rotativa para o jornal gaúcho *Correio do Povo*, e pediu favores ao governo para importar novos equipamentos *off set* isentos de impostos e financiados pelo Banco Nacional de Desenvolvimento Econômico e Social (BNDES).

289

Nesse período, circulou no Rio de Janeiro o estranho boato, pouco verossímil, de que o *Jornal do Brasil* estava sendo vendido para um grupo de investidores árabes.

A modernização da gestão, levada a extremos, criou problemas para a empresa. Dines afirmou que o modelo administrativo se agigantou e "os infernais departamentos de Métodos e Sistemas e os famigerados Planejamento e Controle alteraram a própria essência da empresa, transformando-se em fins e não meios", começando a caminhada para o abismo.[199]

As dívidas ocasionadas pelo elevado custo do novo prédio e dos equipamentos gráficos foram um fardo para as finanças do *Jornal do Brasil*. Em 1975, apesar dos diversos pagamentos de amortização, ainda enfrentava encargos de longo prazo de Cr$ 172 milhões. A receita não chegava com a facilidade de antes. Tinha que competir com *O Globo*, que, além de circular aos domingos, avançou também na área de classificados, um mercado que o *JB* dominara durante várias décadas.

O *JB* abriu a porta aos concorrentes quando abusou do monopólio virtual dos pequenos anúncios e aumentou os preços excessivamente. Dizia-se que um anúncio pequeno para vender uma bicicleta custava mais do que a própria bicicleta. Um problema foi o alegado desprezo de Nascimento Brito por esse tipo de anúncio. Ele teria dito que classificado não dava prestígio ao jornal; era "coisa de pobre", coisa do passado, dos tempos do Jornal das Cozinheiras.[200]

O Globo entrou nesse mercado com preços muito baixos e se apoiou de novo na força de seu canal de TV, substituindo o *JB* na liderança desses anúncios, segmento em que também passou a competir com *O Dia*.

Outro problema na área de publicidade, segundo um dos diretores do *JB*, foram os "descontos por exclusividade" de até 50% dados por *O Globo* para quem colocasse um anúncio unicamente nesse jornal. Se uma agência se anuncia também no *JB* ou em *O Dia*, o custo de *O Globo* ficava bem maior, de maneira que várias agências só anunciavam também no *JB* se este compensasse a diferença do preço, o que na maioria dos casos era inviável. A venda de anúncios com tabela conjunta de *O Globo* e TV Globo, com grandes descontos, e a pressão sobre os anunciantes seriam outros fatores do enfraquecimento do *JB*. Além disso, quando o *Jornal nacional*, depois de dar uma notícia, dizia: "Leia amanhã n'*O Globo*", soava como um tiro no *JB*, segundo um diretor deste jornal.

O *JB* SONHA COM A TV

Desde os anos 1950, o *Jornal do Brasil* queria entrar na televisão. Em 1958, ganhou uma concessão, mas o presidente Juscelino Kubitschek teria deixado de assinar o decreto por causa da foto com John Foster Dulles que o irritara. Seu concorrente *O Globo* já tinha conseguido uma concessão de TV, combatida pelo *JB*, que apontava para as dívidas desse jornal com o Banco do Brasil, o que incentivou a rivalidade entre Nascimento Brito e Roberto Marinho.

João Calmon, senador e diretor-geral dos Diários Associados, disse que no início dos anos 1960 foi procurado por Nascimento Brito interessado em comprar a TV Mayrink Veiga, canal 2 do Rio. Calmon pediu Cr$ 200 milhões pagos em 24 prestações e Nascimento Brito ofereceu 150 milhões. Não houve acordo. Anos depois, fez outra proposta pela TV Cultura de São Paulo e lhe foi concedida uma opção, que não foi exercida. Nascimento Brito, ainda segundo Calmon, também demonstrou interesse em adquirir a TV Diário Carioca, canal 11 do Rio, em seu próprio nome, e a TV Alterosa, de Minas Gerais. Calmon assegurou que Nascimento Brito iniciara negociações para fazer uma parceria com a rede norte-americana American Broadcasting Company (ABC).[201]

O jornalista político D'Alembert Jaccoud, que escrevia no *JB* a "Coluna do Castello" na ausência do titular, foi demitido e ele achou que a demissão nada teve a ver com a censura, mas com a concessão do canal de televisão. Segundo declarou:

> Em 1965 fui para o *Jornal do Brasil*, em Brasília, e no ano seguinte passei a substituir o Castello em sua coluna política. Fiquei no *Jornal do Brasil* até dezembro de 1972, quando fui demitido. [...] O do *Jornal do Brasil* não sei bem, mas pode se considerar como um comportamento que independe da censura, independe da situação de submissão geral ao arbítrio, independe da situação da ditadura. Pode ocorrer que haja isto.

É sabido que o *Jornal do Brasil* queria um canal de televisão e é também sabido que o governo queria algumas cabeças. Essas cabeças foram dadas, num processo até demorado – agora, eu não sei até que ponto isso tem a ver com a ditadura.[202]

De acordo com outra versão, D'Alembert foi demitido por Walter Fontoura, que assumiu interinamente a direção da sucursal em Brasília quando Castello Branco ficou doente. Fontoura, de caráter conservador, achou que havia na sucursal muita leniência e pouca disciplina. D'Alembert, que chefiava a redação da sucursal, reagiu à interferência, os dois se atritaram e ele foi demitido por um incidente do qual não participara. Posteriormente, Fontoura se arrependeria da decisão.

Um pedido de concessão foi encaminhado ao Ministério das Comunicações, recém-criado, mas quem decidiu negar um canal de televisão ao jornal foi o chefe do Gabinete Militar de Costa e Silva, o general da linha dura Jayme Portella.[203]

Finalmente, em agosto de 1973, o jornal recebeu do governo Médici a concessão que tanto desejava para operar emissoras de televisão no Rio e em São Paulo. Nascimento Brito disse à revista *Veja* que o *JB* tinha pleiteado entrar na TV durante 17 anos e sempre fora posto de lado, mas que o Brasil mudara e ganhou a concessão "que no outro Brasil não obtivemos". Mas teve que pagar um preço político ao governo do general Emílio Médici.[204]

O *JB* pretendia fazer uma televisão de bom nível, sem lugar para programas de auditório, nem de apresentadores como o Chacrinha. "A TVJB tenderá mais para o estilo europeu que para o americano". Carlos Lemos, chefe de redação do jornal, foi mandado a Londres para um estágio de 11 meses na BBC londrina. Segundo ele, Nascimento Brito cometeu um erro grave ao inspirar-se no padrão europeu, em lugar do norte-americano, como fez a TV Globo.

Uma antiga executiva da BBC veio ao Brasil e se associou ao *JB* para instalar a emissora em Niterói, mas o projeto tornou-se muito caro, em torno de US$ 40 milhões, e não foi possível conseguir o aval do Banco do Brasil para financiar os equipamentos. Era um modelo de alta qualidade de produção, mas inviável, superdimensionado para uma televisão comercial.

Por falta de recursos, em 1977 a TVJB ainda não tinha iniciado as transmissões. Em entrevista à revista *Veja*, em janeiro desse ano, Nascimento Brito disse que fazer TV, "além de exigir muito dinheiro, implica ter uma coluna curvada, bem flexível [...] Quando vejo o jornal 'Amanhã' na TV Globo, sinto que estou assistindo a um noticioso do governo. Eu também gosto muito de dinheiro, mas, como a minha coluna é muito rígida, fica mais difícil". Segundo ele, quando a concessão de TV lhe foi oferecida pelo governo Médici, contratou tecnologia na Inglaterra para formar uma rede nacional e gastou uma elevada soma de dinheiro, mas no governo Geisel disse ter sentido que pela TV mexia-se na liberdade dos jornais; e que TV era um instrumento puro e simples de adesão e de propaganda do governo. Mudou os planos e desistiu da rede nacional para concentrar-se em São Paulo e Rio. No ano seguinte, a concessão foi devolvida, talvez para evitar que fosse tomada de volta, depois que o governo se recusou a prorrogar o prazo para entrar no ar. Nascimento Brito sentiu-se discriminado, observou que *O Globo* só começou a operar nove anos depois de receber a concessão e a Caldas Júnior, do Rio Grande do Sul, 12 anos mais tarde.

O ministro das Comunicações, Euclides Quandt de Oliveira, afirmou que o *JB* devolveu a concessão porque os investimentos eram muito elevados. Para equipar uma emissora de qualidade, seriam necessários no mínimo US$ 100 milhões inicialmente. Quandt desmentiu que o governo tivesse negociado uma prorrogação em troca de um abrandamento dos editoriais políticos.[205] Nascimento Brito declarou: "Nunca tivemos a plasticidade que certos donos de jornal têm [numa referência a Roberto Marinho de *O Globo*]. Eu conheço o jogo, compreende? Só que eu nunca quis jogá-lo".

Persistente, o *JB* entrou em contato com capitais franceses para um empreendimento misto. Tentou também obter o espólio da TV Tupi, dos Diários Associados. Foi atrás da TV Record. Num esforço final, foi buscar sócios para entrar na TV Manchete. Cezar Motta escreve que foi tentada uma fusão do *JB* com a TV Manchete e a editora Abril; esta última entraria com o dinheiro e seria majoritária, mas desistiu diante do tamanho das dívidas de seus eventuais sócios.

A insistência em entrar no mercado de TV foi apontada como um dos fatores da decadência do *Jornal do Brasil*. Tanto pelos elevados investimentos feitos como por desviar a atenção do seu produto mais importante, o jornal, quando enfrentava a competição cada vez mais acirrada de O Globo, que já o superava em circulação.

O jornal manteve sua política de que a posição dos editoriais favoráveis ao governo não significava necessariamente que as reportagens tivessem que seguir essa linha, e muito menos os colunistas, vários dos quais continuaram divergindo da orientação da casa. Uma reportagem, de 1974, denunciava o favorecimento que teria recebido a Dow Química, subsidiária da norte-americana Dow Chemical, para a importação de matéria-prima. Mais do que a denúncia à Dow, a reportagem foi vista como um ataque ao chefe do Gabinete Civil do presidente Geisel, o general Golbery do Couto e Silva, que tinha sido presidente da empresa até pouco tempo antes. O jornal criticou também o uso de aviões particulares por altos cargos da administração federal. Outro ponto de atrito foi a oposição do *JB* ao Acordo Nuclear Brasil-Alemanha; afirmava que se estava gastando demais e que havia outras prioridades. O governo começou a reduzir o número de anúncios públicos e adiou a concessão de licenças para a importação de equipamentos de computação.

Nascimento Brito acusou o governo de agir sorrateiramente contra algumas empresas. Beneficiava umas e prejudicava outras, negando-lhes até o acesso à informação, postergando-lhes os despachos e cancelando a publicidade.[206] Realmente, a Petrobras deixou de anunciar depois que o *JB* informou que a empresa tinha feito um acordo com a Argélia para comprar petróleo por preços especiais. O presidente do Banco do Brasil, Ângelo Calmon, telefonou a Brito para dizer: "Não publico mais nenhum anúncio aí".

O BNDES também excluiu o jornal, "por ordem da administração", da programação para a publicação do seu balanço. Era uma represália a críticas feitas ao banco por empréstimos concedidos ao grupo de São Paulo Lutfalla, ligado ao político paulista Paulo Salim Maluf, que recebeu Cr$ 350 milhões praticamente a fundo perdido. O governo negou que estivesse fazendo qualquer pressão sobre o jornal. "Deve ter havido algum mau entendimento", disse o assessor de imprensa da presidência da República.

"OPERAÇÃO BROTHER SAM"

O jornal publicou uma série de reportagens com base na documentação que o repórter Marcos Sá Corrêa encontrara na Biblioteca Lyndon Johnson em Austin, Texas, sobre as atividades da CIA no Brasil, em 1963 e 1964, e o apoio dos Estados Unidos ao golpe militar. O código do projeto tinha o nome de "Operação Brother Sam", que assegurava a presença de uma grande frota norte-americana no litoral brasileiro para dar apoio aos militares que se insurgiram contra o governo de João Goulart. A documentação incluía detalhes dos contatos da embaixada norte-americana com políticos e empresários brasileiros antes do golpe. Até então, a intervenção dos Estados Unidos no golpe militar tinha sido veementemente desmentida.

Nascimento Brito perguntou ao repórter: "Você roubou esses papéis?" Quando ele contou como os tinha obtido, disse: "Então, pode dar".[207] As reportagens foram preparadas apressadamente por medo de que a censura as proibisse. Foram publicadas a partir de 18 de dezembro de 1976, um sábado, em três edições, incluindo um caderno especial. Cada dia, o jornal antecipava os principais detalhes da matéria do dia seguinte, para que os leitores soubessem, em caso de censura, o que tinha sido proibido.

Tancredo Neves reclamou. Os documentos publicados o qualificavam como "Político conservador da velha escola e moderadamente nacionalista, conhecido por sua inteligência (embora nem tanto pela honestidade) e por suas tendências anticomunistas...". Ele disse ao repórter: "Mas como é que você publica um negócio que diz que eu sou desonesto?" Sá Corrêa: "Como eu vou censurar a CIA?"

Contudo, Nascimento Brito protegeu seus amigos. Dias antes da publicação, ele avisou o banqueiro José Luiz de Magalhães Lins, cujo nome estava nos documentos, e disse que ele ficaria de fora das reportagens, como realmente ficou. Mas Magalhães Lins alertou o consulado dos Estados Unidos que o *JB* tinha documentos comprometedores para ele, empresários e políticos, e pediu que fosse impedida a divulgação "ao menos dos documentos mais sensíveis".

O embaixador dos Estados Unidos procurou o Itamaraty. Como já predominava o espírito natalino, não encontrou ninguém naquele sábado.

Finalmente, localizou o chefe do Departamento das Américas, que não tinha lido o jornal e não sabia de nada; agradeceu e disse que chamaria a atenção da Secretaria-Geral do Ministério. Mas nem o governo do Brasil nem a embaixada estadunidense reclamaram com o jornal, muito menos com o jornalista, nem tentaram impedir a publicação.

O jornal também publicou uma série de matérias contrárias ao acordo nuclear do governo Geisel com a Alemanha.

O governo Geisel encarava o *JB* como um adversário que precisava ser punido. Nascimento Brito já fizera anteriormente a opção errada ao acreditar que o civil João Leitão de Abreu, chefe do Gabinete Civil, poderia suceder a Médici na presidência.[208]

Embora fosse pouco realista achar que os militares da linha dura concordassem com um candidato civil, não é improvável que Brito agisse para mudar as condições políticas, na expectativa de que a prorrogação do mandato de Costa e Silva levasse à candidatura de Leitão de Abreu. O movimento teria sido articulado pelo banqueiro José Luiz de Magalhães Lins.

Agora, Brito participava de encontros a favor da candidatura do ministro da Guerra, Sylvio Frota, à presidência da República para a sucessão de Geisel e se reuniu com ele diversas vezes. Com Frota presidente, representante da linha dura no poder, Brito seria ministro das Relações Exteriores ou chefe da Casa Civil. Mas Geisel já tinha escolhido o chefe do Serviço Nacional de Informações (SNI), o general João Baptista Figueiredo, como seu sucessor.[209]

O presidente determinou formalmente a suspensão da publicidade oficial ao *JB* e colocou o chefe do Gabinete Militar, general Hugo Abreu, para tratar com Nascimento Brito. Houve uma tentativa para que as relações do governo com o jornal fossem feitas através de Golbery do Couto e Silva, chefe do Gabinete Civil, mas Geisel se manteve inflexível. Abreu disse a Brito que o jornal estava no limite da subversão. "Considero hoje o *Jornal do Brasil* como inimigo. Gostaria de considerá-lo como amigo. Respondeu-me estar certo de que tal iria acontecer". No Rio, Brito, prudentemente, aconselhou a redação a "baixar os flaps".[210] A própria condessa Pereira Carneiro teve sua bagagem revistada minuciosamente depois de uma viagem e sofreu uma devassa fiscal.

Em janeiro de 1977, Hugo Abreu preparou um pacote de medidas contra o *Jornal do Brasil*, dada sua "ação contestadora e subversiva permanente", com o objetivo de torná-lo inviável. Dizia que Nascimento Brito tinha uma "absoluta falta de escrúpulos". Propôs suspender o crédito de todos os bancos públicos, cancelar toda a publicidade oficial; suspender qualquer composição para liquidação dos débitos atrasados; pressionar as empresas privadas para que não anunciassem no jornal, sob pena de perder o crédito oficial; determinar que o Imposto de Renda fizesse uma verificação detalhada da empresa e de seus diretores; suspender o credenciamento dos repórteres na presidência da República, nos ministérios e no governo do estado do Rio; e enquadrar a empresa e os diretores na Lei de Segurança Nacional, colocando o jornal sob intervenção do governo.[211] Propôs, ainda, censurar o jornal. "A censura poderá ser adotada em qualquer fase. A melhor forma de censura será a apreensão do número do jornal depois de impresso, antes da distribuição".

Abreu mandou 200 mensagens por telex para os ministérios, gabinetes e estatais dando instruções para iniciar o boicote econômico. De acordo com Walder de Góes, diretor do *JB* em Brasília, nenhum dos gabinetes ou empresas estatais manifestou discordância em relação à ordem e transferiram os anúncios para os outros três jornais de circulação nacional.[212] Nascimento Brito atribuiria a decadência econômica da empresa a esse cerco financeiro organizado pelo general Hugo Abreu.

O jornal denunciou as tentativas de esmagá-lo economicamente, de:

> [...] reduzir-lhe a independência, fazê-lo calar sobre inúmeras irregularidades, vícios administrativos e escândalos [...]. Ora, o anúncio não é favor nem instrumento de pressão. Quem anuncia tem alguma informação a dar ao público. Não cabe ao tecnocrata, por questões políticas, sonegar ao público do *Jornal do Brasil* um anúncio pago com o dinheiro do contribuinte, inclusive o nosso.

Gaspari disse que o general Hugo Abreu não tinha a retaguarda necessária, que parte do governo mantinha boas relações com o jornal e que o presidente da Eletrobras, Antônio Carlos Magalhães, recusou-se a cumprir a ordem de boicote publicitário. Ele alertou Brito: "O negócio é para quebrar vocês, mas continuo dando a você a minha publicidade". Não foi o único. Ainda assim, segundo Walder de Góes, o jornal negociou com Hugo Abreu: "Vamos retirar, vamos evitar, vamos eliminar, mais no nível da linguagem, eu diria. Amaciamos a linguagem", escreveu Góes.

COMO AMACIAR UM JORNAL

Diariamente, durante 40 dias, por ordem de Abreu, o jornal era marcado com caneta vermelha e enviadas as anotações a Walder de Góes. Entre as reclamações do governo, estavam os editoriais e as reportagens do *JB* a respeito de um acordo atômico secreto com os Estados Unidos. O general também enviava sugestões para reportagens e editoriais, que foram aceitas. Pouco depois, ele deu ordem para que a distribuição de publicidade oficial ao jornal fosse retomada. Góes escreveu que, "depois de 40 dias de negociação e o abrandamento do *JB*, o bloqueio foi relaxado e outros 200 telex foram enviados. [...] A recusa da publicidade mostrara-se eficiente como meio de amaciar o jornal", que se encontrava "sob uma espécie de espada de Dâmocles [...], estávamos sempre atentos às palavras do general".

Em suas memórias desse período, Hugo Abreu relata como foram suas relações com a imprensa, especialmente com o *JB*. Menciona que, numa ocasião, manifestações estudantis de certo vulto em São Paulo e no Rio provocaram a intervenção da polícia, "nem sempre isenta de violência". As fotografias do *Correio Braziliense* e do *Jornal do Brasil* davam a impressão de ter havido muito mais violência do que realmente aconteceu, disse ele. Conversou com os diretores desses jornais, que "atenderam a meu apelo e limitaram a matéria a ser publicada em ambos os matutinos. Não houve, no caso, qualquer forma de coação, mas apenas pedido de cooperação, muito bem compreendido por eles".[213]

O secretário de Imprensa de Geisel, Humberto Barreto, disse que uma noite às 23h30, o editor-chefe do *JB*, Walter Fontoura, bateu à sua porta para pedir que o governo isentasse de imposto a importação de alguns equipamentos.[214] Geisel negaceou devido à posição crítica do jornal, mas acabou concordando.[215] Ele teria comentado: "Engraçado, todos esses jornais são metidos a independentes, falam em liberdade de imprensa, mas vivem pedindo dinheiro ao governo".

Posteriormente, Hugo Abreu lembraria a Nascimento Brito "a consideração do governo" ao conceder a isenção dos impostos. O jornal também recebeu um crédito do BNDES em condições generosas.

O general teve uma curiosa maneira de ver essa relação com o *JB*. Para responder a uma série de reportagens de *O Estado de S. Paulo* que lhe desagradara, sobre a saída do general Sylvio Frota do Ministério do Exército, candidato à presidência que ele apoiava, escreveu: "Visando a corrigir as falhas de reportagem do *Estado*, dei informações ao jornalista Walder de Góes, do *Jornal do Brasil*, que apresentou extensa reportagem no 'Caderno especial' daquele jornal, no domingo seguinte, dia 13 de novembro".[216]

O depoimento de Hugo Abreu sugere que ele conseguira realmente amaciar o *JB* ao ponto de usá-lo para publicar com destaque o ponto de vista da linha dura, que ele representava. Contrário à candidatura do general João Baptista Figueiredo à presidência, Abreu deu ao *JB*, como alternativa, uma lista de dez nomes, entre eles cinco generais da ativa e dois da reserva, certamente para atrapalhar essa candidatura. Segundo Abreu, o Palácio agiu para que a matéria não fosse publicada.

Góes reconheceu que nunca se sabia se as exigências de Abreu refletiam as preocupações de sua facção ou as do governo. A dúvida permaneceu até que o general foi substituído. Na verdade, nos textos que apresentava ao general, Góes teria resolvido plantar, "ainda que de forma sub-reptícia, sua própria opinião, nem sempre coincidente com a do patrão ou com a de Hugo de Abreu (sic)".[217] Góes publicaria, semanas mais tarde, a que foi considerada a melhor reportagem da imprensa sobre a queda do general Sylvio Frota.

Nesse período, surgiram especulações de que o verdadeiro candidato de Hugo Abreu à presidência não seria Sylvio Frota, mas ele mesmo, Hugo Abreu. Segundo Humberto Barreto, assessor de imprensa do presidente Geisel, Walder de Góes discutiu com o repórter político do *Jornal do Brasil*, Villas-Bôas Corrêa, e lhe assegurou que o candidato do governo à presidência não era Figueiredo, mas Hugo Abreu.[218] Nascimento Brito disse que Abreu reconheceu, numa conversa, sua aspiração ao cargo.[219]

Apesar de Nascimento Brito ter aspirações a ser ministro-chefe da Casa Civil ou do Exterior de um eventual governo de Sylvio Frota, ele não interferiu na cobertura política, que deu um destaque muito maior à candidatura de João Figueiredo, o escolhido por Geisel. Sua influência na redação, como sempre, dava-se nos editoriais e na coluna "Informe *JB*".

RIOCENTRO, PROCONSULT E MALUF

Em setembro de 1978, quando foi pescar em La Guaira, porto da Venezuela no Caribe, Nascimento Brito teve um derrame cerebral do qual não se recuperaria totalmente. O lado direito do corpo ficou parcialmente paralisado, obrigando-o a fazer sessões diárias de fisioterapia, o que afetaria o seu desempenho à frente da empresa: tirou um ano em Nova York para tratamento. Esse AVC teria deixado o *Jornal do Brasil* sem a direção firme de que precisava num período de crise econômica interna, de mudanças políticas e de um aumento da concorrência. Os filhos passaram a participar da gestão, que ficou mais confusa e sem rumo.

Uma obra, hoje clássica, sobre a imprensa internacional publicada nos Estados Unidos em 1980 colocava o *Jornal do Brasil* entre os 50 grandes jornais do mundo. O *JB* e *O Estado de S. Paulo* foram os únicos diários da América Latina incluídos nessa obra. Num perfil de seis páginas, a relação do *JB* com o governo foi considerada errática e contraditória; no interesse da lealdade para com o desenvolvimento da nação – escreveram os autores –, o jornal apoiava um governo que professava um dedicado interesse pela modernização do país, ainda que por métodos ditatoriais. Segundo os autores, o *JB* não sofreu a hostilidade e as interferências que enfrentaram outras publicações brasileiras, mas não se viu livre da censura e de pressões. Talvez por esses motivos, o jornal foi, em ocasiões, "compreensivelmente ambivalente".[220]

A direção da redação mudou de novo. Daí em diante, as trocas, inspiradas por Nascimento Brito, às voltas com problemas econômicos, familiares e com a saúde abalada, seriam cada vez mais rápidas. Walter Fontoura, que se indispôs com José Antônio do Nascimento Brito, o Jôsa, filho mais velho de Manuel Francisco, foi promovido a diretor do jornal, depois de nove anos de comando direto da redação, voltando a escrever na coluna "Informe *JB*". Brito convidou Elio Gaspari para substituí-lo na redação, mas ele recusou e retornou à revista *Veja*. Quem ocupou o lugar foi Paulo Henrique Amorim, que trabalhara na editora Abril, editou Economia no jornal e era chefe interino da redação; ele ficou revoltado com o convite a Gaspari e ser considerado uma segunda opção, mas, diante da recusa deste, aceitou ser finalmente efetivado no cargo.

Nesse período, o *JB* publicou reportagens corajosas quando ainda era perigoso enfrentar o sistema. Destacou-se pela cobertura do atentado do Riocentro em 1981 – quando explodiu uma bomba dentro de um carro, no colo de dois militares, um dos quais morreu – apesar da relutância de seu editor-chefe. Seus repórteres desmontaram detalhadamente a inconsistência do inquérito policial militar, que isentava os autores, levando o colunista Villas-Bôas Corrêa a escrever que esse documento era constrangedor na sua fragilidade de porcelana: "A bomba explodiu no colo do governo". A presidência de João Figueiredo começou a definhar com esse episódio.

O jornal mostrou a tentativa de fraude da Proconsult, a empresa encarregada da contagem dos votos nas eleições para governador do Rio de Janeiro em 1982, quando Leonel Brizola foi eleito.

Durante a Guerra das Malvinas em 1982, Nascimento Brito, cuja mãe era de ascendência britânica, apoiou o Reino Unido contra a Argentina e ele foi condecorado com o título de Cavalheiro do Império Britânico na embaixada britânica em Brasília.

Na linha sinuosa que o caracterizava, além de mudar frequentemente a cúpula da redação, impedindo que houvesse continuidade editorial, o *JB* aprimorou seu talento especial para fazer as escolhas políticas erradas. Como foi visto, depois de manter boas relações com o governo Médici, Nascimento Brito participara de reuniões para tentar criar condições que levassem à escolha do chefe do Gabinete Civil do presidente, João Leitão de Abreu, como seu sucessor. Mas o indicado foi Ernesto Geisel. Depois namorou com a candidatura presidencial do ministro do Exército, Sylvio Frota, representante da linha dura, para suceder a Geisel, contra o chefe do SNI, general João Figueiredo, que foi eleito. A seguinte decisão seria igualmente desastrada.

Em setembro de 1983, Nascimento Brito colocou à frente da redação Mauro Guimarães, João Batista Lemos como editor e José Nêumanne Pinto, que ficaram conhecidos como o "colegiado paulista". Houve uma perceptível guinada para a direita.[221] O *JB* se opôs à campanha das Diretas Já, sugerindo que seus dirigentes as defendiam em proveito próprio e criticou os movimentos grevistas que começavam a pipocar. Segundo Wilson Figueiredo: "Àquela altura, aos 80, pouco tinha a ver o jornal com a reforma de 57". O *JB* deu apoio ao ex-governador de São Paulo, Paulo Salim Maluf, para a presidência da República nas eleições indiretas de 1984. Eram "veleidades malufistas", como diria depois Fernando Pedreira, que foi diretor do jornal. Isso não impediu que alguns colunistas, como Zózimo Barrozo do Amaral e Carlos Castello Branco, criticassem Maluf.

Ricardo Noblat, chefe da sucursal em Brasília, que orientou uma cobertura favorável a Tancredo Neves, escreveu que o jornal apostou em Maluf e colocou gente simpática a ele para comandar a redação em 1984.[222] Maluf era amigo de Brito e prometeu arrumar as finanças do jornal se ganhasse a eleição indireta.

Eleito Tancredo Neves, Nascimento Brito lavou as mãos, trocou a equipe e jogou na cúpula da redação a culpa pelo apoio a Maluf: "O que havia era um sistema dentro da redação que era malufista. Aliás, era um grupo de São Paulo; eles eram malufistas. E os senhores sabem como é difícil o controle disso. O jornal ficou com fama de malufista, mas não fez nenhuma opção a favor da candidatura dele". Disse que o jornal combateu as eleições diretas, que seriam "um golpe de Estado" e trariam perigos imensos à democratização do país: "É fácil ir à avenida Presidente Vargas e gritar pelas diretas. Difícil é o funcionamento do poder. E naquele momento era muito complicado". Mas ele mesmo reconheceu: "Apoiamos as eleições indiretas e o jornal sofreu muito, tivemos um grande cancelamento de assinaturas".[223]

Depois de vários desentendimentos com José Antônio do Nascimento Brito (Jôsa), filho primogênito de Manuel Francisco, Fontoura deixou o *JB* em 1984 e voltou a São Paulo para dirigir a sucursal do jornal concorrente, *O Globo*. Como na maioria das nomeações para altos cargos na imprensa carioca, essa também foi intermediada pelo banqueiro José Luiz de Magalhães Lins. Ao contrário da maioria dos editores, que tiveram relações conturbadas com Nascimento Brito, Fontoura disse que o relacionamento entre eles foi excelente até o fim.[224]

Apesar dos problemas econômicos, o *Jornal do Brasil* se mostrava generoso com os empregados. José Silveira, secretário do jornal, que foi demitido sumariamente em 1980, depois de 16 anos, declarou que "O *JB* me indenizou com grandeza: talvez nem tanto quanto eu merecesse, mas muito acima do que mandava a lei".

Com as escolhas políticas erradas, a credibilidade do jornal foi arranhada. Como reconheceu Nascimento Brito, dezenas de milhares de leitores o abandonaram. Em cinco anos, enquanto os outros jornais cresciam, o *JB* perdeu circulação. Villas-Bôas Corrêa comentou que a atitude do jornal provocou a queda "de duas vendas: primeiro a dos jornais; depois, a dos olhos".

No início de 1981, o *JB* vendia 170 mil exemplares nos dias úteis e 250 mil aos domingos; *O Globo*, 204 mil e 430 mil, respectivamente. Três anos depois, a distância aumentou com a queda do *JB* para 135 mil nos dias úteis e 240 mil aos domingos. Em dezembro de 1990, a circulação no domingo caía para 206 mil cópias.

"OPERAÇÃO HOSPITAL"

Com a morte da condessa Pereira Carneiro, em 1983, Nascimento Brito, vice-presidente executivo, assumiu a presidência da empresa, mas seu desempenho foi afetado pelo derrame cerebral de cinco anos antes. A situação econômica chegara a um ponto crítico. Houve ocasiões em que o estoque de papel do jornal só permitia rodar duas edições.[225] Nesse mesmo ano, a *Folha de S.Paulo* informou que o *JB* precisara recorrer a uma "operação hospital" de Cr\$ 3,6 bilhões (uns US\$ 10 milhões) com juros de 12% ao ano, mais a correção do Tesouro Direto. A transação foi realizada com base numa resolução do Banco Central que permitia aos bancos usar 5% do depósito compulsório para apoiar empresas em dificuldades. A primeira beneficiada dessa operação foi a Votorantim, a segunda, o *JB*.

O grupo emitiu obrigações conversíveis em ações da JB Indústrias Gráficas S.A. que foram subscritas por um consórcio de bancos comerciais, liderados pelo Nacional e do qual participaram Bradesco, Itaú, Bamerindus, Econômico. Nascimento Brito disse que se tratava de um boato como outro qualquer e que o negócio teria sido feito por outra empresa, não pelo *Jornal do Brasil*, mas a *Folha* insistiu na veracidade da informação, que também foi publicada por *O Globo. O Estado de S. Paulo* recorreu, igualmente, a um empréstimo da "operação hospital".

Consta que em outra tentativa para levantar recursos, Nascimento Brito quis oferecer bônus emitidos pela empresa a 15 companhias. O diretor da sucursal de Belo Horizonte, Acílio Lara Resende, irmão de Otto, recebeu a tarefa de conseguir três empresas mineiras que comprassem os bônus, mas ele somente convenceu a duas compradoras, duas empreiteiras, a Mendes Júnior e a Andrade Gutierrez. Quando Nascimento Brito mandou procurar o político Newton Cardoso, Acílio argumentou que não seria adequado ligar a imagem do *Jornal do Brasil* a um político com fama de desonesto, Nascimento Brito teria insistido: "É bandido, mas é meu amigo!". Apesar dessa amizade, Newton Cardoso não comprou os bônus. Quem os adquiriu foi o Credireal, cuja situação financeira era tão precária quanto a do *Jornal do Brasil.*

Segundo a revista *Senhor*, a mudança tinha algo de retomada, de retorno aos padrões de texto e apresentação gráfica implantados durante a década de 1950, que fizeram do *JB* um modelo de jornalismo brasileiro. Mas os problemas econômicos se agravaram.

Apesar de estar altamente endividado, o *Jornal do Brasil* entrou num empreendimento que aumentaria os seus problemas financeiros. Nascimento Brito e Chagas Freitas, dono de *O Dia*, apresentaram uma proposta ao presidente Castello Branco para estatizar a indústria do papel de imprensa, que foi rejeitada.

Em outra tentativa, o *JB*, associado a *O Estado de S. Paulo*, investiu numa fábrica de papel no Paraná, a Papel de Imprensa S.A. (Pisa). Como nenhum dos dois jornais tinha os recursos necessários, estimados em US$ 200 milhões, recorreram ao BNDES e à International Finance Corporation (IFC) do Banco Mundial – esta com garantias do BNDES Participações (BNDESPar) –, que entraram com a maior parte do capital. Delfim Netto ajudou na operação. Como era previsível, a Pisa produziu mais prejuízos do que papel, que foram cobertos em sua maioria pelo banco público. Além disso, o *JB* adquiriu o hábito de não pagar o papel que comprava da empresa da qual era acionista.

304

Nascimento Brito disse que o jornal também teve problemas com o governo do presidente José Sarney e que, por isso, foi punido. Certamente, as relações não eram fáceis. Sarney, antigo correspondente no Maranhão, fora demitido do cargo e, presidente da República, o jornal foi contrário à prorrogação de seu mandato para cinco anos. É provável, também, que ele ficasse magoado com as reportagens e os editoriais do jornal e, principalmente, com as impiedosas e certeiras colunas e charges de Millôr Fernandes, talvez seu crítico mais contundente e penetrante.

Zózimo Barrozo do Amaral escreveu para sua coluna que Roseana, filha de Sarney, teria um romance com um engenheiro divorciado. Na verdade, ela estava separada do marido, Jorge Murad, e em processo de divórcio. No dia em que Brito iria jantar com Sarney para refazer a relação desgastada, o editor-chefe mostrou-lhe a nota: "Podemos publicar?". Brito: "Publique". O jantar foi cancelado. Brito se desculpou pelo jornal. Mas as relações entre os dois permaneceriam azedas e brigariam publicamente de novo no futuro.

O jornal tinha uma enorme dívida com o Banco do Brasil, que estava sendo renegociada quando Sarney assumiu a presidência. Ele sugeriu a Brito conversar com o presidente do banco, Camillo Calazans, que disse estar tudo resolvido. Brito agradeceu pessoalmente a Sarney, mas a renegociação não saiu. Houve quem visse na recusa a mão do ministro das Comunicações, Antônio Carlos Magalhães, amigo de Roberto Marinho. Sarney negou ter interferido na decisão do Banco do Brasil.

"Brito teria descoberto que Sarney, pouco depois de recebê-lo, ligou para o Calazans e mandou suspender o acordo com o *JB*. Quando descobriu, Brito escreveu-lhe uma carta em termos escatológicos". Sarney também mandou fazer uma devassa contábil em todas as empresas do grupo. O diretor do jornal em Brasília, o portador da carta, disse: "Arrisco dizer que, se Tancredo não tivesse morrido, o *JB* estaria vivo até hoje".[226]

Fernando Pedreira disse que o jornal enfrentava dificuldades com a Secretaria Especial de Informática para instalar o sistema de computadores na redação – era a época da reserva de mercado – e que isso era fatal "se você não é bajulador ou não ficar pedindo favores ao Sarney".

Por esse motivo, o jornal achava prudente não carregar nas críticas. Ricardo Noblat, na época diretor da sucursal de Brasília, foi alertado para não ser muito duro em sua coluna, pois o chefe da sucursal deveria se relacionar bem com o governo e com a oposição. Ofereceram para ele ser editor regional em Recife, onde nem sequer havia sucursal. Disse que acabou demitido do cargo de diretor em Brasília. Ficou como colunista.

Quando o *JB* mostrou simpatia pela gestão do governador do Rio de Janeiro, Leonel Brizola, o BANERJ, o banco estadual, abriu para o jornal generosas linhas de crédito, de maneira que, depois de ganhar a fama de ter "malufado", correu o boato de que tinha "brizolado". Houve rumores de que Brizola teria tentado comprar o *Jornal do Brasil* e sua emissora de rádio. Mas outro governador fluminense, Wellington Moreira Franco, o deixou a "pão e água". O *JB* foi o único jornal a informar, na primeira página, o encontro de Moreira Franco, "regado a abraços", com os bicheiros do Rio. Teve a resposta do diário *O Povo* do Rio, ao escrever que Nascimento Brito também esteve com o bicheiro Raul Capitão. Aparentemente, esse jornal tinha bons motivos para estar bem-informado. Segundo se dizia na época, seu dono era, precisamente, o bicheiro Raul Capitão.

JUROS DE 800%

"1987 foi um ano dramático em que o jornal pagou juros de 800 por cento", disse Nascimento Brito. Em janeiro de 1988, seu primogênito, José Antônio, o Jôsa, assumiu o controle e a gestão da empresa, com o apoio da mãe e das três irmãs, mas com a oposição do irmão Francisco e sem o incentivo do pai, que resistia à ideia de abandonar o poder.

Jôsa tinha negociado uma solução para a dívida com o Banco do Brasil e o Citibank, na expectativa de um financiamento de US$ 25 milhões do Citi. Uma parte do dinheiro seria usado para entrar na *holding* que seria formada com a TV Manchete e a editora Abril.

Mas o pai recusou-se a assinar o acordo, cujas cláusulas draconianas, impostas pelo banco, incluíam a possibilidade de intervenção na gestão da empresa e a transferência das ações, por doação, para uma única pessoa, Jôsa, que ficaria com 51% do capital. O Citi não queria emprestar US$ 25 milhões a uma empresa que poderia ser partilhada pela família; como no Brasil não existe o mecanismo de herança *intervivos*, a doação resolveria. Jôsa disse que não pretendia ficar com as ações. As três irmãs concordaram, mas não o irmão, Francisco, nem o pai.

Um detalhe foi visto como obstáculo para o acordo: Jôsa estabelecera um teto para as retiradas mensais do pai no caixa da empresa; este ficou "profundamente irritado" e "explodiu", no que teve a adesão da família. O jornalista Milton Coelho da Graça escreveu que Nascimento Brito receberia religiosamente, até sua morte, "um dinheirinho bem acima do sonho de qualquer jornalista".[227] Alguns meses depois, as irmãs desistiram do acordo. A tentativa de consolidar a dívida tinha fracassado. Em junho de 1988, Jôsa enviou ao pai uma carta de afastamento em caráter definitivo do comando da empresa que assumira em janeiro.

O patriarca anunciou seu retorno como diretor-presidente: "Existe uma crise e eu não preciso esconder. Toda a diretoria pediu demissão e foi aceita". Ele demitira três dos quatro vice-presidentes e o último saiu em solidariedade. Colocou na presidência, no lugar de Jôsa, uma filha, Maria Regina.

Numa das trocas de executivos, foi contratado Victorio Cabral, ligado ao governador Moreira Franco. Além de um enorme salário, ele teria uma participação de 10% nos investimentos que entrassem na empresa e levou com ele vários executivos pagos regiamente. De novo, dona Leda, a mulher de Brito, impediu uma transação que requeria dar ações como caução. O dinheiro não entrou e os salários atrasaram.

Houve negociações para vender total ou parcialmente o controle. Entre os interessados, estavam a editora Abril, a *Folha de S.Paulo* e *O Estado de S. Paulo*.[228] Mas não avançaram pela divisão interna da família, que queria vender parte do capital e manter o controle acionário. Aconteceram também negociações com o grupo canadense Hollinger, de Conrad Black, que poderia comprar a empresa sem ferir as normas legais, uma vez que um de seus diretores era brasileiro nato. Não houve acordo.

A situação econômica era angustiante. Os fornecedores queriam receber antes de fazer novas entregas. A estrutura foi enxugada e o grupo teve que se desfazer de algumas empresas, como uma revendedora de caminhões e várias emissoras de rádio.

Apesar do momento difícil, o *JB* reagiu editorialmente. Em janeiro de 1985, na terceira mudança na redação em seis anos, o *JB* passou a ser dirigido por Fernando Pedreira, José Silveira e Marcos Sá Corrêa. Segundo Nascimento Brito: "Preciso 'desmalufar' o jornal". Fizeram uma reestruturação profunda e acabaram com o "malufismo" anterior. Pedreira disse que "quis imprimir um caráter mais paulista ao jornal, exigindo mais responsabilidade dos jornalistas. Tinha gente que chegava muito tarde à redação, todos brilhantes, simpáticos e pouco responsáveis".

Segundo a revista *Senhor*, a mudança tinha algo de retomada, de retorno aos padrões de texto e apresentação gráfica implantados durante a década de 1950, que fizeram do *JB* um modelo de jornalismo brasileiro. Sá Corrêa, diretor-geral, tentou corrigir uma das deficiências do jornal, que era brilhar nos grandes momentos, mas falhar na cobertura diária. Pretendia preservar a ousadia e acrescentar mais disciplina e rigor. Foi uma brilhante tentativa de recuperar o prestígio perdido. O *JB* retomou parcialmente os padrões de texto e apresentação gráfica implantados nos anos 1950. Roberto Pompeu de Toledo, inspirado no *Le Monde*, sugeriu fazer uma coluna na primeira página comentando uma informação importante do dia.[229]

Sá Corrêa achava que todos os jornais, inclusive o *JB*, valorizavam excessivamente o noticiário político de Brasília, com articulações que nada tinham a ver com o resto do país.[230] Uma observação que poderia ser feita ainda hoje.

O jornal voltou a atrair profissionais de prestígio. Ricardo Kotscho, que na época era repórter da sucursal de São Paulo, escreveu que era tão gostoso trabalhar lá, que se falava em "salário salubridade" – um adicional pelo bom ambiente de trabalho que compensava salários nem tanto. Ele diria mais tarde que valeu a pena trabalhar no *JB* naquela ocasião. Segundo Tutty Vasques:

> Entre 1988 e 90, auge da administração de Marcos Sá Corrêa, o *JB* era uma festa que se refletia no produto que chegava às bancas em forma de ousadia, invenção, bom humor e coragem. Já naquela época a saúde financeira do jornal tinha crises crônicas de asma, mas o patrimônio de inteligência ventilava o negócio, que se esperava pudesse voltar a ser bom um dia.[231]

O colunista Ancelmo Gois, que fazia o "Informe *JB*", reconheceu a ampla autonomia de que dispunha:

A influência da direção do *JB* (na coluna) é praticamente zero. É evidente que você tem limitações. O *JB* é um jornal que tem uma base católica muito sólida. Evidentemente, não vou publicar uma nota, por exemplo, contra a Igreja. [...] Enfim, você sabe mais ou menos quais são as diretrizes do jornal e, em meu caso pessoal, eu me sinto muito à vontade. [...] É difícil sair do *Jornal do Brasil*. Para mim então é muito difícil. Eu considero o *JB* o melhor jornal do Brasil.[232]

Segundo Gois, o jornal tinha uma posição muito clara a favor das liberdades públicas, a favor da livre iniciativa, a favor da privatização.

Octavio Frias Filho, diretor de redação da *Folha de S.Paulo*, disse à revista *Imprensa* que seu grande concorrente era o *Estadão*, mas que o seu paradigma era o *Jornal do Brasil*. "Em termos de qualidade – disse –, acho que o *JB* tem estado numa fase muito boa. Bom acabamento, sofisticação. A gente tem aprendido muito com ele".

Essa fase, que durou seis anos, chegou ao fim no início de 1991. A situação financeira da empresa se agravara. Numa ocasião, todo o extenso material levantado para fazer um caderno sobre a morte de Carlos Lamarca no sertão baiano foi resumido para uma página por falta de papel. Durante o governo Collor, começou a debandada da redação. Se, como escreveu Tutty Vasques, a redação tinha um "salário ambiente", havia problemas com o pagamento do salário em dinheiro: a gota d'água teria sido o atraso no pagamento do décimo terceiro salário. Sá Corrêa saiu primeiro, seguido, um a um, pelo núcleo dirigente. Fernando Pedreira escreveu que foi demitido, sem prévio aviso, do cargo de diretor do jornal; tinha 62 anos. Metade de seu salário tinha sido pago em dinheiro vivo, num saco de papel pardo.

O cargo de diretor-editor foi ocupado por Wilson Figueiredo e o de editor por Dacio Malta, que tinha dirigido a redação do jornal *O Dia* e o transformara num extraordinário sucesso de vendas. Ele era filho de Octavio Malta, um dos artífices da *Última Hora* e de *Diretrizes*. Rosental Calmon Alves e Etevaldo Dias foram nomeados editores executivos a pedido de Nascimento Brito.

Em junho de 1991, o *JB* vendia 214 mil exemplares aos domingos e 143 mil nos dias úteis, um ano depois tinha caído para 174 mil e 131 mil, respectivamente. Segundo Malta:

HISTÓRIA DOS JORNAIS NO BRASIL – 1840-1930

[...] quando eu cheguei lá, três ou quatro últimos salários estavam atrasados. Os repórteres andavam com um *bottom* escrito "Se liga, *JB*", havia reuniões, comícios na redação de vez em quando, lá, nessa época. Mas ainda bem que não teve nenhum atraso no período em que eu estive lá, de 1991 a 1995. Pelo menos, nesse período. Depois, atrasou de novo. [...]. A gente queria vender mais. Fizemos dois milagres lá. Primeiro, nós colocamos cor no *JB*. [...] Era a mesma máquina que se descobriu lá na minha época e que podia fazer cor. Se o *JB* fizesse cor quando comprou a máquina, talvez não ficasse mal das pernas como ficou. Aí, nós descobrimos que podíamos fazer cor, não com a qualidade que os outros faziam, porque os outros eram em *off set* e a gente não, mas podíamos fazer cor também. Então, botamos cor no *JB*, pusemos o jornal na internet. O primeiro jornal on-line do Brasil é o *JB*.[233]

JORNAL COLLORIDO

No começo da curta presidência de Fernando Collor de Mello, o jornal fora excluído de uma campanha de publicidade da Petrobras e enfrentava um processo do Banco do Brasil por uma dívida de US$ 30 milhões. Houve uma inflexão na orientação editorial. Ricardo Noblat, que escrevia a coluna política que fora do Castello, disse que foi sacrificado para ganhar as simpatias do Planalto. A demissão foi ríspida e sumária. Depois da eleição de Collor, o editor de política lhe comunicou que tinha sido demitido e não precisaria mandar a coluna do dia seguinte; aparentemente, Noblat mostrava simpatia pelo Partido dos Trabalhadores (PT). Nascimento Brito diria mais tarde que Noblat não era de fazer concessões e que o jornal estava muito endividado. A fonte dessas informações é o próprio Noblat. Na redação no Rio, existia a percepção de que a sucursal de Brasília agia com grande autonomia e nem sempre em sintonia com a redação central.

Mario Sergio Conti escreveu que durante o governo Collor, o "operador financeiro" do presidente, P. C. Farias, mostrou interesse em comprar o *JB*. Nascimento Brito disse que valia US$ 140 milhões e tinha uma dívida de US$ 90 milhões com o Banco do Brasil, número esse talvez exagerado, mas podia fazer um desconto. Farias teria feito um acordo com Herbert Levy e seu filho, Luiz Fernando, que controlavam a *Gazeta Mercantil*, para entrar no negócio, e ofereceu US$ 120 milhões pelo *JB*. Para levantar recursos, contava também com o apoio do presidente da Telecomunicações do Rio de Janeiro (TELERJ), Eduardo Cunha, e um grupo de empresários.

O contrato foi redigido, mas dona Leda, a mulher de Nascimento Brito, filha da condessa Pereira Carneiro, não quis assinar.[234] Luiz Fernando Ferreira Levy afirmou que não fez qualquer acordo com P. C. Farias para comprar o *Jornal do Brasil*, mas reconheceu que no fim dos anos 1990 houve conversações nesse sentido, sem que nada tivesse sido concretizado.

A fonte da informação sobre as negociações para a compra do *JB*, publicada no livro *Notícias do planalto*, de Mario Sergio Conti, foi o próprio PC Farias. Ele disse que conversou várias vezes com "o velho Herbert" e que, numa ou duas delas, seu filho Luiz Fernando apareceu. Tanto Nascimento Brito como Lafayette Coutinho, presidente do Banco do Brasil também disseram que os Levy e P. C. Farias tiveram interesse em comprar o jornal. Um diálogo entre P. C. Farias e Hildeberto Aleluia sobre as negociações para comprar o jornal, na casa de Farias em São Paulo, foi relatado a Conti por ambos, em entrevistas individuais.[235]

Com o incentivo de Brito, o jornal mudou gradativamente de orientação. Passou a apoiar o governo de Collor. Foi, aparentemente, a única publicação que aceitou, com matérias de grande destaque, a versão do governo da Operação Uruguai, para a lavagem do excedente do dinheiro da campanha que elegera Collor. A credibilidade e a circulação foram afetadas, mas o jornal não conseguiu os recursos esperados do Banco do Brasil. Maria Regina, presidente da empresa, com o apoio da redação, vetou um acordo que reduziria em US$ 20 milhões a dívida do jornal, temendo uma proximidade ainda maior com o governo. O temor tinha fundamento. Nascimento Brito passou a declarar sua admiração por P. C. Farias.

O editor, Dacio Malta, disse que estava em Londres quando, em sua ausência, saíram as reportagens da Operação Uruguai. Pouco tempo depois, seu autor, o editor executivo Etevaldo Dias, incentivado por Nascimento Brito, assumiu a Secretaria de Imprensa de Collor.

Em 1993, o *Diário do Grande ABC* ofereceu ao *JB* uma rotativa alemã, nova, ainda encaixotada, capaz de rodar 48 páginas em 4 cores. O jornal sondou o Banco do Estado de São Paulo (Banespa), avalista da importação, para obter uma linha de financiamento. Não deu em nada.

Durante a disputa com *O Globo*, Jorge Serpa Filho, assessor da diretoria desse jornal, escreveu que Nascimento Brito tinha "mórbidas manifestações, daquelas que, por ausência de estrutura ética, não podendo se elevar à altura do patrimônio que lhe caiu nas mãos", e fez referência aos "dramáticos esforços que o *Jornal do Brasil* vem desenvolvendo no país e no exterior para superar as suas dificuldades financeiras ou comerciais".[236]

Numa nova tentativa de resolver os problemas econômicos, foi feito um acordo com o banco norte-americano JP Morgan, em novembro de 1993. O advogado Luís Octavio da Motta Veiga ocupou a presidência da empresa, em substituição a Maria Regina; Nascimento Brito ficou no comando do conselho editorial. Motta Veiga entrou com a função de estancar os problemas de caixa. Foi constituído um conselho consultor para dirimir as divergências entre a família controladora e os administradores profissionais. Como os anteriores, o acordo teve vida curta.

Aparentemente, havia antipatia pessoal entre Brito e Motta Veiga.[237] O jornal negociou a venda de parte do capital a vários fundos de pensão, numa operação semelhante à capitalização feita anos antes pela *Gazeta Mercantil*, mas a situação calamitosa das finanças da empresa impediu que fosse concretizado qualquer acordo. Motta Veiga saiu em 1995; Jôsa ocupou de novo a presidência da empresa.

PIONEIRO NA INTERNET

O *JB* ainda dava sinais de vitalidade. Foram contratados colunistas, como Luis Fernando Verissimo, para substituir Millôr Fernandes, que estava saindo;[238] Artur Xexéo; Danusa Leão, no lugar de Zózimo Barrozo do Amaral, que foi para *O Globo*; Dora Kramer; Zuenir Ventura, que começou uma nova etapa profissional como cronista. Marcelo Pontes assumiu a coluna de Castello Branco, que tinha falecido.

O *JB* foi o primeiro jornal brasileiro a colocar, em 28 de maio de 1995, diariamente uma parte de seu conteúdo na internet por meio do site *JB On-line*. Antes dessa data, tinha feito algumas experiências. Em novembro de 1994, distribuíra algumas informações em sites públicos da rede, como o do Instituto Brasileiro de Análises Sociais e Econômicas (Ibase), na época o único provedor comercial de acesso à internet. Em 8 de fevereiro de 1995, circulava na rede a primeira edição do *JB On-line*. O projeto digital do jornal foi desenvolvido por iniciativa de Sérgio Charlab, criador e primeiro editor do *JB On-line*, e de Rosental Calmon Alves, editor executivo.[239]

Foi também o primeiro a atualizar as informações na rede ao longo do dia a partir de janeiro de 1996, utilizando o conteúdo da Agência JB, e a oferecer ao leitor informações complementares que não estavam na edição impressa. Distribuiu imagens do lançamento do ônibus espacial norte-americano *Endeavour*, também em 1996, e inovou em 1997 ao transmitir ao vivo imagens do *réveillon* do Hotel Méridien em Copacabana e do Carnaval do ano seguinte. Mas dada a falta de recursos, não conseguiu desenvolver a edição digital em condições de competir com seu principal concorrente, *O Globo*.

No entanto, apesar de sua linha liberal, o *JB* passou a defender de maneira persistente a Lei da Informática, de visão nacionalista e estatizante; vedava qualquer investimento estrangeiro em tecnologia da informação, que incluía até máquinas de escrever elétricas.

Outra renovação da cúpula. Dacio Malta sentiu-se pressionado por José Antônio do Nascimento Brito, quando este reassumiu a presidência, e saiu em 1995, mas disse que fora muito bem tratado pelo jornal. Foi dirigir a sucursal de *O Globo* em Brasília.

Marcelo Pontes, colunista político, a quem Malta escolhera para escrever a antiga "Coluna do Castello", foi o novo editor-chefe; Marcelo Beraba, editor executivo; Celso Pinto, o melhor jornalista de economia do país, publicava também no jornal a coluna que escrevia para a *Folha de S.Paulo*. Foram também contratados Vera Brandimarte (futura diretora do jornal *Valor Econômico*) e Paulo Totti. Os três últimos com passagem pela *Gazeta Mercantil*. Foi uma nova tentativa, nessa fase, de levantar o jornal, dando ênfase à qualidade editorial; como as outras, teve curta duração.

Henrique Caban, que tinha deixado *O Globo*, passou a cuidar da gestão do *JB*. Segundo Caban, José Antônio do Nascimento Brito foi metendo os pés pelas mãos. O maior anunciante do *Jornal do Brasil* era a corretora de imóveis de Sérgio Dourado, mas Brito nunca o recebeu em seu gabinete. Como comparação, Roberto Marinho, de *O Globo*, ia à festa de jornaleiro. Para economizar, Caban quis fechar o nono andar, onde havia "um restaurante, a sala do Brito e a sala do Zé Antônio". Disse: "Se fechar isso, tem tanto de lucro por mês". Brito: "Não. O meu restaurante especial não pode fechar". Caban comentaria: "Então, não tem solução aquilo. Doutor Roberto comia no restaurante dos funcionários lá embaixo, conhecido como lixão".[240]

Ainda de acordo com Caban, "houve uma estratégia certa de *O Globo* e uma entrega por parte do *Jornal do Brasil*. Morre a condessa, o Brito traz um filho, depois esse filho briga, vai outro filho, vem um outro filho, a filha, enfim, aquilo vira uma grande confusão. E *O Globo* com um comando na mão do doutor Roberto".

Em outubro de 1998, a equipe seria trocada. Noenio Spinola, antigo editor de economia e correspondente em Moscou, foi o novo editor-chefe. Brito quis "montar uma estrutura superenxuta e mais voltada para esse buraco negro que estamos vendo pela frente".

Na verdade, o jornal já tinha caído no buraco negro fazia já um bom tempo; em 1995, a dívida, só do jornal, tinha sido estimada em US$ 150 milhões. Quando dois jornalistas reclamaram dos salários atrasados, Jôsa comentou: "Quando as coisas começam a dar errado, até urubu caga para a frente".

Uma medida de economia foi parar de imprimir o *JB* nas rotativas antiquadas da empresa (parte do equipamento fora lacrado judicialmente por dívidas) e fazer um contrato para rodar o jornal no moderno parque gráfico de *O Dia*. O objetivo era conseguir um resultado operacional positivo para renegociar a dívida e atrair um sócio.

Em 1997, o *JB* fez um acordo para encartar quinzenalmente uma versão em português da revista norte-americana de negócios *Fortune*, com o nome de *Fortune America,* impressa em papel-jornal, mas a iniciativa teve vida curta.

O jornal era impresso simultaneamente em dois grupos de rotativas, com duas chapas para cada troca. Como havia pedidos pouco relevantes ou desnecessários de revisão de textos – 70% das páginas eram trocadas –, era necessário fazer duas chapas novas para cada troca no segundo clichê. No começo dos anos 1990, fora proposto utilizar uma única rotativa, com uma redução de custos estimada em US$ 1 milhão ao ano. Essa medida só seria implementada cinco anos depois. O custo da produção gráfica das revistas do *JB* era três vezes superior ao do mercado.

Parte do encanamento do prédio da avenida Brasil vazou água durante 20 anos, mas nada foi feito, porque a conta de água não era paga. Como também não eram pagas as contas de iluminação, as luzes do prédio raramente eram apagadas. A Light desistiu de cobrar os atrasados, mas pediu inutilmente que, pelo menos, fosse feita economia de energia.[241] Nos anos 1980, o grupo tinha 4 mil empregados; um executivo recém-contratado avaliou que a metade seria suficiente. Tinha correspondente internacional que só se hospedava em hotel 5 estrelas, viajava de primeira classe e frequentava restaurantes caros, tudo por conta do jornal. Além do descontrole, faltava à empresa uma visão de longo prazo.

Exaurido economicamente, depois de frequentes atrasos de salários, com mais de 500 processos na Justiça do Trabalho, o *Jornal do Brasil* se encontrava a caminho da falência. As dívidas eram de quase R$ 1 bilhão. Em agosto de 2000, a família que deteve a propriedade do jornal durante mais de 80 anos, numa iniciativa desesperada, negociou a cessão do controle. "Administração não é meu forte, reconheço", disse Nascimento Brito demasiado tarde.

TANURE NO CONTROLE

O controle efetivo passou para a Companhia Docas, do empresário baiano Nelson Tanure, que fizera uma fortuna no período em que Zélia Cardoso de Mello foi ministra da Fazenda no governo Collor. Em outubro de 2000, foi assinado um memorando de entendimento pelo qual Tanure não comprava o *Jornal do Brasil*, mas o arrendava por um período de 60 anos, mediante o pagamento de R$ 70 milhões aos acionistas – R$ 30 milhões à vista e o resto em parcelas –, comprometendo-se a desembolsar mensalmente uma quantia proporcional ao faturamento. A dívida, estimada em R$ 750 milhões, e o edifício da avenida Brasil ficavam com a família. Nascimento Brito, porém, fez novas exigências e a entrada em vigor do acordo teve que ser adiada durante alguns meses.

O *JB* mudou de controle em janeiro de 2001, mas não conseguiu sair do processo de decadência em que se encontrava. Totalmente alheio às questões da imprensa, Tanure trocou continuamente a direção da redação, na média de uma vez por ano. Cada novo diretor imprimia ao jornal um rumo totalmente diferente do anterior.

Primeiramente contratou Mario Sergio Conti, antigo diretor da revista *Veja*, que recebeu garantias de independência editorial. Pretendeu fazer um "jornal mais seletivo, compacto e substancioso", e contratou uma equipe com salários elevados. Levou Millôr Fernandes e Ivan Lessa.

Quando aceitou o convite, Conti disse a Tanure: "Primeiro: quem faz o jornal sou eu. Não é você. Você não pode colocar nem tirar nada do jornal". Alertou que o *JB* não teria a obrigação de dar tudo, mas que seria chique e inteligente. Escolheria os assuntos a que se dedicar. "Você topa? Ele topou tudo". "Fiz o jornal que quis. Mas ele (Tanure) não sabia que não queria aquele jornal [...]. Queria um jornal de qualidade. Jornal de qualidade é aquele que incomoda. [...] O *JB* para sobreviver tem de ter a coragem de publicar o que *O Globo* não publica. São interesses concretos. A Globo atenua, e nós temos de publicar. Disse ao Tanure: você perde anúncio, o presidente vai ligar. Ele não sabia o que era esse mundo do jornalismo. Quando ligavam para ele, assustou-se. Liberdade de imprensa é a liberdade de provocar problemas. O poderoso senador Antônio Carlos Magalhães teve que renunciar ao mandato para não ser cassado como consequência de uma reportagem do *JB*".[242]

Conti disse ao então presidente Fernando Henrique Cardoso (FHC) que Tanure, com um contrato de cinco anos para botar o jornal em pé, acreditava que depois desse período o capital estrangeiro entraria na imprensa e ele poderia vendê-lo. FHC alertou Conti a não transformar o *JB* em outra *Folha de S.Paulo*, que segundo ele perdia credibilidade por seu niilismo permanente, por acusar todo mundo de tudo, nem sempre com seriedade.

Conti se desentendeu com Tanure em agosto de 2001. Saiu com quase toda a equipe que tinha levado: "Estive lá só seis meses e não deu para fazer nada". FHC comentou que Tanure, mais o empresário Paulo Marinho, controlaria a linha editorial do jornal: "Vai ser uma linha de incertezas, mais vocacionada para uma imprensa de oportunidades do que para uma imprensa crítica, como era o caso do Mario Sergio, que é íntegro, quanto eu saiba."[243]

Conti foi substituído por Nilo Dante e este por Luís Costa Pinto. Depois deles, o cargo seria ocupado por Ricardo Boechat, Marcus Barros Pinto, Cristina Konder, Ana Maria Tahan, não necessariamente nessa ordem; foram seguidos ainda por outros jornalistas. Tanure interferia. Chegou a contratar o chargista Ziraldo para editar o "Caderno B" sem avisar o editor-chefe, que pediu demissão.

Numa das trocas da direção, a nova equipe jogou fora a memória do jornal: arquivos com milhares de fotos e material editorial. Ary Moraes escreveu na revista *Imprensa* que numa das reformas gráficas foi mudado gradativamente o corte das fotos, a diagramação das páginas foi refeita, nem o logotipo do jornal escapou da mania reformista; também ficou pelo caminho a plasticidade do "Caderno B" e o "excelente trabalho de ilustração, um de seus traços mais característicos". De acordo com Moraes, a identidade que Amilcar de Castro ajudara a criar desapareceu 40 anos depois: a inteligência gráfica tinha sido superada pela esperteza mercadológica.

ACORDOS HETERODOXOS

O *JB*, que chegou a ter sua marca penhorada pela Justiça por causa de uma ação trabalhista de R$ 120 mil, fez alguns acordos heterodoxos para conseguir recursos. Segundo Alberto Dines, uma manchete do jornal "foi financiada pelos patrocinadores de um seminário organizado pelo Grupo JB, estrelado pela deslumbrante governadora Rosinha e convertido no sábado seguinte num caderno especial".[244] O jornal procurou aproximar-se do ex-governador do Pará, Jader Barbalho, na ocasião presidente do Senado, em busca de ajuda. "Vai ser suficiente 'pra' gente pagar muitos compromissos", disse Jôsa.[245] Houve também acordos com o governo do Rio para a venda de 10 mil assinaturas.

A nova gestão herdou da anterior o hábito dos gastos supérfluos. Houve uma tentativa de transferir a edição do jornal para Brasília; os gastos, inclusive com a casa alugada pelo diretor Paulo Marinho, superavam o custo de toda a folha da redação do jornal, excluindo-se as colunas de Hildegard Angel e de Márcia Peltier, que recebiam R$ 150 mil por mês.[246]

Em abril de 2006, ao completar 115 anos, o *JB* mudou para um formato menor, passando para o tamanho "berlinês" – intermediário entre o *standard* e o tabloide –, numa tentativa de reativar a circulação e economizar papel.

Contratou também novos colunistas, como Lilian Witte Fibe, Marcos Sá Corrêa, Paulo Caruso e Ziraldo. Mudou também o foco editorial, agora orientado para um público de menor poder aquisitivo, num nicho que recebeu o nome de "popular de qualidade"; mudança semelhante foi tentada pelo *Jornal da Tarde* em São Paulo. Apresentou-se como "O seu jornal do amanhã". O exemplar na banca custava R$ 0,75, menos da metade de *O Dia*, que passou a ser seu principal concorrente. O preço era tão irreal que teve que ser aumentado.

Mas o problema do jornal não era o formato, era o conteúdo, que não foi resolvido com a contratação dos colunistas. Apesar da evidente perda de leitores, em julho de 2008, o *JB* alegava vender 91 mil exemplares de segunda a sábado e 126 mil aos domingos. Esse número, surpreendentemente elevado, constava do boletim de circulação enviado pelo jornal ao Instituto Verificador de Circulação (IVC), entidade que audita as vendas dos jornais. Foi o último boletim. O *JB* teve que se desligar do IVC por discrepância nas informações. A circulação real foi estimada em 15 mil a 20 mil cópias diárias. Anteriormente, já o *JB* tinha deixado a Associação Nacional de Jornais por discordar da cláusula do Código de Ética que proíbe a publicação de textos pagos sem indicação de que se trata de publicidade, segundo Milton Coelho da Graça.

Para economizar, o jornal foi transferido para o bairro de Rio Pequeno. O monumental edifício da avenida Brasil foi abandonado durante anos e totalmente dilapidado, até ser recuperado e transformado em hospital. O compromisso de pagar o passivo trabalhista não foi cumprido. Os jornalistas continuaram esperando o pagamento dos salários e dos direitos atrasados.

A situação do jornal levou Rodolfo Fernandes, diretor de *O Globo*, a dizer: "Gostaria muito que o jornal [*JB*] pudesse voltar a ser um dia o que foi. Que apostasse na importância da informação com credibilidade, na importância do jornalista como motor de um jornal. Já inventaram várias fórmulas de fazer jornal no mundo, mas nunca inventaram uma forma de fazer jornal sem jornalista".

De acordo com Ricardo Boechat, um dos muitos diretores que passaram pela redação, as chances de sobrevivência do *JB* estavam mais no campo da esperança e da resistência do que no campo da lógica. Em julho de 2010, o *Valor Econômico* informou que Nelson Tanure tentara devolver à família

Nascimento Brito a licença da marca "Jornal do Brasil". A Companhia Brasileira de Multimídia, de Tanure, que arrendara o uso da marca em 2000, tentava rescindir o contrato e alegava que as dívidas trabalhistas eram anteriores a essa data.

Com circulação cada vez menor e o prestígio em contínuo declínio, o jornal que tinha sido o mais admirado dos diários brasileiros publicou sua última edição impressa no dia 31 de agosto de 2010. "É muito difícil um jornal sério dar lucro, principalmente no Brasil", disse Tanure.

O jornal fechou sem pagar os salários. Pior ainda. Quando assumiu o controle, Tanure ofereceu a alguns jornalistas tornarem-se diretores estatutários da empresa e receberem 1% das ações. Alguns recusaram e dois aceitaram, o que os tornou corresponsáveis pelas dívidas. Além de não receberem os salários atrasados, tiveram bloqueadas suas contas bancárias e sofreram sanções fiscais durante alguns anos.[247]

Num leilão feito em outubro de 2016, não apareceu nenhum interessado em comprar a marca "Jornal do Brasil", que tinha sido avaliada em R$ 3,5 milhões na primeira convocatória e na metade desse valor na segunda. O acervo fotográfico estava num galpão na Ilha do Governador.

Uma observação de Merval Pereira, que antecedera Rodolfo Fernandes na direção de *O Globo*, mostra o fascínio que o *JB* exerceu sobre várias gerações de jornalistas: "Muita gente acha que o *JB* foi o melhor jornal que o Brasil já teve, e me lembro de que, quando comecei no jornalismo, em 1968, o sonho de todos nós era trabalhar lá, o que acabou acontecendo comigo só em 1982". Mas o *JB*, "Diferentemente de *O Globo*, não soube reverter o ocaso. Ficou, porém, e sempre ficará na História do jornalismo brasileiro". Merval lembrou que A. M. Rosenthal, editor-chefe do *The New York Times*, cansado de ouvir que *The New York Herald Tribune* era o melhor jornal que poderia ter havido, pegou 1 dólar e mandou seu interlocutor comprar o *Herald Tribune* na banca. Quando este argumentou que esse jornal não existia mais, Rosenthal cravou: "Então bom é o meu, que está nas bancas todos os dias".[248]

O *JB* não passou no teste da sobrevivência e pagou o preço da arrogância: Nascimento Brito nunca acreditou que algum governo ousasse cobrar e executar as dívidas do jornal. Como antecipara Carlos Castello Branco, foi "como o naufrágio de um grande navio: triste e lento".

CORREIO DA MANHÃ (1901-74)

Fundador: Edmundo Bittencourt

HOSTIL AOS GOVERNOS

O *Correio da Manhã* do Rio de Janeiro foi, durante várias décadas do século XX, o jornal mais temido do Brasil. Desde seu lançamento, em junho de 1901, ganhou fama de enfrentar sem medo os governos e de defender as classes populares. Foi fundado por Edmundo Bittencourt, gaúcho de Santa Maria, advogado que escrevera em *A Reforma*, jornal agressivamente oposicionista de Porto Alegre. Mudou para o Rio de Janeiro, onde trabalhou no escritório de advocacia de Ruy Barbosa e foi secretário de seu jornal, *A Imprensa,* que fecharia pouco tempo depois.

O escritor Pedro Nava conta, em suas memórias, sua versão de como surgiu o *Correio da Manhã.* Edmundo Bittencourt, advogado no Rio,

> [...] perdeu uma causa patrocinada com a costumeira paixão e não se conformando com a sentença lavrada,

que considerou iníqua e baseada em interesses alheios à questão, escreveu uma descalçadela das mais virulentas contra o magistrado e, não contente com descompor o juiz, investiu contra o particular ("entrou-lhe pelo lar e chegou-lhe até o quarto conjugal"). Nesse tom publicou dois "apedidos".[1] O terceiro não foi aceito pelo *Jornal do Commercio* porque o meritíssimo e a mulher do meritíssimo tinham mobilizado os amigos no sentido de sustar o aparecimento das catilinárias.[2]

Edmundo tentou, e não conseguiu, acesso às páginas dos outros jornais do Rio.

> Pois então eu vou ter também o meu jornal, seus sacanas, cornos, f.d.p. [...], vendeu o sítio de Jacarepaguá e comprou com os maiores sacrifícios o acervo da extinta *A Imprensa*. [...] Logo depois surgia o *Correio da Manhã* e o juiz e a sua mulher tiveram a sua dose. E que dose... Mas a demolição do magistrado deu gosto a Edmundo Bittencourt e ele resolveu segurar outros pela gola.[3]

Certamente, a fundação do *Correio* foi algo mais do que a consequência de uma reação intempestiva de Bittencourt. No ano anterior, em carta a um amigo, ele já expressava seu desejo de ter um jornal, no caso, comprar *A Imprensa*, que enfrentava dificuldades econômicas. Escreveu:

> [...] o Mestre [Ruy Barbosa] continua a escrever com a assinatura dele. [...] Era meu pensamento fazer do jornal um órgão de colaboração, à feição do (*Le*) *Matin* e do (*Le*) *Figaro*.[4] Artigos assinados, e uma só limitação à liberdade dos colaboradores, uma coisa para nós sagrada: o nome do fundador da folha. A redação teria o seu programa no passado do jornal, que havia de ser guardado, custasse o que custasse, como uma herança sagrada. Era isto o que eu pensava, porque, digo-te com franqueza, temo que o Mestre não tenha confiança em mim e se recusasse a continuar na folha.[5]

Aparentemente essa proposta para assumir *A Imprensa* não chegou a ser feita, ou se feita não foi aceita, e ele fundou um novo jornal.[6] *A Imprensa* fechou pouco tempo depois.[7]

Edmundo Bittencourt era passional, ousado e conhecia poucos limites. Hermes Lima disse que "tinha talha de espadachim, alto, fino, o rosto resoluto", e que imprimiu ao jornal a garra de sua temeridade pessoal. Luís Edmundo, redator do *Correio*, descreve Bittencourt como um advogado "(a)lto, magro, elegante, dentro, sempre, de amplas sobrecasacas cor de cinza" e "cheio de audácia, de energia e de civismo".[8] Antônio Salles, tio de Pedro Nava, um dos principais colaboradores do jornal, escreveu que Bittencourt era um dos homens mais bravos e inteligentes que encontrara na vida. Foi também descrito como "homem fino, magro e elegante, mais com tipo de inglês do que de gaúcho".

No primeiro número do *Correio da Manhã*, Edmundo Bittencourt disse que a praxe dos novos jornais era declarar a "mais completa neutralidade", mas que certa imprensa usa esse "estratagema para, mais a gosto e a jeito, poder ser parcial e mercenária. Jornal que se propõe deveras defender a causa do povo, do comércio e da lavoura, entre nós, não pode ser, de forma alguma, jornal neutro. Há de, forçosamente, ser um jornal de opinião e, neste sentido, uma folha política". Ele faz referência a "jornais que se deixam avassalar pelo governo, entram em contato com a verba secreta da polícia ou são iniciados nos impenetráveis mistérios das duas maçonarias de negócios que se chamam, entre nós – Tesouro Federal e Banco da República". E abre as colunas do jornal para "o monarquista de antiga fé inquebrantável" e "o republicano mais intransigente e apaixonado".

A LAVOURA E O POVO

Ainda no primeiro número, o *Correio da Manhã* apresentou-se como "uma folha livre, que vai se consagrar com todo o ardor e independência à causa da justiça, da lavoura e do comércio – isto é, à causa dos direitos do povo, do seu bem-estar e de suas liberdades". O jornal dizia favorecer os interesses das classes produtoras, ao mesmo tempo que assegurava defender também a causa do povo, sem ver nisso contradição alguma.

Seis meses depois do lançamento, Bittencourt insistiu em que fundara o jornal "indignado, por ver a imprensa unânime do Rio de Janeiro, subornada à custa do Tesouro, transformar a miséria e os clamores do povo em aplausos e aclamações ao sr. Campos Salles", presidente da República.

O *Correio da Manhã*, ao longo de sua história, foi antes de tudo um jornal de opinião e uma folha política que tomou posições – quase sempre na oposição. Caracterizou-se pela contundência de seus editoriais de "puro arame farpado", com frases devastadoras de uma ou duas linhas, como os descreveu Paulo Francis.[9] Octavio Malta disse que Edmundo Bittencourt fazia "jornalismo de estocadas". Nos seus primeiros anos, foi uma folha de enorme coragem, que aliada a uma exacerbada violência de linguagem, repleta de insultos e falta de freios, proporcionou-lhe enorme popularidade. Com frequência, suas acusações se caracterizavam mais pela veemência retórica do que pela fidelidade aos fatos. O jornal era chamado pelos concorrentes o *Corsário da Manhã*.

Bittencourt fundou o jornal com Victor da Silveira, que o deixou pouco tempo depois. O redator-chefe era Pedro Leão Velloso Filho, que escrevia diariamente na seção "A política" artigos lapidares, concisos e de impacto, assinando primeiro "Luiz Velho" e depois "Gil Vidal". Durante o Império, ele fora presidente da província de Alagoas com 23 anos e, na República, chefe da polícia no Paraná; no Rio, foi professor de Direito Comercial. Luís Edmundo disse dele que era "robusto e guapo", homem bem-humorado que, além de vestir-se impecavelmente, conjugava tanto o escrever bem como o comer bem.

> Cultiva ele os prazeres da mesa, porém, com temperança, apenas num requintado sentimento de artista. Em seus sutis requintes é capaz de [...] instruir na melhor maneira de dourar ou refogar um quarto de perdiz. Come-se, ainda hoje, por aí, um certo "peixe à Leão Velloso", espécie de *bouillabaisse* indígena, que é um verdadeiro poema culinário de sua inteira invenção.[10]

A sopa à Leão Velloso, um caldo espesso com cabeça de peixe e frutos do mar, é ainda servida em alguns restaurantes do Rio e de São Paulo. A maioria dos autores atribui esse prato ao filho de "Gil Vidal", Pedro Leão Velloso Neto, que seria chanceler no governo Vargas.

O *Correio* era um jornal bem-feito e de baixo preço, o que facilitou sua divulgação. Custava 100 réis, o equivalente ao preço de uma passagem de bonde.

A primeira campanha, escrita por Antônio Salles, que assinava com o pseudônimo de Gamin, foi precisamente contra o aumento do preço das passagens da Companhia dos Bondes de São Christóvão. Teve enorme repercussão e a empresa recuou. Outro alvo do jornal foi o monopólio virtual da fabricação de fósforos pela firma inglesa Davidson, Pullen & Co.

Veio depois uma famosa série de artigos sobre "o fígado podre", também conhecido como "o caso das carnes verdes". O jornal dizia que era vendida à população carne estragada, cheia de apostemas, de tubérculos, de carbúnculos, com a cumplicidade da Repartição Municipal de Saúde e Higiene, obtida mediante suborno. O abastecimento no Rio era monopólio da concessionária Salgado, Cardoso, Lemos & Cia., propriedade de Manoel Lavrador, homem de atitudes tempestuosas.[11] O *Correio* também questionava a legitimidade desse monopólio e mencionava o suborno a funcionários municipais. A campanha, à qual aderiram vários jornais do Rio, teve uma extraordinária repercussão e reforçou a imagem do *Correio* como defensor das classes humildes contra a ganância dos poderosos. Bittencourt, processado e condenado, desancou o juiz que deu a sentença.[12]

Anos depois, um jornal sensacionalista, *A Manhã* – precisamente de Mário Rodrigues, antigo diretor do *Correio da Manhã* –, daria sua versão de como o novo jornal montou a campanha da carne estragada do Matadouro Municipal, "à qual deveu seu grande triunfo inaugural", pois precisava "desde logo, de um grande alarido de escândalo". Bittencourt, segundo *A Manhã*, atacou a empresa de um amigo e protetor magnânimo, o comendador Salgado. "Expondo da porta de seu jornal o fígado podre, que não se sabe, ao certo, onde arranjara, Edmundo Bittencourt logrou estrondosa reclame". Sem muita coerência, *A Manhã* escreveu, em outra ocasião, que "o fígado podre, a cujos terríveis odores deveu o *Correio da Manhã* seu triunfo, Edmundo Bittencourt arranjou-o em Niterói". O *Correio* mostrava na primeira página uma foto de um fígado de boi em decomposição. Segundo *A Manhã*, o fígado fora comprado em boas condições num açougue e deixado apodrecer, para depois fotografá-lo e incriminar o Matadouro.[13]

Ainda de acordo com outra fonte, num açougue da rua do Rosário, "o jornal comprou um pedaço de fígado, que se verificou estar estragado, e o deixou

HISTÓRIA DOS JORNAIS NO BRASIL – 1840-1930

exposto na portaria. Pediu ao Instituto Oswaldo Cruz – hoje Fiocruz – que o examinasse, mas este se recusou, alegando tratar-se de uma questão política. Foi levado ao laboratório da Polícia Militar, que confirmou a irregularidade".[14]

Outro jornal, *Crítica*, acusaria Bittencourt de praticar estelionato contra uma grande empresa em 1900, um ano antes da fundação do *Correio*. Tanto *A Manhã* como *Crítica* foram fundadas por Mário Rodrigues, antigo diretor do *Correio*. Seu estilo era ainda mais virulento e agressivo que o de Bittencourt. Na opinião de José Eduardo de Macedo Soares, fundador de *O Imparcial* e do *Diário Carioca*, o *Correio*, no começo, era, "então, ainda não bem um jornal, mas um panfleto de Edmundo Bittencourt, que encontrando a imprensa estabulada, entrou de chicote e espalhou vacas para todo lado".[15]

"PINGOS E RESPINGOS"

O *Correio* era fácil de ler. Algumas das colunas se tornaram extremamente populares. Uma delas, "Pelos subúrbios", informava sobre os bairros e as localidades servidos pela Estrada de Ferro Central do Brasil. Outra, inspirada no *Jornal do Brasil* – seu concorrente como folha popular –, recebia queixas e reclamações. "Na Polícia e nas ruas" divulgava crimes e tragédias. Dava destaque às questões trabalhistas na seção "Vida operária". Publicava também, como a maioria dos jornais, os resultados do jogo do bicho com o título "A roda da fortuna" e assegurava que as perseguições contra os bicheiros, mais do que preocupação com a moralidade pública, eram um modo de a polícia extorquir dinheiro, e dava palpites em forma de verso:

> Sendo hoje dia primeiro,
> Dia de festa e regalo:
> Será bom jogar no galo,
> Acho prudente o carneiro.

O jornal derrubava burocratas, chefes de serviços públicos e até ministros. Uma seção temida era "Pingos e respingos", na primeira página, escrita pelo português Pinheiro Júnior e, quando este saiu para lançar, com outros jornalistas, o *Correio da Tarde*, foi continuada por Antônio Salles. Segundo Luís Edmundo, Salles era um cearense mordaz, de pena afiada, em cujas quadras

326

ou epigramas havia tanta malignidade que os homens do governo e da administração pública tremiam e muitas vezes caíam do lugar que ocupavam – e a quem erroneamente ele atribui ter inventado a coluna.

Quando o *Correio* pediu a cabeça do diretor de Saúde Pública, Nuno de Andrade, ele resistiu no cargo, mas Salles encontrou um mote: "Tudo passa e o Nuno fica", com o qual terminava algumas das quadrinhas de "Pingos e respingos". Como estas:

> De certas damas, às vezes
> a barriga cresce, estica,
> mas ao fim de nove meses...
> Tudo passa. E o Nuno fica.

O Nuno, finalmente, saiu. Mas, escreveu Pedro Nava, o sobrinho de Antônio Salles, que, na verdade, ele fez o que o governo, intimamente, queria: pressionar para tirar o Nuno de Andrade e colocar Oswaldo Cruz em seu lugar, dando início à obra de saneamento do Rio – iniciativa que o *Correio* combateria. Nava concluiu que seu tio fora usado como "inocente útil".

Antônio Salles aplicou a mesma tática para martirizar o ministro interino das Relações Exteriores, José Joaquim Seabra, que relutava em deixar o cargo:

> Sai o cobre do Tesouro
> (E ao sair não volta mais).
> Sai do povo a pele, o couro,
> Só tu, Seabra, não sais!

Seabra finalmente saiu.

Segundo Pedro Nava, a seção foi farpa, látego e martelo a fincar, zurzir e bater no couro dos políticos. Quando Salles deixou o jornal, os "Pingos" passaram a ser escritos por Bastos Tigre.

Como a maioria dos jornais populares da época, o *Correio* dava atenção especial à literatura e à correção da linguagem. O historiador Brito Broca diz que o *Correio* se tornara o grande jornal do dia, de orientação essencialmente polêmica, no qual se fazia o processo dos figurões da época e que agitou não somente os arraiais políticos, como também os literários.[16] Tudo o que lá aparecia no terreno das letras obtinha, pela projeção da folha, grande repercussão. Entre os colaboradores estavam Arthur Azevedo, que escrevia contos; José Veríssimo, que acompanhava a vida literária e era o crítico de maior prestígio do seu tempo, arriscou sua reputação elogiando um autor até então desconhecido no Rio, Euclydes da Cunha, que tinha lançado *Os sertões*. Veríssimo foi substituído por Osório Duque-Estrada.

Emília Moncorvo Bandeira de Mello ("Carmen Dolores" para seus leitores) fazia a crônica dos domingos. Também escreviam os monarquistas Carlos de Laet, o conde Affonso Celso de Medeiros e Albuquerque, além de Arthur Azevedo, Viriato Corrêa, o português Fialho de Almeida. Pedro da Costa Rego, que depois seria o redator-chefe, publicava os "Traços da semana". Era o jornal do Rio que melhor pagava a seus colaboradores, seguido pela *Gazeta de Notícias*.

O *Correio* tornou-se extremamente popular e a circulação disparou. Aos 6 meses, em 16 de dezembro de 1901, Bittencourt escreveu que dias depois do lançamento, "as suas edições esgotaram-se e iam subindo de 5 a 10, 15, 20, 30 mil números. Foi um sucesso nunca visto". Essa afirmação deve ser olhada com precaução, mas é inegável a aceitação do jornal, que dizia representar a alma e o pensamento popular, e ser a voz do sentimento e da indignação no coração do povo. Disputava o mercado de jornais populares com o *Jornal do Brasil* e com *A Notícia*. Segundo a *Gazeta de Notícias*, ao *Correio* não faltaram capacidade e coragem, uma acentuada combatividade, mas semeou antipatias e "talvez ódios". Reconheceu, porém, que em apenas dois anos foi "o mais rápido sucesso que tem alcançado empresas jornalísticas no Rio de Janeiro".

As informações internacionais chegavam pela agência Havas, mas Bittencourt reconheceu a necessidade de melhorar o serviço telegráfico e prometeu, para o começo de 1902, informações diárias do mundo "da mais completa perfeição". Ele viajou a Buenos Aires para conhecer a organização dos jornais mais importantes e contratou um serviço especial de informações sul-americanas, que começou em 2 de janeiro de 1902 e funcionou durante um tempo. Na década de 1920, o *Correio* passaria a receber a informação telegráfica da agência norte-americana Associated Press, da qual seria o único cliente brasileiro durante vários anos.

Ao completar um ano, o jornal disse que estava introduzindo novo material tipográfico, com lindos espécimes de caracteres *art nouveau*, que rivalizava

328

com o das melhores folhas parisienses. Nos anos seguintes, renovou seu parque gráfico. Em janeiro de 1908, informava ter recebido uma rotativa Marinoni, especialmente construída para o *Correio*, a primeira desse tipo na América do Sul, capaz de imprimir 16 páginas de uma só vez.

ASSOVIOS PARA CAMPOS SALLES

Um alvo dos ataques furibundos do *Correio* foi o paulista Manuel Ferraz de Campos Salles, então presidente da República (1898-1902). Para reagir às críticas à política econômica de austeridade de seu ministro da Fazenda Joaquim Murtinho, o presidente decidira usar dinheiro público para influir na opinião da imprensa. Essa prática vinha do Império e era a única maneira de governar, alegou Campos Salles no livro *Da propaganda à presidência*. A maioria dos jornais aceitou o suborno.

O *Correio da Manhã*, que recusou o dinheiro do governo, desencadeou contra Campos Salles uma das campanhas mais virulentas da história da imprensa brasileira. A intransigente oposição a um presidente impopular foi outro motivo da rápida aceitação do jornal. Campos Salles foi acusado pelo *Correio* de contrabando, o que contribuiu para aumentar a sua impopularidade.

Como escreveu Pedro Nava, a gana de Edmundo Bittencourt era insaciável e a queda do inimigo, em vez de aplacar, mais acendia sua ira. "Depois de demolir Campos Salles, de quase provocar seu linchamento [...] Edmundo fez questão de dar-lhe um bota-fora à altura", no dia em que o "Pavão do Catete", como ele o chamava, deixava a presidência e retornava a São Paulo. "Se o Campos Salles não sair do Rio debaixo de uma vaia, fecho o jornal", disse Bittencourt.

Uma manifestação foi cuidadosamente preparada, na Central do Brasil, coordenada por Bittencourt, Antônio Salles e outros jornalistas. Segundo Pedro Nava:

> Aos gritos de fora! morra! casavam-se os de *dedo neles!* brocha! às obscenidades, ao estalo das mãos nos antebraços dando bananas, aos assovios,

aos apitos, aos cornetins e ao chiado dos foguetes sem bomba. O homem e sua comitiva passaram verdes, sob a rajada de quartos de jaca, tomates, ovos podres e batatas. Havia gemas e umidades nas barbas, bigodes e cartolas. Trancaram-se às pressas no trem presidencial onde tinham que se abaixar à saraivada das pedras que ia quebrando as vidraças dos vagões e que eram desfechadas das plataformas das estações suburbanas – de São Cristóváo a Cascadura. Da do Engenho de Dentro jogaram dois pombos – sem asa. Aquilo foi uma obra-prima de Edmundo, que só seria surpassada na sinfonia também regida por ele, muito mais tarde, da vaia em Arthur Bernardes quando este veio ao Rio, ler sua plataforma. Deleitáveis manifestações![17]

Em contraste com a despedida tumultuada no Rio, Campos Salles foi recebido com festas em São Paulo. Bernardino de Campos liderou as homenagens prestadas por 25 mil pessoas.[18] O *Correio* também hostilizou o presidente Rodrigues Alves (1902-1906), de quem escreveu que "não foi eleito da nação. Não foi eleito de ninguém".

O *Correio* atacava não apenas os presidentes da República, como também os jornais que os apoiavam, especialmente *O Paiz* e o *Jornal do Commercio*, ambos conservadores, aos quais qualificou de "canalha abjeta". De João Lage, dono de *O Paiz*, e de Eduardo Salamonde, redator-chefe, ambos nascidos em Portugal, Bittencourt disse que eram "meliantes", "dois portugueses renegados, um deles até jacobino". Salamonde, acrescentou, era "ladrão", "bandido". José Carlos Rodrigues, do *Jornal*, era "falsário".[19]

CONTRA A VACINA

Em sua oposição sistemática, o *Correio* combatia indiscriminadamente quaisquer medidas do governo. A peste, a febre amarela e a varíola eram endêmicas no Rio de Janeiro. Na presidência de Rodrigues Alves, com Pereira Passos como prefeito, foi instituída a campanha da vacina obrigatória contra a varíola no Rio, coordenada por Oswaldo Cruz. Grande parte da população foi contra, instigada pelos partidários do falecido ex-presidente marechal Floriano Peixoto, inconformados com a presença de um civil na presidência. O *Correio da Manhã* opôs-se radicalmente à vacinação e incentivou as manifestações. A vacinação, dizia, era um "monstruoso projeto" que atentava "contra os direitos e liberdades dos cidadãos desse país,", e que "O governo arma-se desde agora para o golpe decisivo contra os direitos e liberdades dos cidadãos". Seu rival, o jornal *O Paiz*, foi a favor da vacinação. A lei foi sancionada em 31 de outubro de 1904.

Em novembro desse mesmo ano, com o ambiente carregado, estourou a Revolta da Vacina, à qual aderiram diversos oficiais, os alunos da Escola Militar e um grupo de monarquistas. Erguem-se barricadas nas ruas, os bondes são incendiados ou virados para servir de trincheiras, a multidão ataca os postos da polícia e quebra os combustores da iluminação pública a gás.

Foi decretado o estado de sítio por 30 dias e o *Correio*, considerado o líder do movimento, teve suspensa a circulação, assim como o *Commercio do Brazil*, um jornal monarquista fundado nesse mesmo ano, e a *Gazeta de Notícias*. Bittencourt ficou preso incomunicável na ilha das Cobras. O resto da imprensa protestou contra a prisão.

A revolta foi dominada com a intervenção do Exército depois de a Marinha bombardear a cidade. Morreram umas 30 pessoas e quase mil foram presas – metade com antecedentes criminais. Mas o governo foi obrigado a recuar e suspendeu a obrigatoriedade da vacinação. Segundo o *Correio*, "a responsabilidade é toda do governo, que resolveu impor, custasse o que custasse, medida tão antipática ao povo". Quatro anos depois, houve mais de 8 mil casos de varíola e a população se vacinou voluntariamente.

O *Correio da Manhã* também combateu a urbanização do Rio, iniciada pelo prefeito Pereira Passos com a demolição de casebres nos bairros pobres, conhecida como "bota abaixo", e a construção da avenida Central, hoje avenida Rio Branco. "O dinheiro do contribuinte foi esbanjado, foi desperdiçado em indenizações vergonhosas", escreveu.

O jornal fez uma campanha de extrema dureza, que durou vários anos, contra os acordos para a delimitação das fronteiras e contra a política externa e a pessoa do Barão do Rio Branco, ministro das Relações Exteriores. O *Correio* foi uma das raras publicações que não aceitaram receber subsídios do ministério para reorientar sua opinião. Nessa campanha, reacendeu sua polêmica com *O Paiz*, que apoiava o ministério.

Bittencourt acusou falsamente o Barão de tentar restaurar a Monarquia, de falta de patriotismo, de subornar a imprensa e chegou a convocar a população a uma insurreição armada contra o Tratado de Petrópolis, assinado com a Bolívia, pelo qual o Brasil incorporava o Acre. Ele afirmou que os amigos de Rio Branco "não conseguiram que eu lhes vendesse o meu jornal, por dinheiro fornecido, talvez, pelo governo".[20]

O *Correio* combateu também a obrigatoriedade do serviço militar, estabelecida por Hermes da Fonseca quando era ministro da Guerra no governo de Afonso Pena.

Ideologicamente, o *Correio* era favorável ao liberalismo econômico, posição que o levou a criticar as iniciativas do governo para promover a industrialização do país.[21] Opôs-se, por exemplo, à concessão de isenção de direitos alfandegários para construir uma usina siderúrgica em Minas Gerais.

Edmundo Bittencourt manteve sua linguagem desabrida contra os sucessivos ocupantes do poder. Além de Campos Salles, atacou Rodrigues Alves e Nilo Peçanha (1909-1910), o único presidente mulato do Brasil, a quem chamou de "moleque" e ameaçou cortar sua cara a chicotadas. A Câmara Alta, para o jornal, era um "senado de eunucos".

Era frequente a falta de coerência nessa agressividade, que refletia a mudança de humores de seu proprietário. Em 1909, mostrou-se partidário da candidatura do marechal Hermes da Fonseca à presidência. Escreveu: "O marechal Hermes conquistou definitivamente o coração do povo", para depois mudar de opinião e aderir ao movimento civilista que defendia a candidatura de Ruy Barbosa. Segundo o *Correio*, o mesmo Hermes, que antes estava no coração do povo, passava a ser inelegível: se um militar não podia ser eleitor, também não podia ser eleito, pois não se achava na plenitude dos direitos políticos. Hermes venceu a eleição, seu governo decretou o estado de sítio e, como represália, fechou o *Correio da Manhã* e outros jornais, bem como determinou a prisão de Bittencourt. Ruy Barbosa, para não ser preso, fugiu para São Paulo.

O gaúcho José Gomes Pinheiro Machado, senador e general honorário, foi um dos mais poderosos políticos do país do começo do século XX, principalmente durante o governo de Hermes da Fonseca. É atribuída a ele a famosa instrução dada ao motorista do seu carro quando foi ameaçado de linchamento:

"Não vá tão devagar que pareça afronta, nem tão depressa que pareça medo". Não se sabe a que velocidade o veículo foi embora.

Segundo Luís Edmundo, "Pinheiro Machado foi o capitão-mor dos tempos de ouro de Minas, sempre por cima, sem que houvesse ninguém a contrariar-lhe as ideias, os desejos e as caprichosas fantasias, com a Imprensa inteira a lamber-lhe os pés". "Era um caudilho tisnado pelo sol, forte, cheio de atrevimento e de bravura. Seus feitos, nas campanhas do Sul, eram quase lendários".

Pinheiro foi um dos alvos prediletos dos ataques do *Correio*. "Quem o vê – escrevia o jornal – imagina que está pensando na pátria e na República. Puro engano! O general só pensa em duas coisas: no pôquer e em seus galos"; Bittencourt dizia que Pinheiro Machado era "general de briga de galos". Era também amigo de João Lage, dono de *O Paiz* e adversário de Edmundo.

A rivalidade entre os dois gaúchos era antiga. Em maio de 1906, eles se enfrentaram em duelo de pistola. O então coronel Hermes da Fonseca (depois marechal e presidente da República) e o senador Ramiro Barcellos foram padrinhos de Pinheiro Machado; Edmundo escolheu dois jornalistas, Vicente Piragibe, redator do *Correio*, e Osmundo Pimentel, repórter.

Eles se enfrentaram na então distante praia de Ipanema. Na hora de disparar, a pistola de Edmundo emperrou, Pinheiro percebeu, disparou para o ar e considerou o duelo encerrado. Edmundo insistiu em continuar, foi ferido e teve que ser levado até o hospital, no carro de Pinheiro, pois o dele ficara atolado na areia da praia. Edmundo Bittencourt saiu com "desmoralizante ferimento nas nádegas" ou, como alguém disse pudicamente, ferido "na fossa ilíaca externa"; o *Correio* assegurou que foi ferido nas costas. "Gaúcho, bateste-te como um herói!", disse-lhe o general.

TIROS, FACADAS E SUBSÍDIOS

No mesmo mês do duelo entre os gaúchos, o redator-chefe, Pedro Leão Velloso Filho, deixava o *Correio*. Fora eleito deputado federal pela Bahia e participava do "Bloco", o grupo que dava apoio no Congresso a Pinheiro Machado, o grande inimigo político de Edmundo Bittencourt, seu antigo patrão. Fundou o jornal *Diário de Notícias*, de vida curta.

Depois de sair do *Correio*, Pedro Leão Velloso Filho ("Gil Vidal"), que em seus artigos criticara asperamente o governo e a política externa,[22] escreveu em setembro de 1907 carta ao Barão do Rio Branco, ministro das Relações Exteriores, um dos principais alvos de seus ataques, solicitando um emprego para o seu filho, Pedro Leão Velloso Neto:

> Meu caro barão. Com a chegada do árbitro peruano [para tratar da questão das fronteiras entre os dois países] vai se instalar o Tribunal, oferecendo-se assim a esperada oportunidade de empregar V. Exa. meu filho, conforme me prometeu. É o que venho lembrar a V. Exa. e desde já lhe agradeço o deferimento ao meu pedido. Sou com toda a estima e consideração. De V. Exa. Amigo e admirador. Leão Velloso.

Velloso, bom pai, pede a Rio Branco, três meses mais tarde, que o filho seja promovido a segundo secretário, cargo "para o que o julgo capaz, já pelos seus predicados intelectuais, já pelos morais, e mormente pela sua fina educação. E para conseguir esse meu *desideratum*, contei sempre com a extrema bondade de V. Exa. para comigo". Acrescentou: "Estou certo de que V. Exa. fará uma boa nomeação. Devo dizer-lhe que já fiz igual pedido ao sr. presidente da República".[23] Posteriormente, Velloso pai reassumiria o cargo de redator-chefe e voltaria a escrever para o *Correio*, dessa vez com elogios a Rio Branco e a sua política externa.

Indignado com um violento artigo do *Correio*, que o acusou de desonestidade, um sobrinho de Pinheiro Machado atirou contra Edmundo Bittencourt na Rotisserie Americana, o restaurante mais elegante do Rio, o qual teve um braço atravessado por uma bala.

Em 1915, Pinheiro Machado foi assassinado com várias facadas nas costas, quando saía do Hotel dos Estrangeiros, no Rio, pelo padeiro desempregado Francisco Manço de Paiva Coimbra, também gaúcho, que alegava estar salvando o Brasil com seu gesto. Era leitor do *Correio da Manhã* e da *Gazeta de Notícias*.[24] Cláudio Mello e Souza comenta que a cobertura do *Correio* sobre a morte de Pinheiro Machado é um exemplo de força jornalística e de leveza gráfica.[25]

O *Correio* conquistara a admiração do público pela sua campanha contra a prática de Campos Salles de comprar com dinheiro e favores o apoio da imprensa. Mas, aparentemente, não foi muito diferente nem mais virtuoso do que os outros jornais. Houve denúncias de que o *Correio* recebia subvenções dos governos da Bahia e de Minas Gerais. O *Jornal do Commercio* escreveu que o *Correio* era subvencionado pela Companhia de Loterias Nacionais para conseguir papel de imprensa sem pagar.

O *Paiz* de João Lage afirmou que o *Correio da Manhã* recebia propina do Dresdner Bank, um banco de capital alemão, para influenciar num contrato de cunhagem de moeda e denunciou outros jornais por guardarem silêncio sobre a denúncia. Anteriormente, o *Correio* acusara *O Paiz* de defender o ex-ministro da Fazenda que encomendara a cunhagem das moedas com o governo da Alemanha.[26]

O jornal teria sido usado para represálias pessoais. Paulo Barreto, mais conhecido por João do Rio e por sua homoafetividade, tinha criticado um livro muito ruim, que falava mal dele e também de Olavo Bilac, Coelho Netto e José Veríssimo. O autor era filho de um deputado nordestino amigo de Sílvio Romero e de Luís Edmundo. Eles promoveram o livro no *Correio da Manhã* e, para vingar-se da crítica, escreveram no jornal: "O nacional Paulo Barreto, pardo, que alegara ser jornalista, foi colhido em flagrante, num terreno baldio, quando entregue a atos imorais, tendo como parceiro um soldado da Polícia".[27]

Quando surgiram os primeiros movimentos trabalhistas, assim como o seu rival *O Paiz,* o *Correio da Manhã* deu mostras de uma particular xenofobia ao pedir a cabeça dos "conspiradores estrangeiros" e dos "estrangeiros profissionais de agitações".[28] Efetivamente, vários líderes operários, sindicalistas e jornalistas de folhas socialistas, nascidos no exterior, foram expulsos do país sob os aplausos de jornais que, como o *Correio*, diziam-se populares.

SÁTIRA SOBRE O *CORREIO*

Lima Barreto, amanuense da Secretaria de Guerra, escreveu no *Correio da Manhã* uma longa série de reportagens em 1905, muito elogiada na época, com o título "O subterrâneo do morro do Castelo", misturando alguns fatos e muita fantasia. Ele colaborou também com diversas publicações, como *A Lanterna, Revista da Época, O Diabo, Floreal, Fon-Fon!;* numa delas, o quinzenário *A Voz do Trabalhador*, órgão da Confederação Operária Brasileira, assinava com o pseudônimo Isaías Caminha.

Esse foi o nome do protagonista de seu primeiro romance, *Recordações do escrivão Isaías Caminha*, publicado em 1909, uma das sátiras mais ferinas feitas a um jornal e à imprensa do começo do século XX. Segundo o próprio autor, o romance é "um livro desigual, propositadamente malfeito, brutal por vezes, mas sincero sempre. Espero muito nele para escandalizar e desagradar...". Tem um inegável tom autobiográfico. Isaías, atrás de quem se esconde parcialmente Lima Barreto, descreve a vida na redação de um diário fictício, *O Globo*, e retrata o seu diretor, Ricardo Loberant, como autocrático, tirano e vaidoso.

Isaías narra o seu primeiro dia no jornal:

> A conversa tinha cessado quando o diretor penetrou na sala. Era o dr. Ricardo Loberant, um homem muito alto e muito magro, anguloso, com um grande bigode de grandes guias, louro, de um louro sujo, tirando para o castanho, e um olhar erradio, cheio de desconfiança. Era um homem temido, temido pelos fortes, pela gente mais poderosa do Brasil, ministros, senadores, capitalistas; mas em quem, com espanto, notei uma falta de firmeza, de certa segurança de gestos e olhar, própria dos vencedores. Fora uma irrupção. Ninguém o sabia jornalista, mesmo durante o seu curso mal amanhado não sacrificara às letras: fora sempre tido como *viveur*, gostando de gastar e frequentar a sociedade das grandes "cocottes". Um belo dia, o público da cidade ouviu os italianos gritarem: *O Globo! O Globo!* Os curiosos compraram-no e com indiferença leram ao alto o nome do diretor: Ricardo Loberant. Quem é? Ninguém sabia. Mas o jornal atraía, tinha um desempenho de linguagem, um grande atrevimento, uma crítica corajosa às coisas governamentais, que, não se sabendo justa, era acerba e parecia severa. Este gostou, aquele apreciou, e dentro de oito dias ele tinha criado na multidão focos de contágio para o prestígio de sua folha. Vieram as informações a seu respeito. Algumas pessoas do foro informaram que o dr. Ricardo Loberant era um advogado violento, atrevido, que tinha por hábito discutir pelos "apedidos" do *Jornal do Commercio*, com mais azedume que lógica, as causas intrincadas que lhe eram confiadas. E o jornal pegou. Trazia novidade: além de desabrimento de linguagem e um franco ataque aos dominantes, uma

afetação de absoluta austeridade e independência, uma colaboração dos nomes amados do público, lembrando por este aspecto os jornais antigos que a nossa geração não conhecera. O Rio de Janeiro tinha então poucos jornais, quatro ou cinco, de modo que era fácil ao governo e aos poderosos comprar-lhes opinião favorável. Subvencionados, a crítica em suas mãos ficava insuficiente e covarde. Limitavam-se aos atos dos pequenos e fracos subalternos da administração; o aparecimento d'*O Globo* levantou a crítica, ergueu-a aos graúdos, ao Presidente, aos ministros, aos capitalistas, aos juízes, e nunca os houve tão cínicos e tão ladrões. Foi um sucesso; os amigos do governo ficaram em começo estuporados, tontos, sem saber como agir. Respondiam frouxamente e houve quem quisesse armar o braço do sicário. A opinião salvou-o, e a cidade, agitada pela palavra do jornal, fez arruaças, pequenos motins e obrigou o governo a demitir esta e aquela autoridade. E *O Globo* vendeu-se, vendeu-se, vendeu-se...

Mais adiante, Isaías comenta:

Pelos longos anos em que estive na redação de *O Globo*, tive ocasião de verificar que o respeito, que a submissão dos subalternos ao diretor de um jornal só deve ter equivalente na administração turca. É de santo o que ele faz, é de sábio o que ele diz. Ninguém mais sábio e mais poderoso do que ele na Terra. Todos têm por ele um santo terror e medo de cair da sua graça, e isto dá-se desde o contínuo até o redator competente em literatura e coisas internacionais.

Então, admirei-me que aquele homem, sob cujo nome apareciam tão formidáveis ataques aos nossos problemáticos tiranos fosse ele mesmo, na administração de sua folha, um tirano malcriado e feroz.

À frente, estava o doutor Ricardo Loberant, bacharel em direito, de inteligência duvidosa e saber inconsciente, com o seu estado-maior, formado de Aires d'Ávila, um monstro geológico com prematuros instintos de raposa, e o Leporace, um secretário mecânico, automático, ser sem alma, sem defeitos nem qualidades, que recebia os seus movimentos do exterior e os comunicava às outras peças da máquina.

Ele pairava sobre o jornal como um sátrapa que desconhecesse completamente qualquer espécie de lei, fosse jurídica, moral ou religiosa. Não havia regulamentos, praxes; o jornal era ele e a coerência de suas opiniões vinha dos impulsos desordenados de sua alma, que o despeito agitava em todos os sentidos.

De dia para dia o jornal crescia em venda. Todos o liam; era o jornal dos desgostosos, dos pequenos empregados, dos ratés de todas as profissões e também dos ricos que não podem ganhar mais e dos destronados das posições e das honras. Na venda avulsa, nenhum o excedia, nem o próprio *Correio da Manhã*. Só o *Jornal do Brasil* se mantinha emparelhado com ele, e a rivalidade era acesa.

Daí a receptividade do público por aquela espécie de jornal, com descomposturas diárias, pondo abaixo um grande por dia, abrindo caminho, dando esperanças diárias aos desejosos, aos descontentes, aos aborrecidos. E os outros jornais? Nos outros o suborno era patente; a proteção às negociatas dos dominantes não sofria ataques; não demoliam, conservavam, escoravam os que estavam.

Loberant sabia o segredo do seu sucesso e velava pela folha com cuidados especiais. Diariamente lhe vinham informações sobre a venda avulsa, sobre o movimento de anúncios. Se decaíam um pouco, logo procurava um escândalo, uma denúncia, um barulho, em falta um artigo violento fosse contra quem fosse. Havia na redação farejadores de escândalos; um, para os públicos; outro, para os particulares. Este era o mais interessante. Tinha uma imaginação doentia; forjava coisas terríveis, inventava, criava crimes. Eram cárceres privados, enterramentos clandestinos, incestos, tutores dolosos etc.

"Ricardo Loberant" é Edmundo Bittencourt; "Aires d'Ávila" ou "Pacheco Rabelo", o redator-chefe do *Correio*, Leão Velloso (Gil Vidal); "Leporace", Vicente Piragibe; "Dr. Franco de Andrade", Afrânio Peixoto. Nas *Recordações*, Lima Barreto não satiriza apenas jornalistas do *Correio*. Ele não poupa, por exemplo, Figueiredo Pimentel, famoso por sua coluna social "Periscópio" na *Gazeta de Notícias*, que ditava a moda da época e aparece como Florêncio; nem João do Rio, pseudônimo de Paulo Barreto e que é Raul Gusmão no romance. O escritor Coelho Netto (Veiga Filho) recebe uma saraivada de insinuações maliciosas. O próprio Lima Barreto aparece no romance como "Plínio de Andrade" ou "Plínio Gravatá".

Um ataque tão direto e tão tenuemente encoberto provocou, como era previsível, a fúria de Edmundo Bittencourt. Acostumado a criticar, não achava que a crítica era uma via de duas mãos. Lima Barreto certamente poderia esperar uma forte reação do vingativo personagem que ele romanceou.[29]

NOMES PROIBIDOS

Edmundo Bittencourt colocou Lima Barreto no índex dos nomes proibidos no jornal. Como escreveu Ruy Castro, quando o *Correio da Manhã* cismava com alguém, o declarava "morto" e o nome do sujeito não saía nem a bacamarte.[30] O jornalista Mário Hora diz:

> Certos nomes, fossem de parlamentares, jurisconsultos, altas patentes ou simples burocratas, não eram publicados nas páginas do *Correio*. E, quando um novo nome tinha de entrar para o "index", Edmundo chamava o chefe da revisão e dizia-lhe: "O nome de fulano não sai mais no *Correio*. Você fica responsável por isto". E não saía mais, para espanto de redatores e repórteres que ignoravam a "morte" do excluído.[31]

Nos anos 1940, Gilberto Freyre pediria demissão, porque a direção do *Correio* não publicou um texto em que era mencionado o nome de Samuel Wainer. Ruy Barbosa, Carlos Lacerda, Juracy Magalhães não podiam aparecer em suas páginas.

A proibição de mencionar o nome do autor das *Recordações do escrivão Isaías Caminha* durou meio século. Segundo seu biógrafo, Francisco de Assis Barbosa, o nome de Lima Barreto somente foi publicado no *Correio* quando Lúcia Miguel Pereira escreveu o ensaio *50 anos de literatura* e o então redator-chefe, Costa Rego, cortou o nome de Barreto. Ela disse que o ensaio só sairia se fosse publicado na íntegra, como aconteceu.

No entanto, a proibição de publicar certos nomes continuou. Sérgio Augusto lembra que, quando começou a trabalhar no *Correio da Manhã*, recebeu a lista dos desafetos da casa, entre os quais estava de volta Lima Barreto, que tinha comprado "o ódio eterno dos Bittencourt". Outro nome proibido era o do político Abelardo Jurema.[32]

Não foi só o *Correio* quem colocou Lima Barreto no ostracismo. A imprensa, com raras exceções, ou o criticou asperamente ou passou a ignorá-lo pelo deprimente retrato que fez dela, pela audácia de ter atacado com tanta veemência um membro do clube e, talvez, por medo de Bittencourt. O livro vendeu pouco.

O romance de Lima Barreto foi publicado inicialmente na revista *Floreal*, que ele ajudara a fundar e da qual fora secretário, mas não encontrou editor no Brasil para o livro, o seu primeiro. Só conseguiu que fosse publicado em Portugal pela Livraria Clássica Editora, mas teve que abdicar dos direitos de autor. Recebeu, apenas, 50 exemplares em pagamento. Para a segunda edição, no Brasil, vários anos depois, teve que pedir um empréstimo de 20 contos a um agiota. Ele se considerava prejudicado até como funcionário público, tendo-lhe sido negados aumentos de salário e promoções.

João Lage, inimigo de Bittencourt, ofereceu um bom pagamento para publicar o romance como folhetim em seu jornal, *O Paiz,* e depois em livro. Mas Lima Barreto deveria identificar o nome real dos personagens. Ele, apesar das dificuldades econômicas, recusou, dando provas de ser menos vingativo que Bittencourt. Aparentemente, não quis que sua obra fosse usada como arma numa briga alheia.

Ele caricaturou João Lage, que já fora personagem nas *Recordações*, e pintou o clima social e político do país no governo do marechal Hermes da Fonseca no romance *Numa e a nympha*, publicado pelo vespertino *A Noite*, de Irineu Marinho.

Nelson Werneck Sodré, saindo na defesa de Bittencourt e do *Correio*, afirmou que Lima Barreto não compreendeu como o papel do jornal que ele satirizou era positivo, e considerou "esse ataque violento, descomedido e até certo ponto injusto".[33] Essa opinião, que é também a de vários historiadores da imprensa, desconsidera que o *Correio* nem sempre era positivo; que seus ataques eram violentos, descomedidos e, com frequência, injustos; e que o jornal foi golpeado com as mesmas armas que ele feria.

O *Correio* teve várias dissidências. Parte da equipe saiu em 1907 para fundar o *Correio da Noite*, jornal que durou até 1915. Entre eles, estava Pinheiro Júnior, o primeiro colunista de "Pingos e respingos". Em outra ocasião, Mário Rodrigues, que tinha sido diretor do *Correio*, levou com ele vários jornalistas para fundar *A Manhã*, de que desencadeou os mais furibundos ataques contra Edmundo Bittencourt e o *Correio*, superando-o em agressividade e virulência.

Durante o governo do marechal Hermes da Fonseca (1910-1914), Bittencourt foi preso e o *Correio* impedido de circular temporariamente. A mesma punição foi imposta a José Eduardo de Macedo Soares e ao seu jornal *O Imparcial*. Bittencourt conseguiu na Justiça uma indenização de 117 contos pela suspensão da publicação do jornal e mais 80 contos pelos danos decorrentes da censura policial.

No começo da Primeira Guerra Mundial (1914-8), o *Correio* criticou o bloqueio feito pela Inglaterra às exportações brasileiras de café à Holanda, sob o pretexto de que ajudariam os impérios centrais – a Alemanha e a Áustria –, e ficou com fama de jornal germanófilo. João Lage, dono de *O Paiz* e inimigo de Bittencourt, escreveu, sem nenhuma prova, que o *Correio* estava vendido ao comitê alemão do Rio e que, por esse motivo, várias empresas tinham deixado de anunciar nele. No entanto, no início da contenda, como a maioria dos jornais, manteve uma razoável neutralidade e não via razões para participar do conflito, visto como uma questão europeia.

O jornal informou sobre a guerra por meio de correspondentes e colaboradores, além das agências de notícias. Em novembro de 1914, Raul Brandão, secretário de redação do *Correio*, foi enviado à Europa para fazer a cobertura do conflito. Ficou na Holanda, país neutro, de onde enviou "impressões sobre os mais variados temas – sob a forma de ensaios, analisando desde a situação político-econômica da Bélgica ocupada, a instabilidade dos Bálcãs, a situação da Alemanha e Áustria-Hungria, a impressões sobre a neutralidade holandesa". O tom de suas crônicas era abertamente simpático à Alemanha. Brandão foi submetido a um inquérito ao ser tomado por espião quando se aproximou de umas fortificações. Voltou em 1915. No Brasil, fez palestras a favor dos Impérios Centrais – Alemanha e Áustria.[34]

Outro correspondente foi Antônio José de Azevedo Amaral, médico que não exerceu a profissão e que escrevia a coluna "De Londres" para o *Correio*. Depois de mais de 20 anos no país e dez como correspondente, foi obrigado a voltar ao Brasil pelas autoridades britânicas devido ao tom de seus despachos, considerados favoráveis à Alemanha. Ele correu o risco de enfrentar um processo por espionagem. Ao retornar, Azevedo Amaral continuou publicando na coluna "De Londres" e foi nomeado redator-chefe e, em seguida, diretor na ausência de Edmundo Bittencourt. Foi demitido em novembro de 1917, porque seus artigos na primeira página estavam "em inteiro desacordo" com a linha do jornal.[35]

Entre os colaboradores do *Correio* que escreviam sobre o conflito estava Augusto de Sá, ex-capitão do Exército brasileiro que partiu para a Alemanha em maio de 1915, como *freelancer*, enviando artigos para o *Correio da Manhã* e *A Tribuna*. Alfredo Cusano, jornalista italiano que esteve durante alguns anos no Brasil onde colaborou com o diário *Fanfulla* de São Paulo, e com a revista carioca *Fon-Fon!*, mandou ao *Correio* de Roma as "Cartas da Itália" até ser mobilizado pelo Exército.

Se inicialmente o jornal misturou uma posição de neutralidade cautelosa com alguns gestos de simpatia pela causa germânica, mudaria radicalmente sua opinião quando os Estados Unidos entraram na guerra e quando submarinos alemães afundaram navios brasileiros. A partir de então, Bittencourt foi um exaltado partidário da participação do Brasil no conflito e considerou a Alemanha um velho inimigo. Em outubro de 1917, o país entrava na guerra e a postura do *Correio* seguiu, em grandes linhas, a posição oficial do Itamaraty.

Em 1920, Edmundo Bittencourt, numa rara iniciativa, enviou à Europa durante vários meses o jornalista Assis Chateaubriand, de declarada simpatia pela causa alemã, para entrevistar os vencidos, o que reforçou a fama de germanófilo do jornal. Ao aceitar, Chatô disse que o *Correio* fora o "único jornal brasileiro a conservar a altivez, e a liberdade diante da torrente de calúnias contra os vencidos de hoje". Fez uma cobertura notável, entrevistando alguns dos principais líderes militares e civis da Alemanha durante o conflito. Por divergências com o jornal, Chateaubriand voltou da Europa antes de completar um ano, como fora previsto. Suas reportagens foram publicadas num livro de sucesso, *Alemanha*.

"AS CARTAS FALSAS"

O *Correio* manteve seu estilo de jornal panfletário e desabrido. Para debochar dos homens públicos, fez um concurso entre os leitores para dar-lhes apelidos. O almirante Barros Nunes foi chamado "Jacaré Engomado", Epitácio Pessoa era "Garnisé de Quitanda".

O presidente Epitácio Pessoa (1919-22) foi alvo de uma campanha de extraordinária agressividade e exemplo da volubilidade do jornal. Ele passou de ser considerado "o único estadista capaz de administrar este país", para tornar-se um "tirano de opereta", "réprobo", "comediante". O presidente reagiu dizendo que "há insultos que dignificam". Mário Rodrigues, quando era redator político do *Correio*, de 1916 a 1922, chamara Epitácio de "tirano de maus fígados e alma enoitecida", além de "Nero de Umbuzeiro", numa alusão à terra do presidente.[36]

Epitácio Pessoa, por sua vez, acusou o *Correio da Manhã* de "querer criar uma casta inviolável e sagrada, a casa dos 'salteadores da pena', [...] de difamação sistemática dos homens dignos do país" e de ser um dos "flibusteiros da calúnia, de onde o ódio ou o dinheiro varreram todos os escrúpulos". Segundo Laurita Pessoa Raja Gabaglia, filha e biógrafa de Epitácio:

> Naquele tempo, o *Correio da Manhã* já era, com o *Jornal do Commercio*, o nosso principal matutino, mas, ao contrário deste, era um órgão tradicional de oposição. Daí lhe advinha a sua imensa popularidade. Jornal brilhante, jornal de ideias, servido por um corpo de redatores e colaboradores de primeira ordem, devia-lhe a nação algumas das mais notáveis campanhas democráticas, a campanha civilista, entre outras. Mas trazia, de origem, a vocação ao combate. [...] Sob a direção constante de uma sumidade jornalística e de um homem de ódio, como Edmundo Bittencourt, realizou em breve a perfeição nesse gênero de publicidade. Tudo o que constituía a sua superioridade como jornal – colaboração talentosa e culta, eficiência profissional, uma extraordinária tenacidade nos empreendimentos – serviu, infelizmente, para torná-lo um instrumento terrível de demolição – tanto mais terrível quanto nenhum escrúpulo de delicadeza o detinha no arremesso à honra pessoal e aos recessos mais íntimos do lar. Era o abutre das reputações.[37]

Uma opinião diferente a respeito do papel do *Correio* nesse episódio foi dada por Alceu Amoroso Lima (Tristão de Athayde):

> É preciso haver na imprensa de um país um jornal desabusado, destes que cometem injustiças e não temem publicar denúncias, sobretudo quando se trata do manejo das coisas do Estado. Se eu fosse governante, chegaria mesmo a subsidiar um jornal desse gênero, tendo em mente o serviço que presta. [...] Já imaginaram o mal que se evita, só por temor à ação de jornais que não têm papas na pena? [...] Posto de um lado, o mal que eles fazem, e de outro o bem que eles praticam, concluo pela balança do bem, sendo que o mal, como diz o rifão, por si só se destrói.[38]

O *Correio* fez um mal considerável ao país, no fim do mandato de Epitácio, quando foi pivô do episódio das "Cartas falsas". Em 9 e 13 de outubro de 1921, o jornal publicou duas cartas atribuídas a Arthur Bernardes, candidato do governo à presidência, que as teria escrito a seu amigo Raul Soares. Insultavam o Exército, ao dizer que era formado por elementos venais, e atacavam especialmente o ex-presidente, marechal Hermes da Fonseca, também considerado aspirante à presidência, a quem chamava de "canalha" e "sargentão sem compostura". Dos militares, sugeria, "os que forem venais, que é quase a totalidade, compre-os com todos os seus bordados e galões". Bernardes negou veemente a autoria, mas vários jornais fizeram eco à campanha do *Correio*.

As cartas eram falsas. Tinham sido oferecidas por Oldemar Lacerda, um escroque, primeiramente a Eduardo Fonseca Hermes, irmão do marechal Hermes, que pôs em dúvida a sua autenticidade, e depois a vários políticos, que também desconfiaram. Chegou inclusive a oferecê-las ao próprio Arthur Bernardes. Pedia 30 contos de réis por elas. Lacerda, que se aproximara do governo Hermes da Fonseca e do qual obteve diversas vantagens, tinha enfrentado a Justiça por atividades fraudulentas e fugira do país por um tempo.

O *Jornal do Commercio* tinha escrito, em 20 de setembro de 1921, uma "Vária" (editorial) denunciando a manobra das cartas:

> Ensaiam-se, porém, agora, na sombra, outras armas que não são propriamente políticas nem jornalísticas, mas pura exploração, para ameaças de extorquir dinheiro. É o caso espalhado à surdina de umas cartas

manuscritas, que o possuidor assoalha serem do próprio punho do doutor Arthur Bernardes, presidente atual de Minas, candidato da maioria dos estados ao posto supremo da República. Nessas cartas apregoadas, por seu portador, como autografadas e oferecidas à venda neste caráter, ora aos amigos do doutor Bernardes, ora aos inimigos da candidatura deste, puderam ser escritas em papel timbrado do gabinete do presidente de Minas, e consta que imita muito bem a letra do mesmo.

As cartas foram entregues pelo senador Irineu Machado a Mário Rodrigues, editorialista do *Correio*, que as passou a Raimundo Silva, um dos diretores. Este quis reconhecer no cartório a assinatura de Bernardes nas cartas, mas o funcionário se recusou a autenticá-las, porque havia divergências evidentes e profundas. Inconformado, Rodrigues tentou de novo com outro empregado do mesmo cartório, que também se recusou. Procurou ainda o tabelião interino, que lhe deu a mesma resposta, mostrando a diferença entre as duas assinaturas.

Apesar disso, no dia 9 de outubro, três semanas depois de o *Jornal do Commercio* ter denunciado a falsificação, o *Correio* publicava na primeira página um fac-símile das cartas acompanhado de um artigo com o título "Injurioso e Ultrajante", acusando Bernardes de corrupção e suborno. Nesse mesmo dia, Oldemar Lacerda, o escroque, embarcava para a Europa com o dinheiro da venda. Até hoje não se sabe quem as comprou nem quanto pagou. No dia 13 foi publicada a segunda carta. O *Correio* foi acompanhado por uma grande parte da imprensa na violenta campanha que desencadeou contra Bernardes. O Clube Militar designou uma comissão, cujas conclusões, lidas a quase 200 oficiais, garantiram a autenticidade das cartas. Capistrano de Abreu já tinha antecipado essa conclusão: "A tal carta tresanda a falsidade e falsificação a léguas, mas a Comissão do Clube Militar vai declará-la autêntica". Ruy Barbosa, embora hostil a Bernardes, escreveu que não havia, na história das falsificações célebres, nada mais grosseiramente amanhado.

De volta ao Brasil, Oldemar, o escroque, foi recebido triunfalmente como herói nacional. Meses depois, em março de 1922, ele confessou a farsa na seção "A pedidos" de *O Jornal*. As cartas tinham sido falsificadas por Jacinto Guimarães e ele se encarregara de encontrar um comprador. Apesar de falsas,

345

HISTÓRIA DOS JORNAIS NO BRASIL – 1840-1930

as cartas cumpriram com o seu objetivo de criar animosidade entre os militares e Arthur Bernandes.

Os oficiais, que já mostravam alto grau de indisciplina, ficaram ainda mais revoltados. Eram jovens oficiais, que assumiram bandeiras políticas contra o regime dos bacharéis, e tentavam organizar um regime autoritário e, com ele, as reformas do país. O Clube Militar, presidido por Hermes da Fonseca, disse que não podia assegurar a Bernardes o exercício do cargo, caso fosse eleito. Apesar de tudo, ele elegeu-se em março de 1922, derrotando Nilo Peçanha. Alguns militares, estimulados pelo *Correio*, levantaram-se em julho desse ano, no episódio conhecido como os 18 do Forte de Copacabana. As "cartas falsas" alimentaram a hostilidade dos oficiais contra Bernardes e contribuíram para a consolidação do movimento tenentista.

Escreve Hélio Silva que Edmundo Bittencourt acreditava sinceramente na autenticidade das cartas. Na verdade, Edmundo não estava presente no Rio na ocasião; encontrava-se em Lindoia (SP), mas participou do embuste. Ele viajou à Europa à procura de um grafologista que atestasse a veracidade das cartas. A decisão foi tomada por Raimundo Silva e Mário Rodrigues, e é difícil aceitar que eles não tivessem dúvidas, depois das repetidas recusas do cartório em reconhecer a assinatura, da advertência do *Jornal do Commercio* e da desconfiança de vários políticos. Parece mais provável que, por conveniência política, o *Correio* e o Clube Militar quiseram acreditar que as cartas eram verdadeiras, apesar de todas as evidências, e agiram como se fossem. Foram também mais um pretexto para atacar Arthur Bernardes, que era visto como um representante das oligarquias políticas e da continuidade da política "café com leite" pela qual São Paulo e Minas Gerais se alternavam na presidência.

PAULO NA DIREÇÃO

Em 1922, Edmundo e seu filho, Paulo Bittencourt, foram presos. A direção do jornal passou a Mário Rodrigues. Ele escreveu um artigo denunciando a doação em 1920 de um colar de pérolas, avaliado em 120 contos, à esposa do então presidente Epitácio Pessoa, feita pelos usineiros de Pernambuco, por

346

ocasião da visita dos reis da Bélgica. Em troca, o presidente teria facilitado as exportações de açúcar. Epitácio foi chamado pelo *Correio* "o rei dos colares". Mário Rodrigues foi julgado e condenado a um ano de prisão.

Edmundo Bittencourt tinha contas pessoais para acertar com Bernardes, que não atendera a um de seus pedidos. Por intermédio de Afrânio de Mello Franco, Bittencourt fez a Bernardes:

> [...] um pedido de indicação de José Felipe de Freitas Castro, um amigo pessoal, para ocupar uma cadeira na representação federal mineira. A recusa de Bernardes provocou grande desapontamento em Bittencourt, que, em carta a Afrânio de Mello Franco, a 4 de julho de 1919, relembra o atrito de Bernardes e afirma categoricamente "sempre que puder hei de aborrecê-lo".[39]

O *Correio da Manhã* "aborreceu" Arthur Bernardes, antes e durante sua presidência; em represália, foi atacado arbitrariamente por ele. A Bernardes é atribuída a frase "A ordem acima da lei".

Em janeiro de 1923, Edmundo e seu filho Paulo estavam presos no cárcere do Corpo de Bombeiros. Edmundo escreveu um tópico para o jornal, que não chegou a ser vetado pela censura, mas não foi publicado, não se sabe o motivo. Ao sair da prisão, demitiu o diretor, Raimundo Silva; Paulo Bittencourt, então redator-chefe, foi nomeado em seu lugar. No dia seguinte, Edmundo viajou à Europa para dar mais liberdade e autoridade ao filho. Em outubro desse ano, Paulo também viaja à Europa e deixa o jornal a cargo de Mário Rodrigues, nomeado diretor-substituto.

Em outubro de 1923, o antigo redator-chefe, Leão Velloso, afastado por uma longa doença, teve a faceirice de morrer em Paris, segundo comentou Costa Rego, que se considerava seu discípulo e viria a ocupar seu cargo. Costa Rego era jornalista do *Correio* desde 1906. Como seu antecessor, tinha sido deputado federal em várias legislaturas e, assim como ele, fora presidente do estado de Alagoas. Sua escolha para cuidar da redação foi fundamental para o *Correio*. Ele contribuiria mais que qualquer outra pessoa, além do seu proprietário, para definir o caráter do jornal a partir dos anos 1920. Costa Rego era de índole conservadora, sua noção de autoridade era absoluta, segundo Antonio Callado e, apesar do distanciamento do *Correio* em relação aos governos, mantinha boas relações pessoais com a maioria dos governantes. Nas frequentes e longas ausências do diretor Paulo Bittencourt, foi o responsável pelo jornal. No entanto, Carlos Drummond de Andrade escreveu em 1945 ter ouvido de Samuel Wainer que Paulo Bittencourt pensou em tirá-lo desse cargo.

Depois de colocar seu filho Paulo como diretor da redação, Edmundo também quis transformar a empresa, da qual era o único proprietário, numa sociedade por cotas. Ele só voltou ao Brasil em 1924, quando se recolheu a sua fazenda Bella Vista em Rialto, no estado do Rio. Em julho desse ano, estourou em São Paulo a revolta do general Isidoro Dias Lopes, episódio que daria início à marcha da Coluna Miguel Costa/Prestes. Bernardes teve que governar sob estado de sítio. Foi o *Correio* quem chamou Carlos Prestes o "Cavaleiro da Esperança". Ao começar a revolta, Edmundo foi transportado ao Rio e depois desterrado à ilha Rasa. Não foi feita nenhuma acusação contra ele.[40] Também foram presos outros jornalistas do *Correio*, entre eles, Paulo Bittencourt e Mário Rodrigues.

Mário Rodrigues foi processado em 1924 por injúria e condenado a dois meses e dez dias de prisão. A pena foi aumentada por um artigo intitulado "Cinco de julho", publicado em data homônima, elogiando os 18 do Forte, no mesmo dia em que, por coincidência, estourou a rebelião do general Isidoro Dias Lopes em São Paulo. O artigo foi considerado incitação à revolta.[41] Seu autor foi condenado a um ano de prisão.[42]

Antonio Leal da Costa, diretor de *A Noite*, escreveu sobre esse episódio a Irineu Marinho, presidente do jornal, que estava na Europa:

> Do Edmundo só tenho a te dizer que foi preso na sua fazenda e goza até hoje das delícias de um cubículo na Correção, como muitos outros reais ou supostos revoltosos.
>
> [...] Esqueci-me de dizer que do *Correio* estão quase todos presos: o Paulo (Bittencourt), o Mário (Rodrigues), o Félix, o Oswaldo, da redação, afora outros, simples empregados, que já pagaram também o seu tributo. O Paulo esteve mal, em perigo de vida, que já passou, dizem; mas que devia ter acabrunhado muito a mãe e a esposa, cujo contato só era permitido em condições especiais. O Edmundo, disseram-me, está uma fera. E se este homem vier a morrer na prisão?[43]

Em outra carta, Costa Leal escrevia a Irineu Marinho que o *Correio* estava "em deplorável decadência".

O jornal foi suspenso durante oito meses e 20 dias, de outubro de 1924 a maio do ano seguinte, e só voltaria a circular por meio de um *habeas corpus*; mesmo assim, ficou sob censura, comandada pelo intelectual católico Jackson de Figueiredo. A partir de maio de 1925, o diretor provisório do jornal seria o senador Antônio Moniz Sodré de Aragão, que conseguira o *habeas corpus*. Sua filha, Niomar, casaria anos depois com Paulo Bittencourt. Moniz Sodré ficou pouco tempo no cargo. Foi substituído por Mário Rodrigues, recém-saído da cadeia. Paulo Bittencourt escreveu a Rodrigues que o *Correio*, sob a direção de Moniz Sodré, "dava-me a ideia de um jornal estranho, frio, vacilante! Agora sinto-lhe o calor, a vida, a palpitação em tudo. Bem hajas tu pelo que lhe dás do teu coração e de tua esplêndida inteligência". Mas, irritado com Edmundo por ter-lhe cortado a metade de seu salário quando esteve preso e por tê-lo rebaixado hierarquicamente, Mário largou o *Correio* e fundou seu próprio jornal, *A Manhã*, no qual descarregaria sua ira no antigo patrão.

Antonio Callado, que seria redator-chefe do jornal, escreveu que Edmundo Bittencourt quebrou a bengala em cima de um meganha a cavalo que pisoteava um exemplar do *Correio*. Quando um soldado entrou sobre ele, "de pata e espada", somente um popular ficou ao lado de Edmundo. No fim desse mesmo dia, o popular foi à redação pedir 20 contos de réis.

"LEI INFAME, LEI CELERADA"

Quando ainda estava no *Correio*, Mário Rodrigues convencera o presidente do estado de Minas Gerais, Fernando de Mello Vianna, de que ele deveria ser o próximo presidente da República e lhe ofereceu um apoio entusiástico. O candidato escolhido para disputar a eleição foi Washington Luís, mas Mello Viana foi convidado para ser o vice-presidente da chapa. O entusiasmo do *Correio* foi bem remunerado. Contudo, o jornal não apoiou o governo de Washington Luís, que introduziu em 1927 uma Lei de Imprensa extremamente repressiva. O *Correio*, em um dos seus mais famosos editoriais, a chamou de "Lei infame, lei celerada". Mas o jornal pediu a expulsão do país de líderes sindicais de origem estrangeira, considerados conspiradores e profissionais de agitações.

Em 1929, Edmundo Bittencourt passou a propriedade do *Correio* a seu filho Paulo. Ele operou a transição de um jornal combativo para uma empresa moderna. O *Correio* estava instalado numa casa alugada na rua do Ouvidor. Paulo mandou construir um prédio na avenida Gomes Freire, que seria a sede do jornal até o fim de sua existência. Era "até feioso, mas extremamente funcional", segundo Antonio Callado. A rotativa, uma velha Walter Scott, por sua vez, era sucessora do cansado equipamento Marinoni com que fora lançado o jornal, e foi substituída por uma MAN, alemã, além disso, foram compradas novas linotipos. O *Correio* importou também da Alemanha uma das primeiras rotativas usadas no Brasil para imprimir suplementos em rotogravura, uma técnica avançada na época.

Mais importante do que a renovação gráfica e administrativa foi a mudança do perfil do *Correio da Manhã*. Com Edmundo, era um jornal popular corajoso, sem medo de enfrentar governos e sempre disposto a atacar desabridamente e sem controle. Paulo fez uma folha mais cuidadosa, eliminando aos poucos os escândalos e tornando-se mais equilibrada nos ataques. Sua página editorial passou a ser leitura obrigatória da elite dirigente, assim como antes tinham sido as "Várias" do *Jornal do Commercio*.[44] Como a maioria dos jornais, reservava quase toda a primeira página a notícias do exterior. Essa mudança de ênfases e de público leitor se apoiou na imagem de independência em relação aos poderes públicos que Edmundo tinha construído. Além de ser temido, o jornal passou a ser respeitado e foi adotado pela elite. No fim dos anos 1920, a circulação chegou aos 40 mil exemplares.

Paulo Bittencourt tinha uma educação refinada. Passou um ano em Eton, a mais famosa escola secundária da elite inglesa,[45] estudou Direito no Rio de Janeiro e ficou preso durante um ano na ilha Rasa, em 1926. Samuel Wainer disse que era um aristocrata, refinadíssimo, extremamente cosmopolita, que herdara de seu pai o jornal e uma corte formada por velhos políticos e jornalistas, liderada pelo senador Costa Rego. Para Wainer, o *Correio* era um feudo poderoso, que dava a Bittencourt um poder semelhante ao dos barões feudais da Idade Média.

Segundo Antonio Callado, Paulo Bittencourt era o único dono de jornal brasileiro que conhecia Shakespeare e o único do mundo a tocar música com a Velha Guarda de Pixinguinha, Bid e João da Baiana. Paulo tocava ganzá e visitava Pixinguinha em sua casa no bairro de Olaria. Paulo Francis lembra dele como um bom copo e um bom papo. Segundo Janio de Freitas: "Eu passei a gostar muito dele pessoalmente; um sujeito muito inteligente, culto. Muito engraçado, gostava muito de música". Carlos Lacerda disse: "Paulo é insubornável. Só se vende por um jantar que ele mesmo paga". Para Bittencourt, Lacerda parecia uma pessoa "calmamente refestelada dentro de uma banheira de água quente e jogando água para cima, exclamando: 'tempestade! tempestade!'"

Paulo Bittencourt foi um diretor ausente. Passava longas temporadas fora do jornal e fora do Brasil. Seu pai, Edmundo, comentou com Antonio Callado que aconselhara o filho a vender o jornal. Diante da surpresa de Callado, explicou: "Jornal é uma coisa extremamente pesada, trabalhosa, o Paulo é um rapaz muito inteligente, muito competente, mas gosta muito de viajar, de estar fora do Brasil. E isto não dá certo não. Não dá certo".

O pai tinha razão. Um dos chocantes exemplos de ausência ocorreu quando Luiz Alberto Bahia, nos anos 1950, foi colocado no comando da redação, Paulo decidiu viajar imediatamente. Bahia disse ficar inseguro, mas ele garantiu que ficaria apenas um mês fora. Voltou dois anos depois. Bahia falou que brigou com Paulo duas vezes, porque este não tinha coragem de enfrentar Costa Rego e "me jogava na frente". Segundo ele, Bittencourt fugia das pressões. Callado escreveu que Paulo Bittencourt fez um jornal civilizado para um país que ainda não se civilizara, mas reconheceu que ele viveu muito distante do *Correio da Manhã*: "Foi seu único defeito".[46]

"TRIUNFOU A REVOLUÇÃO"

No início de 1930, o jornal teve uma posição pouco definida em relação ao candidato à presidência da Aliança Liberal, Getúlio Vargas, que enfrentava o governo de Washington Luís e o seu candidato, o paulista Júlio Prestes. Oswaldo Aranha intermediou. Numa carta a Vargas escreveu: "O *Correio*, depois do meu entendimento com o Dr. Paulo Bittencourt, caminhou francamente para nós". O *Correio* passou a fazer oposição ao presidente Washington Luís, apoiou a tomada do poder pela Aliança Liberal em outubro de 1930 e a escolha de Getúlio Vargas para a presidência: "Triunfou a revolução", escreveu em letras vermelhas.

Costa Rego, o redator-chefe, opunha-se à revolução que o jornal apoiava. Era senador e presidia a delegação brasileira na Conferência de Bruxelas quando se deu o levante. Perdeu o mandato e ficou exilado na França. Ele escreveu ao ministro da Justiça, seu amigo Afrânio de Melo Franco, em abril desse mesmo ano, que o aconselhara a não voltar ao Brasil:[47]

> Vocês deitaram o Brasil de pernas para o ar. Não tenho entusiasmo pelo que fizeram. Sinto-me, cada vez mais, por formação, tendências e, quem sabe? herança dos meus, um homem da direita, que não acredita em certos deuses da democracia, um dos quais, aquele que você invocou, a Opinião, eu bem sei como se fabrica. Mas isso não me impede de desejar que homens como você e alguns outros, estimáveis – muito poucos – que vejo com a responsabilidade de recolher a louça quebrada, sejam felizes em sua missão, se dela pode resultar o bem do Brasil.[48]

Mas Costa Rego retornou ao Brasil nesse mesmo ano de 1931, foi preso, recolhido a um navio de guerra, denunciado à Junta de Sanções, processado e absolvido por unanimidade.

Essa visão conservadora e cética de Costa Rego permearia a opinião do *Correio*. Em 1935, ele voltou a ser senador e, em 1937, perdeu de novo o mandato. Era hábil a ponto de manter boas relações pessoais com Getúlio Vargas, com quem trocava charutos, assim como tivera com Washington Luis, dois presidentes que o *Correio* atacou com violência. Segundo Callado, Costa Rego amava, sobretudo, a língua portuguesa.

Nos primeiros tempos do novo regime, durante o Governo Provisório, o *Correio* apoiou o exercício discricionário do poder por Getúlio Vargas. Em 1931, escreveu: "Entendemos que aquilo que o Brasil carece, mais do que nunca, é de uma ditadura, dentro de um programa de honestidade e patriotismo pelo qual se oriente o Sr. Getúlio Vargas". Mas, aos poucos, foi distanciando-se dele. Em 1932, apoiou o movimento constitucionalista de São Paulo.

O *Correio* participou em 1935, sem necessidade de encorajamento ou pressões, da escalada da maioria da imprensa contra os movimentos esquerdistas, como a Aliança Nacional Libertadora, instando o governo de Getúlio Vargas a empreender uma "obra urgente de repressão" contra o extremismo esquerdista. "A situação do Brasil é comparável atualmente à de um país em guerra", escreveu no dia 15 de dezembro desse ano. "A comparação procede porque, como se estivéssemos às voltas com uma invasão estrangeira, possuímos o inimigo dentro de nossa fronteira". Dias depois, o *Correio* insistia em que o governo devia agir sem piedade contra os subversivos. Pregava também que fosse vedada a entrada no país de elementos indesejáveis, como sírios e japoneses, e a expulsão dos "conspiradores estrangeiros" e dos "estrangeiros profissionais em agitações".

TESTANDO A CRÍTICA

O jornal, porém, adotou uma linha de distanciamento e testou os limites da crítica a várias medidas do governo, principalmente a política econômica. Seus editoriais eram frequentemente censurados. Em 1935, escreveu: "Temos uma política incerta, uma administração indecisa e incapaz, os espíritos conturbados ou apreensivos, as finanças arrebentadas e um mundo em dificuldades a vencer e de problemas que exigem pronta, imediata solução".

Deixou de circular um dia como protesto contra o anteprojeto da Lei de Segurança Nacional, chamado por ele a "Lei da Opressão". Era também evidente sua oposição ao presidente. Mas, como se disse na época, na tentativa de driblar a vigilância do censor, havia nos editoriais do jornal insinuações tão sutis que escapavam não somente à censura, mas também aos leitores, e o próprio autor não sabia reconhecê-las dois dias depois. Mas a ameaça do comunismo levou um colaborador a escrever que enquanto não se instituísse uma república ditatorial, continuaria a mesma alternativa de tiranias e revoltas. O *Correio* apoiou a candidatura de José Américo de Almeida, antigo ministro da Viação e Obras Públicas e autor do romance regionalista *A bagaceira*, para as eleições de 1937, que não ocorreram.

O jornalista Mário Hora se orgulha, em suas memórias do período, de ter sido censor de vários jornais do Rio, entre eles o *Correio*, durante o Estado Novo, a convite de Filinto Müller, chefe da polícia, de quem se tornou amigo.[49] Segundo Edmar Morel,[50] Hora e Alves Pinheiro, chefe de reportagem de *O Globo*, disputavam a glória de ver quem era o maior amigo de Müller. Alves Pinheiro, além de chefe de reportagem de *O Globo*, era também chefe dos censores do telégrafo. No *Correio da Manhã*, o censor Mário Hora disse que encontrou "um tópico assinado onde havia expressões altamente ofensivas aos brasileiros. Vetei o tópico". Quando a autora, que ele não identifica, "despejou uma série de desaforos", Mário Hora ameaçou Costa Rego, o redator-chefe, com a apreensão do jornal e telefonou a Filinto Müller, que manteve o veto. No dia seguinte, Hora encontrou uma prova do mesmo tópico com um "visto" de Vicente Rao, o ministro da Justiça. Hora não diz se o texto, aprovado pelo ministro e censurado por ele, chegou a ser publicado. O episódio mostra a desenvoltura e a arbitrariedade com que agia a censura, e o entusiasmo com que era exercida por alguns jornalistas com duas funções.

Licurgo Costa, que trabalhou no Departamento de Imprensa e Propaganda (DIP) na época da ditadura distribuindo verbas secretas aos jornais, disse que o *Correio da Manhã* era o único jornal que só aceitava pagamento pelos anúncios publicados; *O Estado de S. Paulo* não aceitava nem sequer publicar os anúncios.[51] Costa disse também que Adalgisa Nery, mulher de Lourival Fontes, o diretor do DIP, e que também era relações públicas desse órgão, gastava enormes somas de dinheiro encomendando flores na casa A Clatteya, a floricultura mais cara da época. Advertida de que o *Correio da Manhã* poderia dar umas "pauladas", ela assegurou: "Qual nada, sou amiga do Paulo Bittencourt e da Silvinha; de lá não precisamos de temer nada [...]".[52]

Segundo Joel Silveira, o *Correio da Manhã*, como quase toda a imprensa, aderiu ao Estado Novo, pois não podia ser contra. Mas, afirma, os elogios eram magros. A partir dos anos 1940, o jornal acentuaria sua linha oposicionista consolidando, durante o primeiro governo de Vargas, sua posição como jornal de opinião.

AS MULHERES DE PAULO

Essa oposição não impediu que Paulo Bittencourt pedisse e obtivesse favores especiais da ditadura durante o Estado Novo, graças à sua amizade com Benjamim Vargas, o "Bejo", irmão de Getúlio. Bittencourt apaixonou-se por Niomar Moniz Sodré, colaboradora do jornal, 20 anos mais jovem, cujo pai tinha dirigido o *Correio* quando Edmundo esteve preso. Ela separou-se do marido, Hélio Moniz Sodré Pereira, para viver com Paulo. Como no Brasil ainda não havia divórcio, foram à Suíça; o casamento ocorreu na França. Para viajar, Paulo conseguiu que o Itamaraty emitisse um passaporte novo em nome de Niomar Moniz Sodré Bittencourt, sem necessidade de apresentar a certidão de casamento, obrigatória.

O uso do poder da imprensa para conseguir, do poder público, vantagens pessoais acima e à margem da lei foi um procedimento geralmente associado à imagem de Assis Chateaubriand, dos Diários Associados, ou a João Lage, de *O Paiz*, mas raras vezes em relação a Paulo Bittencourt e ao *Correio da Manhã*. Na verdade, pode ser considerada uma prática à qual recorreu a grande maioria dos donos de jornal.

Por meio de Benjamim Vargas, Paulo Bittencourt conseguiu, do governo que seu jornal combatia, que fosse entregue a Niomar o filho do primeiro casamento, Antônio Moniz Sodré Neto, embora ela tivesse abandonado o lar e perdido esse direito. O "Bejo" mandou a polícia sequestrar o ex-marido de Niomar e aplicar-lhe "uma surra inesquecível".[53] Hélio Sodré foi abordado na saída de seu trabalho, agredido com uma coronhada na cabeça, baleado no pescoço e sequestrado. Foi levado a Petrópolis e largado nu, com os olhos vendados, na porta do Hospital Santa Teresa.[54] Esses argumentos convenceram o pai a renunciar ao "pater poder" e entregar à ex-mulher a guarda do filho. No entanto, depois de uma briga judicial com acusações mútuas, Antônio, o filho de Niomar e de seu primo Hélio Moniz Sodré Pereira, foi entregue ao pai, com quem viveu, mas visitava a mãe com frequência.[55]

As relações entre Paulo Bittencourt e Niomar foram de grande paixão, ocasionalmente conflituosas e afetaram a trajetória do *Correio da Manhã*. Segundo Luiz Alberto Bahia, que foi chefe da redação:

Niomar tinha uma grande ascendência sobre o Paulo. Paulo era um homem extraordinariamente valente na vida pública, não tinha covardias nem tibiezas, mas com as mulheres era fraco. Deixava-se tutelar por elas. A primeira mulher dele, Sylvia Bittencourt, que escrevia uma coluna política, na qual assinava como Majoy, era o terror do jornal. [...] Ela (Niomar) não tinha ambições políticas próprias. Mas engajou-se no projeto do Museu de Arte Moderna de tal maneira que passou a ver a linha do jornal em função da criação de sua própria obra, que era o Museu. Quer dizer, ela sacrificou muito as relações dela com o Paulo e com o jornal em função do projeto dela, que não era sempre coincidente com o do jornal.[56]

Opinião parecida tiveram outros membros da redação do *Correio*.[57]

Como fizera durante a Primeira Guerra Mundial, o *Correio* defendeu a continuidade do comércio com a Alemanha e a neutralidade do Brasil no início da Segunda Guerra (1939-45). Mudou de orientação em 1941, quando passou a defender as democracias. Segundo o *Dicionário histórico-biográfico brasileiro*, a opinião do jornal em política externa passou a acompanhar a posição do governo brasileiro, mas afirma que era "mais provável que, durante a ditadura, o controle da censura sobre a matéria publicada fizesse com que esta refletisse em todos os momentos os interesses do governo".

Esta apreciação subestima o grau de simpatia do jornal em relação aos Aliados e em especial à Grã-Bretanha, onde o diretor, Paulo Bittencourt, estudara. As notícias da guerra eram fornecidas por agências inglesas, francesas ou norte-americanas. Num episódio, em janeiro de 1941, o *Correio*, enfrentando a pressão dos militares, disse que não participaria numa campanha contra o Reino Unido e publicou um anúncio da Comissão para as Indústrias Britânicas a respeito dos 400 anos de amizade entre as nações, no qual havia um comentário do chanceler Oswaldo Aranha sobre a contribuição das ideias inglesas para "nossa formação político-social".[58] Os militares ficaram indignados.

O veterano jornalista Raul Brandão, um dos chefes da redação, que tinha sido correspondente na Europa para cobrir a Primeira Guerra Mundial, foi escolhido pelo jornal para acompanhar a Força Expedicionária Brasileira (FEB), que lutou na Itália em 1944-5. Era conhecido como o "Veterano". Outros correspondentes que acompanharam as tropas brasileiras foram Rubem Braga, do *Diário Carioca*; Egydio Squeff, de *O Globo*; e Joel Silveira, dos Diários Associados, além dos enviados da Agência Nacional.

A cobertura de Brandão da campanha na Itália, estritamente vigiada pela censura, era de otimismo e via a FEB como uma "grande família". Ele "limitou-se a descrever eventos sociais, de Mascarenhas de Moraes (o comandante da FEB), votos de louvor de comandantes de outros exércitos e registros de deslocamentos de tropas repassados pelo quartel. O noticiário do dia a dia da participação brasileira na guerra foi praticamente escrito pelos correspondentes estrangeiros".[59] Escrevia ocasionalmente para o *Cruzeiro do Sul*, órgão oficial da FEB. Brandão fraturou a bacia num acidente. No Brasil, ficou internado no Hospital Central do Exército. O *Correio* também publicou algumas crônicas de Sylvia Bittencourt ("Majoy"), a ex-mulher de Paulo, que escrevia para a agência norte-americana United Press e a BBC de Londres.

A ENTREVISTA E A DITADURA

Apesar da censura, o jornal foi atuante na política interna e teve um papel importante no desmoronamento da ditadura de Getúlio Vargas, em 1945, quando a rigidez dos censores afrouxava paulatinamente e o momento parecia propício para ações ousadas. Os jornais, sentindo a fragilidade do governo, avançavam o sinal de maneira progressiva. Em janeiro de 1945, é realizado o Primeiro Congresso Brasileiro de Escritores, de coloração nitidamente oposicionista, com forte influência do Partido Comunista. No dia 1º de fevereiro, o *Diário Carioca* publica uma entrevista com o general Góes Monteiro pedindo eleições e mencionando a possibilidade de uma anistia para os presos políticos. Nesse mesmo dia, um artigo de Costa Rego no *Correio*, com o título "Felicitemos o governo!", começava dizendo: "Entre as coisas que diz que se estuda agora, ou busca forma legal, encontra-se, parece, a supressão ou suspensão da Censura à Imprensa".

No dia 8 do mesmo mês, o *Correio* publica uma entrevista com o político gaúcho Flores da Cunha, que fora censurada três vezes, falando da anistia aos presos políticos, de uma Assembleia Constituinte e de outros temas proibidos;

foi seguida de outras matérias com Arthur Bernardes e com Aureliano Leite. No dia 21 de fevereiro, o jornal publicou também uma entrevista com Maurício de Lacerda, um dos líderes esquerdistas, defendendo a liberdade de imprensa, o restabelecimento das relações diplomáticas com a União Soviética, a organização dos partidos e o voto livre, a qual foi escrita por Maurício Caminha de Lacerda, filho do entrevistado e meio-irmão de Carlos.

Como a censura não se manifestou, no dia seguinte, 22 de fevereiro, o *Correio* publicou uma entrevista dada por José Américo de Almeida a Carlos Lacerda. Caiu como uma bomba. Deixou o governo aturdido e encorajou a oposição.

A entrevista fora cuidadosamente arquitetada. Luiz Camillo de Oliveira Netto, opositor do regime e um dos autores do Manifesto dos Mineiros de 1943, considerado a primeira manifestação contra a ditadura, convenceu José Américo, antigo ministro da Viação e Obras Públicas, cuja candidatura à presidência fora inicialmente incentivada e depois inviabilizada por Getúlio em 1937, a dar uma entrevista à imprensa. Escolheu Carlos Lacerda, então jornalista *freelancer* do *Correio da Manhã* e do *Diário Carioca*.

Conseguida a entrevista, sua publicação foi também uma operação montada com cuidado. Lacerda leu o texto da matéria para um grupo de opositores no escritório de Virgílio de Mello Franco. Vários jornais receberam uma cópia e se comprometeram a divulgá-la simultaneamente para evitar represálias, mas nenhum deles a publicou. Passaram duas semanas e parecia que a prudência predominara.[60]

No *Correio da Manhã*, a decisão de publicar foi de Paulo Bittencourt. Costa Rego, o redator-chefe, tinha considerado as declarações muito fortes, mas Bittencourt, que se encontrava no México, mandou uma carta dizendo: "Você está no centro dos acontecimentos, não vacile em tomar uma atitude corajosa dentro da linha tradicional do *Correio da Manhã*. Não tenha receio de prejudicar meus interesses pessoais". Lacerda dá uma versão ligeiramente diferente. Bittencourt teria dito a Costa Rego: "Se todos os jornais publicarem, você publica. Mas se nenhum jornal publicar, você publica também".

Finalmente, em 22 de fevereiro, a entrevista foi publicada. Ocupava a metade superior da última página – a primeira era ainda reservada para as notícias internacionais. Tinha "o título mais discreto do mundo", segundo disse Lacerda em suas memórias:[61] "A situação: declarações do Sr. José Américo". Não tinha a assinatura do autor.

O entrevistado mostrou um panorama negativo de escassez, inflação e especulação; disse que o Estado Novo tinha perdido a confiança popular, que era necessário transferir a responsabilidade do Brasil para a chancela do povo e que a ditadura estava expirando. Mencionou a necessidade de demover o presidente de ser candidato nas eleições: "Considero inviável a eleição do Sr. Getúlio, de seus interventores, de sua estafada máquina administrativa, do seu reduzido quadro público". Acrescentou: "As forças políticas nacionais já têm um candidato. É um homem cheio de serviços à pátria, representa uma garantia de retidão e de respeito à dignidade do país. As preferências já foram fixadas. [...] As posições estão ocupadas para a batalha política". Mas se recusou a nomear o candidato.

Antes de publicar a entrevista, o *Correio*, prudentemente, comprovou que tinha estoque de papel para seis meses. Queria prevenir-se, caso o governo pretendesse puni-lo cortando o fornecimento, como já fizera com outros jornais. Essa precaução não foi necessária. Não houve nenhuma represália da censura, nem ao jornal, nem ao jornalista. Afirma-se que na manhã da publicação, o chefe de polícia telefonou a Getúlio pedindo licença para apreender o jornal, mas ele, com sensibilidade política para perceber a mudança dos tempos, teria dito: "deixa pra lá...".

O Globo, que era vespertino, queria ter publicado a entrevista antes dos outros jornais, desde que fossem feitas algumas alterações, incluindo o nome do candidato à presidência, com as quais José Américo não concordou. Na tarde do mesmo dia em que a entrevista saiu no *Correio*, *O Globo* também a publicou, acrescentando uma informação obtida com José Américo pelo repórter Edgard da Mata Machado: o candidato das forças da oposição seria o major-brigadeiro Eduardo Gomes, o sobrevivente dos 18 do Forte. Dias depois, o *Correio* imprimia um poema de Manuel Bandeira dedicado ao candidato da oposição com o título "O brigadeiro".

A publicação das declarações de José Américo a Lacerda pelo *Correio* é considerada, simbolicamente, o início da derrocada do Estado Novo. A partir daí, os acontecimentos se precipitaram. Em 22 de fevereiro, no mesmo dia em que o *Correio* circulava com a entrevista e *O Globo* divulgava o nome do candidato da oposição, o governo disse ter recebido estudos para a realização de eleições no país. No dia 28, era promulgada a Lei Constitucional n. 9 com a data do pleito, por sufrágio direto, para presidente da República e governadores, Congresso e Assembleias Legislativas. A censura praticamente terminou. Em outubro, Getúlio Vargas foi deposto pelos mesmos generais que lhe deram suporte durante a ditadura; a gota d'água foi a nomeação de seu irmão Benjamim, o "Bejo", para a chefia da polícia do Rio. José Américo de Almeida foi eleito senador em 1945 e voltaria a ser ministro de Getúlio, para cuja deposição contribuíra, quando ele retornou à presidência por vias democráticas em 1951.

A COLUNA CENSURADA

A influência do *Correio* cresceu com o retorno do país à democracia. Durante a campanha eleitoral de 1945 para a presidência da República, o jornal apoiou a candidatura de Eduardo Gomes; eleito o marechal Eurico Gaspar Dutra,[62] combateu seu governo. Publicação de alma liberal, foi contra a colocação do Partido Comunista na ilegalidade. Como disse Edmundo Moniz, "o *Correio da Manhã* nunca foi um jornal anticomunista. Pelo contrário, defendeu a legalização do Partido Comunista e combateu o Dutra quando ele propôs a ilegalidade do partido".[63] Quando Washington Luís, o velho inimigo do jornal, cujo governo qualificara como "criminoso" e "detestável", voltou ao Brasil, em 1947, Paulo Bittencourt colocou o jornal à sua disposição para defender o seu governo e a sua pessoa.

Carlos Lacerda propôs a Bittencourt fazer uma cobertura da Assembleia Constituinte que não fosse só uma crônica política, mas também uma reportagem, uma espécie de comentário da vida nacional; uma versão brasileira e atualizada de *As farpas*, de Eça de Queiroz; um folhetim ainda mais ambicioso, porque diário, a retratar os males e esboçar os caminhos para o Brasil; um processo da sociedade brasileira, através da sua plataforma giratória que ia ser a Assembleia Constituinte.

O nome seria "Da bancada de imprensa", mas como Pedro Dantas (pseudônimo de Prudente de Morais, neto) já o escolhera para a sua coluna no *Diário Carioca*, Lacerda chamou a sua de "Na tribuna da imprensa", uma espécie de relato da vida brasileira por meio da crônica da Constituinte.[64]

Lacerda e Paulo Bittencourt viam a situação política de ângulos diferentes. Bittencourt, de ideias liberais, criticava, por exemplo, a colocação do Partido Comunista na ilegalidade, medida aprovada por Lacerda, que fora simpatizante do partido – ele negou que tivesse sido membro – e corria velozmente para a direita. Mas reconheceu que Bittencourt lhe dera, na coluna, total independência, da qual ele fez amplo uso.

A ruptura se deu quando Lacerda criticou a concessão de duas refinarias de petróleo – na prática, um monopólio – aos grupos Drault Ernanny e Soares Sampaio. A concessão, depois de uma concorrência, fora dada em 1945 pelo presidente interino da República, José Linhares, na véspera, literalmente, da posse do presidente eleito, marechal Eurico Gaspar Dutra. Os dois grupos perderam o prazo, que foi prorrogado diversas vezes. Cláusulas dos contratos de concessão foram alteradas para favorecer as empresas. Em 1949, sem ter sequer integralizado o capital, os dois grupos pediram ao governo terrenos, crédito e dólares. Soares Sampaio requereu a transferência da concessão da refinaria para São Paulo, sem fazer concorrência, e que fosse dobrada a capacidade de produção.

O *Correio da Manhã* criticou diversas vezes a situação em reportagens e editoriais. Lacerda tocou no assunto repetida e detalhadamente em sua coluna. Afirmava que ou se abria concorrência pública ou as refinarias deveriam ser estatais. Usava sua linguagem usual, extremamente agressiva e contundente.[65]

Lacerda escreveu dois artigos no mês de abril de 1949 com o título "Um grupo aguando o Brasil". Um dos membros desse grupo era a família Soares Sampaio. O primeiro artigo foi publicado no dia 26. Dizia que, em torno desse grupo-matriz, de homens de negócios nem sempre confessáveis que "ocupou o governo Dutra", "giram e prosperam os mais notórios próceres da adulação e do engodo". Sobre a refinaria, afirmou que como iria ser construída com dinheiro público, não podia dar lucro apenas ao particular, principalmente a um grupo que, "com a cumplicidade, já agora indisfarçável, do ministro da Fazenda e de amigos do presidente da República, arrasta na amargura a honra deste e a do Brasil". O artigo do dia 27 menciona abusos e escândalos, e assegura que o grupo assumiu o controle da Marvin, uma empresa inglesa, sem desembolsar praticamente um vintém, e diz que o presidente Dutra tinha que escolher entre a sua pátria e os seus ávidos amigos, o grupo Soares Sampaio.

Paulo Bittencourt proibiu a publicação de novos artigos de Lacerda sobre o mesmo tema. Disse que os Sampaio eram amigos de juventude: "Não posso deixar sair no meu jornal uma paulada dessas neles". Lacerda pediu a Bittencourt uma explicação pública, para ninguém pensar que tinha levado dinheiro para calar a boca e, realmente, no dia 1º de maio, Bittencourt publicou uma nota explicativa no mesmo espaço em que escrevia Lacerda:

> Má notícia: Carlos Lacerda deixou de colaborar neste jornal. Que nos fará falta sua colaboração ardente, pessoal, um pouco romântica, subjetiva, mas sempre corajosa e honesta – não há dúvida. Que lhe fará falta esta *Tribuna de Imprensa* no velho *Correio da Manhã,* honesto e um pouco romântico, corajoso quando as circunstâncias o exigem – também não tenho dúvida. Mas surgiu entre nós um caso.

Disse Bittencourt que quando surgiu a questão das refinarias de petróleo, "nenhum jornal discutiu o caso com maior independência, nem mais espírito público" que o *Correio.* [...] "Acontece, porém, que num dos grupos concessionários das refinarias se encontram amigos meus". Mencionou, assinando PB, que estava em Araxá (MG) quando viu a coluna de Lacerda intitulada "Um grupo aguando o Brasil", e, assim como antes recomendara:

> [...] firmeza de orientação no caso das refinarias, determinei a suspensão do que me parecia uma série de artigos que feriam *pessoalmente,* que me pareciam prejudicar *pessoalmente* amigos meus que eram descritos nas colunas de meu jornal de um lado inteiramente oposto ao juízo que eu, *pessoalmente,* faço deles. Justo? Injusto? Não sei e não importa. Carlos Lacerda magoou-se comigo, e dentro do seu ponto de vista, não lhe nego razão. Ele, porém, no meu lugar, faria o mesmo. Perdemos ambos, creio eu. Mas nem ele nem eu devemos estar descobertos. [66]

Curiosamente, tanto o *Correio* como Lacerda concordavam em que a concessão e os favores dados às refinarias eram irregulares. Diferiam na veemência da linguagem, ácida e virulenta nas crônicas de Lacerda, e em sua insistente repetição do nome de Soares Sampaio. Bittencourt, por seu lado, com uma visão muito personalista de seu papel de magnata da imprensa, achava que seu jornal não podia servir para atacar seus amigos. Quanto à sua afirmação de que Lacerda, em seu lugar, faria o mesmo, provavelmente estava certo. Quando ele foi dono de jornal não deixava publicar nada que prejudicasse seus interesses.

Lacerda elogiou o gesto de Bittencourt, explicando aos leitores, por escrito, os motivos da demissão: "foi uma coisa raríssima num jornal brasileiro"; e "ele foi de uma nobreza, dentro de seu ponto de vista, da maior dignidade". Pediu a Bittencourt, e obteve dele, a cessão do nome da coluna para um novo jornal, *Tribuna da Imprensa*, que foi lançado em dezembro desse mesmo ano. Posteriormente, Lacerda esqueceria a "nobreza" e a "dignidade" de Bittencourt para atacá-lo com outros adjetivos.

O *Correio* foi contra o monopólio do petróleo para a Petrobras durante a campanha "O petróleo é nosso" do fim dos anos 1940 e começo dos 1950. Mas quando a Petrobras foi constituída, passou a defendê-la.

O cronista Rubem Braga, um dos melhores escritores da língua portuguesa do século XX, passou a colaborar no jornal. Numa carta a Clarice Lispector, disse: "Estou vivendo penosamente de escrever, faço uma crônica, em geral chata, para o *Correio da Manhã*". Apreciação com a qual discordava sua íntima amiga e atriz Tônia Carrero, que depois de ler, extasiada, suas crônicas, de manhã, escrevia a Tati de Moraes: "Existe algo de mais necessário a nossa vida do que Rubem Braga?" Em 1951, ele foi correspondente do jornal em Paris. Escrevia uma coluna diária, "Recado de Paris", sobre o pós-guerra na capital francesa.

COM O BRIGADEIRO, CONTRA VARGAS

Na cobertura política do jornal se destacou o baiano Heráclito de Assis Salles, que escrevia na última página e, segundo Villas-Bôas Corrêa, foi o maior repórter da história do Congresso; tinha uma fantástica capacidade de trabalho e seu texto, disse, era da mais alta qualidade literária: "Um repórter com estilo próprio, o que é raríssimo".[67] Villas-Bôas lamentou que ninguém se interessou em recuperar as crônicas de Heráclito no *Correio*, "porque nunca ninguém fez nada igual nem nunca mais se fará. Aquele tipo de seção nasceu e morreu com Heráclito. Nunca mais se fará, não só porque não há mais Câmara para se cobrir desse jeito, como não há um jornalista como o Heráclio para fazer aquilo".[68]

Na Copa do Mundo de 1950, quando o Brasil foi derrotado pelo Uruguai no Maracanã, no Rio de Janeiro, para tristeza de 50 milhões de pessoas, o jornal teve a humildade e a elegância de escrever na manchete da seção de Esportes: "Merecida a vitória dos uruguaios"; e em letras menores: "Sem fibra, os brasileiros não souberam enfrentar a flama de um adversário corajoso".

Durante as eleições de 1950, o *Correio* apoiou de novo a candidatura do brigadeiro Eduardo Gomes nos editoriais e, principalmente, na cobertura da campanha, escancaradamente unilateral e desequilibrada. Mas quando Getúlio foi eleito, o jornal discordou com veemência da tese da necessidade de maioria absoluta – não prevista na Constituição –, que era esgrimida pela UDN e por vários jornais para evitar a posse. Depois que Vargas assumiu, o jornal o combateu com sua habitual persistência. O *Correio* criticou todos os esforços do governo para cortar os gastos públicos e equilibrar as finanças. Fez uma oposição extremamente agressiva. No entanto, Getúlio dizia que não podia deixar de ler todos os dias a quarta página do *Correio* com o editorial e os artigos de opinião.

Depois do atentado contra Lacerda na rua Tonelero, Copacabana, em agosto de 1954, em que ele ficou ferido no pé e o major-aviador Rubens Vaz foi morto, o *Correio* apoiou a criação da "República do Galeão" por um grupo de oficiais da Força Aérea Brasileira, que queria investigar e responsabilizar Getúlio Vargas pelo crime, passando por cima da Justiça civil.

Na edição do dia 24 de agosto, uma rara manchete na primeira página dedicada a assuntos brasileiros dizia: "'Licenciado' o presidente da República". Embaixo, "Recusou a renúncia" e "Assumirá o governo o sr. Café Filho", sugerindo que, ao não renunciar, Vargas seria "licenciado". Segundo o jornal, as alternativas eram licenciamento ou deposição. Publicava declarações do vice-presidente sobre o governo que pretendia organizar, como se já fosse presidente. Nesse mesmo dia, realmente, João Café Filho assumiu o governo, não porque Getúlio fora "licenciado", mas porque se suicidara.

A morte de Getúlio não arrefeceu os ataques contra ele e sua herança política. Temeroso de que a carta-testamento do presidente morto mobilizasse as massas, o *Correio* arremeteu com surpreendente alarmismo e extrema violência contra o documento e seu autor. Com o título "Documento sedicioso", qualificou "o suposto adeus do suicida" como uma bomba-relógio, um tique-taque macabro com o mecanismo pronto para explodir, um convite à revolução e à sedição, um aceno à descontrolada luta de classes, uma pregação de ódio. Sugere que um chamado à força seria um recurso derradeiro e de resultado incerto. Nos dias seguintes, o jornal, ainda preocupado com o impacto da carta sobre as eleições de outubro, continuou em sua ofensiva contra a carta-testamento de Vargas, que qualificou como cheia de ódio e ressentimento e um espantalho de luta de classes. Conclui dizendo que os mortos não governam os vivos.[69] A catástrofe temida pelo jornal não se concretizou.

Bittencourt costumava dizer que o *Correio* não fazia ministros, mas os derrubava. No entanto, deixando de lado a tradição, o jornal sugeriu o nome do economista Eugênio Gudin para a o Ministério da Fazenda do novo governo, no que foi atendido pelo presidente Café Filho. Mas Gudin não atendeu a um pedido de Bittencourt ao Banco do Brasil para financiar a importação de uma rotativa para o *Correio*, passando a atacar a política econômica do ministro, considerada excessivamente austera.

Nas eleições presidenciais de 1955, Bittencourt resistiu às pressões da UDN para que apoiasse o candidato do partido, general Juarez Távora; os outros candidatos eram o político paulista Adhemar de Barros e o também paulista Plínio Salgado, o antigo líder integralista e o governador de Minas, Juscelino Kubitschek.

O *Correio*, formalmente, não se inclinou por nenhum deles. Alguns colaboradores do jornal eram favoráveis à candidatura de Távora. Luiz Alberto Bahia, secretário da redação, disse que Paulo apoiava Juscelino Kubitschek, candidato do PSD e do PTB, embora discretamente. E afirmou que tanto o poeta Augusto Frederico Schmidt, colaborador do *Correio*, como Álvaro Lins, o principal editorialista, mostraram abertamente sua preferência por Juscelino – na verdade, um editorial lhe dava "enérgico apoio". Álvaro Lins era também crítico literário do jornal, talvez o melhor crítico brasileiro do século XX. Segundo Carlos Lacerda, eles escreviam os discursos de Juscelino.

"DEUS POUPOU-ME DO... "

Tanto Álvaro Lins como José Lins do Rego tinham saído em defesa de Otto Maria Carpeaux, escritor austríaco fugido do nazismo e radicado no Brasil. Lacerda abrira, nos anos 1940, uma campanha contra ele, acusando-o de "fascista", da qual participaram o escritor Guilherme de Figueiredo e o pensador católico Gustavo Corção, assim como o comunista Jorge Amado. Carpeaux seria uma das figuras mais importantes do *Correio* nos anos seguintes.

A UDN e grande parte da cúpula militar, com o apoio de alguns jornais, tentaram impedir a candidatura de Juscelino. Em janeiro de 1955, o presidente Café Filho chamou JK e pediu que se sentasse na cadeira presidencial. "Pode levantar. Essa foi a primeira e única vez que você sentou na cadeira do presidente da República, porque aqui está o manifesto dos três ministros militares contra a sua candidatura". E lhe entregou o manifesto. Juscelino ficou preocupado.[70]

Alguns dias depois, Café Filho leu o manifesto dos militares no programa estatal de rádio "A voz do Brasil" e JK percebeu que sua candidatura estava ameaçada se não reagisse imediatamente. As versões do que aconteceu depois são totalmente contraditórias. Em 28 de janeiro, o *Correio da Manhã* publicou uma entrevista com Juscelino enfrentando corajosamente os militares. Na primeira página, lia-se uma manchete de enorme impacto: "Deus poupou-me do sentimento do medo". A repercussão foi extraordinária e consolidou sua candidatura. Paulo Francis escreveu: "Sou testemunha de amigos mais velhos que me contaram se ter decidido por JK por lhe admirar a defesa de si próprio no *Correio da Manhã*". Precavido, o político mineiro Benedito Valadares teria tido uma reação diferente: "Esse telegrafista – numa referência à antiga profissão do candidato – ainda vai nos levar para o buraco". A ele também é atribuída a frase: "O Juscelino quer bancar o Tiradentes com o pescoço dos outros".

Tanto a mensagem como a publicação da famosa frase estão envolvidas num emaranhado de versões contraditórias. JK teria dado a entrevista a Álvaro Lins, mas viajou a Belo Horizonte e pediu para segurá-la. Aguardou-se até às 2 da manhã pela liberação e, sem resposta, Lins teria assumido a responsabilidade e mandado imprimir o jornal. Luiz Alberto Bahia, o secretário de redação naquele momento, afirmou que Juscelino não fora encontrado na noite anterior, "porque não sabia o que dizer" ou por "habilidades mineiras", e que tanto a frase como a entrevista foram feitas à sua revelia; a manchete, segundo ele, era "schmidtiana". A cidade vibrou com a manchete que enfrentava os militares. Paulo Francis afirma que Álvaro Lins pôs na boca de JK a frase famosa e que este a leu no dia seguinte no jornal. A autoria da frase foi atribuída a Lins, a Schmidt, a Autran Dourado e até ao próprio JK, que a repetiria em vários discursos.

Uma consulta à coleção do *Correio*, porém, corrige algumas das armadilhas da memória nas declarações sobre fatos acontecidos várias décadas antes. A famosa entrevista em reação ao veto dos militares, que teria consolidado a candidatura de Juscelino, tinha uma manchete de um impacto bem menor: "Serei digno das minhas responsabilidades". Somente no fim da matéria, no nono e último parágrafo, está escrito: "Deus poupou-me do sentimento do medo, como da arrogância e da vaidade".

Na verdade, a famosa manchete fora publicada quatro semanas antes, no dia 1º de janeiro, quando o jornal colocou na primeira página a mensagem de Ano-Novo de Juscelino, com a frase: "Poupou-me Deus do sentimento do medo" na manchete. No texto afirmava que só seu partido, o PSD, podia decidir o destino de sua candidatura, não os seus adversários, numa clara alusão aos ministros militares.

Isto é, tanto a entrevista com Juscelino como a famosa manchete aconteceram. Mas em datas diferentes. E foram juntadas num episódio só na memória de alguns dos participantes.

Eleito Juscelino presidente, as mesmas forças que lutaram contra o seu direito a candidatar-se tentaram impedir sua posse e a do vice-presidente, João Goulart. Carlos Lacerda dizia: "Esses homens não podem tomar posse, não devem tomar posse, não tomarão posse". A UDN quis recorrer a vias judiciais para evitar que os eleitos assumissem. Lacerda, irritado, disse que essa iniciativa era uma anedota de mau gosto, que não existia fórmula legal de fazer uma revolução e que "está na hora de os chefes militares decidirem se entregam o Brasil ao inimigo em nome de uma falsa legalidade".

"UM POBRE-DIABO", "UM POBRE RAPAZ"

Numa dramática reunião na casa de Paulo Bittencourt, foi decidido enfrentar as pressões e colocar o jornal em defesa da posse dos eleitos, tornando-se alvo de violentos ataques de Lacerda na *Tribuna da Imprensa*.

O *Correio* reagiu com três editoriais devastadores atribuídos a Álvaro Lins: "Um pobre rapaz", "Um pobre farsante", "Um pobre-diabo". Diziam que "tudo em Carlos Lacerda é pequeno, mesquinho, desprezível: os seus empréstimos em instituições oficiais, os seus negociozinhos às custas do título e do terreno de um jornal de milhares de acionistas, as suas mistificações de deputado e jornalista". Lacerda, escrevia o *Correio*, era movido por uma sensação de poder desenfreado, e incitava o povo para a carnificina e o golpe. Era acusado de covardia, por ter fugido pela garagem do prédio da rua Tonelero, enquanto o major Vaz morria defendendo-o, e que fugira novamente após o suicídio de Vargas, abandonando os seus companheiros. O leviano rapaz fez da injúria, dos insultos, dos ataques a todo mundo seu meio de vida e seu ganha-pão. Um calculista frio, um comediante de atitudes políticas. Além de "herói" fugido e foragido, era "falso jornalista, falso deputado, falso catão, falso católico, falso comunista".[71] Também:

> [...] simulador de paixões tumultuosas. Um pobre rapaz que se nutriu durante algum tempo de simulação e engodo, mistificando hoje apenas alguns fanáticos e alguns tolos. Pavãozinho da *Tribuna da Imprensa*. Explorador de milhares de acionistas de uma empresa jornalística que só vale um pouco pelo título e cujo título está em seu bolso pessoal. De real nele, só uma vaidade que atinge a paranoia e uma crueldade que vai até a fúria assassina. O seu ideal seria a provocação de suicídios trimestrais.[72]

O *Correio* afirmou que ele pegou no Banco do Brasil empréstimos pessoais, que não pagava e reformava, e um crédito na Caixa Econômica para o jornal do qual não pagou nem principal nem juros, mas ajudou o seu diretor numa campanha para o Senado Federal. Fez negócios com o título e o terreno do jornal. Concluiu dizendo que "Lacerda parecia um herói e se revelou apenas um pobre-diabo".[73]

Lacerda respondeu ao primeiro editorial com um violento artigo na primeira página da *Tribuna da Imprensa*, "Delirium tremens", dizendo que o *Correio* fora ocupado por um grupo de aventureiros, que das 2 da tarde em diante Bittencourt não se encontrava em condições de deliberar, sendo um caso de internação, e que Augusto Frederico Schmidt mandava nele. Justificando sua cruzada para impedir a posse dos eleitos, argumentou: "Trata-se de impedir a volta dos gregórios ao Poder. Com todas as letras. Com todos os meios. Isto é que interessa".[74]

No dia seguinte, Lacerda reagiu ao segundo editorial do *Correio* com o artigo "Os males do alcoolismo", afirmando que Bittencourt, que "nasceu dono de jornal", era um sexagenário doidivanas, cuja "personalidade se decompôs pelo álcool, pela vida desenfreada, pelo horror à velhice". Escreveu também que o *Correio* era "patrimônio que o sexagenário doidivanas dilapida".[75] O terceiro editorial do *Correio* ficou sem resposta.

Quando a *Tribuna* disse que as condições do empréstimo obtido no Banco do Brasil eram semelhantes às obtidas pelo jornal *O Globo*, o *Correio* afirmou que eram condições de pai para filho e semelhantes às dadas à *Última Hora*, que Lacerda achara o cúmulo dos escândalos.

O rancor de Lacerda contra o *Correio* aumentou a partir dos três editoriais. Afirmaria mais tarde que o jornal "se tomara de um ódio contra mim, ao ponto de Álvaro Lins escrever um editorial dizendo que toda a história de Tonelero era uma farsa – coisa que o *Correio* não disse - e que, quando fui ferido, estava fugindo, que tinha tomado um tiro na sola do pé, não no peito do pé".

O *Correio* também apoiou "o golpe preventivo" do ministro da Guerra, general Henrique Teixeira Lott, para garantir a posse dos eleitos. Um colaborador, Rubem Braga, saiu do jornal por discordar de sua orientação. Quando deixou o cargo, ele era chefe do Escritório Comercial do Brasil em Santiago do Chile, para o qual tinha sido indicado por Café Filho. Curiosamente, Braga mandou um telegrama comunicando sua decisão não ao *Correio*, com o qual colaborava, mas para *O Globo*, onde passaria a escrever. Ele explicou que se não telegrafou

> ao *Correio da Manhã* foi por dois motivos que me parecem muito sensatos: primeiro, por não ter a certeza de que Paulo Bittencourt (que eu supunha

no Rio) publicasse meu telegrama; não publicar era um indiscutível direito seu, e meu ato era de solidariedade a João Café Filho, que seu jornal atacava de maneira veemente; segundo, por delicadeza, por não querer de algum modo constrangê-lo, movido pela consideração a um redator e amigo. Paulo deu ordem para que fossem suspensas as crônicas e Callado, redator-chefe, sugeriu que eu escrevesse a Paulo explicando. Não aceitei: prezo a amizade de Paulo; mas prezo mais a mim mesmo, respeito mais a minha dignidade [...]. Não pretendo pensar pela cabeça do diretor do jornal em que trabalho, mas também não posso pretender que ele pense pela minha.[76]

O apoio do jornal à posse de Juscelino não suavizou as críticas que fazia ao Governo Provisório, nem impediu que a censura nesse período de exceção, exercida pelo Ministério da Guerra e coordenada pelo coronel Orlando Geisel, suspendesse por um dia a sua circulação por recusar-se a enviar a edição para o censor.

Juscelino recompensou Álvaro Lins nomeando-o chefe da Casa Civil e depois embaixador em Portugal. Contudo, não conseguiu, com isso, evitar as críticas do *Correio* a sua política econômica, nem as denúncias de escândalos na Carteira de Exportação e Importação (Cexim) do Banco do Brasil, tampouco uma veemente oposição à construção de Brasília – embora Niomar, a mulher de Paulo Bittencourt, que era amiga do presidente, fosse favorável à mudança da capital. As críticas custaram ao *Correio* um processo na Justiça do ministro da Guerra, general Lott.

O JORNAL MAIS INFLUENTE

As décadas de 1940 e 1950 foram o período de auge do *Correio*. Como escreveu Paulo Francis, era considerado o jornal mais importante do país, com *O Estado de S. Paulo*, mas tinha maior influência pelo fato de ser editado na capital da República. Estava ao alcance dos principais órgãos do governo e dos membros do Congresso de manhã cedo.

De acordo com o *Anuário brasileiro de imprensa 1954-1955*, era o jornal das classes altas do Rio, de tendência liberal, mas defensor das "chamadas conquistas sociais dos trabalhadores". Dizia que não bajulava os poderosos, nem se curvava à popularidade fácil, e que se tornara o jornal da elite, não por cortejá-la, mas pela linguagem escorreita dos seus editoriais. Era um jornal corajoso, que tomava uma atitude progressista perante os problemas políticos da época. Tinha também uma atitude altaneira em relação aos anunciantes. Segundo Altino de Barros, um dos mais importantes publicitários desse período, "o *Correio da Manhã* tinha pouco contato com a gente, porque era um jornal que mantinha uma certa distância; você anunciava se quisesse, ninguém ia perguntar a você, e fazia uma série de exigências de tamanho de anúncio, não aceitava anúncio, era um jornal todo metido...".[77]

O *Correio* se encontrava realmente numa fase de enorme prestígio político e de prosperidade econômica. Antonio Callado, que foi redator-chefe, disse que "o jornal estava bem sob todos os pontos de vista". Vigoroso na linha editorial e estabilizado financeiramente, tinha se transformado em empresa:

> [...] havia se mudado para um prédio novo, na Avenida Gomes Freire, e oferecia assistência médica. Era um jornal modelar. O mais importante de tudo é que pagava em dia. Naquele tempo, os jornais viviam dando vale, atrasavam constantemente o pagamento. O jornalista que trabalhava no *Correio* sentia-se em segurança. Editorialmente era um jornal inteligente, que ficara mais requintado sob a direção de Paulo, um homem de educação europeia. A linha política era liberal, mas se julgava alguma coisa errada, não tinha meios tons – baixava o pau.[78]

Aurélio Buarque de Holanda e Graciliano Ramos foram revisores da página editorial e das principais matérias.[79] Graciliano e Otto Maria Carpeaux disputavam quem era o mais pessimista dos dois. Graciliano dizia: "Do jeito que as coisas estão, vamos acabar tendo de pedir esmolas". Carpeaux: "Mas a quem, 'seu Graça', a quem?"[80] Antes de entrar no jornal, Graciliano passava pelo bar do Hotel Marialva para beber uma cachaça; ao sair passava de novo.

Fernando Pedreira disse, numa conferência muitos anos mais tarde, que o *Correio* era o jornal mais poderoso.

> Lembro-me de que, naquele tempo, o *Correio da Manhã* publicava habitualmente seus editoriais na sexta página. No dia em que o *Correio* passava o editorial para a primeira página, o Rio inteiro tremia. [...] Era um jornalismo personalista, centrado em torno da opinião e do talento

de um pequeno número de personalidades dominante; um jornalismo opinativo, polêmico, frequentemente faccioso. Eram jornais onde a opinião predominava sobre a informação.

Carlos Heitor Cony reforça: "O forte do *Correio* sempre foi o editorial, que hoje chamamos de opinião. [...] Sempre foi a independência e os editoriais". A opinião de Alberto Dines não é muito diferente. Para ele, o *Correio da Manhã* era o protótipo do jornalismo de dono de jornal: uma explosiva combinação de personalismo, audácia e arrogância, capaz de produzir grandes jogadas políticas e jornalísticas, como também tremendas injustiças. Samuel Wainer disse que o *Correio* era, na época, "realmente o jornal que decidia".

Como escreveu o jornalista político Heráclito Salles:

> O que valia no velho *Correio* era seu panache, uma espécie de facho metafísico que ele conduzia por espaços relativamente pequenos, mas dos quais era *visto* com encanto pelos que partilhavam sua pregação e atitudes liberais em todo o país, e com medo pelos que temiam o impacto de sua opinião nos centros de irradiação do poder sob todas as formas. Aquele *quid*, aquela estrela na lança, aquela auréola que abarcava a matéria editorial em sentido amplo; aquela capacidade inexplicável de exprimir o *nacional* acima do provincial e fazê-lo firmar-se além do círculo dos leitores diretos.[81]

UM DUELO A SOCOS

O *Correio* tinha a "ortografia da casa", calcada em idiossincrasias muito particulares, cujas linhas gerais eram determinadas por Paulo Bittencourt; o detalhamento e a execução cabiam a Costa Rego. A "ortografia" incluía o banimento dos inimigos, imaginários ou não, do jornal; e assuntos de publicação obrigatória. Chegavam à redação com a indicação de "matéria recomendada".

Juracy Magalhães, um dos integrantes do índex de nomes, disse que a prevenção contra ele se devia a ter-se recusado, como governador da Bahia nos anos 1930, a pagar 4 contos de réis, "muito dinheiro naquele tempo", para divulgar uma mensagem de seu governo nas páginas de uma edição especial. "[...] e assim desgostei profundamente o todo-poderoso Edmundo Bittencourt. Perdi o apoio do *Correio da Manhã*. Seu filho, Paulo Bittencourt, continuaria essa estranha desavença pelos anos afora, numa espécie der ódio sagrado".[82]

É difícil confirmar ou desmentir essa acusação. Mas a referência a Edmundo Bittencourt nos anos 1930 é estranha, uma vez que ele estava afastado do jornal, cuja direção, bem como a propriedade, tinha passado para seu filho. Além disso, Juracy tinha contas pessoais a ajustar com Paulo Bittencourt, a quem chamava de "aristocrata brigão, casado com Niomar, não menos brava". Reclamava, com razão, de que o *Correio* o perseguia "implacavelmente". Luiz Alberto Bahia lembra que o nome de Juracy Magalhães ou era execrado por escrito ou não era citado. "Era uma velha briga, por circunstâncias particulares, e não política".[83]

Em 1955, Paulo Bittencourt e Juracy Magalhães se enfrentaram num episódio que parece extraído de uma ópera bufa ou, como escreveu um jornal, de "uma farsa rocambolesca". Juracy, então senador, sentindo-se ofendido pelo *Correio*, da tribuna do Senado insultou e desafiou Bittencourt para um duelo no Uruguai.

Este, ao contrário de seu pai, que tinha enfrentado o senador Pinheiro Machado a tiro de pistola, achava, segundo Antonio Callado, a ideia do duelo, com seus padrinhos e suas mesuras, um minueto sinistro e sem razão, uma instituição fora de moda e de propósito.

Foi consultado Piero Saporiti, correspondente no Rio da revista norte-americana *Time*, "conde italiano legítimo", segundo Callado, "um verdadeiro conde, que usava uma bengala com cabo de prata" e era especialista no assunto como sobrevivente de dois duelos.[84] Ele disse que Juracy não podia desafiar Paulo porque já o atacara previamente num discurso no Senado. Dessa maneira, estava "desclassificado" para o duelo e que, como o insulto fora público, "não estavam qualificados para terçar armas". Bittencourt teria dito: "Duelos terminam por um aperto de mão. Mas um homem que se respeita, e que faz do outro o juízo que faço do senhor Juracy – nunca poderia apertar-lhe a mão". Recusou alegando que o duelo era uma farsa e por sentir repugnância pelo desafio e pelo desafiador, mas aceitaria um acerto de contas pessoal. Os jornalistas Callado e Álvaro Lins foram seus padrinhos; os políticos Dinarte Mariz e Daniel Krieger os de Juracy.

A questão foi resolvida a socos e trambolhões, "com honra para as duas partes", no Museu de Arte Moderna do Rio. Tendo sido convidado, por engano, para a inauguração de uma exposição, Juracy disse à imprensa que se enfrentaria com o dono do jornal no evento. Na ocasião, um início de briga a socos foi interrompido pela turma do "deixa disso" entre os xingamentos de Juracy.[85]

Ele continuaria no índex até o fim do jornal. Quando Niomar arrendou o *Correio* à Companhia Metropolitana em 1961, uma das cláusulas do contrato proibia que o nome de Juracy fosse publicado, "senão sob a forma de crítica ou ataques", e que ele entrasse na sede do jornal ou em suas dependências.

Descrito como arbitrário, irritadiço e difícil, Costa Rego foi um excelente redator-chefe do *Correio da Manhã*. Antonio Callado, que o sucedeu no cargo, guardava uma grande admiração por ele, pelo cuidado com a língua, pela autoridade no comando do jornal. O redator-chefe, naquela época, lia tudo que achava relevante, além dos editoriais e dos comentários. Era o estilo francês de fazer jornal. A opinião era mais importante do que a informação.

À frente da redação, Callado modernizou o conteúdo do jornal: podou certos provincianismos, que vinham de histórias passadas, moderou as paixões, não deixando que fosse contaminado com exageros. Acabou com os nomes impublicáveis. Luiz Alberto Bahia lembrou que o *Correio*, antes de Callado, era um jornal do começo do século e "tinha idiossincrasias, raivas, personalizava e não tinha pudor em assim proceder. Tinha consciência de que podia fazer aquilo e fazia. Callado corrigiu isso".

Callado, segundo Nelson Rodrigues, era o único inglês da vida real, ao implementar uma orientação mais inglesa no jornal, resultado de sua convivência com a BBC durante a Segunda Guerra. Fez um jornal menos dogmático e apaixonado, com maior variedade de opiniões, reforçou a informação econômica e adotou uma posição mais independente em relação à política externa brasileira, procurando mostrar que o Brasil deveria ter posições próprias. Callado disse que havia no jornal uma consciência maior do valor da língua e que a estrutura intelectual era impressionante: "Creio que não se repetiu no país redação tão interessante como aquela".

Segundo Bahia, a singularidade do *Correio da Manhã* estava em sua afirmação como um jornal de combate, de crítica em várias campanhas – umas justas, outras injustas –; mas um diário extremamente respeitado no país inteiro. Enquanto as publicações mais antigas entravam em declínio e os mais novos ascendiam, o *Correio* assumia uma posição singular. Era, disse ele:

> [...] um jornal muito de linha, de orientação. O redator-chefe tinha também o comando dos editoriais que influíam no jornal, que era feito sob a inspiração dos editoriais. Não era o inverso. O *Correio* era um jornal de opinião nesse sentido. Ou seja, ele fazia tudo em função disso. [...] Nunca se encontrava uma manchete brigando com o editorial. Quando fui para o *Jornal do Brasil*, muito me impressionava escrever um editorial e no dia seguinte ler a manchete brigando ostensivamente com o editorial e destruindo-o, às vezes.[86]

Ainda de acordo com Bahia, o cargo de editor-chefe do *Correio* "equivalia ao de ministro. Talvez mais que ministro".[87]

Em 1955, o *Correio* renovou seu parque gráfico, substituindo a velha impressora MAN, de fabricação alemã, por uma Hoe, norte-americana, de 8 unidades, capacidade ampliada depois para 12, que custou US$ 1,7 milhão, além de Cr$ 100 milhões em obras. Para provocar Graciliano Ramos, revisor do jornal e conhecido comunista, Paulo Bittencourt lhe disse: "Imaginem se vocês fizessem uma revolução e vencessem. Todo esse parque gráfico seria destruído". Graciliano reagiu: "Só um burro ou um louco poderia pensar assim. Se fizéssemos a revolução e vencêssemos, só ia acontecer uma coisa. Em vez de você andar por aí, viajando pela Europa, gastando dinheiro com as mulheres, teria que ficar sentadinho no seu canto trabalhando como todos nós".[88]

Com as novas máquinas, foi necessário reduzir a largura do jornal, de 55 para 50 centímetros, suprimindo uma coluna. A redação foi obrigada a comprimir o conteúdo, pois o número de páginas não foi aumentado. A mudança, segundo Callado, foi extremamente penosa e causou problemas industriais, pois os impressores tiveram que alterar sua rotina de trabalho. Segundo alguns jornalistas do *Correio*, esse período teria propiciado em parte o desenvolvimento de alguns jornais rivais.[89]

Callado não se sentia confortável no cargo e saiu depois de cinco anos, em 1959. Vários anos mais tarde, a lista dos nomes proibidos, das pessoas mortas em vida, que não podiam aparecer no jornal, havia voltado. Arthur José Poerner afirma que quando entrou no *Correio* em outubro de 1963, levado por Osvaldo Peralva, no primeiro dia de trabalho recebeu uma cópia do "índex".[90]

LACERDA *VERSUS CORREIO*

Luiz Alberto Bahia assumiu o cargo de redator-chefe. Segundo Callado, embora mais brando, ele tinha um temperamento mais parecido com o de Costa Rego, gostava muito do comando e da "cozinha" do jornal. Ele continuou com as reformas, completando o processo de modernização iniciado por Callado, mas reconheceu que deixou o jornal se contaminar de novo pelas posições apaixonadas. Nas eleições de 1960, entre Jânio Quadros e o marechal Henrique Lott, o jornal não apoiou nenhum dos candidatos. Mas quando, depois da renúncia de Jânio, Lacerda e alguns militares, apoiados por uma parte da imprensa, quiseram impedir a posse do vice-presidente, João Goulart, o *Correio* se pronunciou a favor de Goulart. Foi impedido de circular durante alguns dias por determinação de Lacerda, governador da Guanabara, único estado da União em que a imprensa foi censurada.

O chefe do Serviço de Censura da Guanabara e executor da proibição era Ascendino Leite, editorialista do *Diário de Notícias*, jornal que também foi censurado. Leite diria que aceitou o cargo, que antes fora recusado por dois intelectuais, "por causa das minhas ideias de disciplina. Era preciso limpar o teatro das imundícies insuportáveis e dos maus costumes". Em recompensa pelos seus serviços, Leite receberia de Lacerda um cartório, a 4ª Vara de Órfãos. Luiz Alberto Bahia se recusou a permitir que os censores alterassem o texto da edição e mandou imprimir o jornal. Os agentes do Departamento de Ordem Política e Social (DOPS) recolheram os exemplares na boca da rotativa. Nessa edição, Carpeaux escreveu que Lacerda era "Rei sem lei".

O jornal ficou dois dias sem aparecer nas bancas. Alguns jornalistas que distribuíram o *Correio* nas ruas foram presos, levados ao DOPS e mantidos incomunicáveis durante várias horas.

Anos mais tarde, Lacerda tentaria desviar para o Exército a responsabilidade pela censura aos jornais:

> [...] de repente fui surpreendido com uma informação de que havia uma ordem do Exército para impor a censura à imprensa. Eu disse: "Bem, mas aí parece um excesso, porque, afinal de contas não é de minha autoridade". "Mas a alegação é que a medida era inevitável e que o I Exército a considera absolutamente indispensável" [...] Mas recebi a promessa de que "essa censura será o mais curta possível, mas que é inevitável!" Eu disse: "Bom, em todo caso quero dizer que não sou a favor da censura". Mas isso não quer dizer que não reconheça, e reconheço, que naquela altura a censura era absolutamente indispensável.[91]

Nessas declarações, Lacerda fez um malabarismo linguístico. Coloca no Exército a responsabilidade pela censura, declara-se contra ela e diz que era indispensável. Deixou de explicar por que a censura foi exercida pelo DOPS, um órgão sob sua direta responsabilidade. E por que, se era uma ordem do Exército, somente foi aplicada no estado da Guanabara, onde ele era governador. Por decisão do governo, *Última Hora*, *Diário Carioca* e *Diário de Notícias* enfrentaram a ocupação das redações. *Correio da Manhã*, *Diário da Noite* e *Jornal do Brasil* tiveram várias edições apreendidas.

É provável que o ódio mal contido de Lacerda contra o *Correio*, devido certamente aos episódios em torno da candidatura e da posse de Juscelino Kubitschek, fosse um dos fatores que o levaram a tomar essas medidas. Contrariando a posição do governo federal em Brasília, ele foi o único governador a censurar a imprensa. Essa obsessão levaria Lacerda a declarar, de novo contraditoriamente, numa Comissão Parlamentar de Inquérito (CPI), que o *Correio da Manhã* estava sendo comunizado e sob a influência de grupos capitalistas internacionais. O *Correio* disse que a afirmação era tão tola que não merecia resposta.

O fim dos anos 1950 e, sobretudo, o começo dos 1960 foram períodos difíceis para o jornal. Era hostilizado pelo governo estadual e havia divergências internas que minavam a autoridade do editor-chefe. Luiz Alberto Bahia conta que, depois de um editorial contra a construção de Brasília, no dia seguinte, Niomar Moniz Sodré Bittencourt, a segunda mulher de Paulo Bittencourt, fez um discurso questionando o editorial, com Juscelino presente, e quis que fosse publicado na íntegra no corpo do jornal. Bahia disse que sairia na seção de Artes. Niomar reclamou com veemência. Bahia: "Não publico. E a senhora me demita". Paulo, que estava no exterior, mandou um telegrama dando seu apoio.[92] Fuad Atala, secretário de redação, confirmou a ingerência de Niomar. Disse que, na ausência do Paulo, embora não tivesse gerência na redação, ela dava os palpites pelos bastidores e tinha no jornal um grupo de pessoas fiéis a ela.[93]

Bahia mencionou numa entrevista a influência e a pressão das agências de publicidade sobre a imprensa a partir dos anos 1950, que provocaram sua saída do jornal.[94] Durante o breve governo de Jânio Quadros, em 1961, o *Correio da Manhã* mostrou-se contrário à condecoração da Grã-Cruz da Ordem Nacional do Cruzeiro do Sul, dada a Ernesto "Che" Guevara. Mas em 1962, por ocasião da Conferência em Punta del Este, no Uruguai, o jornal apoiou a posição independente do chanceler San Tiago Dantas e se manifestou contrário à expulsão de Cuba da Organização dos Estados Americanos (OEA), argumentando que a expulsão era uma decisão burra, pois para influir sobre esse país era melhor que ele ficasse dentro da OEA. Emil Farah, diretor da agência de publicidade McCann-Ericsson, de capital norte-americano, pediu que o jornal alinhasse sua opinião com a dos Estados Unidos. Não mudou e 48 horas depois Bahia era demitido por telegrama. Bittencourt mandou em seguida uma carta "praticamente pedindo desculpas pela demissão".

A pressão externa sobre o jornal é confirmada por Antonio Callado. Disse que quando o *Correio* quis manter a sua linha editorial, inteligente e clara, em relação a Cuba, a reação de algumas grandes agências foi suspender as contas. O jornal, de repente, ficou numa situação difícil. Segundo alguns depoimentos, a pressão para o boicote publicitário vinha do Council of the Americas, uma entidade norte-americana fundada por David Rockefeller.[95]

Houve também outro fator, de extraordinária importância, que afetou a estabilidade financeira da empresa: o enorme aumento do custo do preço do papel, com o fim dos subsídios às empresas jornalísticas, determinado em 1961 pelo governo de Jânio Quadros. Várias publicações fecharam e outras, como o *Correio*, tiveram que fazer penosos ajustes internos.

A tiragem, que em meados da década de 1950 oscilava em torno dos 70 mil exemplares diários, caiu no início da década seguinte para pouco mais de 50 mil. Além disso, o *Correio* começou a perder parte de sua influência como decorrência da mudança da capital para Brasília, pela sua dificuldade em adaptar-se adequadamente aos novos tempos e pelo aumento da concorrência com o ressurgimento do *Jornal do Brasil*.

Edmundo Bittencourt estava correto quando se preocupava com os reflexos das ausências do filho sobre o jornal. Nos anos 1950 e começo dos 1960, Paulo viveu mais tempo no exterior do que no Brasil, confiando na influência e no prestígio do *Correio*. Ele, ausente, não conseguiu perceber que os tempos estavam mudando, que o *Jornal do Brasil* ocupava seu lugar como o diário de maior prestígio, que a empresa precisava investir e renovar-se – e de uma liderança firme que somente o dono podia dar e não deu. Ele, certamente, teve uma grande responsabilidade pelo declínio do *Correio*.

O jornal, observou Antonio Callado, sentia a concorrência de uma nova imprensa e a necessidade de grandes investimentos. Numa época em que vários jornais do Rio estavam renovando sua aparência, com uma diagramação mais limpa e atraente, o *Correio*, lembrou Carlos Heitor Cony, era um jornal graficamente malfeito. Estava à espera de uma reforma. "O velho matutino da Avenida Gomes Freire, não obstante sua pujança e seu vigor", disse Fuad Atala, "era dos poucos que ainda resistiam à grande 'novidade' da época, o *copy* e a diagramação, introduzidos nas reformas do *Diário Carioca* e do *Jornal do Brasil*". As reformas no *Correio* só começaram nos anos 1960.

PATIFARIA E MOLECAGEM

Luiz Alberto Bahia foi substituído por Antônio Moniz Vianna, primo de Niomar, influente crítico de cinema.[96] Admirador de Lacerda, mudou a linha política do jornal dando um apoio pouco crítico ao então governador da Guanabara. Dele disse Pedro do Coutto: "Foi péssimo, saiu-se mal como redator-chefe porque, embora fosse um homem de talento, era muito nervoso para dirigir o jornal e, além disso, não tinha uma visão universal, tinha uma visão lacerdista".[97] Durou pouco tempo.[98] Depois dele, ocupou seu lugar Edmundo Moniz, trotskista, primo de Niomar. Foi outro que não se deu bem no cargo e ficou pouco tempo. Mais tarde, ele pularia para o "brizolismo".

A reforma do *Correio* viria com Janio de Freitas, cujo nome fora sugerido por Jorge Serpa Filho, procurador de Paulo Bittencourt, e pelo banqueiro José Luiz de Magalhães Lins. Freitas disse que Paulo Bittencourt o convidou para ser diretor porque o *JB*, sob a sua orientação, tinha substituído o *Correio* como o jornal mais influente do país. Ele recusou várias vezes até que foi convencido a aceitar. Bittencourt a Freitas:[99]

> Olha, a minha vida foi toda em torno deste nome: *Correio da Manhã*. Eu cresci como o filho do *Correio da Manhã*. Passei a viver como sendo o *Correio da Manhã*. Toda a vida fui a jantares, a todos os lugares, sempre ouvindo: o *Correio da Manhã* disse isso, o *Correio da Manhã* acha aquilo, o *Correio da Manhã* publicou tal coisa. Passei estes anos fora do país e, quando chego aqui, vou aos lugares, aos encontros, e ouço os comentários, mas o nome não é mais *Correio da Manhã*, é *Jornal do Brasil*. O *Jornal do Brasil* disse isso, publicou aquilo. Eu não suporto isso, eu não tenho condições de suportar isso. É uma coisa muito violenta para mim. Quando eu me dei conta do fato, quis logo saber quem tinha feito esse negócio com o *Jornal do Brasil*. Me informei. Sei que foi você que planejou tudo isso. Então vou lhe dizer: preciso que você vá para o *Correio da Manhã*. Eu não estou fazendo um convite a você. Estou lhe dizendo que *preciso* que você vá para o *Correio da Manhã*. É vital para mim.[100]

Freitas achou a colocação honesta e admiravelmente limpa e aceitou. Assumiu o cargo de diretor-superintendente em fins de abril de 1963. Teve que enfrentar Niomar, a mulher de Paulo, que se opôs à contratação do poeta Ferreira Gullar, porque havia criticado uma das exposições do Museu de Arte Moderna do qual ela era presidente.[101]

Com o cargo de diretor superintendente, Freitas cuidava tanto da redação como da administração; arrumou primeiro a administração. Encontrou a empresa muito desestruturada, sem condições de encarar uma remodelação do jornal, que teria certo custo. "Então, eu fiquei um bom tempo preparando, criando as condições, ou aprimorando as condições, para deslanchar o jornal", o que conseguiu "depois de muita sabotagem, muita patifaria, muita molecagem". Antes de viajar à Suécia para tratamento médico, Bittencourt cedeu sua mesa e sua sala a Freitas e lhe disse que ele não sairia nunca do jornal.

Freitas narra o ambiente que encontrou:

> [...] o Bahia foi afastado pelo Paulo Bittencourt, de lá da França mesmo. Nessa época, o Antônio Moniz Vianna chefiava a parte do cinema [...] era um lacerdista extremadíssimo. Então, cercou-se de pessoas tão ou mais lacerdistas do que ele. Com uma ou outra exceção, os que estavam exercendo atividades de chefia ou atividades importantes do jornal eram pessoas muito empolgadas com o lacerdismo e tal. Quando eu fui para lá, isso significava o afastamento do Moniz desse cargo de chefe de redação, ou de redator-chefe, não sei, era um desses dois cargos, não tenho certeza. E eu fui acumulando o cargo de redator-chefe e de superintendente. E, obviamente, o jornal não seria lacerdista. E nem seria janguista, governista, petebista. Seria jornal. Então, todo aquele grupo lacerdista agiu furiosamente contra a minha presença lá, contra a mudança do jornal e contra o fato de o jornal não ser mais um veículo para o Lacerda. E isso se misturou com uma certa resistência interna contra as mudanças do jornal. Foi uma fase desagradável, profundamente desagradável.[102]

Ele levou uma pequena equipe, que foi vista como tropa de ocupação. Segundo José Silveira, o novo chefe da reportagem, a animosidade era de tal ordem que mesmo pessoas que trabalhavam dentro do *Correio* eram discriminadas pelo simples fato de colaborarem com a nova direção. Otto Maria Carpeaux, que segundo Silveira sentiu o absurdo da situação, resolveu colaborar com a equipe de Freitas. Quando Carpeaux:

> [...] passava pela mesa de Moniz Vianna, que era crítico de cinema do jornal, percebeu que este lhe dirigia uma ofensa, dita entre dentes, mas perfeitamente audível. Não teve dúvida, o velho escritor calmamente desafivelou o cinto, retirou-o das presilhas e só não aplicou umas boas lambadas em Moniz Vianna porque Silveira interveio.[103]

381

Freitas buscou demonstrar que, de acordo com as premissas que sempre o orientaram, a fórmula dada ao *Jornal do Brasil* não era uma regra, uma lei, algo a ser necessariamente seguido. Disse também que levou "o *Correio* a dar algumas contribuições importantes, como desmascaramento do Instituto Brasileiro de Ação Democrática (IBAD) e da sua natureza de ação externa, dominando grande parte do Congresso, claro que tudo ali acontecia com o poder do dinheiro, que comandava as ações parlamentares. Era a CIA em ação".

> Em 1963, acho que foi a principal das paradas que o *Correio da Manhã* enfrentou. Foi com a campanha do *Correio da Manhã* que realmente conseguimos coisas incríveis. Foi essa campanha que tornou inevitável o fechamento do Instituto Brasileiro de Ação Democrática (IBAD), que só agora há pouco tempo o Lincoln Gordon reconheceu que, de fato, era sustentado por dinheiro americano. Isso que agora fizeram com meia dúzia, o mensalão, eles fizeram com uma parcela imensa na Câmara dos Deputados. [...] E dominaram uma parte muito grande da Câmara e foi uma batalha terrível. Eles jogaram muito pesado.[104]

CRÍTICAS GRÁFICAS

Freitas foi ameaçado várias vezes em função da campanha sobre o IBAD. Também foi atacado publicamente por Lacerda com acusações vagas e genéricas. Segundo o governador da Guanabara, o *Correio da Manhã* era dirigido pelo jornalista Janio de Freitas, "egresso do *Jornal do Brasil* com escalas em Moscou e Praga". Não ficou nisso.

Seu carro foi vandalizado na garagem de seu prédio e recebeu uma carta com ameaça de morte assinada pelo secretário de Segurança da Guanabara, coronel Gustavo Borges. Sair de noite sozinho, depois de fechada a edição do jornal, era um problema, lembrou Freitas.

Ele comentou que o jornal ficou realmente bonito, vivo, sóbrio e arejado, e as vendas subiram rapidamente, ultrapassando o *Jornal do Brasil*. Janio de Freitas foi considerado na ocasião o profissional mais bem pago do país. Como seu contrato incluía uma cláusula de participação nas vendas, ele chegou a ganhar o equivalente a nove carros Volkswagen por mês[105] – Freitas confirmou a informação, mas observou que nem sempre foi pago.

Sua atuação no jornal, sobretudo a mudança da apresentação gráfica, recebeu algumas críticas. Amilcar de Castro,[106] que fizera a reforma gráfica do *Jornal do Brasil*, disse que Freitas saiu meio brigado do *JB* e "foi pro *Correio da Manhã* pra fazer um 'anti-*Jornal do Brasil*'. E aí é que o negócio não vai bem. Porque ele me pediu um negócio o contrário do *Jornal do Brasil*. Mas aí eu disse que fica muito difícil fazer um jornal antioutro. Não tem muito sentido. Vamos fazer este, apesar do outro. E depois do jornal desenhado, pronto e tal, não sei quem deu um palpite de botar dois fios em cada... Deixando um claro no meio. Ele aceitou a sugestão e fez, o que ficou fio demais". Amilcar falou que a reforma gráfica do "*Jornal do Brasil* foi muito melhor, porque era livre a feitura do *Jornal do Brasil*, não tinha influência de ninguém".

Janio de Freitas disse que na reforma no *Correio* não houve nenhuma tentativa de fazer um anti-*Jornal do Brasil*. Foi resultado de uma experiência, quase ao acaso, no traçado de uma página, que surpreendeu pela aparência agradável e que foi repetida nas páginas do primeiro caderno, mas não houve tempo de mexer no segundo.

Segundo o jornalista Pedro do Coutto, que trabalhou no *Correio*: "O (Jorge) Serpa articulou a entrada de Freitas numa composição com o Banco Nacional, do Magalhães Pinto. Com Freitas o jornal fez uma reforma graficamente bonita, mas deslocou a página de opinião da sexta para a última e botou um fio duplo que encareceu muito o custo". Em sua opinião, ele fez uma mudança boa, botou o claro-escuro bem, mas foi além e descaracterizou os lugares do jornal.[107]

Outra mudança para diferenciar-se do *JB*, além dos dois fios paralelos, foi a publicação da maioria dos títulos com letras maiúsculas (caixa-alta, no jargão jornalístico), inclusive em matérias de uma coluna, e bastantes intertítulos, também em maiúsculas, o que deu ao jornal uma aparência mais pesada. Como contraste, na página editorial, numa página par, a última do fim do primeiro caderno, artigos e notas estavam dentro de quadros, o que lhe dava uma aparência excessivamente leve. Na abertura do segundo caderno, página ímpar, havia crônicas e reportagens especiais. Curiosa e contraditoriamente, a página esportiva, a última do segundo caderno, não tinha nenhum fio.

Apesar da crítica aos "dois fios" separando as colunas, as vendas subiram rapidamente e o *Correio* ultrapassou seu principal concorrente. Segundo Freitas, Alberto Dines, editor-chefe do *JB*, publicou um quadrado na terceira página do diário que punha o *JB* em primeiro lugar – *o diário*, que nunca havia publicado dados do IVC, acabava de ser ultrapassado pelo *Correio*:

> Aí eu parti para contestação, para briga e pedi uma verificação em um e outro jornal [...]. O *Correio* tinha batido solidamente, tranquilamente. Em 45 dias o *Correio da Manhã* bateu o *Jornal do Brasil*. Aí deu (risos) um "quiprocó" daqueles. O Caio Domingues, [...] uma pessoa muito correta, estava presidindo o IVC, o Instituto Verificador de Circulação, e ele atestou que os números que o *Jornal do Brasil* tinha publicado eram falsos e que o *Correio*, de fato, tinha batido, tinha pulado para o primeiro lugar.[108]

NIOMAR TOMA CONTA

Paulo Bittencourt, doente de um câncer no pulmão, morreu na Suécia, onde aparentemente foram cometidos grosseiros erros no tratamento médico, em agosto de 1963. Deixou no testamento as ações ordinárias do *Correio da Manhã* para Niomar, das quais deveria tomar posse imediatamente para não haver solução de continuidade na administração da empresa; para sua filha Sybil, do primeiro casamento, as ações preferenciais, sem direito a voto; e o prédio do jornal, em usufruto, para os netos. O resto dos bens seria partilhado em partes iguais.

A briga entre as duas começou já no velório, quando trocaram insultos e agressões diante de uma plateia atônita de altas figuras da República e jornalistas. As divergências continuaram em torno ao espólio. Sybil, inconformada com a partilha, tentou anular o testamento, alegando que o pai não estava em condições de decidir e que fora induzido. Todas as testemunhas foram unânimes em afirmar que Paulo estava em plenas condições de fazer o testamento. A questão demorou anos na Justiça. Niomar assumiu a presidência em dezembro de 1963, mas não tinha "competente alvará para, representando o espólio, convocar, comparecer, votar e ser votada em assembleia ordinária", segundo Freitas.

384

Niomar alegou, talvez corretamente, que Lacerda, quando era governador, quis tirar o jornal dela. O secretário de Justiça da Guanabara afastou o procurador que cuidava do espólio e também tentou trocar o inventariante, que era o testamenteiro indicado por Bittencourt, o embaixador Maurício Nabuco, seu melhor amigo, e aprovado pelo Tribunal de Justiça e pelo Supremo Tribunal Federal, para colocar uma pessoa de sua confiança: Raphael de Almeida Magalhães, vice-governador e candidato de Lacerda para sucedê-lo como governador da Guanabara. Ele era o filho do advogado de Sybil, Dario de Almeida Magalhães. O inventariante poderia tentar a troca do editor-chefe. Impedida legalmente de entrar no jornal, Niomar foi lá várias vezes de maneira clandestina.

Em junho de 1965, o Supremo Tribunal Federal decidiu que nenhum óbice podia ser oposto ao poder de Niomar de administrar as empresas ligadas ao *Correio da Manhã*.[109] Dava assim a ela, finalmente, o completo comando do jornal. Quatro anos mais tarde, em 1969, por decisão da Justiça, Niomar adquiriu as ações preferenciais de Sybil, em troca de imóveis.

A respeito das interferências na gestão da empresa, Janio de Freitas argumentou que, quando ela assumiu o controle, antes mesmo da decisão do Supremo:

> Niomar colocou o Osvaldo Peralva para garantir que não sairia nenhuma notícia favorável à filha do Paulo. Disse a ela que enquanto eu estivesse ali não teria Peralva que decidisse por mim. Se eu disser que vai sair, vai sair. Ou então, faz o jornal. E é o que vocês vão fazer. Aí mandei um recado pra ela levemente desaforado. E foi isso.[110]

Em sua opinião, Niomar não tinha base legal para colocar Osvaldo Peralva, Nelson Batista, Newton Rodrigues, nem ninguém, naquele momento no jornal; ela atropelou as leis. Havia uma pendência judicial. Quanto ao testamento que determinou que o jornal era dela, é outra questão, disse ele. Até que houvesse a homologação do testamento, o reconhecimento da partilha, não havia como Niomar assumir. Ela fez uma intervenção, que na verdade significou a posse do jornal, porque depois, com um canhão daqueles na mão, não ficou difícil conduzir o jogo.

A última edição do jornal com o nome de Freitas no expediente foi de 31 de agosto, menos de um mês depois da morte de Paulo Bittencourt. No dia

385

1º de setembro, foi anunciada sua saída; durou quatro meses no cargo.[111] O jornalista José Silveira conta como foi sua experiência nesse episódio:

> Eu consegui voltar para o Rio através do Janio de Freitas. Ele tinha ido para o *Correio da Manhã*, substituindo o dono, Paulo Bittencourt, que estava com câncer e ia morrer na Europa. Meu compromisso com ele era o seguinte: quando o Bittencourt chegar morto, no caixão, fazemos a edição do enterro dele e saímos. Ele disse que não iria trabalhar com a Niomar Sodré. Entre os que ficaram estavam o Otto Maria Carpeaux e o Cony, que eram editorialistas.

No dia 4 aparecia o nome de Osvaldo Peralva no lugar de Freitas como superintendente e redator-chefe; a redação ficou a cargo de Newton Rodrigues. Peralva tinha chegado ao jornal pela mão de Edmundo Moniz e fez uma contrarreforma, por decisão de Niomar. Freitas teve a sensação, na época, de que Jorge Serpa Filho quis comprar o jornal depois da morte de Paulo Bittencourt.

Erno Schneider disse que, quando foi convidado pela proprietária em 1964, o jornal tinha uma diagramação muito pesada. Ao tirar os fios, as páginas ganharam mais leveza, com mais espaços em branco, as fotos ficaram mais abertas e o editorial voltou ao seu antigo lugar na página 6. Freitas afirma que as vendas voltaram a cair.

O *Correio* manteve distância do presidente João Goulart, cuja posse tinha defendido, mas não lhe fez oposição sistemática. Apoiou as reformas de base e combateu o que considerava excessos do governo. Não participou da radicalização e da polarização das posições políticas. Nem, ao contrário de outros jornais, participou de conspirações para derrubar o presidente.

Ainda no começo de março de 1964, um editorial se colocava contra a radicalização da vida pública brasileira, e via com preocupação o crescimento dos "setores radicais da esquerda e da direita, com o fim quase confessado de eliminar o centro. [...] Querem fazer desaparecer as forças do equilíbrio. Querem obrigar o país a desabar por um lado ou por outro lado. É o jogo das alternativas falsas". Dias depois, dizia que "as reformas de base se impõem por si próprias. Não é possível adiá-las por muito tempo". No dia 13 de março, o jornal insistiu que as reformas não podiam ser adiadas.

"BASTA!", "FORA!"

Mas depois da reunião dos sargentos no Automóvel Clube e do comício realizado nesse mesmo dia 13 na Central do Brasil, o *Correio*, por seu lado conservador, liberal, antijanguista, como disse Luiz Alberto Bahia, acabaria pedindo a cabeça de Jango: "Eu não acredito que pudesse ter feito alguma coisa diferente". O jornal refletia a preocupação de uma grande parte da classe média e das Forças Armadas.

Ficaram célebres os editoriais "Basta!", no dia 31 de março, e "Fora!", no 1º de abril de 1964. Se o jornal não era mais a potente peça de artilharia de dez anos antes, seus editoriais causaram uma forte comoção no mundo político. Nesses dias, trovejou como nos velhos tempos.

"Basta!", o primeiro editorial, começa parafraseando retoricamente o discurso de Cícero contra Catilina no Senado de Roma.[112] "Até que ponto o presidente da República abusará da paciência da nação?" Mas o editorial, embora indignado, não pede sua saída: "É admissível que o sr. Goulart termine o seu mandato de acordo com a Constituição. Esse sacrifício de tolerá-lo até 1966 seria compensador para a democracia. Mas para isso, o sr. João Goulart terá de desistir de sua política atual [...]." E termina dizendo exasperado: "O Brasil já sofreu demasiado com o governo atual. Agora, Basta!"

No dia seguinte, quando os militares já tinham colocado os tanques na rua, o segundo editorial, "Fora", muda o tom: "A Nação não mais suporta a permanência do sr. João Goulart à frente do governo. Chegou ao limite final a capacidade de suportá-lo por mais tempo. Não resta outra saída ao sr. João Goulart senão a de entregar o governo ao seu legítimo sucessor. Só há uma coisa a dizer ao sr. João Goulart: saia". O *Correio* acusa o presidente de alta traição contra o regime e contra a República, de iniciar a sedição no país, de conspiração e o considera responsável pela guerra fraticida que se esboça. Conclui dizendo que a nação, a democracia e a liberdade estavam em perigo. O objetivo, diria Osvaldo Peralva anos mais tarde, era provocar a renúncia ou o impedimento do presidente.

No entanto, sem se mostrar consciente da contradição, o jornal, que se declarara inimigo de qualquer ditadura, por representar o esmagamento de todas as liberdades, estava abrindo a porta para um regime de exceção.[113]

Edmundo Moniz, redator-chefe na época, explica ou justifica a posição do jornal:

> Quando da queda de Goulart, o *Correio da Manhã* não se colocou ao lado de nenhum bloco com a imprensa anti-Goulart. O *Correio* ficou numa posição independente, sem compromisso com nenhum outro jornal, sem compromissos com o João Goulart, sem compromissos com a UDN, sem compromissos com os militares. O *Correio* estava numa posição definida, de acordo com o que ele sempre seguiu. Estava fiel a si próprio.
>
> Mas o *Correio da Manhã*, de repente, foi surpreendido, ou encontrou-se, diante de uma crise política, diante de uma crise militar. Então, o *Correio* defendeu uma atitude própria, que o Jango tomasse certas medidas como presidente da República, para normalizar a situação, para superar a crise. Que ele, como presidente da República, devia dar um basta àquela situação de crise inequívoca. Ao mesmo tempo, nesse mesmo artigo, defendia a continuação de João Goulart até o fim do mandato.[114]

João Goulart teria ficado assustado com o editorial e acordou Samuel Wainer, dono da *Última Hora*, com um telefonema: "Que está acontecendo com o *Correio*, Samuel? O Serpa não controla mais o jornal. Procura o Serpa, procura ver qual é a profundidade deste editorial, Samuel!"[115] Se realmente esse telefonema existiu, mostra que o presidente estava mal-informado. Quem controlava a linha editorial do *Correio da Manhã* não era o lobista Jorge Serpa Filho, era Niomar Moniz Sodré Bittencourt.

Segundo Janio de Freitas, os editoriais foram "lamentabilíssimos, absurdos". Para Alberto Dines: "Os dois editoriais na capa do *Correio da Manhã*, que sinalizaram o início da operação militar, foram disparados por quem não entende de política. Ou de jornalismo. Antes do *ultimatum*, entre o 'Basta!' e o 'Fora!' não se ofereceram opções".[116]

Os editoriais foram escritos a várias mãos, mas ninguém deixou as digitais. Aparentemente, participaram Otto Maria Carpeaux, Osvaldo Peralva, Carlos Heitor Cony. Alguns querem detectar, na forma final, o estilo de Edmundo Moniz, o redator-chefe.[117] Este, muito reticente, declarou que era apenas o autor daquilo que assinava, indicando que o editorial não refletia o seu pensamento particular, mas o do jornal: "Não escrevi o artigo, mas o alterei", e que "aqueles dois artigos foram muito alterados, talvez fossem escritos por muita gente". O jornalista Getúlio Bittencourt escreveu que os editoriais lembram a severa indignação de Antônio Moniz Vianna, o crítico de cinema que tinha sido redator-chefe, o qual, numa entrevista, confirmou ter escrito os dois editoriais, depois alterados, e dado os títulos a ambos. Observou, porém, que as versões preliminares foram de Osvaldo Peralva; que ao liberal Carpeaux não agradava a ideia de derrubar governos em geral; e ao esquerdista Edmundo Moniz desagradava a ideia de derrubar um governo pelo menos simpático à esquerda. As dúvidas permanecem.

"DITADURA, NUNCA!"

Em 2 de abril, o *Correio* começou a combater o golpe de Estado que defendera no dia anterior. Um editorial de primeira página dizia que a nação tinha saído vitoriosa com o afastamento do sr. João Goulart, não sendo mais possível suportá-lo em consequência de sua nefasta administração. Mas mandava um alerta assinalando que o jornal estava a postos para defender a Constituição, o Congresso Nacional, a democracia e a liberdade, e que o afastamento do presidente não justificava de modo algum violências nem crimes cometidos contra a liberdade individual e coletiva. "A eles também diremos: Basta! e Fora!" Uma fotografia na primeira página mostrava a ação de um grupo que incendiou a sede do jornal *Última Hora*.

No dia 3 de abril, o artigo "Terrorismo, não!", escrito pelo redator-chefe Edmundo Moniz e, por decisão de Niomar, publicado como editorial na primeira página, observava que o afastamento de João Goulart não podia ser maculado com a onda de arbitrariedades e violência que a polícia da Guanabara estava cometendo a despeito das garantias constitucionais, que atribuía a um desabafo patológico do governador Carlos Lacerda, compensando os dias em que permanecera em silêncio e amedrontado. Afirmava que a liberdade é um dogma: existe ou não existe. Outro editorial na página 6, segundo Pedro do Coutto escrito por Carpeaux, dizia "Basta: fora a ditadura!". Era dedicado a Carlos Lacerda. O jornal e seus diretores receberam ameaças bem mais sérias do que quando foi publicado o editorial "Basta" contra Goulart, o que "mostra o fanatismo e a intolerância dos lacerdistas". Milhares de exemplares da edição dominical foram retirados das bancas à força e queimados.

Maior repercussão que os editoriais posteriores ao golpe tiveram os escritos de Carlos Heitor Cony. Ele tinha apoiado o golpe: "No dia 31 de março, eu estava convencido de que o Sr. João Goulart havia abusado demais e de que sua deposição era indispensável. Mas, quando fui para a rua, dia seguinte, e vi, em Copacabana, as pessoas que saudavam a Revolução, comecei a duvidar das minhas convicções".[118] Na edição do dia 7 de abril,[119] na crônica "Da salvação da pátria", em sua coluna "Da arte de falar mal", ele conta o que viu na rua:

> E vejo. Vejo um heroico general, à paisana, comandar alguns rapazes naquilo que mais tarde o repórter de TV chamou de "barricadas". Os rapazes arrancam bancos e árvores: as amendoeiras do posto 6. [...] Mas o general destina-se à missão mais importante e gloriosa: apanha dois paralelepípedos e concentra-se na brava façanha de colocar um em cima do outro. [...]
> – General, para que é isto?
> O intrépido soldado não se dignou olhar-me. Rosna, modestamente:
> – Isso é para impedir os tanques do I Exército!

Como ele, a maioria dos jornalistas apoiou a deposição do presidente para, depois, arrepender-se e enfrentar a ditadura. Disseram que não esperavam que acontecesse o que aconteceu. Mas, quando se apoia a ruptura da legalidade para dar passo a um regime de exceção, soa ingênuo dizer que se esperava uma ditadura "boa" e "benigna" e não um governo arbitrário. Quando se abdica voluntariamente, ainda que de maneira temporária, dos direitos individuais, das liberdades públicas e da proteção da lei, fica-se submetido à vontade de um regime de exceção, com todas as consequências. É ingênuo reclamar que um governo arbitrário governa com arbítrio. É da sua natureza. Foi o que aconteceu.

Cony escreveu em seu livro *A revolução dos caranguejos*: "Até então, eu nunca escrevera especificamente sobre nenhum fato político [...]. Cultivava um entranhado desprezo pelo fato político [...]. E sinceramente acreditava que aquela crônica seria a última, pois não queria dar o braço a torcer, atolando-me numa temática que desprezava".[120] No entanto, ao entrar na redação, depois de publicada a crônica:

> Alguns companheiros, veladamente, mostravam-se preocupados com o meu emprego, uma vez que o jornal, em linhas gerais, havia saudado o golpe com discrição. O único texto que continha uma crítica ao movimento da véspera, uma crítica circunstancial, periférica, tinha sido a minha.[121] [...] No final da noite, outros colegas se aproximaram, receosos, perguntando se eu havia recebido alguma advertência da direção ou qualquer bronca anônima ou não. Estranhei a preocupação deles e somente em casa, ao ler os jornais daquele dia, percebi que todos haviam saudado o golpe, uns com entusiasmo, outros com moderação. Por vinte e quatro horas, acredito, minha crônica ficou sendo o patinho feio da imprensa. [...] Como não tinha intenção de continuar naquela linha, dei-me por satisfeito com aquela primeira crônica.[122]

UMA CATARSE COLETIVA

No entanto, quando "um grupo de democratas" pediu a prisão de intelectuais de esquerda, Cony publica uma série de crônicas nas quais ridiculariza abertamente e condena, primeiro, as manifestações do golpe; nos dias seguintes, os próprios golpistas; depois passa a expor as torturas que o novo regime tentava esconder. Tiveram um impacto extraordinário. Algumas foram reunidas no livro *O ato e o fato*, cujas edições esgotaram rapidamente.

Foi uma catarse coletiva. Suas crônicas foram a voz de milhares de pessoas para as quais ler Cony no *Correio da Manhã* e comprar o seu livro representavam um protesto contra a ditadura que se instalava.[123] Não surpreende que provocasse a cólera dos militares, que já estavam coléricos, segundo Cony. Outras crônicas daquele período, que o autor considera as mais oportunas, foram publicadas com o título *Posto seis*.[124]

Ele foi ameaçado várias vezes, assim como suas filhas menores. Houve tentativas de invasão de sua casa; Cony e a família tiveram que mudar temporariamente de endereço. Segundo ele, foi compensador notar que o *Correio* se destacava como único órgão da imprensa brasileira que criticava o novo regime, tomando a defesa dos perseguidos, denunciando torturas e arbitrariedades.

Cony escreveu que era um homem desarmado, sem guarda-costas nem medo, e alertava: "Qualquer violência que praticarem contra mim terá um responsável certo: general Costa e Silva, ministro da Guerra, Rio – e, infelizmente – Brasil". Os militares da "linha dura" pressionaram o presidente Castello Branco a suspender os direitos políticos de Cony, mas ele se negou:

> Não vejo razão para cassar-lhe o mandato (Cony não tinha mandato, seria o caso de tirar-lhe os direitos políticos). É, às vezes, insolente, e quase sempre mentiroso. Tem atacado desabridamente o ministro da Guerra e enuncia ideias que desrespeitam as Forças Armadas. Contra mim, formula insultos: o presidente é um "pau-mandado" na mão de seus subordinados. Em vez de retirar-lhe os direitos políticos, que muito o valorizaria, prefiro deixá-lo com seus artigos. A revolução sairá ganhando.[125]

Cony, no entanto, foi preso diversas vezes e processado por Costa e Silva como incurso na Lei de Segurança Nacional por artigos considerados ofensivos aos militares. Aconselhado pelo seu advogado, Nelson Hungria, antigo presidente do Supremo Tribunal Federal, convidou:

> [...] os presidentes da Associação Brasileira de Imprensa (ABI) e do Sindicato dos Jornalistas Profissionais do Rio de Janeiro a deporem a meu favor. O segundo não me deu resposta e o primeiro me telefonou, dizendo que iria receber por aqueles dias a medalha Maria Quitéria das mãos do ministro da Guerra. Não poderia depor num processo em que ficaria contrário à posição do ministro.

Cony omite discretamente seus nomes. O presidente da ABI era o escritor Prado Kelly. Mas três pessoas se apresentaram voluntariamente para depor como testemunhas da defesa: Alceu Amoroso Lima, Austregésilo de Athayde e Carlos Drummond de Andrade.

Além de condenado a três meses de prisão, foi expulso do Sindicato dos Jornalistas da Guanabara. Como escreveu o jornalista Sérgio Augusto, Cony manteve-se firme como um quixotesco e solitário paladino contra o arbítrio e a estupidez vigentes, e que, ex-seminarista, sua ira contra os poderosos não parecia vir de um palanque, mas de um púlpito.[126]

No dia 10, o *Correio* critica o primeiro Ato Institucional; nos dias seguintes, continuou denunciando abusos e torturas; como escreveu Elio Gaspari, "abriu em suas páginas uma das mais memoráveis campanhas da imprensa brasileira".[127]

"NIOMAR, PAGUE O DÉCIMO TERCEIRO"

Foi Niomar quem orientou o jornal na persistente oposição ao governo da ditadura: "Batia de frente". Tinha uma forte personalidade e as ameaças não a assustavam. Em Belo Horizonte, patrocinou o lançamento do livro *Eu, réu sem crime*, do ex-governador deposto de Sergipe, Seixas Dória. Quando a polícia atacou a sucursal mineira do *Correio* e lançou gás lacrimogêneo, Dória, que estivera confinado na ilha de Fernando de Noronha durante vários meses, sugeriu, prudentemente, sair pela porta dos fundos. Niomar quis sair pela porta da frente e de cabeça erguida. Como Seixas insistisse, ela reagiu: "Está com medo, Seixas? Se está, façamos o seguinte: você me dá suas calças e eu lhe dou minha saia...". Seixas respondeu que se todos concordassem em sair pela frente, ele encabeçaria a fila.

Saíram sob uma chuva de insultos, gritos – entre os quais, "morra" –, cusparadas e ovos da multidão que tinha apoiado o golpe e se voltava contra os "esquerdistas". Joel Silveira, repórter do *Correio*, lembrou esse episódio: "Com seus rosários, verdadeiros látegos, as furiosas madamas chicoteavam nossas viaturas – e estrugiam: 'Fora, filhos do diabo! Comunistas sem-vergonha! Viva Cristo-Rei!'" Um bando tentou tirá-los à força do carro. Foi jogada uma bomba na casa em que se refugiaram.[128]

Quando o Congresso, amedrontado, prorrogou o mandato presidencial de Castello Branco, o *Correio* publicou o editorial "De vítima a cúmplice", no qual dizia: "De vítimas, deputados e senadores, transformaram-se em cúmplices. Cúmplices de um novo atentado à Constituição e à legalidade democrática".

Antonio Callado, que fora redator-chefe do *Correio,* teve o artigo "Volta o barril" recusado pelo *Jornal do Brasil*, no qual colaborava. O *Correio* o publicou. Callado tinha defendido o golpe que depôs o presidente, porque "estava levando o País à anarquia" e era "inegável que o Brasil descia sem freios uma encosta que ia dar no caos", mas estava descontente com a direção que os militares davam ao Brasil perseguindo figuras como Miguel Arraes e Celso Furtado. Isto é, apoiava o golpe, mas lamentava seu rumo e os excessos. No fim de 1964, Callado voltava a ser redator-chefe do *Correio*, cinco anos após ele ter deixado o cargo. O jornal deu emprego a jornalistas perseguidos pelo regime; os que trabalhavam no copidesque eram conhecidos como "os derrotados de abril".[129]

Desde os primeiros dias de oposição ao novo regime, a circulação do jornal aumentou substancialmente. Segundo Edmundo Moniz, às vezes até em 50 mil exemplares, para uma tiragem de 70 a 80 mil cópias, das quais entre 25 e 30 mil eram assinaturas. Mas logo vieram os problemas econômicos. O governador Lacerda tentou várias manobras contra o *Correio* para sufocá-lo. Os bancos limitavam o crédito, o governo retirou os anúncios, que representavam um terço da receita de publicidade, e pressionou as empresas privadas para que não anunciassem. As agências de publicidade cortaram o jornal de suas programações. Segundo o *DHBB*, o *Correio* foi compelido a aceitar um interventor ligado a essas agências e, a partir de então, iniciou-se um processo de remanejamento no quadro de redatores.[130]

O jornal estava endividado. O balanço de 1965 revelava que o jornal devia seis meses de fornecimento de papel, tinha atraso de ano e meio com a Previdência Social e o débito com os bancos equivalia ao movimento de dois meses. Pela primeira vez em muitos anos, os salários atrasaram. Afirma-se que, por ocasião do golpe militar na Grécia, em que o jornal escreveu: "O general Papadopoulos disse ainda, categoricamente:", um linotipista teria acrescentado em fonte de corpo 6: "– Niomar, pague-nos o décimo terceiro!". Contudo, a informação, publicada por Pery Cotta em *Calandra*, não foi encontrada nos arquivos do jornal.[131]

CONY E CALLADO FORA

Quando, em fevereiro de 1965, Cony publicou uma crônica dizendo que o país não era mais os Estados Unidos do Brasil, mas o Brasil dos Estados Unidos, o Citibank ameaçou suspender um empréstimo ao jornal.[132] A empresa pressionou e ele pediu demissão[133] ao redator-chefe, Callado, que saiu com ele, dois meses depois de ter reassumido o cargo. Cony escreveu:

Encurtando a história: não foi o governo que me obrigou a pedir demissão do jornal: foi a censura *de dentro* do próprio jornal. Alarmada com o boicote das agências de publicidade, a proprietária solicitou os serviços de uma espécie de "playboy" da época que nunca havia pisado numa redação, já muito desbotado pelo tempo e que alegava possuir trânsito social junto a agência e anunciantes. Esse cara convenceu a proprietária da impossibilidade de obter publicidade enquanto o jornal mantivesse alguns nomes em evidência – e o meu era o de digestão mais difícil, segundo ele. Sabendo disso, publiquei uma crônica violentíssima e à noite pedi demissão ao Callado – que estava reassumindo o cargo de redator-chefe. Callado aceitou minha demissão, mas também se demitiu [...]. Depois foi a vez dos outros. Um a um, caíram todos.[134]

Os jornalistas que saíram do *Correio* se reagruparam em torno da editora Civilização Brasileira. Cony disse que só voltou a trabalhar na imprensa durante a vigência do AI-5, que liberou as empresas da responsabilidade de censurar os recalcitrantes: com grande entusiasmo, os militares se encarregavam disso. Ele enfrentou "seis prisões, 13 processos em auditorias militares, uma brutal invasão de residência". Foi o preço que pagou pela sua independência.[135]

Callado voltou a trabalhar no *Jornal do Brasil*, de onde saíra para retornar ao *Correio*. Seria, como Cony, processado por crime contra a Lei de Segurança Nacional; pelo Ato Institucional n. 5 foi cassado e impedido de exercer a profissão de jornalista. A proibição a Callado foi revogada devido à intervenção do colunista de *O Globo* Ibrahim Sued com o presidente Costa e Silva, de quem era amigo.

A coluna de Otto Maria Carpeaux sobre política internacional foi suprimida e ele impedido de assinar matérias. Ainda assim, o *Correio* continuou fazendo oposição e encontrando eco. Nas eleições de 1966, quatro jornalistas do *Correio* foram eleitos deputados, dois deles federais, que depois foram cassados, e dois estaduais.[136]

Apesar da saída de Cony e de Callado e das pressões que os levaram a adotar uma posição mais moderada, sob a orientação de Edmundo Moniz, o redator-chefe, o *Correio* era, ainda, o jornal mais empenhado na defesa das liberdades individuais e dos princípios democráticos. Contava em seus quadros com alguns dos melhores profissionais do país e, não obstante a sua fragilidade econômica, teve momentos em que fez um excelente jornalismo. Um diário concorrente chegou a reclamar que o regime militar permitia que o *Correio* desse sozinho tanta informação em primeira mão. Mas era um jornal encurralado e sufocado. Segundo Alberto Dines, que na época editava o *Jornal do Brasil*, no governo de Castello Branco o *Correio da Manhã* foi o único baluarte, o único jornal que realmente fez oposição e que por isso pagou.

A revista *Propaganda* escreveu em 1965 que o jornal arriscou ter suas edições apreendidas, perder anúncios e, talvez, ser fechado "por defender um ponto de vista que considerou correto e digno de ser apresentado a seus leitores". Foi praticamente o único órgão de imprensa a tomar uma atitude tão corajosa. "Essa decisão [...] teve como resultado um aumento do número de leitores e do seu prestígio". A revista observava também que nos últimos meses a linha do jornal parecia mais moderada e menos amarga, e recolhia os boatos de que o *Correio* poderia ser vendido a um poderoso grupo econômico.

Mas, se ao jornal não faltava coragem para manifestar suas convicções, tinha sérias deficiências no lado informativo. Na área de economia, segundo a revista *Propaganda*, os comentários de Gilberto Paim, de leitura algo pesada, eram dos mais penetrantes da imprensa, mas o noticiário da seção, além de incompleto, não satisfazia as exigências de um leitor medianamente informado. Também insuficiente era a informação internacional. "A pequena e explosiva crônica do enciclopédico OMC (Otto Maria Carpeaux), o prato forte da seção, se bem que ilumine alguns pontos obscuros, não é nenhum substitutivo para um serviço de informações que, para ser eficiente, precisaria manter correspondentes no exterior. Faltava, também, noticiário mais amplo dos estados". Igualmente deficiente era a equipe de críticos. A revista elogiava a qualidade dos editoriais e das colaborações, mas sentia falta de uma variedade maior de opiniões, inclusive contrárias à posição do jornal. Uma remodelação gráfica, que tinha tornado muito mais agradável a leitura do jornal, era considerada demasiado tímida. Na verdade, as deficiências apontadas pela revista eram consequência da falta de recursos de que o jornal começava a se ressentir. A informação é sempre muito mais cara do que a opinião.

A REFORMA DO JORNAL

O ano de 1968 marcou profundamente o jornal. Em janeiro, relançou o "Quarto caderno", um suplemento dominical dedicado a assuntos culturais, uma das melhores coisas publicadas na época. Era editado por José Lino Grünewald e depois por Paulo Francis. Fernando Pedreira escreveu que, em 1966, "o *Correio da Manhã* ainda era o grande jornal do Rio e do Brasil, e seu redator-chefe, que viria a ser o último da série histórica, era Newton Rodrigues. Newton lançou, na época, o IV Caderno do *Correio*, uma publicação dominical que alcançou logo grande repercussão".[137]

Na opinião de Ruy Castro, um dos redatores, o suplemento era de fazer inveja a qualquer jornal europeu ou americano. Zuenir Ventura escreveu que o "Quarto caderno" era "o mais influente suplemento da época", um "caderno pluralista, tanto quanto os tempos permitiam", e que o *Correio* tinha o maior conjunto de intelectuais opositores ao regime.

Paulo Francis, o coeditor, junto a José Lino Grünewald, disse que fez a coisa mais internacional possível e que era a seção mais lida do jornal; recebia do interior mil pedidos do caderno por semana: "Se eu tivesse cabeça e meios transformaria o 'Quarto caderno' num jornal de opinião".[138] Lembrou que naquela época o *Correio* não tinha dinheiro e pagava mal, mas o trabalho, "apesar de pesado e improfícuo, nos alimentava a alma. Fomos a trincheira quase única em que se defendia o país da ditadura".[139] Francis editava também o "Segundo caderno" diariamente. Pedreira lembra como eram muito mal pagos:

> Nos tempos do IV Caderno, eu esperava passar dez ou doze domingos antes de ir a um guichê da tesouraria do jornal receber meu pagamento; suponho que o Francis fizesse o mesmo; o que o *Correio* nos pagava era tão pouco que oito ou dez semanas, oito ou dez artigos, mal compensavam o tempo de ir até lá receber. O *Correio*, o grande jornal da capital da República, pagava miseravelmente a seus colaboradores; um pouco menos miseravelmente, talvez, a seus repórteres e redatores, os quais, em compensação, eram em geral funcionários públicos e empregados de grandes firmas da praça, a começar da Light, a grande empresa canadense da luz e transporte da cidade.[140]

O jornalista português no exílio, Paulo de Castro, era editor da seção Internacional; anteriormente ele trabalhara na *Tribuna da Imprensa* e no *Diário de Notícias*. Pery Cotta observou que o *Correio* era um jornal bem organizado, seguindo o molde clássico dos bons e tradicionais jornais do mundo. Exatos 18 minutos depois de o último texto ter descido à oficina, as rotativas começavam a imprimir.

Em março de 1968, o jornal cobriu as manifestações no Rio dos estudantes que protestavam pelo fechamento do restaurante do Calabouço atirando pedras contra a Polícia Militar, que reagiu com tiros. Um estudante morreu. No dia seguinte, o *Correio* publicou a manchete "Assassinato!" Foi possivelmente o jornal que melhor informou sobre as manifestações dos estudantes, no Rio de Janeiro, em junho de 1968, e o que deu o nome pelo qual até hoje são lembradas, "Passeata dos cem mil", número extremamente inflacionado.

Ainda nesse ano, o *Correio* publicou diversas reportagens mostrando o "Caso Para-Sar", um plano preparado por oficiais extremistas da Aeronáutica, que incluía a execução de dezenas de pessoas identificadas com a oposição e a explosão de um gasômetro no Rio, que causaria 100 mil vítimas, com o objetivo de atribuir o atentado aos comunistas e justificar o endurecimento do regime. O jornalista Pery Cotta, responsável pela cobertura, disse que recebeu elogios e incentivo do brigadeiro Eduardo Gomes, mas foi preso e demitido do jornal. Foi trabalhar em *O Globo* e ameaçado de prisão. Roberto Marinho o defendeu. Cotta chegou a ser preso nove vezes.

No dia 7 de dezembro, uma bomba foi jogada contra a principal agência de anúncios classificados do *Correio*, na avenida Rio Branco. Segundo Ruy Castro:

> A explosão foi tão forte que arrancou vidraças, lambris, mármores e esquadrias de lojas e escritórios em dez andares do prédio – 3 toneladas de vidro caíram na calçada da Rio Branco. No solo da agência, totalmente destruída, a bomba abriu uma cratera de mais de 1 metro de diâmetro, revelando até os ferros da laje. Quem quer que a tenha posto, sabia o que queria: impedir que o jornal continuasse respirando pela força dos classificados. Porque o grosso da publicidade já se reduzira a zero: o governo federal cortara a publicidade e pressionava os empresários para que não anunciassem no *Correio da Manhã*. Queriam silenciá-lo por asfixia.[141]

O *Correio* publicou um editorial, "O responsável", dizendo que o governo era cúmplice e apontava "à consciência nacional o responsável direto pelo terrorismo: o presidente da República, marechal Artur da Costa e Silva". Com a circulação em declínio, os anúncios classificados eram a principal fonte de receita. A bomba afastou os clientes, que ficaram com medo de entrar nas agências do jornal. A situação econômica piorou ainda mais.

No dia 13 de dezembro, quando foi promulgado o Ato Institucional n. 5, policiais armados de metralhadoras invadiram o prédio do jornal. O diretor, Osvaldo Peralva, foi preso e libertado somente 15 dias depois.[142] O *Correio*, como todos os outros diários, foi submetido à censura. Na edição do dia 14, o principal editorial foi substituído por um telegrama da Agence France-Presse.

Quando em janeiro de 1969 o general César Montagna de Souza disse aos diretores de jornal, no Ministério da Guerra, que estava suspensa a censura, Niomar perguntou se era para valer ou se se tratava de uma farsa. Na verdade, o que estava suspensa era a presença dos oficiais censores no jornal, que deveria autocensurar-se. Mas diante da pergunta, ele gaguejou e disse que era verdade. Na redação, ela insistiu com Peralva: queria publicar uma edição com as matérias que tinham sido censuradas. Peralva se opôs, "mas afinal capitulei, fazendo o jornal como ela queria, pois a alternativa seria afastar-me do *Correio*, como fizeram outros diretores".[143] A manchete da edição do dia 7 de janeiro dizia: "Abolida a censura à imprensa", e um editorial, na primeira página gritava: "Sem censura". Antes de a edição ser totalmente impressa, foi apreendida. Evidentemente, a censura continuava.

"CHIFRUDO OU VEADO"

A proprietária, Niomar Moniz Sodré Bittencourt, foi presa, assim como outros diretores do jornal. O apartamento de Edmundo Moniz, redator-chefe, que se refugiara na embaixada do México, foi invadido e saqueado. Niomar, ao ser interrogada, disse que o movimento de 1964 era contra a subversão e a corrupção. Como proprietária de uma empresa burguesa, não podia ser subversiva e jamais se envolveu em atos de corrupção. Será que não estava sendo confundida com uma alta personalidade do regime, cujo nome deu? O inspetor, com raiva, esmurrou a mesa e gritou que era por isso que não gostava de tratar com mulher. Niomar respondeu: "Homem que não gosta de mulher ou é chifrudo ou é veado". Perdida a paciência, o policial gritou: "Ponham essa senhora num quarto isolado!"

As declarações de Niomar em seu depoimento à comissão de inquérito possivelmente contribuíram para a truculência demonstrada pelos militares, quando disse o que realmente pensava da mulher do general-presidente da República, Yolanda Costa e Silva. Segundo Edmar Morel, foi assim que Niomar caiu no ódio de dona Yolanda.[144]

Niomar foi encaminhada para uma prisão comum, na Penitenciária Feminina de Bangu, junto a prostitutas e ladras. Recusou-se a vestir o uniforme de presidiária. Perguntada por um general qual era a razão da recusa, ela disse: "Porque tenho alergia física, mental e moral aos milicos". Teve que passar 24 horas sentada num banco ou deitada no chão. Adoentada, por um enfisema pulmonar provocado pelo cigarro, foi removida ao Hospital do Corpo de Bombeiros. Ficou 72 dias presa e teve cassados os direitos políticos.

Era notória a precariedade das instalações em que Niomar ficou. No entanto, um sobrinho de José Eduardo de Macedo Soares, fundador do *Diário Carioca*, e também parente de Niomar, disse: "Ela reclamaria da prisão, mas na verdade se tratava de uma prisão muito boa, destinada a quem tivesse cursado faculdade".[145]

Outros órgãos de imprensa também foram censurados, mas é corrente a informação de que nenhum outro proprietário de um grande órgão chegou a ser preso. No entanto, Hélio Fernandes, diretor e proprietário da *Tribuna da Imprensa*, foi confinado e condenado a prisão várias vezes. Niomar foi julgada e absolvida. Com o AI-5, as dificuldades econômicas do jornal aumentaram e chegaram instruções para demitir uma grande parte da redação.

Carlos Chagas, que foi secretário de imprensa do presidente Costa e Silva, disse que o ministro da Justiça, Luís Antônio da Gama e Silva, "o maior Ferrabrás civil que já teve na história do Brasil", quis fechar o *Correio*:

> O Costa e Silva ainda presidente, lúcido ainda, o Gama e Silva vai a ele...
> "Presidente, o senhor não pode tolerar o *Correio da Manhã*! O *Correio*

da Manhã está chamando o senhor de tudo, de ditador, de... Vamos fechar o *Correio da Manhã*". Aí o Costa e Silva tira do bolso uma tira de papel e diz: "Você já leu isso aqui?" "Não. O que é isso?" Era uma frase do Thomas Jefferson: "Se fosse dado a mim ter governo sem jornais ou jornais sem governo, eu ficaria com a segunda hipótese". E o Costa e Silva disse: "Fica quieto aí. Não vai fazer nada". Mas quando o Costa e Silva adoece, o Gama e Silva deita e rola.[146]

Apesar de submetido à censura, em 26 de fevereiro de 1969, o *Correio* teve suspensa a circulação durante cinco dias; de novo, a proprietária e mais três diretores foram presos, agravando ainda mais os problemas do jornal. Ela foi acusada de ser responsável por artigos considerados atentatórios à Lei de Segurança Nacional publicados no *Correio* e pela "linha de todo afrontosa e difamatória à honra e à dignidade de exmo. sr. presidente da República e de seus dignos auxiliares diretos, além de se transformar em veículo de propaganda subversiva nos meios político, econômico e social". Foi absolvida.

JORNAL ARRENDADO

O regime apertou ainda mais o torniquete econômico. Além de não anunciar e ameaçar as empresas privadas que o fizessem, os bancos foram proibidos de descontar títulos do jornal. Em 11 de março, depois de uma longa agonia, a empresa pediu concordata preventiva para pagamento total dos débitos de Cr$ 4,2 milhões em dois anos, sendo quatro prestações semestrais sucessivas, as duas primeiras cada uma de 30% e as duas restantes de 20%. O comissário da concordata foi o Banco Nacional de Minas Gerais.

Alberto Dines escreveu que "o *Correio da Manhã*, o mais importante matutino brasileiro até o início dos anos 60, jogou-se numa série de alterações em sua orientação política que terminaram por transformá-lo no fantasma em que hoje se transformou".[147]

Samuel Wainer, dono da *Última Hora*, fez uma proposta a Niomar: o *Correio*, que tinha um enorme parque gráfico e uma grande frota de caminhões, poderia imprimir e distribuir seu jornal. Seria uma boa parceria e um negócio para ambas as partes, que enfrentavam problemas financeiros. Ela deu uma das respostas contundentes que a tornaram famosa: "Não me misturo com cafajestes".[148]

Com as dívidas aumentando, Niomar pensou em fechar o jornal e vender uma parte de suas propriedades para pagar as dívidas, mas decidiu arrendá-lo. Um candidato foi o proprietário da *Folha de S.Paulo*, Octavio Frias de Oliveira. Ele disse que estiveram a ponto de fazer o negócio; não foi concluído "por uma questão de bobagem da Niomar", que entregou o *Correio* para "aquele grupo do Rio que pintou o diabo".

O grupo carioca que "pintou o diabo" era uma empresa de construção, a Metropolitana, dirigida por Maurício Alencar e Frederico Gomes da Silva. Queriam o jornal para apoiar a candidatura à presidência da República do ministro dos Transportes, Mário Andreazza. Em 1964, tinham tentado arrendar a *Última Hora* de Samuel Wainer. Niomar os escolheu, em vez de negociar com Frias, porque queria reaver o *Correio*, o que não aconteceria se o colocasse nas mãos de profissionais do ramo.

Essa decisão provaria ser um dos maiores erros de Niomar. Feita a transação, ela foi morar em Paris, onde ficou seis meses. Posteriormente, ela disse que teria sido melhor fechar o jornal.

José Luiz Milhazes, antigo jornalista, que era na ocasião gerente financeiro e admirava a coragem de Niomar, disse que seus amigos a aconselharam a não brigar com o regime e que a motivação dos empreiteiros era política, não a recuperação do jornal: "O que eu acho é que naquele momento, para poder resolver o seu drama pessoal, ela (Niomar) entregou as nossas cabeças. E de todos os que até aquele momento estiveram junto dela". Segundo Milhazes, ela não soube defender o *Correio* quando mais precisava dela e que algumas brigas que ela encampou foram feitas levianamente e, ao encampá-las, não foi correta com os funcionários.[149]

NIOMAR SE DESPEDE

Em 11 de setembro de 1969, Niomar se despedia com uma mensagem, "Retirada", denunciando a "batalha de cerco e aniquilamento moral movida pelos inimigos das liberdades públicas e individuais". Três dias depois, os novos gestores publicavam o editorial "Definição", que mostrava uma radical mudança de rumo. Disse que o *Correio* contribuiria "para a formação de um pensamento brasileiro com bases nas tradições democráticas e cristãs de nosso povo", e que emprestaria "completo apoio ao povo e às autoridades na defesa de nossa segurança interna e externa". O jornal compreendia os obstáculos que se opunham à consecução da democracia, da liberdade e da justiça e afirmava seu propósito de "colaborar com as Forças Armadas", cuja intervenção no processo político era assegurar ordem interna. Não podia ser mais marcante o contraste com o passado do *Correio*. Em outra ocasião, afirmaria que "o velho *Correio* mudou de roupa, mas não trocou de alma", afirmação desmentida pela preocupação em agradar o regime militar.

Os arrendatários se comprometeram a recuperar o *Correio*, pagar suas dívidas em prestações semestrais e devolvê-lo à sua proprietária, no prazo pouco superior a quatro anos, que venceria em fevereiro de 1974, com as finanças saneadas. Niomar receberia uma quantia mensal. A dívida era de Cr$ 5,9 milhões, além das prestações finais da concordata no valor de Cr$ 256 mil e os honorários dos advogados. No início, o contrato foi respeitado. Os salários foram colocados em dia e as dívidas começaram a ser quitadas.

A administração da empresa ficou com Marcello Alencar, irmão de Maurício, futuro governador do Rio. O diretor-responsável era Paulo Germano Magalhães, deputado federal, filho do Agamemnon Magalhães, que fora ministro de Getúlio Vargas, mas segundo a redação ele "não tinha noção de jornal". O diretor da redação era Franklin de Oliveira, um antigo brizolista. O jornalista Reynaldo Jardim, que participara da reforma gráfica do *Jornal do Brasil*, ficou encarregado de mudar o jornal.

O resultado foi uma diagramação dinâmica, de forte impacto e com frequência caótica, com muitos fios, boxes, abundância de espaços em branco. A primeira página mudava continuamente. Era uma apresentação talvez mais apropriada a um jornal vespertino do que a um sóbrio matutino formador de opinião.

As edições do *Correio* dobraram o número de páginas de 10 para 20 e eram acompanhadas diariamente de um tabloide. Essa nova fase teve seus críticos. Segundo um deles, Pedro do Coutto, apesar do elevado custo do papel, "Jardim fazia bolações gráficas fantásticas, dificílimas de serem preenchidas. Qualquer coisa, ele rodava mais um caderno. Em abril de 70 [...] o prejuízo chegou a

1 milhão de cruzeiros. [...] Reynaldo Jardim era mais um artista, não tinha preocupação com custos, mas o jornal não sentiu a necessidade de adequar o custo à produção".[150] Para Fuad Atala: "O jornal ficou totalmente desfigurado, não só no conteúdo como no seu aspecto. Criaram vários outros cadernos, uma porção de invenções que não deram certo".[151]

Mário Alencar, irmão de Maurício e de Marcello,[152] disse que quando o jornal foi arrendado vendia apenas 7 mil exemplares e que meses depois chegou a 40 mil. Niomar desmentiu, falou que no dia anterior à transferência da posse, o *Correio* vendeu 43 mil exemplares, conforme boletim de circulação de que os irmãos Alencar tinham cópia. Esse número parece verossímil. Em janeiro de 1969, o *Correio* vendia 36 mil cópias nas bancas do Rio, de acordo com o Ibope, sem contar com assinaturas.

Durante a Copa do Mundo, em 1970, o jornal foi acusado de politizar o futebol e de escrever contra a seleção brasileira no Mundial. Segundo Pedro do Coutto, no dia da semifinal, o *Correio* publicou matéria com um título da página esportiva dizendo: "Uruguai espera vitória, ou algo assim".[153] No jogo final, Coutto afirma que a manchete da primeira página teria sido: "Italianos rezam pela vitória. [...]. Houve cancelamentos de assinaturas às pencas, e o índice de vendagem foi parar lá embaixo".[154] Na verdade, a manchete do *Correio* no dia da final da Copa do Mundo, em 21 de junho, foi "Italianos recorrem a Deus" e, na página 3, "Brasil pode perder: Carnaval nas ruas já está garantido". O Brasil ganhou pelo placar de 4 a 1.

"DIRETOR ECONÔMICO"

Em agosto de 1970, o *Correio da Manhã* lançou um suplemento econômico. O jornalista Hideo Onaga, veterano da *Folha de S.Paulo* e da revista *Visão*, foi procurado pelos irmãos Alencar para transformar o *Correio* num jornal de economia, mas ele argumentou que o *Correio* era o mais importante jornal de política do país e não seria possível alterar a sua feição. Propôs fazer um suplemento econômico e eles concordaram. Onaga foi o diretor.

"Aí – conta Onaga – me alugaram uma casa no Jardim Europa, com motorista, copeiro, jardineiro e o diabo". O salário era uma fábula. Ele ia toda semana para o Rio. Saiu do jornal em pouco tempo. Pedira carta branca, mas,

Com o êxito do suplemento, Marcello Alencar quis interferir. "Como você está querendo mexer na redação, então fique com ela", disse Onaga. Foi trabalhar na *Folha* como copidesque de economia, com um salário muito menor.[155]

Numa versão diferente, Novaes, que era editor do *Correio*, afirma que o diretor, Reynaldo Jardim, o chamou: queria fazer um caderno econômico diário. Isso era uma segunda-feira. Pediu para eu fazer um projeto até quarta-feira; na quarta disse: "vamos começar domingo".[156]

O caderno, o "Diretor econômico", começou com seis a oito páginas. Tinha uma equipe de mais de 20 pessoas escolhidas na redação do jornal e coordenadas por Washington Novaes. O segundo no comando era o filósofo Alberto Coelho de Souza. Aloysio Biondi, um dos melhores jornalistas de economia da segunda metade do século XX, foi contratado como editor de finanças e mercado de capitais. A receptividade foi surpreendente. Era o primeiro caderno de economia da imprensa carioca – ao qual não faltava uma seção de horóscopo – e adotou uma linha de crítica à política econômica do governo. Foi um grande crítico do ministro da Fazenda, Delfim Netto.

Era um período de especulação desenfreada no mercado de capitais que ficou conhecido como o "*boom* da Bolsa". O pequeno investidor não recebia proteção das autoridades e ainda menos da Bolsa de Valores. Biondi disse que tentou "mostrar as distorções, puxadas e manipulações, tudo fundamentado. Então, quando subia a Cia. América Fabril, eu botava lá: Subiu tanto, contudo seu último balanço mostra um prejuízo: manipulação clara".

Para retratar o clima da Bolsa de Valores e a avidez dos investidores, o "Diretor econômico" publicou o caso da Merposa, uma empresa que estava abrindo o capital, cujas ações eram oferecidas insistentemente pelos corretores aos seus clientes. No dia do lançamento foi vendida uma enorme quantidade de papéis. O suplemento explicou que Merposa era uma empresa fictícia: "Merda em Pó S.A".

AS PRESSÕES

O presidente da Bolsa e dono de uma corretora, Marcelo Leite Barbosa, tentou denunciar Biondi como um subversivo que tentava destruir a Bolsa de

Valores, "a maior conquista da Revolução". Um sócio dele, Maurício Cibulares, tinha uma coluna de dicas em outra publicação, puxando os papéis de interesse deles. Biondi fez um dossiê sobre essa manipulação e a denúncia foi neutralizada. Depois do *boom* da Bolsa veio o *crash* e muito pequeno investidor que fora ludibriado perdeu suas economias.

O "Diretor econômico", lançado com 6 a 8 páginas diárias, como já dito, chegou a 20 em alguns domingos, das quais metade sobre o mercado de capitais. Animado com o sucesso, Maurício Alencar fez um projeto para transformar o suplemento num jornal separado, independente, e matar o *Correio da Manhã*, que seria esvaziado até levá-lo à falência. Contava para isso com o encorajamento dos militares; o jornal estava politicamente domesticado, mas a sua própria existência era um símbolo da oposição que eles mal toleravam.

Washington Novaes conta:

> [...] um dia os donos do jornal me chamaram para dizer que estava indo muito bem. Que o "Diretor econômico" tinha uma repercussão enorme, que dava prestígio ao jornal. E fazia vender publicidade e essa coisa. E eles me propunham em transformar o "Diretor econômico" em um jornal separado. E isso significava uma coisa muito complicada que era levar à falência o *Correio da Manhã*, que tinha se transformado em um símbolo de resistência à ditadura. Então, colaborar para isso era uma coisa muito ruim. E eu disse que ia pensar no assunto. Pensou: "Não vou matar um jornal que é hoje uma das poucas coisas de oposição neste país".[157]

Novaes e Biondi resistiram e começou um processo de desgaste. Novaes mencionou também os problemas criados pelo radicalismo exacerbado de parte da redação, ligada à esquerda mais radical; eles "que queriam fazer revolução mesmo".

Os dirigentes do *Correio* compraram a *Última Hora*, para ser impressa nas oficinas e distribuída pela frota do *Correio* – uma proposta semelhante à que Samuel Wainer fizera a Niomar e que ela recusou. Com essa dupla operação, o *Correio* seria esvaziado e a *Última Hora* (*UH*) reforçada. Ary Carvalho, contratado para dirigir a *UH*, seria o coordenador do processo. Novaes teve atritos com Ary, que segundo ele começou a enfraquecer o *Correio* e queria também esvaziar o "Diretor econômico". Em dezembro de 1971, os irmãos Alencar demitiram toda a equipe do suplemento.

Biondi avaliaria anos depois se não teria sido um equívoco político resistir à transformação do "Diretor econômico" em jornal separado. As empresas do mercado de capitais estavam anunciando, o "Diretor" era um grande sucesso e "a gente estava conseguindo fazer muita coisa, no 'Diretor econômico', em pleno governo Médici. Nós não aceitamos essa história. E aí dançamos todos".

Realmente, o "Diretor econômico" poderia ter se transformado no grande jornal de economia que o país, em fase de acelerado crescimento e modernização, estava precisando. Esse mercado seria ocupado, alguns anos mais tarde, pela *Gazeta Mercantil*, na qual Biondi trabalhou.

Com a saída da equipe fundadora, foi contratado o veterano jornalista de economia Omer Mont'Alegre para dirigir o suplemento do *Correio*, mas ficou apenas 15 dias: "Isto é uma casa de loucos", teria dito ao sair. O "Diretor econômico", que tinha aberto um caminho na imprensa econômica do país, definhou e desapareceu. Segundo Novaes, o então ministro da Fazenda, Delfim Netto, terminou dando a sua contribuição para que o "Diretor econômico" suspendesse a circulação, atingindo profundamente o *Correio da Manhã*.[158] Delfim negou que tivesse feito pressão. O "Diretor econômico" continuou sendo publicado, cada vez com menos páginas, até desaparecer com o jornal.

A atitude do *Correio da Manhã* era de subserviência e se prestava a participar de sinuosas manobras políticas em troca de subsídios. Um

> [...] editorial em junho de 1972 pediu a coincidência de mandatos do presidente com o dos governadores, o que significava a prorrogação do mandado de Médici por um ano. O jornal apoiava o ministro dos Transportes, Mário Andreazza. Mas Golbery do Couto e Silva recebeu a informação de que o inspirador dessa manobra fora o chefe do SNI, general Fontoura, que em troca sustara a cobrança das dívidas do *Correio* com a Previdência Social.[159]

A candidatura de Andreazza fez água com a doença do presidente Artur da Costa e Silva. O escolhido pelos militares para substituí-lo foi o general Emílio Garrastazu Médici. Para os empreiteiros, o jornal perdera a principal razão de ser e negligenciaram sua administração. Deficitário, o número de páginas foi reduzido. De 30 caiu para 24, depois para 16, mais tarde para 12 e no último ano para apenas oito páginas, das quais duas do "Diretor econômico".

A ÚLTIMA TENTATIVA

Janio de Freitas teve nova e rápida passagem pelo jornal que tinha dirigido anos antes. Segundo Fuad Atala, ele fez uma reforma gráfica com Amilcar de Castro e "momentaneamente, a publicação ganhou sobrevida". Freitas disse:

> Fui sugerido pelo Reynaldo Jardim, que estava no *Correio da Manhã*, para fazer um estudo da circulação do jornal. O jornal estava custando uma fortuna e sua tiragem ridícula não subia sequer um exemplar. A culpa era posta no departamento de circulação. Como tudo no jornal, a distribuição precisava de acertos, mas o problema de venda não estava ali. Quando concluí a pesquisa e me pediram para tocar as modificações, Zuenir Ventura, que era o chefe de redação, foi demitido pelo Marcelo Alencar. Nada a ver com a minha pesquisa, mas sequela da recusa de Zuenir a aceitar que Marcelo e Mário Alencar demitissem Raul Azêdo, que inviabilizara rendoso caderno especial pago pelo prefeito de Duque de Caxias. Por sugestão do Reynaldo, fui convidado para assumir a redação, com o pedido de que reduzisse a folha em um percentual de que não me lembro, mas era alto. Respondi que só assumiria depois das demissões. E comuniquei aos chefes a decisão dos empreiteiros. As demissões foram feitas a critério dos chefes de seção. Assumi e logo constatei a impossibilidade de fazer um jornal ao menos razoável: a cada dia um dos sócios das empreiteiras Metropolitana/Internacional, arrendatárias, um homem idoso de sobrenome Faria, vinha com textos de propaganda do governo (1970, acho) para publicação na íntegra. Isso deu logo em atrito comigo e saí por exigência do tal Faria.
> Não havia ainda a redação *Correio da Manhã-Última Hora*. O caderno "Diretor econômico" é posterior a mim. Ao que me conste, a situação não mudou. Tanto que os empreiteiros decidiram devolver o jornal, houve cisões entre eles por causa do prejuízo e as duas empreiteiras vieram também a falir. O prejuízo ali foi gigantesco.[160]

Detalhando o motivo de sua saída, Freitas disse que ficou na redação apenas um mês:

> Porque, a dada altura, quiseram publicar um texto absolutamente sórdido, de interesse da ditadura do Médici (General Emílio Garrastazu Médici), e eu pura e simplesmente publiquei, mas com características diferentes do noticiário, certo de que isso não seria aceitável pela ditadura e claro que saí nesse dia. Para caracterizar que não era uma coisa feita pelo jornalista, *Correio da Manhã*, enfim, estava saindo do jornal, falei "Tudo bem, não sou eu que vou engolir essa não. Quem vai engolir são os outros, são os donos, ou lá quem seja e saí".[161]

Atala afirmou que "com a saída de Janio, experiências equivocadas que desfiguraram o veículo acabaram por levá-lo a uma progressiva decadência".

Os empreiteiros tentaram devolver o jornal um ano antes do prazo. Niomar não aceitou, assim como se recusou a retomá-lo no vencimento do contrato, e entrou na Justiça. Ela escreveu cartas a *O Globo* e *Jornal do Brasil*, que não foram publicadas, denunciando as irregularidades praticadas no *Correio*. Deveria receber de volta uma empresa saneada, mas estava altamente endividada, não cumpria com suas obrigações previdenciárias, não depositava o fundo de garantia, apropriava-se das contribuições dos funcionários; bens da empresa, como linotipos, máquinas de calcular, linhas telefônicas, tinham sido vendidos ou penhorados ou cedidos em leilões judiciais, os impostos estavam atrasados e havia inúmeros processos trabalhistas. Além disso, quando a Metropolitana comprou a *Última Hora*, transferiu a redação e a administração para a sede do *Correio*, e imprimia o jornal em suas máquinas. A dívida, dos Cr\$ 4,2 milhões na data do arrendamento, subira para Cr\$ 10 milhões. O prejuízo que o jornal deu aos empreiteiros foi gigantesco e provocou uma guerra entre eles. No fim, todos faliram.

Houve novas negociações em 1973 para arrendar o jornal à *Folha de S.Paulo* e em fevereiro de 1974 para vendê-lo a *O Estado de S. Paulo*, que ofereceu Cr\$ 20 milhões. Houve também o interesse de um grupo do Paraná. Niomar recusou todas as propostas. Achou que por trás do grupo paranaense estava Maurício Alencar, a quem odiava.

O *Correio da Manhã* fechou em 8 de julho de 1974. O último número foi feito por cinco ou seis redatores, com salários atrasados, e que, vez por outra, trabalharam num prédio com água, luz e telefones cortados por falta de pagamento. Tinha apenas oito páginas e uma tiragem de 3 mil exemplares. Não se despediu dos leitores. Niomar teve que pagar débitos trabalhistas e dívidas com a Previdência vendendo parte de seus bens. O prédio ficou com os netos de Paulo Bittencourt. Um fim melancólico de um jornal corajoso.[162]

Em setembro de 2019, o jornalista Cláudio Magnavita relançou o *Correio* como semanário. Durou pouco tempo.

NIOMAR E O *CORREIO*

O fim do *Correio da Manhã* ainda provoca polêmicas. Principalmente a decisão de Niomar Moniz Sodré Bittencourt de desafiar a ditadura da maneira que ela fez. Quando alguém comentava que estava acabando com o jornal, ela dizia que "o *Correio da Manhã* não foi uma herança material, mas uma herança moral".

Fuad Atala, que foi secretário de redação, fez perguntas pertinentes para as quais não cabem respostas simplistas:

> Uma questão permanece em suspenso: por que, ao contrário de outros jornais, alguns submetidos a tratamento semelhante, o *Correio da Manhã* não conseguiu sobreviver? Certamente que os fatores que o conduziram à derrota foram determinantes. Mas seriam únicos? Não haveria outra saída? Teria sido possível, dentro da lógica (ou falta de lógica dos militares), sem perder a dignidade nem violentar princípios morais, continuar a luta, administrando sem confronto e com as armas possíveis a ditadura militar? Como o próprio jornal fez em outros momentos críticos de sua luta pelas liberdades. Ou Niomar Moniz Sodré Bittencourt teria preferido entregar-se à autoimolação a ter que ceder um passo em nome da sobrevivência do jornal? E, por fim, até que ponto vai sua responsabilidade pessoal no desenlace final?
>
> Como se viu 21 anos depois, e o *Correio da Manhã* já o havia saboreado antes, as ditaduras não são eternas.[163]

Atala perguntou em outra ocasião:

> Por que sucumbiu ao furacão de 1964? Não terá sabido, como em todas as batalhas de forças desiguais – no caso infinitesimalmente desiguais – fazer o recuo estratégico na hora certa para ganhar alento mais adiante? Ou terá preferido exaurir sua independência e rebeldia ao extremo, e, vencido, sem rendição, entregar-se à própria imolação?

As perguntas de Atala já encaminham algumas tentativas de resposta, que envolvem, necessariamente, a atitude e o temperamento de Niomar. O próprio Atala dá a sua resposta:

> Com seu gesto heroico, a figura de Niomar Moniz Sodré Bittencourt caminhou conscientemente para o cadafalso. Sacrificou o jornal pelos princípios éticos e morais que nortearam sua conduta desde o primeiro número. Não fez, como fizeram outros jornais, um recuo estratégico ou submisso e, num gesto de autoimolação, resistiu até o fim à brutalidade da ditadura, empunhando a bandeira da liberdade e da democracia. Com seu gesto, ganhou dimensão política, como observou Elio Gaspari, porém à custa do sacrifício de uma instituição que, como símbolo da liberdade e da democracia, ficará para sempre inscrita nos anais da imprensa brasileira. Eu creio que, nessa altura, sem perder a sua dignidade, mais importante do que não ceder, não entrar um pouco na linha, sem apoiar, era entender que, naquele momento, era impossível você enfrentar. Ela teria que ceder nesse sentido, sem perder a grandeza do jornal. Não precisava ficar se bandeando, podia continuar denunciando as coisas, as barbaridades, como fez, mas sem entrar nesse enfrentamento.[164]

Pessoas que tiveram atritos com ela criticam seu comportamento e lhe atribuem grande parte da responsabilidade pela decadência e pelo fim do *Correio*. Outras elogiam sua coragem ao enfrentar a censura e a ditadura.

Segundo Luiz Alberto Bahia, o antigo redator-chefe que teve enfrentamentos com Niomar:

> O *Correio* ficou encurralado. O *Jornal do Brasil* foi mais realista, acomodando-se ao clima e ajustando-se progressivamente à nova realidade. [...] E por isso sobreviveu. O *Correio* não tinha flexibilidade suficiente para isso.

Principalmente porque a Niomar não tinha capacidade para dirigir o jornal e de fato passou a comandá-lo. [...] ela não tinha o equilíbrio suficiente. É uma mulher muito inteligente, perspicaz, muito ambiciosa e muito valente também. É um misto de qualidades e defeitos. [...] Ela via a política muito em termos passionais. Não se ajustou a uma época em que o poder militar era absoluto. O *Correio da Manhã* conviveu com a ditadura de Getúlio. E sobreviveu. Foi contra o tempo todo, mas nunca foi ao paroxismo. Nunca colocou em perigo a estabilidade da empresa. Costa Rego teve um papel enorme nisso. Era muito amigo do Getúlio. E fazia oposição moderada, sutil. E manteve o jornal. O *Jornal do Brasil* se comportou assim depois. O *Estado de S. Paulo* também. Os jornais que não se adaptaram, morreram. [...] O *Correio da Manhã* não viu a mudança do país.[165]

De acordo com Janio de Freitas, também ex-redator-chefe e diretor superintendente: "Mas quando Niomar e sua equipe se arrependeram depois do golpe, faltou imaginação; o jornal e a própria empresa tinham que se adaptar à nova situação. Não houve nada, deixaram tudo se exaurindo. Era preciso criar uma situação interna adequada à situação externa. E isso não foi feito".[166] Ainda segundo Freitas,

[...] não foi o regime militar que fechou o *Correio*, foi a má administração, inexistência de administração. Sofreu bloqueio, movido, incentivado, estimulado, pelo regime militar. Carlos Heitor Cony representou um alicerce no qual o jornal poderia se assentar. A ditadura pressionou muito o jornal, mas não tinham coragem de fechar o jornal. Era hora de pensar, não fecham, mas vão fazer cerco. Era hora de preparar um sistema de sobrevivência para a empresa. [...] O jornal tinha muito anúncio classificado, boa vendagem, uma boa massa de assinaturas. Era preciso criar uma situação interna nova [...] E isso não foi feito.[167]

Conforme Samuel Wainer:

Creio que o *Correio da Manhã* estaria vivo ainda hoje se não tivesse tido a má sorte de passar, no começo dos anos 60, às mãos de Niomar Moniz Sodré Bittencourt, a viúva de Paulo. Niomar, uma sinhazinha baiana inteiramente despreparada para assumir a direção de um dos grandes jornais do Brasil, resolveu provar que era melhor que o marido e o sogro, Edmundo Bittencourt. Pendurada nessa autossuficiência, destruiu o jornal em pouco mais de três anos.[168]

Alberto Dines, antigo editor-chefe do *Jornal do Brasil*, disse que a falta de anúncios oficiais foi um fator, mas não o único. Houve também a "canalhice dos irmãos Alencar" e o esquema de canibalizar o jornal. Além disso, "A Niomar não tinha paciência, queria ficar em Paris frequentando as esquerdas radicais, e não se interessava pelo negócio aqui. Queria manter o jornal e receber a grana".

Outros depoimentos são igualmente críticos.

De acordo com Pedro do Coutto:

> Você tem que colocar as alternativas. Se eu disser: foi a posição da Niomar que arrebentou o jornal. Foi. Foram os ataques alucinados. Foram. E a manchete da Copa, do Uruguai? E os cadernos que o Reynaldo Jardim rodava a três por quatro sem sustentação publicitária alguma? [...] Sim, essas coisas todas conduziram o jornal à falência, não foi uma coisa só. Tinha a atuação alucinada da Niomar, de fato, provocando muito, enfrentando, não se ajustando, se isolando – porque ela também só sabia atuar no confronto, na destruição. Embora tenha construído o Museu de Arte Moderna, não tinha apelo pela construção. Ao contrário, tinha apelo pelo choque, pela pancada, pelo desafio. É uma pessoa intimidativa, porque a parada com ela não é mole, não. Em matéria de mulher não há nada igual. E de homem também. Ela era até muito semelhante ao Carlos Lacerda nesse tipo de coisa.[169]

Evandro Carlos de Andrade, diretor de *O Globo*, disse que o *Correio* morreu duplamente. Em parte pela incompetência de uma pessoa – "que eu prefiro não mencionar aqui" – que assumiu o comando da redação e mudou tão radicalmente o jornal que o desfigurou, perdendo sua identidade pela leviandade e pela incompetência profissional de quem assumiu naquele momento, e fez um tumulto gráfico e editorial, querendo que o vinho passasse a água e vice-versa. "Começou a morrer ali. E a ditadura completou, privando o jornal de recursos. Venderam para a Metropolitana e foi um desastre atrás do outro, até que acabou". Evandro diz que à ditadura nunca interessou fechar jornal. Ela tinha outros meios de lidar.[170]

Segundo Paulo Francis na revista *Status:* "Sem ela não haveria o jornal polêmico, desassombrado, porra-louca mesmo, dado o clima vigente". Ela não tinha medo de cara feia. Era uma mulher extraordinária, em muitos sentidos. "Já se disse que Niomar é o único dono de jornal no Brasil que é homem, o que é uma grossa injustiça, o nome de, bem, dois outros me vem à cabeça, mas em matéria de coragem não conheço igual". Em outra ocasião ele escreveu: "A proprietária, Niomar Moniz Bittencourt, tem horror a ditaduras de qualquer espécie, exceto a dela, que é, porém, despotismo feudal, benévolo. Amo-a".[171]

Lúcio Flávio Pinto elogia a rara dignidade:

> Todos louvam o heroísmo, a coragem e a dignidade de Niomar Moniz Sodré Bitencourt, como a maior heroína da imprensa nacional. Todas essas qualidades são incontestáveis e não são fáceis de imitar. Mas lhe faltou uma, que seria fatal: o discernimento. Ela se deixou empolgar pela companhia e as palavras de alguns dos jornalistas que estavam ao seu lado naqueles momentos críticos. Eles queriam que o *Correio* se tornasse um baluarte da resistência à ditadura. [...] Uma visão mais madura e sensata, mesmo sem desviar o jornal da resistência ao arbítrio e à violência estatal, que tanto o elevou, evitaria iniciativas editoriais que se assumiam como provocativas. Niomar foi aconselhada por diferentes tipos de amigos e conselheiros, que gravitavam desde muito tempo em torno da mística do *Correio*, a refrear o entusiasmo combativo dos que se postavam na redação do jornal como num *front* de guerra. Heroico, sim, mas inútil.[172]

Numa crítica devastadora, Sobral Pinto disse que Niomar Moniz Sodré era uma "mulher terrível" e "inescrupulosa", e que ela aterrorizava todo mundo no Brasil. Sua opinião pode ter sido influenciada pelo fato de ele ser, quando deu essas declarações, um dos advogados de Sybil Bittencourt contra Niomar na disputa jurídica pelo controle do *Correio da Manhã*, que ela usurpara ilegalmente, de acordo com ele, fazendo uma campanha deplorável. Segundo Sobral, as reivindicações de Niomar eram ilegais e desonestas.[173]

Márcio Moreira Alves em entrevista ao *Pasquim* disse:

> Todo dono de jornal no Brasil pensa que é rei. Niomar Moniz Sodré pensava que era rainha. Veio o golpe discordando das posições liberais

que ela assumiu e ela considerou isso uma ofensa pessoal a si, e em consequência disso permitiu que o jornal exercesse o mesmo papel que vinha exercendo, ou seja, de ser oposição.

Conforme Antonio Callado:

> O que eu me pergunto é até que ponto sua grande dedicação ao museu não prejudicou o *Correio da Manhã*. Houve uma divisão de forças. Niomar tinha muita força, mas que força seria suficiente para estas duas obras? Niomar empreendeu, dentro da ditadura militar, uma tremenda luta para defender o *Correio da Manhã*. Mas o jornal já estava muito enfraquecido. E isso não começou no tempo da Niomar, não. O *Correio* já sentia a concorrência de uma nova imprensa e a necessidade de grandes investimentos.[174]

Carlos Castello Branco fez um comentário duro: "O *Correio da Manhã* acabou porque o Paulo Bittencourt morreu: a Niomar Moniz Sodré vendeu o jornal e ficou riquíssima".[175] Igualmente severa é a apreciação de Ana Arruda Callado. Ela lembra que o *Correio*:

> [...] foi muito atingido nas suas finanças e foi arrendado. Mas, quando o pessoal que arrendou quis devolver à Niomar, ela não aceitou. Niomar tinha sido presa, tinha sido muito corajosa na cadeia, ela era uma mulher internacionalmente conhecida, uma mulher em quem ninguém mandava. Tudo bem, eu não tiro nenhum mérito da Niomar e da valentia dela, mas ela não quis o jornal de volta, ela deixou o jornal morrer, entendeu? [...]. Se a Niomar vendesse um daqueles quadros que depois incendiaram no apartamento dela, ela teria salvado o *Correio* financeiramente. Ela tinha muito dinheiro. Ela tinha em casa Modigliani verdadeiro. Ela tinha Chagall mesmo, de verdade, no apartamento dela. Queimou tudo quando ela estava em Paris. Um daqueles quadros daria para salvar o *Correio*. Ao mesmo tempo, não era a vida dela, ela não era dona de jornal, ela herdou o jornal, o dono do jornal era o Paulo (Bittencourt), a gente não pode julgar. Agora... me dói, só isso, me dói no coração o fim do *Correio*.[176]

São apreciações de uma figura complexa, talvez com mais coragem do que discernimento, à qual o *Correio* teve amarrado seu destino.

A NOITE
(1911-57/1960-4)

Fundador: Irineu Marinho

O DIÁRIO DE MAIOR CIRCULAÇÃO

Lembrada hoje pelo enorme edifício de 22 andares na praça Mauá do Rio de Janeiro que leva seu nome, *A Noite* foi em sua época áurea o diário de maior circulação do Brasil. Não se destacava somente pelas suas vendas, mas também pelo afeto dispensado a ele por seus leitores.

Nelson Rodrigues não ocultou sua admiração pelo jornal, um dos poucos diários do Rio em que não chegou a trabalhar. Em suas memórias, ele transmitiu, com sua habitual hipérbole, o efeito que *A Noite* causava nele e, imaginava, em seus leitores:

> Irineu Marinho fundara *A Noite*, jornal que é, digamos, talvez um caso único em toda a história jornalística. Lia-se não por necessidade, mas por amor. Sim. *A Noite* foi amada por todo um povo. Penso nas noites de minha infância, em Aldeia Campista.[1] O jornaleiro vinha de

porta em porta. Os chefes de família ficavam, de pijama, no portão, na janela, esperando. E lá, longe, o jornaleiro gritava: – "*A Noite, A Noite!*". Ainda vejo um sujeito, encostado num lampião, lendo à luz de gás o jornal de Irineu Marinho. Estou certo de que se saísse em branco, sem uma linha impressa, todos comprariam *A Noite* da mesma maneira e por amor.[2]

A emoção despertada pelo jornal seria reiterada por Nelson Rodrigues em entrevista a Geneton Moraes Neto:

> Eu digo o seguinte: na minha infância, havia primeiro o *Correio da Manhã*, um jornalaço. E havia *A Noite* – que vendia muito mais. E era um jornal muito mais amado pelo leitor. *A Noite* era um jornal amado (acentua a voz, ergue os braços). O sujeito comprava *A Noite* disposto a ler ou disposto a não ler. Não fazia mal isto. Ler ou não ler era um detalhe insignificante. Mas o povo gostava desse jornal.[3]

Nelson fez questão de colocar um repórter de *A Noite* como personagem em algumas de suas peças.

Irineu Marinho tinha nascido em Niterói, em 1876, filho de João Marinho e dona Edwiges. Começou a trabalhar aos 15 anos no *Diário de Notícias*, na *Gazeta de Notícias* e em *A Notícia* de Manuel de Oliveira Rocha, o Rochinha, no monarquista *A Tribuna* e, de novo, na *Gazeta de Notícias*, em 1904.

Vivaldo Coaracy se lembra de Marinho como um "esguio e afanoso repórter de *A Notícia*, sempre apressado, mal se detendo à beira de uma roda para sorver, de corrida, um café, entre duas observações mordazes".[4] Viriato Corrêa tem uma lembrança parecida: "Era um homem [...] que acima de tudo colocava os deveres do trabalhador. Entrava na redação, sentava-se à sua mesa [...] e só depois de concluído o trabalho se dispunha a gozar a palestra. Não tinha pinta de caturra: se zunia uma pilhéria realmente benfeita, ele dava sua risada curta e voltava à discrição de homem sóbrio".[5] Mas ele sofreu discriminação devido a sua cor parda. Era também fisicamente frágil, cronicamente enfermo, com constantes dores de cabeça, renais, fígado, estômago e inflamação nos pulmões, talvez indício de tuberculose.

Quando em 1906 morreu o secretário da redação da *Gazeta de Notícias*, Rochinha quis fazer um rodízio de uma semana entre alguns redatores, para avaliar seu desempenho e escolher o sucessor. Mas não houve rodízio: toda a redação concordou em que o cargo deveria ser de Marinho. Como secretário da redação, ele levantou editorialmente a *Gazeta*. Depois Rochinha lhe confiou a direção financeira, que acumulou com a chefia da redação, também com bons resultados.

Em 1910, um grupo paulista ligado ao governo do estado fez sondagens para comprar a *Gazeta*. Irineu Marinho decidiu sair. Conhecendo os dois lados da publicação de um diário, o editorial e o comercial, ele quis fazer seu próprio jornal. A *Gazeta de Notícias* era dirigida a uma elite do Rio de Janeiro; ele queria algo diferente, uma publicação popular, que atraísse uma parte da população alfabetizada que não se interessava pelos jornais existentes nem tivesse compromissos políticos. Ele pensou, primeiramente, em lançar um matutino de grande circulação cujo noticiário retratasse toda a cidade e seus habitantes. Segundo Viriato Corrêa:

> Seria um matutino de vibração, diferente dos outros matutinos, com noticiário impressionante, mais vivo que o noticiário comum dos jornais, com abundância de informações de todos os cantinhos da cidade, um matutino imparcialíssimo, vibrante, nervoso, de colorido próprio, que interessasse não só às grandes classes, como também à ínfima criatura do povo.[6]

O cronista Paulo Barreto (João do Rio), que esteve em Londres, sugeriu-lhe tomar o *Daily Mail*, um diário popular de extraordinário sucesso, como modelo e dar-lhe o nome de *A Informação*. Sugeriu-lhe, também, a compra da *Gazeta de Notícias* com a ajuda do governo de São Paulo. O prestígio de Marinho nos meios da imprensa era visível na maneira como João do Rio se dirige a ele: "Tu tens o teu nome, a tua fama".[7]

INSPIRAÇÃO EM LISBOA

A decisão final foi tomada, provavelmente, quando recebeu a carta que Victorino d'Oliveira, secretário da *Gazeta*, lhe enviou de Portugal informando que em Lisboa tinha sido lançado um vespertino que saía no fim do dia, depois dos outros jornais, e era um extraordinário êxito de vendas. No Rio já existia um jornal, lançado em 1907, que saía às 6 da tarde ou depois, com notícias do mesmo dia, o *Correio da Noite*, mas de pequena circulação.[8] Finalmente, Marinho decidiu lançar um vespertino, *A Noite*, em 18 de julho de 1911. Dizia que os fatos importantes não se passavam de madrugada, mas durante o dia. Foi acompanhado de outros 12 jornalistas da *Gazeta de Notícias* e de *A Notícia*. Victorino seria seu braço direito. Embora *A Noite* circulasse no fim da tarde, outro modelo foi o francês *Le Matin*, que Marinho admirava.

Nenhum jornalista precisou sair imediatamente da *Gazeta* para trabalhar no novo diário, nem sequer Irineu Marinho. Ele perguntou a Rochinha se poderia ser diretor dos dois jornais e este concordou, pois um era matutino e o outro vespertino. O resto da equipe também manteve os dois empregos e os dois salários. Pelo acordo, os jornalistas que trabalhavam n'*A Noite* teriam que ir deixando a *Gazeta* à medida que o novo jornal tivesse condições financeiras. No entanto, como *A Noite* se implantasse mais rapidamente do que se previa e ameaçava tirar leitores da *Gazeta*, Rochinha pediu a quem trabalhava nos dois jornais que optasse por um ou por outro. Irineu dedicou-se exclusivamente a seu jornal. Manteve, porém, boas relações com Rochinha.[9] Mas quando este morreu, a *Gazeta* foi controlada por Salvador Santos, que passou a hostilizar Irineu e seu jornal.

Para editar *A Noite* foi constituída uma empresa em comandita, em que a responsabilidade dos sócios comanditários se limita a sua participação no capital; os responsáveis pelos atos da sociedade são os sócios solidários ou comanditados, que assumem a gestão. Irineu encontrou poucas dificuldades para levantar o dinheiro necessário, embora não haja consenso sobre como conseguiu os recursos.

O capital inicial foi de 100 contos de réis, segundo Medeiros e Albuquerque, informação repetida por Nelson Werneck Sodré.[10] Ou de 60 contos, como diz João do Rio. Vários sócios eram ligados ao mundo cultural e do espetáculo. Celestino da Silva, dono do teatro Apollo, contribuiu com 20 contos e doou as ações a Irineu, abdicando da sociedade,[11] ou lhe emprestou 25 contos, como diz Pedro Bial.[12] João do Rio entrou com 20 contos, que na verdade não eram dele. Joaquim Marques da Silva, que aportou 5 contos, seria o sócio que mais tempo permaneceria no empreendimento; o tenente-coronel Avelino de Medeiros Chaves entrou com 8 contos. Os empregados também colocaram dinheiro na nova aventura: "Contribuí, como os demais companheiros da *Gazeta*, para a fundação de *A Noite*", escreveu Maurício de Medeiros; eles tinham quase metade do capital da empresa, embora Medeiros assegurasse que o "capital inicial foi totalmente subscrito por nós, só Deus sabe a que duras penas". Anos mais tarde, Ricardo Xavier da Silveira seria o principal acionista, com 25% do capital; seu irmão Noêmio era o advogado da empresa.[13]

A redação de *A Noite* foi instalada num sobrado no largo da Carioca, em cima de uma leiteria. Utilizou as oficinas de um antigo diário que parara de circular, *A União*, um jornal católico do conde Sebastião Pinho, empresário e banqueiro português estabelecido no Rio. A primeira rotativa foi uma velha Alt Scott, as primeiras linotipos eram alemãs e canadenses, conhecidas como máquinas "caldo de cana", compradas de uma velha tipografia, a Guarda Velha.

"A NOITE! OLHA *A N-O-O-O-I-T-E*!..."

O primeiro número circulou às 6 da tarde do dia 18 de julho de 1911, precedido de intensa curiosidade e expectativa, e "de uma fantástica publicidade", como escreveria Roberto Marinho. Humberto de Campos conta:

> Uma noite, [...] ao tomar o bonde, o carioca ouviu, pela primeira vez, o grito vitorioso:
> *A Noite*! Olha *A N-o-o-o-i-t-e*!...
> *A Noite*, infringindo todas as leis da astronomia e do bom senso, aparecia à luz.
> [...] Ao tomá-lo no bonde, o burguês abriu-o, virou-o, revirou-o e estranhou:
> Uê!...
> E alarmado:
> Cadê o artigo de fundo?
> *A Noite* era, realmente, o primeiro jornal brasileiro que aparecia sem o palavroso e tradicional artigo de fundo, inútil, vasto, sonoro, como uma pipa vazia.[14]

A Noite saía depois dos outros vespertinos, antecipando as informações que seriam publicadas pelos matutinos no dia seguinte, dando mais importância à informação que à opinião. Dava ênfase à informação local, fazendo a ligação entre o leitor e a sua cidade. O jornal se preocupava com a vida, a vibração, os problemas e as alegrias das ruas. Jornal popular, o resultado do jogo do bicho era mais importante, para seu público, que os discursos dos deputados na Câmara. No primeiro número, *A Noite* informou que "deu coelho" e arriscou o palpite de que no próximo sorteio daria "galo", como realmente deu.[15]

A apresentação gráfica refletia uma forte influência da imprensa francesa. Para competir com *A Notícia*, o principal vespertino do Rio, lido por uma elite conservadora, mas vendido por um preço baixo, o novo jornal custava 100 réis o exemplar, acessível ao bolso de uma classe média baixa. O jornal passou a ser distribuído em automóveis, fato pouco comum, e manteve boas relações com os jornaleiros que o vendiam na rua.

Apesar de pretender ser apartidário, dava grande atenção à vida política e, embora alegasse fazer uma cobertura política sem vinculações partidárias, o jornal tomava posições: desde o primeiro número fez oposição ao governo de Hermes da Fonseca. Uma das atrações de *A Noite* era a profusão de ilustrações, charges e caricaturas, para as quais contratou alguns dos melhores desenhistas da praça, como Raul Pederneiras, J. Carlos, o português Julião Machado.

E não hesitava em recorrer a crendices. No último dia do ano de 1911, publicou no alto da primeira página as profecias de uma cartomante, Madame Zizinha, sobre o futuro "de nossa terra". Depois de prever desastres, calamidades e catástrofes, disse que em 1914 *A Noite* atingiria a culminância e seria o melhor ou um dos melhores e mais prósperos dos jornais. Em maio de 1912, matéria na primeira página sobre um diamante fatal, com o título "A história trágica do Hoppe", perguntava no subtítulo: "O desastre do 'Titanic' foi devido às influências maléficas do diamante azul?" O texto levava o leitor a responder de maneira afirmativa.

Preocupado em entreter e provocar emoções em seus leitores, *A Noite* tinha poucas notícias do exterior, fornecidas pela Agência Americana; era um tipo de informação que deixava para os jornais matutinos, como o *Jornal do Commercio,*

Correio da Manhã e *Gazeta de Notícias*. Somente quando começou a Grande Guerra (1914-1918) é que passou a enfatizar os assuntos internacionais.

A aceitação do jornal foi imediata. Oscar Lopes, repórter de *O Paiz*, escreveu: "Ligam-me à *Noite*, simpatias, afeições que não se destroem facilmente. [...] Pode se dizer desse jornal, sem o mínimo favor, que ele revolucionou os nossos processos de imprensa", acrescentando que representava "um digno gesto de independência", e que "seus processos de reportagem são admiráveis". Mas discordou das "escandalosas narrativas" do jornal, como a de colocar clandestinamente um jornalista dentro de um hospital: "a reportagem de *A Noite* contra o hospício pode acarretar os mais sérios desgostos". Como dito por Rezende de Carvalho, *A Noite* conceberia inúmeras reportagens análogas às citadas por Oscar Lopes.[16]

João do Rio escreveu a Medeiros e Albuquerque: "*A Noite* foi um crescente êxito. É admirável de bem-feita. As tiragens – fato espantoso – nunca baixaram a menos de 5 mil!" Em dois anos, chegaram a 20 mil. Fundamental para o êxito do jornal foi, além de um conteúdo fácil de ler, o preço baixo do exemplar.

A MÁGOA DE JOÃO DO RIO

Apesar de seu entusiasmo, a colaboração de João do Rio com o novo jornal foi parca. Escreveu apenas um único artigo e traduziu *O retrato de Dorian Gray*, de Oscar Wilde.[17] Ele, extremamente sensível, achava que fora ignorado tanto por Irineu, a quem havia emprestado dinheiro para o lançamento, como pelos seus amigos de *A Noite*. Em correspondência com Medeiros e Albuquerque, ele se lamentava:

> Eu, meu caro amigo, sou um sujeito um tanto delicado. Desde que consegui o capital inicial, percebi que o meu nome era afastado delicadamente. Aí em Paris deixei de escrever isso. Quando cheguei tinham feito Marques & Marinho (nome da empresa) e nada me disseram. Quando fui ao jornal, escrevi-o, dei ideias. Mas notava, ao borborinho, que me faziam o convidado à força.[18]

Em outra carta: "Perguntou ao Marinho se estaríamos de boas relações? Mas ótimas! Não escrevo no jornal dele (que aliás é um sucesso definitivo), mas dou-me com todos. Na organização comercial que tarda, desejo nem ser sócio nem perder meus vinte contos. Toda prudência é pouca para uma *entente* em que não haja perdas".

Inconformado com a sua ambígua posição no jornal, ele perguntou a Irineu, segundo escreveu a Medeiros e Albuquerque: "Mas, vamos a saber, que sou eu na *Noite*? 'Você é troço (respondeu Marinho, querendo dizer 'figurão').' Achei realmente demasiado ser assim, no vago, troço. [...] Considero extremamente o Marinho. Daí, porém, a pagar para escrever no 'a pedidos' da *Noite* vai um abismo tão grande que não consegui atravessá-lo".[19]

João do Rio teve sua participação no capital restituída um ano depois do lançamento do jornal. Marinho fez um empréstimo bancário para pagar, pois não queria que ele participasse da sociedade nem do jornal. Achava, corretamente, que João do Rio agia como intermediário do ministro de Agricultura, Indústria e Comércio, o cafeicultor paulista Rodolpho da Rocha Miranda, de quem era próximo, levando uma comissão pela intermediação – transação da qual existe recibo. Miranda, realmente, estava ligado a Hermes da Fonseca e ao senador Pinheiro Machado, além de ser candidato à presidência de São Paulo. Queria convencer João do Rio a lançar um jornal ou comprar a *Gazeta de Notícias*, com Irineu na direção, para apoiá-lo. Marinho não queria esse tipo de engajamento político.[20]

O próprio João do Rio confirma parcialmente essa informação na sequência de cartas a Medeiros e Albuquerque:

> Espero que se organize essa sociedade em comandita. Ficara vagamente combinado que eu seria sócio solidário. Mas talvez seja uma sociedade anônima. [...] Eu espero essa ocasião para que me passem apenas umas letras dum capital que me deu o Rodolfo (Miranda) para fazer um jornal dele [...]. Devo, porém, acrescentar que quanto a esse ponto monetário estou inteiramente tranquilo. Trata-se do Marinho e eu tenho por ele respeitosa estima.[21]

João do Rio ficou magoado pela exclusão.

Um dos resultados do lançamento foi o grande entusiasmo de empresários e intelectuais, que o consideraram "o grande acontecimento cultural da cidade". Na verdade, dado o entusiasmo dos agentes, que arcaram com o peso do capital, pelo menos até 1914 foi o ponto de atração dos artistas. Victorino d'Oliveira era autor, Eustáquio Alves era estudioso do violão clássico, Mário Magalhães era autor de teatro. Havia também o fotógrafo Arthur de Ciano; o pintor português Arnaldo Rodrigues; Roberto Gomes, dramaturgo; Viriato Corrêa, escritor; e Eurycles de Mattos, poeta simbolista. Segundo Rezende de Carvalho, eles contribuíram para manter o acontecimento cultural.

"PELO TELEFONE"

Se *A Noite* divulgava o popular jogo do bicho, combateu o jogo nos cassinos, pouco frequentados por seus leitores.[22] Em maio de 1913, para mostrar a permissividade em relação ao jogo, que era tolerado pelo chefe da polícia até que o governo decidisse o contrário, dois jornalistas de *A Noite*, Eustachio Alves e Castellar de Carvalho, montaram abertamente uma roleta no largo da Carioca, onde estava instalado o jornal, com um cartaz dizendo: "Jogo Franco! Roleta com 32 números – só ganha o freguês!".

Dez minutos depois, a polícia desmontava o cassino improvisado: um policial se aproximara e tentou a sorte, mas ao perceber que era trote, quis retirar o pano, no que foi impedido pela multidão. Quando o delegado tentou acabar com o jogo, os repórteres alegaram que o chefe da polícia autorizara a roleta. Todos foram à delegacia. A reportagem, com título e fotografias, ocupava toda a primeira página. Manchete: "O jogo é franco! Uma roleta em pleno largo da Carioca. A polícia, para apreender os instrumentos do jogo, perturba a ordem!". O texto, em páginas internas, denunciava casas e cassinos clandestinos. Teve grande repercussão e o assunto foi mantido durante vários dias com o título "O jogo é franco". Segundo o jornal, havia no Rio 5 mil pontos de jogo ilegal.

A Noite voltaria a denunciar o jogo nos clubes numa reportagem publicada em outubro de 1916 com o título "O conflito do Palace Club". O chefe da polícia mandou fazer apreensões, mas com a advertência de que, antes de lavrar o auto de apreensão, deveria ser comunicada a medida, ao infrator, pelo telefone oficial. Deu samba.

Nesse mesmo ano de 1916, Ernesto Joaquim Maria dos Santos, o "Donga", registrava na Biblioteca Nacional a melodia do samba "Pelo telefone" e, no Carnaval de 1917, era cantada nas ruas com letra atribuída a Mauro de Almeida, o "Peru dos pés frios".[23] Teria sido a primeira música gravada em disco no Brasil. A autoria do samba é discutida. A melodia parece ter tido a participação de várias pessoas e, quanto à letra, Mauro de Almeida reconheceria que ele tirou os versos de trovas populares e foi arranjando-os e ajeitando-os à música. Acredita-se que a origem do samba foi a reportagem de 1913 e a matéria publicada em outubro de 1916.

Uma versão diz:

O Chefe da Polícia
Pelo telefone
Manda me avisar
Que na Carioca
Tem uma roleta
Para se jogar...

Outra versão:

O chefe da folia
pelo telefone
manda me avisar,
que com alegria
não se questione
para se brincar.[24]

O assunto do jogo voltaria esporadicamente ao jornal. Em setembro de 1921, um título da primeira página dizia: "Cartas na mesa e jogo franco".

A questão do jogo foi um dos casos em que o jornalista se envolvia na notícia. Numa ocasião, um repórter de *A Noite* se empregou num hospital para denunciar o tratamento desumano dado aos enfermos e a situação de abandono das instalações. A conduta do repórter foi criticada. Outro jornalista, para expor as irregularidades dos cartórios, subornou os escrivães, que o denunciaram à polícia por falsidade ideológica.

A Noite era o jornal de maior tiragem porque, como disse o jornalista Barreto Leite Filho, era "popular e explorava muito essa coisa da reportagem de Polícia. [...] Era um grande jornal, um grande vespertino, tinha esplêndidos redatores também e o Irineu Marinho era um grande secretário de jornal, quer dizer, a cozinha do jornal ele fazia admiravelmente".[25]

IRINEU NA PRISÃO

A Noite foi quase sempre oposicionista, numa linha parecida com a do *Correio da Manhã*, e desde o começo incomodou o poder. Quando em seu 12º número publicou uma reportagem sobre João Cândido, o "almirante negro", líder da Revolta da Chibata, que perguntava se era "mendigo, louco ou fuzilado" e chamou "o lendário marinheiro" de *almirante*, entre aspas, foi repreendido pelo chefe da polícia.

Assim como *O Imparcial* de J. E. Macedo Soares e o *Correio da Manhã* de Edmundo Bittencourt, *A Noite* combateu o governo do marechal Hermes da Fonseca (1910-4), mas não o hostilizou pessoalmente, criticou a influência que sobre ele exercia o político gaúcho Pinheiro Machado, a quem chamou de "sobrepresidente"; e defendeu a política civilista de Ruy Barbosa. Em março de 1914, Macedo Soares e Bittencourt, acusados de conspirar, foram presos. Marinho se escondeu durante vários dias e depois se refugiou na Legação Argentina e viajou a São Paulo. *A Noite* e todos os jornais considerados hostis ao governo foram impedidos de circular.

Com seus dirigentes escondidos, *A Noite* ficou acéfala e enfrentou problemas econômicos: não tinha receita, mas os compromissos continuavam a vencer. Foi conseguida uma licença da polícia para publicar um novo jornal, *A Nota*, cuja circulação foi suspensa depois de sair o primeiro e único número, no sábado, 7 de março de 1914. Os jornalistas ficaram preocupados; alguns foram trabalhar em *O Estado de S. Paulo*; outros, inclusive o secretário, Victorino d'Oliveira, inquietos diante da ausência do diretor e da suspensão do jornal, protestaram. Marinho demitiu oito deles, metade da redação, que lançaram um jornal próprio em 24 de março, *A Rua*, um vespertino popular, na mesma faixa de *A Noite*, dirigido por Viriato Corrêa.[26] Alguns dias mais tarde, em 31 de março, *A Noite* voltava a circular.

Inicialmente, os jornalistas da nova publicação disseram que não queriam reviver o desentendimento com Irineu Marinho, mas depois brigaram com ele e passaram a chamá-lo o "Baleeiro do Catumbi"; Marinho dizia que *A Rua* era "vespertino sem leitores".

A Rua combateu o governo de Hermes da Fonseca e se notabilizou por empregar, talvez, a primeira mulher repórter do Brasil, Eugênia Brandão,[27] que se internou num asilo de moças para investigar um assassinato, no caso conhecido como "a tragédia da rua dr. Januzzi, 13". Não conseguiu desvendar o mistério, mas sua narrativa aumentou a procura pelo jornal; antes, ela tinha trabalhado no vespertino *Última Hora*, fechado por Hermes da Fonseca. *A Rua* foi financiada durante um tempo pelo Banco Ultramarino, que descontava suas promissórias, e mais tarde por Geraldo Rocha, da Brazil Railway. Fechou em 1927. Nos últimos anos vivia de chantagens. Sua concorrência dificultou, mas não impediu, a ascensão de *A Noite*. Em 1915, Marinho entrou com um processo indenizatório contra a União pela suspensão do jornal durante o estado de sítio.

Se João do Rio pouco escreveu para o jornal, Lima Barreto publicou, em 1915, em 52 edições do periódico, o folhetim *Numa e a nympha*, "um romance da vida contemporânea, escrito especialmente para *A Noite*", que foi apresentado ao público como "uma charge inclemente dos homens públicos do momento", em que retrata o ambiente político. Assim como fizera em *Recordações do escrivão Isaías Caminha*, livro no qual revela de forma pouco encoberta o *Correio da Manhã* e alguns de seus jornalistas, em *Numa e a nympha* ele faz uma áspera crítica à vida social e política e mostra, atrás de seus personagens, figuras em evidência na época. "Fuas Bandeira" é o dono do jornal *O Paiz*, João Lage; "General Bentes" é o anterior presidente da República, Hermes da Fonseca; "Dr. Bastos" é o político Pinheiro Machado; "Xisto", o vice-presidente Davi Campista.

Dois anos mais tarde, o romance seria publicado em forma de livro pela editora Empresa de Romances Populares, propriedade do jornal, que o autor dedicou a Irineu Marinho. Publicou também *Bagatelas*, obra póstuma de Lima Barreto. Colaboraram em *A Noite* autores já estabelecidos, como Olavo Bilac, Medeiros e Albuquerque, Coelho Netto, Arthur Azevedo.

O "CONSULTÓRIO DO FAKIR"

Uma memorável série de reportagens, que seria relembrada durante muitos anos, foi o "Consultório do fakir", publicada em dezembro de 1915. No "consultório", um dos repórteres que montaram a roleta no largo da Carioca, Eustachio Alves, apresentava-se como Djoghi Harad, um "legítimo fakir de las Índias", possuidor de misterioso saber e de poderes sobrenaturais, os quais lhe permitiam curar todas as enfermidades, desvendar o futuro, resolver casos difíceis de amor e de negócios. Um fotógrafo, Jorge Cfuri, que tinha sido correspondente do jornal no Oriente Médio, era o "secretário" e intérprete, que traduzia as palavras do faquir, faladas em "egipciano". O cartunista Vasco Lima foi responsável pela caracterização dos personagens e seu irmão, Mário, era o porteiro que controlava a entrada. Eles alugaram uma casa no bairro da Lapa, fizeram uma decoração com ambiente "oriental" e colocaram anúncios para atrair quem estivesse interessado em conhecer o seu presente, passado e futuro. A dupla falava portunhol e cobrava um bom preço pelas "consultas"; sua fama se alastrou e até um colega do jornal entrou na fila do "consultório". Em 30 dias, tiveram 385 clientes. Uma das consultas foi filmada.

Quando a reportagem, "A sensacional história de um faquir/Castigo e aviso às almas crédulas", foi publicada, ocupando toda a primeira página da edição de 14 de dezembro de 1915, o impacto foi enorme.[28] Mostrava que não apenas "a gente das camadas inferiores da sociedade acredita quantas patranhas lhe impingem exploradores de todos os matizes", como também "pessoas de cultura, senhoras e cavalheiros que, frequentando as mais altas rodas, recorrem como os mais ignorantes à prática de 'ciências'". A polícia, alertada pelo próprio jornal, entrou no prédio e levou todo mundo à delegacia. A cena foi filmada. Durante dias, o jornal deu na primeira página detalhes pitorescos das consultas e da farsa, e informou que o número de "faquires" na cidade tinha aumentado "de um modo espantoso".

Os cinemas Ideal e Palais exibiram o documentário *O fakir d'*A Noite. Eustachio Alves fez palestras e exibiu o filme em várias cidades. Deu origem a uma peça de teatro em dois atos e foi até motivo para o Carnaval. O jornal argentino *La Nación* informou sobre o faquir e seu "consultório". *A Noite* publicou anúncios para devolver o dinheiro das "consultas", mas pouca gente o pediu de volta. Os recursos arrecadados foram destinados ao Natal dos velhinhos do Asilo da Velhice Desamparada.[29] As autoridades anunciaram medidas para evitar a exploração da crendice popular por cartomantes, faquires e similares.

Irineu Marinho, um grande entusiasta da magia do cinema, associou-se à produtora Leal-Film e montou a Veritas Films, que lançou filmes como *Ambição castigada* (1927) e *A quadrilha do esqueleto* (1917). Os prejuízos acumulados assustaram seu sócio, Marques da Silva, que propôs a liquidação da sociedade Marques, Marinho & Cia. Irineu comprou sua participação e fechou a Veritas Films. Também perdeu dinheiro quando se arriscou na edição de livros.

Desde o início da Primeira Guerra Mundial, o jornal endossou a campanha de Ruy Barbosa para que o Brasil entrasse no conflito e orientou o noticiário nessa direção. A campanha belicista cresceu quando os Estados Unidos entraram na guerra em 1917 e se intensificou com o afundamento de navios brasileiros por submarinos alemães. *A Noite* pressionou pela substituição do chanceler Lauro Müller por causa de sua ascendência alemã, que perdeu o cargo e foi substituído por Nilo Peçanha, amigo de Marinho. Medeiros e Albuquerque escreveu sobre o conflito de Londres, onde se encontrava em missão diplomática, mas as principais fontes de informação foram a agência francesa Havas e, em menor grau, a brasileira Agência Americana.

Assis Chateaubriand fez uma oferta para comprar *A Noite*, que foi recusada. A popularidade era enorme; o jornal chegava aos lugares mais imprevistos, nem sempre para ser lido. Nos bordéis da zona de meretrício do Rio de Janeiro, muitas vezes as prostitutas não chegavam a pedir a seus clientes que tirassem os sapatos; simplesmente colocavam uma folha de *A Noite* como lençol. Certamente um uso que não fora previsto no lançamento do jornal.[30]

Em 1921 e 1923, *A Noite*, associada à *Revista da Semana*, fez um concurso para escolher "a mulher mais bela do Brasil".[31] As eliminatórias para selecionar as candidatas dos estados demoraram 24 meses e foram profusamente divulgadas pelo jornal, que organizou uma rede de publicações regionais atraídas pela iniciativa. Foi escolhida a paulista Maria José (Zezé) Leone. Ficou tão popular que o nome "Zezé Leone" foi dado a rua, sobremesa, perfume e até a uma locomotiva e inspiraria um maxixe. Ao ver o potencial dessa iniciativa, Assis

Chateaubriand, que começava a construir os Diários Associados, registrou a marca "Miss Brasil" em nome de *O Jornal*, do Rio de Janeiro.

A Noite reforçou sua visão nacionalista da política e da sociedade, e continuou fazendo oposição aos sucessivos presidentes. Em 1921, apoiou a candidatura de Nilo Peçanha; ganhou Arthur Bernardes, a quem passou a combater. Durante a campanha, *A Noite* apoiou o *Correio da Manhã* quando esse jornal publicou as "Cartas falsas", atribuídas a Arthur Bernardes, mas forjadas por um falsário, que continham insultos às Forças Armadas e provocaram indignação entre os oficiais. Posteriormente, *A Noite* se retratou, "o que era de nosso dever", mas Marinho, que estava repousando em São Lourenço (MG), considerou exagerada a retratação e lamentou o escasso apoio dado ao *Correio da Manhã*.[32]

O jornal adotou uma postura nacionalista, de renovação política e de apoio aos militares, mostrando simpatia pelos 18 do Forte de Copacabana, o movimento armado dos tenentes que combatiam as oligarquias da Velha República e, em julho de 1922, se levantaram contra a posse do presidente eleito Arthur Bernardes. Nesse mesmo mês e ano, Irineu Marinho foi preso e ficou, durante quatro meses, na ilha das Cobras por ordem do presidente Epitácio Pessoa.

MARINHO PERDE O CONTROLE

Frágil de saúde, vítima de uma tuberculose que fora agravada durante a prisão e que um doloroso tratamento conhecido como "cirurgia da pleura" não conseguira debelar, Irineu embarcou para a Europa em maio de 1924. Levou toda a família, o noivo da filha Helena, um filho, um amigo deste, o repórter e amigo Castellar de Carvalho com seu filho, e uma governanta, num total de 11 pessoas. A viagem a Portugal, Itália, Suíça, França, Espanha durou nove meses.

As primeiras notícias do jornal que Irineu recebeu na Europa eram encorajadoras. A tiragem pulava de 70 mil para perto dos 90 mil exemplares; em julho, chegou a um recorde de 154 mil; a receita aumentava rapidamente: 152 contos por mês com a venda de exemplares e 181 com a publicidade. O jornal estava instalando novo equipamento de impressão. Mas continuava submetido ao arrocho pelo governo, "não nos consentindo ao menos publicar aquilo que os órgãos oficiais fazem circular", "desfrutamos de uma paz podre"; Edmundo

Bittencourt, do *Correio da Manhã*, "goza até hoje das delícias de um cubículo da Correção", escrevia Antonio Leal da Costa, amigo íntimo e presidente interino da empresa, a Irineu.

Irineu respondeu que a orientação política dada ao jornal, que o levara a moderar "a sua oposição, que não desapareceu nem deve desaparecer, pelo menos enquanto estiver o meu nome no cabeçalho, permite acreditar que essas violências não nos atingirão". Em outra carta, ele fez referência à "atitude de *A Noite*, de crítica livre, mas moderada – em que, seja dito de passagem, havemos de perseverar, passada a borrasca, com um pouco mais de vivacidade". Achou lícito, em sua ausência, *A Noite* deixar de tomar atitude que viesse incorrer nas iras governamentais. Leal da Costa mostrou preocupação com a mudança de comportamento de alguns companheiros e com as medidas de Geraldo Rocha, as quais achava prejudiciais ao jornal e a Marinho, e que toda a obra da vida deste estava em risco.

Em Lisboa, na viagem de retorno, Marinho soube que tinha perdido o controle do jornal. Durante sua ausência, Geraldo Rocha, aproveitando a prisão do presidente interino da sociedade, Leal da Costa, representante de Marinho, numa manobra ainda não suficientemente esclarecida, convocou uma assembleia, modificou os estatutos criando novos cargos e reduziu as atribuições do presidente, Irineu Marinho. Na ausência de Marinho e de Leal da Costa, Rocha assumia o controle efetivo de *A Noite* com a colaboração ou a cumplicidade de algumas pessoas de confiança de Irineu, que ocuparam os principais cargos executivos.

A perda de controle foi o fim de um longo processo que começara pouco depois do lançamento do jornal. Em face do rápido crescimento da circulação, Irineu Marinho quis comprar outra rotativa para aumentar a tiragem. Para levantar recursos, ele cedeu um pacote de ações ao engenheiro baiano Geraldo Rocha, executivo do grupo Brazil Railway, ligado ao poderoso empresário norte-americano Percival Farquhar, mas o controle da sociedade continuava com Irineu.

Em 1913, Marinho fez um empréstimo a pedido de Marques da Silva, que ficou com ações de *A Noite*. Dois anos mais tarde, o capital dobrou de 100 para 200 contos, subscritos por vários homens de negócios, entre os quais Geraldo

Rocha, que teria colocado 500 contos para "o pagamento da máquina". Depois de se desentender com o sócio Joaquim Marques da Silva, acionista desde o começo, Marinho comprou em 1918 sua participação por 280 contos. Na ocasião, o capital social da empresa era de 400 contos, metade de Marinho e o resto dos sócios comanditários. Em 1922, a sociedade em comandita Marinho & Comp. foi transformada em anônima e o capital aumentado de 400 para 1.500 contos. Marinho ficou com 870 contos de ações; Geraldo Rocha com 500. Os estatutos atribuíam a Marinho 10% dos lucros como fundador e incorporador da sociedade anônima.

Para financiar os investimentos, Marinho pediu vários empréstimos a Rocha. Quando não conseguia honrá-los no vencimento, entregava-lhe mais ações como pagamento. Em outubro de 1921, a dívida de Marinho chegava a 398 contos. Em dezembro de 1923, Rocha lhe cedeu 400 contos para que quitasse dívidas com a empresa, em troca de mais ações. Em maio do ano seguinte, Irineu viajou à Europa com a família.

Segundo uma versão, divulgada por Roberto Marinho, para custear a viagem, Irineu teria feito um acordo com Geraldo Rocha, a quem vendeu suas ações por algo mais de 3 mil contos, uma enorme quantia na época, com a condição de que as recompraria de volta.[33] Esse foi o mesmo preço que Chateaubriand ofereceu para comprar a empresa. Outra versão ainda diz que o dinheiro recebido foi um empréstimo caucionado pelas ações como garantia, que Irineu pretendia resgatar. O entendimento teria sido oral e Marinho – que se comprometera a não revelar o acordo a ninguém, nem a sua mulher –, que continuava como presidente da empresa e diretor do jornal, partiu despreocupado, apesar de que, formalmente, Geraldo Rocha era o proprietário de *A Noite*.

Marinho voltou ao Rio em fevereiro de 1925; "ao desembarcar chorava feito uma criança", segundo um antigo tipógrafo. Antonio Leal da Costa, quando ainda exercia o cargo de diretor-gerente de *A Noite,* foi substituído por Vasco Lima por motivos que nunca ficaram claros. Em março, Irineu e Leal da Costa apresentavam sua renúncia como presidente e vice-presidente, respectivamente, da Sociedade Anônima *A Noite* e ele desistiu dos 10% dos lucros líquidos a que tinha direito pelos estatutos da empresa.

Uma nova diretoria foi formada por jornalistas em quem Irineu confiara e que mudaram de lado: Eustachio Alves, o autor das reportagens da roleta do largo da Carioca e do faquir, foi nomeado presidente da empresa; o caricaturista Vasco Lima, a quem Marinho encarregara de tratar de seus negócios pessoais, era gerente; Castellar de Carvalho, que o acompanhara, com seu filho, na viagem à Europa, secretário. Ele foi descrito por Luís Edmundo como tendo um ar conspirador, verdadeiro "homem-da-capa-preta dos romances de Ponson du Terrail e Xavier de Montépin".[34]

O *Diário da Noite* de São Paulo escreveu que Irineu fora traído: "O caso de *A Noite* apresenta aspecto bem específico. É que o golpe que o sr. Irineu Marinho levou, embora concebido pelo sr. Geraldo Rocha, foi manejado pelos seus colegas de redação, que antes demonstravam ser seus mais ostensivos amigos".

O objetivo de Geraldo Rocha de manter o sigilo da transferência de *A Noite* do conhecimento de Percival Farquhar não parece muito sólido. Depois de tirar e colocar nomes no jornal, todos controlados por ele, seria inevitável que o empresário dos EUA não soubesse da troca do nome de proprietário – caso ele não tivesse conhecimento disso antes. Ademais, durante toda a viagem, Irineu Marinho se comportou como o diretor de *A Noite*, que ao voltar poderia ser de novo seu.

MARINHO LANÇA *O GLOBO*

Irritado com a traição de Vasco Lima – o amigo em quem o pai confiara, encarregara de cuidar de assuntos pessoais, fazer pagamentos a parentes e a quem entregara vários documentos –, Roberto Marinho, primogênito de Irineu, deu-lhe vários socos no rosto quando o encontrou no largo da Carioca. O jornal, já nas mãos de Geraldo Rocha, informou na primeira página que Lima fora agredido de surpresa por um bando de assalariados, ilustrando a notícia com uma fotografia de Roberto Marinho, então com 20 anos, como iniciador da "brutal ação".

Em artigo publicado três décadas depois, em *O Mundo* e transcrito em *O Globo*, Rocha deu sua versão dos fatos. Escreveu que ele tinha ações de *A Noite* com valor de 1.500 contos e Marinho de 2 mil e que recusaram uma proposta de 3 mil contos de Assis Chateaubriand. Nessa ocasião, "Marinho me ponderou [...] que *A Noite* representava o seu único bem e que se sentia doente e com poucas probabilidades de uma vida longa, e assim tinha justo receio pela solidez do patrimônio que queria legar aos seus". A seguir, disse que fez uma oferta e Marinho lhe vendeu suas ações por 3 mil contos,[35] mas que fora traído por pessoas de seu *entourage*, que tramaram uma intriga, durante a viagem à Europa, e nunca mais se encontraram. Ele não mencionou o acordo de recompra. A venda das ações, disse Rocha, foi mantida em segredo. "Estando a meu cargo, nesta época, a direção do mais potente grupo estrangeiro no Brasil (a Brazil Railway), não me convinha figurar como proprietário de um vespertino de grande circulação como *A Noite*, e a situação se mantinha em segredo". Mas afirmou que fora lavrado um documento explicando toda a operação. Na volta da Europa, escreveu Rocha, Marinho sentiu a nostalgia do jornal e induzido por Herbert Moses, "anjo tutelar da família", resolveu fundar *O Globo*.[36]

Depois de deixar o jornal que fundara e apesar de doente, Marinho preparou o lançamento de um novo diário, *O Globo*, com a colaboração de 35 pessoas que saíram de *A Noite*.

A Noite que Geraldo Rocha passou a controlar em 1925 era o de maior tiragem do Rio, porque, lembrando as palavras de Barreto Leite Filho, era popular e explorava reportagens policiais. Tinha excelentes redatores e a presença de Irineu Marinho como secretário de jornal. Tinha também recebido equipamentos novos para acompanhar o crescimento da circulação.

Geraldo mudou a linha editorial de *A Noite*, de oposição aos sucessivos governos, por uma política de apoio virtualmente incondicional e bem remunerado. Ele investiu no jornal, cuja circulação continuou crescendo e consolidou a liderança de *A Noite* entre os vespertinos. São mencionadas tiragens de 150 a 200 mil exemplares diários, números que devem ser olhados com reserva.

O PRÉDIO EM CONCRETO ARMADO

Foi Rocha quem mandou construir o edifício *A Noite*, de 22 andares, a primeira grande obra em concreto armado da cidade. Inaugurado em setembro de 1929, ainda hoje o prédio imponente é a primeira vista da cidade para quem chega de navio no Rio de Janeiro. O desenho é do arquiteto francês Joseph Gire, o mesmo que projetou o Palácio das Laranjeiras, bem como os hotéis Copacabana Palace e Glória, no Rio. Com a redação no 22º andar, o jornal ocupava cinco andares. A renovação também incluiu o maquinário gráfico, com a aquisição de uma moderna rotativa MAN para substituir a velha Marinoni. Em setembro de 1930, foi lançado "O suplemento illustrado de *A Noite*", impresso em rotogravura.

Geraldo Rocha chegara a controlar também *A Rua*, o jornal lançado pelo grupo de jornalistas que deixara *A Noite*; *A Vanguarda*, que seguia a linha do Partido Socialista; tentou também comprar *O Imparcial*, fundado por José Eduardo de Macedo Soares, que não conseguia pagar as dívidas; e ajudou Mário Rodrigues a lançar *A Manhã*.

Vários depoimentos mostram a popularidade de *A Noite*. Segundo Pascoal Perrone: "*A Noite* possuía uma circulação muito grande. Era um jornal feito em moldes novos e apesar de ser vespertino saía exclusivamente com noticiário do dia. Essa característica obrigava os redatores, repórteres e os gráficos a desenvolverem uma atividade enorme". Manuel Antônio Gonçalves, por sua vez, lembra: "*A Noite* tinha uma grande reportagem de polícia. O Eustáquio Alves e o Bacelar de vez em quando se deguisavam de mendigos e andavam pelas ruas colhendo notícias. [...] *A Noite* fazia a melhor cobertura policial da época".[37]

Nelson Rodrigues confirma, com a sua costumeira veemência, o dinamismo da equipe de *A Noite*:

> Naquele tempo, ainda cultivávamos a utopia do "furo"; queríamos chegar antes dos outros. Mas era quase impossível "furar" *A Noite*. Nada acontecia sem que *A Noite* soubesse. Alguém telefonava, avisando. Lembro-me de um sujeito que ligou para o fabuloso vespertino; e disse: "Vou matar minha mulher. Pode vir". Deu nome, endereço, o diabo. A reportagem chegou quase com o primeiro tiro.[38]

Os elogios de Nelson Rodrigues poderiam ter outras razões, além do inegável apelo popular do jornal. Quando seu pai, Mário Rodrigues, foi preso no governo de Arthur Bernardes, Edmundo Bittencourt, dono do *Correio da Manhã* de que Mário era diretor, tinha reduzido seu salário, que dava apenas para pagar o aluguel. O proprietário de *A Noite*, Geraldo Rocha, entregava à família 1 conto de réis por mês, sem pedir recibo, impedindo que passasse fome. Nelson tinha com *A Noite* e seu dono uma dívida de gratidão. No entanto, a opinião que ele tinha de Geraldo Rocha não era das mais lisonjeiras. "Um dia – escreveu – Irineu Marinho saiu de *A Noite* e fundou *O Globo*. Lá ficou Geraldo Rocha, baiano demoníaco, de uma empolgante falta de escrúpulos". Apesar de sua opinião sobre o seu proprietário, a confessada admiração que Nelson Rodrigues sentia por *A Noite*, expressada com arroubos, era genuína.

A candidatura do governador paulista Júlio Prestes à presidência da República, com o apoio do presidente Washington Luís, teve o apoio de *A Noite*. No entanto, durante a viagem que Rocha fez à Europa em 1929, os executivos do jornal e o diretor da redação tentaram suavizar a cobertura. O mesmo aconteceu noutra viagem de Rocha a Buenos Aires. Contrariando as instruções do proprietário, *A Noite* adotou uma postura de neutralidade. Mas quando Rocha voltou, o jornal se engajou de novo na campanha de Júlio Prestes.

Esse envolvimento político de *A Noite*, que apoiou até o último minuto o governo de Washington Luís e a candidatura de Prestes, teve consequências trágicas em outubro de 1930, quando Getúlio Vargas ocupou o poder. Como os outros jornais governistas, as instalações de *A Noite* foram invadidas pela multidão, sob o olhar complacente da polícia, e destruídas.[39] Hélio Silva escreveu que *A Noite* "sofreu o vandalismo da revolução. O alto prédio foi tumultuado, os elevadores parados e um rico e lindo lustre que havia no 'hall' desapareceu misteriosamente. Pelas ruas, estendiam-se passadeiras brancas de bobinas de jornal. A polícia, imponente, omitia-se".[40] O prédio de 22 andares, inaugurado um ano antes, teve sua porta de aço arrancada por um caminhão, tudo que havia na redação foi jogado às ruas e incendiado.

Com a chegada da Aliança Liberal ao poder, Geraldo Rocha foi preso e, quando solto, retirou-se a Minas Gerais. Esperando uma acomodação da situação, entregou a direção de *A Noite* a Augusto de Lima, "soldado da Revolução", indicado por Arthur Bernardes. O jornal reapareceu em 4 de novembro, disse que suas oficinas tinham sido destruídas, assim como as instalações das empresas localizadas no mesmo prédio, e atribuiu os distúrbios aos "comunistas". Desdizendo o que tinha dito, assegurou que fizera oposição a Washington Luís desde maio de 1929, que fora combatido pelo governo anterior e tinha sido um defensor da Revolução.

Apesar das bruscas mudanças de orientação política, *A Noite* continuava popular. Realizou concursos, conhecidos como "Mi-Carême!", para escolher a rainha da beleza. Os leitores eram atraídos com manchetes como "O homem-bicho, preso, inteiramente nu, dentro de uma jaula"; "Os grandes dramas da cidade". Lampião contribuiu para manter elevada a circulação do jornal. *A Noite* afirmava que, entre os cangaceiros, "faziam parte 14 mulheres armadas de fuzis" e que a polícia baiana seria pior que Lampião. Em 1938, no suplemento "A noite ilustrada", publicaria a primeira e mais completa reportagem sobre a perseguição definitiva e morte de Lampião, Maria Bonita e mais nove pessoas. Sob o título de "Os despojos de Angicos", numa referência ao local em que os cangaceiros foram mortos, o texto fora ilustrado com a fotografia das cabeças decepadas. Obra de Gil Pereira e Vasco Lima, o conteúdo dessa reportagem – reproduzida milhares de vezes – foi, durante muito tempo, a principal fonte de informação sobre o evento.[41]

"SANTA MANOELINA DOS COQUEIROS"

Quando a realidade era demasiado prosaica ou repetitiva, *A Noite* recorria aos milagres para vender jornal. Talvez as reportagens de maior repercussão tenham sido as dedicadas aos poderes sobrenaturais de Manoelina Maria de Jesus, uma moça pobre e ignorante conhecida como Santa Manoelina dos Coqueiros. Sua fama de milagreira levou multidões que procuravam cura para suas doenças à humilde casa onde ela morava em Coqueiros, distrito de Entre Rios, no interior de Minas Gerais.

De março a maio de 1931, *A Noite* publicou longas matérias na primeira página. Um repórter do jornal esteve em Coqueiros e descreveu minuciosamente os gestos da "Santa", o ambiente, as pessoas, os milagres. Ele, aparentemente, também acreditou – ou insinuou que tinha acreditado – nos feitos sobrenaturais de Manoelina. Escreveu que ele próprio fora curado pela "Santa" até antes mesmo de chegar ao local.

"Sofria eu de pertinaz enfermidade, havia longos anos, tendo recorrido à medicina inutilmente. [...] concebi me aventurar, fazendo um apelo fervoroso às virtudes da 'Santa'. Não sei o que operou em mim, mas o fato é que no dia seguinte me sentia disposto, tão bom, que resolvi fazer a viagem a Coqueiros". Ao chegar a Coqueiros, o repórter procurou pela milagreira: "A jovem Manoelina é de cor parda, aparentando uns 15 anos de idade, simpática e de fisionomia agradável [...] Dirigi-me a ela e disse-lhe que ia agradecer-lhe a caridade que me fizera, curando-me mesmo de longe, de uma enfermidade antiga. Ela, com um sorriso meigo, disse-me: 'Não é a mim, agradeça a Deus'".

O jornal assegurou que Manoelina, antes de curar os outros, curara-se a si mesma: "Primeiro, o milagre foi aplicado na própria jovem, que a morrer, recebendo a extrema-unção, levantou-se da cama, onde jazia, completamente boa, obedecendo à voz de um anjo, que a mandava viver para espalhar a caridade".

A fama de Manoelina atraía doentes à espera de um milagre:

> Das mais longas distâncias convergem para a estação de João Ribeiro e dali se encaminham para a vila dos Coqueiros grupos que se formam de doentes e seus parentes, com destino a um lugar onde uma jovem, simples e humilde, está fazendo curas, sem dar drogas a beber, ou aplicar, mas apenas benzendo-as com água da fonte, ou rezando-as, com palavras também simples.

O repórter explica:

> A camponesa, antes de dirigir-se aos enfermos, dirige-se a Deus, em prece fervorosa. Os lábios, então, tremem-lhe, os olhos somem-lhe em alvo e as mãos crispam-se-lhe, em contrações evidentemente nervosas. Dir-se-ia estar ela em estado de subconsciência. À hora, porém, em que Manoelina se volta para os enfermos, verifica-se que ela está no natural e, à medida que esparge a água, descrevendo com o braço agitado o sinal da cruz, dirige ou não palavras aos circunstantes.

"De todas as 'curas' realizadas pela 'Santa' de Coqueiros – escreveu o repórter –, a que mais impressionou o povo daquelas localidades foi a que se operou em relação a um cego, ido aqui do Rio, em companhia de um agente de polícia. Não se fala em outra coisa naqueles lugares". Em outra reportagem transcreve as palavras de um médico: "E sabe o que sucedeu? O doente foi e voltou inteiramente curado da hidropisia, que o fulminaria, dentro de horas, de dias, de semanas, ao final! Diante desse imprevisto, o médico acreditou no 'milagre'. E, desde esse dia, dispôs-se a endereçar a Coqueiros os doentes desenganados, obtendo bons resultados".

O poeta Carlos Drummond de Andrade, com o pseudônimo de Antônio Crispim, publicou no *Minas Gerais*, o jornal oficial:

> Entre Rios, onde uma santa faz milagres no alto de um morro. [...] A maioria, porém, vai a Coqueiros porque Coqueiros é um lugar de bênçãos onde um diálogo se estabelece ardente e puro, entre os anjos do céu e uma cafuza da terra [...]. A cafuza pede ao anjo que ponha ordem nas coisas do mundo, que retifique a perna dos paralíticos, que sare as feridas e conforte os comerciantes falidos. O anjo diz que vai providenciar e recolhe esses apelos da dor humana.
>
> Enquanto isso, no morro, distribui-se uma água que jorra da bica, e nessa água, que lava todas as misérias, os homens inquietos e as mulheres tor-turadas encontram a paz que inutilmente haviam perdido nos santuários, nas ruas e nos cinemas deste mundo. A santa, que é pobre, inspira mais confiança aos pobres que outras santas, e sendo trabalhadora humilde da fazenda, tudo a recomenda ao carinho dos humildes, dos pequeninos, que até agora não tinham uma representante direta na classe das tauma-turgas [...]. A lição de Manoelina aos aflitos e curiosos que a procuram é uma lição de humildade [...]. Na sua casa de barro, entre coqueiros, diante do trenzinho da Central em que todos os doentes e infelizes de Minas e do Rio tomaram passagem, a santa rural fornece água, consolo, palpites de loteria, indicações para ser feliz em amor, e mil outras coisas importantes....

O jornalista Edmar Morel, que esteve no local e conheceu a moça, a quem dá o nome de "Marcelina", afirma que havia por trás das reportagens de *A Noite* o rendoso negócio da venda de terrenos próximos ao casebre.

As reportagens se estenderam por várias semanas. E não foi apenas *A Noite* a explorar a crendice popular. Jornais como o *Diário de Notícias* do Rio e a *Folha da Noite* de São Paulo publicaram um "relatório científico", do professor Rodoval de Freitas, sobre a "Santa de Coqueiros".

A fama de Manoelina prendeu fundo na crendice popular, estendeu-se por várias décadas e passou à literatura. Conceição Parreiras Abritta registra que:

> [...] chegavam caminhões repletos de pessoas em sua casa, gente a pé, a cavalo, pessoas vindas de todos os lados. A família de Manoelina não tinha mais sossego nem para trabalhar. Chegavam sacos repletos até às bordas de correspondência, muitas das quais traziam dinheiro. Vestia-se de uma túnica azul comprida e um véu branco na cabeça. Dormia em um catre de madeira, sem colchão e roupa de cama.[42]

Guimarães Rosa menciona Santa Manoelina dos Coqueiros no romance *Sagarana*. E Zélia Gattai lhe dedicou um livro, *A santa dos coqueiros*. Manoelina morreu em Crucilândia (MG), de uma anemia profunda, em 1960, aos 49 anos de idade.

UMA FERROVIA CONTROLA O JORNAL

Geraldo Rocha tinha retomado a direção, mas não conseguiu manter o controle do jornal. Ele se endividara em excesso para construir o prédio da praça Mauá e comprar os equipamentos. Em 1931, a Brazil Railway, a empresa que ele dirigira, era a principal credora e lhe tomou seus bens, inclusive o jornal, para saldar as dívidas.

A Noite passou a ser propriedade de uma subsidiária da Brazil Railway, a Companhia Estrada de Ferro São Paulo-Rio Grande, presidida por Guilherme Guinle. Guinle colocou Manoel Cardoso de Carvalho Netto, um empregado do jornal, como diretor. Depois de ter perdido *A Noite*, e como não conseguisse reassumir o controle, Geraldo Rocha lançou um novo diário em 1935, *A Nota*, cujo título já fora usado em 1914, quando *A Noite* fora proibida de circular. O novo jornal apoiou o governo de Getúlio Vargas. Fechou em 1939 sob a alegação de envolvimento com a Alemanha nazista.[43] Em 1947, Rocha publicaria o diário *O Mundo*, ligado ao presidente argentino Juan Domingo Perón, que duraria dez anos, e a revista semanal *O Mundo Ilustrado*.

Na nova etapa, *A Noite* continuou crescendo. Reduziu a cobertura política e reforçou a informação popular, dando destaque a reportagens de conteúdo "humano" e às ilustrações. A empresa editora lançou a revista popular *Carioca*, dedicada ao mundo do espetáculo e do entretenimento, que na época eram o cinema, o rádio, o teatro, e à música popular, e uma revista orientada para um público mais culto, *Vamos Ler!*, ambas dirigidas por Raymundo Magalhães Júnior. As duas publicações foram bem recebidas. *Carioca* chegaria a vender 150 mil exemplares. A empresa comprou de Adolfo Aizen o *Suplemento Juvenil*, diversificou os investimentos e entrou no novo negócio das ondas hertzianas lançando a Rádio Nacional, que durante anos seria a emissora mais ouvida no Brasil.

A Noite chegou a tirar até cinco edições diárias e reforçou sua posição não apenas como o maior vespertino do Rio, mas também como o diário de maior circulação do país. É provável que, em termos comparativos, a penetração alcançada pelo jornal nos anos 1930 nunca tenha sido superada no Brasil. Publicava os desenhos de um dos melhores chargistas da época, Fritz, pseudônimo do carioca Anísio Oscar Mota, que tinha despontado anteriormente em *A Manhã* e *Crítica* de Mário Rodrigues. Mota criou em *A Noite* uma seção extremamente popular, "Comprimidos", com pequenas charges de pessoas humildes. É dele a estátua do "Pequeno jornaleiro", que foi colocada na avenida Rio Branco, no Rio de Janeiro.

Nesse período, depois de uma aproximação do embaixador da França com Guilherme Guinle, conhecido pela sua simpatia por esse país, talvez devido à origem da família, *A Noite* assinou um contrato com a agência francesa de notícias Havas e passou a publicar os artigos que lhe enviava a embaixada, tornando-se uma espécie de porta-voz.

Castellar de Carvalho, que se tornara secretário da empresa quando Geraldo Rocha assumiu a direção em 1925, colaborou com a nova administração. Era famoso pelas roupas exóticas e o colorido lenço de seda no pescoço; figura pitoresca que almoçava no Jóquei Clube, tomava drinques no Palace Hotel e ficou conhecido por ter estrelado um ovo no asfalto do largo da Carioca em pleno verão.[44] Escreviam também no jornal Edna Savaget e Benjamim Costallat. Os "cronistas foliões" de *A Noite* introduziram a figura do rei momo no Carnaval.

O fim dessa etapa, que representou o auge da popularidade de *A Noite*, começou em março de 1940 com o Decreto-lei n. 2.073, que determinou a encampação da Estrada de Ferro São Paulo-Rio Grande, passando legalmente para o governo federal tanto a propriedade da ferrovia como a de todas as empresas a ela filiadas – *A Noite*, as revistas, a Rádio Nacional – por uma dívida de 3 milhões de libras esterlinas. Posteriormente, passaram a fazer parte das Empresas Incorporadas ao Patrimônio Nacional.

Essa data marca o início da longa decadência de *A Noite*, que alegava na época a extraordinária tiragem de 200 mil exemplares. O superintendente do jornal e das outras empresas da União passou a reger-se pelas instruções dos ministros da Fazenda e da Viação. O coronel Luiz Carlos da Costa Netto foi nomeado superintendente da Estrada de Ferro São Paulo-Rio Grande. A presidência de *A Noite* ficou com José Eduardo de Macedo Soares, diretor também do *Diário Carioca*; na direção, Cypriano Lage ocupou o posto de redator-chefe e André Carrazzoni, de diretor-secretário – posteriormente este também assumiria o papel de censor. Outro chefe da censura federal, Heitor Muniz, também dirigiu o jornal. Durante um longo período, Carvalho Netto seria redator-chefe de *A Noite*, bem como Carrazzoni seria diretor do jornal e superintendente das Empresas Incorporadas ao Patrimônio Nacional.

Na nova fase, *A Noite* se considerou na obrigação de elogiar todas as figuras públicas do país e de apoiar todos os governos. Passou a funcionar como mais uma repartição, com repórteres funcionários públicos, que representavam uma escassa ameaça aos outros jornais na disputa de ser o primeiro a publicar uma informação. Edmar Morel diz que o medíocre secretário do jornal, Carvalho Netto, também inspetor da Guarda Noturna, era incapaz de escrever uma nota de aniversário.[45] Um dos gestores, para economizar dinheiro, mandou cancelar o serviço telegráfico de informação internacional e demitiu os correspondentes no exterior, cujo único pagamento era uma assinatura anual. No entanto, nesse período, *A Noite* ajudou a revelar escritores desconhecidos, como Clarice Lispector.

Em São Paulo, circulou um jornal com o nome de *A Noite* em 1942. Pertencia, como seu homônimo do Rio, às Empresas Incorporadas ao Patrimônio da União, e pode ser considerado uma edição paulista do diário carioca. Seu diretor era o poeta Menotti Del Picchia, primeiro diretor do Departamento Estadual de Imprensa e Propaganda (DEIP) de São Paulo.

UM LONGO DECLÍNIO

Houve tentativas de mudança. Morel afirma que o português Vasco Lima – o mesmo que teria traído a confiança de Irineu Marinho aliando-se a Geraldo Rocha em 1925 e que escrevera a reportagem sobre a morte de Lampião – tentou tirar *A Noite* da bancarrota e deu o melhor de sua vida pelo jornal. Em 1945, o empresário paulista Samuel Ribeiro fez uma proposta de compra, mas se cansou de esperar por uma resposta.

O ministro do Supremo Tribunal Federal, José Linhares, que assumiu interinamente a presidência da República em 1945 depois que Getúlio Vargas foi deposto, "preparou, a toque de caixa, um estranho projeto: a venda, em concorrência pública, no prazo de 20 dias, do acervo de *A Noite*, simultaneamente com a entrega da Rádio Nacional ao Ministério de Educação". As rotativas ficariam com a Imprensa Nacional. Diante da pressão dos jornalistas-funcionários, porém, o presidente-eleito, Gaspar Dutra, parou o projeto e disse: "*A Noite* jamais será vendida". A partir da ascensão de Linhares e depois de Dutra à presidência, o jornal passou a atacar Vargas com o mesmo entusiasmo com que pouco tempo antes o defendera.

Em 1946, um decreto-lei autorizou o Ministério da Fazenda a arrendar o jornal, por 15 anos, a uma empresa formada por funcionários, com opção de compra, sem que seus membros perdessem os direitos trabalhistas. O decreto nunca foi regulamentado. Os prejuízos do jornal de 1940 a 1950 somavam Cr$ 115 milhões. A morte violenta em 1954 de um dos repórteres do jornal causou um sério problema no segundo governo Vargas. Nestor Moreira, que era um bom apanhador de informações, mas não conseguia escrever dado "o seu permanente estado de embriaguez",[46] discutiu com um motorista de táxi e foi morto a pancadas pelo policial Paulo Peixoto, o "Coice de Mula". Mais de 200 mil pessoas foram ao seu enterro e, no funeral, acirrou-se a inimizade entre Samuel Wainer e Carlos Lacerda, que recebeu nessa ocasião o apelido de "Corvo".

Quando Café Filho assumiu a presidência após o suicídio de Vargas em 1954, seu assessor, Odylo Costa Filho, tentou modernizar o jornal e tirá-lo da modorra em que se encontrava. Contratou Carlos Castello Branco como chefe da redação. Segundo Villas-Bôas Corrêa, nesse período, de "revolução modernizante", "sua reportagem política saiu do fosso e teve seus curtos dias de brilhareco".[47] *A Noite* melhorou por alguns meses antes de voltar à sua apatia habitual. Em 1956, Hélio Fernandes, no início da presidência de Juscelino Kubitschek, assumiu a chefia da redação e tentou, também inutilmente, reanimar o velho jornal.

Em 27 de dezembro de 1957, *A Noite* parava de circular, mas pouca gente percebeu. Segundo comentou um funcionário, "tinha mais gente para receber do que para trabalhar". A interpretação na época foi de que o jornal fora fechado para dar lugar a uma emissora de televisão. O déficit nesse ano foi de Cr$ 26,5 milhões, de acordo com a administração; perdia dinheiro desde 1943. O passivo a descoberto chegava a 228 milhões.[48]

Em 1959, numa iniciativa de Manoel Cardoso de Carvalho Netto, antigo diretor do jornal, diversos funcionários compraram o título de *A Noite* em hasta pública e fundaram a Empresa Jornalística Castellar (o nome era uma homenagem a Castellar de Carvalho, já falecido), com capital de Cr$ 1 milhão, dos quais apenas 100 mil foram realizados. Carvalho Netto era superintendente e Lincoln Massena, antigo secretário do jornal, o redator-chefe. Uma edição de quatro páginas foi publicada em 26 de dezembro desse ano. Foi a única.

Um ano depois, em dezembro de 1960, *A Noite* foi relançada de novo por Frederico C. Mello, dono de uma rede de postos de gasolina no Rio. O diretor era Celso Kelly, e o redator-chefe o veterano Lincoln Massena. Em junho de 1961, assumiu a direção Mário Martins, que acabava de renunciar a sua cadeira de deputado federal pela União Democrática Nacional (UDN) e se recusara a aceitar cargos no governo. O jornal apoiou a posse do vice-presidente João Goulart, depois da renúncia de Jânio Quadros. Mário Martins escreveu na primeira página que pessoalmente sempre fora adversário intransigente de Goulart. "Nunca ele teria o meu voto, nunca minhas críticas lhe foram poupadas. Nem por isso, entretanto, posso negar-lhe o direito que a República lhe deu pelo sufrágio popular e pela letra da Constituição". *A Noite*, assim como outros jornais e as agências internacionais de notícias, foi submetida à censura e sua redação ocupada por ordem do governador Carlos Lacerda. Teve também, como o *Correio da Manhã*, exemplares apreendidos nas bancas. Mário Martins rompeu com Lacerda.

A Noite publicou uma série de reportagens críticas sobre os danos ambientais da expansão, em área protegida, do projeto imobiliário do parque Lage, de Arnon de Mello e Roberto Marinho. *O Globo* reagiu com a informação de que um posto de Frederico Mello adulterara os medidores de gasolina. A denúncia não foi confirmada, mas Frederico, depois de afirmar sua inocência no jornal, determinou que parassem as reportagens sobre o parque Lage. Mário Martins deixou no mesmo dia a direção de *A Noite*.[49]

Durante a campanha para as eleições de 1962 ao Congresso, o jornal alugou sua opinião, nos meses de agosto a outubro, à Incrementadora de Vendas Promotion. *A Noite* receberia Cr$ 5 milhões para apoiar os candidatos da Ação Democrática Parlamentar e da Ação Democrática Popular (Adep), entidades conservadoras e de oposição ao governo de João Goulart. A Promotion colocou dez jornalistas na redação para controlar os editoriais, dar a linha política e preparar a primeira página; o jornal se comprometia a nada publicar contra essa orientação. Houve também outro grupo, do incorporador imobiliário Santos Vahlis, interessado em arrendar o jornal por 4 milhões. O proprietário disse que o jornal era deficitário, devia 18 milhões, e tentou vendê-lo à Promotion, que não aceitou a proposta. Em maio de 1963, *A Noite* foi adquirida por Eurico de Oliveira. Fechou em agosto do ano seguinte, em 1964, meses depois do golpe militar. Foi, aparentemente, o fim do maior jornal que o Brasil já teve.

O IMPARCIAL
(1912-29)

Fundador: José Eduardo de Macedo Soares

O PRIMEIRO DIÁRIO ILUSTRADO

Folha nitidamente política, *O Imparcial* foi fundado por José Eduardo de Macedo Soares, em 13 de agosto de 1912, para fazer oposição ao governo do marechal Hermes da Fonseca e apoiar a Ruy Barbosa.[1] Depois do terceiro número, suspendeu a publicação para consertar as máquinas e só reapareceu quatro meses mais tarde, no dia 7 de dezembro, com novo logotipo.[2]

Ao voltar, Macedo Soares, o diretor, reiterou que o jornal "não tem ligações políticas, sociais ou econômicas que perturbem a sua liberdade de julgamento, sublinhada pela independência de seus diretores e pela situação financeira da empresa". Nesse mesmo artigo, ele fustiga o governo ao dizer que: "O fato essencial neste momento político é, evidentemente, o assalto militarista à soberania da nação" e o caudilhismo retórico coberto de ridículo. Na verdade, os diretores estavam comprometidos politicamente, e a situação financeira da empresa era precária. O jornal foi bem recebido pelo público.

José Eduardo de Macedo Soares nasceu numa tradicional família fluminense dona de terras em Saquarema, na região dos Lagos. Foi primeiro-tenente na Marinha antes de dedicar-se ao jornalismo. Era conhecido pela habilidade com que esgrimia uma pena incisiva e pelo humor ferino e seco.

O Imparcial, "diário ilustrado do Rio de Janeiro", publicado pela Companhia Brasileira de Publicidade (com sede em São Paulo), como dizia na primeira página, estava inspirado no parisiense *Excelsior*, lançado em 1910,[3] e no londrino *Daily Mirror*, de 1903. Era um jornal de pequeno formato, algo maior que o tabloide, composto em cinco colunas, exatamente como o modelo francês, e se caracterizou por valorizar a imagem ao publicar páginas inteiras só com fotografias: havia cinco na primeira página do primeiro número.[4] Sua apresentação gráfica era limpa e ordenada, que contrastava com a diagramação confusa e caótica da maioria dos jornais.

O Imparcial recebia informações da Agência Americana, de capital nacional, e foi o primeiro diário do país a contratar os serviços da agência de notícias estadunidense United Press, marcando o início do fim do monopólio que a agência francesa Havas tinha no Brasil. Como a maioria dos jornais, publicava também os resultados do jogo do bicho.

Contou ocasionalmente com colaboradores como Ruy Barbosa, José Veríssimo, João Ribeiro, Vicente de Carvalho, Alberto Torres, Júlia Lopes de Almeida, Osório Duque Estrada, Osório Borba e ilustradores como Raul Pederneiras, mas não chegou a ter na imprensa carioca a expressão de outros jornais de combate, como o *Correio da Manhã*.

O desenhista J. Arthur publicou no jornal ilustrações de enorme repercussão, com charges de página inteira que seguiam a linha crítica dos artigos de Macedo Soares contra o governo de Hermes da Fonseca; seu principal alvo era o político gaúcho Pinheiro Machado.

O principal e mais corrosivo chargista de *O Imparcial* era o gaúcho Max Cesarino Yantok. Em parceria com Humberto de Campos, redator do jornal, inventou a palavra urucubaca, para referir-se ao presidente Hermes da Fonseca como ave de mau agouro, que ele desenhou repetidas vezes; a expressão teve grande divulgação no país inteiro como sinônimo de "má sorte", "azar".[5] Yantok também desenharia para *A Manhã* de Mário Rodrigues.

O Imparcial foi uma folha combativa, cujas posições eram expostas com a verve e a veemência que caracterizavam a personalidade de Macedo Soares. Como escreveu Humberto Ribeiro, o jornal "era dele e era ele"; seus artigos não eram usados para ferir fundo e sangrar, mas para atingir a pele do adversário e lhe deixar cicatrizes. Pela irreverência e bom humor, *O Imparcial* foi chamado por Humberto de Campos o "Departamento Nacional da Blague". Foi nesse jornal que Campos atacou cruelmente seu desafeto João do Rio (Paulo Barreto) até o ponto de a mãe deste ir ao jornal e pedir-lhe, chorando, que parasse de agredir o filho com suas crônicas.

Em 1914, *O Imparcial* foi proibido de publicar os agressivos discursos que Ruy Barbosa fazia no Senado contra Hermes da Fonseca. Ruy conseguiu um *habeas corpus* que acabava com a censura, mas o governo reagiu prendendo Macedo Soares e Edmundo Bittencourt, do *Correio da Manhã*, e os diretores de outros jornais, como *Época*, *Última Hora*, *Careta* e *A Noite*, que também apoiavam o movimento "civilista".[6]

Macedo Soares fugiu da prisão num episódio rocambolesco que parece extraído de um romance de aventuras. Bem-humorado, perguntou ao tenente de guarda se era difícil fugir. Este enumerou as sentinelas, detalhou a planta do quartel e disse que durante o dia seria impossível. Macedo comentou que tinha visto as sentinelas dormirem entre 4 e 6 da manhã. O tenente mandou reforçar a vigília dos soldados. Macedo, com um bigode artificial e um *pince-nez* fugiu ao cair da tarde, no fim da hora das visitas, que coincidia com a troca da guarda.

Posteriormente seria eleito e reeleito deputado federal pelo Partido Republicano Fluminense.

ACORDO COM *LA NACIÓN*

Nos primeiros anos da Primeira Guerra Mundial (1914-8), João Ribeiro defendia em suas páginas a tese da neutralidade do Brasil. Em abril de 1917, para melhorar as informações sobre o conflito, *O Imparcial* faz um acordo com o jornal *La Nación* de Buenos Aires, que tinha uma ampla rede de correspondentes internacionais, e com a agência de notícias norte-americana United Press. Como escreveu ao anunciar o acordo, *O Imparcial* rompia com "a extraordinária anomalia da informação restrita e de uma única fonte que até agora alimenta a totalidade da imprensa brasileira". No ano seguinte, seu concorrente *O Paiz* foi o segundo jornal a receber as informações da United Press. *O Imparcial* utilizava também os serviços, precários, da Agência Americana, de capital nacional, subsidiada pelo Itamaraty.

Depois, o jornal trocaria os serviços da United Press pelos de sua concorrente, Associated Press, também norte-americana, e passaria a receber, por telégrafo, junto à *La Nación*, as informações do *The Times* de Londres e do *The New York Times*. Esses serviços, extraordinariamente caros, não levaram ao jornal os leitores que esperava e representaram um enorme fardo em suas finanças.

Macedo Soares, embora rico, não quis ou não tinha condições de cobrir as despesas sozinho e teve que ceder parte do controle do jornal. Em 1921, o capital da S.A. "O Imparcial" foi aumentado de 600 para 1.000 contos de réis. O aumento foi totalmente subscrito por Geraldo Rocha, que já era acionista e foi eleito vice-presidente da sociedade. J. E. de Macedo Soares era presidente; Virgílio de Mello Franco e João Mangabeira, diretores. Nesse mesmo ano, Rocha teria tentado assumir o controle da empresa. Em 1925, ele conseguiria controlar *A Noite* quando seu fundador e diretor, Irineu Marinho, estava na Europa.

Macedo Soares continuou participando ativamente da vida política. Não só apoiou, nas páginas do jornal, os "tenentes" que em 1922 se levantaram no forte de Copacabana, como também, nesse episódio, participou pessoalmente do assalto à companhia telefônica de Niterói para dificultar a comunicação com o Rio. Numa súbita mudança de opinião, que não seria a única, passou a declarar sua simpatia por Hermes da Fonseca, que antes tanto criticara e que o colocara na prisão. Nessa ocasião, seus inimigos eram Epitácio Pessoa e Arthur Bernardes, sobre quem descarregou sua ira; deu apoio à candidatura de Nilo Peçanha.

Eleito Bernardes, em 1922, *O Imparcial* foi fechado durante sete meses durante a revolta do general Isidoro Dias Lopes em São Paulo. Macedo Soares, preso novamente, fugiu de maneira também rocambolesca da prisão na ilha Rasa: pela porta da frente, vestindo sobre a roupa de presidiário um terno levado por seu irmão.[7] Pediu asilo na embaixada argentina e exilou-se em Paris, onde viveu alguns anos. Nesse ano de 1922, Geraldo Rocha não constava mais como acionista da empresa; o controle passou para Álvaro e Mário Rodrigues de Vasconcelos. O jornal entrou em decadência e os salários atrasavam regularmente. Houve dias em que só dois jornalistas apareceram para trabalhar.

O Imparcial foi vendido em 1923 a Henrique Lage, um empresário com negócios nas áreas de construção naval e de navegação e dono do parque Lage, um dos mais famosos e tradicionais pontos do Rio. Em face da mudança de orientação política, grande parte da redação saiu para participar do lançamento de *A Nação*, diário dirigido por Leônidas de Rezende e Maurício de Lacerda, que orientara politicamente *O Imparcial* antes de ser vendido. Vários desses jornalistas que mudaram de jornal, entre eles Astrojildo Pereira, Octavio Brandão, Paulo Lacerda, eram membros do recém-fundado Partido Comunista.

Lage era amigo do presidente Arthur Bernardes, seu padrinho de casamento com a cantora lírica italiana Gabriella Besanzoni, e colocou o jornal a seu serviço. Lage, precavido, financiou também o vespertino *A Tribuna*, que fazia oposição ao governo. Os dois jornais ocupavam a mesma sede, eram compostos e impressos nas mesmas oficinas e foram administrados pelo mesmo gerente. Durante o estado de sítio, um apoiava o governo e o outro publicava os discursos inflamados dos revoltosos, além de dar apoio à Coluna Prestes. Tanto *O Imparcial* quanto *A Tribuna* eram deficitários e dependiam da generosidade do seu dono.

A qualidade de *O Imparcial* caiu abaixo do sofrível. As manchetes abordavam assuntos que dificilmente poderiam interessar a seus leitores. Num dia, o título principal dizia: "A batalha de Coronel/Primeira derrota inglesa depois de Trafalgar/Aniversário de uma batalha famosa". A batalha naval a que se referia, com uma extraordinária riqueza de detalhes, era de novembro de 1914, dez anos antes. Além de cometer um grave erro histórico: a Inglaterra não foi derrotada em Trafalgar; pelo contrário, em 1805, o país derrotou uma esquadra de navios franceses e espanhóis. Em outra ocasião, a matéria de destaque foi a história do guarda-chuva; em outra, as praias de banho estrangeiras, que dividiam a atenção na primeira página com a história de Cartago. Tinha perdido a espontaneidade, a agilidade e a agressividade dos primeiros anos.

Quando, com o governo de Washington Luís, foi restaurada a liberdade de imprensa, *A Tribuna*, o outro jornal de Lage, deixou de circular. Ele, sem o compromisso de apoiar o presidente-padrinho, vendeu *O Imparcial* a um grupo do qual participaram Ferdinando Labouriau Filho, Mattos Pimenta e Mário de Brito, ligados ao Partido Democrático formado em São Paulo como uma dissidência do Partido Republicano Paulista. Continuava em decadência acelerada e desapareceu num dia do Carnaval de 1929: um incêndio acabou com o velho casarão histórico que era a sua sede e o jornal deixou de circular.

O Imparcial dos primeiros anos foi o antecessor do *Diário Carioca*, fundado por José Eduardo de Macedo Soares em julho de 1928, que levou com ele uma boa parte de sua antiga redação.

MESMO NOME, JORNAL DIFERENTE

Outro diário com o nome de *O Imparcial* foi lançado em maio de 1935, quando a Constituição, que garantia a liberdade de imprensa, estava em vigor. Seu fundador foi José Soares Maciel Filho.[8] Foi um jornal de poucos recursos e pequenas dimensões, com formato tabloide, pobre graficamente. Foi lançado depois que Maciel Filho deixou o jornal *A Nação*, no qual fazia moderadas críticas ao governo, levando quase toda a redação.

O novo jornal passou a fazer uma oposição, a princípio suave e depois contundente, ao governo de Getúlio Vargas, chegando a escrever que a Revolução de 1930 tinha colocado uma gangue no poder para garantir a ditadura. Mudou de orientação em 1937, ao deixar a linha que o jornal dizia ser liberal: alertou contra o perigo comunista, deu apoio a Vargas – "um grande estadista", "um homem providencial" – e defendeu a implantação do Estado Novo e o retorno ao estado de guerra. Aplaudiu a invasão do jornal *O Estado de S. Paulo* e a orientação de submissão ao governo dada a esse jornal pelo interventor. Mostrou simpatia pela Itália de Mussolini quando invadiu a Etiópia. Mas durante os primeiros anos da Segunda Guerra Mundial abraçou a causa aliada. Problemas econômicos provocaram seu fechamento em 1942.

O JORNAL
(1919-74)

Fundador: Renato de Toledo Lopes

ÓRGÃO LÍDER DE UM IMPÉRIO EFÊMERO

O Jornal ganhou notoriedade por ter sido a primeira peça na construção dos Diários Associados de Assis Chateaubriand, o maior império de comunicação que o Brasil já teve. Foi seu "órgão líder", um título vazio que carregou até desaparecer. Teve influência política e cultural em seus primeiros anos de vida, para depois se tornar irrelevante.

O Jornal foi fundado no Rio de Janeiro em junho de 1919, meses depois do fim da Primeira Guerra Mundial, por Renato de Toledo Lopes. Ele tinha sido editor da edição vespertina do *Jornal do Commercio*, mas se desentendeu com Félix Pacheco, o diretor, e deixou a empresa, acompanhado de um grupo de jornalistas, para lançar o novo diário.

O nome *O Jornal* foi interpretado como uma provocação de Toledo Lopes a seu antigo empregador. O *Jornal do Commercio* era normalmente conhecido como o *Jornal*, tanto para se referir a ele numa conversa como para comprá-lo na banca, onde ninguém pedia o *Jornal do Commercio*, mas o *Jornal*.

Acontece que Toledo Lopes não tinha o dinheiro necessário para o empreendimento. Teria colocado somente 50 contos de réis na Empresa Graphico Editora; o resto do capital foi aportado por outros sócios. Na época, correram rumores de que fora financiado por Pandiá Calógeras, Pires do Rio e Miguel Arrojado Lisboa. Eles queriam um órgão que apoiasse a instalação de uma usina siderúrgica com capital estrangeiro, que seria a primeira de grandes dimensões do Brasil.

Efetivamente, *O Jornal* apoiou o projeto siderúrgico em suas páginas. Mas, como a usina não chegou a ser construída, os outros sócios perderam interesse na publicação e, um ano depois do lançamento, cederam ou venderam a sua parte por um preço simbólico – praticamente "de mão beijada". Com um baixo investimento, Toledo Lopes se tornou o único dono de um jornal diário.

De sua redação, surgiriam alguns dos principais escritores brasileiros da primeira metade do século XX. Alceu Amoroso Lima, que adotou desde o início de sua colaboração o pseudônimo de Tristão de Athayde – nome de um pirata português que operava nos mares da África –, fez a crítica de livros na seção "Bibliographia"; Sérgio Buarque de Holanda escrevia ensaios. Colaboravam também Fidelino de Figueiredo, Milton Campos, Jackson de Figueiredo, Ronald de Carvalho.

O secretário era o português Victorino d'Oliveira, que tinha ocupado o mesmo cargo na *Gazeta de Notícias*, participara do lançamento de *A Noite* e tinha fama de bom "cozinheiro de jornais"; ele havia ocupado um lugar de destaque na *Gazeta de Notícias* e n'*A Rua*. Outro colaborador dos primeiros tempos, Carlos Rizzini, seria diretor-geral dos Diários Associados e um dos mais respeitados historiadores da imprensa brasileira. Segundo escreveu anos mais tarde Tristão de Athayde, Toledo Lopes quis "criar um jornal dos tímidos, dos inéditos, dos não jornalistas profissionais, dos amadores de boa vontade". Ele, porém, não esclarece se essa ausência de profissionais foi uma forma de conseguir quem escrevesse por salários ainda inferiores à parca remuneração que os jornalistas recebiam na época.

Apesar da redação amadora, *O Jornal* conseguiu sobreviver. Não era de excepcional qualidade, mas ocupou um lugar no mercado das publicações dirigidas à elite do Rio de Janeiro. O diário de maior prestígio, e com o qual pretendia competir, ainda era o *Jornal do Commercio*, embora sem a antiga influência. *O Paiz* e a *Gazeta de Notícias* tinham entrado num processo de decadência e o *Correio da Manhã* ainda era visto como um agressivo jornal popular, setor em que competia com *A Noite*. *A Notícia* era uma folha governamental de pouca expressão e o *Jornal do Brasil* tentava superar problemas econômicos. *O Jornal* conseguiu manter-se no mercado. Conservador, adotava "posições moderadas e oficiais", como escreveu Belarmino Austregésilo de Athayde, que seria presidente da empresa editora do jornal.

Vez por outra, *O Jornal* cometia gafes de bom tamanho. Quando os telegramas das agências de notícias informaram a queda do gabinete francês, fato habitual num regime parlamentarista, a primeira página publicava com destaque: "Golpe de Estado na França", título dado por um redator de plantão pouco familiarizado com a política internacional.

Alguns redatores eram também agentes publicitários. Victor do Espírito Santo conta que Júlio Medeiros, redator de assuntos de medicina, intermediava anúncios e que suas comissões eram várias vezes superiores ao seu salário de jornalista. Os procedimentos para convencer os anunciantes eram pouco ortodoxos. Na seção "A pedidos", ele, ou alguém a seu encargo, alfinetava anonimamente ou chegava às ofensas pessoais contra um abastado comerciante português conhecido como "Marinho das Malas". O próprio Medeiros escrevia uma longa resposta, que era publicada como matéria paga, e embolsava a comissão.

Um editorialista, Pedro Libório, alertava a redação contra as artimanhas da Light, a concessionária de energia elétrica, e do seu "serviço de publicidade e corrupção". Segundo ele, a Light pagava vários jornalistas para que escrevessem agressivos artigos contra a empresa, mas sempre sobre questões em que ela estivesse bem coberta e com razão, para depois reagir publicamente e alegar ser vítima de jornalistas mal-informados. "A Light é perigosa", dizia.[1]

Havia também "os invisíveis da Light", tanto diretores como jornalistas que colocavam notícias favoráveis à empresa em troca de dinheiro e de empregos. Curiosamente, a Light, contra cujos procedimentos Pedro Libório alertava, seria uma das artífices e financiadoras da mudança de controle de *O Jornal*.

CHATÔ QUER UM JORNAL

Em 1924, Renato de Toledo Lopes colocou *O Jornal* à venda. Sua situação era precária, pois tinha atacado o presidente Epitácio Pessoa e dado apoio a Nilo Peçanha contra Arthur Bernardes, que ganhou as eleições. Francisco de Assis Chateaubriand Bandeira de Mello ("Chatô"), natural de Umbuzeiro, na Paraíba, como Epitácio, jornalista e advogado de prestígio, ficou interessado.

Já em 1917 ele manifestara, no Recife, seu objetivo de ter não apenas um jornal próprio, como também uma cadeia de publicações em vários estados. No Rio de Janeiro, ele recebeu uma proposta de Pedro Lessa e Afonso Vizeu para juntar-se a eles e lançar um jornal popular; Chateaubriand recusou. Como explicou a seu amigo Eugênio Gudin: "O que eu mais almejo é ter um diário, 'seu' Gudin. A proposta deles era muito tentadora e os dois são meus amigos. Mas jornal é como mulher: não dá para dividir com sócios. Prefiro esperar mais tempo e ter um sozinho". "Seu Gudin, eu só advogo para ganhar dinheiro e comprar um jornal".[2] A Austregésilo de Athayde, comentando o atraso dos jornais brasileiros, ele dizia: "Vamos dar lições a esses bugres da imprensa brasileira".[3]

Quando achou que chegara o momento oportuno, fez uma oferta a Irineu Marinho pelo controle d'*A Noite*, que foi recusada; foi depois atrás do *Jornal do Brasil*, que segundo seu dono, o conde Ernesto Pereira Carneiro, não estava à venda. Fernando Morais diz que Chateaubriand desconfiava de que o presidente da República, o nacionalista Arthur Bernardes, estivesse atrás das negativas, mas isso era pouco provável. Certamente, Irineu não vendeu porque ele também queria ter o seu próprio jornal; quando perdeu *A Noite* para Geraldo Rocha, não demorou em lançar outro diário, *O Globo*. E a Pereira Carneiro, um homem muito rico, o jornal lhe dava um prestígio que não conseguia com os outros negócios. Eles tinham poucos motivos para vender, com ou sem pressão do presidente.

Chateaubriand também quis o *Jornal do Commercio*, pelo qual pediam 4,5 mil contos de réis. Conseguiu uma opção de compra usando como intermediário Raoul Dunlop, presidente da Liga do Comércio do Rio, para que o seu nome não aparecesse, e pediu a Júlio Mesquita, dono de *O Estado de S. Paulo*, que mandasse seu gerente ao Rio para auditar as contas. Quando a venda esteve prestes a ser concluída, o presidente Bernardes, ao saber o nome do real comprador, pressionou para que não fosse concretizada. O controlador, Antonio Ferreira Botelho, teria dito que não tinha como resistir às pressões do presidente da República. Félix Pacheco, ministro das Relações Exteriores de Bernardes e antigo redator-chefe do *Jornal do Commercio*, havia dito a Bernardes que os verdadeiros compradores seriam Alexander Mackenzie da Light e Percival Farquhar da Brazil Railway.[4] Foi talvez uma manobra de Félix Pacheco, que não demorou em comprar, ele mesmo, o *Jornal do Commercio*.

De novo, Chateaubriand utilizou um preposto nas negociações de compra de *O Jornal* para evitar o veto de Bernardes, e novamente pediu a Júlio Mesquita que mandasse o seu gerente para verificar as contas. Teria ficado furioso quando soube que Toledo Lopes queria 6 mil contos de réis: 300 contos como "sinal", 1,5 mil em 60 dias e 4,2 mil em 15 prestações mensais mais os juros.

CHATÔ COMPRA *O JORNAL*

Chateaubriand queria muito ter um diário e concordou com o preço. Só dispunha de 170 contos, mas o fato de não ter o dinheiro necessário nunca foi, para ele, um obstáculo intransponível na hora de fazer negócios. Ele completou 130 contos para o sinal com um empréstimo de seu amigo Cândido Sotto Mayor, dono de uma seguradora. Os 1,5 mil foram obtidos com o aval do paulista Alfredo Pujol.[5] Para tentar conseguir o restante do dinheiro, ele vendeu à burguesia de São Paulo, com a ajuda de Mesquita e Pujol, e à de Minas Gerais, por intermédio de Rodrigo de Mello Franco, ações de uma empresa, a Sociedade Anônima O Jornal, que ainda não existia. Com todas essas operações, Chateaubriand teria conseguido levantar 4,5 mil contos. "As classes conservadoras não querem um jornal equilibrado que defenda os 'grandes interesses nacionais'? Que paguem por isso!", dizia ele.[6]

Faltavam, portanto, 1,5 mil contos para completar os 6 mil contos pedidos. O presidente Bernardes concluiu que a diferença deveria ter sido coberta por Alexander Mackenzie ou por Percival Farquhar, ou por algum outro grande investidor estrangeiro.

Na verdade, a Light seria um dos suportes de Chateaubriand na construção do seu império. O jornalista Carlos Castello Branco, que trabalhou para Chateaubriand, escreveu que, para comprar *O Jornal*: "Pela dinâmica da empresa, ele passou a tomar dinheiro de quem tinha dinheiro, que eram a Light e as grandes empresas, como a Itabira Iron, dona da concessão de minério de ferro de Itabira. Ficou muito ligado a esse grupo de multinacionais que estava entrando no Brasil".[7]

Outras fontes da época contam a transação de outra maneira. Antonio Leal da Costa, diretor interino de *A Noite*, escreveu a Irineu Marinho, o proprietário desse jornal, que se encontrava na Europa:

> *O Jornal* foi vendido por 3 mil contos ao Assis Chateaubriand, isto é, à Associação Comercial e Liga do Comércio. Menos uma válvula para a oposição, que atualmente só conta com o *Correio* (em deplorável decadência) e *A Noite*. Isso vem mais ou menos confirmar o boato há muito corrente de que o governo espera unanimidade da imprensa até dezembro, sem que se diga como pretende consegui-lo.

De acordo com essa carta, a compra de *O Jornal* por Assis Chateaubriand era vista na época, por uma pessoa que conhecia bem a imprensa, não como um ato hostil ao governo de Arthur Bernardes, mas como uma forma de reduzir a oposição. Além disso, o valor mencionado é a metade do que afirma Fernando Morais e a origem dos recursos também é diferente.[8]

Alceu Amoroso Lima e Nelson Werneck Sodré também afirmam que Bernardes teria sido informado dos detalhes da operação e preferira não intervir. Carolina Nabuco, em sua biografia de Virgílio de Mello Franco, disse que foi este o verdadeiro negociador da compra de *O Jornal*,[9] pois teria sido graças a seu empenho pessoal com Bernardes que Chateaubriand conseguiu realizar a transação.[10] O ex-presidente Epitácio Pessoa, seu conterrâneo de Umbuzeiro, também teria ajudado na compra. O preço que ela menciona, de 5.800 contos, é próximo do citado por Fernando Morais. Aparentemente, portanto, o medo atribuído a Chateaubriand de que um veto do presidente inviabilizasse a venda do jornal talvez não esteja justificado.

Seja qual fosse a importância paga e a origem do dinheiro, em outubro de 1924, aos 32 anos de idade, Chateaubriand assumiu o controle d'*O Jornal* – que comprara, como a maioria de seus negócios, com o dinheiro dos outros. Nesse dia, tinha 20 mil-réis no bolso e a manga da camisa "rasgada do punho à axila", segundo o jornalista Mário Hora[11] – embora isso não signifique que ele estivesse pessoalmente na penúria, como se tem insinuado. Hora confirma que o preço da transação foi de 6 mil contos.

Toledo Lopes tinha feito um excelente negócio. Satisfeito com a venda e como reconhecimento à dedicação dos funcionários, correu a informação de ele distribuiria entre todos eles um terço do valor recebido, mas toda a gratidão do antigo proprietário "se resumiu em um magro almoço oferecido aos seus auxiliares. A parte que, se dizia, era destinada aos ex-companheiros foi usada numa viagem de recreio com sua família".[12] Posteriormente, ele entrou na carreira diplomática.

"PELA REAÇÃO CONSERVADORA"

Prudentemente, Chateaubriand colocou Epitácio Pessoa na presidência da empresa e os dois homens que o ajudaram a levantar o dinheiro, Pujol e Mello Franco, foram nomeados diretores. A redação foi reforçada. A direção foi ocupada por Azevedo Amaral e, quando este viajou à Inglaterra de novo como um correspondente, por Gabriel Bernardes. O redator-chefe era Saboia de Medeiros e, mais tarde, Austregésilo de Athayde; a redação de São Paulo ficou a cargo de Plínio Barreto. Manteve Amoroso Lima e Buarque de Holanda, e contratou como colaboradores os melhores escritores que encontrou: Pandiá Calógeras, Capistrano de Abreu, Humberto de Campos, Carlos de Laet, o visconde de Taunay, Fidelino de Figueiredo, Monteiro Lobato, Oswald de Andrade, Castro Maya, Miguel Couto, o ferino crítico Agrippino Grieco.

Procurou também nomes de prestígio no exterior, como Rudyard Kipling, o ex-presidente da França, Raymond Poincaré, o ex-primeiro-ministro liberal britânico, Lloyd George. Em termos políticos, as páginas da publicação eram surpreendentemente ecléticas; davam acolhida, no lugar de maior destaque, tanto aos artigos de Leon Trotski como de Benito Mussolini. Quase todas as colaborações internacionais eram fornecidas pelo New York American Syndicate, de William Randolph Hearst.

No dia 2 de outubro, quando foi comunicada aos leitores a mudança do controle da empresa, Chateaubriand deixou clara, no artigo "Pela reação conservadora", a orientação política que queria dar a *O Jornal*:

> [...] atento à tradição conservadora do jornal, a situação social e econômica da nação brasileira exige uma ação mais enérgica e decidida, um "coup de barre" mais vigoroso para a direita, um combate mais renhido contra os males e vícios que atacam o organismo nacional. [...] *O Jornal* teria orientação conservadora, prestigiando inclusive a autoridade, sem deixar de assinalar os erros e desvios dos negócios públicos.

Para reforçar essa posição conservadora, ele polemizou com o *Jornal do Commercio* quando este defendeu "a lei de oito horas". Argumentava Chateaubriand que jornada de trabalho de oito horas e desemprego eram quase sinônimos. Ele detestava os nacionalismos, cantava loas ao capital estrangeiro e cortejava os mesmos capitalistas que dizia desprezar.

Na nova fase, *O Jornal* ganhou vigor. Era bem-feito e bem escrito e, segundo Barreto Leite Filho, que trabalhou nele, de alto nível, erudito, com editoriais magistrais e separando a opinião da informação. Publicava reportagens, muito raras numa época em que predominavam os artigos. Iniciou campanhas pelo uso do cheque, pela preservação dos monumentos históricos, pela aviação nacional, pela alfabetização. Promoveu um concurso brasileiro de beleza, Miss Brasil, pedindo aos leitores que recortassem um cupom no jornal e votassem pela "mais linda patrícia", e criou um torneio internacional de xadrez. A exemplo dos jornais norte-americanos, nos quais se inspirou, publicou histórias em quadrinhos, entre as primeiras da imprensa brasileira.[13] A circulação reagiu diante de tantos estímulos e chegou a 40 mil exemplares. *O Jornal* levantava voo. No futuro, seria criado um suplemento literário de boa qualidade, no qual colaboraram alguns dos melhores escritores brasileiros.

Um jornal assim era caro. A receita publicitária de toda a imprensa brasileira era extremamente baixa em comparação não apenas com a da Europa ou a dos Estados Unidos, mas também em relação à Argentina. Para mudar a situação e não depender excessivamente da venda avulsa, Chateaubriand contratou o diretor do departamento de publicidade do *New York Journal American*, diário da cadeia Hearst, que transportou para *O Jornal* as técnicas de promoção e de vender anúncios empregadas nos EUA. No prazo de um ano, a receita publicitária tinha dobrado e o número de páginas aumentou; chegou a publicar um suplemento em rotogravura impresso por *La Nación* de Buenos Aires – essa técnica de impressão ainda não tinha chegado ao Brasil.

APOIO À COLUNA PRESTES

A linha política do jornal oscilou. Toledo Lopes tinha atacado o governo de Epitácio Pessoa; Chateaubriand o nomeara presidente da empresa. Seu grande inimigo político e alvo de sua fúria era o presidente da República, Arthur Bernardes. Combatia o seu nacionalismo e lhe atribuía o fracasso de suas tentativas de comprar outros jornais. *O Jornal* deu, talvez, a mais ampla cobertura da imprensa brasileira à Coluna Miguel Costa/Prestes, que lutava contra as tropas de Bernardes. Fez entrevistas com seus líderes, destacou o lado romântico da longa marcha pelo interior do Brasil e abriu uma subscrição em dinheiro para ajudar os rebeldes.

Desgostoso com o pedido de perdão para os integrantes da Coluna feito pelo jornal, o presidente da empresa, Epitácio Pessoa, deixou o cargo. Mas se *O Jornal* atacava Bernardes, por outro lado, aproximou-se de políticos aliados do governo, como os gaúchos Getúlio Vargas, que se tornaria um assíduo frequentador da redação, e Lindolfo Collor.

Logo ficou evidente o que seria uma característica das relações de Chateaubriand com os seus jornalistas: o atraso no pagamento das colaborações e dos salários. Nem sempre por falta de dinheiro, mas também por desorganização administrativa e pela despreocupação com as consequências. Austregésilo de Athayde, o novo redator-chefe, perguntou a Carlos de Laet por que deixara de escrever e este alegou que "corria na praça" que Chateaubriand não pagava ninguém. Como Athayde insistiu, Laet disse que entregaria o artigo se fossem pagos na hora os 50 mil-réis combinados: "Você vai lá em cima e desce com os 50 mil-réis que eu lhe entrego o artigo". Laet seria um dos raros colaboradores a receber de maneira pontual e passou a vangloriar-se disso publicamente. A situação levou Capistrano de Abreu a queixar-se com Pandiá Calógeras de que Laet recebia pontualmente pela sua colaboração de quatro artigos por mês, mas ele ainda não tinha visto a cor do dinheiro. Chateaubriand, amigo e admirador de Capistrano, mandou pagar-lhe 500 mil-réis.[14]

Mas a prática de atrasar, ou mesmo de não pagar, continuou. Depois de ficar várias semanas sem que, por ordem de Chateaubriand, seus artigos fossem publicados, Tristão de Athayde pediu demissão em 1946: não recebera, nos últimos 17 anos, o pagamento pelos seus artigos, a Cr$ 50 cada um – o mesmo valor de 50 mil-réis estipulado no lançamento de *O Jornal*, em 1919.

UMA CADEIA DE PUBLICAÇÕES

Os bons resultados do jornal levaram seu dono a concretizar o sonho de possuir uma cadeia de publicações. A primeira tentativa foi um fracasso. Chateaubriand lançou uma edição vespertina de *O Jornal* que durou poucas semanas. Mas, em 1925, apenas alguns meses depois de ter adquirido *O Jornal* no Rio, comprou o *Diário da Noite* em São Paulo e a *Revista do Brasil*, dando início à construção do que seria a maior rede de jornais e meios de comunicação do país, que no começo teve o nome de "consórcio".

Para atender ao rápido crescimento tanto da circulação como do número de páginas, *O Jornal* adquiriu, também em 1925, uma nova rotativa, uma Hoe norte-americana com capacidade para 72 mil exemplares por hora. Mas quando era necessário publicar um suplemento especial em rotogravura, a impressão continuava a ser encomendada em Buenos Aires.

Comprar em pouco tempo dois diários, uma revista e duas modernas rotativas levantou as suspeitas do presidente Bernardes, que em 1925 montou em sigilo, aparentemente, uma operação para tirar de Chateaubriand o controle de *O Jornal* e revendê-lo a Renato de Toledo Lopes, seu fundador e primeiro diretor. Quem alertou Chatô da compra em curso de ações da Sociedade Anônima O Jornal, com recursos do Banco do Brasil, foi o engenheiro Arrojado

Lisboa, um dos sócios fundadores da publicação e diretor de várias companhias inglesas no Brasil. Da operação para afastá-lo teria participado um diretor da empresa, cujo nome Chateaubriand nunca revelou.

Chatô, porém, conseguiu convocar uma assembleia geral extraordinária de acionistas, mudar a diretoria e estipular que qualquer venda de ações deveria ter a aprovação da maioria dos acionistas; alguns deles, alertados do golpe, voltaram atrás e colaboraram com Chateaubriand com mais recursos. Epitácio Pessoa voltaria a ser presidente da empresa e Alfredo Pujol vice-presidente.[15]

Virgílio de Mello Franco conta uma história diferente. Segundo ele, *O Jornal* estava em péssima situação econômica e convenceu Chatô a vendê-lo. O comprador seria Fortunato Bulcão, mas este, depois de ter concordado com um preço elevado, desistiu da transação. A empresa teve que ser reorganizada.

> À vista disto fomos obrigados – digo fomos, porque, tendo eu garantido ao Chateaubriand que o negócio (a venda do jornal) se fazia, me sinto agora na obrigação moral de não o desamparar – fomos obrigados, dizia, a apelar para uma reorganização da empresa. [...] Como diretores do jornal propriamente dito, ficaremos Chateaubriand e eu.[16]

UM LIVRO DEVASTADOR

Chateaubriand dizia aos jornalistas que se quisessem manifestar livremente suas opiniões que comprassem um jornal. Mas quando escreveu o livro *Terra desumana: a vocação revolucionária do presidente Arthur Bernardes*, um verdadeiro libelo no qual se vinga de seu inimigo, ele incentivou seu redator-chefe, Austregésilo de Athayde, que discordava dele e admirava Bernardes, a publicar uma crítica no jornal. "Quero polêmica inteligente em meu jornal, 'seu' Athayde. E quero ver no fim quem tem razão. Mas que esse Bernardes é um cachorro, não tenha dúvida: ele é mesmo".[17]

A crítica do livro, devastadora, ocupou quase meia página. Começou assim: "Raramente tem passado pelas minhas mãos documento menos fiel à realidade do que este livro de Assis Chateaubriand analisando o presidente Bernardes em suas intenções e obras [...] e parece fora de toda justiça a interpretação dos fatos, por mais que o autor se proclame isento para fazê-la". Bernardes "era, na realidade, um amigo das classes pobres e frequentemente demonstrou vontade de protegê-las, tomando medidas que as acobertassem das explorações de açambarcadores e industriais insaciáveis". O livro, escreveu Athayde, "tem o indisfarçável objetivo de apresentar o presidente com as feições pavorosas de um monstro e que resultou desse intuito a deturpação da figura moral do homem, cujo trabalho de estadista permanecerá como um dos mais enérgicos concursos prestados à consolidação da república civil".

Em lugar da reação truculenta esperada, Chateaubriand disse a Athayde: "Queres ver as coisas sempre pelo lado do bom moço", e escreveu numa resposta também publicada em *O Jornal*: "Devo a Austregésilo de Athayde uma explicação honesta do meu livro. Não há autor que não sinta prazer em discutir com os críticos sinceros de sua obra". Disse que Athayde, com sua elegância de escritor que não defende vencedores, corre em auxílio do cedro morto, e que olhava com o mesmo e tranquilo ceticismo tanto o presidente Bernardes quanto os que hoje pretendem arrasar o chefe de Estado.

A repercussão do artigo e da resposta foi enorme. Os biógrafos de Athayde talvez tenham exagerado ao escrever que não se conhece caso idêntico na imprensa brasileira de um jornalista criticar o livro do patrão no jornal em que trabalhava. Mas, sem dúvida, é algo extremamente raro, sobretudo, tratando-se de um jornal de Assis Chateaubriand. Bernardes mandou ao autor da crítica um telegrama de agradecimento.

Plínio Barreto, o diretor do *Diário da Noite*, publicou em *O Estado de S. Paulo* uma crítica elogiosa, assim como Rodrigo Mello Franco na *Revista do Brasil*. Wilson Martins consideraria *Terra desumana* o livro mais devastador escrito contra um presidente brasileiro e um dos panfletos mais brilhantes da literatura política brasileira.

PRESTÍGIO EFÊMERO

Quando soube que o *Diário de Notícias* de Porto Alegre, com problemas econômicos, estava à venda, Chateaubriand decidiu estender sua rede para o Sul. Mas, depois de chegar a um acordo com os proprietários, o deputado

Oswaldo Aranha bloqueou o negócio com medo de que atrapalhasse a candidatura de Getúlio Vargas, ministro da Fazenda, à presidência da República. Foi uma decisão estranha, porque foi precisamente com a ajuda de Getúlio que Chateaubriand tinha comprado a revista *O Cruzeiro*, ainda na fase de projeto, e que foi lançada com grande sucesso em 1928. No ano seguinte, ele abriria mais um título, o *Diário de S. Paulo*, na capital paulista.

Os eventuais lucros de *O Jornal* e das outras publicações do grupo em expansão não eram repartidos com os outros acionistas. Quando um deles quis saber do retorno de seus investimentos, Chateaubriand respondeu que as empresas já pagavam dividendos, mas eram dividendos cívicos distribuídos a toda a nação, como na campanha pelo voto secreto no Brasil: "São esses os dividendos físicos que, pelo menos por enquanto, pretendemos distribuir".

Entre esses "dividendos físicos" estava a melhora da qualidade. *O Jornal* mandou o jovem escritor e antigo colaborador, Sérgio Buarque de Holanda, como correspondente na Alemanha em 1929 e 1930; Gilberto Freyre cobriu em Washington o 1º Congresso Pan-Americano de Jornalismo; Mozart Monteiro foi o primeiro enviado especial da imprensa brasileira à União Soviética. Em 1928, Chatô abriu em Lisboa seu primeiro escritório internacional.

A circulação de *O Jornal* no fim da década de 1920 alcançou níveis extremamente altos para um jornal "sério". Tinha, segundo Marialva Barbosa, 25 mil assinantes e vendia 35 mil exemplares nas bancas.[18]

Um artigo do poeta Manuel Bandeira confirma o prestígio d'*O Jornal*. Ao comentar o lançamento do *Diário Carioca*, escreveu que tinha o:

> [...] novo diário uma aparência de elegância que até agora, na imprensa carioca, só *O Jornal* possuía. Como a folha do senhor Assis Chateaubriand, o *Diário Carioca* é um jornal "bem forte". [...] a imprensa do Rio me dá impressão de uma casa de cômodos da rua Senador Eusébio quando a d. Júlia Lavadeira acabou de meter a mão na cara da Chica do Alfredo.
>
> *O Jornal* nesse ponto é mais controlado que os seus colegas. Por isso me agrada. Acho um prazer para os olhos correr a vista em gazetas desse feitio. Me dão, pela reserva e concentração da matéria editorial, uma sensação

de boa educação, daqueles hábitos vigilantes que suprimem os reflexos inúteis e... a pouca-vergonha útil.[19]

Chateaubriand disse que, em 1929, "um velho amigo", cujo nome nunca revelou, "procurou seduzir-me com a mais voluptuosa das propostas que alguém jamais me fizera: Venda dos 'Associados' paulistas, alguns mil contos líquidos no bolso e uma pacata aposentadoria na Europa". Foi recusada. Ele disse que os Associados eram bens públicos, fora do comércio.[20] Em lugar de vender, ele finalmente conseguiu comprar o *Diário de Notícias* de Porto Alegre. Ironicamente, 50 contos de um total do preço de 400 foram dados pela Aliança Liberal e entregues pelo mesmo Oswaldo Aranha que bloqueara a operação alguns meses antes.

Embora fosse considerado um jornal conservador e austero, quando Roberto Rodrigues, ilustrador do diário *Crítica*, filho do dono, Mário Rodrigues, e irmão de Nelson, foi morto a tiros por uma leitora, cujas relações extramatrimoniais foram expostas numa manchete, *O Jornal* publicou na primeira página: "Em desafronta da honra pessoal". Segundo *Crítica*, o secretário de *O Jornal*, Figueiredo Pimentel, era amante da mulher assassina.

No Rio de Janeiro, além de *O Jornal*, conservador, dirigido à elite, Chatô queria também, como tinha em São Paulo, uma publicação de caráter popular, que penetrasse na massa. Lançou o *Diário da Noite*, o mesmo nome do vespertino paulista, de novo com a ajuda da Aliança Liberal, que lhe passou, por intermédio de João Neves da Fontoura, uma quantia estimada em 300 a 400 contos.

Uma vez que a construção de uma rede de publicações tinha o objetivo político de participar da campanha da Aliança, faltava um jornal num estado vital, Minas Gerais, "o centro da conspiração", onde o *Estado de Minas* estava endividado e disponível. O preço pedido foi de 700 contos, uma quantia negociada com os bancos mineiros e garantida pelo próprio Getúlio Vargas.

Chateaubriand instalou em suas empresas o equipamento mais moderno que pôde encontrar. Importou, em 1929, cinco enormes rotativas de rotogravura com capacidade para imprimir em 4 cores *O Cruzeiro*, as outras revistas do seu "consórcio" e os suplementos dos seus diários; não precisaria mais fazer a impressão em Buenos Aires.[21] Como fazia com frequência, Chateaubriand comprou e não pagou.

Além de não pagar as contas, tanto a fornecedores nacionais como estrangeiros, os Diários Associados empreenderam campanhas sórdidas contra industriais que relutavam em anunciar nas publicações e nas emissoras do grupo ou a fazer contribuições em dinheiro às causas patrocinadas por seu dono. Entre as vítimas dessas práticas estavam o conde Francisco Matarazzo J., considerado o maior industrial e o homem mais rico do Brasil na época, e o empresário pernambucano Ermírio de Moraes, dono do grupo Votorantim.[22] A briga com o conde durou décadas. Quaisquer notícias, verdadeiras ou inventadas, tinham repercussão garantida nos jornais. Chateaubriand chamava Matarazzo de "Nauseabundo" e este devolvia com "Lazarento".[23] O conde, para reagir às campanhas dos Associados, investiu no capital da *Folha de Manhã* e de *A Noite*, sem conseguir assumir o controle, e financiou o lançamento da *Última Hora* de São Paulo.

VARGAS, "O MONSTRO"

Quando a Aliança Liberal, depois de perder em março de 1930 as eleições nas urnas, depôs no mesmo ano o governo de Washington Luís, saíram de *O Jornal* dois ministros para formar o Governo Provisório. O diretor, Gabriel Bernardes, nomeado ministro da Justiça, ficaria pouco tempo no cargo. Afrânio de Mello Franco foi para as Relações Exteriores; saiu em 1934, quando Getúlio não quis nomear seu filho Virgílio como interventor em Minas Gerais.

A primeira divergência séria com o novo regime se deu com a criação de um Tribunal Especial para julgar os acusados de "crimes qualificados" contra a Revolução, que a Chateaubriand pareceu uma forma de praticar revanches e vinganças pessoais. Ele abriu fogo contra os "tenentes", os jovens militares que participaram da Revolução e não queriam a convocação de uma assembleia constituinte nem a promulgação de uma Constituição.

Chateaubriand os via como um obstáculo à redemocratização do país. Em novembro de 1930, escreveu um artigo, "Um monstro", que foi visto como um perfil elogioso-crítico de Getúlio. Descreveu o presidente como um anjo da paz, um *lord* protetor da ordem, com um sorriso com qualquer coisa do indecifrável mongólico; o sorriso enigmático, misterioso, sutil e medido do oriental. Qualificou-o como um conspirador de *qualité*; a primeira raposa do pampa. Conclui dizendo: "Maquiavel é pinto para o sr. Getúlio Vargas".

No fim de 1930, a rede de publicações de Assis Chateaubriand, então conhecida como "consórcio", recebeu o nome de Diários Associados; *O Jornal* seria seu "órgão líder". Os dois jornais do Rio e as revistas mudaram para um novo edifício de oito andares, assim como a Agência Meridional, que tinha sido criada para permitir a troca de informações entre os jornais da rede e para vender notícias a outras publicações. Pouco antes da mudança, ocorrera um incêndio que Chateaubriand atribuiu a uma represália ao apoio dos jornais à Aliança Liberal. O prédio e as máquinas estavam hipotecados ao conde Modesto Leal, considerado o maior agiota do Rio de Janeiro. A rede de publicações cresceu com a compra do *Diário de Pernambuco*, o mais antigo jornal da América Latina.

Chateaubriand intensificou os ataques contra os tenentes e o governo que ajudara a instalar. Colocou Lindolfo Collor, na época inimigo de Vargas, como diretor de *O Jornal*, o que certamente foi visto como uma provocação ao ditador. Apoiou em 1932 a revolta constitucionalista de São Paulo contra o governo federal.

SAI *O JORNAL*, ENTRA *A NAÇÃO*

Com a derrota dos paulistas, o governo partiu para uma dura represália contra os Diários Associados. Chateaubriand foi preso e embarcado num navio japonês, o "Hawaii Maru", que estava deixando o porto do Rio rumo ao Oriente, mas do qual conseguiu sair.

Vários jornais associados deixaram de circular ou foram tomados para fazer propaganda do governo. Houve também uma tentativa de tirar de Chatô o controle de *O Jornal*. A operação foi coordenada pelo antigo "tenente", já capitão, João Alberto Lins de Barros, chefe da polícia do Distrito Federal. Para dar uma aparência legal à encampação do jornal, João Alberto ofereceu aos credores de Chateaubriand – reconhecidamente um mau pagador ou mesmo um "não pagador" – adquirir as dívidas vencidas pagando um preço superior ao seu valor real, de face.

Conseguiu comprar, através de intermediários, os títulos devidos a Oscar Flues & Cia., o principal fornecedor de equipamentos e material gráfico do país e dos Diários Associados.[24] A empresa transferiu os créditos para José Soares Maciel Filho e este os protestou em cartório.[25] Como os títulos não foram quitados – Chateaubriand e os principais diretores associados se encontravam presos ou deportados e não poderiam pagar, ainda na improvável hipótese de que conseguissem o dinheiro –, foi decretada a falência da Sociedade Anônima O Jornal em dezembro de 1932. Seus bens, isto é, prédio, móveis, rotativas, linotipos e o título, passaram imediatamente ao maior credor, Maciel Filho. Ele descreveu a situação da empresa: vários meses de salários atrasados dos quase 700 gráficos, vários anos sem pagar impostos, prédio e máquinas hipotecados; equipamentos gráficos penhorados à Caixa Econômica Federal.

De posse de prédio e máquinas, Maciel Filho – que em 1932, com o apoio de João Alberto, tinha lançado *O Radical*, dirigido à classe operária, para apoiar Getúlio – interrompeu a publicação de *O Jornal* e lançou, em seu lugar, um novo diário, *A Nação*, em janeiro de 1933. Foi, como se esperava, defensor do governo, mas adotava também, com frequência, uma linha crítica, senão da essência do regime, de algumas de suas manifestações. O diretor era Arthur Neiva e o redator-chefe Azevedo Amaral, antigo correspondente em Londres e diretor de *O Jornal* e do *Correio da Manhã*. Seus comentários políticos foram um dos atrativos do novo jornal e se tornou uma espécie de ideólogo do regime; anos mais tarde, fundou a revista *Diretrizes* com a ajuda de Samuel Wainer. Os recursos para lançar tanto *O Radical* como *A Nação* "teriam as origens mais variadas, provindo desde banqueiros do jogo do bicho, como João Pallut, o mesmo que financiara *A Manhã* de Mário Rodrigues, até uma 'verba secreta' do governo".

Chateaubriand comentou a respeito do concorrente: "Não é só com nádegas e máquinas que se faz um jornal", numa referência à abundante adiposidade de Maciel Filho, cujo apelido na imprensa era "Zé Bunda".[26] Contrariando a opinião de Chateaubriand, as nádegas não impediram que *A Nação* fosse uma publicação leve, legível, moderadamente renovadora, orientada para uma classe média urbana e com um "espírito inteligente conservador". Tinha uma redação separada para fazer suplementos, um dos seus principais atrativos, cujo editor era Adolfo Aizen; foi o primeiro jornal a publicar no Brasil suplementos infantis com histórias em quadrinhos. *A Nação* mudaria várias vezes de dono e de orientação antes de desaparecer em 1939.[27]

O JORNAL VOLTA ÀS BANCAS

Chateaubriand manobrou para retomar *O Jornal*. Para agradar a Getúlio Vargas, proibiu a publicação, no *Estado de Minas*, de um violento artigo contra o governo de Affonso Arinos de Mello Franco, o diretor do jornal, que se demitiu. Getúlio concordou em autorizar o retorno de *O Jornal*, mas cozinhou as expectativas de Chateaubriand em fogo lento. Prometida para maio de 1933, a data da devolução foi remarcada várias vezes. Em outubro, um empregado dos Diários Associados escrevia: "A saída de *O Jornal* foi mais uma vez adiada. Dizem que há falta de numerário e que a Caixa Econômica só dará ao Chatô a parte que lhe corresponde no acordo depois que o Maciel assinar contrato para o arrendamento do prédio na Rua Treze de Maio". Voltou a circular em 4 de novembro, quase um ano depois de ter sido suspenso. Seu diretor foi Zózimo Barroso do Amaral, ex-sogro de Chateaubriand e governista, que trabalhou para melhorar as relações do grupo Associados com o regime. Seu filho, do mesmo nome, seria colunista do *Jornal do Brasil* e de *O Globo*. No ano seguinte, em 1934, um juiz concederia aos Diários Associados a reintegração da posse do equipamento, mas não do prédio, que somente foi reavido em 1945.

Os Diários Associados foram tolerantes com alguns de seus colaboradores. Rubem Braga foi um deles. Ele tinha sido transferido do *Estado de Minas* de Belo Horizonte para o *Diário da Noite* de São Paulo, depois de criar um conflito com a hierarquia católica mineira. De São Paulo foi para o Rio, onde era repórter de *O Jornal* e escrevia uma crônica para o *Diário da Noite* carioca. No Rio, Braga provocou outra crise, também com a hierarquia da Igreja Católica. Diante de uma notícia de que a Igreja espanhola pedia o voto para as mulheres, Braga comentou que se tratava de uma jogada oportunista, uma vez que a maioria das mulheres era católica; segundo ele, o voto para as mulheres representava um retrocesso político e a Igreja espanhola não passava de uma pinoia. A tolerância não era ilimitada.

O escritor católico Alceu Amoroso Lima mandou uma carta aos Diários Associados dizendo que, se Rubem Braga não fosse demitido, ele retiraria de *O Jornal* a "Coluna do Centro", na qual colaboravam vários escritores conservadores católicos. Chatô chamou o jornalista: "Seu Braga, o senhor está querendo arruinar o meu jornal! Veja aqui a carta do doutor Alceu. O que eu faço agora? Vou brigar com o cardeal Leme por sua causa?"

Braga foi transferido para o *Diário de Pernambuco*, mas logo saiu para dirigir a *Folha do Povo*, da Aliança Nacional Libertadora. Ele nunca perdoaria Amoroso Lima, mesmo depois de este se tornar um dos escritores liberais que enfrentaram a ditadura militar.[28]

Nos anos 1930, os Diários Associados aumentaram o número de jornais: *Diário da Tarde* em Belo Horizonte, *Correio do Ceará* em Fortaleza, *Gazeta de Alagoas* em Maceió, *Estado da Bahia* em Salvador, além de diários em cidades que não eram capitais dos estados: Juiz de Fora, em Minas; Itajaí e Joinville, em Santa Catarina; Santos, em São Paulo. Nessa etapa de crescimento, foi comprada uma moderníssima rotativa Hoe para *O Jornal* e o *Diário da Noite*. Depois, os Associados incorporaram o *Jornal do Commercio* de Manaus por 500 contos, dois jornais em Belém e no Alto Madeira, no antigo território do Guaporé.

Quando em 1937 houve uma ameaça de desestabilização no Uruguai, os enviados especiais da imprensa brasileira mandaram com urgência informações para seus jornais. Todos, menos o repórter de *O Jornal*, que chegando ao hotel em Montevidéu repousou, comeu bem, foi passear e dormir. Somente depois é que ele enviou uma mensagem à redação – para tratar de questões do seu interesse particular. Furioso, Chateaubriand mandou um telegrama: "Cavalo, volte à baia".

Os Diários Associados fizeram campanha pela democratização do país, apoiaram a revolta constitucionalista de São Paulo em 1932 e a candidatura do paulista Armando de Salles Oliveira à presidência da República. Mas *O Jornal* foi uma das primeiras publicações a defender a Lei de Segurança Nacional em 1935. Dizia que "a demagogia socialista, a febre comunista e coceira liberal" estavam contra o projeto, e criticou a parte da burguesia porque também era contra. Os *Diários* se adaptaram com facilidade à ditadura instalada por Getúlio em 1937, que foi elogiada com entusiasmo nos artigos de Chateaubriand. Dizia ele apoiar o Estado Novo para garantir a sobrevivência de seus jornais. Num comentário sobre Chatô, Getúlio escreveu que era "inteligente, ágil, debatendo questões de interesse social, mas tendo sempre, no fundo, um interesse monetário. Deve ter sangue judeu".

NOTÍCIAS DA GUERRA

Apesar de colaborar com a ditadura, e da admiração inicial de Chateaubriand pela Alemanha nazista e a Itália fascista, os *Diários* dariam emprego a intelectuais que saíram da Europa durante a Segunda Guerra Mundial fugindo do nazismo, como Otto Maria Capeaux e Georges Bernanos.

Durante a guerra, *O Jornal* foi favorável aos Aliados. Um colaborador foi o coronel Euclydes Figueiredo, pai do futuro presidente da República, João Figueiredo, que escrevia do presídio do morro de Santo Antônio no Rio sobre a evolução do conflito como "Um observador militar"; seu filho Guilherme era o crítico teatral do jornal. Quando Euclydes Figueiredo foi solto, Chateaubriand quis mandá-lo em 1942 como correspondente à frente da Rússia. Getúlio proibiu. Depois tentou enviar Edmar Morel à Europa nesse mesmo ano, que foi vetado pelo ministro da Guerra, Eurico Gaspar Dutra, sob a alegação de que o jornalista era comunista.

Os Diários Associados conseguiram mandar Murilo Marroquim para escrever sobre a guerra desde a Europa e Barreto Leite Filho para cobrir o desembarque das tropas aliadas no Norte da África.

Chateaubriand também decidiu enviar o repórter Joel Silveira como correspondente junto à Força Expedicionária Brasileira (FEB) que iria lutar na Itália contra as forças alemãs em 1944. Por motivos que nunca divulgou, escolheu Joel Silveira com apenas 20 dias nos Diários Associados. Suas instruções: "Vá para a guerra, mas não morra. Repórter não é para morrer – é para mandar notícias".[29] Aparentemente, Silveira foi uma segunda opção, depois de um novo veto a Morel. Outros candidatos eram David Nasser e Carlos Lacerda.

Mandá-lo para a Itália não foi fácil. Dutra, o ministro da Guerra, opunha-se à presença de jornalistas na frente de batalha argumentando que atrapalhariam, além de serem, todos eles, contra o governo. Lourival Fontes, diretor do Departamento de Imprensa e Propaganda (DIP), órgão que tutelava, fiscalizava e premiava ou punia a imprensa, também era contra. Dizia que a Agência Nacional, controlada pelo seu departamento, podia dar conta do recado. Efetivamente, com o primeiro escalão da FEB só foram funcionários da agência.

Insatisfeitos com a qualidade das notícias da Agência Nacional, os donos de jornais lançaram um ultimato: se não enviassem seus próprios jornalistas, não publicariam uma única linha da Agência Nacional sobre a FEB e usariam unicamente os serviços das agências internacionais.

Quando o diretor dos Diários Associados, Austregésilo de Athayde, argumentou em favor de Joel Silveira, Dutra respondeu com seu chiado característico. "Doutor Athayde, o *xenhor* não *xabe* que *exe* Joel *Xilveira* é um perigoso comunista?" Como Athayde argumentasse que as ideias de Silveira foram as que levaram o Brasil a entrar na guerra, o ministro sugeriu: "Mande outro, Dr. Athayde, mande outro. *Exe* não". Mas, como o general Eurico Gaspar Dutra tinha uma briga interna com o DIP, deixou *Xilveira* cobrir para os Diários Associados.

Meses depois do embarque das primeiras tropas, os correspondentes finalmente foram para a Itália.[30] Partiram no segundo e terceiro escalão da força. Enquanto Silveira não chegava, os Diários enviaram Barreto Leite Filho, que estava no Norte da África, para cobrir a campanha da FEB. Rubem Braga foi o correspondente do *Diário Carioca*, Raul Brandão do *Correio da Manhã* e Egydio Squeff de *O Globo*.

Já na Itália, o trabalho desses jornalistas foi dificultado pelo alto comando da FEB, que não confiava neles e não lhes permitia acompanhar a tropa em ações na frente de batalha. As matérias eram submetidas a várias censuras: a das forças aliadas, a da FEB na Itália e a do DIP no Brasil. Já antes de escrever, o correspondente se autocensurava. Joel Silveira, segundo Rubem Braga, ficava "mais comumente" em Roma do que na frente de combate. Silveira, porém, assegurou: "Enfrentei os momentos pesados e não fiquei em Roma, como os correspondentes mais velhos, como Ernest Hemingway". Ele foi o único correspondente brasileiro presente na tomada de Monte Castello, o mais sangrento combate de que participou a FEB. Somente depois da intervenção de Mascarenhas de Moraes eles puderam participar dos movimentos das tropas.

O Jornal e os Diários Associados foram, de longe, os órgãos da imprensa brasileira que enviaram mais correspondentes próprios para cobrir a Segunda Guerra Mundial. Além de Joel Silveira na FEB, Murilo Marroquim foi enviado para informar sobre o conflito na Europa, de onde também trabalhou para a BBC, e Barreto Leite Filho ao Norte da África; ele também acompanhou a FEB antes da chegada de Joel.

Quando voltou da Itália, Carlos Lacerda, que dirigia a Agência Meridional, dos Diários Associados, deu a Joel uma pilha de laudas e disse: "Isso foi o que você mandou e não pudemos soltar". Uma seleção das crônicas de Silveira, reunidas em *O inverno da guerra*, é uma das melhores obras sobre a campanha da FEB, "uma joia jornalística e literária", segundo Sérgio Augusto. A cobertura da guerra marcou profundamente o correspondente: "Cheguei à Itália com 26 anos e voltei com 40".

JORNAIS MAIS BONITOS E LEGÍVEIS

Quando a partir do início de 1945 foi visível o enfraquecimento da ditadura, a desmoralização da censura e as ações cada vez mais ostensivas dos grupos oposicionistas, os Diários Associados cobriram em detalhe os estertores do Estado Novo. Chateaubriand redescobriu as virtudes da democracia e voltou a enfrentar o governo de Vargas. Nas eleições desse ano apoiou, como quase toda a imprensa, a candidatura do brigadeiro Eduardo Gomes. Eleito presidente o general Dutra, o antigo ministro da Guerra, deu-lhe um suporte calculado, assim como ao Partido Social Democrático (PSD), pelo qual se elegera, e que passaria a contar com a simpatia de Chateaubriand.

Consolidadas a democracia e a cadeia associada, um exilado argentino, Gastón Bernardo, foi responsável pela modernização da aparência gráfica de *O Jornal* e pela introdução no Brasil de algumas técnicas de diagramação. Foi ele quem primeiro passou a contar as letras para fazer os títulos das matérias, introduziu a diagramação vertical, cuidou das margens das páginas, de maneira que ficassem mais bem arrumadas e facilitassem a produção industrial. Depois de Gastón Bernardo, escreveu Fernando Morais, os jornais brasileiros ficaram mais bonitos e legíveis.[31] Outros dois diagramadores argentinos, José António Honrado e Mario Parpagnoli, que trabalhavam na *Última Hora*, passaram para *O Jornal* em 1954 e fizeram modificações que o tornaram mais fácil de ler.

A renovação gráfica introduzida nos jornais brasileiros pelos artistas gráficos vindos da Argentina não tem tido o devido reconhecimento. Um dos poucos a reconhecer sua importância foi Pompeu de Sousa, ele mesmo considerado um dos artífices da modernização do jornalismo brasileiro pela sua renovação do *Diário Carioca*. Antes dele, disse, *O Jornal* fez uma tentativa de implantar o título contado, isto é, a contagem dos caracteres dos títulos. Até então, segundo ele, o redator batia o título de abertura da matéria com o número de palavras que considerasse suficiente, que era composto com a família de tipos que a oficina escolhesse. "Era uma completa confusão", e *O Jornal*, afirmou Pompeu de Sousa, teve a iniciativa de padronizar pelo menos as famílias dos tipos nos títulos.

Diferentemente dos outros matutinos, que ocupavam a primeira página quase exclusivamente com informação do exterior, *O Jornal* dava prioridade aos temas nacionais. E, como nos vespertinos, o logotipo mudava constantemente de lugar.

Rafael Correia de Oliveira, secretário de *O Jornal* e primo em segundo grau de Chateaubriand, ao lado de quem trabalhara desde a adolescência, era considerado um dos melhores profissionais dos Diários Associados. Ele e Victor do Espírito Santo criticaram em 1946 a política do ministro da Fazenda, que também era banqueiro e diretor licenciado de uma companhia de seguros. Os dois jornalistas foram processados por Chatô e pelo ministro da Justiça. Jornalistas e escritores fizeram um almoço de desagravo e assinaram uma lista de solidariedade aos dois. Chateaubriand foi levado a interpretar esses atos como um agravo pessoal a ele e exigiu a retratação dos participantes. Quase todos voltaram atrás, entre eles, Octavio Mangabeira, Pedro Aleixo, José Lins do Rego.

Alguns não dobraram a espinha. Edmar Morel, que não tinha ido ao almoço, mas assinara a lista, recusou-se a pedir desculpas. Preferiu sair. Chateaubriand, que gostava muito dele, depois de tentar convencê-lo, disse:

"Morel, meu filho, você é um homem de caráter. Mas infelizmente tenho que demiti-lo por uma questão de disciplina, 's'or'". Chateaubriand ainda insistiu em segurá-lo. Morel se despediu dele com lágrimas nos olhos. Dias depois, ele viu que Victor do Espírito Santo continuava em *O Jornal* e lhe disse: "Joguei meu futuro pela janela em sua solidariedade e você continua no jornal?", para ouvir como resposta: "Quem manda você ser louco...".[32]

Outra pessoa que nesse episódio não enfiou o rabo entre as pernas foi Alceu Amoroso Lima. Chateaubriand acabou com a sua colaboração, a mais antiga do jornal, que tinha começado com a primeira edição, 27 anos antes – 17 dos quais sem nada receber pelos seus artigos.

DÍVIDAS E FOLHETINS

Os Diários Associados continuavam sendo um exemplo de má gestão. Numa ocasião, sempre apertado de dinheiro, o gerente de *O Jornal* tinha apenas 50 contos para comprar papel e recorreu a Chateaubriand para conseguir os 100 contos que faltavam, mas este pediu os 50 contos, que guardou no bolso e disse que arranjaria o papel. Arranjou, fiado.

Conhecido mau pagador, Chateaubriand demorava tanto em cumprir com seus compromissos que com frequência os credores se cansavam de esperar e lhe perdoavam a dívida. Mas um gerente da empresa telegráfica Western, um inglês, insistia em receber. Ele conseguiu falar com Chatô, que o encaminhou ao diretor da agência Meridional, João José Póvoa, para combinar com ele o pagamento num prazo de cinco meses. Quando o inglês foi embora e Póvoa disse que não conseguiria pagar em cinco meses, Chateaubriand respondeu: "Seu Póvoa, o senhor tem horror a responsabilidade. Que lhe custava, afinal de contas, combinar o pagamento em cinco meses? Claro que não podemos pagar, 's'or'. Mas combinamos e o pobre do inglês saiu daqui satisfeito, pois não!"

Os jornalistas eram pagos mediante "um pechinchar grotesco". Emil Farhat, repórter, lembra: "No fim de semana, era-nos permitido entrar com vales, a título de adiantamento de salário. Comumente, o pleiteante fazia um pedido inicial de 50 mil-réis. [...] E depois, em sucessivas visitas à tesouraria, o mendicante ia abaixando sua cota até quando, chegada a 10 mil-réis a solicitação, o caixa emitisse o sorriso concedente". A situação perdurou até a tentativa de golpe comunista de novembro de 1935, quando os pagamentos passaram a ser em dia. "Para alguma coisa serviu aquela cabeçada do capitão Luís Carlos Prestes e seu enfatuado e sempre obtuso Comitê Central".[33]

Numa tentativa de levantar a circulação, *O Jornal* reiniciou a velha prática de publicar folhetins de conteúdo dramático e emocional. Nelson Rodrigues escreveu em 1944 uma série com o título "Meu destino é pecar", com o pseudônimo de Suzana Flag. Cada episódio ocupava uma página.[34] A circulação deu um salto extraordinário. Passou de raquíticos 3 mil exemplares para quase 30 mil. O folhetim foi publicado também em forma de livro. A série seguinte de Suzana Flag, "Escravas do amor", com sucesso semelhante, foi reproduzida por outros jornais associados e publicada como livro. Acabadas as séries, as vendas desabaram. Em 1946, Nelson publicou a "autobiografia" de Suzana Flag, *Minha vida*, na qual dizia ser uma bonita mulher canadense e francesa. De novo, a circulação de *O Jornal* disparou, assim como a demanda pelo livro. "Suzana Flag" também escreveu folhetins que aumentaram a circulação do *Diário da Noite*.

CHATÔ, LACERDA, WAINER

Chateaubriand trocava repetidamente a cúpula da redação, impedindo que houvesse continuidade editorial. Um dos jornalistas que passaram meteoricamente pela chefia da redação foi Carlos Lacerda em 1944; era o vigésimo primeiro secretário do jornal em 20 anos. Ele contratou repórteres e tentou melhorar a qualidade. A pedido de Chateaubriand, mandou o repórter David Nasser entrevistar o interventor em São Paulo, Fernando Costa, em sua fazenda de Pirassununga. *O Jornal* publicou uma manchete com o título: "O café vai desaparecer do mundo, proclama o interventor de São Paulo", e umas chocantes declarações de Costa dizendo que o estado deveria substituir o plantio de café, que esgotava a virilidade da terra, por culturas estáveis e rendosas, como a seda. Descreveu o interventor como um "camponês alegre de pijama e chinelos". Foi publicada também uma notícia sobre o imposto de consumo, atribuída à Associação Comercial, que alegou mais tarde que a notícia não era exata. Getúlio Vargas teria

HISTÓRIA DOS JORNAIS NO BRASIL – 1840-1930

falado com Chateaubriand e este reclamou com Lacerda do "tratamento desrespeitoso" dado a Fernando Costa e pediu que desmentisse a informação sobre o imposto, mas Lacerda negou-se a publicar qualquer desmentido e disse que a entrevista fora assinada pelo interventor; diante da insistência de Chateaubriand, Lacerda demitiu-se por carta.[35]

O jornalista Samuel Wainer passara um tempo no exílio nos Estados Unidos e depois de deixar *Diretrizes*, que ele tinha relançado como jornal diário, foi contratado para ser repórter especial dos Diários Associados em 1947 com o então incrível salário de Cr$ 20 mil. Chateaubriand, que gostava dele, o chamava "esse judeu de alma mediterrânea". Nomeado chefe da redação, modernizou o jornal, com novas técnicas de diagramação, aumentou os salários, criou seções novas e reservou a última página para grandes reportagens, publicou fotos grandes na primeira página. A circulação, que era de 9 mil exemplares, dobrou, segundo ele.

Wainer conta que conseguiu convencer Chateaubriand a ir à redação, onde ele não tinha posto o pé nos últimos quatro anos. "São todos uns analfabetos", falava Chatô. Ao ser apresentado aos jornalistas, dizia na surdina: "Filho da p...!" "Cafajeste!" "Estão roubando meu dinheiro!" "Analfabeto!" "Definitivamente, Chateaubriand não gostava de seus jornais, detestava os funcionários de suas redações". Ainda segundo Wainer: "Ele sempre odiou suas redações porque, no fundo, nenhuma delas dera-lhe o jornal que ele queria ter. Ele nunca teve um jornal que fosse o primeiro, sempre era o segundo ou o terceiro. Salvo no *Estado de Minas*".[36] Comportamento até pior ele demonstraria em relação aos jornalistas do outro jornal associado no Rio, o *Diário da Noite*, pelo qual não escondia o seu desprezo.

Nem todos os jornalistas que trabalharam com Chateaubriand concordam com a avaliação de Wainer. Carlos Castello Branco escreveu:

> O relacionamento de Chateaubriand com seus redatores e repórteres nem sempre era tão cruel quanto diz Samuel Wainer. Conheci-o quando, repórter de polícia do *Estado de Minas*, ouvia-o pela madrugada belo-horizontina, na redação, a narrar com verve e paixão sua briga com Dario de Almeida Magalhães. Alguns de seus repórteres tiveram convivência

continuada com ele, como pode testemunhar Neiva Moreira, que me reintroduziu nos Diários Associados, onde, em 1947, trabalharia sob o comando de Wainer, já meu amigo pessoal.

Carlos Rizzini, que foi durante vários anos diretor-geral do grupo, deu uma visão mais matizada da relação do fundador dos Associados com seus empregados:

> Para Chateaubriand, os seus empregados deviam honrar-se de trabalhar para a grandeza dos "Diários" [...] Pagava-os mal, negava-lhes as gratificações usuais, detestava compartilhassem outras tarefas, flanassem ou gozassem férias. [...] Aborrecia-lhe muitas vezes o sucesso dos companheiros. Queria-os integrados e anônimos.

Assinala Rizzini, porém, que às vezes brotava nele um gesto de inesperada generosidade, tanto mais exagerada quanto excepcional:

> Chateaubriand foi um homem exuberantemente contraditório e surpreendente que não se amoldava às medidas comuns de aferição dos valores morais. Possuía apurados predicados e também o avesso. Hoje, bom, justo, humilde, indulgente, cordato; amanhã, mau, injusto, arrogante, vingativo, intratável. A sua paixão o êxito. O seu fim a dominação. Homem, a rigor, inqualificável.[37]

Segundo Morel, o dr. Assis, como o chamava: "Era um homem imprevisível, capaz de gestos mais nobres, porém mesquinho quando irado [...]. Vestia-se de maneira horrível, sempre com calça diferente do paletó, sapato de duas cores".

Alguns meses depois de colocar Wainer na chefia da redação, Chateaubriand reclamou que ele estava gastando muito dinheiro e fazendo um jornal para a academia de letras. Wainer reconheceu que, realmente, durante sua gestão, *O Jornal* "se tornara inflacionário".

Ele voltou a ser repórter. Conta em suas memórias que, em 1949, foi enviado ao Rio Grande do Sul para escrever uma série de reportagens sobre o cultivo de trigo, que Chateaubriand achava antieconômico. Uma vez no Sul, foi a São Borja para entrevistar Getúlio Vargas em sua fazenda. *O Jornal* e o resto dos diários da rede associada publicaram em março de 1949 a reportagem de

HISTÓRIA DOS JORNAIS NO BRASIL – 1840-1930

Wainer, que dizia: "Sim, eu voltarei. Não como líder político, mas como líder de massas". O impacto foi extraordinário e recolocou Getúlio no cenário da vida política. Segundo Wainer, *O Jornal* vendeu naquele dia 180 mil cópias, número que deve ser olhado com cautela. Na campanha presidencial de 1950, os Diários Associados deram a Vargas um apoio discreto e Chateaubriand recebeu sua ajuda para tornar-se senador. A versão de Wainer de que fora ao Sul para escrever sobre o trigo foi contestada dentro dos Diários Associados; ele teria sido enviado para fazer uma entrevista, previamente combinada, com Vargas. A reportagem sobre o trigo seria um mero pretexto.

Wainer recebeu de Vargas, já eleito presidente, apoio para lançar um jornal, *Última Hora*, que se tornou uma ameaça para os jornais associados, principalmente o *Diário da Noite*, que já estava em decadência, provocando uma violenta reação de Chateaubriand. Ele fez uma campanha feroz contra seu antigo empregado.

No entanto, quando a UDN e vários jornais, como a *Tribuna da Imprensa*, o *Correio da Manhã* e o *Diário Carioca*, pediam o *impeachment* do presidente em agosto de 1954, *O Jornal* defendeu a ordem constitucional. Publicou um artigo de Chateaubriand dizendo que não havia medida mais grave dentro de um quadro de normalidade constitucional e que, para adotá-la,

> [...] urge que o pedido seja instruído não só de razões cabais como de provas concretas. Na fluidez das acusações apresentadas à UDN se omitiu de fazer a prova de um único dos itens que formulou. E pretende, à custa de discursos, tirar o presidente do cargo. Como leviandade é o que haverá de deplorável. E como recurso eleitoral é o que existe de primário.

Também, "*O Jornal*, por exemplo, reproduziu as palavras que Vargas teria pronunciado diante da nota dos oficiais da Aeronáutica exigindo sua renúncia: 'Fui eleito chefe do governo por cinco anos e não me deixarei desmoralizar resignando ao cargo que recebi do povo. Não renuncio nem renunciarei. Daqui só saio preso ou morto'".[38]

Mas, quando Getúlio Vargas se suicidou, os carros de *O Jornal* e do *Diário da Noite* no Rio e de jornais da rede associada em outros estados foram atacados nas ruas pelas massas. A ira popular fora dirigida principalmente não aos jornais, mas às emissoras de rádio e televisão associadas. Atribuíam a Chateaubriand e a Carlos Lacerda a morte do presidente.

O Jornal deu um apoio calculado ao presidente Juscelino Kubitschek e à construção de Brasília. Optou pela candidatura do marechal Henrique Lott frente à de Jânio Quadros para a presidência e, ao contrário de outros órgãos conservadores, defendeu a posse do vice-presidente João Goulart quando Jânio renunciou, mas condenou a "anarquia de esquerda" de seu governo e saudou o golpe militar de 1964.

A situação econômica do grupo continuava precária, sempre com mais compromissos que dinheiro para pagá-los. Segundo Carlos Rizzini: "Se havia duas coisas indivisas nos 'Diários' eram a burra das empresas, sempre escassa, e o bolso de Chateaubriand, sempre vazio".

AS REFORMAS FRUSTRADAS

Desde os anos 1940, *O Jornal* vinha perdendo importância relativa. Sua circulação era irrisória e as tímidas reformas tentadas não melhoraram a situação. Na imprensa matutina, já não conseguia competir com outros matutinos, como o *Diário de Notícias,* o *Correio da Manhã* e, no fim da década de 1950, com o *Jornal do Brasil.* Apesar da crise que começava a desenhar-se com nitidez, o império associado continuaria crescendo na década de 1950. Foram comprados a *Folha de Goiânia* e os tradicionais *Jornal do Commercio,* do Rio, e o *Monitor Campista*, de Campos, no estado do Rio, o segundo e terceiro mais antigos diários publicados no Brasil; o mais antigo, o *Diário de Pernambuco,* fora adquirido no começo dos anos 1930.

Para injetar nova vida em *O Jornal,* Chateaubriand contratou, em 1960, Wilson Figueiredo, um dos autores da reforma do *Jornal do Brasil,* com um enorme salário. Em lugar de levar novos profissionais, ele trabalhou com a equipe que encontrou, a qual, como observou, não acreditava mais em mudanças depois do fracasso de todas as anteriores. Como ele diria mais tarde, caiu no conto da reforma e aprendeu que, sem dispor dos meios, é um engano tentar uma mudança drástica. Encontrou uma forte resistência interna, natural e previsível, por parte dos velhos profissionais que se sentiam ameaçados. No fim de um ano, ele viu que os Associados não queriam gastar dinheiro, mas que acontecesse um milagre. Para colocar em ordem o setor comercial e administrativo foi contratado Velasco Portinho, do *Correio da Manhã*, com os mesmos resultados negativos.

Houve outras tentativas. Uma delas foi feita por Manoel Gomes Maranhão no fim dessa década, com os Diários Associados já em crise. Outra por Ary Carvalho, o fundador da *Zero Hora* de Porto Alegre.

O presidente dos Diários Associados, João Calmon, não desistiu. Procurou Pompeu de Sousa, o principal responsável pela reforma do *Diário Carioca*, que influenciou toda a imprensa brasileira. Encomendou uma profunda mudança de *O Jornal*. Pompeu e Ana Arruda fizeram o novo projeto. Ele conta:

> Na abertura, a matéria deveria conter a informação pura e simples. Depois, viria a interpretação, com os antecedentes que criaram esse acontecimento, e até as possíveis consequências. E, por fim, viria a opinião concisa e precisa, que poderia ser mesmo uma frase só. Tipo a frase "que país é esse". Isto seria o algo mais que o jornal acrescentaria ao trabalho do rádio e da TV. Quando mostrei a ideia a Chateaubriand, ele ficou tão entusiasmado que mandou desativar parte do patrimônio dele para investir na reforma [...] que era onerosa e precisava de gente muito capacitada, como *copy desks* especializados em política, economia etc., e redigissem muito bem para informar, comentar e opinar. Foi quando o general Humberto de Alencar Castello Branco disse ao Calmon que "estavam preparando um golpe de mão contra o seu jornal". Então, eu disse ao Calmon que não adiantava lutar contra aquele poder que podia tudo. Que tinha poder de vida e morte sobre as pessoas e as empresas. Eu não tinha ilusões.[39]

Segundo a revista *Propaganda* de junho de 1965, *O Jornal* tinha uma boa circulação aos domingos, que atraía os anunciantes varejistas, e um baixo volume de vendas nos outros dias da semana, que diminuía continuamente, enquanto cresciam seus déficits. Sua imagem piorou quando se desligou do Instituto Verificador de Circulação (IVC). Era uma decadência lenta, contínua e aparentemente irreversível. Com o fechamento em 1962 do *Diário da Noite*, o companheiro vespertino de *O Jornal*, reacendeu-se a esperança de uma recuperação, com a transferência dos principais colunistas do *Diário*, como Sérgio

Porto e Antônio Maria; outro colunista, Nelson Rodrigues, preferiu escrever para *O Globo*.

O futuro de *O Jornal* continuou incerto: tinha poucos leitores, poucos anunciantes, pouca influência – e a maior redação de qualquer diário do Rio. Um dos rumores recorrentes era uma possível fusão com o *Jornal do Commercio*. No fim de 1968, vendia 19 exemplares nas bancas.

O CONDOMÍNIO ASSOCIADO

Em setembro de 1959, tendo brigado com os três filhos, Assis Chateaubriand decidira legar 49% do seu patrimônio a um grupo de 22 empregados. Segundo escreveria mais tarde: "Eu seria um perfeito idiota se quisesse entregar os Diários Associados apenas aos meus filhos. Porque os Diários Associados escapam de tal forma ao controle de minha família natural que o seu comando só poderia caber a minha família cívica, constituída pelos meus companheiros de trabalho".

Mas sua opinião sobre os "companheiros de trabalho" não era muito lisonjeira. Dois dias antes de anunciar a decisão, Chateaubriand comentara que tirando dois ou três, metade deles poderia ser egressa de um manicômio e metade de uma penitenciária. A escritura foi lavrada no 20º Cartório de São Paulo em setembro de 1959. Juridicamente foi constituída uma nova entidade, o Condomínio Associado; no seu testamento, três anos mais tarde, legaria ao Condomínio os restantes 51%.

Foram estabelecidas cláusulas de inalienabilidade, impenhorabilidade, incomunicabilidade e intransmissibilidade. O Condomínio foi descrito como um colégio de acionistas. Os condôminos seriam titulares de maneira vitalícia, mas não hereditária; com a morte ou a renúncia de algum deles, os outros participantes escolheriam um jornalista dos Diários Associados para ocupar seu lugar. Os filhos de Chateaubriand iniciaram uma série de infindáveis processos na Justiça para reverter a decisão do pai.

Em fevereiro do ano seguinte, Chatô ficou paraplégico e impossibilitado de falar, mas continuou escrevendo artigos para *O Jornal* e toda a rede associada até o fim de sua vida. Morreu em abril de 1968. A sua morte acelerou o declínio do grupo.

Comentou Emil Farhat que sem Chateaubriand, nem João Calmon ou Edmundo Monteiro ou Paulo Cabral de Araújo, sucessivos presidentes do Condomínio, conseguiram "deter a força centrífuga da ambição dos que queriam o patrimônio também para os seus herdeiros".[40] Calmon, ativo na política, foi senador biônico e candidato a vice-presidente da República na chapa de Adhemar de Barros nas eleições de 1965 que não aconteceram. Calmon se atribuía, além do salário, uma porcentagem do faturamento dos Diários Associados com base numa carta de Assis Chateaubriand que nunca apareceu.

Foi feita ainda uma última tentativa para recuperar *O Jornal*. A rede Associada de Minas Gerais, a mais próspera, assumiu a gestão das publicações do grupo no Rio, fez demissões, passou a pagar os salários em dia e colocou como editor o jornalista mineiro Alberico de Souza Cruz, antigo diretor da sucursal da revista *Veja* em Belo Horizonte. Seu objetivo era fazer um "jornal-revista", o primeiro do país; um "jornal que interpreta a notícia, que opina, que vai além do fato", como fazem as revistas semanais de informação, rompendo com o "lide" e o "sublide", que eram, em sua opinião, uma camisa de força. Tentou fazer um jornal "analítico, um pouco intelectualizado, mas sem sofisticação". A diagramação foi renovada por Reynaldo Jardim e Amilcar de Castro, que tinham participado da revolução gráfica do *Jornal do Brasil* uma década antes.

Souza Cruz conseguiu reanimar uma publicação cansada e sem energia. A circulação, que tinha caído a 5 mil exemplares em 1973, reagira e chegou, segundo se informou na época, a 30 mil cópias durante a semana e a 60 mil aos domingos. É possível que, se houvesse persistência, *O Jornal* conseguisse alcançar o ponto de equilíbrio econômico, mas faltou fôlego financeiro.

A ÚLTIMA EDIÇÃO

Segundo Gilberto Chateaubriand, "Os Diários Associados ciclicamente sofriam um processo de necessidade de injeção maciça de dinheiro do governo". Quando os recursos públicos diminuíram, o Condomínio Associado, mal administrado e atolado em dívidas, preferiu acabar com seu órgão líder. *O Jornal* publicou sua última edição, de 28 de abril de 1974, exatamente meio século depois de ter sido comprado por Chateaubriand e 55 anos depois de seu lançamento. Era a confirmação do ocaso do império criado por ele.

Segundo um dos condôminos, Martinho Nunes de Alencar, tratava-se da sobrevivência do grupo: "estava em jogo a salvação dos Associados", que se ressentiam do envelhecimento dos dirigentes, dos empregados e das máquinas. Disse que era necessário "fechar *O Jornal* para que se pudessem transformar o *Jornal do Commercio* num veículo de influência sul-americana na área econômico-financeira" – o que acabou não acontecendo.

Para outro condômino, José Pires de Saboia: "Desde os últimos anos da década de 60 era minha opinião que deveríamos fechar [...]. *O Jornal* acabou fechando em 1974 depois de haver consumido quase todo o seu patrimônio, inclusive um edifício de muitos andares, na avenida Treze de Maio, no centro do Rio de Janeiro". Quando fechou, *O Jornal* ainda empregava 110 funcionários dos primeiros anos de Assis Chateaubriand.

Em 1962, Austregésilo de Athayde fora o único condômino contrário a fechar o *Diário da Noite*. E o único que se opôs ao fechamento de *O Jornal*. Tinha um bom motivo: "Pela primeira vez desde dezembro de 1918, não tenho um jornal onde publicar meu artigo diário".

A MANHÃ (1925-9/1935/ 1941-53)

Fundador: Mário Rodrigues

VIRULENTA, MANIPULADORA E MUITO BEM ILUSTRADA

A trajetória de *A Manhã* do Rio de Janeiro foi curta e ruidosa. Durou apenas quatro anos. Hoje, o jornal é lembrado principalmente porque seu fundador, Mário Rodrigues, era o pai do dramaturgo Nelson Rodrigues e por ter sido nesse veículo que Nelson começou sua trajetória de escritor. Mas *A Manhã* teve um papel importante na imprensa do Rio de Janeiro da década de 1920 e abriu o caminho para um jornalismo popular e sensacionalista. Deu grande importância às charges e às ilustrações, de alta qualidade, que contribuíram para sua aceitação pelo público.

Mário Rodrigues foi um jornalista pernambucano que desenvolvera um estilo agressivo e panfletário no *Jornal da República* do Recife defendendo o governador, o general Dantas Barreto, e atacando o *Diário de Pernambuco* e seu dono, Francisco de Assis Rosa e Silva, antigo vice-presidente da República, um dos mais poderosos políticos e um dos maiores latifundiários do Nordeste.

Rodrigues aperfeiçoou o seu estilo truculento no *Correio da Manhã* de Edmundo Bittencourt. Primeiramente como editorialista e depois como diretor da redação, foi Mário Rodrigues o autor de alguns dos mais furiosos ataques a governos e homens públicos da história da imprensa brasileira. O principal alvo era o presidente Epitácio Pessoa. "Tirano de opereta", "réprobo", "enfermo, dominado pelo delírio de mandar", "tirano de maus fígados e alma enoitecida" ou "Nero de Umbuzeiro", a cidade da Paraíba onde Epitácio tinha nascido – assim como João Pessoa e Assis Chateaubriand –, eram alguns dos insultos com que o jornal se referia ao presidente. Os ataques de Rodrigues eram "daqueles de fazer Epitácio descer de seu perfil de efígie", no dizer de Ruy Castro.[1]

Na redação do *Correio*, além de destilar o veneno de sua pena, Mário Rodrigues decidiu publicar umas cartas incriminando Arthur Bernardes, candidato à presidência da República, que eram evidentemente falsas. Foi condenado por injúria, preso durante um ano e o *Correio da Manhã* fechado por oito meses. Nesse período, seu salário foi reduzido a 1 conto de réis e só conseguia pouco mais do que pagar o aluguel. Se não fosse pela ajuda de Geraldo Rocha, dono de *A Noite*, um jornal concorrente, que lhe deu também 1 conto de réis, a família teria passado fome. Bittencourt reconheceria no futuro não ter sido muito generoso com Mário Rodrigues, mas argumentou que não tinha obrigação de pagar nada. Como escreveu numa carta: "É verdade que enquanto estiveste preso o *Correio* só te pagou 1 conto de réis por mês. Convenho que foi pouco. Mas teria ele obrigação de te dar mesmo esse pouco que ao fim de contas saía do meu bolso?"

Ao sair da cadeia, Mário Rodrigues dirigiu durante três meses o *Correio*, que tinha perdido fôlego e leitores, e foi surpreendido com a decisão de Bittencourt de fazer um rodízio com seu cargo, a direção da redação. Finalmente, ele ficou chocado pela aproximação do *Correio da Manhã* com o seu grande inimigo, Epitácio Pessoa, iniciativa que atribuiu a Paulo Bittencourt, filho de Edmundo.

COM DINHEIRO DO BICHEIRO

Indignado, Mário Rodrigues decidiu lançar seu próprio jornal. Como não tinha recursos, tomou dinheiro emprestado de João Pallut,[2] o "João Turco" ou "Turquinho", um banqueiro do bicho na Leopoldina e no centro do Rio, dono do matutino *A Batalha* e de um jornal vespertino, *A Esquerda*, ligado ao Partido Comunista e dirigido por Pedro Motta Lima. Rodrigues associou-se também a Antonio Faustino Porto, um incorporador imobiliário, que entrou com parte do capital da Sociedade Anônima A Manhã. Geraldo Rocha, dono de *A Noite* e que ajudara a família de Rodrigues quando este esteve preso, era credor de notas promissórias emitidas pela empresa editora do jornal e talvez fosse acionista oculto. Rodrigues era o presidente e Porto o diretor-tesoureiro.

O primeiro número de *A Manhã*, dirigido às massas, saiu à rua em 29 de dezembro de 1925, exatamente quatro meses depois do lançamento de *O Globo*. Rompia com a tradição de que as folhas populares, como *A Notícia* e *A Noite*, eram vespertinas. O jornal fora planejado e lançado num prazo de 25 dias. Tinha sede na rua 13 de Maio e era impresso em oficinas próprias, numa rotativa francesa Marinoni.

A partir de seu segundo número, publicou como romance-folhetim, no rodapé, *Crime e castigo*, de Fiodor Dostoievski. Já no terceiro número, Mário Rodrigues apontou sua artilharia contra o ex-presidente Epitácio Pessoa: num artigo com o título "Prenda-me", acusou o presidente de várias falcatruas e o brindou com adjetivos como "pavão megalomaníaco", "morubixaba sinistro" e personagem de folhetim rocambolesco. Ele não foi preso, mas foi processado.

Ruy Castro conta como era o ambiente do jornal:

> A redação de *A Manhã* era como outras do Rio naquele tempo. Uma sala comprida, com muitas escrivaninhas, cabides para os chapéus e um ou dois telefones de manivela. Poucas máquinas de escrever (daquelas "Royal", pretas) e ainda menos gente que as soubesse usar. A maioria dos redatores escrevia a mão, com penas francesas da marca "Mallat", em folhas de papel almaço. Alguns usavam viseira como nos filmes, encera-vam os bigodes e estavam mais preocupados com as ênclises, próclises e mesóclises do que com as notícias. Os paginadores sofriam: tinham de contar letra por letra, para calcular o espaço da matéria na página. Os linotipistas não sofriam menos, porque os redatores, Mário Rodrigues, inclusive, escreviam com garranchos quase impossíveis de decifrar. [...] Cada redação tinha um único fotógrafo, o qual ainda usava o "flash" de

magnésio, que levava uma eternidade para preparar. Talvez por isto os jornais fotografassem tanto cadáver – porque o cadáver podia esperar, não se mexia e não piscava quando o magnésio explodia. O fotógrafo de *A Manhã* chamava-se Victor Teófilo e usava um revólver no cinto. Não era o único homem armado na redação.[3]

Como os outros jornais populares da época, *A Manhã* procurava reunir um grupo de colaboradores de alto nível. Escreveram nela Monteiro Lobato, Mário de Andrade, Medeiros e Albuquerque, Agrippino Grieco, Maurício de Lacerda, Antônio de Alcântara Machado, Henrique Pongetti, Orestes Barbosa, além do humorista Apparício Torelly, que assinava como Apporelly a coluna "Amanhã tem mais..." na primeira página. Isso foi antes de ele se auto-outorgar um título nobiliário, primeiro de duque de Itararé, para depois, modestamente, rebaixar-se a barão, e antes de lançar seu próprio jornal, o semanário *A Manhã*, uma evidente paródia do diário de Rodrigues.

Mário Rodrigues tinha uma relação de amor e ódio com Edmundo Bittencourt. Reconheceu que sentira "verdadeira idolatria" por ele já no tempo em que estava no Recife, impressionado pelas "façanhas românticas de um 'condottiere', soberbo de heroicidade". Quando trabalhava no *Correio*, disse que Edmundo era um "cavalheiro 'sans peur et sans reproche' (sem medo e sem reproche), de façanhas românticas", "panfletário incomparável", "rapsodo fulgurante". E "criou a Opinião no Brasil republicano!". "Eu o adorava".

Bittencourt retribuía os elogios. Escreveu de Paris várias cartas a Mário Rodrigues, então diretor do jornal: "A tua fase, para mim, é a melhor, a mais interessante que tem tido o *Correio*. Digo-te isto com o coração no bico da pena".

"Deste ao *Correio* o seu maior brilho e talvez a sua maior glória e, com isto, fizeste jus à minha gratidão". "Da eficácia e da inteligência de tua direção no *Correio* o melhor testemunho são as tiragens deste. [...] A circulação do jornal tem subido consideravelmente nos últimos tempos. Isso prova que o público compreende teu esforço e faz justiça a tua sinceridade". "Meu grande Mário – A melhor coisa que fiz na vida foi sair do Rio, e deixar-te aí, dando livre curso ao teu entusiasmo, ao teu talento, à tua capacidade de trabalho. Os jornais andam magníficos". "Os teus *Correios* são verdadeiras baterias! Nunca vi ataques tão bem-feitos, com tanta dignidade e tanta força!" Em outra ocasião, Edmundo menciona "a amizade e dedicação com que te consagras a mim, ao Paulo e ao *Correio*". Numa carta de Paris ao "Querido Mário", que tomava conta da redação: "Nunca o *Correio da Manhã* teve uma fase tão próspera e tão brilhante!"

Mas, quando Mário Rodrigues saiu brigado do *Correio*, o amor se transformou em ódio: "o ídolo esfarinhou-se aos meus olhos". Bittencourt teve várias oportunidades de sentir sua ira na pele. Algumas semanas depois do lançamento de *A Manhã*, Mário Rodrigues preparou sua vingança – um "ajuste de contas", como ele disse. Publicou uma longa série de artigos arrasadores contra Bittencourt e seu jornal, ocupando quase toda a primeira página, com a mesma veemência com que atacara Epitácio Pessoa no *Correio da Manhã*. Dizia que Edmundo era ingrato, vilão, medroso, despótico, torpe, infame, cínico e o seu jornal, mentiroso e manipulador.

O *Correio* demorou, mas reagiu à altura: "Apareceu aí um jornaleco jacobino, órgão das aparas da advocacia administrativa, dirigido por um indivíduo que agora se revela canalha profissional e custeado pelo conhecido bicheiro João Turco". Qualificou Mário Rodrigues de "mercenário", "pobre diabo, useiro e vezeiro na calúnia, com o focinho metido na 'gamela' do Tesouro e o rabo escondido nas tavolagens da cidade". Em outra ocasião, comparou *A Manhã* a um "pot de chambre" (penico).

A CAMPANHA MAIS VIOLENTA

Não foram Bittencourt e Epitácio Pessoa os únicos alvos da pena de Mário Rodrigues. Ele arremeteu contra vários políticos. Como disse Ruy Castro, "a virulência de *A Manhã* não tinha paralelo dentro das circunstâncias". Doze vezes foi processado e absolvido, o que o levou a escrever acima da assinatura: "Se não gostarem, processem-me". Segundo Herman Lima, nenhum outro presidente da República sofreu mais tenaz e violenta campanha, combate mais feroz e pessoal do que Arthur Bernardes; "Contra Bernardes abriam fogo, diretamente, todos os seus adversários, entre os quais ninguém atingiu a crueza e a truculência de Mário Rodrigues", a quem qualifica de jornalista de paroxismos.[4] Gilberto Amado dizia dele que era um "foliculário catastrófico".

Mário Rodrigues não dava trégua a Bittencourt. *A Manhã* passou a publicar grátis anúncios classificados de emprego para atingir comercialmente o *Correio*, que tinha neles uma de suas fontes de renda.

No entanto, em dezembro de 1928, num dos primeiros números de *Crítica*, outro jornal que Mário Rodrigues fundou, ele defenderia Edmundo Bittencourt quando foi preso. Criticou a "sentença iníqua, positivamente monstruosa, que alvejou os diretores do *Correio da Manhã*" (Paulo Bittencourt e Pinheiro da Cunha), "condenados sem direito de prova".

Em dois meses, o jornal estava consolidado. Assim como a agressividade sem freio tinha alavancado as vendas do *Correio*, a virulência de *A Manhã* atraiu um elevado número de leitores. E, seguindo o exemplo dos repórteres do concorrente *A Noite*, os jornalistas de *A Manhã* se disfarçavam para entrar em lugares perigosos. Numa edição que comoveu o Rio, o jornal publicou na primeira página a foto de um jovem casal de suicidas, enforcados numa árvore, de mãos dadas. Muitas notícias nada tinham a ver com a realidade; eram fruto da imaginação dos repórteres em dias em que os fatos verdadeiros eram demasiado prosaicos.

O jornal também teve veleidades esquerdistas devido à influência de Pedro Motta Lima, redator principal e diretor-substituto, ligado ao Partido Comunista; ele lançou a seção "'A Manhã' proletária", que durou apenas cinco meses.

A Manhã se destacou pelo uso ousado e inovador das ilustrações e se transformou em modelo para o resto da imprensa. Uma das principais atrações eram os desenhos de Andrés Guevara, um excelente artista e chargista. Nascido no Paraguai, Guevara desenvolveu sua técnica na imprensa argentina, na época muito mais adiantada que a brasileira. No dizer de Humberto de Campos, foi "o único paraguaio que venceu o Brasil", um elogio que aparentemente não foi desinteressado.[5]

Guevara começou fazendo *portraits-charges*, uma espécie de caricatura de pessoas ilustres que até hoje desperta admiração, seguida de "algumas das mais virulentas sátiras gráficas já saídas de qualquer lápis em nosso país", segundo

Herman Lima. As caricaturas eram, diz ele, "realmente excepcionais pelo vigor e originalidade do desenho, como pelo tom de agressividade pessoal ainda desconhecida até então em qualquer de nossas publicações, mesmo dos tempos do Império". A charge "Os quatro anos de Bernardes no Catete", que ocupou uma página inteira, foi a mais agressiva talvez que o artista perpetrou em toda a sua permanência no Brasil.[6]

Guevara desenhava quase diariamente para o jornal. Ilustrava as crônicas de Apporelly, os versos humorísticos de Ary Pavão e passou a fazer uma página inteira semanal, "A semana humorística". Lima acrescenta que Guevara "ultrapassa verdadeiramente o inimaginável, no combate de ideias e de doutrinas, pela descaída direta no ataque pessoal". Ele seguia a diretriz do jornal; quase sempre suas ilustrações acompanhavam o editorial ou o *suelto*. Na opinião de Herman Lima:

> Havia uma fantasia tão grande, na estilização daquelas máscaras cortadas de sulcos e semeadas de protuberâncias geométricas muita vez vizinhas à mais ousada construção cubista, que bastariam para firmar-lhe um nome universal [...] na apresentação dos figurões políticos em sátiras que acompanhavam no mesmo tom o sensacionalismo, a virulência da linguagem, os ataques do terrível órgão.

Henrique Pongetti dizia que Andrés Guevara criou o libelo sem palavras, o desenho que fala por si, e que usava "o sal e o vitríolo, o pó de mico e o fel, o rabo de papel e a lixa grossa, a urtiga e o carrapicho – esse alquimista demoníaco da sátira desenhada deu aos cariocas a fórmula diária do riso que abre fendas nos fortins oligárquicos e ativa a vesícula biliar".[7]

Guevara foi também um renovador do design e da apresentação dos jornais. José Mendes André[8] escreve: "Desde o primeiro número, o jornal *A Manhã* introduz expedientes e técnicas visuais inéditas em seu tempo"; afirma que "Guevara presenteou o Brasil com inesquecíveis páginas e desenhos dignos de serem emoldurados"; e "*A Manhã* foi um dos laboratórios de design gráficos mais prolíficos, mais efetivos e de maior penetração social no Brasil". Ao fazer um panorama do design gráfico latino-americano dos anos 1940 e 1950, André diz que tudo aquilo já havia sido experimentado no jornal *A Manhã*.

Outro desenhista de *A Manhã* foi o chargista Fritz, pseudônimo germânico atrás do qual se escondia o carioca Anísio Oscar Mota, que publicava todos os dias duas pequenas charges no alto da primeira página do jornal, ao lado do cabeçalho.

Os filhos de Mário Rodrigues foram trabalhar no jornal. Milton era o secretário; Roberto, um desenhista de talento, fazia ilustrações; Mário era o gerente; Nelson repórter, colunista e editorialista.

Nelson narra, com a sua habitual hipérbole, a sua experiência, romanceada, dos primeiros dias no jornal, e descreve o apelo à emoção e aos sentidos a que recorria *A Manhã* para atrair leitores:

> No meu primeiro mês de redação, houve um desastre de trem que assombrou a cidade. Morreram cem pessoas. Quando nós, da reportagem, chegamos, muitos ainda agonizavam; e uma moça, com as duas pernas esmagadas, pedia pelo amor de Deus: "Me matem, me matem". Eu via, atônito, os vagões trepados uns nos outros. Lá estava a locomotiva entortada. Um trem cavalgando outro trem. E o pior era a promiscuidade de feridos e mortos. De vez em quando, uma mão brotava das ferragens. E um colega tropeçou numa cabeça sem corpo. [...] Houve um momento em que me encostei num poste e tranquei os lábios, em náuseas medonhas. Um colega achou graça: "Seja homem".[9]

DINHEIRO PARA OS POBRES

Nelson Rodrigues conta em suas memórias que seu pai dizia horrores do governador de Pernambuco, Sérgio Loreto, até que um intermediário perguntou: "Quanto você quer?"; ele pediu uma quantia astronômica. O intermediário toma um susto; "os outros" eram muito mais baratos e mostra recibos de altas figuras da imprensa. Rodrigues encerrou a discussão – "Ou isso ou nada".

> O fulano não voltou. Quem apareceu foi Souza Filho, esse sim, amigo de meu pai. Fechou o negócio. E meu pai recebia, em seguida, o dinheiro. Não precisaria escrever nada a favor; apenas não seria contra. E, com efeito, não houve, na época, um silêncio tão bem remunerado. No dia

seguinte, *A Manhã* abre, em festa, as suas manchetes, contando todo o processo do suborno; e, ainda, nos cabeçalhos garrafais, meu pai anunciava que ia distribuir o dinheiro, até o último tostão, entre os pobres do Rio de Janeiro. [...]

Alguém que passasse por lá e visse aquela massa apavorante, havia de imaginar que éramos uma população de mutilados, de entrevados, de cancerosos. Quando meu pai surgiu, lá em cima, ergueu-se da multidão um gemido grosso, vacum. Eu estava também na sacada. E quando o dinheiro começou a ser distribuído começou um lúgubre alarido. Foi dado, como já disse, até o último tostão. Eu vi seres incríveis que, em vida, apodreciam em chagas. No fim, meu pai tirava o dinheiro do próprio bolso e dizia: – "Dá, vai dando".

Essa manobra, pela qual Mário Rodrigues repartiu 30 contos distribuindo, em três vezes, mil senhas de 10 mil-réis aos pobres do Rio, para pagar uma semana depois, aumentou ainda mais a popularidade de *A Manhã*.[10]

Mário Rodrigues, além de crítico feroz dos políticos, foi também um esperto manipulador da vida política. Quando ainda estava no *Correio da Manhã*, convenceu o anódino presidente do estado de Minas Gerais, Fernando de Mello Vianna, de que ele deveria ser o próximo presidente da República e lhe ofereceu seu apoio – bem remunerado. Com a propaganda feita no *Correio*, seguida por outros diários do Rio, Mello Vianna foi convidado para ser vice-presidente na chapa de Washington Luís. Ambos foram eleitos. Quando Mário lançou *A Manhã*, Mello Vianna reconheceu e recompensou a ajuda recebida. Grato, o novo jornal, depois de um período inicial de críticas, passou a apoiar o novo governo. O habitual veneno das caricaturas de Guevara foi substituído por ilustrações suaves e lisonjeiras, nas quais Washington Luís era apresentado como o alegre "político de Macaé".

Se *A Manhã* se tornou um jornal timidamente governista, não esqueceu os seus antigos inimigos políticos. Não seria *A Manhã* sem políticos para atacar. Em 1º de janeiro de 1927, começou "a mais terrível campanha" contra o ex-presidente Arthur Bernardes, com uma ilustração de Guevara que tinha o interminável título de "Os quatro anos de Bernardes no Catete: a voz do senhor: Caim! Caim, que fizeste de teus irmãos? Comidas de urubu". Foi, talvez, a mais agressiva charge que Guevara fez em toda sua permanência no Brasil.[11] Outra sátira mortífera foi "Comidas de urubu".

Mas, apesar de todo o dinheiro recebido de variadas fontes, Mário Rodrigues não conseguia manter o controle do jornal. Entrava muito e gastava muito mais. Fazia caros presentes para sua jovem amante; enterrou inutilmente 50 contos numa campanha para tentar eleger-se deputado. Devia quase 300 contos a João Pallut, o "João Turco"; 285 contos a Geraldo Rocha; 680 contos a José Alfredo de Oliveira; além de várias centenas de contos a outros detentores de debêntures, aos fornecedores de papel e material gráfico. Tinha dificuldades para imprimir o jornal, e estava pendurado e sem crédito nos bancos. A dívida, que chegou a mais de 3 mil contos, tornou-se impagável.

Em outubro de 1928, menos de três anos depois do lançamento, Mário Rodrigues perdeu *A Manhã* para seu sócio, Antonio Faustino Porto, que assumiu a dívida e o controle. Rodrigues aceitou a proposta de continuar como diretor do jornal, mas, quando Porto quis interferir no primeiro editorial, pediu demissão. Ficou apenas um dia como empregado do diário que tinha fundado. Despediu-se de seu antigo sócio e patrão por um dia com um bilhete:

> Estava louco V. S. se pensou que, com as ações, eu lhe transferia a minha pena, a minha inteligência, o meu nome, o meu pundonor de homem. Tem esse troco a injúria de haver querido transformar um amigo em escravo. Ninguém me vence, saiba disto; ninguém me vence, senão pelo afeto, pelo carinho, pela cordura. Vingo-me deixando-lhe *A Manhã* nas mãos e obrigando-o a sondar a consciência. Adeus – Mário Rodrigues.[12]

No dia seguinte, ao anunciar a mudança na empresa e na redação, Antonio Faustino Porto declarou no jornal que Mário Rodrigues só lhe transferira 3.052 ações de 500 mil-réis cada uma, das 7.000 ações que compunham o capital social da empresa, "em pagamento de dívida muito superior ao valor nominal desses títulos".

Mês e meio depois, Mário Rodrigues lançava outro diário, *Crítica*.

A vingança de deixar o jornal nas mãos de Porto teve efeito no curto prazo. *A Manhã*, que mudou de orientação política e apoiou a Aliança Liberal e a candidatura de Getúlio Vargas à presidência, fechou em dezembro de 1929.

Ao dar a notícia, o jornal *Crítica*, de Mário Rodrigues, não poupou elogios ao primeiro diretor, isto é, a ele mesmo. Escreveu que *A Manhã* fora fundada em 1925 por Mário Rodrigues, "nosso vibrante e querido chefe". Ele, "lutador indômito, vinha da direção suprema do *Correio*, jornal que ao impulso do seu talento culminou uma das fases mais brilhantes – a mais brilhante, aliás, na opinião do Dr. Edmundo Bittencourt, seu fundador". Aproveita o necrológio de *A Manhã* para acertar as contas com o antigo sócio: "Mário Rodrigues, que acreditava na seriedade de uma sociedade anônima, fez a sociedade e foi suplantado pelos capitais fáceis de um acionista, o sr. Antonio Faustino Porto". Disse que o jornal tinha fechado sete dias antes, mas "só ontem dele tivemos notícia cabal". "Aliás, *A Manhã* já estava profissionalmente extinta desde o dia de que lá saiu a figura impetuosa e chamejante do nosso diretor". Concluiu lamentando "o fim de uma folha que já foi radiosa e que acabou como carne de açougue, podre – podre apesar de todos os frigoríficos desta capital".

Anos depois, seriam lançados outros jornais com o nome *A Manhã*. Em abril de 1935, Pedro Motta Lima, o mesmo jornalista que como subdiretor de Mário Rodrigues tinha orientado a antiga *A Manhã* para a esquerda, fundou uma nova *A Manhã*, para ser porta-voz da Aliança Nacional Libertadora, um movimento que abrangia várias tendências de esquerda, inclusive o Partido Comunista que, na verdade, controlava o jornal. Tinha oficina própria, registrada em nome de Motta Lima. A primeira página era ilustrada por Di Cavalcanti. Octavio Malta era o secretário. Escreveram nele Jorge Amado, Maurício Caminha de Lacerda e seu meio-irmão Carlos, Anísio Teixeira, Rubem Braga, Álvaro Moreyra, Josué de Castro, Hermes Lima, Francisco Mangabeira. Edmar Morel, repórter, disse que a redação estava constituída pela elite do jornalismo de esquerda. Segundo ele, os salários eram baixos, mas o pagamento era certo, ao contrário do que acontecia na maioria dos jornais.

Em julho de 1935, quando *A Manhã* publicou o manifesto de Luís Carlos Prestes, a tiragem foi triplicada, mas a edição foi apreendida. O jornal durou apenas sete meses; fechou em novembro, durante a revolta conhecida como Intentona Comunista. A manchete do último número, uma edição extra, no dia 27 desse mês, conclamava a população a aderir à revolta: "Prestes à frente da insurreição armada no Rio". Subtítulo: "Sob seu comando levantou-se de madrugada a guarnição desta capital". A ilustração era uma fotografia de Prestes. O jornal foi invadido pela polícia e empastelado; a maioria dos empregados foi presa.

Em seu lugar, foi lançado em 1936 o *Jornal da Manhã*, com praticamente a mesma equipe, com Emil Farhat como secretário "oficial", por ter seu nome limpo na polícia política, e Octavio Malta como secretário "secreto". Para alertar sobre a atividade dos censores, o jornal publicava anúncios sobre vermífugos ou qualquer assunto esdrúxulo no lugar da informação censurada, até ser obrigado a substituir uma notícia proibida por outra liberada. Um dos atrativos do jornal era a abundância de ilustrações. Apesar da censura, teve uma rápida aceitação, ao herdar os leitores de *A Manhã*. Farhat afirmou que chegou a vender 50 mil exemplares e que recebia ameaças pelo telefone. O jornal durou dois meses. Rubem Braga, um dos colaboradores, disse que o lançamento do *Jornal da Manhã* fora "uma aventura irresponsável, como tudo que vinha daquele comando que nos jogou na imbecilidade provocativa da tal 'Intentona'".[13]

Nas rotativas de *A Manhã* seria impressa *A Tarde*, um tabloide moderno de 48 páginas, também de curta duração. Nele trabalharam Osório Borba, Rubem Braga, Raymundo Magalhães Júnior, Edmar Morel. Foi fundado por Othon Paulino, que nos anos de 1950 dirigiria *O Dia* de Chagas Freitas.

PORTA-VOZ DA DITADURA

Outro jornal com o nome de *A Manhã* foi fundado no Rio de Janeiro em agosto de 1941. Sua orientação era diametralmente oposta à do jornal carioca que fechara seis anos antes por defender a ANL. Era uma publicação governamental, editada pela mesma empresa de *A Noite*, também controlada pelo governo. Os editoriais defendiam o Estado Novo e criticavam a democracia. Teve como dirigentes jornalistas conhecidos por suas simpatias pela ditadura, como o escritor-interventor e poeta Cassiano Ricardo, um ideólogo do regime, que o dirigiu de 1941 a 1945. Contou com a colaboração de Menotti Del Picchia, diretor de *A Noite* de São Paulo. Num editorial que perguntava: "Vale a pena morrer pela democracia?",[14] Cassiano Ricardo dizia que a democracia clássica trazia o germe de sua própria deterioração e concluía que não vale a pena morrer por esse tipo de democracia. Segundo ele, "o novo regime tem uma ideologia [...] Ou impõe essa ideologia ou volta a ser liberal". Afirmava também que a missão do Estado moderno "não é tornar os homens mais livres, senão mais felizes".[15]

Uma preocupação do jornal era explicar o regime ditatorial para a população de maneira didática. Combatia a liberdade de imprensa, que possibilitava o debate de questões estéreis e desnecessárias, próprias do regime anterior. Teve, no início, uma diagramação moderna; era profusamente ilustrado com fotos e desenhos.

Curiosamente, *A Manhã* e seu diretor, ele mesmo um rigoroso fiscal do pensamento alheio – escreveu que a função do Estado "não é tornar os homens mais livres, senão mais felizes" –, não estiveram isentos da censura, atenta para localizar qualquer opinião que cheirasse a comunismo. Apesar de sua defesa do regime autoritário vigente, Cassiano Ricardo chegou a ser acusado de comunista. Ele conta:

> Pedro Lafayette, escritor, recortou trechos de artigos que eu escrevera para *A Manhã* e que lhe pareceram tocados de comunismo e pronto! Denunciou-me a Getúlio; Osório Borba, enquanto isso, me chamava de fascista. Eram dois acusadores e duas inquietações. Afinal, o duplo fanatismo provava a minha inocência. Pugnando por uma democracia social havia o jornal voltado as costas aos dois extremos. Só eles não sabiam disso. [16]

A Manhã tinha também objetivos culturais. Chegou a publicar suplementos semanais de bom nível, como "Autores e livros", editado por Múcio Leão, preocupado com a evolução cultural do Brasil, mas crítico do modernismo; "Pensamento na América", dirigido por Ribeiro Couto; "Críticas das ideias". Teve entre seus colaboradores Cecília Meireles, José Lins do Rego, Gilberto Freyre, Manuel Bandeira, Alceu Amoroso Lima, Affonso Arinos de Mello Franco, Vinicius de Moraes, Oliveira Vianna, Murilo Mendes, Adonias Filho.

O poeta Lêdo Ivo disse que quando chegou ao Rio em 1943 foi trabalhar n'*A Manhã*.

> Era um jornal muito curioso, feito um jornal moderno, criado por Cassiano Ricardo, que era um grande jornalista. Foi o primeiro jornal brasileiro a apresentar notícias nacionais na primeira página, especialmente notícias dos estados. Porque, naquele tempo, os grandes jornais,

como *O Correio da Manhã* (sic), apresentavam toda a primeira página de notícias internacionais, como se o Brasil fosse uma colônia, como se o Brasil não tivesse o menor interesse para o leitor. De modo que *A Manhã*, do Cassiano Ricardo, que era um jornal ligado ao Getúlio Vargas, etc., foi o primeiro a projetar o Brasil na sua primeira página. [...] De modo que, é muito curioso, a menção a esses nomes, porque mostra as curiosas relações entre a inteligência e o poder aqui no Brasil. Naturalmente que, depois da queda do Estado Novo, esses grupos se dispersaram, etc. e talvez até muitos deles tenham dito que eram da oposição daquele tempo.[17]

Essa afirmação de ter sido o primeiro jornal brasileiro a publicar notícias do Brasil na primeira página é mais do que duvidosa.

Segundo Manuel Bandeira, que escrevia sobre artes plásticas, "Cassiano chamou para o seu jornal grandes colaboradores adversários da situação [...], na nobre atitude de não misturar literatura com política". Mas foram inevitáveis os choques desses escritores com a orientação política do jornal. Depois da divulgação do Manifesto dos Mineiros, em 1943, vários colaboradores saíram. As críticas de cinema de Vinicius, por exemplo, desagradaram os distribuidores de filmes, que pressionaram e ele foi demitido. O jornal foi perdendo seus melhores quadros. Depois que Vargas foi deposto no fim de 1945, *A Manhã*, que antes o elogiara, passou a atacá-lo.

Em 1946, é lançado o suplemento "Letras e artes", de tendência conservadora, dirigido por Jorge Lacerda, um jornalista que simpatizara com o integralismo e era amigo de Cassiano Ricardo. O suplemento foi uma das mais interessantes publicações culturais da época.

A Manhã, como todos os jornais publicados pelo Estado, teve problemas de empreguismo, má administração, déficits crescentes e baixa circulação. Políticos tentavam controlar o conteúdo. Com poucos leitores e escassa publicidade, o jornal teve que vender sua sede e a redação foi transferida para as instalações de *A Noite*, outro jornal governamental; posteriormente mudaria para a rua Sacadura Cabral. Cassiano Ricardo manobrou para que o jornal fosse vendido a um grupo privado do qual participavam os empresários paulistas Roberto Simonsen e Euvaldo Lodi. A venda não foi feita e ele saiu. *A Manhã* fechou em 1953.

CRÍTICA
(1928-30)

Fundador: Mário Rodrigues

O JORNAL MAIS VIOLENTO

O jornal *Crítica* foi lançado no Rio por Mário Rodrigues apenas 49 dias depois de perder, por dívidas, o controle de *A Manhã* para seu sócio Antonio Faustino Porto. Assim que entregou a Porto suas ações de *A Manhã*, Rodrigues conseguiu com o vice-presidente da República, o mineiro Fernando de Mello Vianna, os recursos necessários para lançar um novo diário.

Crítica foi uma continuação radical e exacerbada de *A Manhã*, de maneira que a comparação entre os dois jornais é inevitável. Teve uma vida curta e um fim trágico. Não chegou aos dois anos, a metade que *A Manhã*. Mas em sua breve existência deixou sua marca na história do jornalismo brasileiro.

Mário Rodrigues levou para *Crítica* uma boa parte dos jornalistas e colaboradores que trabalharam com ele em *A Manhã*. O novo jornal, um matutino de oito páginas, com informações de política na primeira e de polícia na última, foi lançado em 21 de novembro de 1928, dia em que Mário Rodrigues completava 43 anos. O tom panfletário e demagógico ficou evidente no *slogan* no alto da primeira página: "Declaramos guerra de morte aos ladrões do povo". O preço, de apenas 100 réis, o mesmo com que tinha sido lançado *A Noite*, principal vespertino da cidade, em 1911, era um dos atrativos do jornal. A manchete do primeiro número dizia: "A Revolução é inevitável. Ela corrigirá os erros e a mentalidade política que está dissolvendo o Brasil!"

Seguindo a receita de apostar no escândalo para vender jornal, Mário Rodrigues procurava títulos de impacto. O título de uma reportagem de primeira página, dedicada a Antônio da Silva Prado Júnior, o prefeito do Rio, dizia: "Não minta assim, comendador...".

A Manhã, que tinha ultrapassado o *Correio da Manhã*, até então o mais combativo dos jornais, como modelo de destempero, agressividade e falta de autocontrole, foi amplamente superada em virulência pela *Crítica*. Era um jornal ainda mais violento e extremado; um verdadeiro libelo diário. Gilberto Amado dizia que era um "foliculário de escândalos". Na opinião de Herman Lima, o novo jornal de Mário Rodrigues se entregou "logo à mais furiosa campanha de difamação pessoal em massa, em que já se viu envolvido qualquer jornal no Brasil"; era também, segundo ele, o "jornal mais agressivo talvez de todos os que já apareceram no Brasil, em todos os tempos".[1] *A Manhã*, comparada com *Crítica*, parecia ter sido tão inofensiva quanto o *Almanaque da saúde da mulher*, segundo Ruy Castro.[2]

Até os antigos leitores de *A Manhã* devem ter ficado surpresos, embora não chocados, ao ver em *Crítica* uma fotografia do conde Francisco Matarazzo, o maior industrial do país, em duas colunas no alto da primeira página, com a palavra "LADRÃO" escrita na testa. Uma reportagem o acusava de irregularidades no comércio de café. Em edições anteriores, foram dedicadas a ele várias das matérias da rubrica "Os ladrões do povo". Numa delas, a legenda da foto dizia: "Matarazzo, o pantagruélico açambarcador". Mário Rodrigues, numa das crônicas que lhe dedicou, colocou o título "Impune, mas ladrão!". Quando o conde abriu uma queixa-crime, *Crítica* o cumprimentou com a manchete: "Francisco Matarazzo, semeador macabro de fome, já não és apenas o cem vezes ladrão, mas também o cem mil vezes canalha!". Nesse dia, o título da crônica de Rodrigues era "LADRÃO!" e a do dia seguinte "Ladrão! Ladrão! Ladrão!".

O jornal continuou nos ataques ao industrial paulista e iniciou a publicação do folhetim *O abutre*, "novela realista e reacionária de incandescente crítica social", escrita pelo próprio Mário Rodrigues, tendo o conde como personagem. Quando, alguns dias depois, o processo foi retirado, *Crítica* continuou com a série. As reportagens seguintes foram ainda mais agressivas: "O celebérrimo ladrão Francisco Matarazzo prepara novos assaltos à bolsa do povo. – A insensibilidade moral de nossos políticos estimulando as 'scroqueries' do conde milhardário", dizia uma delas, além de "ladravaz", "fascista" e "aventureiro". Em edições futuras, o jornal usaria de novo o recurso de escrever a palavra "LADRÃO" sobre a testa de algumas pessoas que atacava.

VARGAS, DO CÉU AO INFERNO

Crítica, inicialmente impiedosa com o presidente Washington Luís, foi o jornal que lançou a candidatura do gaúcho Getúlio Vargas à presidência da República. Numa das primeiras edições, uma reportagem com o título "Nem todas as consciências afundaram na lama da politicagem sem ideal", sobre uma foto de Vargas em duas colunas, assegurava que existia "uma insofismável, verídica, genuína democracia" no Rio Grande do Sul, "terra que o Sr. Getúlio Vargas preside"; e mencionava: "O ambiente de desafogo, de trabalho e de paz que se respira no único ponto do Brasil onde a democracia fez morada".[3]

Mas, alguns meses mais tarde, Rodrigues, em troca da ajuda recebida de Mello Vianna, comprometeu-se a apoiar o governo de Washington Luís e a descarregar toda a sua reconhecida truculência sobre Vargas e a Aliança Liberal, que passou a ridicularizar diariamente.

O candidato, antes elogiado com entusiasmo, passou a ser um "caboré semibárbaro, com uma noção estreitíssima de responsabilidade e espírito vincado de ideias confusas, o Sr. Getúlio Vargas é ainda uma expressão de nosso primitivismo. Alma cheia de penas e cocares, povoada de fantasmas noturnos e imagens sinistras". Nesse mesmo número, Mário Rodrigues chama os partidários de Vargas de "casta de facínoras".[4] Em edições seguintes, *Crítica* aumentaria o grau de agressividade. Em março de 1930, a legenda de uma foto de Vargas dizia: "O jumento desconhecido".

Crítica foi um sucesso extraordinário desde o começo. Disse que a tiragem da primeira edição foi de 100 mil exemplares e que poucos meses depois chegava a 130 mil exemplares. Esses números são certamente exagerados. Mas é provável que fosse certa sua alegação de ser "o matutino de maior circulação no Brasil". É provável que não alegasse ser o jornal de maior circulação, porque o vespertino *A Noite* era reconhecidamente o maior diário do país.

INSPIRAÇÃO ARGENTINA

Em sua curta existência, *Crítica* deixou sua marca. As linhas gerais do seu projeto gráfico e o de *A Manhã* têm sido elogiadas pelos estudiosos da imprensa, assim como as suas charges, caricaturas e ilustrações. Nos jornais de Mário Rodrigues, a contundência da imagem era tão importante quanto a virulência da escrita.

O projeto, "visualmente sensacional", foi preparado pelo paraguaio Andrés Guevara, que já se tinha destacado como caricaturista e projetista em *A Manhã*. Ao comemorar seu primeiro aniversário, *Crítica* menciona o impacto do primeiro número:

> A folha com suas páginas movimentadas, seus comentários palpitantes se afastavam, e muito, da feição de todos os outros jornais. Era o letreiro luminoso, alguma coisa de novo, de leve, de latente. [...] À tarde, ainda se lia e comentava o novo matutino. Os velhos profissionais afeitos à rotina estranharam aquela variedade de títulos, os grisês. Não é um jornal – diziam – é um carrossel. É que tudo cm *Crítica* se movimentava, ocasionando surpresas, fora do usual. Mas o público compreendeu. E gostou. Não houve encalhe. [...]

O padrão gráfico chocou "os moldes antiquados e rotineiros da maioria dos nossos periódicos".[5]

A fonte de inspiração do novo diário, tanto na forma como até no nome, estava na Argentina. O nome do maior jornal popular de Buenos Aires, fundado em 1913 – e ainda hoje lembrado com admiração na história da imprensa argentina –, era, precisamente, *Crítica*, sem o artigo, como seria depois o do diário de Mário Rodrigues. O logotipo da *Crítica* do Rio de Janeiro era idêntico ao da *Crítica* de Buenos Aires. Outro ponto em comum: Andrés Guevara, que fora desenhista e projetista gráfico da *Crítica* argentina, participou do projeto gráfico e do lançamento da *Crítica* brasileira. Herman Lima faz uma leve referência à paginação moderníssima da *Crítica* carioca, "nos mesmos moldes de sua congênere de igual nome, de Buenos Aires, e sob a orientação do artista paraguaio".[6]

Chamava a atenção o tratamento dado às fotografias, que tinham expressão e movimento, e aos desenhos do próprio Guevara, um dos melhores ilustradores da história da imprensa brasileira, e aos do mexicano Enrique Figueroa. Ruy Castro diz que os dois desenhistas revolucionaram em *Crítica* toda a caricatura do país.[7] Na verdade, Guevara já a tinha revolucionado n'*A Manhã*.

As manchetes de *Crítica*, segundo Nelson Rodrigues, eram "um berro gráfico, um uivo impresso". Se no *A Manhã* Guevara se tinha notabilizado pela agressividade de seus desenhos, na *Crítica* ele aumentaria a dose, acompanhando a fúria dos editoriais de Mário Rodrigues. Para Herman Lima, Guevara "foi talvez o que mais virulentamente já exerceu no Brasil o direito de ferir os adversários, no uso do lápis, não como bisturi, mas contundente e mutilante, muita vez, como uma espada, a ponto de ficarem algumas de suas composições entre os espécimes mais cruéis do gênero".[8]

Depois de *Crítica*, Guevara participaria da renovação da imprensa argentina e do lançamento do diário *Clarín* de Buenos Aires, em 1945. O *ex-libris* desse jornal argentino – o desenho estilizado de um homem tocando um clarim – é obra dele.[9] Anos mais tarde, de volta ao Rio, Guevara participaria do lançamento da *Folha Carioca* e, em 1951, fez o projeto gráfico da *Última Hora* de Samuel Wainer, com algumas das mesmas técnicas de apresentação visual que ele usara em *Crítica*.

O CHARGISTA FIGUEROA

O chargista Enrique Figueroa, mexicano de Guadalajara, dizia que tinha combatido na Revolução Mexicana ao lado de Pancho Villa. Ele e Guevara foram considerados, no Brasil, "os maiores cultivadores do retrato deformante que já atuaram em nossa imprensa, muita vez insuperáveis mesmo sob esse aspecto". Tiveram uma "influência avassaladora" e abriram o caminho para os caricaturistas de gerações posteriores. Destacaram-se pela "terrível argúcia em fixar os tiques fisionômicos mais grotescos da pessoa, a tendência a estilizar até o fantasmagórico a face humana".

Figueroa, porém, é mais cordial em suas caricaturas. O desenhista Alvarus (Álvaro Moreyra) disse que, como um grande *portrait-chargista*, Figueroa deixou escola à qual se filiaram ele mesmo e um grande número de desenhistas.[10] E, como escreveu Ruy Castro, além de revolucionar o conceito de caricatura, os dois transformaram a própria feição dos jornais brasileiros.

Figueroa teve um fim digno de uma reportagem policial de *Crítica*. Ele tinha momentos de intemperança e morbidez, e era atendido por um admirador, o professor Juliano Moreira, diretor do Hospital da Praia Vermelha. Depois de uma recaída violenta, em plena galeria Cruzeiro, Figueroa foi jogado no xadrez; ao cair, feriu o cotovelo e teve gangrena. Foi transferido ao Hospital Evangélico, onde morreu. Seu enterro foi coberto com detalhes por *Crítica* e *O Globo*. Henrique Pongetti escreveu que ele teria morrido feliz se 30% dos elogios que lhe fizeram depois de morto tivessem alegrado sua vida sem incentivos:

> Em vida – os bugres invejosos que distribuem elogios na nossa imprensa pelo conta-gotas do despeito, nunca citaram seu nome. Por muito favor não cortavam sua assinatura dos desenhos [...]. Morto fizeram-lhe uma apoteose de crônicas comovidas – que de nada mais serviam e deixaram que seu corpo descesse à terra com a presença de cinco amigos mais conscienciosos.[11]

Assim como fizera no jornal *A Manhã*, Rodrigues apoiou em *Crítica* os "tenentes" e os militares que, inspirados nas ideias de Comte, opunham-se ao governo e pretendiam renovar a política. No alto de uma primeira página, anunciou que "A alma patriótica de Luís Carlos Prestes vai falar ao Brasil!".

O eterno inimigo de Mário Rodrigues, o ex-presidente Arthur Bernardes, agora senador, continuava sendo a vítima privilegiada do seu variado vocabulário de insultos: "réprobo", "urubu sanguinolento", "hiena insaciável". Herman Lima diz que nenhum outro presidente da República sofreu mais tenaz e vigorosa campanha, combate mais feroz e pessoal do que Arthur Bernardes. Se no governo de Hermes da Fonseca as críticas eram geralmente jocosas, contra Bernardes abriam fogo, diretamente, todos os seus adversários, "entre os quais nenhum atingiu a crueza e a truculência de Mário Rodrigues, pelas colunas de seus jornais". Pongetti diz que se o Arthur Bernardes de Guevara "tinha orelhas de morcego, olheiras de hiena, rabo de demônio e asas de coruja (era) porque o povo via, na sua segregação palaciana, no seu horror de todos os bichos e fantasmas consagrados pelo terror folclórico".[12]

"O PRESIDENTE DA FUZARCA"

Washington Luís também fora inicialmente alvo das charges do jornal, mas, como o seu governo pagava a conta, passou a ser tratado com alguma consideração. *Crítica* publicou sobre ele alguns desenhos jocosos, mas não arrasadores. Num deles, que ficou famoso, foi chamado "O presidente da fuzarca", ilustrando um editorial de Mário Rodrigues intitulado "A mensagem da fuzarca". Na charge, o presidente puxa a orelha de um garoto (a Câmara), enquanto outro (o Senado) olha espavorido; ambos com esparadrapo na boca. Herman Lima diz que a irresistível força persuasiva dos símbolos de Guevara transformou a personalidade profundamente austera de Washington Luís, que os anos haveriam de confirmar. Ao longo de várias edições, Guevara associaria a figura do presidente à "fuzarca", à folia do Carnaval. Escreve Pongetti que o Washington Luís de Guevara "era engraçadíssimo, contrastava com o outro (presidente Arthur Bernardes), como uma figura de (Edgard Allan) Poe e uma figura de Rabelais; vestia fraque, tinha um jeito arrumadinho de velho gaiteiro e guloso, sempre disposto a engolir a bancada parlamentar de qualquer Paraíba ou um prato de farofa com linguiça".

Ocasionalmente, porém, o presidente era o alvo da metralhadora giratória do jornal. Escreveu, por exemplo, que: "A gestão financeira do governo do sr. Washington Luís quer, à força, viver de ilusionismo"; e que o "adorável estadista das rodovias quer transplantar para a esfera dos algarismos da aritmética orçamentária a mesma mentalidade policial que se espoja no gramado político-administrativo". Também se referia a ele como "impagável estadista". O título da matéria mencionava a "megalomania do sr. Washington".

Mas o jornal deu irrestrito apoio à candidatura de Júlio Prestes, presidente (governador) de São Paulo, à presidência da República. Dedicou-lhe um grande número de edições. Numa delas, no alto da primeira página: "Seja bem-vindo o candidato nacional", uma enorme fotografia de Prestes e um único artigo com o título "Palmas ao bandeirante!". Várias páginas internas eram usadas para endeusar o candidato. Era o mesmo Júlio Prestes que anteriormente tinha sido chamado pelo jornal de "presidente das fraudes eleitorais de São Paulo".

Em *Crítica*, a fúria dos editoriais, dos *sueltos* e dos desenhos foi direcionada contra a "corja miserável" da Aliança Liberal. "Escorraçada pelo povo a canalha da Aliança", dizia um título. Num editorial, Mário Rodrigues se referia aos "homens da Aliança Liberal – espécie de conventilho de epilépticos larvados, Asilo do Bom Pastor de hetairas arrependidas, senão industriadas", e continuava com uma bem escolhida lista de insultos: "bando de energúmenos, homilias de possessos, quadrilhas de facinorosos [...] espumavam de coleiras criminais"; e mencionava "triste escândalo de proezas idiotas ou imbecis". Ou "sacripantas e fraticidas". Três líderes da Aliança, Arthur Bernardes, Epitácio Pessoa e Antonio Carlos, eram "as três víboras, os três ladrões, os três sanguinários covardes".

Rodrigues invocava a fúria divina para punir seus adversários. Uma das manchetes foi: "Antonio Carlos! Caim hediondo! Que a maldição dos céus fulmine a tua vileza!". Outra: "Que a maldição do céu desça mais uma vez sobre a cabeça do bandido Antonio Carlos!", que também foi chamado de "sifilítico", "pústula humana", "verme de podridões mesentéricas", "esclerótico de caráter e honra". Quando, em fevereiro de 1930, o vice-presidente da República, Fernando de Mello Vianna, financiador de *Crítica*, sofreu um atentado na cidade mineira de Montes Claros, no qual foi ferido com dois tiros e várias pessoas morreram, Mário Rodrigues chega a pedir a morte dos líderes aliancistas. Escreveu:

> Hoje, em cada lar, a oração de cada dia (Perdoe-nos Deus pelo que há de patriótico e humano nesta explosão) fora preciso que se concebesse nestes termos [...] Matar Arthur Bernardes [...] Matar Epitácio Pessoa [...] Matar Antonio Carlos [...] Matar todos quantos querem matar o nosso Brasil! E é neste sentido que escrevemos estas linhas. Quatro vidas por uma – constituiu o lema de Mussolini nos dias incertos da Itália. Adotemos o lema da resistência indômita. Nestas crises vencem os homens. Os prostitutos ficam com a "Aliança": só matam de costas.

Nessa mesma edição, o jornal publicou fotos de vários líderes aliancistas com a palavra "assassino" na testa. O editorial do dia seguinte, com o título "Matemo-los", dizia:

> [...] aos cachorros atacados de hidrofobia, damos o supremo castigo, que é alívio supremo, das balas de estricnina. Aos rafeiros acometidos de raiva – a execução primária. [...] Chamam-nos de reacionários. Pobre reação que ainda não matou Arthur Bernardes, que ainda não extirpou Antonio Carlos, que ainda não arrancou a segunda vesícula de Epitácio Pessoa.

Mário Rodrigues, que já estivera várias vezes na prisão, foi preso de novo por um chefe de polícia alvo da fúria do jornal. Isso o levou a arrogar-se o título de "campeão carioca de xadrez".

As áreas que recebiam maior atenção do jornal eram as de política e de polícia, mas, seguindo uma tradição que a imprensa popular perderia em décadas posteriores, *Crítica*, como anteriormente *A Manhã*, tinha também uma boa cobertura de assuntos culturais, literatura e até balé e artes plásticas, e contava entre seus colaboradores com alguns dos mais famosos nomes das letras. Foi também o primeiro jornal a dar destaque à cobertura do esporte; a seção era editada por Mário Rodrigues Filho, que contava com a ajuda de Nelson e do irmão menor, Joffre, de 13 anos. *Crítica* considerava a seção esportiva "uma revolução nos meios estagnados da imprensa indígena", que era "muito atrasadinha; estática, retrógrada".

A página policial competia com a cobertura política em truculência: "Matou o próprio irmão a facadas", gritava uma manchete. Para popularizar a reportagem e atrair a colaboração da população, o jornal criou a "Caravana de crítica". Era "a impávida patrulha perscrutadora de segredos e mistérios", formada por um grupo de repórteres que acudia aos locais onde se registrava algum acontecimento que alimentasse a imaginação popular. Publicava reportagens como: "Não respeitando a alcova conjugal, a adúltera foi surpreendida, em flagrante, nos braços do amásio". Ou: "Quis livrar-se do espírito do mal e foi morto a soco e pauladas". De grande repercussão foram as reportagens sobre o padre Eugênio Hoetting, vigário de São João de Meriti, um "libidinoso sacerdote" de "alma satânica", a quem o jornal acusou de "repugnante procedimento" – isto é, de pedofilia.

Os leitores eram transformados em repórteres. "Cada leitor – segundo *Crítica* – conhece um caso sensacional que desejaria ver publicado". Como incentivo, oferecia todas as terças-feiras 100 mil-réis para o melhor caso.

UMA TRAGÉDIA ANUNCIADA

A edição e as ilustrações da crônica policial eram de um "requinte macabro".[13] A ilustração "reconstituía a cena do crime com um toque tão dramático, erótico e sensacionalista quanto o texto, que era de um mau gosto violento e propositado; [...] o desenho era de um acabamento e qualidade de primeira". O ilustrador dessa página era Roberto Rodrigues, filho de Mário.

> Os seus trabalhos – segundo escreveu *Crítica* a respeito de Roberto Rodrigues –, inspirados nos episódios mais impressionantes do fato do dia, dão ao noticiário; transmite, aos leitores curiosos, as emoções de uma tragédia, o horror de um crime bárbaro, o *frisson* de desastres; [...] ele empresta às nossas páginas, ao vivo, todas as emoções por que pode passar o cérebro humano, desde a expressão horripilante de um monstro até a reconstituição perfeita de um delito bárbaro, em lugares muitas vezes inacessíveis.

CRÍTICA (1928-30)

Roberto Rodrigues, que como seus outros irmãos tinha acompanhado o pai ao novo jornal, seria personagem involuntário de uma tragédia como as que tão cruamente ele retratava em *Crítica*. Ele como vítima, não como ilustrador.

Orestes Barbosa, um dos raros repórteres para quem o diretor de *Crítica* não era "Dr. Mário", mas "você", já o tinha advertido: "Olhe aquela janela, Mário. Fica bem defronte à sua. Se alguém quiser matá-lo com um tiro, você será um alvo fácil". Em outras redações do Rio se comentava: "Um dia alguém em *Crítica* ainda vai levar um tiro!". E levou. Mas esse alguém não foi Mário Rodrigues, mas seu filho Roberto.[14]

Uma mulher jovem, loira e elegante entrou na redação de *Crítica* e atraiu os olhares. Perguntou pelo Dr. Mário. Como ele não tinha chegado, nem Mário Filho, quis falar em particular com Roberto Rodrigues: "Eu não lhe disse que não publicasse?" e deu-lhe um tiro no abdômen, a meio metro.

A mulher era Sylvia Seraphim, ou Sylvia Thibau, nome de casada, colaboradora de jornais e revistas com os pseudônimos de "Petite Source" ou "Cinderela". Nesse mesmo dia, *Crítica* tinha ocupado toda a primeira página para dizer que Sylvia estava desquitando-se do marido, o médico Ernesto Thibau Jr. Segundo o jornal, todos os depoimentos ouvidos eram "comprometedores" de sua honra. Dava até o nome do sedutor, outro médico, o radiologista Manoel de Abreu, "clínico de nomeada"; contava como ele se sentira atraído "por aquela criatura loura e cheia de encantos" e como "teriam ambos sucumbido às inclinações incontidas da carne".

Crítica narrou também a discórdia entre os dois amantes. O dr. Abreu, quando "gozava da maior intimidade da esposa do colega", percebeu, "naquela criatura tão deliciosa", a existência de "expressões capilares pronunciadamente espessas" sobre a "pele marmórea e sensual". A enorme ilustração da primeira página mostrava o médico com uma mão na perna de Sylvia. A legenda deve ter provocado a irritação de Sylvia tanto quando a história do adultério: "Era um estranho capricho o do médico de Madame. Aqueles ornamentos capilares comprometiam-lhe a beleza". (A reconstituição do episódio foi um desenho de Roberto Rodrigues).

O amante contornou a objeção de Sylvia de que não ficava bem tirar o que a natureza dera. Ele a submeteu a uma técnica de depilação com aplicações de raios X, mas de maneira tão incompetente que lhe provocou queimaduras graves na pele dos joelhos e das pernas. Sylvia ficou doente, de cama e, revoltada, processou o amante. Ele ofereceu 20 contos como indenização, ela pediu 50. Só então o marido percebeu o que acontecera e pediu o divórcio.

ADÚLTERA, BARRAGÁ, MERETRIZ, RAMEIRA, RULAIA

Sylvia Seraphim tinha ido até *Crítica* no dia anterior, acompanhada de Figueiredo Pimentel II, secretário de *O Jornal*, para impedir a publicação da reportagem. Como não conseguisse, teria dito: "Os senhores hão de se arrepender. Eu sou muito capaz de fazer uma desgraça e, em último caso, matar-me!" No dia seguinte foi até uma loja de armas, "A espingarda mineira", comprou uma pequena pistola Gallant, niquelada, voltou ao jornal e atirou no primeiro Rodrigues que encontrou: "Nada mais quero fazer. Queria matar o doutor Mário Rodrigues ou um dos seus filhos!" Roberto foi para o hospital. Era 26 de dezembro de 1929. Morreu na madrugada do dia 29. Tinha 23 anos.

Crítica começou uma violenta campanha. Sylvia era chamada de "esposa adúltera", "mãe infame", "cadela de rua", "barregã", "libertina", "hetaira de caserna", "messalina de preço fixo", "marafona deslavada", "concubina traquejada", "michela", "decaída", "vagabunda e leprosa", "rulaia", "tarimbeira do meretrício", "rebombeira", "comborça", "rafeira", "meretriz assassina", "traviata sifilítica", "rulaia de baixo frete", "mulher barata", "paneleira", "pataqueira", "rameira das mais infectas".

O jornal jogou sobre ela todos os sinônimos imagináveis de prostituta; alguns talvez nem constassem no dicionário. Dizia também que Sylvia, dona de uma "beleza diabólica", tinha "instintos degenerados e uma perversidade satânica". Durante 267 dias publicou uma foto dela, "proibitivamente linda e sorridente", e o título JUSTIÇA! JUSTIÇA! MERETRIZ ASSASSINA!

Em seu depoimento na delegacia, Sylvia demonstrou notável calma e frieza. Presa, alegou uma crise de apendicite e foi removida para um hospital particular, onde ficou quatro meses. Segundo um repórter de *Crítica* que fingiu estar doente para ser internado no mesmo hospital, ela se alimentava bem, passava o dia cantando e saía durante a noite, quando era vista flanando com homens, alguns deles jornalistas. Poucos dias antes do julgamento seria operada, não de apendicite, mas de varizes.[15]

Mário Rodrigues estava atordoado: "Essa bala era para mim!". Caía em soluços. Seu cabelo embranqueceu, perdeu peso. Teve um acidente vascular cerebral. Morreu dois meses e meio depois do filho. "A mesma bala que se cravou na espinha de Roberto matou o velho Mário Rodrigues", escreveu Nelson, que esteve presente na hora do crime.

Os jornais, sobretudo aqueles em que Sylvia colaborava, passaram a apoiá-la. A cobertura, favorável a ela, foi influenciada pela carregada tensão política; *Crítica* defendia o governo, a maioria dos jornais apoiava a Aliança Liberal. Também influíram os inimigos que Mário Rodrigues fizera na imprensa e os amigos que ela fizera.

O *Diário da Noite* de Assis Chateaubriand escreveu no mesmo dia em que Roberto Rodrigues foi baleado: "Justo atentado!". O título em quatro colunas de *O Jornal*, outra publicação dos Diários Associados, na qual ela colaborava com frequência, foi igualmente parcial: "Em desafronta da honra pessoal" e em letras menores: "Julgando infamante uma publicação de *Crítica* à sua dignidade, a escritora Sylvia Thibau, esposa do Dr. Ernesto Thibau Junior, fere, com tiro de revólver, o sr. Roberto Rodrigues, redator daquele matutino". Segundo *Crítica*, o secretário de *O Jornal*, Figueiredo Pimentel II, conhecido mulherengo, era *amant du coeur* de Sylvia; foi ele quem a acompanhou até a redação de *Crítica*. O título de um dos artigos que ela escreveu para *A Gazeta* de São Paulo foi: "O direito de matar".

O *Diário Carioca*, por exemplo, disse na véspera do julgamento que Sylvia agira "em revide de sua honra ofendida" e que ela, "fortemente emotiva, foi levada àquele gesto trágico que todos lastimam, mas encontra sua razão de ser num sentimento que o justifica perfeitamente". Acrescentou que "a fatalidade (a) colocou no banco dos criminosos, em defesa de sua honra, de seu nome". No dia seguinte, disse que ela fora insultada nos seus brios de mulher.

O episódio tirou das manchetes a crise política. As eleições que ninguém respeitara para a presidência, Getúlio Vargas, a Aliança Liberal, Washington

HISTÓRIA DOS JORNAIS NO BRASIL – 1840-1930

Luís, Júlio Prestes, os tenentes rebeldes, tudo isso ficou em segundo plano para a imprensa e a opinião pública, mais preocupadas com o destino de Sylvia Seraphim.

ABSOLVIDA PELO JÚRI

O julgamento, que empolgou o Rio, parecia um circo. As portas foram abertas, as sessões foram transmitidas pelo rádio e por alto-falantes instalados na rua. Sylvia, que dias antes fora operada das varizes, entrou "trajando um elegante vestido de seda azul- marinho" e um "chapéu de feltro negro, coloca-do caprichosamente na cabeça, deixando ver madeixas de sua cabeleira loira", apoiada no advogado e no pai, segundo *Crítica*.

Em 15 horas de julgamento, foi absolvida por um júri popular. Tivera "privação temporária dos sentidos", disse a sentença. A maioria dos jornais aplaudiu. A reportagem de *O Jornal* ocupou quase toda a primeira página e grande parte da última. Era agosto de 1930. Dois meses antes da Revolução.

Sylvia teria um fim quase tão trágico quanto o do homem que ela matou. Deslumbrada pelo seu papel de protagonista nos tribunais, decidiu estudar Direito, mas foi acusada de forjar os papéis da matrícula. Apaixonou-se por um oficial do Exército com quem teve um filho, mas ele não quis casar-se. Cortou os pulsos, quase morreu. Levada a um hospital, desta vez conseguiu: tomou um vidro inteiro de Veronal.

No mês de dezembro de 1929, poucos dias antes da morte de Roberto Rodrigues, *Crítica* tinha anunciado na primeira página o lançamento de um novo jornal: "Nos primeiros dias de janeiro, *Última Hora*, vespertino sob a di-reção efetiva e trepidante de Mário Rodrigues, publicando duas grandes edições diárias, com o comentário imediato de todos os acontecimentos dentro e fora do país. *Última Hora* será uma folha sensacional, sem ligações políticas nem dependências financeiras". Com a morte de Roberto e a depressão de Mário Rodrigues, não havia condições para lançar um novo jornal.

Mário Rodrigues morreu em março de 1930 de um "insulto cerebral". Tinha 44 anos. Alguns dias antes, aconselhara sua mulher que, depois de ele partir, vendesse o jornal para Júlio Prestes, candidato à presidência com

514

a ajuda de Washington Luís: "Ele quis comprá-lo no ano passado", disse.[16] Realmente, Prestes, ainda presidente do estado de São Paulo, fizera uma proposta para comprar *Crítica*. Rodrigues não quis vender por achar que com Prestes na presidência teria acesso às benesses do governo. Sua viúva tentou, mas não conseguiu vendê-lo. Era tarde. A direção do jornal foi assumida por Mário Rodrigues Filho e Milton Rodrigues. Se possível, tornou-se ainda mais estridente e vulgar, e perdeu parte da originalidade gráfica.

A informação política de *Crítica* estava tão descolada da realidade e tão dependente dos subsídios que chegou a cantar vitória na batalha que nunca houve. A manchete da edição de 24 de outubro dizia: "Em Itararé, as tropas rebeldes foram fragorosamente derrotadas". Foi a última edição. Nesse mesmo dia, Getúlio Vargas, o candidato da Aliança Liberal, que tinha perdido as eleições, tomou o poder e, como todos os jornais que fizeram a aposta política errada, apoiando o governo de Washington Luís e a candidatura de Júlio Prestes, *Crítica* foi empastelada e destruída. Os diretores do jornal, Milton e Mário, foram presos. Os outros irmãos não encontraram trabalho na imprensa: "ninguém queria empregar os filhos de Mário Rodrigues" [...] Todo mundo tinha medo e ódio de meu pai", escreveu Nelson.

Outros jornais destruídos foram indenizados e vários voltaram a circular. *Crítica* não. Só em 1935 a família entrou com um processo de indenização, que andou devagar. Apenas em março de 1955, um quarto de século depois da destruição do jornal, é que os herdeiros de Mário Rodrigues ganharam o processo contra a União e foram indenizados: Cr$ 136 milhões, equivalentes a US$ 1,8 milhão da época, talvez pouco mais de US$ 20 milhões de hoje.

UM JORNAL ESQUECIDO

Hoje, *Crítica* é um jornal esquecido e se alguém menciona o nome de Mário Rodrigues é, quase sempre, como pai do dramaturgo e jornalista Nelson Rodrigues, ou de Mário Filho, que fundou o *Jornal dos Sports* e emprestou seu nome ao estádio do Maracanã. Mas sua figura, entre os contemporâneos, era muito forte. Para Andrés Guevara:

> Mário Rodrigues foi um autêntico lutador, espontâneo, e tinha como conduta atacar os poderosos. [...] Impunha as diretrizes básicas do seu jornal, mas não era um intransigente: aceitava sugestões dos seus colaboradores, que às vezes chegavam a contrariar suas próprias ideias e convicções. [...] O talento, para ele, não tinha preço, e isso explica a força viva e inteligente que sempre manteve em seus diários. [...] Apesar dos sucessos, nunca trocou sua condição de jornalista pela de homem de empresa.[17]

Nelson Werneck Sodré diz que *Crítica* foi o seu canto de cisne e que Mário Rodrigues, esquecido quase inteiramente, era "uma das figuras mais interessantes e mais características do jornalismo brasileiro, com todos os seus grandes defeitos, de certo modo compensados por uma tarimba e por uma visão de imprensa que poucos tiveram, em seu tempo, e ninguém mais do que ele".[18]

Se é difícil concordar com Sodré que os grandes defeitos de Mário Rodrigues foram compensados pela sua visão de imprensa, é necessário reconhecer que ele foi um dos grandes inovadores do jornalismo brasileiro. Felizmente, sua maneira truculenta de tratar os homens públicos nunca foi superada ou sequer igualada.

DIÁRIO CARIOCA (1928-65)

Fundador: J. E. de Macedo Soares

COM CARINHO E SEM DINHEIRO

O *Diário Carioca* (*DC*) tem, por vários motivos, reservado um lugar especial na história da imprensa brasileira. Um deles, o hábito de seu proprietário, Horácio de Carvalho Júnior, de pagar mal os jornalistas e com grande atraso – ou de não pagar. Era uma tradição que estava no DNA do jornal desde o seu lançamento. Com apenas um ano de vida, em dezembro de 1929, houve um "pequeno atraso" no pagamento e quase toda a redação saiu para trabalhar num novo diário que estava sendo lançado, *A Batalha*, segundo conta Octavio Malta.[1] Os atrasos são uma referência constante nas lembranças de quem trabalhou no jornal.

Quando Rubem Braga escrevia crônicas para o *Diário Carioca*,

> [...] as dificuldades para receber eram as mesmas de sempre. À noite, muitas vezes, encontravam-se na boate Vogue

patrão e cronistas, onde Carvalho abraçava um por um, efusivamente, pagava uma ou outra dose, e prometia generosos aumentos e pagamentos em dia – promessas das quais não se lembrava nunca, no dia seguinte, quando sóbrio.[2]

O cronista Paulo Mendes Campos queixou-se ao gerente dos atrasos e disse que não podia comprar o leite dos seus filhos, mas não faltava uísque na mesa do patrão, ao que o gerente respondeu muito sério: "Ora, Paulinho, o uísque para o doutor Horácio é como o leite para as criancinhas".[3] O jornalista Sérgio Cabral, crítico de música popular, pai do ex-governador do estado do Rio, lembrou que o pagamento estava sempre atrasado e que o salário de dezembro saía em janeiro; Sérgio Porto dizia como era chato comprar os presentes de Natal das crianças lá pelo meio do ano.

Evandro Carlos de Andrade – que depois seria diretor do jornal *O Globo* e da TV Globo – disse que ganhava salário-mínimo, distribuído em vales semanais, que não eram pagos semanalmente. Paulo Francis escreveu que o único problema do *Diário Carioca*, no qual fazia a crítica de teatro,[4] era que você levava meses para receber o salário. "Não peguei o tempo em que os redatores eram pagos em espécie (ventiladores, roupa etc.), mas é célebre".[5]

Diz Janio de Freitas que o proprietário não apenas nunca colocou dinheiro no jornal, como também tirava dinheiro dele. Quando o caixa conseguia acumular algum dinheiro para pagar os funcionários, levava 90% e deixava 10% para serem distribuídos como vale para a equipe. Ainda segundo Freitas, em seu tempo nunca houve pagamento integral de um salário e nunca pagaram em dia; quando ele saiu, em 1957, o salário estava quatro meses atrasado, e nunca recebeu.[6]

Alguns jornalistas disseram que só conseguiam receber vales e, assim mesmo, desde que viessem disputá-los cada manhã, quando entrava o dinheiro da venda avulsa diária. Outros recebiam do governo, em empregos conseguidos pela direção do jornal.[7] Odylo Costa Filho diria mais tarde que todos eram muito mal pagos. Carlos Castello Branco, editor de Política, disse que no começo o *Diário* pagava bons salários, mas depois atrasava os pagamentos e passou a não pagar tão bem.[8] Em outra ocasião, declarou que trabalhava lá, apesar de não ser pago, pela liberdade que tinha para escrever.[9]

518

QUEBRANDO AS MÁQUINAS

A lembrança de Milton Coelho da Graça, a quem o jornal devia três meses e meio de salário, é dramática:

> Saí do *Diário Carioca* por falta de pagamento. Quando minha mulher estava grávida, eu não tinha dinheiro nem para pagar o hospital [...]. Não me deixaram ver minha filha e minha mulher não podia sair de lá se não pagasse. Fui ao *Diário Carioca* pedir meu salário e nada. Voltei dias depois e nada [...]. Fiquei na redação do jornal esperando o Dr. Horácio chegar até que me revoltei e fiz um estrago. Peguei um pau e quebrei várias máquinas, joguei outras pela janela e só parei quando o chefe de redação me interrompeu dizendo de quanto eu precisava. Ele me adiantou algum dinheiro e eu pude, finalmente, tirar minha mulher e minha filha do hospital.[10]

Ascendino Leite foi quem adiantou o dinheiro a Milton Coelho da Graça, que no dia seguinte foi pago e demitido.

Uma notável e surpreendente exceção a todas essas reclamações sobre a baixa remuneração é o depoimento do crítico e professor de literatura Antonio Candido. A partir de 1950, Prudente de Morais Neto editou um respeitado suplemento literário no *Diário Carioca*, "Letras e artes", e enquanto os colaboradores de alguns jornais recebiam Cr$ 100 ou Cr$ 150 por artigo, "eles me pagaram Cr$ 800. Fiquei deslumbrado", disse Antonio Candido.[11] É um dos poucos casos, talvez o único, de deslumbramento de um colaborador do *Diário* na hora de receber. Stefan Baciu, que escrevia para esse mesmo suplemento, lembrou que "seu" Alarico, o caixa, sempre dizia, na hora de ir receber: "a gaita acabou, meu velho", e tinha que ir três, quatro, cinco vezes ao caixa para receber os Cr$ 300 de suas colaborações.[12]

José Ramos Tinhorão lembrou-se do homem do caixa como um sádico. Era conhecido como "limpador de para-brisa". Pagava-se aos sábados até o meio-dia. A quem chegava atrasado fazia um sinal com a mão fechada, o dedo indicador oscilando de um lado para outro, como dizendo: "Não tem mais grana".

Autran Dourado, que foi assessor de imprensa do presidente Juscelino Kubitschek, escreveu que Horácio de Carvalho passou um dia a mão no caixa do *Diário* e viajou a Paris. Pompeu de Sousa, que comandava a redação, procurou Dourado, que consultou o presidente. Juscelino disse que o jornal "não podia parar" e mandou falar com o ministro da Fazenda, que arrumou uma mala cheia de dinheiro para pagar os atrasados.[13]

Délio de Mattos, advogado da empresa e homem de confiança de Horácio de Carvalho Júnior, reconheceu que o *Diário Carioca* não tinha estrutura de empresa e era mal administrado; a principal preocupação era com o papel, se não sobrava dinheiro para salários, recorria-se ao vale. Não havia ninguém que cuidasse das finanças, da economia, do resultado. "Era tudo improvisado, no vai da balsa".[14]

Apesar do problema perene dos atrasos, o *DC* também é lembrado com carinho e com afeto pelo excelente ambiente de trabalho na redação. Prudente de Morais Neto era o diretor da redação, "tinha um texto maravilhoso e analítico", e assinava as crônicas de turfe e a coluna política "Da bancada da imprensa" com o pseudônimo "Pedro Dantas". Ele reconhecia, bem-humorado, o problema: "É verdade que o *Diário Carioca* não paga. Mas não paga com uma simpatia...".

RISONHA E FRANCA

Pompeu de Sousa, o diretor, dizia que o salário atrasava. Mas, quando você chegava à redação, tinha a impressão de que o salário era pago adiantado, tamanho o entusiasmo da rapaziada. No jornal, um pouco boêmio, as relações de convívio humano eram inesquecíveis. O espírito lá dentro era ameno, irreverente e bem-humorado, o que só poderia nascer da atmosfera em que se vivia. "Não creio que esta atmosfera possa um dia se reconstituir em qualquer jornal, em qualquer parte".[15]

Aquela redação era uma alegria, escreveu o biógrafo de Rubem Braga. Otto Lara Resende menciona a "risonha, franca e barulhenta escola de Pompeu de Sousa, em perfeito entendimento com a sempre polida e bem-humorada serenidade de Prudente de Morais, neto".

Luís Edgar de Andrade escreveu que há jornais inesquecíveis que imprimem sua marca e que, do *Diário Carioca*, todos os jornalistas saíram marcados. "Tudo marcava. O grupo, o estilo, o clima de molecagem".

Para Ferreira Gullar, a redação do *DC* era o lugar mais divertido em que trabalhou; o ambiente do jornal era consentido e estimulado por Prudente de Morais Neto, que também se divertia com as peças que alguns pregavam aos outros, atirando-lhes bolas de papel ou passando-lhes trotes com falsos telefonemas. Depois de concluída a edição do dia seguinte, os redatores separavam as mesas e jogavam futebol com bolas feitas de papel; um repórter, Paulo P., fazia as melhores bolas.

Gullar lembra que a sede do jornal ficava perto da Rádio Nacional, então no seu auge, e José Ramos Tinhorão, debruçado à janela, provocava as fãs das cantoras Emilinha Borba e Marlene, gritando: "Macacas de auditório!". Elas respondiam com palavrões: "Filho da p...". Deodato Maia também berrava da janela: "Comunistas!" ou "Caubicha, Caubicha".[16]

Janio de Freitas rememora o clima da redação:

> Ótimo, era uma coisa deliciosa. Era um convívio realmente... Houve atritos, claro. Era inevitável que houvesse atritos, afinal éramos um bando de homens [...] Mas esses atritos nunca impediram que fosse um clima de um bom humor, brincava-se o tempo inteiro, todos brincávamos o tempo inteiro, chefes e não chefes, contínuos e tal. Enfim, era uma coisa realmente, um clima realmente muito bom, o que me trouxe a convicção de que bom texto em jornal depende muito do clima da redação, de as pessoas escreverem "distensionadas". Eu acho que aquilo que se chamava "o texto" do *Diário Carioca* devia muito a essas brincadeiras que ocorriam na redação o tempo inteiro, todos os níveis e cantos e recantos da redação.[17]

Ana Arruda Callado, que com 27 anos foi chefe da reportagem do *Diário Carioca*, a primeira mulher a ocupar esse cargo numa publicação importante, lembrou que o jornal era ousado e bem-humorado e, às vezes, o doutor Prudente tinha que puxar o freio. (Ela começou e fez fama no *Jornal do Brasil*.)

Inclusive Milton Coelho da Graça, que precisou quebrar máquinas de escrever para conseguir tirar mulher e filha da maternidade, disse ter tido uma relação de amor e ódio com o jornal, onde trabalhou três vezes e nas três foi demitido. Ele menciona o ambiente: "Em nenhuma outra redação viveu-se tal

HISTÓRIA DOS JORNAIS NO BRASIL – 1840-1930

clima de bom humor, dedicação e total carioquismo. Uma instituição única no jornalismo de nossa cidade". Quando o jornal fechou, ele sentiu uma serena saudade de tudo que viu e aprendeu nele. Acerca de Prudente de Morais Neto, que apoiara o golpe de 1964, Milton lembra que abrigou no jornal os comunistas desempregados, apesar das restrições do Departamento de Pessoal.

Para Sérgio Cabral pai, o *Diário Carioca* era ótimo, até quando não pagava. Evandro Carlos de Andrade o considerou "o mais charmoso, o mais irreverente, o mais irresponsável, o mais politiqueiro" dos jornais do Rio. Outra das atrações da redação do *Diário* é que o contínuo da redação era Angenor de Oliveira, o "Cartola", um dos maiores compositores da música popular brasileira e um dos criadores da escola de samba Mangueira.

HUMOR E IRREVERÊNCIA

Quando chegava ao jornal uma visita em hora pouco apropriada, os dois secretários da redação simulavam uma briga, trocavam insultos e palavrões; um deles sacava uma faca e era contido por alguns redatores e pelo contínuo, cúmplices de toda a encenação, que só terminava depois que os visitantes inconvenientes tinham ido embora.

O bom humor e a irreverência transpareciam nas páginas do jornal. Num dia em que não havia conseguido nenhuma notícia, o repórter Mauro de Almeida, para não voltar à redação com as mãos abanando, escreveu a história do mineiro que comprou um bonde. Foi um sucesso e se tornou parte do folclore carioca. Mauro de Almeida era também compositor e foi o autor, com Donga, do famoso samba "Pelo telefone". Outro assunto que atraiu a curiosidade dos cariocas foi o hipopótamo que engoliu um chapéu e passou mal durante vários dias – quase morreu, assegurou o jornal aos seus leitores.

O *Diário* chegava a tomar algumas liberdades com os fatos. Em 1955, foi executada na Inglaterra uma mulher, Ruth Collins, que matara o amante; era a última pessoa condenada à pena de morte naquele país. Como não conseguisse uma fotografia para acompanhar um texto bem escrito, Pompeu de Sousa publicou na primeira página, de alto a baixo, a foto de uma bela jovem, de maiô e salto alto, como se fosse Ruth Collins. Octavio Malta, que escrevia uma coluna sobre a imprensa na *Última Hora*, ficou indignado, mas Pompeu deu uma risada e justificou-se: "Em jornalismo, não se pode ser acadêmico".[18]

Para Evandro Carlos de Andrade, "Pompeu de Sousa era um grande jornalista, mas exercia um estilo que, hoje, seria impossível: numa emergência, inventava. Era um homem engraçado. Vivia rindo da vida. Dava gargalhadas. Nunca o vi de mau humor".[19] Outro jornalista escreveu dele que "tinha um astral bom, para cima. Uma gargalhada fantástica, de quase dobrar, de ficar vermelho". Era o grande animador da redação.

Segundo Janio de Freitas, Pompeu raramente tinha uma explosão, mas, quando tinha, a praça Mauá, próxima à sede do jornal, tremia. Mantinha, porém, um clima de liberdade na redação; era carinhoso e generoso nos elogios. Paulo Francis lembrava-se de Pompeu de Sousa sempre suspendendo as calças, rindo excitado, quase à la filme de horror, de deleite, em face das travessuras contra o convencional.

O chefe da reportagem, na verdade o chefe e motor da redação, era Luiz d'Orleans Paulistano Santana.[20] Seu nome tornou-se lendário na história da imprensa. Muito competente, segundo depoimentos de quem trabalhou com ele,[21] tinha uma enorme paciência com os repórteres principiantes[22] e ganhou também a admiração dos que percebiam os seus defeitos.[23] Era um prodígio jornalista e tinha fascínio pelo texto bem cuidado, que para ele era prioritário.

"GAVIÃO DA CANDELÁRIA"

Foi Paulistano quem criou o mito do "gavião da Candelária", que alvoroçou o Rio em meados dos anos 1950. Transformou alguns pombos mortos perto da Igreja da Candelária, no centro do Rio, em infelizes vítimas de um gavião que ameaçava as aves da cidade. O episódio forma parte do anedotário do *DC*.

As versões sobre sua origem são conflitantes, mas tudo indica que o gavião realmente existiu e morava no alto campanário da Igreja da Candelária. A história teria sido iniciada por outros jornais, que recolheram rumores correntes no Rio, a quem Paulistano deu forma, emoção e continuação. Ele escreveu uma reportagem falando da ave, de seus voos, de seu lar nas torres da centenária cornija, com depoimentos das testemunhas.[24]

A primeira matéria, no alto da última página, tinha o título: "Um gavião devasta os pombos da Igreja da Candelária". Começava assim:

> Um gavião que extermina os pombos criados na Igreja da Candelária está causando a mais viva revolta num raio considerável da Praça Pio X. Ele aparece a tempo certo, entre as onze e as onze e meia, para surpreender suas vítimas que acorrem disciplinadamente a receber o milho que fornecedores lhes servem. Escolhe uma vítima, arranca do desvão do templo onde se esconde e ataca certeiro, levando-a nas garras para seu almoço em lugar incerto e não sabido.

O jornal acrescentava que a multidão se aglomerava para ver "o surgimento do indesejável".[25]

Na edição seguinte, um empregado da igreja diz que de três em três anos aparecia um gavião na Candelária; o de 1950 era um gavião velho, muito mais pontual, mas o de agora era jovem. Um dia depois: "O gavião da Candelária voltou, ontem, à Igreja para almoçar sua ração de pombo. Foi uma visita breve, quase de simples assinatura de ponto"; após o repasto, dormitou por algum tempo.

Para dar prosseguimento à história, que estava empolgando os leitores, Paulistano mandou à igreja o jovem repórter Evandro Carlos de Andrade, que contou:

> Paulistano então deu a ordem: "Evandro, vá ver esse negócio. Lá fomos nós – eu e o fotógrafo, Orlando. Tivemos de subir (Evandro e o fotógrafo Orlando Alli) à cúpula da igreja, aquela coisa imunda. Quando chegamos lá em cima, encontramos um diabo de um gavião. Orlando fez uma fotografia péssima – que teve que ser retocadíssima para que se pudesse ver do que se tratava.[26] O *Diário Carioca* publicou a primeira matéria. Mas, nos dias seguintes, Paulistano resolveu inventar, porque queria manter o assunto vivo. Todo dia, ele escrevia sobre o gavião que estaria atacando os pombos – o que era pura ficção. Paulistano chegou a criar uma Milícia de Proteção aos Pombos da Candelária – a MPPC. Fez a sigla. Disse o seguinte: empresários da praça Mauá estão preocupados com os pombos. Tudo mentira, mentira, mentira, mas o assunto virou um ícone na imprensa do Rio. É inacreditável – mas as coisas aconteciam assim.

Ainda segundo Evandro, era um gavião velho, com o rosto capuchado por muitas penas.[27] Carlos Alberto Tenório disse que o jornal diariamente narrava as aventuras e desventuras do bicho, que talvez fosse casado e pai de vários filhos.

Em torno do meio-dia, quando se supunha que a ave deveria aparecer, centenas de pessoas se aglomeravam nas proximidades da Candelária à espera de suas evoluções no ar. A multidão na rua aumentava continuamente. Jornais concorrentes reclamavam das dificuldades do trânsito na avenida Presidente Vargas e insinuavam que o *Diário* pretendia aumentar a venda de jornais à custa da tranquilidade de uma velha ave, desamparada e só. Muita gente jurava ter visto o gavião em pleno voo e contava suas façanhas. Outros diziam que o gavião comia os pombos do passeio público e que se escondia no Relógio da Mesbla. Esta última versão ficou por conta do *Jornal do Brasil*, quando, anos depois, precisou aumentar a circulação e retomou o assunto.[28]

A população dividiu-se em duas facções: os que queriam acabar com o gavião e os que defendiam o seu direito de comer os pombos. A ave ganhou a simpatia de Sérgio Porto. Numa crônica bem-humorada, escreveu: "Não estou querendo defender o Gavião. [...] Em princípio sou pelas pombas. Mas não posso me furtar a uma certa simpatia pelo Gavião da Candelária. Afinal de contas, trata-se de um gavião honesto, que come para viver e tem hábitos cristãos", fato comprovado, segundo ele, por viver na torre de uma igreja. "Eu só posso lamentar o fato de haver uma milícia que, a estas horas, pode muito bem já tê-lo matado".[29] Realmente, chegaram ao Rio caçadores de outras regiões na vã tentativa de acabar com a ave de rapina.[30] A circulação do jornal subiu extraordinariamente, sustentada nas asas do gavião.

Segundo Guilherme de Figueiredo, quase não houve Natal diante da Candelária, porque o gavião especialmente contratado pelo *Diário Carioca* entrou a aterrorizar os pombos celestes e terrestres que ornavam a cúpula da igreja. Mas ponderou que o gavião respeitou os sentimentos religiosos da população e transtornou a missa do galo rezada ao ar livre.[31]

O escritor Fernando Sabino duvidou da existência do bicho, mas num dos seus livros fez uma referência "ao célebre gavião da Candelária, inventado por Luiz Paulistano nos saudosos tempos do nosso *Diário Carioca*. Mereceu páginas e páginas de reportagens".[32] Paulistano sempre disse que o gavião existiu. À revista *Propaganda & Negócios (PN)*, ele declarou que tudo que o *Diário Carioca* publicou sobre a ave tinha sido um trabalho de ficção e que o único fato real era a existência do bicho. Mas, observou o *Jornal da ABI*, "exatamente sobre essa existência única é que se levantaram dúvidas".

"AI, AI BARNABÉ"

Luiz Paulistano também movimentou a opinião pública com suas histórias sobre os Barnabés, os escalões mais humildes e mal pagos do funcionalismo público carioca. Muitos deles não tinham vínculo de emprego nem segurança; eram os "recibários", os "extranumerários". Luiz Paulistano publicou a coluna "O dia do Barnabé", uma réplica de "O dia do presidente" da *Última Hora*, contando os infortúnios de cada dia de um servidor. Essas histórias chegaram literalmente a dar marchinha de Carnaval:

Ai, ai Barnabé
Ai, ai funcionário letra E
Todo mundo anda de bonde
Só você que anda a pé.

O Barnabé deu também origem a um filme e a uma revista musical no antigo "teatro de rebolado". Se o funcionário público teve, finalmente, um estatuto próprio, com a Lei n. 1.711 de outubro de 1952, deveu-se, em boa parte, a Paulistano e ao *Diário Carioca*. Com a campanha, o jornal ganhou uma nova faixa de leitores.

Além das campanhas eventuais, um dos pilares que sustentavam a circulação do jornal era "O dia astrológico", do "professor Mirakoff". O leitor não se importava com o fato de a coluna repetir o mesmo texto que fora publicado no mesmo dia, mas do ano anterior. Quando Pompeu de Sousa pediu ao popular vidente que não se limitasse a recomendar as "Favorabilidades" – as indicações dos dias mais favoráveis, como ele dizia, para viajar ou casar –, ele seguiu sua orientação, acrescentando à coluna as "Favorabilidades negativas".

Havia também uma coluna que registrava eventos como aniversários, acontecimentos sociais, falecimentos. No item "Faz anos hoje", o autor repetia a coluna do ano anterior com o acréscimo de algum nome novo. Uma leitora pediu: "Faz o favor de não continuar repetindo o aniversário de meu pai, porque meu pai já morreu há tempo".

A irreverência do jornal transparecia também nos títulos das matérias. Um deles foi "Cadeia para Adhemar", quando o político paulista Adhemar de Barros comprou uma rede de emissoras de televisão. Outro: "Galinha bêbada põe mais". Em 1953, houve um incêndio no Teatro Copacabana, onde a diretora francesa Henriette Morineau radicada no Rio montara a peça *Mulheres feias*. Legenda da foto: "Os atores se arriscam para salvar as roupas das mulheres feias". Foi escrita por José Ramos Tinhorão e afirma-se que, por causa dessa legenda, foi contratado.

A foto de um homem dormindo tranquilamente à sombra de uma árvore ganhou uma legenda em latim – talvez a única da imprensa brasileira – escrita também por Tinhorão, que se lembrou de uma égloga do poeta latino Virgílio:[33] "Deus nobis haec otia fecit" (Deus fez este ócio para nós). No Natal, numa entrevista que Tinhorão fez com Papai Noel, o título foi: "Eu acredito em Papai Noel porque ele existe". Pela sua habilidade para legendas criativas, foi chamado de "Tinhorão legendário".

"Fazíamos loucuras no texto, invenções nos títulos. Hoje o cara diz que não é possível fazer". Segundo ele, o jornal era moderno, mas o espírito era carioca. Era uma grande esculhambação e uma grande escola. Lamentou: "Hoje, tudo é muito triste". Tinhorão foi uma das maiores figuras da música brasileira durante mais de seis décadas.

A BELA E O RATINHO

A irreverência do *Diário Carioca* começava dentro da própria redação, especialista em repartir apelidos. Evandro Carlos de Andrade era "Palmeira Triste à Beira de um Regato em Noite de Luar" ou, simplesmente, "Palmeira Triste".[34] José Ramos ganhou no *Diário* o "Tinhorão", nome de uma planta venenosa, que o acompanharia durante toda sua vida profissional; José

Ramos, segundo Pompeu de Sousa, era nome de ladrão de galinha.[35] O cronista social Mauro Valverde, que assinava Jean Pouchard, era conhecido como "João Porcada". O cronista esportivo Armando Nogueira, muito incomodado com apelidos, ganhou vários: além de ser "Armando Doidinho" ou "Neném Dodói", também era conhecido como "Perninha de Rã". Segundo seus amigos, durante muito tempo, ele se aborrecia quando um antigo colega gritava na rua, "Perninha!" O repórter Hermano Alves, cujo nome completo era Hermano de Deus Nobre Alves, passou a ser chamado, obviamente, "Tio de Cristo". Mauro Ribeiro era "Cabeça Branca". José Augusto Ribeiro, editor de Internacional, era "Chanceler". Everardo Guilhon, "Super XX". Deodato Maia, "Dedê". Nilo Braga, "Nilo Peru". Otávio Bonfim, "Passarinho", por causa de sua gentileza.

Quando uma jovem repórter, Maria Ignez Duque Estrada, elogiada por uma beleza que virou a cabeça de muitos colegas, começou no *DC*, o pessoal da oficina, para assustá-la, levou à redação um ratinho amarrado num barbante, como se fosse um cachorrinho, "loucos para que eu desse um chilique, subisse na cadeira, gritasse". Mas ela o pegou na mão: "Que maldade, como fazem isso com o rato?". Como seu vestido tivesse um decote generoso, colocou o bichinho andando pelo colo. Exatamente a reação oposta à que se esperava. O cronista José Carlos de Oliveira, que namorava a repórter, escreveu uma crônica sobre o evento no *Jornal do Brasil*; na verdade, fez várias crônicas sobre ela. Cansada de receber vales em lugar do salário, Maria Ignez deixou o jornal. A história do ratinho tem outra versão. Ela não o teria colocado no colo, mas em cima da mesa, dizendo: "Devolvam o bichinho lá para a gráfica".

O real motivo que lhe garante um lugar de destaque na história da imprensa é a reforma na maneira de fazer jornal que o *Diário Carioca* implantou em meados do século passado. Roberto Pompeu de Sousa Brasil, que durante o Estado Novo respondia pela seção Internacional do jornal, foi convidado em 1942 para trabalhar nos Estados Unidos nos serviços da *Voz da América* para o Brasil.

O convite fazia parte do plano de propaganda que, durante a Segunda Guerra Mundial, o Escritório do Coordenador de Assuntos Interamericanos do Departamento de Estado, chefiado por Nelson Rockefeller, iniciou na imprensa latino-americana para inclinar a opinião pública a favor dos Aliados.

No Brasil, o Escritório fez um acordo de divulgação de informações com o Departamento de Imprensa e Propaganda (DIP) do governo de Getúlio Vargas, que enviou aos Estados Unidos alguns jornalistas e intelectuais.[36] Além de Pompeu de Sousa, foram também aos Estados Unidos para participar desse programa de propaganda aliada os escritores Orígenes Lessa, Raymundo Magalhães Júnior, Júlio Barata, funcionários do governo na área de imprensa e Monteiro Lobato.

"CARTAS A UM FOCA"

Em Nova York, onde trabalhou nas emissoras de rádio CBS e NBC fazendo boletins e programas para o Brasil, Pompeu não visitou jornais, mas teve a oportunidade de conhecer a maneira mais direta da imprensa norte-americana de dar as notícias.

Ao voltar ao Rio, ele e Danton Jobim introduziram as novas técnicas lentamente no jornal. O *Diário* publicou as "Cartas a um foca" ("foca" é o jornalista principiante) em agosto de 1945 na página editorial, de número 4. Assinadas por "Joaquim Manoel", pseudônimo, talvez, de Pompeu de Sousa, a série estendeu-se por seis dias.

Dizia o autor ao apresentar as cartas: "Numa terra em que todos se julgam jornalistas, eis uma pequena seção para discutir todos os dias os assuntos do jornalismo". A primeira começava: "No Brasil todo mundo foi, é ou pensa que vai ser jornalista. No entanto, bem pouco se conhece aqui da técnica do jornalismo". E passava a descrever algumas regras gerais, já estabelecidas nos Estados Unidos, da arte de escrever em jornal.

"Uma dessas regras é a do *lead*, com sua consequente, a regra dos cinco W. Por mais que isto pareça título de uma novela policial, é algo muito lógico e eficaz". Eram eles: **what** (o que aconteceu), **who** (quem está envolvido), **where** (onde aconteceu), **when** (quando aconteceu), **why** (por que aconteceu).

Juntas, as cartas de "Joaquim Manoel" compunham um pequeno manual de jornalismo. Alertava, por exemplo, para escrever de maneira simples, porque "a notícia é como certas mulheres, que só se enfeitam para enfeiar".

No dia 2 desse mesmo mês de agosto, o jornal informou, em duas colunas da primeira página, a troca de titulares no Ministério da Guerra, o general

Eurico Gaspar Dutra pelo general Pedro Aurélio de Góes Monteiro. Mas, em lugar dos títulos quilométricos e pomposos comuns aos jornais, o título do *Diário Carioca* foi objetivo e conciso: "Hoje: sai Dutra e entra Góes".

Foi uma revolução. Essa irreverência e falta de formalismo no tratamento de autoridades geraram um escândalo. "É inimaginável o número de reclamações que recebei por este título", disse José Eduardo de Macedo Soares, o diretor do jornal, e questionou o autor: "Ó Pompeu, como é que você faz um negócio desses?" E, ao ouvir a explicação, insistiu: "Mas Pompeu, todo mundo reclamou. O Jóquei Clube estava em estado de escândalo".

Esse título é considerado um marco histórico. Segundo Evandro Carlos de Andrade, mudou o estilo de fazer jornalismo no Brasil; o título e a matéria, disse ele, marcam a introdução do *lead* (abertura com o resumo da informação, palavra que foi aportuguesada para "lide") em nossa imprensa. Era o texto, ainda segundo Evandro:

> [...] em que o primeiro parágrafo compilava, sem o clássico "nariz-de-cera" (uma espécie de conversa mole que precedia a informação), os "dáblius" da imprensa americana (what, where, when, who, why, além do how: o quê, onde, quando, quem, por que e como). E sem aquele tratamento excessivamente cerimonioso com que então se tratavam as pessoas, sobretudo se ocupavam cargo público ou de relevo.[37]

O lide representou uma revolução na técnica redacional, pois, naquele tempo, a informação ficava no fim da matéria, disse Pompeu de Sousa. Coube a Luiz Paulistano acrescentar o "sublide", um segundo lide, do mesmo tamanho que o primeiro, para completar a abertura da informação. Na preocupação com a concisão da linguagem, o *Diário Carioca* foi o primeiro jornal a referir-se a si mesmo pela sigla: *DC*. Assim como foi o primeiro a usar as siglas para as personalidades nos títulos, para ganhar espaço. Outros jornais escreviam "Presidente Juscelino Kubitschek"; o *Diário Carioca,* simplesmente, "JK".

O trabalho para introduzir a reforma foi árduo. Anteriormente, títulos grotescos refletiam a baixa qualidade dos jornalistas. Pompeu contou que um repórter de polícia deu à sua matéria o título: "Decapitou a mão". Havia outro repórter que em dez anos não tinha escrito uma única linha: ditava a um redator as informações que tinha apurado. Para trabalhar no *Diário*, dizia-se, bastava ser semianalfabeto.

Em 1949, começou o curso de Jornalismo na antiga Faculdade Nacional de Filosofia, da então Universidade do Brasil, hoje Universidade Federal do Rio de Janeiro. Danton Jobim, editorialista e diretor do *Diário Carioca*, foi nomeado professor de Técnica de Redação.[38] Pompeu de Sousa, que era seu assistente, percebeu que para ensinar Jornalismo precisava sistematizar e ampliar os conhecimentos que ele tinha adquirido nos Estados Unidos de maneira empírica, e ver o que era feito no exterior. Ele escolheu dois pontos essenciais da experiência norte-americana. Um, o *copy desk*,[39] a seção que recebia as matérias a publicar para serem lidas e eventualmente reescritas; outro o livro de estilo, com regras de redação, para padronizar o texto e dar ao jornal certa uniformidade.

REGRAS DE REDAÇÃO

Pompeu pegou meia dúzia de livros de estilo e os adaptou para uso no Brasil. No Carnaval de 1950, ele preparou um manual de 16 páginas, as *Regras de redação do* Diário Carioca. Foi escrito de forma direta, sem circunlóquios, como pretendia que fosse o estilo do jornal. Era, de certa maneira, uma continuação das "Cartas a um foca". Começava assim: "Instruções Gerais. Escrever sempre a máquina, de um lado só da folha, no papel padronizado e em espaço dois. Começar todas as matérias no meio da folha, numerando, no alto, cada folha. Deixar uma margem de dois centímetros em cada lado da folha, e escrever em cada folha 30 linhas".

As *Regras de redação* têm sido consideradas o primeiro livro de estilo feito no Brasil. No entanto, Gilberto Freyre já tinha preparado um manual em 1929, quando era diretor de *A Província* de Pernambuco.

A linguagem do jornal foi mudada e simplificada, para livrá-la do pesado arcabouço que sufocava o texto. Suprimiram-se os chavões e lugares-comuns, os adjetivos grandiloquentes e desnecessários, os circunlóquios; simplificou-se o tratamento das pessoas: "doutores", apenas os médicos. Como escreveu José Ramos Tinhorão: "Em um país de doutores, as novas regras ousavam restringir aos médicos, enquanto no exercício de suas funções, o título de 'dr'".

O objetivo era que os jornalistas escrevessem de maneira simples e fossem diretos à notícia. Infelizmente, disse Pompeu, a oficina do jornal não adotou a edição. O próprio Prudente de Morais se referia às mudanças como "as galinhagens do Pompeu".

Para implementar as reformas, Danton e Pompeu não quiseram jornalistas veteranos, cheios dos vícios do velho estilo. Escolheram alunos promissores do curso de Jornalismo onde lecionavam. Pompeu: "Eu entrevistava cada candidato a redator, repórter. Via se o 'cabra' tinha jeito para a coisa. Então pegava um exemplar das *Regras* e dizia: 'Vá para casa, leia com atenção e volte daqui a dois dias para fazer um teste'. Foi assim".

É possível, também, que outro fator fosse levado em conta na escolha dos candidatos: estudante de Jornalismo ganhava menos que jornalista profissional. Mas é inegável que Danton e Pompeu foram extremamente perspicazes na escolha dos jovens recrutas: Armando Nogueira, Janio de Freitas, Evandro Carlos de Andrade, Ferreira Gullar, Thiago de Mello e um bom número de outros principiantes. Eles eram colocados nas mãos de Luiz Paulistano.

Se Danton Jobim e Pompeu de Sousa forneceram o arcabouço conceitual e teórico da reforma, quem a implementou na prática foi Luiz Paulistano, o chefe da reportagem – o melhor chefe de reportagem de qualquer jornal do país, segundo Pompeu; ele era na prática quem fazia o *Diário*. A riqueza de seu texto era impressionante, lembraram os repórteres que trabalharam com ele.

Foi uma revolução. O *DC* foi, por exemplo, o primeiro jornal a publicar a cara de um cavalo na primeira página e, de maneira ainda mais ousada, fotos de perfis de pessoas. Alberto Dines disse que o exato momento em que o jornalismo brasileiro entrou na modernidade foi a magnífica experiência do *Diário Carioca*.

Certamente, foi mais fácil introduzir reformas radicais num diário pobre e pequeno, cheio de problemas financeiros. Mas, talvez porque o *Diário Carioca* não fosse um grande jornal, o resto da imprensa ridicularizou a iniciativa. Só Carlos Lacerda, aparentemente, prestava atenção, pois no ano seguinte preparou um manual de estilo para o seu jornal, a *Tribuna da Imprensa*, também pobre e pequeno, adaptando com modificações as regras do *DC*.

Anos mais tarde, porém, os outros jornais copiariam as mudanças do *DC*. *O Globo* reconheceria que o *Diário Carioca*, "embora sempre claudicante como empresa, desempenhou papel significativo na modernização da imprensa brasileira, modificando as formas dos títulos, a programação visual e a estrutura da notícia, dando-lhe mais objetividade". Pompeu de Sousa se orgulhava de que, no *DC*, "inventamos, modéstia à parte, quase tudo o que hoje se faz no jornalismo brasileiro".

Como lembrou José Ramos Tinhorão, todo aquele trabalho coletivo de reformulação de linguagem jornalística ocorria num clima de autêntica esculhambação; "tudo se passava, segundo ele, num clima brasileiro de bagunça organizada, em que as regras eram de fato aplicadas".

O *Jornal do Brasil*, para fazer a sua própria reforma, contratou alguns dos profissionais mais brilhantes do *Diário Carioca*, que levaram com eles os ensinamentos de Danton Jobim, Pompeu de Sousa e Luiz Paulistano. Depois do êxito do *JB*, outros jornais passaram a imitá-lo, com frequência sem saber que estavam aplicando, indiretamente, as técnicas de redação e linguagem que o *Diário* introduzira no Brasil. O *DC* influenciou a imprensa diária através do *JB*.

Alguns jornalistas, como Janio de Freitas, porém, minimizaram o impacto das reformas:

> Tinha um caderninho muito pequenininho chamado *Regras de redação do* Diário Carioca, alguma coisa assim, mas era para dizer a você: "Até dez escreva por extenso: um, dois, três, quatro. A partir de dez, use algarismos", esse tipo de coisa, pouquíssimas regras que o *Diário Carioca* tinha e esse livretinho foi feito pelo Pompeu de Sousa, mas não criava nenhuma... não produzia nenhum resultado técnico, digamos. Era só para dar uma certa uniformidade em algumas coisas que não conviria que o jornal tratasse, cada redator tratasse à sua própria maneira, não mais do que isso.[40]

As reformas também atraíram, no começo, críticas muito mais veementes. O veterano jornalista Osório Borba, um dos fundadores do jornal, ficou indignado. Fazia comícios na redação e dizia que Pompeu tinha acabado com o artigo no Brasil por causa da contagem dos títulos e que substituíra os verbos pelos dois-pontos: "está criando uma outra língua, não é mais a língua portuguesa, é outra coisa".

REESCREVENDO PROUST

As diatribes de Nelson Rodrigues, para quem as novas técnicas tiravam vida e emoção das reportagens, são bem conhecidas. Numa de suas crônicas, ele contou que sua geração foi bem anterior ao *copy desk* e que quando começou como repórter de polícia, aos 13 anos, na "redação não havia nada da aridez atual [...]. O sujeito ganhava mal, ou simplesmente não ganhava. Mas tinha a compensação da glória. Quem redigia um atropelamento julgava-se um estilista. E a própria vaidade o remunerava".[41]

Com a nova imprensa tudo foi diferente.

> Primeiro foi o *Diário Carioca* [...]. Rapidamente, os nossos jornais foram atacados por uma doença grave: a objetividade. Daí, para o "idiota da objetividade" seria um passo [...]. O idiota da objetividade inunda as mesas da redação e seu autor foi Pompeu de Sousa. Aliás, devo dizer que o *copy desk* é o idiota da objetividade, são gêmeos e um explica o outro [...]. O *Diário Carioca* nada concedeu à emoção, nem ao espanto. Getúlio deu um tiro no peito. Ali estava o Brasil, novamente cara a cara, com a guerra civil. E o que faz o *Diário Carioca*? A aragem da tragédia soprou nas suas páginas? Jamais [...] O *Diário Carioca* não pingou uma lágrima sobre o corpo de Getúlio. Era a monstruosa e alienada objetividade [...] As duas coisas pareciam não ter nenhuma conexão: o fato e a cobertura. Estava o povo inteiro a se desengrenhar, a chorar lágrimas de pedra. E a reportagem, sem entranhas, ignorava a pavorosa emoção da população. [...] E o pior é que, pouco a pouco, o *copy desk* vem fazendo do leitor um outro idiota da objetividade. A aridez de um se transmite ao outro.[42]

Ele também escreveu: "Se lá aparecesse Proust, seria reescrito do mesmo jeito"; e "Se o *copy desk* já existisse naquele tempo, os Dez Mandamentos teriam sido reduzidos a cinco".

O próprio autor das reformas reconheceria que a aplicação das novas técnicas de redação fora longe demais e tomara caminhos errados. Várias décadas depois, Pompeu de Sousa ficaria chocado com os resultados:

> Há uma padronização absolutamente inaceitável. Tudo é igual. A linguagem é igual, as variações são mínimas. Falta personalidade. Cada matéria

deve ter o seu espírito. Não pode ser tudo igual e está tudo igual. É preciso fazer uma reformulação, criar um processo, repensar tudo. Acho que está na hora de uma nova reforma.

No fundo, talvez sem perceber, ele parecia concordar com Nelson Rodrigues em que as normas que a imprensa adotou acabaram tirando vida e emoção do texto dos jornais. Zuenir Ventura disse: "Houve uma primeira reforma no jornalismo que trouxe o *lead* e toda uma contribuição americana que expurgou a retórica dos adjetivos e beletrismos. Depois, isso virou uma retórica tão ruim quanto a anterior". Nos Estados Unidos, essa constatação provocou uma reação nas redações e foi uma das origens do Novo Jornalismo. José Ramos Tinhorão reconheceu que com a técnica do *lead*, o acontecimento relatado perdia inegavelmente muito da sua emoção e do seu calor humano.

Pompeu de Sousa, que dizia ser um defensor intransigente da raiz cultural do país, reconheceu que foi culpado pela introdução na língua portuguesa das palavras *lead*, *copy desk* e variações: "Não tive tempo de traduzir. Disse: Vou fazer o 'lead'. E ficou 'lead'".

Segundo a revista *Propaganda*, coube ao *Diário Carioca* ser a incubadora que ajudou a desabrochar grande parte dos melhores talentos do jornalismo. Sérgio Porto (que assinava com o pseudônimo de Stanislaw Ponte Preta) lançou nele a sua coluna, que depois se arrastou por quase todos os jornais do Rio. Paulo Francis lá se revelou como o crítico de teatro mais agudo e ferino do Brasil. Foi o *DC* quem introduziu a prática da copidescagem, só para ver sua equipe, treinada com grandes esforços, ser transferida em massa para o *Jornal do Brasil*, seduzida por salários que o *DC* nunca poderia pagar.[43]

Um aspecto menos conhecido das mudanças foi a apresentação gráfica do *DC*, mais organizada e menos confusa que a da maioria dos jornais brasileiros. Ao lado da preocupação com a qualidade do texto, as técnicas de redação da notícia e dos títulos diretos, o *DC* era conhecido pela paginação sóbria e clara. Amilcar de Castro, autor da reforma gráfica do *Jornal do Brasil*, disse: "O Pompeu de Sousa tinha grande prazer, grande alegria em fazer jornal. E ele mesmo dava umas formas ao jornal que eram até bonitas. O *Diário Carioca* era bem-feito paca".

AS ORIGENS

O *Diário Carioca* foi lançado em julho de 1928 como jornal político para fazer oposição ao governo do presidente Washington Luís. Seu fundador foi José Eduardo de Macedo Soares, de uma tradicional família fluminense dona de terras em Saquarema, na região dos Lagos; seu irmão, José Carlos, seria ministro da Justiça e das Relações Exteriores. J. E. de Macedo Soares, como era conhecido, entrou na Marinha, mas saiu como primeiro-tenente para dedicar-se à política e ao jornalismo. Ele se caracterizou pela pena incisiva: sabia onde e como ferir com um humor seco. Alguns de seus editoriais e de suas frases ficaram famosos.[44]

O *Diário Carioca* foi sucessor de *O Imparcial*, lançado por Macedo Soares em 1912 para fazer oposição ao governo do marechal Hermes da Fonseca e apoiar a candidatura de Ruy Barbosa, caracterizando-se pela ousadia gráfica e política. Mudou de dono várias vezes. Alguns de seus proprietários foram Geraldo Rocha e Henrique Lage, dono também da Companhia de Navegação Costeira. Quando Lage comprou o jornal, a maioria dos jornalistas mudou para *A Nação*, que estava sendo fundada e que tinha orientação parecida à d'*O Imparcial* antes de mudar de dono. Nele trabalharam alguns redatores ligados ao Partido Comunista, que estava sendo formado.

Jornal personalista, o *Diário Carioca* não se caracterizaria pela coerência de suas posições políticas, que mudavam acompanhando a idiossincrasia e os interesses de seus proprietários. A nova folha causou boa impressão pela sua apresentação gráfica, mais clara, limpa e ousada que a da maioria dos jornais da época.

Quando foi lançado, em julho de 1928, o poeta Manuel Bandeira escreveu:

> A imprensa do Rio conta mais um órgão de valor no matutino *Diário Carioca*, lançado à circulação pelo senhor J. E. de Macedo Soares.
>
> O *Diário Carioca* satisfez, desde o número inicial, à primeira exigência que se faz a um jornal: o bom aspecto gráfico. Nesse ponto ele é infinitamente superior à primeira folha editada pelo mesmo senhor Macedo Soares, *O Imparcial*, que materialmente não passava de uma espécie de edição Quaresma [editora de livros baratos] do *Excelsior* de Paris.[45]
>
> O cabeçalho, os títulos, a distribuição da matéria, os tipos, tudo isso que entra para definir a fisionomia de um jornal dá ao novo diário uma

aparência de elegância que até agora, na imprensa carioca, só *O Jornal* possuía. Como a folha do senhor Assis Chateaubriand, o *Diário Carioca* é um jornal "bem forte".[46]

Macedo Soares recebeu ajuda financeira para lançar o *Diário Carioca* e combater o presidente Washington Luís, mas não está claro quem o teria ajudado. Um reflexo da presença de jornalistas de esquerda de *O Imparcial* era a seção "Vida proletária". Tinha também uma forte cobertura esportiva, pouco comum na época. O diretor em São Paulo era Paulo Duarte, jornalista vinculado a *O Estado de S. Paulo.*

Tinha 12 páginas. O jornal encontrou um nicho no mercado e, em pouco tempo, adquiria oficinas próprias; vendia 5 mil exemplares, um número respeitável na época.

O jornal foi um dos paladinos da Aliança Liberal, da qual Macedo Soares participou como representante do estado do Rio; a redação foi o palco de uma reunião de alguns de seus líderes: Getúlio Vargas, Juarez Távora, Café Filho, João Pessoa, Antônio Carlos Ribeiro de Andrada. Macedo Soares, que publicava com frequência dois artigos assinados na primeira página, foi condenado num processo movido pelo procurador-geral da República. O jornal foi procurado por Orlando Ribeiro Dantas, que quis comprá-lo, mas não houve acordo.

"BALAIO DE CARANGUEJOS"

A Aliança tomou o poder em outubro de 1930 e colocou Getúlio Vargas na presidência. Macedo Soares começou apoiando o governo; seu irmão, José Carlos, era ministro das Relações Exteriores. O *Diário Carioca* escreveu de Getúlio Vargas: "Sua excelentíssima é a criatura mais simples, a mais democrática que se possa imaginar". Para Macedo Soares, a equipe ministerial escolhida causara excelente impressão junto aos círculos financeiros do país e do exterior: "um presidente que escolhe tal ministério não pretende representar o papel de César caricato". Ao ser deportado para a Europa, Washington Luís foi qualificado pelo jornal como "ex-ditador", indesejável, "a mais viva expressão de absolutismo e de intolerância política jamais vista no Brasil".

Poucas semanas depois, criticava o novo regime e rompia com ele abertamente ao acusá-lo de fazer uma administração incompetente e uma política mesquinha. Getúlio, o antigo democrata, passou a ditador. A edição com o editorial "Balaio de caranguejos", de Macedo Soares, foi impedida de sair, mas circularam abertamente cópias que tinham sido feitas nas oficinas do jornal. O editorial, que ficou famoso, comparava o governo a um balaio, ou cesto de palha, no qual os caranguejos brigam entre si, puxam para baixo os que tentam subir e podem acabar exterminando-se uns aos outros.

Os artigos de Macedo Soares eram publicados na primeira página, na coluna "Nossa opinião", ilustrados com um desenho de sua imagem. Escrevia em sua casa em qualquer papel, sem preocupação com a ortografia, a pontuação ou a gramática, mas com estilo, verve e força extraordinários. Alguém passava para levar o texto à redação. Um único linotipista conseguia decifrar a letra, verdadeira mensagem em código. O diretor raramente aparecia no jornal. Com o tempo, dividiu o espaço na primeira página com Danton Jobim, diretor-secretário da empresa e homem de sua confiança.

O *Diário* defendeu a convocação de uma Assembleia Constituinte. O principal alvo da pena de Macedo Soares eram os "tenentes" que fizeram a Revolução de 1930, mas que o tinham decepcionado. Participou da formação do Clube 24 de Fevereiro para opor-se ao Clube 3 de Outubro dos tenentes. Precisamente no dia 24 de fevereiro, o jornal publicou o editorial "A torre de Babel", dizendo que os tenentes pretendiam construir um arranha-céu com palitos e que a finalidade real do Clube era "sustentar, pela violência, um regime de poderes discricionários que, evidentemente, o sr. Getúlio Vargas planejou prolongar no país. Para organizar a ditadura permanente, o chefe do Governo Provisório não podia contar com os civis liberais e democratas. Tentou, por isso, um sistema militarista [...]".

No dia seguinte, numa brusca mudança, Macedo Soares elogiou com entusiasmo o Código Eleitoral do Governo Provisório, "que por seu aspecto moral – escreveu ele – deve ser considerado o modelo da legislação revolucionária". Mas nesse mesmo dia, um destacamento de 160 homens, entre os quais 50 oficiais, do I Regimento de Infantaria, chefiado pelo filho do interventor no Distrito Federal, Pedro Ernesto Baptista, que era também presidente do

Clube 3 de Outubro, chegou ao jornal em três caminhões do Ministério da Guerra e da prefeitura do Rio.

Sem descer dos veículos, os soldados abriram fogo com armas de grosso calibre contra a fachada do edifício, dispararam várias vezes e foram embora. Voltaram de novo e atiraram outra vez. Num terceiro ataque, os soldados arrombaram a porta, entraram no prédio e destruíram com machados o que encontraram pela frente. Arrebentaram as instalações gráficas, a redação e o resto das dependências. Móveis foram destruídos; papéis e documentos foram rasgados. Os poucos empregados que tinham ficado no edifício foram agredidos a coronhadas e outros espancados; um deles recebeu um tiro.

Segundo um autor contemporâneo, "o *Diário Carioca* foi brutal e desassombradamente empastelado, com espectaculosidade rara, aparato de caminhões, forças e metralhadoras. Não bastando a violência, os responsáveis fizeram ostentação de brutalidade e de força"[47]

Afirmou-se que o próprio Macedo Soares deveria ter sido eliminado durante a operação e que se salvou porque estava em Petrópolis, participando do aniversário de Afrânio de Mello Franco; anos antes, ainda deputado, o gaúcho Flores da Cunha deu um tiro nele que lhe perfurou o chapéu de palha.

O ministro da Guerra, general José Fernandes Leite de Castro, apoiou a operação: "Houve o que há muito eu previa. Os tenentes fizeram o que eu faria se tivesse 20 anos", disse. Para o coronel Juarez Távora, "a ditadura podia e devia ter evitado o empastelamento do *Diário* se tivesse feito a censura à imprensa, não permitindo que ela se excedesse em comentários". Mas João Neves da Fontoura criticou a ação:

> Os moços militares não admitiram que os jornais analisassem a conduta pública. Cada um deles se arrogava os privilégios de divindade intangível. No fundo, uma desculpa infantil, pois ao tempo do ministério Aranha, o sr. Macedo Soares escrevia artigos com a mesma virulência de linguagem e almoçava diariamente com o ministro.[48]

Os principais jornais do Rio e de São Paulo deixaram de circular um dia, em protesto contra o atentado. O *Diário* parou durante várias semanas; quando voltou às bancas no dia 5 de abril, Macedo Soares escreveu na primeira página que o jornal fora agredido por soldados manejando armas que a nação lhes confiou para a sua defesa, e afirmou: "Os militaristas pretendem que a revolução seja o privilégio da minoria de uma classe, o monopólio do tenente desconhecido". O jornal escreveu na primeira página que "essa força satânica impelia um grupo tresloucado de oficiais e de soldados do Exército ao nefando atentado do empastelamento do *Diário Carioca*".

A agressão provocou uma grave crise política dentro do governo. Getúlio nomeou um coronel filiado ao Clube 3 de Outubro para chefiar o inquérito militar que deveria apurar responsabilidades na agressão ao *Diário*, pedido pelo ministro da Justiça, Maurício Cardoso, e pelo chefe da Polícia Federal, Batista Luzardo. Todos os ministros civis pediram demissão; alguns retomaram seus postos pouco tempo depois. Segundo Edgard Carone, o ataque ao *Diário Carioca* foi uma reação ao decreto do Código Eleitoral de 24 de fevereiro, uma concessão de Vargas aos defensores do movimento constitucionalista, mas que contrariava os "tenentes".

Houve discrepâncias sobre a extensão dos danos. Umas versões dizem que o empastelamento não afetou seriamente a tipografia do jornal, que teria ficado praticamente intacta. Barbosa Lima Sobrinho, por exemplo, escreveu que os danos sofridos pela rotativa foram superficiais e não impediram que voltasse a funcionar, custando seu conserto não mais de 35 contos de réis. Evandro Carlos de Andrade disse que, "o que se conta", é que foi um falso empastelamento e que a tipografia ficou praticamente intacta, mas Getúlio indenizou totalmente o jornal. No entanto, o fato de Assis Chateaubriand ter colocado o parque gráfico dos Diários Associados à disposição de Macedo Soares, além de o *Diário Carioca* ter sido impresso nas rotativas de *O Jornal* durante três meses, sugere que os danos causados não devem ter sido tão superficiais.

PRESENTE PARA UM AMIGO

Em janeiro de 1932, Macedo Soares tinha colocado na presidência da empresa Horácio de Carvalho Júnior, um jovem de 21 anos, "rapaz bonito e sofisticado, amante da noite, dos cavalos, do bom uísque e de belos quadros",[49] de quem se tornara amigo íntimo. Ele era membro de uma antiga e empobrecida família tradicional de Vassouras, no vale do Paraíba, neto do barão de Amparo e do barão Monteiro de Barros. Ele, embora não tivesse o título, seria conhecido no *Diário* como "Barão" ou "Barão de Vassouras".

Em abril, assim que o jornal voltou a circular, Macedo Soares cedeu a Horácio a propriedade da empresa, além de diversas fazendas em Maricá e Saquarema, no estado do Rio. Ele se reservou a direção política do jornal. Na verdade, Macedo Soares teria escassa participação na vida da redação, limitando-se a escrever editoriais assinados. Essa transação não ficou bem esclarecida e deu origem a boatos sobre a relação entre os dois.

Segundo o jornal *A Noite* do Rio, de Geraldo Rocha, Macedo Soares teria se apaixonado perdidamente pelo jovem e belo Horácio, e essa paixão teria sido o motivo da generosa transferência de jornal e fazendas. É uma versão que correu por um longo tempo no Rio, mas difícil de confirmar.[50] Como diz Cecília Costa, Horácio era amante de belas mulheres. Proprietário, durante 30 anos, ele nunca colocou um tostão no *Diário Carioca*, dedicando-se a outros negócios.[51] No entanto, quando o fechou, sentiu falta do jornal e tentou relançá-lo.

Ao voltar a circular, a partir de abril, o *Diário Carioca* retomou os ataques ao governo – "o Brasil vai apodrecendo ao sol" – e apoiou o levante de São Paulo em 9 de julho de 1932. Mas nessa fase nunca atacou diretamente o presidente da República. Mudou de orientação a partir da promulgação da Constituição de 1934. Assim como antes o criticara, voltou a elogiar o governo e deu-lhe apoio incondicional.

Houve momentos em que Macedo Soares ameaçou fazer oposição. Getúlio Vargas escreveu em seus Diários: "Procurei saber o motivo. Os ministros da Fazenda e da Justiça negaram-se a lhe fornecer 400 contos que ele pleiteava receber do Departamento Nacional do Café, dizem, para comprar máquina para o *Diário Carioca*. Está certo. A culpa deve ser minha".

No entanto, como quase todos os jornais conservadores, o *Diário* aplaudiu a promulgação da Lei de Segurança Nacional – "a repressão aos maus elementos, aos agitadores, aos terroristas deve ser inflexível e energética", dizia um editorial –, assim como a introdução das novas leis trabalhistas, a Constituição de

1937 preparada por Francisco Campos e a implantação do Estado Novo, cujo objetivo, disse, era salvar a democracia. Num editorial, "Democracia forte", defendia as medidas de exceção e atacava as ideias liberais, uma "velharia". Pedia também mão dura contra os comunistas, que "desejam transformar a nossa pátria numa feitoria do trágico império soviético", advogava pela depuração do funcionalismo público, combatia a imigração de "elementos indesejáveis", como sírio-libaneses e japoneses, e pregava uma repressão inflexível e enérgica aos agitadores e aos terroristas.

Macedo Soares não tinha perdido o hábito de dar estocadas certeiras. Num artigo, escreveu: "não esqueçam as ilustres autoridades militares que nos regimes discricionários é mais fácil entrar do que sair"; e que, no passado, "as medidas excepcionais só haviam servido para jugular os jornais, ocultando escândalos administrativos". Mas essas observações críticas foram cada vez mais raras. Ele não poupou elogios a Getúlio nem a seu chefe de polícia, Filinto Müller. "Ao lado do presidente todos nos sentimos seguros", escreveu. Na confusão ideológica da década de 1930, o *Diário Carioca* chegou a mostrar certa simpatia por Hitler e pela Alemanha nazista. Macedo Soares foi eleito senador[52] e nomeado presidente do vespertino *A Noite*, órgão das Empresas Incorporadas ao Patrimônio Nacional e, na época, o jornal de maior circulação do Brasil, um indício de sua adesão ao Estado Novo.

"ALMIRANTE SEM ESQUADRA"

Macedo Soares somente mudaria de opinião a respeito da ditadura e do ditador depois que suas ambições políticas foram frustradas. Como deputado e depois senador, manteve-se um ativo articulador da política estadual fluminense e deu apoio ao interventor do estado do Rio, Ernani do Amaral Peixoto, marido de Alzira Vargas, a filha de Getúlio.[53] Trabalhou para sua nomeação e chegou a ser seu secretário de Justiça e do Interior. Mas houve uma disputa entre os dois pela hegemonia política no estado. Macedo Soares esperava que Amaral ocupasse um mandato-tampão, esquentando o lugar para depois ele assumir o cargo de interventor. Amaral não saiu e se tornou um alvo constante dos mordazes ataques do *Diário Carioca*.

Amaral tinha o título de almirante e a fama de pouca familiaridade com as lides navais, pelo que era conhecido como "almirante sem esquadra". Depois que Amaral deu uma entrevista, Macedo Soares escreveu: "Falando ontem a bordo do couraçado *Minas Gerais*, solidamente amarrado ao cais da ilha das Cobras, o almirante Amaral Peixoto [...]". Vez por outra se referia ao genro de Getúlio Vargas como "Alzirão", "o genro", "Alzirante", "almirante da baía da Guanabara", "almirante em seco, acostumado a atravessar de lancha a baía da Guanabara", "leão dos mares guanabarinos" e assegurava que era capaz de enjoar na barca da Cantareira. Para o jornal, era um "político fundeado no forte Niterói, a cantar sob a janela do poder". A hostilidade de Macedo também se estendeu a Getúlio Vargas, que ajudava o genro nessa disputa. O *Diário Carioca*, que antes apoiara o regime e o presidente, se tornaria veementemente antigetulista.

Segundo Carlos Lacerda, Macedo Soares "foi muito getulista e rompeu com o Getúlio, foi muito amigo de Benjamim Vargas e rompeu com Bejo (Benjamim Vargas, irmão de Getúlio), escrevia artigos luminosos contra Getúlio. Foi realmente um grande articulista". Era também, disse Lacerda, um homem muito valente com fama de homossexual, mas extremamente bravo, além de bastante inteligente.[54]

Em janeiro de 1941, um editorial de Macedo Soares criticou indiretamente o envolvimento dos militares nas questões civis, ao escrever que: "O órgão da nação é seu governo civil. O chefe do governo civil é o chefe da nação. O chefe da nação não pertence às classes nem às facções". O general Góes Monteiro, chefe do Estado Maior do Exército, e Gaspar Dutra, ministro da Guerra, exigiram uma punição do jornal, que ficou dois dias sem circular.

A censura foi rigorosa com o *Diário Carioca*, que deixava em branco o lugar dos artigos proibidos. Pressionado pelo governo para ocupar esses espaços, passou a substituir o material censurado por conselhos que ensinavam a plantar abacaxis e a combater a praga do algodão. Décadas mais tarde, *O Estado de S. Paulo* e o *Jornal da Tarde* utilizariam recurso semelhante, publicando poemas de Camões e receitas de cozinha no lugar das informações proibidas.

RUBEM BRAGA NA FEB

Durante a Segunda Guerra Mundial (1939-45), o *Diário Carioca* mostrou-se abertamente favorável aos Aliados e começou a ignorar algumas instruções do Departamento de Imprensa e Propaganda (DIP), que fora criado pela ditadura para controlar os meios de comunicação. Foi-lhe negada licença para importar papel e o jornal ficou fora de circulação durante alguns dias.

O cronista Rubem Braga foi enviado pelo *Diário Carioca* como correspondente de guerra para cobrir a participação da Força Expedicionária Brasileira (FEB) em 1944 contra as tropas alemãs na Itália.[55] Além de Braga, acompanharam a FEB, como jornalistas, Joel Silveira pelos Diários Associados, Raul Brandão pelo *Correio da Manhã* e Egydio Squeff por *O Globo*, além de Sylvio da Fonseca e depois Thássilo Campos Mitke pela Agência Nacional, controlada pelo governo. Rubem Braga só conseguiu ir à Itália com a FEB pela sua teimosia, pelas pressões feitas pelo dono do jornal, Horácio de Carvalho Júnior, e porque o repórter do *Diário* que deveria ir, Otávio Tirso de Andrade, casou-se naquela época. O *Jornal do Brasil* destacou a Carlos Alberto Dunshee de Abranches, mas ele pouco escreveu sobre o conflito.

Antes da partida da tropa para a Itália, o general Zenóbio da Costa tentara impedir que os pracinhas negros participassem do desfile no Rio. Rubem Braga comentou: "Ir para a Itália e lá morrer, bem; desfilar na avenida, não". Como escreveu seu biógrafo: "[...] estudantes da classe média, exatamente aqueles que lideraram campanhas e passeatas a favor da entrada do Brasil na guerra, não foram convocados para se expor às bombas, aos tiros e à morte na Itália".[56] Mas Braga manteve simpatia pelo general Zenóbio, "rude e generoso".

Na Itália, ele estava em desvantagem. Seus colegas e concorrentes mandavam as informações pelo telégrafo, despesa que o *Diário Carioca*, jornal pobre de dono rico, não podia permitir-se. Braga tinha de utilizar o irregular correio aéreo, o que significava que não podia enviar notícias quentes, as quais pela demora ficariam frias, mas matérias descritivas sobre a vida e a luta dos pracinhas, sobre a guerra, sobre o país, impressões pessoais.[57] Segundo Leonardo de Guedes Henn, ele contou "a trajetória de personagens que causassem a simpatia e a identificação do leitor"; e: "Através da análise da sociedade italiana e de outros aspectos da guerra, ele conseguia expressar as suas opções políticas e a sua visão do mundo". Afirma seu biógrafo que nenhum correspondente de guerra se aproximou tanto das batalhas quanto Rubem.[58] Foi o único jornalista que acompanhou o ataque da FEB a Monte Castello; escreveu uma detalhada reportagem que foi aprovada pela censura militar na Itália e proibida pelo DIP no Brasil. Somente meses mais tarde, Monte Castello cairia em mãos brasileiras.

Várias décadas depois, Braga reconheceria que "em tempo de guerra é muito não se mentir; dizer a verdade é quase impensável". Ele reclamou da "censura arbitrária e frequentemente idiota", de somente ter acesso ao campo de batalha quando os correspondentes eram convocados e das dificuldades para conversar com os soldados. Braga teve ferimentos leves; Raul Brandão do *Correio da Manhã* foi ferido mais seriamente e enfrentou "sequelas pelo resto da vida".

Rubem Braga constatou que:

> Foi bom que o Gen. Mascarenhas – comandante da FEB – não renunciasse e que ficasse. Com o seu Estado-Maior dividido, os inevitáveis desentendimentos (ou difíceis entendimentos) com o Comando Aliado, à displicência com que o Rio de Janeiro atendia aos pedidos da FEB, os ciúmes e prevenções da retaguarda e as durezas da guerra, só um homem da respeitabilidade, da energia e da paciência do General Mascarenhas poderia levar a campanha até o fim como ele fez, com êxito.

William Waack escreveu de sua "profunda simpatia pelos brasileiros simples e humildes, lançados sem treinamento e sem preparo numa guerra cujo sentido e alcance muitos deles nunca entenderam". Heiton Costa conta que, inicialmente, os jornalistas foram proibidos de viajar para cobrir a guerra e, depois, foram atendidos com má vontade pelos oficiais, até que num jantar com Mascarenhas de Moraes eles ganharam carta branca para andar no *front*.

Em Florença, num almoço com os jornalistas, quando o general Cordeiro de Farias começou a discursar a favor da democracia, Braga o interrompeu: "General, muito me admira o senhor falar em democracia, quando mandou me prender e me deportar". O general argumentou: "Meu bom Braga, os tempos eram outros", para ouvir dele: "Democracia é democracia em qualquer circunstância".

Essas mesmas observações também poderiam aplicar-se ao *Diário Carioca*, que depois de declarar-se fervoroso admirador do Estado Novo não teve constrangimento em tecer louvores aos princípios democráticos, que antes classificara como "formalismos irrealistas".

"ANTES DO AMANHECER, CANTAM..."

Carlos Lacerda, que tinha se demitido de *O Jornal* de Assis Chateaubriand, colaborava com o *Diário Carioca* e o *Correio da Manhã* no fim de 1944 e início de 1945. Quando ele fez a célebre entrevista com José Américo, Horácio de Carvalho ficou interessado, mas Macedo Soares se recusou a publicá-la. Segundo Lacerda, ele achou que a entrevista era uma provocação que iria precipitar os acontecimentos, atrapalhando uma conspiração militar conservadora da qual participava o chefe do Estado Maior, general Góes Monteiro. A entrevista foi divulgada em fevereiro de 1945 pelo *Correio da Manhã* e, no mesmo dia, à tarde, por *O Globo*.[59]

O *Diário* e Macedo Soares se engajaram na luta pela deposição de Getúlio e pela realização de eleições. Num dos seus ferinos editoriais, de enorme repercussão, "Antes do amanhecer cantam os galos", dizia que a imprensa despertava estremunhada, após uma noite polar em um dia de sol radioso, no qual desaparecia o regime que penetrara nas caladas da noite e anulara as instituições jurídicas e as políticas da República.

Prudente de Morais disse que Macedo Soares, em seus artigos, não raro, despreocupava-se "do compromisso da coerência, que tão frequentemente enleia, enfraquece ou até desarma o combatente verbal", e que cada novo aspecto da política "podia suscitar uma construção nova, liberta das precedentes". Mas era fiel "aos grandes vultos de sua particular devoção ou amizade", e solidário com os seus amigos, "tivessem ou pudessem não ter razão".

O jornal publicou, em 1945, uma entrevista com Francisco Campos dizendo que a Constituição que ele preparara para Getúlio Vargas em 1937 e na qual se apoiou o Estado Novo já tinha caducado. No dia 1º de maio,

Macedo Soares foi agredido na Cinelândia, no Rio. O agressor teria sido um membro da guarda presidencial, o que aumentou ainda mais a ira de Macedo contra Getúlio. Segundo uma interpretação algo exagerada de Prudente de Morais Neto, essa agressão foi o estopim que conduziu à explosão do pronunciamento militar de 29 de outubro de 1945 que levou Getúlio Vargas a deixar o poder.

Em outubro de 1945, o jornal deixou de circular durante seis dias depois que o Departamento Nacional de Informações, herdeiro do DIP, negou-se a liberar a entrega do papel que a empresa tinha importado, o qual fora retido com a alegação de que não tinha pagado os direitos alfandegários. O jornal afirmou que o papel de imprensa estava isento.

Macedo Soares se filiou, desde o começo, à União Democrática Nacional (UDN), que ajudara a fundar, e apoiou a candidatura do brigadeiro Eduardo Gomes para a presidência da República. Mas a democracia que o *Diário* defendia era seletiva. Diante do resultado adverso das urnas, que deram a vitória ao general Eurico Gaspar Dutra, escreveu: "Uma boa parte da população se acha ainda bem distante do elevado nível de educação política que a prática de um verdadeiro regime democrático pressupõe". O artigo de um colaborador, também membro da UDN, assegurava que: "O povo mostrava-se despreparado para o exercício do direito do voto" e "para distinguir o homem público autêntico do demagogo vulgar". Macedo, porém, se desligaria da UDN durante o governo Dutra, passando a apoiar o Partido Social Democrático (PSD), com vínculos com a burguesia rural, na qual ele tinha suas raízes.

Carlos Lacerda afirmou que Horácio de Carvalho, "um anticomunista até a raiz dos cabelos", e Macedo Soares, "ainda mais", deram-lhe total liberdade para fazer no *Diário Carioca* uma violentíssima campanha contra o engenheiro Yêddo Daudt Fiúza, antigo prefeito de Petrópolis, candidato em 1945 à presidência pelo Partido Comunista.[60] Achou que Fiúza poderia tirar votos de Eduardo Gomes e arremeteu contra ele. Deu-lhe a alcunha de "O rato Fiúza" porque, segundo Lacerda, roubava como um rato de barriga branca. Disse que a campanha de sua candidatura-caricatura foi lançada como quem lança um inseticida, incompatível com os limites do decoro. Acusou-lhe de corrupção e afirmou que era conhecido como "dez por cento".

Hélio Fernandes disse que a campanha de Lacerda pode ter ajudado Fiúza a conseguir 11% dos votos. Segundo ele, "muita gente que não gostava do Carlos Lacerda votou no candidato do Partido Comunista, que até era um candidato muito bom, um engenheiro que não era radical coisa alguma". Em 1945, Carlos Lacerda assumiu a chefia da redação do *Diário Carioca*, que vendia 12 mil exemplares diários, mas ficou pouco tempo no cargo.

DINHEIRO DO GOVERNO

Eleito presidente o marechal Eurico Gaspar Dutra com a ajuda de Vargas, o *Diário* começou na oposição para depois dar apoio ao governo. Foi recompensado com um vultoso empréstimo do Banco do Brasil. Com esse dinheiro e com a ajuda do banqueiro Walther Moreira Salles, o jornal renovou o parque gráfico e construiu uma nova sede na avenida Presidente Vargas, perto da Central do Brasil, para onde se mudou em 1950.

Era um prédio de pequenas dimensões, com quatro andares, dotado de leveza e de uma aparência atraente, desenhado pelo arquiteto Affonso Eduardo Reidy, que também projetaria o Museu de Arte Moderna do Rio. Chateaubriand dizia que o edifício era uma caixa de fósforos. Para Nelson Rodrigues, no meio de pardieiros espectrais, tendo por fundo uma favela, o edifício era "um pavão enfático". "Era um prédio narcisista por fora e por dentro". "Por fora, era um soco visual no transeunte. Quem passava pela Praça Onze a pé, de ônibus, lotação ou bonde, levava um susto. Aquele colosso agredia e humilhava o resto da paisagem. E por dentro a mesma coisa".[61] A nova sede pesou nas finanças da empresa.

As instalações para a diretoria eram de um luxo extremado, pouco condizentes com a precária situação econômica da empresa, além de pouco funcionais. Jardins suspensos, revestimento de mármore de Carrara, restaurante de alumínio brilhante, que diariamente encomendava a comida à boate Vogue, para os diretores, enquanto os empregados tinham que comer nas espeluncas das proximidades. Salões com colunas de madeiras exóticas, um jardim de inverno no quarto andar. A sala de Macedo Soares tinha um busto dele e uma mesa negra de ônix em S, de Senador. Para Nelson Rodrigues, a única coisa que faltava na sala do diretor era uma cascata artificial com filhote de jacaré.

Mas, por falta de orientação ao arquiteto sobre as peculiaridades de uma empresa jornalística – o que talvez mostre o distanciamento e a despreocupação de seus dirigentes em relação ao jornal –, o edifício não tinha espaço para um laboratório fotográfico nem um local para armazenamento das bobinas de papel. As oficinas foram instaladas, de maneira inadequada, no subsolo e na sobreloja.

O equipamento gráfico que, como o prédio, pertencia a uma companhia associada ao jornal, a Editora de Revistas e Publicações S.A. (Érica), era igualmente pouco apropriado. A rotativa Duplex escolhida não conseguia imprimir, na prática, mais de 12 a 15 mil exemplares por hora, uma velocidade incompatível com um jornal moderno.[62] Para instalá-la, foi contratado um técnico argentino. A Érica tinha também 15 linotipos, num local que carecia de ventilação adequada e de refrigeração de água.

Com esses investimentos o *Diário* pretendia colocar-se no mesmo nível dos grandes jornais do Rio, como *Correio da Manhã*, *Diário de Notícias*, *O Globo*. Em maio de 1950, saiu do pardieiro da avenida Tiradentes para o novo prédio. Coincidindo com a mudança para a nova sede, em maio de 1950, o jornal entrou numa nova etapa. Em lugar das 12 páginas nos dias úteis e 16 aos domingos, anunciava um jornal com 16 páginas, em duas seções, nos dias de semana, e vários cadernos aos domingos, incluindo 4 suplementos, dos quais 2 deles totalmente em cores. No total, teria de 60 a 72 páginas.

O jornal exibia as reformas de linguagem e visuais que Danton Jobim e Pompeu de Sousa começavam a introduzir. Tinha uma apresentação mais limpa, utilizando espaços em branco e fotografias maiores. Os títulos eram mais diretos e, nas notícias, era usada a pirâmide invertida e maior concisão da linguagem. Hélio Fernandes era editor de Esportes em 1950, quando contratou Fernando Sabino e Paulo Mendes Campos como cronistas; também escreviam lá Carlos Castello Branco e Francisco de Assis Barbosa sobre política, Santa Rosa era ilustrador.

Na nova fase, foi introduzida uma seção cultural de três páginas com o nome de "Letras e arte" de surpreendente sobriedade e elegância gráfica, editadas por Prudente de Morais Neto. Numa das páginas do primeiro número, foram publicados artigos de Carlos Drummond de Andrade, Manuel Bandeira, Antonio Candido, Sérgio Buarque de Holanda, que seria o crítico literário,

Gilberto Freyre e uma poesia de Geir Campos ilustrada por Di Cavalcanti. No segundo número, escreveram Sérgio Buarque de Holanda, Augusto Meyer, Otto Maria Carpeaux, Renato Almeida; Clarice Lispector publicou um conto e Vinicius de Moraes uma poesia.

Mas a iniciativa para mudar o *Diário* de patamar teve vida curta. Não conseguiu leitores e anunciantes em número suficiente. A empresa se endividou ainda mais.

APELO AO EXÉRCITO

Nas eleições presidenciais de 1950, Macedo Soares ficou alarmado quando Getúlio Vargas anunciou sua candidatura e chegou a insinuar a necessidade de um golpe para evitar que chegasse ao poder. No editorial "O Exército e as novas estrelas", escreveu que:

> [...] num país em crise de relaxamento moral como o nosso, podemos indagar, não somente das corporações investidas dos deveres da defesa nacional, como dos poderes legislativos e políticos e, até mesmo dos corpos judiciários, se a submissão à letra morta da lei prevalece, nos casos específicos em que estão em jogo a honra, a integridade e a segurança da Nação.

Perguntava "se cabe ao Exército cruzar os braços e sustentar passivamente diplomas eleitorais de importância vital para o Brasil obtidos nas urnas pela temeridade criminosa de uns, com o concurso negativo do egoísmo e indiferença de outros". Assegurava que "o remédio é apelar para a consciência cívica das Forças Armadas".

Numa cobertura da campanha, em que não houve preocupação alguma com a isenção, o *Diário* não se inclinou, evidentemente, por Getúlio Vargas, nem pelo brigadeiro Eduardo Gomes da UDN, como fizera em 1945. O jornal estava ligado ao PSD, do qual se tornara uma espécie de porta-voz, e deu apoio formal a seu candidato, Cristiano Machado, que depois seria abandonado pelo partido. Contudo, não se preocupava em esconder sua simpatia pelo brigadeiro.

Com a vitória de Vargas, Pompeu de Sousa e Prudente de Morais Neto, ambos ligados à UDN, o partido da oposição, lançaram no jornal a tese da maioria absoluta: Vargas não poderia ser empossado por não ter obtido mais da metade dos votos. As normas eleitorais não previam a maioria absoluta, mas para a cúpula do *Diário Carioca* essas artimanhas eram válidas se impedissem o retorno do ex-ditador, ainda que tivesse sido eleito em eleições livres.

Carlos Castello Branco menciona a conspiração da imprensa para impedir a posse do eleito. No *Diário Carioca* participaram, entre outros, Pompeu, Prudente e ele, Castello Branco; no *Diário de Notícias*, Odylo Costa Filho. A coordenação do movimento foi de Pompeu. *O Estado de S. Paulo*, antigetulista exacerbado, também aderiu à tese da maioria absoluta. Empossado, Vargas sofreu uma persistente oposição por parte do *Diário Carioca* e da maioria da imprensa.

Em 1951 se agravou a já precária situação econômica do *Diário Carioca* e da Érica, a empresa proprietária do prédio e do parque gráfico. As máquinas estavam hipotecadas na Caixa Econômica Federal e havia elevadas dívidas com o Banco do Brasil. Para piorar a situação, o jornal era inimigo declarado do novo presidente, Getúlio Vargas, a quem negara legitimidade. Não podia esperar dele a ajuda econômica que recebera de Dutra. Mas foi indiretamente o governo Vargas quem tirou o *Diário* do sufoco ao dar apoio a Samuel Wainer para lançar um jornal.

NEGÓCIOS COM WAINER

Diante da pressa para colocar na rua um novo jornal, *Última Hora*, Wainer fez um negócio extremamente favorável para Horácio de Carvalho Júnior, que lhe vendeu a nova sede que construíra para o *Diário* e a Érica por Cr$ 58 milhões, repassou-lhe as dívidas na Caixa e no Banco do Brasil, no valor de 22 milhões, e negociou um acordo para ter o *Diário Carioca* impresso de graça durante dois anos.

Essa operação não impediu que, quando Carlos Lacerda iniciou uma devastadora campanha contra Wainer e o seu jornal, o *Diário Carioca* lhe fizesse eco e os atacasse com extraordinária violência.

Dois anos depois de vender o prédio e a gráfica à *Última Hora*, já vencido o acordo de impressão, o *DC* mudou-se para a nova sede, na sobreloja de um edifício na avenida Rio Branco, esquina com a rua São Bento, próximo à praça Mauá, e instalou num casarão ao lado uma rotativa com capacidade para 35 mil exemplares por hora, bem superior à anterior.

O *Diário Carioca* era feito para uma minoria politizada, mas pouco transigente. Danton Jobim escreveu que quando o título de uma reportagem foi "Recebido festivamente o presidente da República", seus leitores reclamaram e queriam saber se *Diário Carioca* tinha aderido ao governo. Para eles, o presidente nunca poderia ser "recebido festivamente". Jobim comentou que "os povos latinos são contra ou a favor", sem perceber que ele mesmo tinha contribuído para essa polarização.

Macedo Soares fustigou continuamente o governo e a figura do presidente, sensível às críticas. Em seus bilhetes, Vargas considerava Macedo um "intrigante vulgar que inventa ou adultera fatos", "fuxicador" e "sem probidade moral". Sugeriu represálias contra o jornal. "O que é necessário é secar as fontes de renda e apertar as cravelhas. E silêncio. Só isso é eficaz". Em outra ocasião, disse que era preciso "tomar algumas providências junto a seus fornecedores". Mas não se sabe se chegou a tomar medidas concretas contra o *Diário.* Pelo contrário. Outro recado de Vargas sugere que ele ainda ajudava o jornal: "Veja esse *DC.* Apesar do apoio não melhorou em nada, continua com as mesmas explorações".

Pesquisa divulgada pelo *Anuário brasileiro de imprensa* de 1952 colocava o *Diário Carioca* como o matutino formador de opinião de menor penetração do Rio de Janeiro. No entanto, durante um período, nos anos 1950, adquiriu uma influência bem superior a sua reduzida circulação. Otávio Bonfim disse que era um jornal pequeno, mas de muita força política e que fazia do antigetulismo sua razão de ser. Rubem Braga lembrou-se dele como um diário pequeno, mas bastante barulhento e muito influente. Para Luís Edgar de Andrade era influente, mas pequeno e pobre, portanto, receptivo a novas ideias. Era também um dos raros jornais que davam destaque na primeira página às notícias da cidade.

A opinião dos editoriais pouco influía na redação do jornal. Paulo Francis, que foi um influente e iconoclasta crítico de teatro, tinha total liberdade de expressão, apesar de os empresários cortarem os anúncios e das visitas e dos telefonemas dos incomodados aos diretores do jornal. Sábato Magaldi, que antecedeu Francis na crítica teatral, teve uma experiência semelhante. Disse que "houve um movimento de empresários pedindo minha saída do jornal. Pompeu levou essa reação na piada, na troça".

Ainda segundo Francis, O *Diário* formou uma equipe brilhante e eficiente. Octavio Malta disse que era o jornal "chic" de nossos tempos, bem-feito e atraente. Mas, de acordo com Francis:

> A qualidade técnica do *Diário* estacionava às portas da gerência. Dentro, era o caos. Dinheiro não havia, sendo substituído por versões variadas sobre o seu destino. Ninguém vive de satisfação pessoal por muito tempo, exceto os gênios. Nenhum de nós tinha a capacidade infinita de perseverar à espera dos salários. Banqueiros e agiotas estavam solidários conosco.[63]

TESTEMUNHA DO ATENTADO

Em agosto de 1954, um atentado matou o major da Aeronáutica Rubens Vaz e feriu Carlos Lacerda na rua Tonelero, em Copacabana. Por uma extraordinária coincidência, um repórter do *Diário*, Armando Nogueira, que vivia nessa rua, foi testemunha ocular do episódio, que ele descreveu no jornal em primeira pessoa, o que na época era algo "revolucionário". A narrativa, dramática, mas pouco precisa, começava assim: "Eu vi o jornalista Carlos Lacerda desviar-se de seis tiros de revólver à porta de seu edifício, na rua Tonelero". Segundo diria Pompeu de Sousa, "o atentado da Tonelero foi um crime feito com exclusividade para o *Diário Carioca*". Macedo Soares escreveu: "O país já sabe quem responde pelo crime. É o sr. Getúlio Vargas, presidente da República". Mas ainda persistem algumas dúvidas a respeito do episódio.

Era tal o envolvimento de Pompeu na conspiração política que, na redação, ganhou o apelido de "presidente da República do Galeão", numa referência à base aérea em que foi feito um inquérito sobre o atentado.[64] Oficiais da Aeronáutica que não confiavam na polícia civil criaram um tribunal paralelo e tentaram intimar Getúlio Vargas, a quem consideravam responsável pelo atentado, para depor.

O *Diário Carioca* escreveu sobre a necessidade de "apelar às Forças Armadas num país onde o governo é flagrantemente ilegal [...]. Apelamos às Forças Armadas porque são a única força organizada capaz de impor ordem ao caos instalado pelo próprio governo". O objetivo era levar o presidente à renúncia ou ao *impeachment*. Ele se matou.

Pompeu disse que quando soube da morte de Vargas chorou compulsivamente. Sentiu-se um assassino. "Desde então, nunca mais pude sentir raiva do Getúlio!", afirmou. No futuro, lamentaria a ferocidade de seus ataques ao presidente naquele período.[65]

Macedo Soares também matizaria sua opinião sobre Vargas depois que ele morreu. Reconheceu que mantinha um nível de vida razoavelmente modesto, que era acessível ao convívio de homens do povo, a cujas necessidades sempre se mostrou benévolo e cuidadoso, que foi homem de vanguarda de seu tempo, que possuía alguns raros predicados de prudência e moderação. Diria também que na política social abriu uma clareira de ideias novas.

Danton Jobim, o diretor-redator-chefe, foi também generoso em sua avaliação do presidente morto. Elogiou suas ideias de política social, disse que ganhou o reconhecimento dos trabalhadores pelos benefícios que o Estado lhes propiciou e seria absurdo que os adversários negassem o serviço que ele prestou, realmente, ao país. No futuro, o jornal deixaria a agressividade para trás e, como fizera durante a presidência de Dutra, passaria a apoiar o governo.

No entanto, como a maioria dos diários, o *DC* ficou alarmado com os potenciais efeitos da carta-testamento de Getúlio Vargas sobre a opinião pública e as eleições para o Congresso que se realizariam em outubro. Macedo Soares escreveu em sua coluna que a carta era de autenticidade duvidosa e a comparou ao Plano Cohen, documento falso anticomunista divulgado no Estado Novo. Era, em sua opinião, mensagem de desespero. Um editorial disse que era um documento de sangue e ódio, de ódio e ressentimento, espantalho da luta de classes.

RECOMPENSA GENEROSA

Quando o vice-presidente, João Café Filho, ocupou a presidência, o *Diário* esperava dele alguns favores que não se concretizaram e passou a criticá-lo. Apoiou, porém, a candidatura e o governo de Juscelino Kubitschek. Todo o empenho e os esforços que Pompeu de Sousa canalizara contra Getúlio Vargas foram utilizados a favor de JK. Mas, prudentemente, durante a campanha presidencial, o jornal não deixou de dedicar uma página a Juarez Távora, o candidato da UDN. Eleito Juscelino, dessa vez o *Diário* não alegaria a necessidade de maioria absoluta nas urnas para tomar posse, como fizera em 1950 quando Vargas foi o vencedor. Apoiou a construção de Brasília e, para agradar o presidente, chegou a lançar uma edição do *DC-Brasília*, destinada à nova capital, mas impressa no Rio, de escassa circulação e duração. Prudente de Morais Neto saiu do jornal para ser redator-chefe do *Diário de Notícias*.

O proprietário do *Diário Carioca* foi generosamente recompensado por Juscelino. Associado a Fernando de Mello Vianna, filho de um antigo vice-presidente da República, e à Ferrostaal, uma empresa de capital holandês, Horácio de Carvalho obteve a concessão para construir uma ferrovia para transportar minério de ferro de Itabirito, em Minas Gerais, ao porto de Angra dos Reis, no estado do Rio. A concessão foi trocada, com a norte-americana Hanna Mining, pela Morro Velho, uma mina de ouro que tinha aparentemente escasso potencial, mas que se revelou extremamente produtiva. Literalmente, uma mina de ouro.[66] O jornal obteve de JK a concessão de uma emissora de televisão, a TV Carioca, e 16 sinais em outros estados, mas não entraram em operação. Jânio Quadros, na presidência, tirou alguns sinais. A emissora de TV foi oferecida ao *Jornal do Brasil*, que não a aceitou.

Horácio de Carvalho Júnior ficou ainda mais rico, mas não investiu no jornal a riqueza que obteve por seu intermédio, nem melhorou a situação dos jornalistas, que continuaram ganhando salários irrisórios, pagos de maneira irregular. Alguns deles obtiveram empregos públicos no governo de Juscelino. Afirma Janio de Freitas que, quando Juscelino foi eleito, houve uma corrida da direção do *Diário Carioca*, acompanhada por alguns redatores e repórteres políticos, ao Catete, a sede do governo, para disputar cargos e nomeações que foi absolutamente carnavalesca:

O *Diário Carioca* era uma empresa destinada a produzir recursos para seus proprietários: Horácio de Carvalho Jr., J. E. de Macedo Soares e até alguns não proprietários, diretores do jornal. Era conveniente para essas pessoas manter um relacionamento dúbio e, às vezes, mudar de posição em 24 horas em função de uma possibilidade de negócios, de participação no governo, de indicação de alguém para Sumoc, para IBGE etc.[67]

O diretor, Danton Jobim, foi nomeado presidente do Instituto Brasileiro de Geografia e Estatística (IBGE). Evandro Carlos de Andrade, que tinha coberto a campanha de JK, foi contratado como conferente da Casa da Moeda, cuja função era contar moedas. Odylo Costa Filho disse que conseguiu para Carlos Castello Branco e para Ferreira Gullar[68] emprego como redatores de um instituto de pensão. Depois, Castello pediu a Autran Dourado, o secretário de imprensa de JK, um lugar de procurador, que lhe foi arranjado.

Ainda de acordo com Freitas:

> Horácio de Carvalho Júnior nunca viu o *Diário Carioca* como uma empresa, como um jornal. Era uma empresa intermediária de negócios. Ele não investia no jornal. Não se interessava pela qualidade do jornal. A qualidade ocorria à revelia dele. Era porque era. Podia ser ou não ser, isso para ele não tinha o menor interesse. Ele não frequentava a redação. Não nos conhecia. Só passava pela redação a caminho da sala da presidência. [...] Ele cumprimentava apenas o Paulistano, também muito silenciosamente. Conversava só com o Pompeu de Sousa e com o Danton Jobim, sempre.

Freitas também lembra que "no *Diário Carioca* um pequeno grupo desses novos formados pelo Paulistano resistiu a isso, não quis entrar nessa coisa de pleitear emprego público a políticos e resolveu forçar a profissionalização. [...] a solução foi trabalhar em dois, três lugares".[69]

Armando Nogueira era da mesma opinião. Disse que Horácio administrava mal a empresa, pois não tinha preocupação empresarial: o jornal era simplesmente um instrumento de poder.

DECADENTE, CAÓTICO E TOLERANTE

Na verdade, o período áureo do *Diário Carioca*, quando brilhou no firmamento da imprensa, foi curto. Começou em 1945 e antes do fim da década de 1950 já estava em decadência, não só financeira, que era perene, mas também jornalística.

Quase toda a equipe que fez a reforma saiu do jornal, mas o ambiente continuava caótico e tolerante. Numa ocasião, Horácio de Carvalho mandou um bilhete a Danton Jobim, na época redator-chefe, dizendo que seu pai tinha sido nomeado presidente da Caixa Econômica Estadual e pedia que a notícia saísse na terceira página. A notícia não foi publicada, mas o bilhete com o pedido apareceu na íntegra. "Não houve nada, porque no *Diário Carioca* nunca havia nada". Em outra ocasião, uma matéria acusava a Sul América de seguros de fazer um negócio escuso na venda do Hospital da Lagoa para o Instituto dos Bancários e mostrava quem estava ganhando. O que a redação não sabia era que Macedo Soares, interessado na transação, era um dos que estavam ganhando. De novo, nada aconteceu. Era um jornal boêmio no qual valia tudo.[70]

Quando o *Diário* denunciou a péssima qualidade do leite vendido no Rio, houve uma convulsão interna: tanto Horácio de Carvalho como Macedo Soares estavam ligados aos produtores da bacia leiteira fluminense; na verdade, a questão do leite foi durante muitos anos uma das preocupações do *DC*. Quando reclamou dos buracos na avenida Barão do Rio Branco, descobriu-se que foram feitos pelo próprio jornal para desviar clandestinamente a energia elétrica que acionava as rotativas e as linotipos.[71]

Horácio raramente interferia na redação. A única vez que Ana Arruda, chefe da reportagem na última etapa, lembra-se de ele ter pedido alguma coisa, foi quando o jornal deixou de publicar a cotação do ouro: produtor do metal, era a primeira informação que ele procurava no *Diário*.

Como era praxe na imprensa, o *DC* tinha seu Índex de pessoas proibidas, excomungadas pela direção, cujo nome não poderia sequer aparecer nas páginas do diário. Luís Edgar de Andrade diz que, quando entrou no jornal para trabalhar no copidesque, Evandro, redator-chefe, deu-lhe em confiança a lista secreta dos amigos e dos inimigos do jornal.

A crise econômica crônica do *Diário Carioca* agravou-se no fim do governo de Kubitschek. Sua circulação, que nunca foi elevada, caiu mais ainda no fim da década de 1950, quando vendia menos de 20 mil exemplares. Utilizava métodos pouco ortodoxos para aumentar a receita. Em abril de 1961 o jornal tinha recebido Cr$ 913 mil para publicar reportagens favoráveis à Cofap, a empresa governamental de abastecimento.[72]

O jornal perdera, aos poucos, a sua influência. O antigo bom humor da redação e as normas de estilo foram insuficientes para compensar a falta de recursos, a precariedade do conteúdo informativo, o êxodo de seus melhores jornalistas, que saíram por causa dos baixos salários e dos atrasos no pagamento, e as bruscas oscilações de sua orientação política. Quando parou de fazer oposição, perdeu brio e brilho.

BILHETINHOS PARA JÂNIO

Na campanha eleitoral para suceder a JK, o jornal apoiou a candidatura do marechal Teixeira Lott, de quem Pompeu de Sousa foi assessor de imprensa, e não recebeu bem a vitória de Jânio Quadros. No dia da posse, em fevereiro de 1961, a manchete foi: "O povo recebeu frio JQ e disse adeus chorando a JK"; na página editorial escreveu: "Decepciona o povo o ministério Jânio". No dia seguinte: "Fala presidencial foi lamento surpreendente".

Numa nova seção diária, "Bilhetinhos do dia, de J. Quadros", o jornal passou a publicar, com destaque e imaginação, na primeira página ou na página editorial, as famosas mensagens curtas que o presidente enviava a seus auxiliares. Eram acompanhadas dos "Bilhetinhos a Jânio", com comentários do jornal sobre os atos da presidência, escritos com verve e leveza por Pompeu de Sousa.

No primeiro recado ao presidente, Pompeu escreveu:

> Excelência: Já que, pela vontade soberana das urnas, vivemos, agora, num país governado por bilhetinhos, permita-nos que usemos o mesmo instrumento – o bilhetinho – para comentar esse governo de bilhetinhos. *Similia similibus curantur*, como Vossa Excelência escreveria em situação idêntica, apelando para o seu estilo ginasial e o seu latim de almanaque.

Explicava que reproduzia os bilhetinhos presidenciais para que os destinatários os lessem sem esperar que chegassem pelos canais burocráticos. Facilitava, assim, "aos senhores ministros e autoridades outras a leitura, em primeira mão, dos bilhetinhos a eles dirigidos". E solicitava que o presidente determinasse ao secretário de imprensa "que faça distribuir seus ditos bilhetinhos sempre na íntegra, e não mais como atualmente, alternando seus textos com resumos nem sempre satisfatórios". No segundo bilhete, mencionou que Jânio desenterrara semânticas arcaicas, que eram "apenas as marcas do eterno ginasiano que mora no Presidente"; e registrou: "Seus bilhetinhos de hoje chegaram aos jornais, todos, na íntegra. Obrigado por nós e sobretudo por seus dignos ministros de Estado, coitados".

Em outra mensagem, sugeria que o moralismo do governo era mercadoria apenas para uso externo, para perseguir os pequenos, os humildes, pois para "os seus, os grandes de sua corte, a coisa é outra: a moral guarda-se na gaveta. Ou no cofre, que é mais seguro".

A coluna manteve esse tom leve, com muita crítica e parcos elogios. O jornalista Carlos Castello Branco, antigo editor do *Diário* e na ocasião assessor de Jânio, escreveu que "Pompeu estava malicioso demais com o presidente". Pompeu achava que Jânio, em lugar de governar, queria autopromover-se com questões banais. A coluna terminou no dia da renúncia de Jânio: o destinatário dos bilhetinhos de Pompeu de Sousa não estava mais no Planalto.

Em sua oposição ao presidente, o jornal, que tinha sido vendido ao político alagoano Arnon de Mello, combateu sua política externa.[73] Quando Jânio renunciou, o editorial escrito por Pompeu defendendo a posse do vice-presidente, João Goulart, foi modificado por Arnon. Pompeu pediu demissão: os antigos proprietários pagavam mal e tarde, mas nunca interferiram na redação. Mudou para Brasília e foi secretário de imprensa do primeiro-ministro do novo governo, Tancredo Neves.

Em 1962, Danton Jobim, o antigo diretor, compra o jornal, ainda mais enfraquecido pelo astronômico aumento do preço do papel, e o coloca à disposição do governo de João Goulart, cuja ajuda financeira permitiu sua sobrevivência. Vendia, talvez, 5 mil exemplares por dia. Sintoma da precariedade da infraestrutura, o jornal tinha apenas 8 linotipos, das quais 3 não funcionavam.

COM JANGO ATÉ O FIM

O *Diário* foi dirigido, durante alguns meses, por Josimar Moreira de Melo, antigo diretor-geral da *Última Hora* de São Paulo, que reanimou a circulação. Foi um dos poucos jornais que defenderam o governo de Goulart até o último dia. Na edição de 1º de abril de 1964, chegou a publicar com letras enormes na manchete, de maneira pouco realista: "Guarnições do I Exército marcham para sufocar rebelião de Minas Gerais". Embaixo, em letras menores: "Jango: governo manterá a ordem e a democracia". Ainda na edição do dia seguinte, manteve-se fiel ao presidente deposto: "Uruguai espera Jango como chefe de Estado". No editorial de primeira página, Danton Jobim escrevia: "A hora é de reflexão. Quebramos uma vez mais o molde da legalidade". Dizia também: "Não sabemos ainda qual o destino próximo do sr. João Goulart. De qualquer modo daqui enviamos a nossa saudação". Dias depois, Jobim constatou: "O governo que hoje se inicia é uma ditadura constitucionalizada".

Depois do golpe militar de 1964, o *DC* voltou ao seu antigo dono, Horácio de Carvalho Júnior. A revista *Propaganda* registrou em 1965 a trajetória política do jornal. Escreveu que o *Diário Carioca*, eternamente deficitário, tinha mostrado nos últimos anos uma vocação de governista, não importando qual fosse o governo. Na época de JK, foi juscelinista sob a direção de Pompeu de Sousa. Durante o curto governo de Jânio Quadros, depois de um ensaio de oposição, foi comprado por Arnon de Mello e se tornou janista. Veio João Goulart, Danton Jobim assumiu a presidência do *DC* e apoiou o governo até o fim. Após o golpe militar, Horácio de Carvalho Júnior, de novo presidente – mas que preferiu manter o cargo no anonimato –, defendia os atos do governo Castello Branco.

Horácio de Carvalho tentou ressuscitar o *DC* entregando a direção a Prudente de Morais Neto, mas sem lhe proporcionar os recursos necessários. Ele contratou uma nova equipe, que injetou sangue novo no velho jornal. O chefe da redação era Zuenir Ventura; a chefe de reportagem, Ana Arruda; o chefe do *copy desk*, Milton Coelho da Graça; e Amilcar de Castro, o renovador do *Jornal do Brasil*, cuidava da diagramação. Foram pesquisadas novas fórmulas de apresentação e toda a paginação foi arejada, tornando o jornal mais fácil de ler.

No entanto, faltavam ao jornal condições para competir com outros matutinos e a sua impressão, como sempre, era precária. O esforço de renovação não foi mantido e boa parte dos novos colaboradores deixou o *Diário Carioca*. A revista *Propaganda* observava que era, possivelmente, o único jornal do mundo cujo redator-responsável, Prudente de Morais, assinava uma crônica diária num jornal concorrente. A experiência durou três ou quatro meses. Terminou por "briga com a direção", como disse Zuenir Ventura. Outra tentativa foi feita com a contratação de, novamente, Josimar Moreira de Melo, em abril de 1965, mas ele morreu atropelado no centro do Rio em outubro desse ano.

Foi substituído por Mauritônio Meira, que não conseguiu recuperar o jornal. Segundo Ana Arruda, "o jornal do Mauritônio foi uma tragédia, foi o final mesmo". Sebastião Nery conta que, na agonia do *Diário*, Horácio de Carvalho proibiu que fosse mencionado o nome de empresas nas matérias da redação, a fim de evitar uma publicidade gratuita. No dia seguinte, o jornal dizia que, num certo hotel de Copacabana, Claudia Cardinale tinha sido fotografada tomando banho nua no terraço. A foto mostrava claramente o Leme Palace Hotel, nome que não podia ser citado no texto da reportagem. Nery diz que ele mesmo escreveu uma notícia que começava: "Chegou ontem, de Paris, o sr. Horácio de Carvalho Júnior, diretor-superintendente de uma mina de ouro em Minas Gerais e de um jornal nesta capital". Quase deu demissão coletiva, mas Horácio aprendeu a lição, segundo Nery, e a partir daquele dia o jornal já podia publicar o nome de empresas.[74]

No último dia de 1965, o *Diário Carioca* publicava a última edição.

Horácio de Carvalho Júnior ainda pensou em reabrir o jornal e conversou com Janio de Freitas. Freitas achava que havia espaço; era "complicado, mas não infactível". A iniciativa não vingou. Também teria sido tentada uma associação com o *Jornal do Brasil*.

O *Diário Carioca* era, na verdade, um jornal antiquado. Nasceu com uma finalidade política, e para ser plataforma das ideias mutáveis e dos interesses de seus proprietários. Sobreviveu à custa dos poderes públicos. Hoje é uma nostálgica lembrança para os antigos jornalistas. É lembrado pela originalidade, pela criatividade e pelas brilhantes iniciativas da redação – que os donos tiveram o bom senso de tolerar, uma rara qualidade na imprensa brasileira.

DIÁRIO DE NOTÍCIAS (1930-76)

Fundador: Orlando Dantas

MUITO COMENTÁRIO E POUCA NOTÍCIA

O *Diário de Notícias* foi o matutino de maior circulação do Rio de Janeiro no fim da década de 1930 e uma das mais influentes publicações do Brasil em meados do século XX. Durante a ditadura de Getúlio Vargas, ganhou a fama de ser o jornal do Rio que menos se curvou à censura e às imposições do Departamento de Imprensa e Propaganda (DIP). Apesar de seu nome, sua principal atração não eram as notícias, parcas, nem sempre bem elaboradas, mas os comentários da ampla variedade de seus colaboradores. Folha assumidamente conservadora, deu ampla liberdade a seus colunistas, muitos deles ligados a grupos de esquerda.[1]

Apesar de sua importância e do seu peso na opinião pública durante três décadas, o *Diário de Notícias* é um jornal hoje pouco conhecido. Ao contrário de outras publicações cariocas, como *Jornal do Brasil*, *Diário Carioca* e *Última*

Hora, lembradas com orgulho por jornalistas que nelas trabalharam e que mantiveram viva sua memória, o *Diário de Notícias*, aparentemente, despertou pouco entusiasmo entre seus profissionais. Os raros trabalhos acadêmicos ficaram mais preocupados em analisar seus editoriais do que em estudar sua evolução, influência e a grande variedade de suas opiniões.

O *Diário de Notícias* foi lançado em junho de 1930, três meses depois das eleições de março, que deram a vitória ao presidente de São Paulo, Júlio Prestes, o candidato de Washington Luís, e quatro meses antes da Revolução de Outubro da Aliança Liberal, que colocou Getúlio Vargas no poder.

Seu fundador, Orlando Ribeiro Dantas, não era jornalista, mas administrador e empresário. Potiguar de Ceará-Mirim, morou nos Estados Unidos e ao voltar foi o agente para o Nordeste da Underwood, fabricante de máquinas de escrever. Trabalhou para Assis Chateaubriand como diretor de publicidade de *O Jornal* do Rio de Janeiro e como diretor do *Diário de S. Paulo*, que ajudou a lançar. Por divergências com Chateaubriand, deixou os Diários Associados e lançou o *Diário de Notícias*. Segundo diria seu filho, João Portela Ribeiro Dantas, seu pai pensou em comprar o *Diário Carioca*, como não conseguiu, lançou o *Diário de Notícias* com 50 contos de réis e outros acionistas, entre eles Diniz Júnior e Figueiredo Pimentel, que trabalharam com ele nos Diários Associados.

Numa versão diferente, o jurista e político Evandro Lins e Silva afirma que, quando era estudante de Direito, leu a ata de constituição da empresa no *Diário Oficial* e assegura que o primeiro proprietário do *Diário de Notícias* foi Oscar Berardo Carneiro da Cunha, de uma tradicional família de Pernambuco. Orlando Dantas era o diretor-gerente. Pouco tempo depois, segundo Lins e Silva, o jornal enfrentou dificuldades financeiras e Ribeiro Dantas assumiu, primeiro a direção da empresa e depois o controle acionário.[2]

O expediente das primeiras edições do jornal não registra o nome do proprietário. Informa que a direção era de "Nóbrega da Cunha, Figueiredo Pimentel e O. R. Dantas"; a S.A. Diário de Notícias tinha como presidente O. R. Dantas, como tesoureiro Manoel Magalhães Machado e como secretário Aurélio Silva. Três semanas depois, Diniz Júnior, antigo diretor de *A Pátria* e de *A Noite*, é nomeado diretor redator-chefe.[3] Ao anunciar sua entrada, assegurou aos leitores que não mudaria a orientação do jornal. Ficou poucos dias no cargo. Segundo Orlando Dantas, Diniz Júnior "se despediu para ligar-se à ditadura, precisamente no dia da vitória da Revolução de 30".

Não há referência ao nome de Carneiro da Cunha nos primeiros exemplares, mas anos depois ele aparece no *Diário Oficial* como o segundo maior acionista da empresa, logo depois de Dantas. Nóbrega da Cunha saiu do jornal em 1932; Pimentel morrera um pouco antes. A partir dessa data, Dantas passou a ter parte mais ativa na redação.

"SÉRIO, ÍNTEGRO, DE PRINCÍPIOS"

Na opinião do jornalista Fernando Segismundo, "Orlando era um homem sério, íntegro, de princípios. Tinha grande tino empresarial, intuição, grande senso de realidade, pé no chão, e muita habilidade financeira para realizar negócios, ganhar dinheiro". No entanto, "Que eu saiba, nunca escreveu, ele mesmo, um editorial, mas sabia muito transmitir ao redator o que ele desejava que fosse dito". Carlos Lacerda disse que era "modesto, embexerrado,[4] brusco", "lento e raro no escrever", "jornalista dos que constroem o jornal como empresas, como criação da inteligência e do esforço brutal, sobre-humano, de um homem que comanda um grupo", mas "nem mesmo fez questão de ser chamado jornalista". Para Joel Silveira, Dantas tinha uma "maneira dura, quase agreste de dizer as coisas, na parcimônia de quem despreza o adjetivo da mesma forma que o frugal despreza a sobremesa". Osório Borba foi de opinião semelhante: "Era áspero, intransigente, inflexível [...] um 'oposicionista sistemático'". Otto Lara Resende lembrou:

> Era rígido, era agressivo diante do que lhe parecesse indignidade na vida da imprensa, era arestoso e desconfiado. E tinha um alto orgulho de seu jornal. [...] Não tinha condescendência de qualquer natureza, era capaz de ser injusto para ser honrado. O seu vocabulário era duro e a palavra *caráter*, como outras, repontava a cada momento em sua conversa, como um cardo espinhento de virtude.

No *Diário de Notícias*, Dantas cuidou inicialmente da parte administrativa; da redação tomavam conta, como indicava o expediente, os que saíram de *O*

Jornal com ele: Douglas Nóbrega da Cunha, Alberto Figueiredo Pimentel, além de João Maria dos Santos, "um negro de grande talento, educação na França, um jornalista de grande capacidade, brilhante mesmo", segundo Raymundo Magalhães Júnior.[5]

O editorialista era Alves de Souza, "antigo diretor e proprietário de *O Paiz*, jornal arrasado e incendiado no dia da queda do presidente Washington Luís. Alves de Souza, que não vinha à redação mais que três ou quatro vezes por ano, para simples palestras, trabalhava em sua própria casa e nos entendíamos diariamente, por meio do telefone".[6] Fernando Segismundo lembra:

> Logo no começo, quando o *Diário de Notícias* foi fundado, a maioria dos editoriais era escrita fora, por um personagem meio misterioso, que não víamos nunca, chamado Alves de Souza. Tinha sido o dono de um importante jornal carioca, *O Paiz*. Era bem curioso: um "office boy" ia pegar os editoriais na casa desse jornalista, voltava, não se falava mais no assunto. A maioria das pessoas da redação nem conhecia pessoalmente o Alves de Souza.

Alberto Figueiredo Pimentel II, secretário do jornal, era filho de Alberto Figueiredo Pimentel, o pioneiro da crônica social no Brasil com sua coluna "Binóculo" na *Gazeta de Notícias*. O redator-chefe era Antônio Bento de Araújo Lima, que depois seria um dos mais influentes críticos de arte do Brasil escrevendo principalmente no *Diário Carioca*. O logotipo que caracterizou o *Diário*, com o nome do jornal sobre dois globos terrestres entrelaçados, foi desenhado pelo português Fernando Correia Dias, casado com Cecília Meireles.

A primeira sede do jornal, na rua Buenos Aires, era um velho prédio de propriedade do industrial Henrique Lage, onde esteve instalado o antigo jornal vespertino *A Reação*, do qual foram aproveitadas as instalações. Lage seria extremamente tolerante com os contínuos atrasos de pagamento do aluguel.

No primeiro número, o *Diário* assegurava estar "livre de qualquer compromisso político e sem dependências financeiras". Mas se desmentia a seguir ao dizer que concordava com "o programa de combate às candidaturas oficiais, no recente pleito presidencial", como o voto secreto, e lamentava que a campanha presidencial fosse "cruelmente decepcionada com o manifesto bolchevista do capitão Luís Carlos Prestes, a figura para quem se voltavam as esperanças da maioria dos nossos compatriotas". Na verdade, o *Diário de Notícias* surgiu para fazer oposição ao governo de Washington Luís. Seu objetivo era, além de informar, influir na formação da opinião pública.

"JORNAL DA REVOLUÇÃO"

O jornal fez uma declaração de princípios, com o nome de "Programa Nacional", propondo soluções para os problemas do país e que seria a bússola de sua página editorial. Esse programa foi renovado ao longo da vida do jornal. No manifesto do primeiro número, queria mudar a sociedade. Colocava-se como um jornal liberal que defendia o voto secreto, a melhora da educação, a elaboração de uma legislação trabalhista, a liberdade de imprensa, a moralização da política, o incentivo à indústria, o amparo à lavoura, o fim da política de valorização do café e das barreiras aduaneiras.

O *Diário* foi um dos suportes na imprensa do Rio à Aliança Liberal, liderada por Getúlio Vargas. Publicava diariamente a coluna "Movimento revolucionário" e era conhecido como o "Jornal da Revolução". Nos primeiros meses, foi censurado pelo governo de Washington Luís e o seu diretor chamado a depor na polícia. Em 24 de outubro, quando foi deposto o presidente e os revoltosos tomaram o poder, imprimiu umas 12 edições com um total 168 mil exemplares, uma das tiragens mais elevadas de sua história. A média até então era de 6 mil exemplares.

Havia na redação um intenso ambiente político. Nela se debatia a "ocupação" do Rio de Janeiro pelos gaúchos, caracterizada pelo gesto simbólico de amarrar os cavalos no obelisco. No jornal, teve início a reação contra essa "ocupação", o que desencadeou, segundo Carlos Lacerda, o primeiro período de censura à imprensa.

Mário Hora,[7] chefe da revisão, escreveu em suas memórias que a maioria dos jornalistas tinha sido a favor do governo, gritando insultos de "sicários" e "assassinos" contra os aliancistas, e acusando Vargas de usurpador e traidor. O mais exaltado fora Figueiredo Pimentel, o secretário. Mas, com a queda do governo, Pimentel apareceu na redação com o lenço vermelho dos partidários da Aliança. É uma história um pouco estranha, uma vez que o *Diário de Notícias* foi lançado precisamente para combater o governo e apoiar a ALN, como de fato fez, mas não significa que seja necessariamente errada.

Raymundo Magalhães Júnior,[8] que trabalhou no *Diário* desde o início, disse que um repórter político, "um homem destabocado, meio metido a revolucionário, deu uma manchete que desgostou muito a Dantas. O Dantas arrancou o cabelo. A manchete era: 'Todo Poder a Juarez Távora'. Ele queria transformar o Juarez Távora em ditador, aquilo foi um escândalo tremendo".

No entanto, o apoio a Távora não se deu apenas numa manchete de um jornalista "destabocado" à revelia de Dantas, como sugere Magalhães Júnior. Na primeira edição do dia 25 de outubro de 1930, o dia seguinte à tomada do poder pela Aliança Liberal, o *Diário de Notícias* publicou uma ilustração com o rosto de Juarez Távora ocupando quase toda a primeira página. O único texto era a manchete: "O Brasil despertou de um grande pesadelo". O editorial dizia: "Assim terminou a luta armada e uma junta constituída de civis e militares responderá pelo governo do país, até que, presente Juarez Távora e levado ao Catete nos braços do povo, tenha início a execução do programa revolucionário". A primeira página foi mudada na segunda edição, cuja manchete era: "A população aguarda, anciosa, (sic) a chegada de Juarez Távora". No dia seguinte, o jornal afirmava: "Juarez Távora está sendo ansiosamente esperado nesta capital". Para o *Diário*, ele era "a alma da Revolução". Durante vários dias, o nome de Távora foi o de maior destaque na primeira página. Certamente, esse apoio decorria da orientação dada pela direção, dificilmente da iniciativa de um jornalista. O jornal, porém, abriu um crédito de confiança a Getúlio Vargas quando ele ocupou a chefia do governo no início de novembro.

CRÍTICAS E CENSURA

Desde o começo, o jornal encarou o Governo Provisório com reservas. Dizia que o poder não tinha sido ocupado pelos verdadeiros arquitetos da Revolução. Já no dia 11 de novembro, publicava um artigo de Maurício de Lacerda, pai de Carlos, cujo título, em grandes caracteres, dizia: "A Revolução, que não tremeu diante dos canhões, está trêmula e agachada diante dos milhões". E no dia 2 dezembro, como nas nomeações feitas houvesse alguma figura inexpressiva e incapaz, o jornal perguntava: "Será que a Nova República também já tem afilhados?". Maurício de Lacerda criticou igualmente a expulsão do país de agitadores esquerdistas estrangeiros. Em 1931, o governo proibiu a publicação de seus artigos. Como explicou o jornal em maio, por ocasião do lançamento de um livro de Lacerda, o povo, que "lia os seus veementes artigos no *Diário de Notícias*, interrompidos depois por força das circunstâncias, sente que a sua palavra é sempre indispensável e aguarda no livro o que já não pode esperar no jornal ou na tribuna".

Em pouco tempo, o jornal considerava que o Governo Provisório havia fracassado. No começo de 1932 dizia que, desmontada a oligarquia, era indispensável começar a obra de reconstrução nacional. O jornal defendia: "Convocação da (Assembleia) Constituinte, sem perda de tempo, depois de decretada a reforma eleitoral, para dar ao país a sua nova estrutura político-social". Esse apoio à Constituição o levou a ficar do lado de São Paulo quando este estado se levantou contra o governo central em julho de 1932.

Apesar de picos ocasionais, a circulação do jornal era baixa. Para reanimá-la, foi lançada uma segunda edição. Era uma edição "nervosa, elétrica", que estava nas bancas às 11 horas da manhã. A experiência não pegou e durou apenas 6 meses. O jornal fez um acordo com a *Folha da Manhã* de São Paulo para intercambiar informações e comentários, e publicava a coluna de Rubens do Amaral, diretor do jornal paulista.

O *Diário* enfrentou Getúlio Vargas. Além do apoio à revolta constitucionalista de São Paulo em 1932, defendeu a candidatura de Borges de Medeiros à presidência em 1934, contra Getúlio Vargas, e a de Armando de Salles Oliveira em 1937; opôs-se tanto ao movimento integralista em 1935 como à Aliança Nacional Libertadora, controlada pelo Partido Comunista, em 1937.

Quando em novembro desse ano Getúlio Vargas criou o Estado Novo e assumiu poderes ditatoriais, o *Diário* seguiu as instruções da censura e publicou na íntegra o discurso presidencial e a nova Constituição. Mas escreveu também – foi o único jornal – que o ministro da Agricultura, Odilon Duarte Braga, recusara-se a subscrever o documento. Por esse gesto, Orlando Dantas foi preso pelo chefe da polícia, Filinto Müller, no dia 10 de novembro de

1937, "no começo da segunda ditadura de Vargas", trancafiado na Casa de Correção "a título de advertência", alertado das consequências que adviriam se não mudasse a linha editorial.

Dantas escreveu que foi o Catete (o palácio presidencial) quem deu a ordem, mas diz Fernando Segismundo que Dantas ficou detido durante uma, duas ou três horas sem que Getúlio soubesse, porém, quando soube, mandou soltá-lo. Ele, o único dono de jornal preso durante o Estado Novo, continuou não aceitando passivamente as determinações do DIP, o órgão encarregado de controlar a imprensa e que, segundo Dantas, foi "a criação mais deprimente, mais ignóbil, já conhecida por um governo mau, entre nós".

Num evidente desafio ao governo, Dantas contratou em 1938, em pleno Estado Novo, Apparício Torelly, "Apporelly", o barão de Itararé, um ano depois de ter saído da Casa de Detenção, para relançar a coluna "Amanhã tem mais...", que ele escrevera no jornal *A Manhã*, de Mário Rodrigues.

O governo tentou quebrantar a oposição do *Diário de Notícias* sufocando-o economicamente. Num anúncio institucional publicado depois, em novembro de 1956, na revista *Propaganda & Negócios (PN)*, o *Diário de Notícias* afirmou que "o DIP nos oferecia 'ajuda econômica' e facilidades de importação de material gráfico, para exaltar a figura do ditador".

O DIP tinha centralizado a distribuição da publicidade do Banco do Brasil, dos institutos de pensão e das repartições públicas, fazendo pagamentos mensais à imprensa. Dessa maneira, podia premiar ou punir publicações em função de sua adesão às diretrizes do governo. Lourival Fontes, diretor do órgão, convocou Dantas para dizer que se o *Diário* não tinha sido incluído nos primeiros pagamentos mensais de publicidade não foi por esquecimento, mas porque, antes, o jornal precisava cooperar com o regime; aí, sim, o pagamento aconteceria cada mês. Dantas disse que agradeceu, mas dispensou a subvenção, apesar das dificuldades econômicas do jornal.

Em outra ocasião, Dantas disse que Lourival Fontes o chamou para comunicar-lhe "que, em face de minha resistência ao Estado Novo havia resolvido substituir-me na direção de meu jornal. Chamara-me, como antigo camarada, para me fazer o favor de trocar impressões sobre o nome do meu substituto". A troca de diretor, no fim, não foi feita.

Apesar das pressões, Dantas disse que "não deixara de zurzir, sem meias palavras, o grupo que assaltara o poder para uma obra de saque". O jornal adquiriu grande prestígio. Carlos Lacerda disse que o *Diário de Notícias* foi o jornal que mais lutou contra o DIP e contra a censura. Segundo Edmar Morel, sua redação tinha o que havia de mais importante no jornalismo e que a independência de Dantas e do *Diário de Notícias* era reconhecida pelo próprio Getúlio Vargas.[9]

Mas a pressão do governo sufocava o *Diário*, que estava endividado. O próprio Dantas contou no 18º aniversário do jornal como aquela etapa foi penosa e difícil para os jornalistas:

> Vivíamos quase à mercê dos fornecedores, dos bancos, e, não raras vezes, dos agiotas. Redatores e funcionários recebiam seus ordenados com demora de duas, três, quatro e mais quinzenas. Faltava-nos, frequentemente, dinheiro para o papel e para a tinta. Conseguíamos a custo o que precisávamos para as férias semanais das oficinas. Pagávamos com meses e meses de atraso os aluguéis da nossa casa e as prestações das máquinas.

Indalício Mendes, um dos jornalistas fundadores do *Diário*, lembra:

> Vários meses ficávamos sem receber o ordenado integral e, às vezes, até os "vales" falhavam, quando o homem do botequim da esquina não podia socorrer o jornal em momentos de inesperadas aperturas. [...] Assim, quando o Caixa procurava um empréstimo ligeiro, de um, dois ou cinco contos de réis, o lusitano cedia de bom grado a "facada" e já se considerava até como um dos companheiros do *Diário*.[10]

Numa ocasião, Dantas chamou o chefe da revisão, deu-lhe seu relógio e pediu-lhe que o empenhasse para completar o pagamento do pessoal.

AJUDA INESPERADA

Dantas recebeu ajuda econômica de origens inesperadas. Magalhães Júnior disse que Arthur Bernardes ofereceu a Dantas comprar ações do *Diário de Notícias*, mas ficaria longe do jornal, sem interferir em sua orientação; quando Dantas pudesse pagar, ele venderia as ações de volta, sem obter lucro. Após trocar cartas amarrando o acordo, Dantas vendeu as ações e depois as recomprou. O valor não foi muito elevado, 200 ou 300 contos, mas ajudou o jornal a respirar financeiramente e a continuar independente.[11] Geraldo Rocha, antigo proprietário e diretor do jornal *A Noite*, também socorreu seu amigo Orlando Dantas. Seu relato:

> A empresa do *Diário de Notícias* tinha suas instalações hipotecadas, com reserva de domínio, a um fornecedor, e Orlando Dantas, em dificuldades, me proporcionou a oportunidade de comprar os direitos desse credor, combinando a reorganização da sociedade anônima e recebendo em ações o capital que havia empregado na referida operação. Já nesse momento me achava disposto a fundar um novo jornal, abstendo-me porém de tomar parte preponderante na empresa formada por Dantas, para que não se dissesse que eu havia colocado em posição secundária o amigo que me estendera generosamente a mão num momento aflitivo. Fundei logo após *A Nota*, cujo primeiro número foi impresso nas oficinas do *Diário de Notícias*.[12]

A receita obtida com a impressão de *A Nota* e de outro pequeno jornal diário proporcionou algum alívio para as finanças da empresa, mas a redação reclamava que a confecção dessas publicações atrasava a saída do *Diário*.

Quando o jornal iniciou uma campanha contra a renovação do contrato da Loteria Federal, pois achava que as cláusulas beneficiavam exageradamente os concessionários em detrimento do Tesouro, Dantas foi procurado por um emissário que, em nome do diretor, Peixoto de Castro, ofereceu-lhe 100 contos de réis e um grande volume de anúncios para deixar de escrever sobre o assunto. Como não aceitou, o DIP o proibiu de mencionar esse tema, proibição que só foi levantada depois da renovação do contrato.

Quando assumiu, um novo diretor do DIP, o capitão Amílcar Dutra de Menezes, disse a Dantas que era uma injustiça que o *Diário* não recebesse, como os outros jornais, a mensalidade de 100 contos e que essa "injustiça" deveria ser corrigida, até porque era "um dos jornais de sua simpatia". Dantas agradeceu a "generosidade", mas recusou; o jornal superara as dificuldades e tinha uma folgada situação financeira. O *Diário* também não aceitou pagamento em troca do silêncio sobre os cassinos de jogo e recusou os seus anúncios.

A jornalista Ana Arruda Callado apresenta uma versão diferente das relações do jornal com o DIP. Numa entrevista, Licurgo Costa,[13] tesoureiro do órgão, disse que toda a imprensa recebia dinheiro; quando ela argumentou que o *Diário de Notícias* não recebia, Costa retrucou: "Ih, minha filha, esse é que era o pior. Pedia mais, porque falava mal do governo". Getúlio Vargas mandava pagar: "Dê, meu filho, dê. Porque ele vai falar mal de qualquer jeito".[14] Segundo Licurgo Costa: "Bastará dizer que de todos os jornais do Rio e de São Paulo apenas dois, *Correio da Manhã* e *O Estado de S. Paulo*, não eram subvencionados através dele (DIP)".[15] A informação de Licurgo Costa, que vai contra todos os depoimentos da época, não pode ser confirmada, o que não significa que seja incorreta.

Fernando Segismundo, que trabalhou 37 anos no *Diário de Notícias*, afirmou que o jornal recebeu dinheiro dos Estados Unidos:

> [...] o *Diário de Notícias* foi simpático aos americanos, ao estilo de vida americano. O *DN* sempre teve o apoio dos EUA, até financeiro, e das empresas americanas. Um dia até publicou um livro – o único que publicou – intitulado *Brasil-EUA*, no qual se mostrava como o Brasil poderia importar, e adaptar, o que o modelo americano tivesse de melhor.

Na verdade, é bem provável que durante a Segunda Guerra Mundial o jornal, cuja linha editorial defendia abertamente a causa dos Aliados, tenha recebido ajuda dos Estados Unidos, em dinheiro, anúncios ou cotas de papel, através do Escritório do Coordenador de Assuntos Interamericanos, dirigido por Nelson Rockefeller, cujo objetivo era orientar a opinião pública da América Latina para a causa aliada.

Dantas e seu jornal eram considerados "aliadófilos" por Filinto Müller, o chefe da polícia e encarregado da censura, um germanófilo declarado. Um informe sobre o *Diário de Notícias* dizia: "Propriedade e direção exclusivas de Orlando Dantas. Homem de Armando Sales Oliveira (sic). Afora ele mesmo, só é sugestionável através de Orlan (sic) Bernardes e Lindolfo Collor. Quanto ao mais, segue a sua própria inspiração. Intimamente ligado aos meios *yankees,* não somente no país, mas fora dele".[16]

Em meados da década de 1930, tanto o movimento integralista como o Partido Comunista anunciaram no *Diário*. "A publicidade de ambos, paga, muito bem paga, era intensa, e um jornal democrata, como o nosso, era, às vezes, por interesse comercial, levado a dar as suas colunas, a sua tiragem, para a propaganda dos dois extremismos. Resolvi um dia, entretanto, não aceitar mais tal publicidade", escreveu Dantas. Ele também recusaria anúncios de empresas de idoneidade duvidosa, como remédios, ou de "linguagem licenciosa".

Apesar dos problemas econômicos, Orlando Dantas recusou vender o *Diário* por 3 mil contos a "um jovem político, amigo de Getúlio". Ele consultou a mulher e os filhos. "Ninguém se deixou seduzir pela oferta, embora a casa de moradia estivesse hipotecada e as aflições das contas mensais". Anos depois, em 1951, nova oferta de compra foi também rejeitada.

A situação melhorou a partir do fim dos anos 1930. Em 1939, o jornal se tornou o matutino de maior circulação do Rio e atraiu um grande volume de anúncios.[17] Começou a liquidar as dívidas com oito ou dez banqueiros e com os fornecedores, passando a comprar tudo à vista, inclusive o papel. Anos mais tarde, Orlando Dantas assegurava que "já não devemos mais um centavo sequer, a quem quer que seja" e que tinha "apreciável disponibilidade nos bancos".

Efetivamente, o *Diário* mudou em 1936 para uma nova sede; era um dos "mais bem montados da capital". Em abril de 1938, numa assembleia de acionistas foi anunciado que a sociedade, pela primeira vez, distribuiria dividendos aos portadores de ações preferenciais, como prova da prosperidade da empresa, e foi proposta uma bonificação extraordinária a Orlando Dantas equivalente a 5% da receita de publicidade. Em anos seguintes, seriam distribuídos dividendos de 5% para as ações preferenciais e de 12% para as ordinárias.

Dantas dá detalhes dessa mudança. Nos anos 1930, devia 80 contos de réis a um banco. Como este percebera que o *Diário* nunca teria condições de pagar, propôs a quitação por apenas 25 contos. "Não nos foi fácil, naquele momento, obter tão grande soma. Entretanto, ao fim de alguns dias, pudemos levá-la, livrando-nos do credor". Nove anos depois, Dantas procurou os diretores do banco e fez o pagamento da dívida que haviam cancelado; como pagamento dos juros, ofereceu publicar de graça os seus balancetes.[18]

CECÍLIA E LACERDA

A poetisa Cecília Meireles editou durante dois anos e meio, desde o primeiro número até janeiro de 1933, a "Página de educação", uma seção diária dedicada aos temas educacionais, quando nenhum outro jornal dava grande importância ao tema. Politicamente era apartidária, mas a página foi o principal instrumento para divulgar o movimento da Escola Nova, que pretendia renovar a educação no país, com base na escola pública e no ensino secular, do qual participaram Fernando Azevedo, Anísio Teixeira, Lourenço Filho, Afrânio Peixoto. Ela escrevia diariamente o "Comentário" da página. Logo nos primeiros dias, recebeu a ajuda de um jovem aprendiz de jornalista de apenas 16 anos chamado Carlos Lacerda. Como ele lembraria décadas depois, o jornal não tinha dinheiro e Nóbrega da Cunha resolveu pagar-lhe 150 mil-réis do seu bolso para ajudar a fazer a página.[19]

A saída de Cecília Meireles foi atribuída à pressão de círculos católicos, que combatiam a Escola Nova, por eles considerada "comunista" ou próxima do comunismo. Para a revista católica ultraconservadora *A Ordem*: "Todos os pedagogos burgueses e reformistas, porém, que hoje vemos contaminados pela pedagogia naturalista, se ainda não são francamente comunistas, são precursores e preparadores da pedagogia de Lunatcharsky.[20] [...] Não é defesa alguma, portanto, do Sr. Anísio Teixeira ou da Sra. Cecilia Meireles, dizer que nenhum deles pertence ao P. C. [Partido Comunista]". O intelectual católico Alceu de Amoroso Lima, que naquela época namorava com o integralismo, era o líder da oposição ao ensino modernista e teria sido o principal artífice da defenestração de Meireles. A "Página de educação" perderia importância e influência.

O *Diário de Notícias* tentou atrair os meios militares. Dantas teve a esperteza de criar seções diárias – "Notícias do Exército", "Notícias da Marinha" e "Notícias da Aeronáutica" – que traziam informações sobre ministérios militares, concursos, promoções, treinamentos, remoções, festas e eventos. Era leitura obrigatória nos quartéis.

Segundo Fernando Pedreira, o *Diário*, que soube manter a sua independência e a sua confiabilidade, prosperou e consolidou-se numa época especialmente difícil, entre 1930 e 1945, época de revolução, de ditadura e de censura.

Nesse período, fim dos anos 1930, o *Diário de Notícias* tinha a maior circulação do Rio, então Distrito Federal. Dizia vender 150 mil exemplares. Atraía numerosos leitores pela sua corajosa oposição ao governo. Mas muitos compravam o jornal atraídos pelo "Concurso popular," iniciado em 1937, que oferecia prêmios em dinheiro. Alguns jornais ficaram incomodados pela concorrência e iniciaram uma campanha contra o concurso. Orlando Dantas e Roberto Marinho, proprietário de *O Globo*, eram amigos, a ponto de, a partir de 1939, o *Diário de Notícias* ceder gratuitamente espaço a Marinho para anunciar as suas revistas de histórias em quadrinhos, como *O Globo Juvenil* e o *Gibi*. O *Diário* passou a publicar algumas dessas tiras; em 1932, começou a publicar uma tira do marinheiro Popeye, o comedor de espinafre, da King Features Syndicate. Foi o primeiro jornal brasileiro a publicar a série.[21]

No começo, Marinho ficou despreocupado com a ascensão do *Diário* por achar que não teria fôlego financeiro para manter o movimento de ascensão. No entanto, como as vendas desse jornal continuavam crescendo e ameaçavam *O Globo*, ele tentou parar as pernas do concorrente.

DANTAS *VERSUS* MARINHO

Desde seu lançamento, o concurso do *Diário* deu mais de 900 contos de réis em prêmios. Em 1941, Marinho sugeriu ao Conselho Nacional de Imprensa, do qual era membro, que para moralizar a imprensa fossem proibidos os concursos em jornais com prêmios em dinheiro – que eram a principal fonte de receita do *Diário de Notícias*.[22] O "Concurso popular" foi suprimido em novembro desse ano. As vendas do jornal continuaram elevadas, o que permitiu uma economia de 40 contos mensais, mas Dantas reclamou perante o diretor do DIP e, segundo este, Getúlio Vargas poderia reconsiderar a proibição. Dias depois, *O Globo* publicou um artigo na primeira página, "Os sabotadores do regime", com elogios a Vargas e acusando o diretor do *Diário* de ser um dos sabotadores.

Versão de Dantas desse episódio em junho de 1948:

> Certo dia, pediu-me o sr. Roberto Marinho que lhe permitisse mandar dois dos rapazes de seu *Gibi* acompanhar, no nosso Departamento de Circulação, a marcha do Concurso. Queria ele fazer igual para sua revista infantil, e se eu com isso concordasse – declarava – seríamos dois a defender os concursos perante o DIP e as autoridades da ditadura. Ele, como membro destacado do DIP, pois que era um dos cinco participantes do poderoso Conselho de Imprensa, estaria em condições de ajudar-me. Fiquei de dar a resposta mais tarde, o que não cheguei a fazer. [...] Isso levou aquele jornalista a tomar a frente do movimento contra o concurso do *Diário*, aliás, contra todos os concursos da imprensa, não demorando o dia em que o sr. Getúlio Vargas, descendo das alturas de ditador da República, subscreveu um pequenino decreto-lei, muito mesquinho, proibindo tais concursos em todo o país. [...] passei a economizar quarenta contos mensais e a nossa circulação hoje é maior que ao tempo do concurso. [...] O povo, o público e nossos milhares de leitores é que foram prejudicados, injustamente, pelo gesto do sr. Roberto Marinho e do seu amigo, o ditador.[23]

Em resposta ao artigo de Dantas, Marinho escreveu em *O Globo* que, na ocasião, sentira-se constrangido pela solicitação da maioria dos jornais cariocas, que pedia a proibição daqueles concursos, e ele quis ser um mandatário fiel dentro do Conselho de Imprensa, mas não lembrava se votou contra ou a favor da medida.

Dantas insistiu que Marinho havia aprovado a proibição, e que isso não impediu que o *Jornal dos Sports*, do qual Marinho era acionista, mantivesse até 1945 um concurso de palpites, ficando com 20% da receita. A respeito do artigo contra Dantas e o *Diário* em novembro de 1941, Marinho disse mais tarde que "arrependeu-se sinceramente" por tê-lo publicado.

A antiga amizade se transformou numa guerra aberta, como escreve Gonçalo Junior. O *Diário* não apenas deixou de promover *O Globo Juvenil* e o *Gibi*, como também abriu uma longa campanha contra as histórias em quadrinhos. Havia no país três grandes editores de revistas infantis, *O Globo*, os Diários Associados e Adolfo Aizen da Editora Brasil-América (Ebal), mas a fúria do *Diário de Notícias* se dirigiu especificamente contra Roberto Marinho e suas publicações.

Esta iniciativa de Dantas não deixa de ser curiosa, uma vez que o *Diário de Notícias* foi o primeiro jornal brasileiro a publicar tiras em quadrinhos, a partir do seu segundo número, em junho de 1930, com as "Delícias da vida conjugal", de Geo MacManus, tira que não durou muito tempo.[24] A partir de julho de 1935, o jornal iniciaria a publicação diária de várias histórias em quadrinhos distribuídas pela norte-americana King Features Syndication, e em outubro desse ano passou a incluir uma tira com as aventuras do Popeye, que continuaria durante anos a fio. Na década de 1950, passou a encartar um suplemento semanal, às quintas-feiras, com os personagens de Walt Disney, além de Roy Rogers e Hopalong Cassidy.

Houve também outros lances igualmente curiosos nessas escaramuças entre os jornais. Quem escrevia os artigos e os editoriais publicados de manhã no *Diário* contra *O Globo* era o jornalista e escritor Otto Lara Resende. E quem respondia a esses ataques na edição de *O Globo* desse mesmo dia era o mesmo Otto Lara Resende, "mantendo, assim, uma inflamada polêmica consigo mesmo".[25] Ele trabalhava para os dois jornais, hábito muito comum devido aos baixos salários pagos pela imprensa.

A campanha do *Diário* durou anos. Como as histórias eram quase todas importadas, o jornal de Dantas dizia que "desnacionalizavam" a criança brasileira. Os gibis, escrevia, eram pouco edificantes, pornográficos, imorais, estimulavam a violência e a criminalidade, e eram publicados sob a pressão do interesse comercial. Além disso, desencorajavam a leitura e o interesse pelos temas nacionais. *O Globo* revidou mostrando que o *Diário*, durante anos, incentivou a leitura de gibis e disse, para desmoralizá-lo: "Todo mundo sabe que o senhor Orlando Dantas é analfabeto".

Nessa guerra, *O Globo* afirmou que uma crônica de Rubem Braga no *Diário de Notícias,* sobre uma reunião da Congregação Mariana, era herética e desrespeitava a Igreja Católica. Isso não impediu que Braga fosse escrever mais tarde para o jornal que o criticara. A guerra de Dantas contra as histórias em quadrinhos, que atraiu outros adversários de *O Globo*, como a *Tribuna da Imprensa* de Carlos Lacerda, o *Correio da Manhã* de Paulo Bittencourt e a *Última Hora* de Samuel Wainer, afetaria o desenvolvimento do setor no Brasil. Em São Paulo, o jovem vereador Jânio Quadros também entrou na briga contra os gibis.

APOIO AO BRIGADEIRO

Durante a Segunda Guerra Mundial, o *Diário* foi abertamente favorável aos Aliados e defendeu a entrada do Brasil no conflito. Ao contrário de seus concorrentes, não conseguiu mandar um correspondente para cobrir os combates da Força Expedicionária Brasileira (FEB) na Itália nos anos 1944 e 1945.

A censura e a perseguição sofridas durante a ditadura provocaram uma duradoura hostilidade do jornal contra Getúlio Vargas e, as figuras que, de alguma forma, estavam ligadas a ele. Por esse motivo não deixa de surpreender a decisão de Dantas, o diretor de jornal que com mais coragem enfrentava a censura e as pressões, de não publicar a entrevista de Carlos Lacerda com José Américo quando lhe foi oferecida, no começo de 1945. Com receio de eventuais represálias, disse que só a publicaria com outros jornais. O *Correio da Manhã* e *O Globo* saíram na frente.

Nas eleições presidenciais de 1945, o *Diário* apoiou a candidatura do brigadeiro Eduardo Gomes. Eleito o marechal Gaspar Dutra, o jornal foi crítico, pois o considerava um herdeiro de Vargas, e, embora o tratasse com relativa moderação durante todo o seu mandato, "foi o único jornal a publicar o inquérito Miguel Teixeira, na íntegra, sobre corrupção no governo Dutra, envolvendo o Banco do Brasil e grandes empresários".[26]

As ofertas de anúncios pelos órgãos públicos, em troca de apoio ou de silêncio, continuaram depois do retorno à democracia. O *Diário* recebeu em 1947 um contrato de publicidade do Serviço Social da Indústria (Sesi), dirigido por Euvaldo Lodi, no valor de Cr$ 60 mil mensais, e outro do Serviço Social do Comércio (Sesc) regional, cujo diretor era Artur Pires, de Cr$ 20 mil. Eram valores fixos, que seriam pagos mensalmente ainda que o jornal não publicasse os anúncios. Num período de 8 meses, o jornal recebeu Cr$ 630 mil do Sesi, mas só publicou publicidade no valor de 182 mil. O Sesc pagou 125 mil por um espaço publicitário usado de 66 mil. Dantas levou o assunto ao presidente

Dutra, que nada fez. Por achar que o dinheiro público estava sendo malversado, o *Diário* deixou de fazer a contribuição para esses órgãos e depositou as cotas mensais numa conta bancária em nome dos empregados dessas entidades.

O jornal de novo apoiaria o brigadeiro nas eleições presidenciais de 1950. Quando as urnas deram a vitória a Getúlio Vargas – a quem considerava "o inimigo público número um da democracia brasileira" e seu governo anterior "o mais discricionário e mais degradante que ainda houve no Brasil" –, o *Diário de Notícias*, com outros jornais, aderiu ao argumento da necessidade de maioria absoluta para impedir a sua posse. Quando Vargas assumiu, em janeiro de 1951, o *Diário* começou assim seu principal editorial: "É de desconfiança o principal sentimento do país em face do novo governo do sr. Getúlio Vargas". Ele se tornou uma obsessão do jornal, que não deixou de combatê-lo. Hélio Fernandes escreveu na revista *Manchete*, numa crítica ferina, que *O Diário* era reacionário demais para servir ao progresso e excessivamente intransigente para poder apoiar o governo.[27]

Essa tendência cada vez mais conservadora não o livrou das acusações de Carlos Lacerda, em sua campanha para lançar a *Tribuna da Imprensa*, de que o *Diário de Notícias* tolerava o trabalho de infiltração do Partido Comunista na imprensa. Lacerda afirmou também que a seção de "Página de educação" do *Diário*, na qual ele começara na imprensa, tinha sido entregue a um comunista. Ele diria, porém, que o *Diário* era o único jornal do Rio que não recebia subvenções dos cassinos de jogo.[28]

Empossado Vargas, Dantas foi de uma extrema agressividade contra ele e o seu governo. Até depois do suicídio do presidente, em 24 de agosto de 1954, o *Diário de Notícias* foi severo ao julgar o ato do seu arqui-inimigo. A manchete do dia seguinte foi: "Presidente da República o sr. Café Filho", um título burocrático que não refletia o drama e a comoção provocada pela morte de Vargas.

Um colaborador, o escritor conservador católico Gustavo Corção, o chamou de "presidente suicida". O jornalista político Heráclio Salles disse que o suicídio de Vargas foi "o maior de seus erros políticos", "um erro de visão"; "um golpe que falhou na sua essência espetacular", e que ele "optou pelo heroísmo negativo dos suicidas", um "gesto de deserção". Tristão de Athayde (Alceu Amoroso Lima) escreveu:

[...] evadindo-se voluntariamente da vida, Getúlio Vargas não "entrou para a história" como diz no documento que deixou para a posteridade. [...] Por orgulho ou por temor, seja por que for, o fato é que, longe de trazer ao Brasil a solução para os seus males presentes, essa morte veio anular ou pelos menos atenuar, de muito, os benefícios que adviriam ao nosso país, de uma renúncia voluntária e digna, que lhe teria permitido passar o poder legalmente, ao seu sucessor constitucional, sem quebra da ordem jurídica e para o bem da ordem moral, [...] Se dos aposentos altos foi o sangue que desceu [...], dos aposentos baixos o que jorrou, nesses últimos dias, foi a matéria mais pútrida de que há memória em todo a nossa história política. [...] que o sangue não oculte a lama [...]. Mas nada disso atenua os erros do seu governo, que arruinou o Brasil material e moralmente. [...] preferiu a confissão do seu malogro pela morte.

"O PETRÓLEO É NOSSO"

O debate em torno da questão do petróleo movimentou a sociedade brasileira no fim da década de 1940 e começo da de 1950. A imprensa teve nele uma participação ativa e acalorada e demonstrou pouca isenção. Nas diretrizes do *Diário de Notícias*, estabelecidas no Programa Nacional, publicado no seu lançamento, não havia uma orientação ideológica sobre a exploração do petróleo. Em 1947, admitia a participação do capital estrangeiro, pois no país havia falta de recursos, depois que o Estado regulamentasse essa atividade, mas mudaria para uma linha nacionalista durante o debate do anteprojeto do Estatuto do Petróleo de 1948 e do projeto da criação da Petrobras, aderindo à campanha "O petróleo é nosso".[29] Foi o jornal que mais se empenhou na aprovação da Lei 2004, que definia o monopólio do petróleo e o estatuto da Petrobras.

A linha editorial do jornal de defesa do monopólio foi construída e definida ao longo de vários anos de reflexão e debates internos, o que explica as hesitações iniciais. O fato de a maioria dos colaboradores que escreveram sobre o petróleo ser nacionalista, como Hermes Lima, Rafael Correia de Oliveira, Osório Borba, Joel Silveira e Marcos Pimenta, certamente influenciou a orientação do jornal. O *Diário* serviu de plataforma para as opiniões de Carlos Lacerda sobre o petróleo.

As informações e as análises do jornal a respeito do petróleo se adaptaram à orientação nacionalista dos editoriais, deixando pouco espaço para a colocação de pontos de vista diferentes. Discursos, declarações e eventos que mostrassem a opinião dos defensores da participação do capital estrangeiro ou do setor privado na exploração do petróleo recebiam um tratamento extremamente discreto. Mas, fiel a seu princípio de manter uma pluralidade de opiniões, o *Diário* permitiu que alguns de seus colaboradores, entre eles Raul Pilla, José Bonifácio, Osório Nunes, assim como Juarez Távora e Eduardo Gomes, se manifestassem contra o monopólio. Mas até o *Diário de Notícias* foi criticado pelos nacionalistas mais radicais por aceitar anúncios da empresa norte-americana Standard Oil e por enviar um de seus redatores aos Estados Unidos para estudar as questões do petróleo.

Os editoriais e os vários colaboradores seguiam uma orientação política firmemente conservadora, na linha do partido da oposição, a UDN. Era favorável a um alinhamento automático aos Estados Unidos na Guerra Fria e, para acelerar a industrialização, queria fazer concessões ao capital estrangeiro, embora se mostrasse nacionalista em relação a setores estratégicos.

No entanto, para a maioria dos assuntos, o jornal persistia em cultivar uma enorme variedade de pontos de vista, muitos deles em oposição frontal à posição da casa. Segundo os contemporâneos, boa parte da redação tinha ligações como o Partido Comunista, o que não impedia que diversos colaboradores estivessem, na época, situados à direita no prisma ideológico, como Raul Pilla, Rafael Correia de Oliveira, Tristão de Athayde (Alceu Amoroso Lima) e Gustavo Corção.

Raymundo Magalhães Júnior atesta a liberdade dos colunistas:

> Então, muitas vezes eu escrevia um artigo com opinião inteiramente contrária à opinião do Dantas. [...] Ele dizia: "Olha, aquele teu artigo de anteontem, eu não estou de acordo com nenhuma linha daquele artigo, mas eu sou como Voltaire, eu deixo que vocês digam o que quiserem, mas depois eu respondo nos meus editoriais". E assim [como com] Osório

Borba, que também era um homem de opinião muito diferente da dele às vezes, ele não intervinha, ele dava resposta depois no editorial, que representava a opinião do jornal [...]. Osório Borba, Rubem Braga, Joel Silveira, eu e outros, nós dávamos a nossa opinião e não havia problema nenhum. Nunca houve um choque.[30]

Magalhães Júnior enfatizou que "em nenhum jornal escrevi com tanta liberdade e com tanta ausência de constrangimento. Jamais Dantas impugnou um só dos meus artigos".

O colunista mais lido do jornal durante um período, Osório Borba,[31] embora socialista, percebera, já em 1959, "que por trás das barbas de Fidel Castro se escondia um ditador", segundo um observador da época.

Nos anos 1950, Hélio Fernandes publicou no *Diário* sua coluna "Em primeira mão", considerada a mais bem informada da imprensa carioca. Segundo ele, "João Dantas, diretor e proprietário do *Diário de Notícias* (o jornal de maior circulação e prestígio do então Distrito Federal), me dizia: 'Hélio, gosto de ler você no dia seguinte, quando muita gente me telefona reclamando das tuas notas'". As análises sobre a Guerra Fria e a política externa, na coluna "Momento internacional", publicada no jornal desde seu lançamento e escrita nos anos 1950 pelo português exilado Paulo de Castro, eram, talvez, as mais perspicazes da imprensa da época.

Uma característica do *Diário* era pagar muito mal tanto seus jornalistas como os colaboradores. Fernando Segismundo, que trabalhara nele quase 40 anos, disse: "Dentro do possível era um jornal muito correto, muito decente, muito limpo. Para a imprensa da época foi um jornal líder. Pagava mal, às vezes não pagava e a mim mesmo ficaram devendo muito dinheiro, mas paciência. Eu permaneci porque era um jornal realmente limpo". Era, segundo ele, um jornal "que vivia de anúncios, não de cavações ou algo parecido". Odylo Costa Filho, que foi editor de Política, lembraria: "Éramos todos muito mal pagos. Eu me orgulho de ter obtido o primeiro aumento salarial para a reportagem. Mas mesmo assim os salários eram baixos. Trabalhávamos até a madrugada".[32]

A diversidade de opiniões deu prestígio ao jornal. Numa pesquisa de opinião de 1947, o *Anuário brasileiro de imprensa*, editado pela revista *Publicidade*

& Negócios (PN), mostrou que os jornalistas mais lidos no Rio eram Carlos Lacerda, no *Correio da Manhã*, e Osório Borba, do *Diário de Notícias*. Atrás deles estavam Assis Chateaubriand em *O Jornal*, David Nasser em *O Cruzeiro*. O *Anuário brasileiro de imprensa* de 1952, editado pela *PN*, colocou o *Diário* como o matutino de maior penetração no mercado carioca e o *Correio da Manhã*, em segundo lugar.

SEM O FUNDADOR

Orlando Ribeiro Dantas morreu em 1953. Ele tinha aconselhado a família que, depois de ele morrer, vendesse o jornal; temia que sua obra não tivesse continuidade por falta de experiência dos herdeiros. A família recebeu várias ofertas de compra, mas decidiu não vender.

O jornal passou a ser dirigido por seu filho, João Portella Ribeiro Dantas, jovem e inexperiente que, segundo os contemporâneos, não estava à altura do cargo. Seu apelido era "João Jabuti". Edmar Morel escreveu que o que ele tinha de imponente por fora tinha de vazio por dentro.[33] Como disse um jornalista que trabalhou no *Diário*: "Infelizmente, ele não teve ao seu lado um homem como o Eurycles de Mattos, que comandou *O Globo* depois da morte de Irineu Marinho, quando o Dr. Roberto, também muito novo, assumiu o jornal fundado por seu pai". A viúva de Orlando, Ondina, também teve um papel importante na direção da empresa. Era conhecida como "a marechala". Dizia-se que era ela quem comandava o jornal com mão de ferro.

O *Diário* ainda manteve sua influência durante alguns anos. Era lido pela classe média, por militares, professores, funcionários públicos, e tinha alguma penetração na elite. Segundo Villas-Bôas Corrêa, depois do *Correio da Manhã* vinha em importância o *Diário de Notícias,* pela respeitabilidade; um jornal mais duro, menos malicioso. Opinião semelhante tinha Samuel Wainer. Para ele, entre os grandes jornais do Rio, os que realmente contavam, o maior era o *Correio da Manhã*, seguido pelo *Diário de Notícias*. Em meados da década de 1950, afirmava imprimir 70 mil exemplares nos dias úteis e 130 mil aos domingos.

Nas eleições de 1955, o *Diário* promoveu a candidatura do general Juarez Távora à presidência e achou inconveniente a candidatura do governador de Minas Gerais, Juscelino Kubitschek (JK). Criticou a tentativa, feita pelo presidente Café Filho, pressionado pelos militares, para que JK se afastasse do pleito, mas fez uma campanha passional contra ele. Para o jornal, Juscelino era o sucessor da ditadura de Vargas e representante de uma bizarra combinação dos interesses de grupos tão díspares como a plutocracia mineira, os magnatas paulistas, os comunistas e os grupos econômicos entreguistas.

O *Diário* atribuiu a vitória de JK ao Partido Comunista, sendo, portanto, ilegal. Num editorial cujo título era "O 'mar de lama' não voltará", trovejava: "Se os candidatos saídos dos porões do Catete, dos currais eleitorais e da mancebia com líderes comunistas forem empossados, dentro ou fora da lei, procuraremos impedir que o Brasil seja apodrecido, corroído, pilhado e reduzido a um campo de vingança...". Argumentava que, de 9 milhões de eleitores, Juscelino só conseguira 3 milhões de votos, uma evidente minoria, não sendo, portanto, um governo de autêntica expressão democrática. Durante os dois meses que antecederam a posse do presidente eleito, o *Diário* ficou submetido à censura.

"O JORNAL MAIS CORAJOSO"

Durante os cinco anos de seu governo, o jornal hostilizou JK, a quem considerava um usurpador. Criticou a política econômica inflacionista e a construção de Brasília, uma obra "supérflua". Mais grave ainda, JK era, na opinião do *Diário de Notícias,* o herdeiro direto do varguismo e instrumento do comunismo.

Mas a influência dos editoriais era limitada, certamente menor que a de diversos colaboradores, que tinham ideias opostas. A variedade de pontos de vista "fez do *Diário de Notícias,* talvez, o jornal mais polêmico, vivo e estimulante da década de 50, no Rio de Janeiro, e dos mais influentes na opinião pública no quinquênio JK".

Na *Tribuna da Imprensa,* um colunista que assinava com o pseudônimo de "Gregório de Mattos" escreveu que o jornal devia mudar o nome para *Diário dos Editoriais,* pois havia poucas notícias nele, "e a pouca que há trai a presença do 'foca' (jornalista principiante), a ausência do *copy desk* de qualidade, sem falar na desorganização dos diversos setores, que pulam de lugar sem aviso prévio". "Os editoriais são meio quadrados. Falta-lhes continuidade, à exceção do internacional, mas este é tão pessoal que deveria ser assinado. Outro colunista anônimo e inconformado, o redator de notas políticas, com frequência discorda dos editoriais".

Os colunistas, diz "Gregório de Mattos", discordam entre si, dos editoriais e das seções do jornal. O *Diário de Notícias* lembrava o *The New York Herald Tribune*, "é um jornal de coragem, aliás o mais corajoso do Rio, quando engajado numa luta: posição que partilha com o *Correio da Manhã*. Os outros vão até certo ponto, recuando e recolhendo-se em ambiguidades quando a cana fica dura. O *Diário de Notícias*, como o *Correio*, vai até o fim da linha". Concluiu afirmando que, se não era mais o matutino de maior circulação do Rio, continuava penetrante e atuante. Gregório de Mattos era, provavelmente, um pseudônimo de Paulo Francis.

Essa liberdade tinha um limite. Magalhães Júnior conta que, depois da morte de Orlando Dantas, entrou em choque com o jornal. Depois de polemizar várias vezes com a linha editorial, o chefe da redação, o conservador Prudente de Morais Neto, alinhado com a UDN, telefonou: "'Olha Magalhães, tenho que te comunicar uma coisa desagradável, teus artigos não podem sair mais.' Eu disse: 'Já contava, estava esperando por isso.'"[34]

Um ano importante institucionalmente para o *Diário de Notícias* foi 1958. Dando continuidade às declarações de princípios de 1930 e de 1953, divulgou nesse ano um novo manifesto, *Um estudo sobre a revolução brasileira*, coordenado por José Arthur Rios, de grande repercussão. Propunha uma reforma agrária e, distanciando-se do liberalismo dos primeiros tempos, propugnava pelo monopólio estatal nos setores estratégicos da economia, principalmente energia elétrica e petróleo. Outros pontos eram um programa para erradicar o analfabetismo e, apesar do seu anticomunismo, o reatamento das relações com a União Soviética e os países do Leste Europeu.

O jornal já investira em 1953 na ampliação da capacidade da rotativa Walter Scott; comprara uma nova unidade, a terceira, que rodava 30 mil cópias de um caderno de 16 páginas por hora, assim como uma nova oficina de gravura e uma tituladeira. Em 1956, para sair do modesto prédio do *Diário* na rua da Constituição, João Dantas adquiriu um terreno e iniciou a construção de uma nova sede de oito andares para o jornal, aproveitando a urbanização da área resultante do desmonte do morro de Santo Antônio.

No ano seguinte, o *Diário* deu um salto ainda mais ambicioso ao comprar do empresário Geraldo Rocha O Mundo Gráfica Editora. Rocha, antigo diretor da Brazil Railway, tinha sido dono de *A Noite, A Nota, O Radical* e investira em outros jornais. Ele estivera ligado ao ditador argentino Juan Domingo Perón. Sua empresa tinha publicado o vespertino *O Mundo*, mas ainda editava as revistas *O Mundo Ilustrado* e *O Mundo Agrário* e tinha um amplo prédio de sete andares na rua Riachuelo, com um moderno equipamento de impressão em rotogravura. Apesar dessa compra, o *Diário* continuou com as obras do prédio que estava construindo, mas que nunca ocuparia.

Houve vários candidatos para comprar a empresa de Geraldo Rocha, como o empresário Antonio Sanchez Galdeano, o incorporador Santos Vahlis, o grupo paulista de Jorge Chammas, Roberto Marinho do jornal *O Globo*. Rocha, que tinha uma dívida de gratidão com o falecido Orlando Dantas, preferiu vender para o *Diário de Notícias*. Feito o contrato, tanto Marinho como Santos Vahlis tentaram anulá-lo. O valor foi de Cr$ 180 milhões. João Dantas disse que não recorreu aos bancos estatais

EMPRESA ENDIVIDADA

Com a aquisição da O Mundo Gráfica Editora, o *Diário* aumentava de maneira extraordinária sua capacidade de impressão. João Dantas relançou a revista *O Mundo Ilustrado* e colocou à sua frente o jornalista Joel Silveira, que lhe deu um salto em qualidade, passando a competir com *O Cruzeiro* e *Manchete*. Mas o mercado não comportava três revistas semanais ilustradas; faltou publicidade para suportar todas elas. O investimento feito endividou pesadamente a empresa.

O *Diário de Notícias* e *O Mundo Ilustrado* se empenharam na campanha que elegeu Jânio Quadros presidente em 1960. Dantas acompanhou o presidente eleito em sua viagem pelo exterior e foi nomeado embaixador especial para assuntos do Leste Europeu. O jornal apoiou a política externa independente de Jânio e, inclusive, a condecoração a "Che" Guevara. Quando o presidente renunciou, defendeu a posse de João Goulart e foi proibido de circular temporariamente pelo governador da Guanabara, Carlos Lacerda. Depois, o *Diário* se aproximou do político gaúcho Leonel Brizola.

Além de não ter o talento empresarial do pai, João Dantas, entusiasmado com sua nova função de "diplomata" e deslumbrado com as manobras nos bastidores do poder, negligenciou a gestão de sua empresa. Num período de intensa renovação da imprensa, ele perdeu a colaboração de pessoas-chave. Segundo Joel Silveira, o *Diário* começou a decair, lentamente, depois da morte de Orlando Dantas e, a partir da obsessão de seu filho pela candidatura de Jânio Quadros, o jornal já não era mais o mesmo; a liberdade dos colunistas não podia ultrapassar os estreitos limites das conveniências janistas.

Na década de 1950, em que o *Diário Carioca* inovava pela forma de fazer jornal, na qual foi lançada a *Última Hora* e em que o *Jornal do Brasil* iniciou a sua reforma, o *Diário* permaneceu estagnado, preso às antigas fórmulas do jornalismo basicamente opinativo, com pouca informação, sem acompanhar as mudanças que estavam acontecendo na sociedade. Os melhores colaboradores buscaram outros jornais para escrever.

Além da falta de renovação, fatores econômicos contribuíram para a decadência da empresa. Um deles foi o fardo assumido quase simultaneamente de construir uma nova sede e comprar O Mundo Gráfica Editora. Outro, foi a decisão de Jânio Quadros, que o *Diário de Notícias* ajudou a eleger, de retirar a taxa de câmbio privilegiado para as importações do papel de imprensa, cujos preços dispararam. Nos jornais, o preço do papel representava de 25% a 40% dos custos totais.

No início dos anos 1960, o jornal tinha perdido circulação e influência; não tinha conseguido renovar-se e suas finanças estavam enfraquecidas. Depois de apoiar sua posse, fez oposição tardia ao governo de João Goulart e, em 1964, apoiou o golpe militar, para depois criticá-lo.

UM JORNAL À VENDA

Em junho de 1965, a revista *Propaganda* fazia um retrato da melancólica situação do jornal. Mostrava a escassez e a má qualidade das notícias, mal escolhidas e mal escritas. Seu colunista econômico, o monarquista João de Scantimburgo, via a situação do século XX, duas décadas depois da morte de lorde Keynes, com os olhos do século XIX. Para compensar a perda dos antigos colaboradores, o jornal tentava atrair novos leitores com fotografias de modelos em maiô.

Os salários eram pagos com atraso de vários meses. João Dantas, a quem os jornalistas da época atribuíram a decadência do jornal, mandou um memorial ao presidente Costa e Silva pedindo uma ajuda do governo, que não veio. Dantas atribuiu a recusa à oposição de sua mãe, Ondina, à legalização do jogo do bicho, proposto por dona Yolanda, a mulher do presidente. Em janeiro de 1969, de acordo com o Ibope, vendia 29 mil exemplares nas bancas.

João Dantas pensou em vender o jornal, que segundo ele estava avaliado em US$ 10 milhões.

> O primeiro interessado foi Murilo Ferraz de Oliveira, dono de uma fábrica de cigarros em São Paulo. Fui chamado por Delfim Netto, que disse que eu poderia vender o jornal a qualquer pessoa, menos a ele. Foi decretada a prisão administrativa do Murilo.
> Houve uma tentativa de compra pelo grupo João Santos. Também perdi esse comprador porque o presidente do grupo João Santos era o general Oswaldo Cordeiro de Farias, do grupo do Castello. O terceiro candidato foi João Cleofas, senador Pernambucano. Delfim Netto também foi contra. Foi ele quem arranjou um comprador, o deputado Ricardo Fiúza, a quem só conheci na hora de assinar a escritura. Vendemos o jornal por 500 mil dólares, em 1970. [...]
> A transferência da titularidade ocorreu em 1972. De 1970 a 1972, o jornal foi ocupado por um interventor funcionário do ministro da Fazenda, Delfim Netto. [...] Minha mãe teve que deixar a casa dela. Poucos pagaram o preço que nós pagamos, se é que alguém pagou.[35]

Delfim Netto negou ter tido qualquer participação na transferência de controle do jornal.

Em 1970, Nilo Dante, veterano jornalista do *DN*, assumiu a direção a pedido de um amigo de infância, Gustavo Silveira, assessor de Delfim. Nilo Dante disse que o presidente Emílio Médici pedira a Delfim, seu ministro da Fazenda, que não deixasse morrer durante seu governo o jornal que se habituara a ler quando jovem.

A gestão ficou a cargo do superintendente, Sérgio Nóbrega de Oliveira, alto funcionário do Banco Brasil, que num único dia demitiu 140 pessoas, sem pagar indenização. Segundo escreveu Raul Azêdo Neto no *Jornal da ABI*, houve estranhas transações com os imóveis do jornal, que estavam hipotecados à Previdência Social.

Nilo Dante, o editor, disse que Nóbrega de Oliveira saneou as finanças. O jornal foi vendido ao Grupo TAA, do pernambucano Fernando Rodrigues e do qual participava o deputado federal pela Arena, Ricardo Ferreira Fiúza. O jornal registra a entrada do novo grupo em janeiro de 1973, com Fiúza como presidente e com Fernando Horácio da Matta como superintendente.

Em maio de 1973, Múcio Borges da Fonseca, antigo diretor dos jornais *Última Hora* de Pernambuco e de São Paulo e de *A Gazeta* de São Paulo, assumiu a redação do *Diário de Notícias*. Ele disse que foi chamado por um grupo financeiro de Pernambuco, representado por Ricardo Fiúza, que tinha planos fantásticos para montar uma cadeia com jornais no Rio de Janeiro, em Brasília, Pernambuco e Amazonas. Gastaram muito dinheiro numa reforma do *DN* por um custo que teria permitido fazer um jornal novo. Segundo os proprietários, não faltava dinheiro. Mas foi feito um levantamento de pesquisa pelo diretor-superintendente Fernando Horácio da Matta, um trabalho excelente de nível profissional, que terminou numa gaveta qualquer. Quando Borges da Fonseca pediu Cr$ 300 mil para a redação, Fiúza, presidente da empresa, disse que seria Cr$ 500 mil. Mas no primeiro mês o salário atrasou.[36]

O último gestor e diretor foi Olympio Campos, um "cavaleiro singular", segundo Azêdo. Depois do golpe de 1964, ele se apresentara ao jornal *Luta Democrática*, de Tenório Cavalcanti, como interventor nomeado pelo Exército e assumiu a direção durante dois dias, até que foi retirado de lá pelo próprio Exército. Em 1967, ele lançou o vespertino *Edição Final*, no Rio, de vida efêmera, e que seria lembrado por tirar o cronista Stanislaw Ponte Preta (Sérgio Porto) da *Última Hora* com promessas de pagamentos que não cumpriu; antes, tinha sido dispensado da *Tribuna da Imprensa* por Hélio Fernandes, por conta de atividades mal esclarecidas. Olympio Campos precisara vender um apartamento de luxo em Copacabana e o Mercedes do ano, e foi morar na Tijuca, andar a pé ou de ônibus e trabalhar como vendedor para pagar as dívidas.

Mas, numa "inusitada recuperação financeira", como escreveu a revista *Veja*, Olympio Campos conseguiu tomar o controle do *Diário de Notícias* em julho de 1974. Foi uma operação também confusa, na qual ele foi, aparentemente, arrendatário. Segundo se escreveu na época, Fernando Rodrigues, da TAA, lhe teria dado Cr$ 5 milhões para que assumisse o jornal.

Milton Coelho da Graça, o último editor do jornal, disse que Campos era um simpático malandro que se arrumava como colunista social e que, "sabe Deus como", assumiu "como dono do *Diário de Notícias*". Ele, que teria o apoio do grupo Vitória-Minas de crédito imobiliário, montou um esquema de apoio ao regime militar, sem obter o retorno econômico que esperava. Lançou uma edição vespertina do *Diário* que durou um mês.

Os empregados do jornal logo perceberam que Campos pagava com cheques carregados de emoção: não se sabia se teriam fundos e quase sempre voltavam. A circulação caiu para 4 mil ou 5 mil exemplares. A rotativa do jornal e a impressora em rotogravura do antigo *Mundo Ilustrado*, apesar de estarem penhoradas, foram vendidas como ferro-velho. Campos conseguiu uma curta sobrevida quando alugou o edifício de oito andares do *Diário* para a prefeitura do Rio de Janeiro, recebendo adiantado o aluguel de um ano.

Nesse período de agonia, o jornal funcionava só com o editor, Milton, que não foi pago, e um repórter. As poucas páginas eram preenchidas com informações de agências. Essa etapa durou um mês.

O *Diário* teve a falência solicitada por um antigo advogado de Campos. Edmar Morel escreveu que o grande matutino "mergulhou na lama da corrupção e picaretagem. Em julho de 1974 passou às mãos de uma máfia, e seu chefe, um certo Olympio de Campos, teve um mandado de prisão por emitir cheque sem fundos".[37] Como triste epitáfio, Morel concluiu: "O *Diário de Notícias* não soube morrer com dignidade".[38] Fechou em novembro de 1976. O antigo prédio do *Diário*, vendido em leilão pela Caixa Econômica Federal, foi ocupado pela *Folha Dirigida*, um jornal orientado para quem pretende candidatar-se a estágios e concursos públicos, e cujo proprietário começara na imprensa como estagiário do *Diário de Notícias*.

Notas

O Brasil (1840-50) (p. 29-64)

[1] Raymundo Magalhães Júnior, *Três panfletários do Segundo Reinado*, São Paulo, Companhia Editora Nacional, 1956, p. 127.

[2] Elmano Cardim, *Justiniano José da Rocha*, São Paulo, Companhia Editora Nacional (Brasiliana), 1964, p. 6.

[3] Raymundo Magalhães Júnior, op. cit., p. 144.

[4] Nas primeiras décadas do Segundo Reinado, os conservadores eram conhecidos como "saquaremas" e os liberais como "luzias", mas suas políticas se confundiam ocasionalmente, o que deu origem à famosa frase atribuída a Holanda Cavalcanti: "Nada mais parecido com um saquarema do que um luzia no poder".

[5] Raymundo Magalhães Júnior, op. cit., p. 128.

[6] Quando Nelson Werneck Sodré fez essa afirmação preconceituosa, já era considerada errônea.

[7] Na verdade, não há certeza sobre as origens de Justiniano José da Rocha. É dado como filho de uma escrava com o capitão-mor José Joaquim da Rocha, o mais provável, ou com José Caetano da Rocha. E, dependendo do autor, teria nascido no Rio de Janeiro ou no Recife, em 1811 ou 1812.

[8] A Lei de 1831: "Declara livres todos os escravos vindos de fora do Império, e impõe penas aos importadores dos mesmos escravos."

[9] Raymundo Magalhães Júnior, op. cit., p. 135.

[10] O mercado do Valongo no Rio de Janeiro era um "depósito" de quarentena que abrigava os escravos recém-chegados da África. Foi organizado pelo vice-rei, marquês do Lavradio, em 1774. Estava instalado na rua Direita, perto da Alfândega, que era o ponto de desembarque.

[11] Pereira de Vasconcellos, um dos baluartes do movimento conservador, estivera anteriormente nas fileiras liberais; deixou o partido quando perdeu para Feijó a disputa interna pela Regência e não foi convidado para participar do ministério.

[12] Em agosto de 1836, quando tinha 14 anos, Januária recebeu o título de princesa imperial do Brasil, que a colocava como herdeira do trono.

[13] *O Chronista*, Rio de Janeiro, 20 de junho de 1936, pp. 7-8.

[14] Nelson Lage Mascarenhas, *Um jornalista do Império (Firmino Rodrigues Silva)*, São Paulo, Companhia Editora Nacional (Brasiliana), 1961, p. 12.

[15] Teria surgido daí a expressão "lei para inglês ver".

[16] Nelson Lage Mascarenhas, op. cit., p. 11.

[17] O termo "folhetim" apareceu pela primeira vez na edição de 4 de janeiro de 1839 do *Jornal do Commercio*, como observa Jefferson Cano em seu trabalho *Folhetim: literatura, imprensa e a conformação de uma esfera pública no Rio de Janeiro no século XIX*, São Paulo, Núcleo de Pesquisa em Sociologia da Cultura, 2005.

[18] Os jornais publicavam dois tipos de folhetim, o que provocou alguma confusão dos estudiosos. Um era o folhetim-romance, uma longa narrativa, com muitos capítulos, cujo objetivo era provocar emoções no leitor para levá-lo a comprar o próximo exemplar do jornal. O outro folhetim começou como uma crítica ou comentário de livros, teatro, música e posteriormente com observações sobre temas cotidianos, que foi o antecessor da atual crônica.

[19] *O Moderador – Novo Correio do Brasil, jornal político, commercial e litterario* começou a ser publicado em 5 de abril de 1830 e tinha a curiosa periodicidade, nos primeiros meses, de circular a cada cinco dias. Inicialmente foi um jornal bilíngue, em português e francês: o lado esquerdo de cada página era escrito em português e o direito em francês. Em sua segunda edição, do dia 10 de abril, *O Moderador* publicou, no rodapé das três primeiras páginas, uma crítica do livro *Parnaso brasileiro ou coleção das melhores poesias dos poetas do Brasil, tanto inéditas, como já impressas*, do cônego Januário da Cunha Barbosa. Do lado esquerdo da página, em português, o nome da seção era "Appendix" e, embaixo, Littelura (sic). Do lado direito, a crítica em francês, com o nome "Feuilleton" e embaixo Litterature. O jornal publicou folhetins ainda na quarta edição, no dia 20 de abril, quando resenhou *O desenvolvimento racional dos princípios sociais*, por J.A.A., no rodapé das páginas 1 e 2, e *Pequeno exercício trigonométrico & c.*, por A. C. Picanço de Faria, nas páginas 3 e 4. Na quinta edição, de 25 de abril, resenhou no rodapé das quatro páginas a *Coleção cronológica e sistemática da legislação das finanças do Império do Brasil*, por José Paulo Figueroa Nabuco de Araújo. Foi o último folhetim publicado pelo jornal. *O Moderador*, que apoiava a política conservadora de D. Pedro I, deixou de circular depois que o imperador renunciou a coroa para seu filho Pedro e voltou a Portugal.

[20] Em 1862, foi publicado no Rio outro jornal com o nome *O Chronista*, "periódico litterario, moral e recreativo", que circulava aos domingos e tratava de "bailes, teatros e mais assuntos de interesse geral".

[21] *Aurora Fluminense*, Rio de Janeiro, 4 de abril de 1839.

[22] Herman Lima, *História da caricatura no Brasil*, Rio de Janeiro, Livraria José Olympio Editora, 1963, v. 1, pp. 70-3.

[23] Elmano Cardim, op. cit. p. 17. Além de professor do Colégio D. Pedro II, de cuja fundação participou, Justiniano ocupou diversos cargos públicos. Foi lente da Escola Militar, com honras de capitão honorário, membro do Conselho de Instrução Pública, de Instituto Histórico e Geográfico, censor do Conservatório de Arte Dramática.

[24] Salvador de Mendonça, *Coisas de meu tempo*, em Raymundo Magalhães Júnior, op. cit., p. 157.

[25] *Revista do Instituto Histórico e Geográfico Brasileiro*, Rio de Janeiro, t. 42, parte II, p. 336.

[26] Ver Raymundo Magalhães Júnior, op. cit., p. 141.

[27] Laurence Hallewell, *O livro no Brasil: sua história*, 2. ed. rev. e ampl., São Paulo, Edusp, 2005, pp. 210-1.

[28] Cf. Raymundo Magalhães Júnior, op. cit., pp. 157-8; e Elmano Cardim, op. cit. pp. 86-7. As transcrições publicadas pelos dois são ligeiramente diferentes. Aqui foi escolhida a de Magalhães Júnior.

[29] Uma libra peso é equivalente a 453,6 gramas.

[30] Doce de origem mineira, semelhante ao pudim, provavelmente originado na era colonial, que era servido na sobremesa.

[31] Barbosa Lima Sobrinho, *O problema da imprensa*, 2. ed., atual. e rev,, São Paulo, Com-Arte, 1988, pp. 74-5.

[32] Lucia Maria Pachoal Guimarães, "Ação, reação e transação: a pena de aluguel e a historiografia", em José Murilo de Carvalho (org.), *Nação e cidadania no Império*, Rio de Janeiro, Civilização Brasileira, 2007, p. 75.

NOTAS

33 Raymundo Magalhães Júnior, op. cit., pp. 138-9.

34 Nelson Lage Mascarenhas, op. cit., p. 163.

35 Idem, p. 215.

36 De 1864 a 1866, circulou um jornal com o nome de *O Brasil*, propriedade de Duarte F. G. Ferreira. Em 1883 um jornal, *Brasil*, foi lançado para ser o órgão do Partido Conservador. Em 1885 se fundiu com a *Folha Nova* para ressurgir com o nome de *Diário de Notícias*.

37 Um diário com o nome *Correio do Brazil, Jornal do Commercio, Lavoura e Industria* foi lançado no Rio em 1871 para publicar informações comerciais.

38 Joaquim Manoel de Macedo, discurso no Instituto Histórico e Geográfico Brasileiro.

39 *Correio Mercantil*, Rio de Janeiro, 11 de julho de 1862.

40 Roderick J. Barman, "Justiniano José da Rocha e a época da conciliação. Como se escreveu 'Ação; Reação; Transação'", em *Revista do Instituto Histórico e Geográfico Brasileiro*, v. 301, pp. 6-7, out./dez. 1973.

41 No entanto, Maria de Lourdes Monaco Janotti afirma no ensaio "A falsa dialética: Justiniano José da Rocha": "Nada autoriza reconhecer no texto a exposição de uma tese seguida pela antítese, resultando em uma síntese. Está muito mais de acordo com a evolução natural dos fatos, na qual os extremismos tendem ao equilíbrio, noção esta constitutiva da teoria da história do autor." Ver Maria de Lourdes Janotti, "A falsa dialética: Justiniano José da Rocha", em *Revista Brasileira de História*, São Paulo, v. 2, n. 3, pp. 3-17, mar. 1982.

42 Lucia Maria Paschoal Guimarães, por seu lado, é reticente em relação à importância da obra: "[...] parece-nos problemático que a historiografia, sem a devida crítica, continue tomando a argumentação de um texto de circunstância como um dos modelos interpretativos de nossa evolução política". Cf. *Ação, reação e transação: a pena de aluguel e a historiografia*, Simpósio Nacional de História, Londrina, 2005.

Correio Mercantil (1848-68) (p. 65-80)

1 Comerciantes e importadores instalados no Rio.

2 *Correio Mercantil*, Rio de Janeiro, de 31 de março de 1849 a 13 de junho de 1849; e Fernando Segismundo, *Jornal da ABI*, Rio de Janeiro, [s. d.].

3 Luís Antônio Giron, "O etnógrafo enfarinhado: Gonçalves Dias na guerra contra o entrudo", em *Métis: História & Cultura*, v. 1, n. 1, pp. 185-200, jan./jun. 2002.

4 Francisco de Souza Martins, "Progresso do jornalismo no Brasil", em *Revista do Instituto Histórico e Geográfico Brasileiro*, segunda edição, t. VIII, p, 271, 1867.

5 Antes tinha circulado no Rio, a partir de agosto de 1830, outro jornal diário com o nome de *Correio Mercantil*. Era impresso na Typographia de Cunha & Vieira e, depois, na Typographia do Correio Mercantil, de Precourt e Comp. Seu redator escreveu que pretendia dar informações ao "já imenso crescente trato comercial desta capital", contando com a "pequena experiência" que adquirira na Inglaterra, Estados Unidos e outros países. Fazia concorrência ao *Jornal do Commercio* e ao *Diário do Rio de Janeiro*. Não há notícias de quanto tempo durou. No meticuloso levantamento que fez Gondin da Fonseca sobre a imprensa carioca, consta que desapareceu em 1833, mas a Biblioteca Nacional tem exemplares até abril de 1836.

6 "O *Correio Mercantil* será folha política, literária e comercial. Na parte política e literária, publicará artigos em sustentação dos princípios liberais." Assegura que: "Continuará a ser um dos órgãos de ideias liberais nesta Corte", mas sem esquecer nem ignorar os interesses do comércio, da indústria e lavoura do país. Insiste ainda ser "Órgão do partido nacional", desviando-se "da senda de uma neutralidade disfarçada seguida por outras folhas diárias do seu caráter", numa clara alusão ao *Jornal do Commercio*. Reconhece que é dispendiosa e difícil a empresa que tomou sobre os ombros, mas assegura que: "É a primeira empresa nacional desta ordem que se estabelece na corte."

HISTÓRIA DOS JORNAIS NO BRASIL – 1840-1930

[7] Sérgio Buarque de Holanda (dir.), *História geral da civilização brasileira*, São Paulo, Difusão Europeia do Livro, 1967, v. II: O Brasil monárquico 3, reações e transações, pp. 13-4.

[8] A concessão da ferrovia de Salvador a Juazeiro, a Bahia and San Francisco Railway Company, foi obtida pela Junta da Lavoura baiana em 1852. Como não conseguisse levantar os recursos necessários para financiar o empreendimento, a Junta passou a concessão a Joaquim Francisco Alves Branco Muniz Barreto em dezembro de 1853 que, por sua vez, a transferiu a capitais ingleses em junho de 1855.

[9] Barbosa Lima Sobrinho, *O problema da imprensa*, São Paulo, Com-Arte, 1988, p. 94.

[10] A mulher de Francisco Octaviano, Eponine Octaviano, foi uma das amantes do imperador D. Pedro II. Cf. José Murilo de Carvalho, *D. Pedro II*, São Paulo, 3. reimp., Companhia das Letras, 2007, p. 74.

[11] Cláudio Mello e Souza, *Impressões do Brasil: a imprensa brasileira através dos tempos*, São Paulo, Grupo Machline, 1986, pp. 57-8.

[12] Lira Neto, *O inimigo do rei: uma biografia de José de Alencar*, São Paulo, Globo, 2006, pp. 98 ss.

[13] A expressão "Habent sua fata libelli", extraída de uma obra do poeta romano Terenciano Mauro, pode ser interpretada como "Todo livro está fadado ao esquecimento". Francisco Octaviano quis dizer que a "Pacotilha" tinha cumprido sua função e estava superada.

[14] Na vida pública, Francisco Salles Torres Homem seria presidente do Banco do Brasil, ministro da Fazenda e recebeu o título de visconde de Inhomirim.

[15] Ensaio de Silvia Cristina Martins de Souza, publicado em *Cadernos AEL*, v. 9, n. 16/17, p. 311, 2002.

[16] Nelson Lage Mascarenhas, *Um jornalista do Império (Firmino Rodrigues Silva)*, São Paulo, Companhia Editora Nacional (Brasiliana), 1961, p. 282.

[17] Raymundo Magalhães Júnior, *Três panfletários do Segundo Reinado*, São Paulo, Companhia Editora Nacional (Brasiliana), 1956, p. 21.

[18] Cada membro do Club da Reforma deveria conseguir 50 assinaturas para o jornal. Quando foi lançado, em maio de 1869, como *A Reforma*, "Órgão democrático", dizia na primeira página: "Não se admitem testas de ferro". Francisco Octaviano escreveu nesse jornal em 1869 e 1870. Nabuco de Araújo foi o chefe efetivo do Partido Liberal no decênio de oposição, a partir de 1868, segundo seu filho, Joaquim Nabuco.

[19] Ferreira Vianna, liberal nos primeiros anos de jornalismo, se tornaria um dos principais defensores na imprensa do Partido Conservador e chefiou a redação do *Diário do Rio de Janeiro*. Posteriormente, apoiou o incipiente movimento republicano.

[20] Nelson Lage Mascarenhas, op. cit., p. 319.

Gazeta de Notícias (1875-1977) (p. 81-120)

[1] Mariana da Silva Lima, "Entre debates e picuinhas; a *Gazeta de Notícias* e a imprensa brasileira na virada do século XIX", em *Miscelânea*, Assis, Unesp, v. 8, jul./dez. 2010.

[2] Max Leclerc, *Letres du Brésil*, edição fac-similar, Paris, Libraire Plon, 1890, pp. 221-3.

[3] Numa reunião de ministros do Governo Provisório, Ruy Barbosa disse que só havia dois jornais contra o seu plano: a *Gazeta* de Notícias, por interesses feridos, e a *Cidade do Rio*, que não podia ser levada a sério, tal a venalidade de seu diretor. Raymundo Magalhães Júnior, *Diário de Notícias*, Rio de Janeiro, 4 de fevereiro de 1953.

[4] A historiadora Emília Viotti da Costa diz que as interpretações de Max Leclerc a respeito do Brasil eram "mais serenas porque menos comprometidas". Emília Viotti da Costa, *Da Monarquia à República*, São Paulo, Fundação Editora Unesp, 1998, p. 397.

[5] *Gazeta de Notícias*, Rio de Janeiro, 2 de agosto de 1903, edição de aniversário.

[6] Magali Gouveia Engel et al., *Os intelectuais e a imprensa*, Rio de Janeiro, Mauad X, 2015.

NOTAS

[7] *A Notícia*, Rio de Janeiro, 2 de agosto de 1895.

[8] *Impressões do Brazil no seculo vinte*, publicação editada em 1913 e impressa na Inglaterra pela Lloyd's Greater Britain Publishing Company, Ltd., com 1.080 páginas. Diretor principal: Reginald Lloyd; editores ingleses: W. Feldwick (Londres) e L. T. Delaney (Rio de Janeiro); editor brasileiro: Joaquim Eulalio, além do historiador londrino Arnold Wright. Um exemplar é mantido no Arquivo Histórico de Cubatão (SP).

[9] Idem, p. 120.

[10] Possivelmente o texto foi escrito por Machado de Assis, que assinava Gil em alguns jornais.

[11] Mariano Pina, além de correspondente da *Gazeta de Notícias*, era diretor da revista *A Illustração*, editada e impressa em Paris e enviada quinzenalmente a seus leitores, em Portugal e no Brasil.

[12] No sexto ano da fundação da empresa, as quotas de participação no capital valiam 5 vezes mais. Em 1890, o capital da sociedade era de 500 contos; os sócios eram Ferreira de Araújo e Elysio Mendes. Em 1891, a empresa se transformava em sociedade anônima com capital de 2.000 contos.

[13] A *Gazeta de Notícias* no lançamento imprimiu 3 mil exemplares, mas em dias posteriores passou a 6 mil exemplares; a partir do fim de outubro de 1875, com menos de 3 meses, o jornal começou a divulgar diariamente sua tiragem – 12 mil exemplares nesse dia – no alto da primeira página, prática que manteve durante vários anos. Em 1878 anunciava 18 mil, 20 mil no fim do ano e em 1880 afirmava ter chegado a 24 mil copias diárias. De acordo com o *Almanach Litterario* de São Paulo de 1885, aos domingos tirava de 26 mil a 28 mil e no centenário de Camões teria alcançado, extraordinariamente, mais de 40 mil. Em 1890 dizia imprimir 35 mil exemplares diários e, 5 anos depois, 40 mil, "tiragem comprovada". Em 2 de agosto de 1904, data de 29º aniversário, numa edição com 16 páginas, informou ter estampado 50 mil cópias.

[14] Victor Leal era o pseudônimo comum que Olavo Bilac e Pardal Mallet usaram para escrever o dramalhão *O esqueleto*. Anteriormente, tinha sido usado por eles na *Cidade do Rio*, de José do Patrocínio.

[15] Na verdade, a zincografia já tinha sido utilizada pela revista *A Semana* em 1885. Orlando da Costa Ferreira, *Imagem e letra: introdução à bibliografia brasileira: a imagem gravada*, São Paulo, Edusp, 1994, p. 220.

[16] Alvaro Santos Simões Junior, *A sátira do parnaso: estudo da poesia satírica de Olavo Bilac publicada em periódicos de 1894 a 1904*, São Paulo, Fapesp/Fundação Editora Unesp, 2006, p. 120. Dessa obra foram extraídas diversas informações para este perfil da *Gazeta de Notícias*.

[17] Clara Miguel Asperti, "A vida carioca nos jornais: *Gazeta de Notícias* e a defesa da crônica", em *Contemporânea*, v. 4, n. 2, 2006.

[18] Ana Flávia Cernic Ramos, *Política e humor nos últimos anos da monarquia: a série "Balas de Estalo" (1883-1884)*, Campinas, 2005, Dissertação (Mestrado em História), Instituto de Filosofia e Ciências Humanas, Universidade de Campinas.

[19] Elói Pontes, *A vida contraditória de Machado de Assis*, Rio de Janeiro, [*s. n.*], 1939, p. 175, apud Nelson Werneck Sodré, *História da imprensa no Brasil*, Rio de Janeiro, Civilização Brasileira, 1966, p. 292.

[20] Até 1950 era desconhecida a identidade do autor da série "Bons dias!" Quem identificou Machado de Assis como o autor foi seu biógrafo José Galante de Souza, ao encontrar na Biblioteca Nacional uma lista dos pseudônimos da época. Cf. Ivanete Bernardino Soares, *A dimensão discursiva e estratégica das crônicas da série Bons Dias!, de Machado de Assis*, Belo Horizonte, 2010, Dissertação (Mestrado em Letras: Estudos Linguísticos), Faculdade de Letras, Universidade Federal de Minas Gerais.

[21] Sérgio Rui Martins, *Imprensa*, jun. 1989.

[22] *Gazeta de Notícias,* Rio de Janeiro, 2 de agosto de 1903.

[23] Brito Broca afirma que, depois de João do Rio, foi Olavo Bilac o cronista mais fecundo da primeira década do século XX, e que, embora como prosador nunca chegou à altitude do poeta, "o cronista caracteriza-se pela facilidade, leveza, tom fluente, sem grande relevo, capacidade de tirar sempre conclusões gerais de um

fato particular, numa filosofia que, se não abusa do paradoxo, não se abalança em aventuras arriscadas"; se não tinha vocação de repórter, "Muito da vida do Rio de Janeiro também se reflete em suas páginas". Brito Broca, *A vida literária no Brasil: 1900*, Rio de Janeiro, José Olympio, 2004, pp. 325-6.

[24] *A Notícia*, Rio de Janeiro, 17 de setembro de 1906.

[25] Alvaro Santos Simões Junior, op. cit., p. 60.

[26] Elza Mainé, "Ferreira de Araújo, ponte entre o Brasil e Portugal", em *Via Atlântica*, São Paulo, Faculdade de Filosofia, Letras e Ciências Humanas, USP, n. 8, p. 223, dez. 2005.

[27] Heitor Lyra, *O Brasil na vida de Eça de Queirós*, Lisboa, Edições Livros do Brasil, 1965, p. 156.

[28] *O Paiz* e *Gazeta de Notícias*, 19 de agosto de 1886.

[29] Célio Debes, *Campos Salles: perfil de um estadista*, Rio de Janeiro, Livraria Francisco Alves Editora/MEC, 1978, v. II, pp. 428-9.

[30] Luís Edmundo, *O Rio de Janeiro do meu tempo*, Brasília, Edições do Senado Federal, 2003, v. I, p. 597.

[31] Marialva Barbosa, *História cultural da imprensa, Brasil: 1800-1900*, Rio de Janeiro, Mauad X, 2010, p. 180.

[32] Francisco Aparecido Copanuchum de Campos, *A Gazeta de Notícias do Rio de Janeiro (1896-7) e La guerra del fin del mundo (1981), de Mario Vargas Llosa: uma análise comparativa entre o discurso republicano e a (re)criação literária*, Assis, 2007, Dissertação (Mestrado), Faculdade de Ciências e Letras, Universidade Estadual Paulista.

[33] *Gazeta de Notícias*, Rio de Janeiro, 2 de fevereiro de 1898.

[34] Elza Mainé, op. cit., p. 222.

[35] Fernando Jorge, *Cale a boca, jornalista*, Petrópolis, Vozes, 1987, p. 31.

[36] Cícero Sandroni, *180 anos do Jornal do Commercio: 1827-2007: De D. Pedro I a Luiz Inácio Lula da Silva*, Rio de Janeiro, Quorum, 2007, p. 232.

[37] Luís Edmundo, op. cit., p. 567.

[38] Idem, p. 568.

[39] Maria Alice Rezende de Carvalho, *Irineu Marinho: imprensa e cidade*, Rio de Janeiro, Globo Livros, 2012, p. 67.

[40] Idem, p. 573.

[41] Segundo Luís Edmundo, Figueiredo Pimentel se vestia em acanhadíssima alfaiataria do Méier, subúrbio do Rio.

[42] Jota Efegê, *Boletim da ABI*, out./nov. 1979.

[43] Herman Lima, *História da caricatura no Brasil*, Rio de Janeiro, Livraria José Olympio, 1963, v. 2, p. 608.

[44] João do Rio disse que a ideia de escrever essa série de reportagens foi de seu amigo Victor Viana.

[45] Comissão de História do Instituto Histórico e Geográfico Brasileiro, da qual participaram o crítico Sílvio Romero e Affonso Celso.

[46] Segundo Brito Broca: "A produção de Paulo Barreto na imprensa nas duas primeiras décadas do século XX foi simplesmente assombrosa. Basta dizer que os 15 ou 20 volumes que deixou não absorveram senão uma pequena parte das centenas de crônicas, reportagens, contos, artigos dos mais diferentes gêneros, muitos firmados com outros pseudônimos." Ainda de acordo com Broca, ele se tornou o verdadeiro historiador de uma época. Cf. Brito Broca, op. cit., p. 323.

[47] Maria Alice Rezende de Carvalho, op. cit., pp. 99-100.

[48] João Carlos Rodrigues, *João do Rio, uma biografia*, Rio de Janeiro, Topbooks, 1996, p. 210.

NOTAS

A Notícia (1894-1930/1938-79/1991-8) (p. 121-138)

[1] J. Santos, *A Notícia*, Rio de Janeiro, 17 de setembro de 1902.

[2] Na verdade, *A Notícia* não era a primeiro vespertino do Rio. Antes dele tinham sido lançados: *Correio da Tarde, Correio da Noite, Jornal da Tarde, Gazeta da Tarde, Diário da Tarde, Imprensa da Tarde,* além de *Novidades.* Mas mudou a maneira de informar.

[3] Alvaro Santos Simões Junior, *A sátira do parnaso: estudo da poesia satírica de Olavo Bilac publicada em periódicos de 1894 a 1904,* São Paulo, Fapesp/Fundação Editora Unesp, 2006, pp. 201 ss. Dessa obra foram extraídas várias informações sobre *A Notícia.*

[4] Essa prática de circular com duas datas ainda é mantida pelo jornal francês *Le Monde,* um dos raros realmente vespertinos que ainda circulam.

[5] A.T. (Alberto Torres), *A Notícia*, Rio de Janeiro, 17 de setembro de 1895.

[6] Idem.

[7] Luís Edmundo, *O Rio de Janeiro do meu tempo,* Brasília, Edições do Senado Federal, 2003, v. I, p. 596.

[8] Jornal diário francês.

[9] Alvaro Santos Simões Junior, op. cit., p. 203.

[10] Luís Edmundo, op. cit., p. 595.

[11] Idem, p. 203.

[12] Escreve Brito Broca: "Do vasto material que (Medeiros e Albuquerque) deixou nos rodapés d'*A Notícia* podiam-se, entretanto, retirar dois ou três livros, algumas centenas de páginas de boa crítica". Cf. Brito Broca, *A vida literária no Brasil: 1900,* Rio de Janeiro, José Olympio, 2004, p. 320.

[13] Walnice Galvão, *No calor da hora,* São Paulo, Ática, 1994, p. 95.

[14] João Carlos Rodrigues, *João do Rio: uma biografia,* Rio de Janeiro, Topbooks, 1996, pp. 135 ss.

[15] Alzira Alves de Abreu et al., *Dicionário histórico-biográfico brasileiro pós-1930 (DHBB),* 2. ed. rev. e atual., Rio de Janeiro, Editora FGV, 2001, p. 4117.

[16] Zoé Noronha, mulher de Chagas Freitas, disse que seu pai, Matheus Martins, ajudou financeiramente Cândido de Campos em seu exílio em Paris. Cf. *Cadernos da Comunicação,* Série Memória, n. 14, pp. 48-9.

[17] Idem.

[18] Villas-Bôas Corrêa, depoimento ao Centro de Pesquisa e Documentação de História Contemporânea do Brasil, Rio de Janeiro, Fundação Getulio Vargas, 1998, pp. 5 ss. Desse depoimento e de suas memórias foram extraídas várias informações para este capítulo.

[19] Villas-Bôas Corrêa, entrevista ao Centro de Cultura e Memória do Jornalismo, Rio de Janeiro, em 10 de setembro de 2008. Na verdade, o título, algo diferente, "Cortou o mal pela raiz", foi atribuído a diversos jornais, entre os quais a *Última Hora,* o *Diário de Notícias* de Ruy Barbosa, no qual o título teria sido feito por Orestes Barbosa, *O Dia,* manchete de Santacruz Lima, ou *Luta Democrática* do Rio. Mas não é possível determinar com certeza se e quem o publicou. Se realmente foi publicado, é provável que o verbo tenha sido "cortou", pois "extirpou" seria de difícil compreensão para os leitores da imprensa popular.

[20] Zoé Noronha, "Um jornalismo sob o signo da política", em *Cadernos da Comunicação,* Série Memória, Rio de Janeiro, Prefeitura do Rio de Janeiro, p. 49, 2005.

[21] *A Notícia* foi realmente empastelada e pediu indenização ao governo.

[22] *O Estado de S. Paulo,* São Paulo, 26 de abril de 2010.

[23] O Palácio Monroe, que foi derrubado nos anos 1970, era a sede do Senado Federal no Rio. Movietone era o informativo projetado na tela dos cinemas.

HISTÓRIA DOS JORNAIS NO BRASIL – 1840-1930

24 De ser certa a intenção de Adhemar de Barros de tornar Ana Capriglione uma "grande dama" da imprensa carioca, ela seria a quarta; a terceira era Ondina Portella Ribeiro Dantas, que tinha uma grande influência no *Diário de Notícias*, fundado pelo marido, Orlando Dantas, e depois dirigido pelo filho João Dantas.

25 Nelson Werneck Sodré, *História da imprensa no Brasil*, Rio de Janeiro, Civilização Brasileira, 1966, p. 482.

26 Alberto Dines, *O papel do jornal: tendências da comunicação e do jornalismo no mundo em crise*, Rio de Janeiro, Artenova, 1974, pp. 45-6.

27 Carla Siqueira, *Sexo, crime e sindicato: sensacionalismo e populismo nos jornais* Última Hora, O Dia *e* Luta Democrática *no segundo governo Vargas 1951-1954*, Rio de Janeiro, 2002, Tese (Doutorado em História), Pontifícia Universidade Católica, p. 133.

Cidade do Rio (1887-1902) (p. 139-154)

1 Machado de Assis contava a Ferreira de Araújo, o diretor da *Gazeta de Notícias*, onde ele escrevia, que um amigo comum fora agraciado pelo imperador com o título de barão, mas gago como era, Machado tropeçava no nome: "Barão de Parapi... Paranapi... Paranapi...". Ferreira de Araújo, impaciente: "Acaba, homem." E Machado aliviado: "É isto mesmo... acaba... Paranapiacaba. Barão de Paranapiacaba." História contada por Josué Montello, segundo Murilo Melo Filho, *Machado, atual e eterno*, no sítio da Academia Brasileira de Letras. Disponível em: <http://www.academia.org.br/abl/media/RB%2055%20-%20PROSA.pdf>. Acesso em: 10 mar. 2015.

2 Medeiros e Albuquerque, *Quando eu era vivo: memórias 1867-1934*, Porto Alegre, Globo, 1942, pp. 133-4, apud Gondin da Fonseca, *Biografia do jornalismo carioca*, Rio de Janeiro, Livraria Quaresma, 1941, p. 226.

3 José do Patrocínio, "Uma explicação", em *Gazeta da Tarde*, Rio de Janeiro, 29 de maio de 1884.

4 Ferreira de Menezes tinha publicado em São Paulo o diário liberal *O Ypiranga*, de curta duração, com Salvador de Mendonça.

5 Como já mencionado, é provável que o pseudônimo Proudhomme tenha sido inspirado no francês Pierre-Joseph Proudhon (1809-65), que foi o primeiro escritor a declarar-se anarquista. É dele a expressão "propriedade é roubo". Foi chamado de "socialista utópico" por Karl Marx.

6 Osvaldo Orico, *O tigre da abolição*, p. 135, apud Juarez Bahia, *Três fases da imprensa brasileira*. Santos, Presença, 1960, p. 57.

7 Juarez Bahia, op. cit. p. 57.

8 João Carlos Rodrigues, *João do Rio, uma biografia*, Rio de Janeiro, Topbooks, 1996, pp. 31-2.

9 José Murilo de Carvalho, *Pontos e bordados: escritos de história e política*, 2, reimp., Belo Horizonte, Editora UFMG, 2005, p. 432.

10 Patrocínio acusou Quintino Bocaiuva "de só ter se manifestado publicamente pela causa quando estava patente o seu próximo triunfo e quando o Sr. Visconde de S. Salvador de Matosinhos (dono do jornal) assegurou-lhe um salário para defender no *O Paiz* a causa dos escravos". Cf. Ana Carolina Ferracin da Silva, *De "Papa-pecúlios" a Tigre da Abolição: a trajetória de José do Patrocínio nas últimas décadas do século XIX*, Campinas, 2006, Tese (Doutorado), Departamento de História, Instituto de Filosofia e Ciências Humanas, Universidade Estadual de Campinas, p. 161.

11 Vivaldo Coaracy, *Todos contam sua vida: memórias de infância e adolescência*, Rio de Janeiro, José Olympio, 1959, p. 214.

12 Brito Broca, *A vida literária no Brasil: 1900*, 4. ed., Rio de Janeiro, José Olympio, 2004, p. 45.

13 *Cidade do Rio*, Rio de Janeiro, 4 de janeiro de 1889.

14 Idem, p. 236.

15 Luís Edmundo, *O Rio de Janeiro do meu tempo*, Brasília, Edições do Senado Federal, 2003, v. I, p. 614.

[16] Idem, p. 615.

[17] *Gazeta de Notícias*, Rio de Janeiro, 30 de janeiro de 1905.

[18] Luís Edmundo, op. cit., p. 614.

[19] Vivaldo Coaracy, op. cit., p. 231.

[20] Aníbal Falcão, *Fórmula da civilização brasileira*, p. 67-70, apud Edgard Carone, *A República Velha*, São Paulo, Difusão Europeia do Livro, 1971, v. 2: Evolução política, p. 147.

[21] Vivaldo Coaracy, op. cit., p. 231.

[22] Alvaro Santos Simões Junior, *A sátira do parnaso: estudo da poesia satírica de Olavo Bilac publicada em periódicos de 1894 a 1904*, São Paulo, Fapesp/Fundação Editora Unesp, 2006, p. 48.

[23] Vivaldo Coaracy, op. cit. pp. 242-3.

[24] Olavo Bilac, *A Notícia*, Rio de Janeiro, 21 de janeiro de 1908.

[25] Vivaldo Coaracy, op. cit., p. 237.

O Paiz (1884-1930/1933-4) (p. 155-178)

[1] Nelson Werneck Sodré, *História da imprensa no Brasil*, Rio de Janeiro, Civilização Brasileira, 1966, pp. 384-5.

[2] Com a ajuda de Pinheiro Machado, Gilberto Amado, com 23 anos, foi nomeado professor de Direito Criminal da Faculdade de Direito de Recife.

[3] Outro jornal com o nome de *O Paiz* circulou no Rio em 1860.

[4] Ele foi registrado com o nome de Quintino Ferreira de Souza. Adotou Bocayuva quando estudou na Faculdade de Direito de São Paulo.

[5] Luís Edmundo, *O Rio do meu tempo*, Brasília, Edições do Senado Federal, 2003, v. I, p. 575.

[6] Menos de um mês depois do lançamento, *O Paiz* afirmava imprimir 11 mil exemplares; nos meses seguintes, o número de cópias impressas foi aumentando: 12 mil e 14 mil em dezembro de 1884, 15 mil em fevereiro do ano seguinte, no fim do primeiro ano, 18 mil, chegando a 22 mil em janeiro de 1886, a 24 mil em dezembro e a 26 mil em 1888. Por ocasião da proclamação da República, em novembro de 1889, excepcionalmente estampou 62,5 mil cópias. Em 1890, assegurava que a média diária era de 31 mil exemplares e que, como não aceitava devolução, podia considerar-se que todos eram vendidos. Escreveu no alto da primeira página, durante vários anos, com boa dose de megalomania, que era a folha de maior circulação do Brasil e da América do Sul. Provavelmente, no entanto, sua circulação no Rio talvez fosse superada pela *Gazeta de Notícias*.

[7] José Joaquim de Campos da Costa de Medeiros e Albuquerque, monarquista, foi autor da letra do *Hino da proclamação da República*.

[8] *Cidade do Rio*, Rio de Janeiro, 4 de janeiro de 1889.

[9] Idem.

[10] José Murilo de Carvalho, Cícero Sandroni e Leslie Bethel (org.), *Joaquim Nabuco, correspondente internacional 1882-1891*, São Paulo, Global, 2013, v. 1, pp. 21-2.

[11] Luiz Viana Filho, *A vida de Joaquim Nabuco*, São Paulo, Companhia Editora Nacional, 1952, p. 161.

[12] Luís Edmundo, op. cit. p. 581.

[13] Maria da Conceição Pinheiro Araújo, *Tramas femininas na imprensa do século XIX: tessituras de Ignez Sabino e Délia*, Porto Alegre, 2008, Tese (Doutorado em Letras), Pontifícia Universidade Católica do Rio Grande do Sul.

[14] *O Paiz*, Rio de Janeiro, 17 de fevereiro de 1890.

[15] Idem, 27 de abril de 1890.

[16] Célio Debes, *Campos Salles: perfil de um estadista*, Rio de Janeiro, Livraria Francisco Alves/MEC, 1978, v. II, pp. 424-5.

[17] Edgar Carone, op. cit., p. 166.

[18] Luís Edmundo, op. cit., pp. 375-6.

[19] Marcio de Souza Castilho diz que foi Félix Bocayuva quem lhe facilitou o emprego n'*O Paiz*. Cf. Marcio de Souza Castilho, "O amigo incondicional de todos os governos": a trajetória de João Lage em *O Paiz* nos primeiros anos da República, em Encontro Nacional de História da Mídia, 9, *Anais*, Ouro Preto, Universidade Federal de Ouro Preto, 2013.

[20] O *Correio da Manhã* publicou que uma dívida de *O Paiz* com o Banco do Brasil seria contabilizada como prejuízo. Um leitor assinalou que *O Paiz* devia mais de 400 contos ao Banco do Brasil, que nem sequer tinha hipotecado o prédio, pertencente ao visconde de Moraes. *O Paiz* respondeu que devia não somente ao Banco da República (Banco do Brasil), como também ao visconde do Moraes, ao London & River Plate Bank, ao Banco Commercial e ao Banco União do Commercio, "e outros estabelecimentos de crédito e particulares", e que a dívida não tinha garantia hipotecária. Com esse dinheiro, comprou um terreno de 1.000 metros quadrados na avenida, onde "construiu um palácio que honra a imprensa brasileira", que continha centenas de contos em material tipográfico. Da sociedade, segundo o jornal, desligaram-se vários antigos coproprietários, "pagos e satisfeitos". *O Paiz* alegou que deu "a mais completa solidariedade" ao governo Rodrigues Alves, colocando em risco a vida de seus diretores, sem receber "um único vintém das verbas secretas, contentou-se com o crédito do Banco da República", ao qual vinha pagando os juros. Esclareceu que suas necessidades de crédito eram quatro ou cinco vezes superiores ao que devia a esse banco (*Correio da Manhã*, Rio de Janeiro, 9 de outubro de 1906, 11 de outubro de 1906; *O Paiz*, Rio de Janeiro, 12 de outubro de 1906).

[21] Anos mais tarde, um empresário amigo teria dito a João Lage que *O Paiz* estava em decadência e que não era encontrado nas bancas: "Por que não aumenta a tiragem?" Respondeu que estava tirando demais, pois ninguém compra jornal governista: "Estou rodando 500 exemplares e isso já é muito. Meu ideal é tirar só dois exemplares. Um para mim, outro para o presidente da República." Esta história, contada pelo humorista Apparício Torelli, é, certamente, mais engraçada do que verídica.

[22] *O Paiz*, Rio de Janeiro, 7 de junho de 1911.

[23] Nelson Werneck Sodré, op. cit., p. 381.

[24] Marcio de Souza Castilho, op. cit.

[25] *Cadernos do Centro de História e Documentação (CHDD)*, Brasília, Fundação Alexandre de Gusmão, Ministério das Relações Exteriores, ano III, n. 5, p. 385 e 401, 2003.

[26] Mário Guastini, *Tempos idos e vividos*, São Paulo, Editora Universitária, 1945, pp. 15-6.

[27] *Correio da Manhã*, Rio de Janeiro, 6 de abril de 1910.

[28] João Lage estudou em Coimbra, mas não concluiu o curso de Direito.

[29] Gilberto Amado era visto como uma pessoa irascível, andava armado e sacava a arma com frequência. Annibal Teophilo, seu inimigo, era igualmente violento e provocador. No salão nobre do *Jornal do Commercio*, ele avançou sobre Amado, que reagiu com um tiro.

[30] Brito Broca, *A vida literária no Brasil: 1900*, 4. ed., Rio de Janeiro, José Olympio, 2004. p.

[31] João Carlos Rodrigues, *João do Rio, uma biografia*, Rio de Janeiro, Topbooks, 1996, pp. 95, 197-202.

[32] Marialva Barbosa, *História cultural da imprensa, Brasil:1900-2000*, Rio de Janeiro, Mauad X, 2009, p. 47.

Notas

[33] O serviço "muito dispendioso" da United Press para *O Paiz* custava a então enorme soma de US$ 1,5 mil por semana. Cf. Joe Alex Morris, *Hora de cierre a cada minuto: historia de la United Press*, Buenos Aires, Ediciones Gure, 1959, pp. 112-4.

[34] *Folha de S.Paulo*, São Paulo, 5 de janeiro de 1979.

[35] Nelson Werneck Sodré, op. cit., pp. 421-2.

[36] Lira Neto, *Getúlio Vargas 1882-1930: dos anos de formação à conquista do poder*, São Paulo, Companhia das Letras, 2012, pp. 238-9.

[37] Segundo o jornal *A Batalha*: "*O Paiz* fez com o Banco do Brasil uma grande 'operação bancária', vivia às expensas dos governos estaduais e federal. Durante a campanha federal tinha 40 contos de réis por mês e 40 contos pelas mensagens paulistas, além de publicações 'extraordinárias' que seu representante aqui, o repórter Hélio Silva, um dos 'cavadores' vindos do Rio, recebia mensalmente na secretaria da Justiça, Agricultura, Fazenda e Prefeitura Municipal." *A Batalha*, Rio de Janeiro, 2 de dezembro de 1930.

[38] Medeiros e Albuquerque, *Quando eu era vivo: memórias (1867-1934)*, Porto Alegre, Globo, 1942, p. 196.

[39] Hélio Silva, *1930: a revolução traída*, Rio de Janeiro, Civilização Brasileira, 1966, pp. 382-3.

[40] Fernando Morais, *Chatô, o rei do Brasil*, São Paulo, Companhia das Letras, 1994, p. 260.

Jornais na Primeira República (p. 179-188)

[1] José Inácio de Melo Souza, *O Estado contra os meios de comunicação (1889-1945)*, São Paulo, Annablume/Fapesp, 2003, pp. 23-5.

Jornal do Brasil (1891-2010) (p. 189-320)

[1] *Cadernos do Centro de História e Documentação Diplomática (CHDD)*, Brasília, Fundação Alexandre Gusmão, ano III, n. 5, 2º sem. 2004. As referências neste capítulo à correspondência do Barão do Rio Branco foram extraídas desse documento.

[2] O próprio *Jornal do Brasil* cometeu um engano ao lembrar suas origens no suplemento de 9 de abril de 1961 em que comemorava seus 70 anos. Escreveu que a história do jornal começou com a carta de Rodolpho Dantas a Joaquim Nabuco em 18 de dezembro de 1890. Como visto, Dantas já se correspondera com Rio Branco sobre o empreendimento no dia 13 desse mesmo mês, cinco dias antes. O erro foi repetido várias vezes pelo *JB* e por diversos historiadores e pesquisadores. Vários deles também atribuem a Dantas e Nabuco a fundação conjunta do jornal, embora nos primeiros meses Nabuco tivesse limitado sua participação à correspondência de Londres.

[3] Gand é o nome francês da cidade belga também conhecida como Gent, Ghent e Gante.

[4] Domício da Gama seria embaixador em Washington (1911-8) e ministro das Relações Exteriores (1918-9).

[5] Marinoni era a maior fabricante francesa de equipamentos gráficos. Quase todas as referências, porém, inclusive no próprio *Jornal do Brasil* e os próprios *Cadernos do CHDD* do Itamaray, afirmam, talvez confundidas pela origem do nome, tratar-se de uma empresa italiana, de Roma.

[6] Em janeiro de 1867, foi lançada uma publicação bissemanal com o nome de *Jornal do Brazil*, de curta duração.

[7] Além de imprimir o *Jornal do Brazil*, a rotativa Marinoni estampava também o jornal francês *L'Etoile du Sud* e o italiano *Il Brasile*.

[8] O suplemento dos 70 anos do jornal afirma que a notícia da morte de D. Pedro foi publicada no alto da primeira página num telegrama da Western: "O Sr. Imperador Pedro II acaba de falecer." No entanto, na edição do dia 6 de dezembro da Biblioteca Nacional, o jornal publicou uma série de telegramas do dia 4 com a evolução das condições do antigo imperador; o último deles diz: "Paris, 5 (a 1 e 15 da madrugada).

603

À meia-noite e vinte e nove minutos deixou de existir o grande brasileiro, honra de sua pátria." Ainda segundo o jornal, Ferdinando (sic) Hex se encontrava entre as pessoas que estavam ao lado de D. Pedro quando este faleceu; o *Jornal do Commercio* também informou sobre as pessoas presentes na sala mortuária, mas não menciona Ferdinand Hex ou o Barão do Rio Branco. Na edição de 22 de dezembro, Ferdinand Hex assina um artigo datado do dia 5, certamente enviado por navio, no qual reitera que esteve presente na câmara mortuária quando D. Pedro morreu. Imediatamente, escreve, correu para a estação telegráfica da Bolsa para transmitir a notícia da morte do antigo imperador.

[9]   Luiz Vianna Filho, *A vida de Joaquim Nabuco*, São Paulo, Companhia Editora Nacional, 1952, p. 187.

[10]   Ruy Barbosa, *Obras completas*, Rio de Janeiro, Departamento de Imprensa Nacional, 1949, t. II, v. XX, p. XVI.

[11]   Idem, "Traços de um roteiro", em *Jornal do Brasil*, Rio de Janeiro, 21 de maio de 1893.

[12]   Ruy Barbosa ficou exiliado na Europa durante dois anos. Nesse período, escreveu as "Cartas de Inglaterra" para o *Jornal do Commercio*.

[13]   Na época, as seguradoras estrangeiras transferiam para suas sedes os prêmios e as reservas dos seguros feitos no Brasil, ocasionando uma evasão de divisas. Uma lei de setembro de 1895 tornou obrigatória a aplicação desses recursos no país. Em dezembro desse mesmo ano, o espanhol Joaquín Sánchez de Larragoiti fundou a Sul América. Ele era representante no Brasil da New York Life Insurance Co., que fechou pouco depois.

[14]   *Jornal do Brasil*, Rio de Janeiro, edição de 70 anos.

[15]   *Gazeta de Notícias*, Rio de Janeiro, 2 de agosto de 1903.

[16]   Gondin da Fonseca, *Biografia do jornalismo carioca (1808-1908)*, Rio de Janeiro, Livraria Quaresma, 1941, p. 221.

[17]   O *Correio da Manhã* (5, 11 e 17 de maio de 1906) acusou o *Jornal do Brasil*, o *Jornal do Commercio* e *O Paiz* de tentarem ludibriar a alfândega importando linotipos pagando a taxa de máquinas de escrever, muito inferior.

[18]   O *Jornal do Commercio* também alegava ser o primeiro jornal a utilizar linotipos no Brasil e ter o maior parque gráfico.

[19]   Luís Edmundo, *O Rio de Janeiro do meu tempo*, Brasília, Edições do Senado Federal, 2003, v. I, p. 592.

[20]   Idem.

[21]   Nilo Sérgio Gomes, *Em busca da notícia: memórias do* Jornal do Brasil *de 1901*, Rio de Janeiro, 2006, Dissertação (Mestrado), Universidade Federal do Rio de Janeiro, pp. 170, 175 e 179. A dissertação deu lugar a um livro com o mesmo título publicado em 2010 pela editora Multifoco do Rio de Janeiro. Da obra, foram extraídas várias informações sobre o jornal no início do século XX.

[22]   Cf. Idem. De acordo com as declarações a Nilo Sérgio Gomes, a visita dos irmãos Mendes a Chicago foi feita em 1910. Nessa data, o prédio do *JB* já tinha sido concluído. Naquela época, a sede do *Chicago Tribune*, erguida em 1902, era um edifício de 17 andares, pesado e quadrado, sem torre nem cúpula, e menos atraente, do ponto de vista arquitetônico, que o prédio que seria construído pouco depois pelo *Jornal do Brasil* na avenida Central. Possivelmente, o entrevistado se referia ao edifício que o *Chicago Tribune* ergueu em 1925. Considerado extravagante, ficou famoso e existe até hoje. A parte superior, de aparência medieval, foi inspirada na Tour de Beurre (Torre da Manteiga) da catedral de Rouen, na França, com uma enorme torre carregada de espiras, gárgulas, pilares, figuras de animais e contrafortes em pedra, extremamente elaborados. Nessa data, os irmãos Mendes já tinham perdido o controle do jornal.

[23]   Marialva Barbosa, *História cultural da imprensa, Brasil: 1800-1900*, Rio de Janeiro, Mauad X, 2010, pp. 192-3.

[24]   Segundo outra versão, Pereira Carneiro queria, inicialmente, ficar apenas com o edifício, mas, como este sozinho não cobria o total da dívida, ficou também com o jornal e os equipamentos. Cf. Cezar Motta, *Até a última página: uma história do* Jornal do Brasil, Rio de Janeiro, Objetiva, 2018, p. 29.

NOTAS

25 Nilo Sérgio Gomes, op. cit., pp. 67 e 179.

26 Segundo Alberto Dines, o Supremo Tribunal Federal é um poder político. O caso do *Jornal do Brasil* caiu nas mãos do ministro Luís Gallotti e semanalmente o jornal escrevia uma matéria sobre ele.

27 Fernando Morais, *Chatô, O rei do Brasil*, São Paulo, Companhia das Letras, 1994, pp. 99-100.

28 Idem, p. 100. Fernando Morais afirma que Chateaubriand tirou José Carlos Rodrigues da direção do *Jornal do Commercio*. Na verdade, Rodrigues já tinha vendido o *Jornal* vários anos antes, em 1915, para se dedicar aos estudos bíblicos. Mas aceitou o convite de Chateaubriand.

29 Afirmou-se na época que o título de conde foi comprado por um preço elevado.

30 Edmar Morel, *Memórias de repórter*, Rio de Janeiro, Record, 1999, pp. 34-6.

31 De acordo com o jornal *A Batalha* (2 de dezembro de 1930), o *Jornal do Brasil* recebia dinheiro do governo paulista.

32 Outro contemporâneo, Humberto Ribeiro, dá uma versão diferente e de credibilidade duvidosa. Assegura que depois que a multidão destruiu e saqueou vários jornais, não conseguiu invadir o *Jornal do Brasil* dada a resistência oferecida pelas portas de ferro.

33 O *Dicionário histórico-biográfico brasileiro pós-1930 (DHBB)* diz que o jornal ficou quatro meses sem circular. Essa informação, errada, foi repetida em várias obras sobre a imprensa. Cf. Alzira de Abreu et al., *Dicionário histórico-biográfico brasileiro pós-1930 (DHBB)*, 2. ed. rev. e atual., Rio de Janeiro, Editora FGV, 2001, p. 2869.

34 Cláudio Figueiredo, *Entre sem bater: a vida de Apparício Torelly, o barão de Itararé*, Rio de Janeiro, Casa da Palavra, 2012.

35 Realmente, Pires do Rio tinha fácil trânsito na administração pública. Além de ministro da Viação e Obras Públicas, foi ministro da Agricultura, Indústria e Comércio; deputado federal em 1922; prefeito de São Paulo em 1925; vice-presidente do Conselho Nacional de Águas e Energia Elétrica, entre 1937 e 1944; e seria de ministro da Fazenda no Governo Provisório de José Linhares depois da destituição de Getúlio Vargas em 1945.

36 Edmar Morel, op. cit., p. 37.

37 Maurina Dunshee de Abranches casou-se, em primeiras núpcias, com Amilcar Marchesini, funcionário da Câmara dos Deputados, ficou viúva com 27 anos e voltou a casar, em segundas núpcias, com Pereira Carneiro, em 1942.

38 Marcos Sá Corrêa, que foi diretor de redação, refere-se à "reforma" do *Jornal do Brasil*, "entre aspas por ser a mãe das reformas que desde então agitam periodicamente a imprensa brasileira". Diante do *JB*, escreveu, "os outros jornais se sentiam feios e antiquados". *Jornal do Brasil*, Rio de Janeiro, edição de 110 anos. Alberto Dines, antigo editor-chefe, prefere qualificar a mudança como um "processo", em lugar de reforma, ao longo do qual o jornal desenvolveu um estilo.

39 Wilson Figueiredo afirma que: "A iniciativa de fazer uma reforma para o *JB* se situar nos novos tempos foi da condessa. Ela começou as consultas e a pensar em nomes para a reforma do *JB*." Entrevista na *ABI Online*, 27 de outubro de 2006.

40 "A velha dama da imprensa conta sua grande aventura: o *Jornal do Brasil*", entrevista dada em 1975 pela condessa Pereira Carneiro a Maria Helena Malta da revista *Mais*. Diversas informações sobre a condessa e sua participação na reforma do *Jornal do Brasil*, nesta e nas páginas seguintes, foram extraídas dessa entrevista.

41 Todo o equipamento do *Jornal do Brasil* era do começo do século, segundo Jânio de Freitas. "Era muito ruim, muito deteriorado. [...] Então, a tipologia era a pior do Rio de Janeiro. Nem a *Gazeta de Notícias*, ainda do tempo das crônicas do Eça e do Machado, era tão ruim. Para se ter uma ideia, ainda havia tipos de madeira no *Jornal do Brasil* para compor títulos grandes." Cf. Belisa Ribeiro, *Jornal do Brasil: história e memória: os bastidores das edições mais marcantes de um veículo inesquecível*, Rio de Janeiro, Record, 2015, p. 86.

HISTÓRIA DOS JORNAIS NO BRASIL – 1840-1930

[42] Quando a revista *Mais* lhe perguntou se havia divergências com o genro na hora das decisões, a condessa Pereira Carneiro deixou claro quem mandava no *Jornal do Brasil*: "Nunca. Nós sempre combinamos tudo que se passa no jornal e ele aceita sempre a minha decisão. A decisão final foi sempre minha. Até hoje não entreguei os pontos." Ela acrescentou: "Apesar disso, (ele) tem muita autonomia". A condessa era ciosa de sua autoridade. Millôr Fernandes escreveria no *Pasquim* que Nascimento Brito ocasionalmente pensava que o jornal era propriedade sua, "mas a condessa já várias vezes fez ver, delicadamente, que não é bem assim".

[43] *Jornal do Brasil*, Rio de Janeiro, 24 de janeiro de 1985.

[44] O título original da peça, *Por que me ufano do meu país*, uma evidente paródia, foi proibido pela censura, aparentemente por pressão dos descendentes de Afonso Celso, conde de Ouro Preto, autor em 1900 da grandiloquente obra com esse título. A peça de teatro de Millôr Fernandes, que lhe valeu o prêmio de Melhor Autor do Ano, apresentada em 1960 como *Um elefante no caos* – sem *Jornal do Brasil* –, sob a direção de João Bethencourt, foi extremamente elogiada.

[45] Millôr Fernandes, *Trinta anos de mim mesmo*, São Paulo, Círculo do Livro, 1972, pp. 48-9.

[46] Leonel Kaz, *Folha de S.Paulo*, São Paulo, Ilustríssima, 6 de maio de 2012.

[47] Odylo Costa Filho, entrevista à *Folha de S.Paulo*, São Paulo, 11 de janeiro de 1979.

[48] Wilson Figueiredo, *Folha de S.Paulo*, São Paulo, 25 de julho de 2010; e Belisa Ribeiro, op. cit., pp. 71-2. Também participou do jantar Dora Pacheco, viúva de Félix Pacheco, do *Jornal do Commercio*.

[49] Alaor Barbosa, colaborador do jornal na época, escreveu que Nascimento Brito: "Era, assim se dizia, o principal fautor e responsável (mas com decidido apoio da sogra, a qual muita gente dizia ser a verdadeira inspiradora dos acontecimentos administrativos do *Jornal*) pela grande e radical renovação por que vinha passando o *Jornal do Brasil*". Artigo no sítio da União Brasileira de Escritores. Disponível em: <http://literaturasemfronteiras.blogspot.com.br/2011/03/reynaldo-jardim-alaor-barbosa.html>. Acesso em: 26 jun. 2015.

[50] A nova rotativa Hoe começou a funcionar em 15 de maio de 1958, mas foi inaugurada oficialmente no dia 21 desse mês. *Jornal do Brasil*, Rio de Janeiro, 15 e 22 de maio de 1958.

[51] Janio de Freitas diz que não houve reforma, porque não havia forma antes.

[52] "Caminante, no hay camino, se hace camino al andar", do poema "Caminante, no hay camino".

[53] Humberto Werneck, "*Jornal do Brasil* II, o retorno", em *O Estado de S. Paulo*, São Paulo, 21 de fevereiro de 2017, p. C5.

[54] Paulo Francis, *Opinião pessoal*, Rio de Janeiro, Civilização Brasileira, 1966, p. 178.

[55] Cecília Costa, *Odylo Costa, filho*, Rio de Janeiro, Relume Dumará, 2000, pp. 73-4 e 83.

[56] Vários jornalistas da época disseram que Odylo Costa Filho não era realmente um jornalista; escrevia artigos de opinião, mas não participava do feitio do jornal e era também procurador do IAPC (Instituto de Aposentadorias e Pensões dos Comerciários). Odylo, na verdade, tinha sido repórter do *Jornal do Commercio*, editor de política do *Diário de Notícias* e era conhecido por seu interesse na literatura, especialmente a poesia. Segundo Zuenir Ventura, que trabalhou com ele na *Tribuna da Imprensa*, "Odylo era um verdadeiro curtidor de texto. Ele acreditava na autoria estética do texto jornalístico, sem misturar literatura com jornalismo. Jornalismo era jornalismo e literatura era literatura". Disse também que Odylo tinha abertura intelectual e adorava trabalhar na redação. Cf. idem, p. 122.

[57] Jornalistas que trabalharam no *JB* na época dizem que a redação antiga acabou demitida, com exceção de um repórter da seção de Esporte, Célio de Barros. Carlos Heitor Cony saiu do *Jornal do Brasil* indignado com a "frieza empresarial" em relação a seu pai, Ernesto, velho funcionário, a quem ofereceram um acordo lesivo. Ele menciona também a saída de Bárbara Heliodora, Martins Alonso, Nelson Carneiro.

[58] Depoimento de Ferreira Gullar ao Centro de Memória e Jornalismo da ABI, em 1977.

[59] Entrevista com Ferreira Gullar, em Memória do Jornalismo Brasileiro, Rio de Janeiro, Escola de Comunicação, Universidade Federal do Rio de Janeiro; e *Revista da Comunicação*, mar. 1994.

NOTAS

60 Entrevista de Ferreira Gullar ao Centro de Cultura e Memória do Jornalismo, Rio de Janeiro, 14 de janeiro de 2009.

61 Idem.

62 Daniel Trench Bastos, *Tentativa e acerto: a reforma gráfica do* Jornal do Brasil *e a construção do SDJB,* São Paulo, 2008, Dissertação (Mestrado em Artes Visuais), Escola de Comunicações e Artes, Universidade de São Paulo, p. 107.

63 Belisa Ribeiro, op. cit., pp. 87-8.

64 "A notícia e o diagrama: entrevista inédita com Amilcar de Castro", em *Novos Estudos Cebrap,* São Paulo, n. 78, jul. 2007. Disponível em: <https://doi.org/10.1590/S0101-33002007000200012>. Acesso em: 10 mar. 2015.

65 Idem.

66 *Imprensa,* Rio de Janeiro, nov. 1991.

67 Amilcar de Castro, em "A notícia e o diagrama...", op. cit.

68 José Sarney, *Folha de S.Paulo,* São Paulo, 10 de setembro de 2010.

69 Belisa Ribeiro, op. cit., pp. 82-3.

70 Leonardo Bonacci, conhecido como Fibonacci (corruptela de "filius Bonacci", por ser filho do diplomata Guilielmo Bonacci) ou Leonardo de Pisa, foi um matemático italiano do século XII. A "sequência de Fibonacci" é composta pela soma dos dois números anteriores, assim: 0, 1, 1, 2, 3, 5, 8, 13... A razão entre os números resulta na "razão áurea". Na verdade, a sequência já era conhecida na Índia desde o ano 200. Disponível em: <https://en.wikipedia.org/wiki/Fibonacci>; e <https://en.wikipedia.org/wiki/Golden_ratio> Acesso em: 10 mar. 2015.

71 Ana de Gusmão Mannarino, *Amilcar de Castro e a página neoconcreta,* Rio de Janeiro, 2006, Dissertação (Mestrado em História Social da Cultura), Pontifícia Universidade Católica do Rio de Janeiro, p. 81.

72 Daniel Trench Bastos, op. cit., p. 107.

73 Carlos Heitor Cony, *Folha de S.Paulo,* São Paulo, 23 de junho de 2010.

74 Marcos de Castro, *Revista da Comunicação,* n. 4, 1985.

75 Anne-Marie Smith, *Um acordo forçado: o consentimento da imprensa à censura no Brasil,* Rio de Janeiro, Editora FGV, 2000, p. 51.

76 Informações da revista *Propaganda & Negócios (PN),* Rio de Janeiro, 3 out. 1957.

77 Depoimento ao Centro de Cultura e Memória do Jornalismo.

78 Segundo Janio de Freitas, Antônio Andrade trabalhava no laboratório e nesse dia teve que substituir o fotógrafo habitual.

79 Há, porém, dúvidas de que Jean Manzon, na época um fotógrafo famoso da revista *O Cruzeiro,* tivesse sido destacado para um trabalho da rotina diária da imprensa. Além disso, é estranho que o jornal publicasse essa versão sobre o autor de uma fotografia sem esclarecer que foi feita pelo seu próprio fotógrafo.

80 Entrevista de Odylo Costa Filho à *Folha de S.Paulo,* São Paulo, 11 de janeiro de 1979.

81 Cristina Costa, *Odylo Costa, filho,* Rio de Janeiro, Fundação Biblioteca Nacional, 2011, p. 112.

82 Joaquim Ferreira dos Santos, *Feliz 1958: o ano que não devia terminar,* Rio de Janeiro, Record, 1997, pp. 25-8.

83 Wilson Figueiredo, *Folha de S.Paulo,* op. cit.

84 Ferreira Gullar, *Revista da Comunicação,* n. 3, mar. 1994; e depoimento em 14 de janeiro de 2009 ao Centro de Cultura e Memória do Jornalismo.

[85] Joaquim Ferreira dos Santos, op. cit., pp. 25-8.

[86] A música "Me dá um dinheiro aí" foi composta por Homero Ferreira a partir do bordão criado por seu irmão Glauco para o programa *Praça da alegria*, relançado em janeiro de 1959 pela TV Rio. Foi cantada por Moacyr Franco como parte da trilha sonora do filme *Entrei de gaiato*, nesse mesmo ano de 1959, e se tornaria imensamente popular como marcha do Carnaval do ano seguinte, também cantada por Moacyr Franco.

[87] Cristina Costa, op. cit., p. 112.

[88] Nilson Lage, *Observatório da Imprensa*, 13 jan. 2004.

[89] Idem.

[90] Cezar Motta, op. cit., pp. 64-5.

[91] Ruy Castro, *Ela é carioca: uma enciclopédia de Ipanema*, 1. reimp., São Paulo, Companhia das Letras, 1999, p. 186.

[92] Alberto Dines, *Observatório da Imprensa*, 19 dez. 2005 e 20 jul. 2010.

[93] *O Globo* publicou uma curiosa variante desse mito. Escreveu em julho de 2015 que Ibrahim Sued, fotógrafo do jornal antes de tornar-se um colunista social famoso, fotografou o líder da UDN, Octavio Mangabeira, ao lado do general Dwight D. Eisenhower, futuro presidente dos Estados Unidos, que visitava o país em setembro de 1946. "O ângulo da foto fez parecer que o brasileiro está beijando a mão do americano – e o flagrante ganhou o título 'Me dá um dinheiro aí', símbolo do 'servilismo' em relação aos Estados Unidos, muito criticado à época".

[94] Nascimento Brito disse que "estava insatisfeito com o mundo de gente que o Odylo estava contratando. O Annibal Freire me dizendo: 'Isso vai quebrar nas suas costas. Tinha dez, agora são duzentos'. [...] Fora isso, o Odylo tinha um temperamento muito maranhense, no sentido de que não se pode mexer com fulano. Aí houve o célebre episódio do Juscelino e o Odylo achou muita graça em colocar aquela fotografia na primeira página sem consultar ninguém e, em consequência, não recebemos a televisão. A Condessa ficou mal-humorada e isso contribuiu muito para a saída dele. Ele notou a insatisfação e, antes que eu o demitisse, pediu para sair". Belisa Ribeiro, op. cit., pp. 84-5.

[95] Wilson Figueiredo, entrevista citada.

[96] Idem, *Jornal da ABI*, Rio de Janeiro, n. 415, janeiro de 2007.

[97] Ruy Castro, op. cit., p. 186.

[98] Cláudio Abramo, *A regra do jogo*,1. reimp., São Paulo, Companhia das Letras, 1988, p. 38.

[99] Paulo Francis, "Minha vida, meus colarinhos", em *Folha de S.Paulo*, São Paulo, 31 de julho de 1977.

[100] Cezar Motta, op. cit., p. 61.

[101] Curiosamente, um dos títulos que o jornal deu a Nascimento Brito foi o de "editor de redação", cargo que nunca foi bem definido.

[102] Carlos Marchi, *Todo aquele imenso mar de liberdade: a dura vida do jornalista Carlos Castello Branco*, Rio de Janeiro, Record, 2015, pp. 218-9.

[103] Depois de deixar o *JB*, Odylo trabalhou nas revistas *Senhor* e *O Cruzeiro*, na *Tribuna da Imprensa*. Quando seu amigo José Sarney foi governador do Maranhão, ele foi nomeado presidente do banco do estado.

[104] Janio de Freitas disse que, um ano depois de ter assumido o cargo de editor-chefe, a tiragem do *Jornal do Brasil* era três vezes maior que o dobro do que tinha prometido, mas não mencionou nenhum número. *Revista da Comunicação*, ano 6, n. 23, pp. 3-6, nov. 1990.

[105] Carlos Lemos, depoimento ao Centro de Pesquisa e Documentação de História Contemporânea do Brasil (CPDOC) da Fundação Getulio Vargas, em 27 de julho de 2011.

[106] Declarações de Janio de Freitas à revista *Comunicação & Educação*, São Paulo, set./dez. 1996.

Notas

[107] Depoimento de Janio de Freitas: "Esbocei em casa algumas possíveis presenças dos classificados na primeira. Tudo mais ou menos óbvio: nas colunas laterais (eram oito colunas no total), em U, uma faixa estreita no alto, em L para a direita e para a esquerda, na base, e uma até experimentando no miolo da página, não me lembro bem como era. O Brito estava curioso e mostrei a ele os riscos hipotéticos, ainda sem escolha. Foi então que ele falou nos classificados, temeroso de que parecessem extintos no jornal. Contei isso quando eu, Amilcar e mais umas duas pessoas, no horrendo bar do *JB*, discutimos os riscos. Amilcar sugeria adotarmos o corte áureo, com seu retângulo menor ocupado por classificados na base da página. Ficar contra o tabu do corte áureo, ainda mais discutindo com um escultor (Amilcar não fazia quadros, nessa época), não era fácil. Mas insisti em uma ideia que me ocorrera: adotar a melhor proporção possível altura/largura da área jornalística – o que eliminava logo algumas hipóteses. Pareceu que o L, para um lado ou para o outro, era o melhor caminho. Amilcar foi fazer as contas e os riscos em folhas 1/1 de paginação, e assim se chegou à altura da barra inferior. Foi só decidir o lado do L na página. O jornal impresso mostrava que as proporções não estavam bem ajustadas. Foram melhoradas, mas não me consta a redução em um cm por dia, citada em sua pergunta. Houve depois outras reduções, facilitadas não só pela consolidação do misto jornal/ classificados, como pelo menor formato das páginas já com a nova impressora." "Os classificados não me preocuparam nunca, ao contrário do que propalava o burburinho interno, por um motivo simples: todas as bancas do Rio exibiam os jornais desdobrados, e a permanência dos classificados seria vista qualquer que fosse a sua área na primeira."

[108] Ruy Castro, op. cit., p. 187.

[109] Entrevista de Janio de Freitas a Ana Paula Goulart, em 5 de maio de 2000.

[110] Wilson Figueiredo, *Jornal do Brasil*, Rio de Janeiro, edição de cem anos.

[111] Entrevista de Reynaldo Jardim ao blog "Falando do B", em 21 de junho de 2009.

[112] Idem. Segundo Reynaldo Jardim contou: "Quando eu me demiti, era o editor do B, diretor da Rádio JB, fazia o 'Caderno de domingo' e uma revistinha para crianças. Um dia eu cheguei na rádio e a equipe de programação da música não estava lá. Me informaram que o dr. Brito havia convocado o pessoal para orientá-los. Entrei na sala de reunião e lá estava o meu pessoal recebendo instruções. Fiquei furioso com a quebra de hierarquia. Só porque ele era o dono da empresa pensava que podia passar por cima. Eu me sentia o dono da rádio. Saí da sala e bati a minha carta de demissão. Naquele tempo com mais de dez anos de serviço, a não ser por justa causa, ninguém podia ser demitido sem uma alta indenização. Abri mão de tudo."

[113] Cezar Motta, op. cit., p. 103.

[114] Carlos Lemos, op. cit.

[115] Entrevista de Janio de Freitas a Ana Paula Goulart, op. cit.

[116] Belisa Ribeiro, op. cit., p. 94.

[117] Mário Faustino dos Santos e Silva seria, durante um curtíssimo período, ao lado de Paulo Francis, editor da *Tribuna da Imprensa* quando foi comprada pelo *JB*.

[118] Mario Sergio Conti, *Folha de S.Paulo*, São Paulo, 23 de agosto de 2021.

[119] Marcos Sá Corrêa, *Senhor*, Rio de Janeiro, 30 jan. 1985.

[120] Alberto Dines, entrevista ao projeto Memória da Imprensa Carioca da Universidade Federal do Rio de Janeiro, transcrita pelo *Observatório da Imprensa*, em 21 ago. 2022.

[121] Pouco a pouco, porém, Dines foi substituindo a equipe contratada por Janio de Freitas, segundo depoimento deste.

[122] José Marques de Melo (org.), *Síndrome da mordaça: mídia e censura no Brasil (1706-2006)*, São Bernardo do Campo, Universidade Metodista de São Paulo, 2007, p. 107. Apesar dessa declaração, Murilo Felisberto considerava Janio de Freitas um dos maiores ídolos da profissão e de toda sua geração. Idem. p. 109.

HISTÓRIA DOS JORNAIS NO BRASIL – 1840-1930

[123] Janio de Freitas: "Uma foto jornalística tem como premissa a sua atualidade. Assim como se dá com a informação textual. Restringe, portanto, o uso de material de arquivo que não acrescente substância jornalística ao que se noticia. O hábito do recurso a fotos inatuais de rostos e pessoas, abusivo há muito nos jornais brasileiros, não é jornalismo e é um engodo que fere a relação ética com o leitor. É claro que o jornalismo não exclui o uso de rostos. Muito ao contrário. Rostos em geral exprimem mais de uma situação pessoal, em boa foto (o 'instantâneo'), do que se conseguiria fazê-lo em texto sucinto. Mas esse rosto fotografado corresponde a uma dada situação, em um dado dia. Desrespeitar tal autenticidade, ligando a foto a outra situação de outro dia, é engodo e violação ética (esta, em dobro, com o leitor e com o fotografado)".

Acrescenta: "O usual, nos jornais, era (deixou de ser? não que eu saiba) o laboratório copiar umas quantas fotos de um assunto, por escolha do fotógrafo ou do laboratorista, e mandá-las à redação. Não haveria imagens ou cortes em fotos não copiadas com melhor afinidade ao sentido dado à notícia pela edição? Troquei o tempo gasto em várias ampliações, sua revelação, estufa, esmaltadeira, pelo tempo menor de fazer um contato do filme, sem esmaltar e até sem secar, e trazê-lo à redação. Marcadas no contato, já com o corte preliminar, iam ser feitas só as cópias a serem usadas, ou muito pouco mais. Melhor edição, maior rapidez e menor custo (o custo-fotografia era muito alto).

O arquivamento de cópias, à maneira convencional, não mostrava o que eram as fotos de fato disponíveis de um assunto ou personagem. Lá estavam só as cópias feitas, poucas em relação ao total. O arquivo que interessava era outro: o dos negativos com uma prova-contato integral. Assim passou a ser feito. Como tarefa do próprio laboratório e nela instalada. Mas as cópias já feitas não eram jogadas fora, tinham armazenagem própria. O que foi feito delas depois que saí do *JB*, e até que fosse criado o Departamento de Pesquisa, que na verdade era uma redação na redação, não sei. Os negativos, sei que foram retirados do *JB* por vários fotógrafos, cada um levando os de sua autoria."

[124] Cecília Costa, op. cit., p. 100.

[125] Isabel Travancas, *O mundo dos jornalistas*, p. 108, apud Marialva Barbosa, op. cit., p. 163.

[126] Marco Antonio de Carvalho, *Rubem Braga, a biografia: um cigano fazendeiro do ar*, São Paulo, Globo, 2007, p. 453.

[127] Walter Fontoura, *Jornal dos Jornais*, ago. 2000; e *Jornal do Brasil*, Rio de Janeiro, 10 de fevereiro de 2013.

[128] Idem.

[129] Alberto Dines, *O papel do jornal: tendências da comunicação e do jornalismo no mundo em crise*, Rio de Janeiro, Artenova, 1974, p. 111.

[130] José Venâncio de Resende, *Construtores do jornalismo econômico: da cotação do boi ao congelamento de preços*, São Paulo, Secretaria de Agricultura e Abastecimento do Estado de São Paulo, 2003, p. 156.

[131] Entrevista de Alberto Dines ao Centro de Cultura e Memória do Jornalismo, Rio de Janeiro, em 17 de setembro de 2008.

[132] Alzira Alves de Abreu et al., *Eles mudaram a imprensa*, Rio de Janeiro, Editora FGV, 2003, p. 94.

[133] Entrevista de Ana Arruda Callado a Paulo Chico e Francisco Ucha, *Jornal da ABI*, Rio de Janeiro, março de 2013.

[134] "Concorrência desleal", *Jornal do Brasil*, Rio de Janeiro, 2 de julho de 1967.

[135] Segundo conta Alaor Barbosa: "Saí do *Jornal do Brasil* em janeiro de 1962, demitido, assim me constou, por exigência pessoal do governador da Guanabara. Meses antes ele me denunciara, em editorial não assinado no seu jornal, como 'repórter comunista infiltrado em jornal burguês'. Nos dias seguintes à solerte denúncia, a diretoria do *Jornal* me apoiou, depois de me indagar se eu tinha condições de provar que era verdade o que eu havia dito em certa reportagem que enfurecera o destemperado governador arrependido das palavras que pronunciara em discurso perante mais de 3 mil pessoas no Maracanãzinho. Meses mais

610

tarde, Nascimento Brito não resistiu à pressão e me despediu, juntamente com outros oito redatores. 'Por motivos ideológicos', se dizia então." Disponível em: <ube.org.br>. Acesso em: 26 jun. 2015.

[136] Carlos Lemos, entrevista ao Centro de Cultura e Memória do Jornalismo, Rio de Janeiro, em 28 de julho de 2008.

[137] Alberto Dines et al., *Os idos de março e a queda em abril*, Rio de Janeiro, José Álvaro Editor, 1964, pp. 343 ss.

[138] Idem.

[139] O Sindicato dos Jornalistas Profissionais do Estado da Guanabara era presidido por Luís Guimarães. Em setembro de 1964, o Departamento Nacional do Trabalho sugeriu a instalação de uma Junta Governativa que foi presidida inicialmente por Milton Rocha. Em outubro desse ano, era formada por Esperidião Esper Paulo, presidente, jornalista da sucursal de *O Estado de S. Paulo*, Alberto Dines, do *Jornal do Brasil* e Tobias Pinheiro, secretário do *Diário de Notícias*. Celso Kelly, presidente da Associação Brasileira de Imprensa (ABI), recusou o convite para participar da Junta.

Segundo Janio de Freitas, "imediatamente após, e até por iniciativa própria, após o golpe, o Carlos Lemos e o Alberto Dines foram fazer intervenção na Federação e no Sindicato dos Jornalistas". Henrique Caban disse ao Centro de Cultura e Memória o Jornalismo, em 29 de julho de 2008: "O Sindicato de Jornalistas até 1964 estava na mão dos irmãos (acho que era) Guimarães. Era uma quadrilha. Não tinha nenhuma influência. Quem mandava no Sindicato de Jornalistas era o Chagas Freitas. E aí, em 1964, o Dines – que eu considero um erro grave – aceita ser o interventor do Sindicato".

[140] Artigo de Alberto Dines na edição digital brasileira de *El País*, São Paulo, 14 de março de 2014.

[141] Belisa Ribeiro, op. cit., p. 57.

[142] Entrevista de Janio de Freitas a Malu Munis e Marcelo Salles em 21 de setembro de 2005. Disponível em: <http://www.fazendomedia.com/novas/politica210905a.htm>. Acesso em: 26 jun. 2015.

[143] Janio de Freitas afirmou que "os jovens que pegaram em armas passaram a ser chamados no Brasil de terroristas, sem o serem, nenhum deles foi terrorista. Podiam ser chamados de guerrilheiros, combatentes, comunistas, revolucionários, o que você quisesse, terroristas não, porque nenhum praticou terror. Não há um caso de terror, que é uma categoria de luta perfeitamente definida, conhecida, sabida. Isso foi uma invenção do Alberto Dines, do *Jornal do Brasil*, que a partir de um dado dia impôs-se à resistência do José Silveira, que não queria, não concordava com isso, era o secretário do jornal, e ele acabou se impondo". Depoimento ao Centro de Cultura e Memória do Jornalismo.

Alberto Dines, editor-chefe na época, disse que foi o governo quem recomendou o uso da expressão "terrorista". Para José Silveira, secretário de redação do jornal, foi uma iniciativa do próprio *JB*. O jornalista João Batista Abreu afirma, porém, que foi o jornal *O Globo* quem primeiro empregou o termo, sem pressão alguma das autoridades. Cf. Beatriz Kushnir, *Cães de guarda: jornalistas e censores, do AI-5 à Constituição de 1988*, São Paulo, Boitempo/Fapesp, 2004, p. 313.

[144] Janio de Freitas, *Folha de S.Paulo*, São Paulo, 13 de dezembro de 1998.

[145] Luís Edgard de Andrade, em depoimento ao Centro de Cultura e Memória do Jornalismo, Rio de Janeiro, em 28 de agosto de 2008: "E, recordando esse período em que eu fui editor internacional do *Jornal do Brasil*, é um fato paradoxal a liberdade que os editores do *Jornal do Brasil* tinham, pois cada editor publicava nas suas páginas o que queria. E a direção do jornal só tomava conhecimento no dia seguinte com o jornal impresso. Então, o *Jornal do Brasil* tinha uma linha editorial que estava nos artigos editoriais, nas páginas editoriais. Mas o tratamento dado às notícias e os artigos publicados com comentários sobre as notícias discordavam sobre a linha do jornal. Até que, quando chegou ao final de 1967..." .

[146] Roberto Campos, *A lanterna na popa: memórias*, Rio de Janeiro, Topbooks, 1994, p. 597.

[147] Marco Antonio de Carvalho, op. cit., pp. 454-6 e 516.

HISTÓRIA DOS JORNAIS NO BRASIL – 1840-1930

[148] Benício Medeiros, *Otto Lara Resende: a poeira da glória*, Rio de Janeiro, Relume Dumará/Secretaria Municipal de Cultura, 1998, p. 106.

[149] "Ao longo da carreira fui me desengajando até atingir um estado ideal, que seria novamente afetado, depois de 1964, pela radicalização do movimento de março, rapidamente desembarcando numa nova ditadura. Mas aí aprendera a distinguir: não me interessavam partidos nem grupos. Interessava-me lutar por alguns valores essenciais no exercício da profissão de jornalista". Cf. Carlos Castello Branco, "Jornalismo e engajamento", em "Coluna do Castello", *Jornal do Brasil*, Rio de Janeiro, 13 de julho e 1962.

[150] Alberto Dines, *Observatório da Imprensa*, 5 jul. 2000.

[151] Alberto Dines et al., op. cit., p. 306.

[152] Segundo outra versão, o jornalista teria dito: "Li que o jornal uruguaio *La Época* comentou que o melhor comentarista político do Brasil é filho do ditador de plantão".

[153] Carlos Marchi, op. cit., pp. 268-9.

[154] Idem, pp. 275-6.

[155] *Imprensa*, Rio de Janeiro, jun. 1992.

[156] Carlos Marchi, op. cit., p. 281.

[157] Idem, p. 41.

[158] Idem, pp. 290 e 375.

[159] Idem, p. 435.

[160] *Visão*, Rio de Janeiro, 9 ago. 1976.

[161] Essa informação não deixa de surpreender, pois o "Informe *JB*" era visto como uma coluna "oficiosa", usada pela diretoria para passar recados.

[162] Fernando Pedreira, *Entre a lagoa e o mar: reminiscências*, Rio de Janeiro, Bem-te-Vi, 2016, p. 391.

[163] Cezar Motta, op. cit., pp. 211-2.

[164] Walter Fontoura, op. cit.

[165] Belisa Ribeiro, op. cit., pp. 40-1.

[166] Elio Gaspari, *A ditadura envergonhada: as ilusões armadas*, São Paulo, Companhia das Letras, 2002, p. 216.

[167] Beatriz Kushnir, op. cit., p. 51.

[168] "[...] no dia seguinte procurei o Brito e disse que não queria mais ficar no jornal. Não estava mais fazendo jornal. Quem botou panos quentes foi Castelinho, que estava no Rio de Janeiro. Ele me disse para que não saísse, que seria pior para o jornal. Eu maneirei um pouco e fiquei. Eu sabia que isso ia acontecer, como de fato aconteceu". Declarações de Alberto Dines ao *Jornal da ABI*, Rio de Janeiro, edições 374-5.

[169] Alzira Alves de Abreu et al., *Eles mudaram a imprensa*, op. cit., p. 95.

[170] Idem, p. 108.

[171] Entrevista ao *Jornal da ABI*, Rio de Janeiro, n. 374-5, janeiro/fevereiro de 2012.

[172] *Pasquim*, Rio de Janeiro, 11 de dezembro de 1969.

[173] Helena Salem, de origem judaica apesar do sobrenome, filha de judeus sefarditas originários de Esmirna, na Turquia, foi elogiada pelas reportagens sobre a Guerra do Yom Kippur e depois sobre o Oriente Médio.

[174] Helena Salem, *Palestinos: os novos judeus*, Rio de Janeiro, Eldorado-Tijuca, 1977, p. 10.

[175] Carlos Marchi, op. cit., p. 304.

[176] Alzira Alves et al., *Eles mudaram a imprensa*, op. cit., p. 109.

[177] Luís Edgar de Andrade, entrevista a Luiz Egypto, *Observatório da Imprensa*, 15 maio 2002.

NOTAS

178 Segundo Carlos Lemos, depois que a censura proibiu dar a notícia na manchete: "Chega o Bernard (Campos), o Otto Lara Resende e o Dines. Chegaram os três. Eu disse o que se passou e que não podia dar manchete. O Dines reafirmou que não era para dar manchete. Vou fazer sem manchete, eu disse. E fiz uma página sem manchete que era uma porrada. Mandei compor em corpo 18. Virei para o Dines e disse: 'Vai ficar mais violento do que sem manchete, vai ser uma porrada'. 'Ele não disse que era para dar sem manchete, vai em frente.' Eu fui. Saiu uma página que ficou um espetáculo". Depoimento de Carlos Lemos a Carla Siqueira e Caio Barretto Briso, do Centro de Cultura e Memória do Jornalismo, Rio de Janeiro, em 28 de julho de 2008.

Dines afirma que, quando foi avisado sobre a ordem da censura, ele voltou ao jornal: "Fui pisando fundo e pensando: vamos fazer um negócio assim, um texto grande, vamos usar a máquina Ludlow, uma máquina tituleira, que o menor corpo que fazia era o 18. Então vamos contar esta história na tituleira e não na lino-tipo, para sair um corpo maior. [...] Com isso a gente não dá a manchete e faz um escarcéu maior do que manchete. Quando terminei de combinar essas coisas todas com o Lemos, o Bernard, que estava presente [...] disse: 'Você tem certeza que você quer fazer isso?' E eu respondi: 'Tenho, nós não estamos fazendo a manchete'". Belisa Ribeiro, op. cit. p. 47.

Em outra versão, Dines disse que Carlos Lemos já tinha saído do jornal quando recebeu a notícia do golpe no Chile: "Mas a ordem chegou tarde da noite e o Allende estava na manchete! A essa altura, eu já não fechava o jornal. Nós decidíamos a primeira página e eu ia para casa. Já me dava esse direito. O Lemos também já tinha saído e quem ligou foi o Maneco Bezerra [da Silva], excelente jornalista que trabalhava na oficina. Ele alertou da ordem e fui imediatamente para lá. Morava em Ipanema, pegava o Aterro [do Flamengo] e era fácil chegar ao prédio novo do *JB* naquela hora, quase 11 horas. Quando cheguei um dos superintendentes do jornal já estava lá, mas ele não se meteu". *Jornal da ABI*, Rio de Janeiro, n. 374, 375, janeiro e fevereiro de 2012.

179 Quando Augusto Pinochet foi preso em Londres por determinação do juiz espanhol Baltasar Garzón, Brito mandou fazer um editorial defendendo o antigo ditador chileno: "[...] o Chile vai muito bem na economia graças às reformas que fez. Além do mais é meu amigo". Cf. Cezar Motta, op. cit., p. 505.

180 Bernard de Campos mencionou "as brigas de Brito e Dines, em que o editor-chefe, às vezes, saía furioso, pegava o paletó e batia a porta, prometendo não voltar. O respeito entre os dois baixara a níveis próximos de zero". "Dines crescera demais no comando do jornal e ameaçava a autoridade do patrão – desafiava-o e tomava decisões editoriais e administrativa sem consultá-lo." Chegou a demitir o diretor de circulação, mas Brito impediu. Cf. idem, pp. 275-6.

181 Hélio Fernandes escreveu em sua coluna na *Tribuna da Imprensa*, de 9 de janeiro de 1973, que Dines estava de saída para ocupar um cargo de diretor na editora Artenova, e fez uma crítica arrasadora ao conteúdo editorial do *Jornal do Brasil*. Um mês antes, em dezembro de 1972, Dines também pedira a demissão quando, por imposição da diretoria, teve que publicar a matéria que chegara do Serviço Secreto.

182 Declaração de Dines. Cf. Alzira Alves de Abreu et al., *Eles mudaram a imprensa*, op. cit., p. 109.

183 Dines achou que sua demissão foi "um golpe de Estado" e não recebeu bem a indicação do novo editor-chefe. Declarou: "[...] e no fim da tarde toca o telefone. Era o Walter Fontoura, a pessoa que ia me substituir. Ele era meu amigo. Frequentemente ele vinha ao Rio e vinha jantar na minha casa, tínhamos uma relação ótima. E no telefone ele perguntou se dava pra manter nossa amizade. Eu disse: 'Não, Walter! O que você fez foi uma traição! Não queira propor isso; não dá pé'". Alberto Dines, *Jornal da ABI*, Rio de Janeiro, edições 374-5.

184 Belisa Ribeiro, op. cit., p. 372.

185 Declaração de Dines. Cf. Alzira Alves de Abreu et al., *Eles mudaram a imprensa*, op. cit., pp. 108-9.

186 Wilson Figueiredo, *Jornal do Brasil*, Rio de Janeiro, edição de cem anos.

187 Cf. Alzira Alves de Abreu et al., *Dicionário histórico-biográfico brasileiro pós-1930 (DHBB)*, op. cit., p. 2871.

[188] Cezar Motta, op. cit., 2018, pp. 13-4.

[189] André de Seguin des Hons, *Le Brésil: presse et histoire: 1930-1985*, Paris, Editions L'Harmattan, 1985, p. 158.

[190] Leonencio Nossa, *Roberto Marinho: o poder está no ar: do nascimento ao Jornal Nacional*, Rio de Janeiro, Nova Fronteira, 2019, p. 448.

[191] Benício Medeiros, op. cit., p. 107.

[192] *Movimento*, São Paulo, 19 de julho de 1976.

[193] Marcos Sá Corrêa, *Jornal do Brasil*, Rio de Janeiro, edição de 110 anos.

[194] Eliakim Araújo, *Observatório da Imprensa*, 10 dez. 2004.

[195] Carlos Marchi, op. cit., p. 329.

[196] Belisa Ribeiro, op. cit., p. 382.

[197] Poucos anos depois, *O Estado de S. Paulo* faria a mesma escolha de equipamentos e enfrentaria problemas semelhantes.

[198] Henrique Caban, que seria diretor do *JB*, disse que Nascimento Brito achava que os operários da gráfica "nunca vão aprender a operar esse negócio", referindo-se ao equipamento *off set*. Cf. Cezar Motta, op. cit., p. 305.

[199] *Crítica da Informação*, n. 3, set. 1983.

[200] Cezar Motta, op. cit., pp. 198 e 239.

[201] Daniel Herz, *A história secreta da Rede Globo: "Sim, eu uso o poder", Roberto Marinho*, Porto Alegre, Tchê!, 1987, p. 162.

[202] Paolo Marconi, *A censura política na imprensa brasileira:1968-1978*, São Paulo, Global, 1980, pp. 157-9.

[203] Cezar Motta, op. cit., p. 159.

[204] *Veja*, São Paulo, Abril, 8 ago. 1973.

[205] *Gazeta Mercantil*, São Paulo, 2 de agosto de 1978.

[206] *Visão*, Rio de Janeiro, 9 ago. 1976.

[207] Belisa Ribeiro, op. cit., pp. 256-62.

[208] Declaração de Alberto Dines. Cf. Alzira Alves de Abreu et al., *Eles mudaram a imprensa*, op. cit., p. 108.

[209] Dacio Malta, que cobria para o *JB* a candidatura de Ernesto Geisel à presidência, disse que numa viagem a São Paulo, "um grupo de pessoas encaminhou um documento a favor da reforma agrária, uma coisa assim, e eu reportei isso, o jornal publicou e não gostaram e pediram a minha substituição. Eu fui substituído". Entrevista ao Centro de Cultura e Memória do Jornalismo, Rio de Janeiro, em 19 de agosto de 2008. Consultado em 21 de janeiro de 2016.

[210] Elio Gaspari, *A ditadura encurralada: o sacerdote e o feiticeiro*, São Paulo, Companhia das Letras, 2004, p. 402.

[211] *Jornal do Brasil*, Rio de Janeiro, edição dos 110 anos, 8 de abril de 2001.

[212] Anne-Marie Smith, op. cit., pp. 78-81 e 225.

[213] Hugo Abreu, *O outro lado do poder*, Rio de Janeiro, Nova Fronteira, 1979, p. 68.

[214] O *Jornal do Brasil* queria importar rotativas de impressão *off set*; as rotativas anteriores de impressão tipográfica não tinham dado o resultado esperado.

[215] André Singer et al. (org.), *No planalto com a imprensa*, Brasília, Fundação Joaquim Nabuco/Massangana, 2010, v. I, pp. 150-1.

[216] Hugo Abreu, op. cit., p. 92.

NOTAS

[217] Cezar Motta, op. cit., pp. 349-50.

[218] André Singer et al., op. cit., p. 160.

[219] Nascimento Brito disse que Hugo Abreu almejava a presidência. Numa conversa, Abreu lhe confidenciou: "Vou lhe mostrar uma carta. Mas, antes, quero dizer uma coisa. Eu sou mais antigo que o Figueiredo. Aquele lugar (apontando o Palácio) é meu." Brito modificou a carta. "Tornei a carta mais enfática. E ele continuou: 'É para lá que eu vou. Para o Palácio do Planalto. Até porque o Frota não quer ser presidente'." Hugo Abreu entregou a carta ao presidente Geisel. Belisa Ribeiro, op. cit., pp. 270-1.

[220] John C. Merrill e Harold A. Fischer, *The World's Great Dailies: Profiles of Fifty Newspapers (Communication Arts Books)*, New York, Hastings House, 1980.

[221] PSA, 11 de maio de 1979.

[222] Ricardo Noblat, *O que é ser jornalista: memórias profissionais,* Rio de Janeiro, Record, 2004.

[223] Entrevista à revista *Imprensa*, Rio de Janeiro, jun. 1990.

[224] Walter Fontoura disse que saiu do jornal quando lhe foi pedido um corte de 30%. Não concordou e apontou que o editor da revista *Viva,* que cobria corridas e maratonas, publicada pela empresa e encartada no jornal, ganhava mais que o editor do *JB.* "A minha saída se deu em uma reunião dramática, porque o Brito não queria que eu me demitisse." O bom relacionamento persistiu até a morte Nascimento Brito.

[225] Mario Sergio Conti, *Notícias do planalto*, São Paulo, Companhia das Letras, 1999, p. 130.

[226] Depoimento de Luiz Orlando Carneiro, apud Carlos Marchi, op. cit., p. 328.

[227] Milton Coelho da Graça, *Comunique-se*, 13 set. 2004.

[228] Numa ocasião, a *Folha* e a editora Abril prepararam uma proposta conjunta para comprar o *JB.* Roberto Marinho, preocupado com a possível concorrência a *O Globo,* sugeriu à Abril lançar um jornal em São Paulo. Nada foi feito.

[229] A prática de colocar um comentário analítico na capa foi adotada com bons resultados por vários jornais. Antes de ser abolida numa das várias reformas gráficas, *Le Monde* publicava diariamente, no canto esquerdo da primeira página, uma coluna, "Bulletin du jour", com um comentário, em geral sobre assuntos internacionais, muito lida e extremamente influente. Alguns jornais tentaram manter uma coluna na primeira página: "Das Streiflicht" (O Holofote), do alemão *Süddeutsche Zeitung.* Outros são o *Corriere della Sera,* de Milão, e o *Asahi Shimbun* de Tóquio. O *Jornal da República,* lançado em São Paulo em 1979, também fazia comentário semelhante, talvez por sugestão do próprio Pompeu de Toledo, que trabalhou nesse diário.

[230] Cf. Cezar Motta, op. cit., p. 471.

[231] Tutty Vasques, *Observatório da Imprensa*, 22 jun. 1994. Tutty Vasques é o pseudônimo do jornalista Alfredo Ribeiro de Barros.

[232] "A melhor profissão do mundo", entrevista de Ancelmo Gois a Gualter Mathias Netto, em *Revista da Comunicação,* ano 7, n. 24, pp. 3-6, mar. 1991.

[233] Depoimento ao Centro de Cultura e Memória do Jornalismo, Rio de Janeiro, em 19 de agosto de 2008.

[234] Mario Sergio Conti, op. cit., pp. 415-6.

[235] Hildeberto Aleluia teria dito a P. C. Farias: "PC, nós somos pretos [...]. Essa família tem pretensões aristocráticas, são racistas e elitistas. Jamais venderiam o *JB* para um alagoano preto como você, mesmo com dinheiro vivo [...]". Cf. Cezar Motta, op. cit., p. 486.

[236] Jorge Serpa Filho, *Senhor*, Rio de Janeiro, 15 dez. 1987.

[237] Hugo Studart, *Imprensa*, Rio de Janeiro, out. 1994.

[238] Millôr Fernandes, em entrevista a Alberto Dines no *Observatório da Imprensa,* em 28 set. 1998, disse que, no *JB,* "Nunca tive nenhum problema. [...] A não ser quando entrou como editor Dacio Malta. [...] É feito John Wayne, tem sempre um cara que vai aparecer para ver se você atira bem. [...] Ele não gostou

de um tópico e cortou. Não sabia com quem estava lidando. No dia seguinte, mandei esse mesmo tópico, com um desenho, saiu em corpo 20. Ele aí não teve coragem de cortar. [...] Ele começou a selecionar todas as cartas contra e publicava todo dia no jornal. Não podia ficar num jornal que está contra mim. Eu me demiti, quis sair e honrosamente o Brito me escreveu três cartas magnificamente bem escritas, de umas 20 linhas cada uma, nas três vezes reiterando que queria que eu ficasse de qualquer maneira. Mas eu já estava saindo. Fui embora".

Dacio Malta disse que ele não poderia ter cortado nenhum tópico da coluna de Millôr Fernandes, pois não passava por ele; quem cuidava das páginas de "Opinião", geralmente a 10 e a 11, onde era publicada, era o diretor do jornal, Wilson Figueiredo, que segundo Malta não censurou nada. Malta e Figueiredo jantaram três vezes com Millôr, tentando dissuadi-lo da demissão. A respeito das cartas no jornal, Malta disse que eram publicadas guardando a proporção das cartas recebidas. A "Nota da redação" em 2 de dezembro de 1992, informando a saída de Millôr, diz que ele comunicara por carta ao editor que não voltaria das férias por discordar da publicação de críticas de leitores que não fossem "importantes" ou "respeitáveis pela argumentação". De outros cidadãos, como o prefeito da cidade, Millôr só aceitaria críticas, "no máximo, na seção de cartas", e mesmo assim se "suas respostas fossem a) brilhantes; b) corretas pelo menos; c) factuais". O jornal afirmou que nos anos em que colaborou, Millôr nunca foi proibido de criticar qualquer autoridade, obra ou pensamento, até mesmo o *JB*. "Teve liberdade total." A respeito das "três cartas magnificamente escritas" de Brito, Malta afirmou que considerou o comentário um elogio, pois quem as escreveu foi ele; Nascimento Brito só as assinou.

Cezar Motta escreve que Millôr reclamou com os editores: "Leitor não tem que ter opinião. Quem tem opinião é o jornal, nós pensamos pelo leitor e formamos a sua opinião. Dar voz a essa gente é um absurdo". Sobre a primeira carta, Motta observa que Millôr percebera que não foi escrita por Brito: "Coisa bem escrita! Elegante, precisa, ordem direta [...]". Segundo Motta, as outras duas cartas, também assinadas por Brito, foram escritas por Wilson Figueiredo. Cezar Motta, op. cit., pp. 490-4.

[239] Rosental Calmon Alves deixou o *JB* para ser professor da Universidade do Texas, em Austin, e diretor do Knight Center para o Jornalismo das Américas.

[240] José Antônio do Nascimento Brito entrou no negócio de telecomunicações com a Brasilstar, que em 1996 se associou à norte-americana Loral Space, num projeto de telefonia celular que não foi para a frente.

[241] Alfredo Herkenhoff, *Memórias de um secretário: pautas e fontes*, Rio de Janeiro, Zit Gráfica e Editora, 2010, pp. 79-81.

[242] Entrevista publicada por Plínio José da Fraga Júnior, *A morte de um* Jornal do Brasil: *contada por seus editores*, Rio de Janeiro, 2014, Dissertação (Mestrado em Comunicação e Cultura), Escola de Comunicação, Universidade Federal do Rio de Janeiro, pp. 128-31.

[243] Fernando Henrique Cardoso, *Diários da presidência: 2001-2002*, São Paulo, Companhia das Letras, 2019, pp. 112, 312, 340.

[244] Alberto Dines, *Observatório da Imprensa*, 8 jun. 2004.

[245] *O Globo*, Rio de Janeiro, 25 de junho de 2001.

[246] Milton Coelho da Graça, *Comunique-se*, 6 out. 2004.

[247] Cezar Motta, op. cit., p. 12.

[248] *O Globo*, Rio de Janeiro, edição comemorativa dos 90 anos, 29 de julho de 2015.

Correio da Manhã (1901-74) (p. 321-416)

[1] Na seção "A pedidos", uma das mais famosas do *Jornal do Commercio*, espécie de tribuna livre, eram publicadas matérias pagas, frequentemente violentas.

[2] Pedro Nava, *Balão cativo: memórias/2*, Rio de Janeiro, Livraria José Olympio, 1974, pp. 245-50.

[3] Idem, pp. 245-50.

[4] *Le Matin* e *Le Figaro* são dois jornais franceses, o primeiro popular de grande circulação e o segundo orientado para uma elite.

[5] Lerice de Castro Garzoni, "Disputas políticas e disputas por leitores: a criação do *Correio da Manhã* (1898-1901)", em *Topoi*, v. 12, n. 22, pp. 158-77, jan./jun. 2011. Disponível em: <www.revistatopoi.org/numero.../topoi%2022%20-%20artigo%209.pdf>. Acesso em: 10 jul. 2015.

[6] Escreve Luís Edmundo que o redator-chefe de *A Imprensa*, Fausto Cardoso, teve um desentendimento com Ruy Barbosa, o diretor. Para vingar-se, Cardoso, "com a ousadia desvairada que sempre o recomendou, urde um plano diabólico que aplica na noite em que resolve abandonar a folha onde trabalha. É assim que, à hora de fechar a mesma, ainda sob a sua direção, como chefe, manda meter em página um artigo tremendo não só contra o jornal que deixa, mas, ainda, contra Ruy, sob esse título: – Fiquem-se! No dia imediato os filhos da cidade gozam um fato realmente inédito na história do jornalismo carioca: o diretor de uma gazeta atacado de modo escandaloso, por um seu subalterno e em seu próprio jornal!". Cf. Luís Edmundo, *O Rio de Janeiro do meu tempo*, Brasília, Edições do Senado Federal, 2003, p. 652.

[7] Outra publicação com o nome de *A Imprensa* foi fundada por Alcindo Guanabara, que apoiou o governo de Hermes da Fonseca.

[8] Luís Edmundo, op. cit., p. 646.

[9] Paulo Francis, *30 anos esta noite*, São Paulo, Companhia das Letras, 1994, p. 142.

[10] Luís Edmundo, op. cit., pp. 652-3.

[11] Ruy Barbosa também teve que se defender da acusação de ter preparado um parecer favorável a uma empresa concorrente, como advogado da Salgado, Cardoso, Lemos & Cia.

[12] A questão da carne era antiga no Rio. Em abril de 1863, o jornal *O Brasil* escrevia num artigo com o título "Carnes verdes". Dizia: "Há muito que o povo sofre as consequências terríveis do monopólio que existe estabelecido no comércio de gado e carne."

[13] Ruy Castro, *O anjo pornográfico: a vida de Nelson Rodrigues*, São Paulo, Companhia das Letras, 1992, p. 50.

[14] *A imprensa na década de 20*, Finep/ABI, p. 101.

[15] *Diário Carioca*, 5 de setembro de 1953.

[16] Brito Broca, *A vida literária no Brasil: 1900*, 4. ed., Rio de Janeiro, José Olympio, 2004, p. 294.

[17] Pedro Nava, op. cit., p. 246.

[18] Edgard Carone, *A República Velha*, São Paulo, Difusão Europeia do Livro, 1971, v. 2: Evolução política, p. 196.

[19] Luís Cláudio Villafrañe G. Santos, *Juca Paranhos: o Barão do Rio Branco*, São Paulo, Companhia das Letras, pp. 268 ss.

[20] Idem, pp. 274-8.

[21] Edgard Carone, *A República Velha*, São Paulo, Difusão Europeia do Livro, 1971, v. 1: Instituições e classes sociais (1889-1930), p. 93.

[22] No começo de 1907, já tendo saído do *Correio*, Leão Velloso escreveu ao Barão do Rio Branco, num *post scriptum*: "Parece que aí no seu gabinete ainda há quem conserve ressentimentos do Gil Vidal. Este não os tem e, sinceramente, passou uma esponja no passado".

[23] Pedro Leão Velloso Neto fez carreira no Itamaraty: foi embaixador e ministro interino das Relações Exteriores em 1944, na ditadura de Getúlio Vargas.

[24] Manço de Paiva foi condenado a 30 anos de prisão, dos quais cumpriu 20; saiu tuberculoso da cadeia. Sempre afirmou que o crime não teve mandantes e que ele queria vingar os maragatos, que faziam oposição

ao governo do Rio Grande do Sul, os quais, segundo ele, foram mortos por ordens de Pinheiro Machado na Revolução de 1891. Dizia que o caudilho era homem de coragem e perverso até a alma. Fora da prisão, Manço viveu de vender bilhetes da loteria e de um emprego no Instituto Brasileiro do Café, arranjado por Assis Chateaubriand. Quando durante o Estado Novo Edmar Morel quis publicar uma entrevista com Manço de Paiva, foi proibido pela censura: "Poderia impressionar um indivíduo qualquer que poderia tentar matar o presidente Getúlio Vargas." Emil Farhat, estudante de Direito e repórter dos Diários Associados, falou com Manço depois que estava no Manicômio Judiciário. Ele se declarou profundamente arrependido de ter matado Pinheiro Machado por um estúpido impulso da juventude, que o levou a tirar a vida de uma pessoa ilustre que não conhecia e que não lhe fizera mal. Disse que a pena, embora pesada, foi uma sábia decisão da Justiça. Farhat publicou uma longa reportagem em *O Jornal*.

[25] Cláudio Mello e Souza, *Impressões do Brasil: a imprensa brasileira através dos tempos*, São Paulo, Grupo Machline, 1986, p. 115.

[26] Marialva Barbosa, *História cultural da imprensa, Brasil: 1800-1900*, Rio de Janeiro, Mauad X, 2010, p. 195.

[27] A fonte da notícia é um depoimento de Luís Edmundo a Raymundo Magalhães Júnior. João Carlos Rodrigues, autor de uma obra sobre Paulo Barreto, disse que não encontrou essa nota no *Correio da Manhã*, nem a hipotética resposta que João do Rio teria dado na *Gazeta de Notícias*. Mas não descarta que o evento possa ser verídico. Cf. João Carlos Rodrigues, *João do Rio: uma biografia*, Rio de Janeiro, Topbooks, 1996, pp. 114-5. O autor destas linhas também não conseguiu encontrar essa nota no *Correio*.

[28] José Inácio de Melo Souza, *O Estado contra os meios de comunicação (1889-1945)*, São Paulo, Annablume/Fapesp, 2003, p. 24.

[29] Alguns anos antes, Lima Barreto e outros colaboradores da revista *O Diabo* fizeram ao diretor do *Correio da Manhã* entusiástico elogio: "Rendemos aos Deuses os nossos melhores votos, por haverem trazido em salvamento e com boa saúde o magnífico e ardoroso jornalista dr. Edmundo Bittencourt". Cf. Lilia Moritz Schwarcz, *Lima Barreto: triste visionário*, São Paulo, Companhia das Letras, 2017, p. 150.

[30] Ruy Castro, op. cit., pp. 18-9.

[31] Mário Hora, *48 anos de jornalismo (1908 a1956)*, Rio de Janeiro, Livraria São José, 1959, p. 71.

[32] Sérgio Augusto, *O Estado de S. Paulo*, São Paulo, 26 de dezembro de 2005.

[33] Nelson Werneck Sodré, *História da imprensa no Brasil*, Rio de Janeiro, Civilização Brasileira, 1966, p. 348.

[34] Tito H. S. Queiroz, "Um correspondente de duas guerras mundiais: Raul Brandão e o *Correio da Manhã*", em *Comum*, Rio de Janeiro, Faculdades Integradas Hélio Alonso (Facha), v. 15, n. 34, pp. 76-89, jul./dez. 2013.

[35] Azevedo Amaral participaria posteriormente da fundação do *Rio Jornal* e de *O Dia*, escreveu em *A Notícia* e o *Jornal do Commercio*, dirigiu *O Paiz* e foi secretário de *O Jornal*. Nos anos 1930, seria o fundador e primeiro diretor da revista *Diretrizes*; Samuel Wainer, secretário da redação, substituiu Amaral na direção da revista.

[36] Ruy Castro, op. cit. p. 34.

[37] Laurita Pessoa Raja Gabaglia, *Epitácio Pessoa*, Rio de Janeiro, Livraria José Olympio, 1951, p. 434.

[38] Alceu Amoroso Lima, *O jornalismo como gênero literário*, Rio de Janeiro, Livraria Agir, 1960.

[39] *A imprensa na década de 20*, ABI/Finep.

[40] *Correio da Manhã*, Rio de Janeiro, suplemento de 70 anos, p. 24. Em seu livro *História de uma covardia*, Maurício de Lacerda escreve que estava preso da Casa de Correção, "sem processo nem culpa formada", quando o diretor da prisão entrou em sua cela e disse que iria matar a socos Edmundo Bittencourt, que fora colocado num cubículo da décima galeria. Lacerda disse que seria uma covardia e que o dissuadiu. Cf. Maurico de Lacerda, *História de uma covardia*, Rio de Janeiro, Nova Fronteira, 1980.

[41] O *Correio* também foi acusado de ter impresso em suas oficinas o panfleto *5 de julho*, de apoio à revolta de Isidoro e Prestes em São Paulo, mas nada foi encontrado nem provado.

Notas

42   Mário Rodrigues escreveu que Paulo Bittencourt "fugiu, precavido" para a Europa e o deixou em meio a um processo "de que resultou a minha estadia na cadeia, um ano completo".

43   Carta de 6 de agosto de 1924, apud Maria Alice Rezende de Carvalho, *Irineu Marinho: imprensa e cidade*, Rio de Janeiro, Globo Livros, 2012, pp. 184-5.

44   Samuel Wainer registrou em suas memórias que Getúlio Vargas dizia não poder passar o dia sem ler a página 4 do *Correio*, que continha os editoriais.

45   O *Correio da Manhã*, em 9 de janeiro de 1923, escreveu, com pouco fundamento, que ele estudara na Universidade de Cambridge.

46   Jeferson de Andrade, *Um jornal assassinado: a última batalha do* Correio da Manhã, Rio de Janeiro, José Olympio, 1991, p. 92.

47   Afonso Arinos de Melo Franco, *Um estadista da República: Afrânio de Melo Franco e seu tempo*, Rio de Janeiro: José Olympio, 1955, v. III, p. 1369, apud Noé Freire Sandes, "O jornalista Costa Rego e o tempo revolucionário (1930)", *Revista Brasileira de História*, São Paulo, v. 28, n. 55, pp. 41-61, jan./jun. 2008.

48   Apesar dos elogios de Costa Rego a Afrânio de Melo Franco, o *Correio da Manhã* publicou em 1933 dois artigos, com o título "Ratos, ratinhos e ratices", acusando a família Melo Franco de ter-se beneficiado com a expropriação de uma estrada de ferro quando Afrânio era ministro da Viação, em 1919.

49   Mário Hora, op. cit., pp. 61-2.

50   Edmar Morel, *Histórias de um repórter*, Rio de Janeiro, Record, 1999, p. 57.

51   Outro jornal que não teria aceitado o pagamento do DIP foi o *Diário de Notícias*, de Orlando Dantas. No entanto, Licurgo Costa, tesoureiro do DIP, afirmou que o *Diário* cobrava mais caro, porque falava mal do governo.

52   Ana Arruda Callado, *Adalgisa Nery: muita amada e muito só*, Rio de Janeiro, Relume Dumará/Secretaria Municipal de Cultura, 1999, p. 47.

53   Samuel Wainer (org.), *Minha razão de viver: autobiografia*, São Paulo, Planeta, 2005, p. 169.

54   *Diário da Noite*, São Paulo, 23 de maio de 1942.

55   Niomar teve uma relação complicada com o filho. Este disse que a mãe era uma figura fascinante, mas uma pessoa difícil e a convivência era exaustiva, sendo necessário ficar permanentemente em alerta; não tolerava facilmente que alguém discordasse dela. Numa ocasião, Paulo Bittencourt o levou para trabalhar no jornal e Niomar, depois de um desentendimento, pediu que o demitisse. Cf. Flávia Bessone, *Biografia de Niomar II*, 2012. Disponível em: <http://esquecidaniomar.blogspot.com/2012/08/biografia-de-niomar-por-flavia--bessone-v.html>. Acesso em: 16 mar. 2016.

56   Idem, *Biografia de Niomar V*. Disponível em: <http://esquecidaniomar.blogspot.com/2012/08/biografia-de-niomar-por-flavia-bessone-v.html>. Acesso em: 16 mar. 2016.

57   Segundo Pedro do Coutto, Niomar: "Era uma mulher de grandes ódios e um deles, eu acho, que do próprio Paulo Bittencourt. Ela trazia o Paulo Bittencourt escravizado a ela, tinha esse poder. [...] ela dominava o Paulo. [...] Um dia, ele entrou na casa do Carpeaux de manhã (contado a mim pelo Carpeaux) e disse: 'Carpeaux, eu sou um infeliz. A minha Niomar..., a minha filha é pior ainda. Não sei...'; o Carpeaux ficou perplexo: ele na casa dele, uma casa modesta e o Paulo Bittencourt, um grande senhor. Mas às pessoas próximas ele falava muito mal dela, com termos até muito agressivos e, no entanto, quando chegava de noite, ele ia para casa e fazia tudo que ela queria". Depoimento dado a Carla Siqueira e Caio Barretto Briso, do Centro de Cultura e Memória do Jornalismo.

58   *Correio da Manhã*, Rio de Janeiro, 7 de janeiro de 1941, p. 3.

59   Leonencio Nossa, *Roberto Marinho: o poder está no ar*, Rio de Janeiro, Nova Fronteira, 2019, p. 148.

[60] Fernando Morais escreveu que tinha sido combinado publicar a entrevista no *Diário Carioca*, mas depois de ler o conteúdo explosivo das declarações de José Américo, a direção do jornal se recusou a publicá-la. Foi então decidido distribuí-la a outros jornais, mas não aos Diários Associados, com o quais Lacerda tinha brigado. Cf. Fernando Morais, *Chatô, o rei do Brasil*, São Paulo, Companhia das Letras, 1994, p. 452.

[61] Carlos Lacerda, *Depoimento*, 2. ed., Rio de Janeiro, Nova Fronteira, 1977, p. 31.

[62] Getúlio Vargas contribuiu para a vitória de Dutra por maioria absoluta. Em 28 de novembro, Hugo Borghi leu pelo rádio um apelo do ex-ditador para que o povo votasse em Dutra.

[63] Entrevista de Edmundo Moniz a Gilberto Negreiros, "1964, o fim de um ciclo em crise", *Folha de S. Paulo*, São Paulo, 12 de janeiro de 1979.

[64] Carlos Lacerda, op. cit., p. 29.

[65] Samuel Wainer reconheceu ter recebido dinheiro para escrever a favor das refinarias. Em suas memórias, disse que conseguira em 1947 um empréstimo pessoal de 100 contos do Banco do Distrito Federal, de Drault Ernanny, com a condição de que ele escrevesse uma série de reportagens nos Diários Associados sobre a importância das refinarias de petróleo particulares. O dinheiro, disse Wainer, era para o diário *Diretrizes*, na época dirigido por Oswaldo Costa. Samuel Wainer, op. cit., pp. 122-3.

[66] Paulo Bittencourt, "Na tribuna da imprensa", *Correio da Manhã*, Rio de Janeiro, 1º de maio de 1949.

[67] Villas-Bôas Corrêa, *Conversa com a memória: a história de meio século de jornalismo político*, Rio de Janeiro, Objetiva, 2003, p. 51.

[68] Depoimento de Villas-Bôas Corrêa a Carla Siqueira e Caio Barretto Briso do Centro de Cultura e Memória do Jornalismo, Rio de Janeiro, em 20 de agosto de 2008.

[69] *Correio da Manhã*, Rio de Janeiro, 29 de agosto de 1954; 31 de agosto de 1954; 1º de setembro de 1954.

[70] André Singer et al. (org.), *No planalto com a imprensa*, Recife, Fundação Joaquim Nabuco/Massangana, 2010, v. I, p. 43.

[71] *Correio da Manhã*, Rio de Janeiro, 13, 14, 15 de outubro de 1955, p. 6.

[72] Idem.

[73] Idem.

[74] Carlos Lacerda, "Delirium tremens", *Tribuna da Imprensa*, Rio de Janeiro, 13 de outubro de 1955.

[75] Idem, "Os males do alcoolismo", *Tribuna da Imprensa*, Rio de Janeiro, 14 de outubro de 1955. Além de Lacerda, outros jornalistas disseram que Paulo Bittencourt tinha inclinação pela bebida. Samuel Wainer afirmou numa palestra sobre os donos da imprensa: "Um dono de jornal pode ser alcoólatra e será tratado pela sociedade como homem sóbrio, exemplifiquei. Era Paulo Bittencourt". Otto Lara Resende escreveu que trabalhara no *Correio da Manhã* a convite de Álvaro Lins "e saí num desentendimento meio alcoólico com Paulo Bittencourt, que, pressionado por Costa Rego, me chamou de volta". *Revista da Comunicação*, ano 3, n. 11, p. 17, 1987. Hélio Fernandes escreveu na revista *Manchete* que Bittencourt era capaz de identificar pelo cheiro a marca de qualquer uísque.

[76] Marco Antonio de Carvalho, *Rubem Braga, a biografia: um cigano fazendeiro do ar*, São Paulo, Globo, 2007, pp. 387-8.

[77] Entrevista de Altino de Barros ao Centro de Pesquisa e Documentação de História Contemporânea do Brasil (CPDOC) da FGV.

[78] Antonio Callado, apud Dênis de Moraes, *O velho Graça: uma biografia de Graciliano Ramos*, São Paulo, Boitempo, 2012.

[79] Ao ser indicado, em 1947, para uma cátedra no Colégio Pedro II do Rio de Janeiro, Aurélio Buarque de Holanda sugeriu Graciliano Ramos para substituí-lo na revisão. O alagoano Costa Rego, redator-chefe, ficou surpreso: "Graciliano é um grande escritor, deve estar rico, não há de aceitar esse tipo de emprego".

Quando Aurélio disse que "o grande escritor" enfrentava muitas dificuldades, Costa Rego falou surpreso: "Está certo disso? Olha é o único alagoano que até hoje não me pediu coisa alguma". Informação de Dênis de Moraes extraída da *Revista da Comunicação*, ano 8, n. 30, p. 31, nov. 1992.

[80] Benício Medeiros, *A rotativa parou! Os últimos dias da* Última Hora *de Samuel Wainer*, Rio de Janeiro, Civilização Brasileira, 2009, p. 79.

[81] *Jornal do Brasil*, Rio de Janeiro, 13 de março de 1991.

[82] Juracy Magalhães, *O último tenente*, Rio de Janeiro, Record, 1996, p. 241.

[83] O jornalista Bertoldo de Castro disse que quando Juracy Magalhães foi ministro das Relações Exteriores era chamado pelo *Correio* "Chanceler Montenegro", outro sobrenome dele. Depoimento a Carla Siqueira e Caio Barretto Briso, do Centro de Cultura e Memória do Jornalismo, Rio de Janeiro, em 31 de julho de 2008.

[84] Piero Saporiti fez a cobertura da Guerra Civil Espanhola, acompanhando as tropas italianas, as "Frecce Neri", para a agência oficial de notícias Stefani. Foi, desde 1944, correspondente das revistas *Time* e *Life* na Espanha e em Portugal, de onde foi expulso em 1946 por decisão do ditador António de Oliveira Salazar, e depois na Argentina e no Brasil.

[85] Antonio Callado, *IstoÉ*, 22 ago.1979, apud Jeferson de Andrade, op. cit., pp. 92-4.

[86] Depoimento de Luiz Alberto Bahia a Jeferson de Andrade, op. cit., pp. 102-3.

[87] Idem.

[88] Dênis de Moraes, op. cit., p. 246.

[89] Alzira Alves de Abreu et al., *Dicionário histórico-biográfico brasileiro pós-1930 (DHBB)*, 2. ed. rev. e atual., Rio de Janeiro, Editora FGV, 2001, p. 1632.

[90] Arthur José Poerner, *Jornal do Brasil*, Rio de Janeiro, 21 de junho de 1999.

[91] Carlos Lacerda, *Depoimento*, op. cit., pp. 288-9.

[92] Bahia não foi o único diretor a ser hostilizado por Niomar. Ela jogou um copo de uísque na cara de outro diretor do *Correio* e também o agrediu com um sapato.

[93] Fuad Atala, depoimento a Carla Siqueira e Caio Barretto Briso do Centro de Cultura e Memória do Jornalismo, Rio de Janeiro, 20 de agosto de 2018.

[94] Jeferson de Andrade, op. cit., pp. 105-8.

[95] Fuad Atala, que seria secretário do jornal, afirma que havia um conflito interno entre Bahia e Niomar em torno da política de Jânio de reaproximação com Cuba. "Eu sei que o Paulo Bittencourt – até com um certo medo – dava apoio ao Bahia. Houve um momento de ruptura em que o Paulo retirou esse apoio. [...] Na ausência do Paulo, embora não tivesse gerência na redação, ela dava os palpites pelos bastidores. Tinha lá um grupo dela, pessoas fiéis a ela. Eu sei que num dos impedimentos aí, o Paulo Bittencourt acabou retirando o apoio ao Bahia e o demitiu, ao que se sabe, através de um telegrama que ele mandou de Londres." Depoimento ao Centro de Cultura e Memória do Jornalismo, Rio de Janeiro, em 20 de agosto de 2008.

[96] Moniz Vianna foi considerado o melhor e mais influente crítico de cinema da imprensa brasileira. Escrevia praticamente uma coluna por dia. Segundo Sérgio Augusto, escrevia com elegância, incisividade e inigualável erudição. Era polêmico e não gostava do cinema brasileiro, assim como detestava a "nouvelle vague" francesa. Começou a escrever no *Correio da Manhã* em 1946 e publicou sua última crítica em setembro de 1973. Morreu no Rio aos 84 anos, em 2009.

[97] Pedro do Coutto, depoimento ao CPDOC da FGV em 1997.

[98] De acordo com Pedro do Coutto, quem demitiu tanto Luiz Alberto Bahia como Moniz Vianna foi Niomar Moniz Sodré, mulher de Paulo Bittencourt. Cf. *Tribuna da Imprensa*, Rio de Janeiro, 2 de fevereiro de 2012.

HISTÓRIA DOS JORNAIS NO BRASIL – 1840-1930

[99] Jeferson de Andrade, op. cit., pp. 111-8.

[100] Idem, pp. 112-3.

[101] Segundo Fuad Atala, Niomar "usava o jornal como, digamos assim, gazua, para a grande obra que realmente ela realizou, que foi o Museu de Arte Moderna". Depoimento ao Centro de Cultura e Memória do Jornalismo, Rio de Janeiro, em 20 de agosto de 2008.

[102] Depoimento de Janio de Freitas a Ana Paula Goulart, em 5 de maio de 2000.

[103] Almir Muniz, "José Silveira, o senhor secretário", *Revista da Comunicação*, ano 8, n. 30, p. 6, nov. 1992.

[104] *Negócios da Comunicação*, São Paulo, ago. 2013.

[105] Ruy Castro, *Ela é carioca: uma enciclopédia de Ipanema*, 1. reimp., São Paulo, Companhia das Letras, 1999, p. 188.

[106] Amilcar de Castro, entrevista a *Novos Estudos Cebrap*, n. 78, jul. 2007.

[107] Pedro do Coutto, depoimento ao CPDOC da FGV em 1997.

[108] Depoimento de Janio de Freitas ao Centro de Cultura e Memória do Jornalismo, Rio de Janeiro, em 9 de outubro de 2008.

[109] *Correio da Manhã*, Rio de Janeiro, 17 de junho de 1965.

[110] "Fazendo media", entrevista de Janio de Freitas a Malu Muniz e Marcelo Salles, em 21 de setembro de 2015.

[111] Depois de sair do *Correio*, Janio de Freitas foi convidado pelo empresário Mário Wallace Simonsen, proprietário da Comal, a maior exportadora de café, da companhia aérea Panair e da TV Excelsior, para fazer um jornal diário no Rio de Janeiro. Simonsen já tinha um jornal em São Paulo, *A Nação*, e queria lançar outro no Rio para apoiar o presidente João Goulart. Chegou a comprar um prédio "espetacular, belíssimo" no bairro de São Cristóvão e estava sendo negociada a compra de uma rotativa Frankenthal, importada, mas não usada, por uma empresa gaúcha. Com o golpe militar de 1964, a iniciativa parou.

[112] Cícero interpelou Catilina, demagogo e conspirador, que estava querendo ocupar pela força o poder em Roma: "Quosque tandem abutere, Catilina, patientia nostra?" (Até quando, Catilina, abusarás de nossa paciência?)

[113] Jeferson de Andrade diz que quando estava pesquisando para escrever o livro *Um jornal assassinado*, Niomar exigiu que omitisse qualquer referência aos editoriais "Basta!" e "Fora!", pois tinha se tornado amiga de Brizola e não queria que fosse feita nenhuma referência a ele, que tinha sido muito criticado pelo *Correio da Manhã*. Como não concordasse, ela mandou parar com o livro sobre ela e proibiu que fossem passadas informações ao autor. "Ela era assim. Autoritária ao extremo", comentou Jeferson de Andrade. Foi feito um livro diferente para contornar o veto. Blog do Argemiro Ferreira. Disponível em: <https://argemiroferreira.wordpress.com/>. Acesso em: 21 jun. 2016.

[114] "1964, fim de um círculo de crise", entrevista de Edmundo Moniz a Gilberto Negreiros, *Folha de S.Paulo*, São Paulo, 12 de janeiro de 1979.

[115] Alberto Dines et al., *Os idos de março e a queda em abril*, Rio de Janeiro, José Álvaro Editor, 1964, p. 61.

[116] Alberto Dines, *Observatório da Imprensa*, 9 abr. 2014.

[117] Segundo Elio Gaspari: "Em julho de 1999, o jornalista Carlos Heitor Cony contou-me que a base do editorial, na sua primeira versão, foi manuscrita por Carpeaux. Submetida a Moniz, começou um processo de redação conjunta, da qual participaram ele, Cony, Carpeaux e Moniz. Cony informa que o tom do texto pode ser atribuído a ele e a Carpeaux. "Na boa técnica da produção dos editoriais, esse foi resultado de um trabalho coletivo. Entraram ideias de diversas pessoas. Um bom editorial, em termos de autoria, é coletivo como uma catedral gótica." Cf. Elio Gaspari, *A ditadura envergonhada: as ilusões armadas*, São Paulo, Companhia das Letras, 2002, p. 65.

Cony escreveu na *Folha de S.Paulo*: "Elio realmente me perguntou sobre o assunto e eu disse o que sabia. [...] Na crise de 1964, os editoriais eram discutidos exaustivamente pela equipe liderada por Moniz e da qual faziam parte Otto Maria Carpeaux, Osvaldo Peralva e Newton Rodrigues, entre outros. Eu estava recém-operado, no meu apartamento em Copacabana, e Edmundo Moniz, que ia me visitar todos os dias, telefonou-me para comunicar que Carpeaux desejava pisar forte, com um editorial virulento contra Jango. O próprio Carpeaux sugerira que Moniz me consultasse, uma vez que nós dois éramos afinados, tanto em política como em literatura. Minha participação limitou-se a cortar um parágrafo e acrescentar uma pequena frase. Hora e meia mais tarde, Moniz telefonou-me outra vez, lendo o texto final que absorvia a colaboração dos editorialistas, e, embora o conteúdo fosse o piloto elaborado por Carpeaux, a linguagem traía o estilo espartano do próprio Moniz. Como disse ao Elio Gaspari, um bom editorial é obra coletiva como uma catedral gótica. Não expressa o pensamento de um indivíduo, mas o clima de uma época". *Folha de S.Paulo*, São Paulo, 30 de novembro de 2002.

[118] "Foi mais ou menos assim que me senti. O clima da imprensa nacional, naquela ocasião, era marcado e patrulhado por uma esquerda assanhada, gulosa de tomar o poder. Com exceção dos órgãos mais conservadores (*Estado de S. Paulo* e *O Globo*), o restante da mídia defendia com histeria as reformas anunciadas pelo governo, sobretudo a constitucional, a agrária e a cambial, propunha-se uma nova lei da remessa dos juros, a privatização de bancos e empresas estrangeiras. Predominava um sentimento antiamericano, explícito e virulento. Sindicatos no poder, solidariedade com os povos afro-asiáticos, o temário usual de um país que se liberta do sistema capitalista e se agrega ao sistema socialista. Os principais colunistas, os formadores de opinião, professores das principais universidades, intelectuais de todos os calibres, enfim, a *intelligentsia* estava toda à esquerda e eu próprio era amaldiçoado por ser alienado, dedicando-me a temas literários ultrapassados, sem nunca abordar a luta social, recusando-me ao engajamento com as grandes causas da época." Cf. Carlos Heitor Cony, *A revolução dos caranguejos*, São Paulo, Companhia das Letras, 2004, pp. 28-9.

[119] No livro de Carlos Heitor Cony, *O ato e o fato: o som e a fúria do que se viu no golpe de 1964*, Rio de Janeiro, Nova Fronteira, 2014, a crônica tem data de 2 de abril de 1964, a qual foi repetida posteriormente em artigos e livros. A crônica só foi publicada na edição do dia 7 de abril. Ele sugere que foi escrita no dia 1º, o que parece coerente com os fatos que menciona, mas foi publicada somente no dia 7. Para complicar a questão das datas, em seu livro *A revolução dos caranguejos*, pp. 13-7, Cony diz que o episódio narrado na crônica se deu no dia 12; certamente um lapso ou erro de revisão.

[120] Carlos Heitor Cony, *A revolução dos caranguejos*, op. cit.

[121] Cony exagera ao dizer que a única crítica circunstancial periférica foi a dele. Como foi visto anteriormente, vários editoriais de primeira página tinham condenado, em dias anteriores, as arbitrariedades do novo regime.

[122] Carlos Heitor Cony, *A revolução dos caranguejos*, op. cit.

[123] Luis Fernando Verissimo escreveu: "Em pouco tempo, ler aquele ato, ler o Cony, se tornou um exercício vital de oxigenação para muita gente e a sua coluna uma espécie de cidadela intelectual em que também resistíamos – mesmo que a resistência consistisse apenas em dizer 'É isso mesmo', ou "Dá-lhe Cony', a cada duas frases lidas. 'Leu o Cony hoje?' passou a ser a senha de uma conspiração tácita de inconformados passivos, cujo lema silencioso sereia: 'Pelo menos eles não estão conseguindo engambelar todo mundo'".

[124] Carlos Heitor Cony, *Posto seis*, Rio de Janeiro, Civilização Brasileira, 1965.

[125] Elio Gaspari, "Foi fácil entrar na ditadura, difícil foi sair", em *Folha de S.Paulo*, São Paulo, 28 de junho de 2020.

[126] Sérgio Augusto, *Folha de S.Paulo*, São Paulo, 1º de abril de 1984.

[127] Elio Gaspari, *A ditadura envergonhada*, op. cit., p. 143.

[128] Joel Silveira, "A explosiva noite dos neuróticos de guerra", em Jeferson de Andrade, op. cit., p. 261.

[129] Theodoro Barros, *Observatório da Imprensa*, 31 maio 2005.

[130] Alzira Alves de Abreu et al., op. cit., p. 163.

[131] A informação é de Pery Cotta, *Calandra: o sufoco da imprensa nos anos de chumbo*, Rio de Janeiro, Bertrand Brasil, 1997, p. 61. O autor destas linhas consultou várias edições posteriores ao golpe militar na Grécia, em 21 de abril de 1967, e não encontrou a frase que teria sido escrita pelo linotipista do *Correio*. Posteriormente, em entrevista ao Centro de Cultura e Memória do Jornalismo, Cotta disse: "Eu não me recordo, mas é bem provável que tenha acontecido."

[132] Carlos Heitor Cony, *Imprensa*, ago. 2004.

[133] Depois que saiu do *Correio da Manhã*, Cony abandonou o jornalismo político. Viajou a Cuba em 1967 e voltou desencantado com o socialismo. Foi preso na volta. Desempregado, só encontrou trabalho na editora Bloch, e se tornou *ghost writer* de seu proprietário, Adolpho Bloch, para desespero dos jornalistas de esquerda. Para desencanto de seus amigos e antigos admiradores, ele enalteceu numa reportagem na revista *Manchete* o delegado Sérgio Fleury, cujo nome era sinônimo da repressão. Sérgio Augusto escreveu na *Folha de S.Paulo* ("Cony, de herói a maldito", 1º de abril de 1984) que ele teve de abdicar da condição de herói para sobreviver, e que quando três anos mais tarde Cony lançou o romance *Pilatos*, foi recebido na imprensa com um silêncio generalizado: "Faz tempo que Cony se tornou um nome maldito". Esse período de ostracismo, no entanto, ficaria para trás. Cony recebeu calorosas homenagens quando completou 90 anos.

[134] Pedro do Coutto afirma que foi Niomar quem decidiu demitir Cony. Ela teria ficado furiosa por causa desse artigo, publicado no mesmo dia em que seu amigo Nelson Batista, a quem pedira que arranjasse publicidade para o *Correio*, almoçou no Country Club com empresários norte-americanos.

[135] Carlos Heitor Cony, "Liberdade de imprensa: mito e realidade", em *Revista da Comunicação*, ano 3, n. 11, pp. 12-3, 1987.

[136] Os deputados federais foram Hermano Alves e Márcio Moreira Alves; os estaduais, Alberto Rajão e Fabiano Vila Nova.

[137] Fernando Pedreira, *Entre a lagoa e o mar: reminiscências*, Rio de Janeiro, Bem-Te-Vi, 2016, p. 392. Segundo Pedreira, o caderno tinha dois articulistas "residentes, Paulo Francis, que escrevia sobre teatro e artes em geral, e ele, que escrevia sobre política e coisas como a crise racial. A lembrança de Paulo Francis é diferente: escreveu que José Lino Grünewald cuidava do modernismo literário e ele, Francis, das polêmicas políticas. Cf. Paulo Francis, *O afeto que se encerra: memórias*, Rio de Janeiro, Civilização Brasileira, 1980, p. 160.

[138] Paulo Francis, *Pasquim*, Rio de Janeiro, 28 maio 1974.

[139] Idem, *O afeto que se encerra*, op. cit., p. 160.

[140] Fernando Pedreira, op. cit., p. 395.

[141] Ruy Castro, "Para o *Correio da Manhã*, com uma lágrima", em *O Estado de S. Paulo*, São Paulo, 9 de junho de 2001.

[142] Peralva disse que um empregado da gráfica do *Correio* substituiu uma linha de uma notícia procedente de Madri por outra que dizia: "Osvaldo Peralva foi preso" e que no *Jornal do Brasil* apareceu a mesma informação na seção de anúncios classificados. Nunca se soube o nome desses gráficos. Cf. Jeferson de Andrade, op. cit., p. 40. O autor destas linhas consultou as edições do *Correio da Manhã* posteriores ao AI-5, mas não encontrou a expressão "Osvaldo foi preso" nos telegramas procedentes de Madri. Não consultou as edições do *JB*.

[143] Jeferson de Andrade, op. cit. p. 225.

[144] Edmar Morel, op. cit., p. 266.

[145] Cecília Costa, *Diário Carioca: o jornal que mudou a imprensa brasileira*, Rio de Janeiro, Fundação Biblioteca Nacional, 2011, p. 120.

[146] Depoimento de Carlos Chagas ao CPDOC da FGV, em 23 de outubro de 2006.

NOTAS

[147]   Alberto Dines, *O papel do jornal: tendências da comunicação e do jornalismo no mundo em crise*, Rio de Janeiro, Artenova, 1974.

[148]   Samuel Wainer, op. cit., p. 342.

[149]   José Luiz Milhazes, *Jornal da ABI*, Rio de Janeiro, n. 372, novembro de 2011.

[150]   Pedro do Coutto, op. cit., p. 38.

[151]   Fuad Atala, depoimento a Carla Siqueira e Caio Barretto Briso do Centro de Cultura e Memória do Jornalismo, 20 de agosto de 2018.

[152]   Os três eram conhecidos como os "Irmãos bobagem", numa referência à novela da TV Globo *Irmãos coragem*.

[153]   Na edição de 17 de junho, no alto da primeira página, mas não na manchete, o título do *Correio* foi: "Uruguai afirma vitória". Na seção de Esportes, na página 15, o título da matéria sobre o jogo destacava o Uruguai, não o Brasil: "Hohberg tem dois triunfos: a camisa e Rocha". Juan Hohberg era o técnico uruguaio. A matéria estava ilustrada com uma fotografia de Pedro Rocha, "o astro uruguaio".

[154]   Pedro do Coutto, op. cit., p. 39.

[155]   José Venâncio de Resende, *Construtores do jornalismo econômico: da cotação do boi ao congelamento de preços*, São Paulo, Secretaria de Agricultura e Abastecimento do Estado de São Paulo, 2003, pp. 154-6.

[156]   Idem, pp. 154-7; e entrevista com Washington Novaes em 2004, Projeto: "O Brasil de Aloysio Biondi" – Dois Irmãos, Parte 2. Disponível em: <http://www.aloysiobiondi.com.br.spip.php?article913&debut_articles_rubrique=10>. Acesso em: 16 mar. 2016.

[157]   Entrevista com Washington Novaes em 2004, op. cit.

[158]   Aylê-Salassiê Filgueiras Quintão, *O jornalismo econômico no Brasil depois de 1964*, Rio de Janeiro, Livraria Agir, 1987, p. 78.

[159]   Elio Gaspari, *A ditadura derrotada: o sacerdote e o feiticeiro*, São Paulo, Companhia das Letras, 2003, p. 206.

[160]   Janio de Freitas, depoimento ao Centro de Cultura e Memória do Jornalismo, Rio de Janeiro, em 9 de outubro de 2008.

[161]   Idem.

[162]   Em junho de 1976, foi publicada uma edição do jornal para impedir que o título caísse em domínio público. Em abril de 1977, o engenheiro Wilson Nogueira Rodrigues pagou Cr$ 480 mil pelo título num leilão. Em 1991, foi comprado pelo empresário Hamilton Lucas de Oliveira, por US$ 250 mil, com a intenção de fazer um jornal nacional, que nunca chegou a circular.

[163]   Fuad Atala, *Observatório da Imprensa*, 16 dez. 2008.

[164]   Idem, 14 jun. 2011.

[165]   Jeferson de Andrade, op. cit., p. 108.

[166]   Idem, p. 118.

[167]   Idem.

[168]   Samuel Wainer, op. cit., p. 341.

[169]   Pedro do Coutto, depoimento ao CPDOC da FGV em 1997, p. 40.

[170]   Alzira Alves de Abreu et al., *Eles mudaram a imprensa*, Rio de Janeiro, Editora FGV, 2003, pp. 40-1.

[171]   Paulo Francis, *O afeto que se encerra*, op. cit., p. 160.

[172]   Lúcio Flávio Pinto, *Jornal Pessoal*, n. 505, 2ª quinz., jan. 2012, apud *Observatório da Imprensa*, ed. 678, 21 jan. 2012.

[173]   John W. Foster Dulles, *Sobral Pinto, a consciência do Brasil: a cruzada contra o regime Vargas (1930-1945)*, Rio de Janeiro, Nova Fronteira, 2001, p. 126.

[174] Jeferson de Andrade, op. cit., pp. 221-2.

[175] Carlos Castello Branco, *Imprensa*, dez. 2007.

[176] Ana Arruda Callado, depoimento ao Centro de Cultura e Memória do Jornalismo, Rio de Janeiro, em 24 de julho de 2008.

A Noite (1911-57/1960-4) (p. 417-446)

[1] Aldeia Campista era um bairro de classe média da Zona Norte do Rio de Janeiro, no Engenho Velho. Foi incorporado à Vila Isabel e forma parte da Grande Tijuca. Surgiu com a construção da Fábrica Confiança, no século XIX, cujos apitos foram imortalizados pela música de Noel Rosa. Ainda estão em pé as casas da Vila Operária, construídas naquela ocasião.

[2] Nelson Rodrigues, *A menina sem estrela: memórias*, 1. reimp., São Paulo, Companhia das Letras, 1993, p. 31.

[3] Geneton Moraes Neto, "Cenas de um encontro com um gênio chamado Nelson Rodrigues: 'Ao cretino fundamental, nem água'", *Geneton.com.br*, mar. 2004. Disponível em: <http://www.geneton.com.br/archives/000012.html>. Acesso em: 16 mar. 2016.

[4] Vivaldo Coaracy, *Todos contam sua vida: memórias de infância e adolescência*, Rio de Janeiro, Livraria José Olympio, 1959, p. 220.

[5] Maria Alice Rezende de Carvalho, *Irineu Marinho: imprensa e cidade*, São Paulo, Globo, 2012, p. 69. Dessa obra foram extraídas várias informações incluídas neste capítulo.

[6] Idem.

[7] Idem, pp. 97 e 100.

[8] No século XIX, existiu um *Correio da Noite*, lançado em 1879. O *Correio da Noite* de 1907 fechou em 1915. Quando Irineu Marinho decidiu lançar um novo vespertino em 1925, a primeira opção de título foi *Correio da Noite*, mas já tinha dono. Em 1935, foi lançado um novo jornal com esse nome por Mário Magalhães, um antigo diretor do *Diário da Noite*.

[9] Maria Alice Rezende de Carvalho, op. cit., p. 103.

[10] Nelson Werneck Sodré, *História da imprensa no Brasil*, Rio de Janeiro, Civilização Brasileira, 1966, p. 379.

[11] Maria Alice Rezende de Carvalho, op. cit., p. 100.

[12] Pedro Bial, *Roberto Marinho*, Rio de Janeiro, Jorge Zahar, 2004, p. 54.

[13] Idem, p. 122.

[14] Humberto de Campos, *Perfis: Irineu Marinho*, apud Pedro Bial, op. cit., p. 55.

[15] Pedro Bial, op. cit., p. 57.

[16] Maria Alice Rezende de Carvalho, op. cit., p. 146.

[17] A informação é de José Carlos Rodrigues, *João do Rio: uma biografia*, Rio de Janeiro, Topbooks, 1996, p. 134. No entanto, Maurício de Medeiros, irmão de Medeiros e Albuquerque, escreveu no jornal *O Globo* (6 de julho de 1960), que ele substituiu João do Rio na seção diária "O momento".

[18] João Carlos Rodrigues, op. cit., pp. 133-4.

[19] Maria Alice Rezende de Carvalho, op. cit., p. 103.

[20] José Carlos Rodrigues, op. cit., pp. 111-2.

[21] Maria Alice Rezende de Carvalho, op. cit., pp. 198-9.

[22] *A Noite* deixou de publicar os resultados do bicho quando começou a campanha contra os jogos e os cassinos.

NOTAS

23 O repórter de *A Rua*, Mauro de Almeida, conhecido como o "Peru dos pés frios", foi apontado como o autor, no *Diário Carioca* em 1929, da famosa história do "mineiro que comprou um bonde", que também inspiraria várias letras de samba.

24 Maria Alice Rezende de Carvalho, op. cit., pp. 139-44.

25 Barreto Leite Filho, entrevista à *Folha de S.Paulo*, São Paulo, 5 de janeiro de 1979.

26 Maria Alice Rezende de Carvalho, op. cit., pp. 121-5.

27 Não há consenso sobre a primeira mulher jornalista do Brasil. Vivaldo Coaracy escreveu que a primeira foi sua mãe, Corina.

28 Alguns jornais do Rio, como *A Notícia*, *Correio da Manhã* e *O Imparcial*, já tinham mandado repórteres ao "consultório" e escrito sobre o "fakir" dias antes da primeira reportagem de *A Noite*.

29 *Propaganda & Negócios (PN)*, Rio de Janeiro, 5 out. 1955; e Maria Alice Rezende de Carvalho, op. cit., pp. 148-51.

30 Ruy Castro, *O anjo pornográfico: a vida de Nelson Rodrigues*, São Paulo, Companhia das Letras, 1992, p. 49.

31 *A Noite* não teria sido o primeiro jornal a promover concursos de beleza no Brasil. Essa primazia, segundo narra Vivaldo Coaracy em *Todos contam sua vida*, coube ao semanário *A Rua do Ouvidor*, de Serpa Júnior, que no começo do século escolhia as três mais formosas damas do Rio, entre mulheres solteiras e casadas.

32 Maria Alice Rezende de Carvalho, op. cit., p. 134.

33 Pedro Bial, op. cit., pp. 78-83.

34 Maria Alice Rezende de Carvalho, op. cit., p. 195.

35 *A Noite* escreveu em maio de 1925 que o valor pago pela parte de Irineu Marinho foi de 3.400 contos.

36 *O Globo*, Rio de Janeiro, 3 de agosto de 1956.

37 Pascoal Perrone e Manuel Antônio Gonçalves, *Memória da ABI*, apud Marialva Barbosa, *História cultural da imprensa: Brasil –1900-2000*, Rio de Janeiro, Mauad X, 2009, pp. 59-60.

38 Nelson Rodrigues, op. cit., p. 200.

39 Segundo o jornal *A Batalha*, de 2 de dezembro de 1930, *A Noite* recebia dinheiro do governo de São Paulo.

40 Hélio Silva. *1930: a revolução traída*, Rio de Janeiro, Civilização Brasileira, 1966, pp. 382-3.

41 Gonçalo Junior, *Brasileiros*, jul. 2013.

42 Conceição Parreiras Abritta, *História de Crucilândia*, Belo Horizonte, Página Studio Gráfico, 1988, pp. 100 e 102-3.

43 Tito Henrique Silva Queiroz, "Guerra e imprensa: as guerras mundiais e a imprensa brasileira", em *Comum*, Rio de Janeiro: Facha, v. 14, n. 33, pp. 21-57, jul./dez. 2011.

44 Segundo Luís Edmundo em *O Rio do meu tempo*, Brasília, Edições do Senado Federal, 2003, v. I: "Castellar de Carvalho: pequeno, esperto e ativo, ar de conspirador, usa um mantéu de embuço e um chapelão enorme, descido no sobrolho. É o homem-da-capa-preta dos romances de Ponson du Terrail e Xavier de Montépin. Repórter, vive sempre de pé no ar, de olho vivo e orelha atenta, atrás do fato sensacional. Era, também, perdigueiro de crimes e tragédias".

45 Edmar Morel, *Histórias de um repórter*, Rio de Janeiro, Record, 1999, p. 46.

46 Idem.

47 Villas-Bôas Corrêa, *Conversa com a memória: a história de meio século de jornalismo político*, Rio de Janeiro, Objetiva, 2003, p. 43. Essas observações, porém, não são totalmente objetivas. O autor reconheceu que considerava Odylo Costa Filho, "mais do que amigo, o irmão que ganhei na vida".

48 *O Globo*, Rio de Janeiro, 30 de dezembro de 1957.

HISTÓRIA DOS JORNAIS NO BRASIL – 1840-1930

49 Gonçalo Junior, *A guerra dos gibis: a formação do mercado editorial brasileiro e a censura nos quadrinhos, 1933-64*, São Paulo, Companhia das Letras, 2004, p. 131.

O Imparcial (1912-29) (p. 447-452)

1 Outro jornal com o nome de *O Imparcial* tinha sido publicado no Rio em 1908.

2 Ao voltar, o jornal escreveu que interrompera a circulação "por não julgarmos satisfatória a parte gráfica". Um artigo pergunta que "jornal bem anunciado teria tido a coragem de suspender a sua publicação, logo após a terceira tiragem, perdendo tanto tempo preparatório de propaganda e avultadas somas de dinheiro, só por ter o seu diretor verificado uma pequena falha numa das máquinas e não se resignar oferecer ao público uma folha menos perfeita do que havia prometido?"

3 *Excelsior* foi o primeiro diário francês de "atualidades fotográficas", que até então caracterizavam as revistas ilustradas. Era impresso em papel de melhor qualidade que o dos outros jornais. Tinha formato reduzido, com 12 páginas, compostas em cinco colunas, e publicava diariamente de 25 a 30 ilustrações. Seu lançamento foi considerado uma verdadeira revolução e obrigou os outros jornais a aumentar o número de fotografias. Tinha uma tiragem de 110 mil exemplares. Organizou a primeira campanha para o sufrágio feminino na França.

4 Moacir Werneck de Castro et al., *A Última Hora de Samuel: nos tempos de Wainer*, Rio de Janeiro, Edições ABI/Copim, 1993, p. 27.

5 Herman Lima, *História da caricatura no Brasil*, Rio de Janeiro, Livraria José Olympio, 1963, v. 3, p. 1257. A palavra "urucubaca" foi registrada pela primeira vez n'*O Imparcial* em 11 de setembro de 1913, na coluna de "Turf": "– que os animaes do Pueyo estão atacados de urucubaca miúda". A segunda ocorrência do termo também está ligada ao turfe. Só em 3 de junho de 1914 foi utilizada em sentido figurado; "o destroyer que marchava ao lado do *S. Paulo*, onde ia o sr. Presidente da República, não escapou da 'urucubaca' do Cattete: um machinista quebrou um braço..." (p. 7). Depois passou a se referir ao presidente com essa expressão de forma corriqueira. Em 2 de novembro de 1914, a p. 5 estampava a matéria "A 'urucubaca' na marinha inglesa – O *Hermes* é posto a pique"; ao lado, "Como se deu a segunda prisão e a fuga de Macedo Soares".

6 Cecília Costa, Diário Carioca: *o jornal que mudou a imprensa brasileira*, Rio de Janeiro, Fundação Biblioteca Nacional, 2011, pp. 49-53.

7 Lira Neto, *Getúlio: 1930-1945: do Governo Provisório à ditadura do Estado Novo*, São Paulo, Companhia das Letras, 2013, p. 14.

8 Alzira Alves de Abreu e Christiane Jalles de Paula (coord.), *Dicionário da política republicana do Rio de Janeiro*, Rio de Janeiro, Editora FGV/Faperj, 2014, p. 567.

O Jornal (1919-74) (p. 453- 486)

1 A Light facilitava aos jornais telefone, luz e força, que eram pagos com anúncios, quando eram pagos. Os jornalistas recebiam passagens para o bonde.

2 Fernando Morais, *Chatô, o rei do Brasil*, São Paulo, Companhia das Letras, 1994, pp. 97-8. Dessa biografia foram extraídas diversas informações para este capítulo.

3 Cícero Sandroni e Laura Constância A. de A. Sandroni, *Austregésilo de Athayde: o século de um liberal*, Rio de Janeiro, Agir, 1998, p. 210.

4 Fernando Morais, op. cit., pp. 131-3.

5 Segundo Austregésilo de Athayde, Alfredo Pujol disse a Chateaubriand que avalizaria um título de 3 mil contos; a operação foi atrasada por causa da revolta em São Paulo, em julho de 1924, do general Isidoro Dias Lopes. Cf. Cícero Sandroni e Laura Constância A. de A. Sandroni, op. cit., p. 210.

[6] Fernando Morais, op. cit., pp. 135-40.

[7] Carlos Marchi, *Todo aquele imenso mar de liberdade: a dura vida do jornalista Carlos Castello Branco*, Rio de Janeiro, Record, 2015, p. 82.

[8] Maria Alice Rezende de Carvalho, *Irineu Marinho: imprensa e cidade*, Rio de Janeiro, Globo Livros, 2012, p. 185.

[9] De acordo com Carolina Nabuco, Virgílio de Mello Franco também tinha participado na compra de *O Radical* por João Alberto, da *Gazeta de Notícias* e no lançamento de *A Nação*.

[10] *A imprensa na década de 20*, ABI/Finep; Glauco Carneiro, *Brasil, primeiro: história dos Diários Associados*, Brasília, Fundação Assis Chateaubriand, 1999, pp. 88-9.

[11] Mário Hora, *48 anos de jornalismo (1908 a 1956)*, Rio de Janeiro, Livraria São José, 1959, p. 33.

[12] Victor do Espírito Santo, *O Jornal*, Rio de Janeiro, Suplemento Retrospectivo, junho 1962.

[13] Segundo Gonçalo Junior, o primeiro jornal a publicar diariamente tiras em quadrinhos no Brasil foi o *Diário de Notícias*, mas dá duas datas diferentes, 1930 e 1932. Cf. Gonçalo Junior, *A guerra dos gibis: a formação do mercado editorial brasileiro e a censura nos quadrinhos, 1933-64*, São Paulo, Companhia das Letras, 2004 pp. 31 e 131.

[14] Cícero Sandroni e Laura Constância A. de A. Sandroni, op. cit., p. 214.

[15] Fernando Morais, op. cit., p. 155.

[16] Carta de Virgílio de Mello Franco a Arthur Bernardes, 28 de janeiro de 1926. Arquivo Virgílio de Mello Franco, série correspondências, CPDOC-FGV, apud Flávia Salles Ferro, *Virgílio de Mello Franco: trajetória política em contexto de mudanças (1926-1948)*, Niterói, 2015, Dissertação (Mestrado em História), Universidade Federal Fluminense.

[17] Cícero Sandroni e Laura Constância A. de A. Sandroni, op. cit., p. 219.

[18] Marialva Barbosa, *História cultural da imprensa: Brasil – 1900-2000*, Rio de Janeiro, Mauad X, 2009, p. 88.

[19] Manuel Bandeira, "Jornais de sensação e jornais discretos", em *A Província*, Recife, 30 de agosto de 1928.

[20] Assis Chateaubriand, "A mística dos Diários Associados", *O Jornal*, Rio de Janeiro, 3 de novembro de 1933.

[21] Fernando Morais, op. cit., p. 203, afirma que essas impressoras de rotogravura foram as primeiras que o Brasil veria. Gisely Valentim Vaz Coelho Hime, porém, atribui essa primazia a Cásper Líbero, dono de *A Gazeta* de São Paulo.

[22] Os métodos pouco ortodoxos de Chateaubriand para conseguir seus objetivos, como a ampliação de seu império jornalístico, a criação de um museu de arte ou uma obra de beneficência, têm sido criticados, mas há também quem os relativize e considere normais. O jornalista Carlos Castello Branco escreveu: "Chateaubriand era em tudo um pioneiro, na multiplicação e na modernização dos jornais e revistas, na implantação de um sistema de radiodifusão e depois de televisão. Ele precisava de espaços novos para viver. Foi com métodos primitivos – os possíveis no seu tempo – um grande empresário da comunicação, um jornalista voltado para os grandes temas num país de conversa pequena". Carlos Heitor Cony disse dele que era "Homem da Renascença deslocado em nosso século, nascido no sertão paraibano e não em Florença".

[23] Chateaubriand, além de "Lazarento", também carrega o apelido de "Nauseabundo", que o irritava profundamente e lhe fora dado pelo líder comunista Luís Carlos Prestes. Carlos Castello Branco confirma que o insulto de "Nauseabundo" de Prestes a Chateaubriand tornara-se corrente nas redações, mas assegura: "Claro que Chateaubriand sabia disso e não se importava". Rubem Braga o usou com frequência em suas crônicas. Marco Antonio de Carvalho, *Rubem Braga, a biografia: um cigano fazendeiro do ar*, São Paulo, Globo, 2007, pp. 222-3.

[24] Os irmãos Chateaubriand fizeram uma campanha contra a empresa e o seu titular, Oscar Fleus, que foi alvejado por dois tiros no períneo, atentado atribuído a eles. Fernando Morais, op. cit., pp. 331-41.

[25] Maciel Filho era industrial, dono da Fábrica Cascatina de Petrópolis (RJ) e amigo de Getúlio Vargas. Cf. Carlos Lacerda, *Depoimento*, 2. ed., Rio de Janeiro, Nova Fronteira, 1977, p. 140. Ele também foi funcionário do DIP.

[26] Segundo outra versão, a frase de Chateaubriand foi: "Engazuparam o capitão João Alberto, pois não são os prédios nem as máquinas que fazem nossos jornais, mas as mentes de seus jornalistas, que eles levam para onde quer que vão". Glauco Carneiro, op. cit., p. 171.

[27] *A Nação* foi adquirida por Rodolfo de Carvalho, que era também dono de *O Radical*. Em 1935, Maciel Filho passou a gestão ao antigo "tenente" João Alberto e lançou o jornal *O Imparcial*, levando quase toda a redação; uma exceção foi Azevedo Amaral. Em 1937, *A Nação*, que tinha sido comprada pelo deputado gaúcho, apoiou a candidatura de Armando de Salles Oliveira para a presidência da República. Em dezembro desse ano, o jornal foi vendido a Abellard França e J. de Carvalho e Silva e defendeu o Estado Novo. Parou de circular em 1939. Fonte: CPDOC da FGV. Disponível em: <http://www.fgv.br/cpdoc/acervo/dicionarios/verbete-tematico/nacao-a>. Acesso em: 16 mar. 2016.

[28] Marco Antonio de Carvalho, op. cit., p. 222; e caderno "Mais!", *Folha de S.Paulo*, São Paulo, 17 de janeiro de 1999.

[29] Conta Joel Silveira que ele fez, a pedidos de Carlos Lacerda, uma reportagem sobre "O Clube das Vitórias-Régias", um grupo de senhoras grã-finas, dirigido pela Iveta Ribeiro, uma integralista. "Uma das vitórias-régias era amiga do Chatô, casada com o dono da Sul América, que dava muito dinheiro aos Associados. Ele ficou bravo". Silveira tentou pedir demissão, mas Chatô o mandou para a Itália com a FEB. Joel Silveira achou que quando Lacerda encomendou a reportagem tentou eliminar um concorrente. Ivan Carvalho Finotti, "Profissão: repórter sem mau agouro", em *O Estado de S. Paulo*, São Paulo, "Aliás", p. J4, 28 de agosto de 2005.

[30] Cícero Sandroni e Laura Constância A. de A. Sandroni, op. cit., pp. 429-30.

[31] Fernando Morais, op. cit., p. 416.

[32] Edmar Morel, *Histórias de um repórter*, Rio de Janeiro, Record, 1999, pp. 153-4. Emil Farhat mostra um perfil diferente de Victor do Espírito Santo, "uma legenda do jornalismo". Escreveu que era "um dos profissionais mais dignos que encontrei no jornalismo. [...] um durão, um daqueles cavalheiros de safra antiga. *Sans peur et sans reproche*, generoso com os fracos, firme e intratável com os bandidos e espertos". Tinha sido comissário de polícia. Cf. Emil Farhat, *Histórias ouvidas e vividas: memórias*, Rio de Janeiro, Scrinium, 1999, p. 41.

[33] Emil Farhat, op. cit., p. 44.

[34] Nelson Rodrigues, quando escrevia o folhetim, ao sair da mesa para ir tomar café deixava a lauda na máquina; outro jornalista, Millôr Fernandes ou seu irmão Hélio, ocupava seu lugar e escrevia algumas linhas do dramalhão. Nelson, ao voltar, fingia que não tinha percebido a colaboração não solicitada e continuava a narrativa. História semelhante seria contada sobre ele no período em que trabalhava na *Última Hora*. Cf. Ruy Castro, *O anjo pornográfico: a vida de Nelson Rodrigues*, São Paulo, Companhia das Letras, 1992, p. 186.

[35] Abelardo Romero, *Chatô: a verdade como anedota*, Rio de Janeiro, Image, 1969, pp. 132-3.

[36] Samuel Wainer (org.), *Minha razão de viver: autobiografia*, São Paulo, Planeta, 2005, pp. 125-6; e Joëlle Rouchou, *Samuel: duas vozes de Wainer*, 2. ed., Rio de Janeiro Univercidade, 2004, pp. 74-5.

[37] Glauco Carneiro, op. cit., pp. 116-7.

[38] Alzira Alves de Abreu e Fernando Altman-Weltman, "Fechando o cerco: a imprensa e a crise de agosto de 1954", em Ângela de Castro (org.), *Vargas e a crise dos anos 50*, Rio de Janeiro, Relume Dumará, 1994, p. 41.

[39] Declaração de Pompeu de Sousa ao *Correio Braziliense*, Brasília, 27 de junho de 1986.

[40] Emil Farhat, op. cit., pp. 249-50.

A Manhã (1925-9/1935/1941-53) (p. 487-500)

[1] Ruy Castro, *O anjo pornográfico: a vida de Nelson Rodrigues*, São Paulo, Companhia das Letras, 1992, pp. 33-4. Dessa obra foram extraídas várias das informações para este capítulo.

[2] Edmar Morel, *Histórias de um repórter*, Rio de Janeiro, Record, 1999, p. 43. Mário Rodrigues escreveu que de João Pallut só recebeu ajuda para ocupar o prédio em que se instalou *A Manhã*. No entanto, Pallut emprestou dinheiro a Rodrigues e era debenturista da empresa editora do jornal.

[3] Ruy Castro, op. cit., pp. 45-6.

[4] Herman Lima, *História da caricatura no Brasil*, Rio de Janeiro, Livraria José Olympio Editora, 1963, v. 1, p. 334.

[5] Andrés Guevara escreveu na revista *A Maçã*, do Conselheiro XX, pseudônimo do próprio Humberto de Campos, na qual ele colaborava e que renovou graficamente: "Minha amizade cordialíssima com Humberto de Campos foi fatal para minhas finanças. Devendo-me algum dinheiro e sabendo da grande admiração que eu tinha por ele, resolveu um dia cancelar a dívida. Para isso, deu-me um de seus livros, com a seguinte dedicatória: 'Ao Guevara, o único paraguaio que nos venceu' – e o *espeto* foi liquidado." Idem, p. 1471.

[6] Idem, pp. 1475-8.

[7] Idem, p. 1472.

[8] Ensaio de José Mendes André, em Maria Lúcia Caira e José Correia Lira (org.), *Tempo, cidade, arquitetura*, São Paulo, Annablume, 2007.

[9] Nelson Rodrigues, *A menina sem estrela: memórias*, 1. reimp., São Paulo, Companhia das Letras, 1993, pp. 201-2.

[10] Idem, pp. 149-51.

[11] Herman Lima, op. cit., pp. 336-8.

[12] Ruy Castro, op. cit., p. 67.

[13] Emil Farhat, *Histórias ouvidas e vividas: memórias*, Rio de Janeiro, Scrinium, 1999, pp. 84-5 e 94.

[14] Alzira Alves de Abreu et al., *Dicionário histórico-biográfico brasileiro pós-1930 (DHBB)*, 2. ed. rev. e atual., Rio de Janeiro, Editora FGV, 2001, p. 3534.

[15] Ricardo Cassiano, *Viagem no tempo e no espaço: memórias*, Rio de Janeiro, José Olympio, 1970, p. 162, apud Douglas Pavoni Arienti, "Domesticação da vida intelectual: os periódicos a serviço do bem da nação (1941-1945)", em *VI Simpósio Nacional de História Cultural. Escritas da História: Ver, Sentir, Narrar*, Teresina, Universidade Federal do Piauí, 24 a 28 jun. 2012, p. 5.

[16] Idem, ibidem.

[17] Lêdo Ivo, Seminário de Jornalismo e Literatura na Academia Brasileira de Letras, 23 out. 2004.

Crítica (1928-30) (p. 501-516)

[1] Herman Lima, *História da caricatura no Brasil*, Rio de Janeiro, Livraria José Olympio, 1963, p. 1313.

[2] Ruy Castro, *O anjo pornográfico: a vida de Nelson Rodrigues*, São Paulo, Companhia das Letras, 1992, p. 68.

[3] *Crítica*, Rio de Janeiro, 1º de março de 1929.

[4] Idem, 16 de outubro de 1929.

[5] Marialva Barbosa, *História cultural da imprensa: Brasil – 1900-2000*, Rio de Janeiro, Mauad X, 2009, p. 66.

[6] Herman Lima, op. cit., v. 4, p. 1482.

[7] Ruy Castro, op. cit., p. 68.

[8] Herman Lima, op. cit., v. 1, p. 159.

[9] "*Clarín* é parcialmente a obra do desenhista Andrés Guevara, o inventor desse homenzinho do logo do diário, um achado de desenho já incorporado na vida cotidiana dos argentinos", escreveu Álvaro Abós no jornal *La Nación* de Buenos Aires, em 23 de setembro de 2009.

[10] Herman Lima, op. cit., v. 2, pp. 691-2.

[11] Henrique Pongetti, *Boletim da ABI*, jan./fev. 1981.

[12] Herman Lima, op. cit., v. 1, p. 334; e v. 4, p. 1472.

[13] Ruy Castro, op. cit., p. 70.

[14] Idem, p. 68.

[15] Idem, p. 93.

[16] Segundo o jornal *A Batalha*: "A adesão (à campanha de Júlio Prestes) do sr. Mário Rodrigues da *Crítica*, pelos cálculos até hoje feitos, orçou aos cofres paulistas em cerca de 2.000 contos!!! As oficinas onde se imprimia aquele jornal, que foram também destruídas pelo povo carioca, num movimento de justa indignação, no dia da vitória da revolução, foram adquiridas, ao que nos informaram, pelo governo do Estado e consta de escrituras lavradas, onde aparece como vendedor industrial Soto Mayor, que adquiriu as oficinas da antiga *A Noite* do sr. Geraldo Rocha, para doá-las a Mário Rodrigues. A *Crítica* tinha 60 contos de réis mensais". *A Batalha*, Rio de Janeiro, 2 de dezembro de 1930.

[17] Herman Lima, op. cit., pp. 148-9.

[18] Nelson Werneck Sodré, *História da imprensa no Brasil*, Rio de Janeiro, Civilização Brasileira, 1966, p. 425.

Diário Carioca (1928-65) (p. 517-562)

[1] *A Batalha* e também *A Esquerda*, ambos próximos do Partido Comunista, foram lançados e dirigidos por Pedro Motta Lima, membro do partido, e depois por Júlio Barata. Eram financiados pelo banqueiro do jogo do bicho João Pallut, o "João Turco", para encobrir suas atividades ilegais e se aproximar dos grupos de esquerda. Pallut escondeu da polícia em seu sítio, no estado do Rio, vários antigos membros da Coluna Prestes, como João Alberto, Cordeiro de Farias, Siqueira Campos, Juarez Távora. Com a tomada do poder pela Aliança Liberal em 1930, ele teve assegurada a proteção para os seus negócios.

[2] Marco Antonio de Carvalho, *Rubem Braga, a biografia: um cigano fazendeiro do ar*, São Paulo, Globo, 2007, p. 334.

[3] Luís Edgar de Andrade, *Imprensa*, Rio de Janeiro, ago. 2000.

[4] O *Diário Carioca* manteve tradicionalmente uma crítica de teatro de excelente nível. Teve como críticos Pompeu de Sousa, Paulo Mendes Campos, Sábato Magaldi, Francisco Pereira da Silva, além de Paulo Francis, talvez o mais ferino de todos eles.

[5] Paulo Francis, *Pasquim*, Rio de Janeiro, 12 mar. 1974.

[6] Depoimento de Janio de Freitas ao Centro de Pesquisa e Documentação de História Contemporânea do Brasil (CPDOC) da Fundação Getulio Vargas (FGV), apud Ana Paula Goulart Ribeiro, *Imprensa e história no Rio de Janeiro nos anos 50*, e-papers, 2007, p. 115.

[7] *Revista da Comunicação*, n. 35, mar. 1994.

[8] Carlos Castello Branco, entrevista à revista *Imprensa*, Rio de Janeiro, jun. 1992.

[9] Castello Branco disse numa entrevista que quando foi convidado para ser o editor de Política do *Diário Carioca*, em 1949, Pompeu de Sousa lhe ofereceu Cr$ 12 mil mensais, um excelente salário na época, mas ele reconhece que estava "fora da pauta, fora dos padrões".

[10] Entrevista de Milton Coelho da Graça a Mariana Mello, Mylena Castro, Rachel Salomão e Thiago Greggio, em 12 de junho de 2007.

Notas

[11] Elizabeth Lorenzotti, *Suplemento literário: que falta ele faz!*, São Paulo, Imprensa Oficial do Estado de São Paulo, 2007, p. 44.

[12] Stefan Baciu, *Lavradio 98*, Rio de Janeiro, Nova Fronteira, 1982, p. 9.

[13] Autran Dourado, *Gaiola aberta: tempos de JK e Schmidt*, Rio de Janeiro, Rocco, 2010, apud Cecília Costa, *Diário Carioca: o jornal que mudou a imprensa brasileira*, Rio de Janeiro, Fundação Biblioteca Nacional, 2011, pp. 280-1.

[14] Cecília Costa, op. cit. pp. 357-8.

[15] *Revista da Comunicação*, n. 7, 1986.

[16] *Folha de S.Paulo*, São Paulo, 30 de agosto de 2009.

[17] Entrevista de Janio de Freitas a Carla Siqueira e Caio Barretto Briso, do Centro de Cultura e Memória do Jornalismo, Rio de Janeiro, em 9 de outubro de 2008.

[18] Evandro Carlos de Andrade em entrevista a Geneton Moraes Neto.

[19] Idem.

[20] Luiz recebeu o nome de Paulistano por ter nascido em São Paulo; um irmão que nasceu em Anápolis (GO) era Anapolino. Cf. Pompeu de Sousa, *Revista da Comunicação*, n. 30, nov. 1992. Maurício Azêdo, porém, assegura que ele nasceu no município goiano de Jataí e que o pai, admirador de São Paulo e da nobreza, deu-lhe o nome de Luiz d'Orleans Paulistano Santana.

[21] Janio de Freitas disse de Luiz Paulistano que era "um jornalista excepcionalíssimo, talento fantástico, não tinha interesse pelos aspectos, pelas questões gráficas do jornal, por fotografia, por nada disso, mas em matéria de reportagem e texto, particularmente texto, era uma coisa fantástica, uma técnica sensacional e um mestre como nenhum outro, com toda certeza. Muito exigente, um temperamento extremamente difícil [...]. Além de um aprendizado suficientemente rápido para não dar tempo de ele perder a paciência, era preciso também que ele tivesse simpatia pela pessoa, porque senão não adiantava muito. Às vezes, até a simpatia prevalecia sobre qualquer outra coisa, mas, enfim, ali eu aprendi muito com ele".

[22] Maurício Azêdo lembrou que entregou um texto que começava: "A Secretaria de Fazenda do Estado da Guanabara realizou hoje o primeiro sorteio do concurso Seus Talões Valem Milhões, que foram conquistados pela comerciária Lea Fonseca e pelo Juiz Pedro Paulo de tal...". Paulistano reescreveu: "A comerciária Lea Fonseca, caixa da Confeitaria Colombo, da Rua do Ouvidor, foi uma das duas ganhadoras do primeiro prêmio do concurso Seus Talões Valem Milhões realizado ontem". Em seguida, o texto fazia menção ao juiz de direito. "Essa foi a lição mais rica e forte que eu recebi do *Diário Carioca* e do Paulistano, que era realmente um mestre extraordinário [...] ele humanizou o noticiário jornalístico e nos deu a possibilidade de encontrar no fato corriqueiro da cobertura cotidiana uma riqueza que a princípio a gente não consegue identificar", disse Azêdo. Cf. "*Diário Carioca*, o jornal que fez história", em *Jornal da ABI*, Rio de Janeiro, junho de 2012.

[23] Num depoimento sobre Luiz Paulistano, Nilson Lage disse: "No entanto – e me custa escrever os parágrafos que se seguem – meu primeiro chefe, com quem trabalhei durante meses passava no Zico, o banqueiro do bicho que era dono de um bar na Praça Mauá, e apanhava dinheiro; levei-o uma vez para a casa de um conjunto proletário, onde vivia com sua mulher e filhos". Nilson Lage, *Observatório da Imprensa*, 6 fev. 2002.

Evandro Carlos de Andrade disse que Luiz Paulistano era uma pessoa muito lida e tinha uma noção de autoridade muito clara. "Agora, era alcoólatra", e "passava a tarde inteira me chamando para ir ao boteco, para pegar aquela dosezinha de cachaça, dar aquela parte do santo, beber, fazer aquela careta, porque a cachaça devia ser um horror, e depois voltar para a redação". Ali, "pelas sete, oito horas da noite, ele em geral estava bem, vamos dizer, 'embebido'". Alzira Alves de Abreu et al., *Eles mudaram a imprensa*, Rio de Janeiro, Editora FGV, 2003, p. 24. Em outro depoimento, Evandro disse que Paulistano levava as coisas muito a sério: "Talvez por essa razão, tenha sido levado a sofrer e a beber". Disse também que aprendeu com ele e que sua formação inicial, como repórter, deu-se com Paulistano.

HISTÓRIA DOS JORNAIS NO BRASIL – 1840-1930

[24] Depoimento de Maurício Azêdo na *Revista da Comunicação*, n. 37, ago. 1994.

[25] *Diário Carioca*, Rio de Janeiro, 9 de dezembro de 1953.

[26] Com o título "O gavião malvado", *Diário Carioca*, Rio de Janeiro, 13 de dezembro de 1953, o jornal publicou uma grande foto de uma cornija da igreja, na qual aparece uma minúscula imagem difusa do que parece ser o gavião matador de pombos.

[27] Entrevista de Evandro Carlos de Andrade a Geneton Moraes Neto.

[28] No começo de 1959, o *Jornal do Brasil* assegurou que um gavião se hospedava no edifício da Mesbla. Durante vários dias dedicou à ave quase uma página diária, com direito a poemas e fotografias. Um leitor que morava nas proximidades garantiu estar apreensivo com o desaparecimento de numerosas rolinhas que ele alimentava. Uma foto na primeira página apresentava o gavião malvado que comia os pombos da Cinelândia.

[29] Sérgio Porto, "O gavião da Candelária", *Manchete*, Rio de Janeiro, 9 jan. 1954.

[30] Informação da revista *Veja*, com o título "Falcus peregrinus", [s. d.].

[31] *Manchete*, Rio de Janeiro, 2 jan. 1954.

[32] Fernando Sabino, *Livro aberto: páginas soltas ao longo do tempo*, Rio de Janeiro, Record, 2001, p. 260.

[33] José Ramos Tinhorão atribuiu a écloga ao poeta Ovídio.

[34] Carlos Alberto Tenório escreveu sobre Evandro Carlos de Andrade: "O jovem alourado era tão alto e magro e de ombros tão curvados que, segundo um dito jocoso, parecia uma palmeira triste prestes a despencar no chão".

[35] Numa entrevista ao *Observatório da Imprensa*, José Ramos contou como "Tinhorão", que era apelido, virou nome. Disse: "Eu me chamo José Ramos. Um dia, pouco depois que comecei no jornal, o secretário de Redação, Everardo Guilhon, queria me chamar, mas não se lembrava do meu nome. Sabia que era algo relativo a vegetal. Paraense, resolveu usar o nome de uma planta ornamental muito comum por lá. E berrou: 'Ôôô José Tinhorão!' Todo mundo riu e passou a me chamar assim. Pouco tempo depois assinei minha primeira matéria como J. Ramos. Quando a vi publicada, estava lá: J. Ramos Tinhorão. Fiquei puto da vida e no dia seguinte reclamei com o Pompeu de Sousa, que era diretor de redação. Ele argumentou: 'Deixa de ser bobo! José Ramos tá cheio por aí; Tinhorão, só vai ter você'. Não fiquei muito convencido, mas depois pensei melhor e achei que ele tinha razão. Tinha mesmo, né? (risos)".

[36] Dessa maneira, mediante convites para ir aos EUA, o DIP se livrava de algumas pessoas que davam dor de cabeça à censura. Pompeu de Sousa escrevia diariamente uma coluna, "A guerra dia a dia", um resumo comentado do conflito, que ele aproveitava para defender a democracia. Por causa dos comentários, o jornal foi suspenso por 24 horas e levou duas advertências; na terceira, o DIP ameaçou: "Ou fecha a coluna ou fecha o jornal. Fechou a coluna, é claro", disse Pompeu. Mas ele começou outra coluna, "PSI", com comentário político sobre o Rio, por sugestão de Danton Jobim. Durante a guerra, o *Diário* teve suspensa a circulação cinco vezes.

[37] Alzira Alves de Abreu et al., op. cit., p. 23.

[38] Janio de Freitas disse que Danton Jobim foi muito injustiçado e que seu papel na reforma do jornal não foi minimamente reconhecido. Ele conhecia bem a oficina e teve uma participação importante do *Diário Carioca*, bem antes de Pompeu de Sousa. "Hoje ninguém fala dele", disse. Cf. Cecília Costa, op. cit., p. 310. Ainda segundo Freitas, Danton Jobim "conhecia jornal, tinha muito bom gosto e se preocupava com a parte gráfica". Já para Ana Arruda Callado, Jobim não gostava muito de pegar no pesado, de pôr a mão na massa, e quem levou a glória foi Pompeu.

[39] A expressão *copy desk* (aportuguesada para "copidesque") passou a identificar não a mesa ou seção em que se agrupavam os redatores que reescreviam as reportagens, mas o próprio redator. Para surpresa dos jornalistas de língua inglesa, no Brasil, o copidesque é uma pessoa. Pompeu de Sousa explicou: "Na pressa para implantar

634

o 'copy desk', porém, me esqueci de traduzir a expressão, e acabou sendo usada nas redações brasileiras a expressão 'copy desk', uma deturpação do sentido original americano. Nos Estados Unidos, o 'copy desk' é a mesa de originais. No Brasil, além de ser um setor da redação, passou a denominar também as pessoas que nele trabalhavam [...] e depois tornou-se verbo, copidescar, corrente nas redações" (declaração de Janio de Freitas a Cecília Costa, op. cit., p. 315). O próprio *Diário* nunca usou a expressão *copy desk* para a função, era redator ou reescrevedor. Em outros jornais, era chamado preparador. Foi *Tribuna da Imprensa* quem primeiro usou a denominação "copidesque". Em outras redações, os jornalistas que exerciam essa função eram chamados "preparadores" ou "reescrevedores".

[40] Entrevista de Janio de Freitas a Carla Siqueira e Caio Barretto Briso, op. cit.

[41] *Jornal da Tarde*, São Paulo, 18 de setembro de 1972.

[42] Nelson Rodrigues, crônica "A desumanização da manchete".

[43] *Propaganda*, jul. 1965.

[44] J. E. de Macedo Soares seria também conhecido pela sua coragem pessoal, pelo seu homossexualismo e por ser o pai de Maria Carlota (Lota) Costallat de Macedo Soares, que fez o projeto do Aterro do Flamengo no Rio e foi amante da poetisa norte-americana Elizabeth Bishop.

[45] A primeira página de *O Imparcial* era ocupada por uma grande gravura, como faziam os jornais de Paris.

[46] Manuel Bandeira, "Jornais de sensação e jornais discretos", em *A Província*, Recife, 30 de agosto de 1928.

[47] Virgínio Santa Rosa, *Que foi do tenentismo?*, Rio de Janeiro, Civilização Brasileira, 1963, pp. 89-90, apud Fernando Jorge, *Cale a boca jornalista: o ódio e a fúria dos mandões contra a imprensa brasileira*, Petrópolis, Vozes, 1987, pp. 67-9.

[48] João Neves da Fontoura, *Acuso!*, Lisboa, Livraria Avelar Machado, 1933, apud Fernando Jorge, op. cit., p. 68.

[49] Cecília Costa, op. cit., p. 112.

[50] Délio de Mattos Santos, advogado e amigo íntimo de Horácio de Carvalho, disse a Cecília Costa: "Essas histórias sobre Macedo e Horácio não têm o menor fundamento. [...] Esse negócio de homossexualismo foi coisa do jornal *A Noite*". Ainda segundo Mattos, o dono de *A Noite*, Geraldo Rocha, "brigou com o Macedo e, para provocá-lo, começou a dizer que Horácio era seu amante". Cf. Cecília Costa, op. cit., p. 353.

[51] Horácio de Carvalho Júnior casou-se com Lyle Monique Lamb, "Miss Paris 1937", nascida na Alemanha, filha de mãe francesa e pai britânico. Mudou o Lamb para Lemb e adotou o nome de Lily Monique de Carvalho. Quando ficou viúva, se casou com o presidente das Organizações Globo, Roberto Marinho. No *Diário Carioca*, o proprietário não costumava falar com os jornalistas nem olhava para a redação, onde somente cumprimentava Luiz Paulistano, por cuja mesa tinha que passar quando se dirigia a seu escritório.

[52] Além de Macedo Soares, outros diretores do *Diário Carioca* também chegariam ao Senado: Pompeu de Sousa e Danton Jobim.

[53] Délio de Mattos Santos disse que foi Macedo Soares quem arranjou o casamento de Amaral Peixoto com Alzira. Cf. Cecília Costa, op. cit., p. 355.

[54] Carlos Lacerda, *Depoimento*, 2. ed., Rio de Janeiro, Nova Fronteira, 1977, p. 129.

[55] Marco Antonio de Carvalho, op. cit., pp. 14-20.

[56] Idem, p. 20.

[57] "Minha ambição, quando fui escolhido para correspondente de guerra do *Diário Carioca*, era fazer uma história da campanha. Está visto que não pretendia fazer uma história que interessasse aos técnicos militares, mas uma narrativa popular, honesta e simples, da vida e dos feitos de nossos homens na Itália. Uma espécie de crônica da FEB, à boa moda portuguesa antiga. O sonho durou pouco. Para começar não me

foi permitido seguir à Itália no 1º Escalão. Quando afinal cheguei (e cheguei lá porque sou um homem teimoso), havia, contra os correspondentes, um ambiente de desconfiança e mesmo de má vontade que prejudicava muito o nosso trabalho. Isso melhorou com o tempo, mas os jornalistas acreditados junto à divisão brasileira nunca tiveram as mesmas facilidades de informação e de transporte que havia em outras unidades aliadas. Tivemos, além disso, até certa altura da campanha, o peso de três censuras, das quais apenas uma era legítima e razoável. Não estou me queixando, apenas enumero fatos. Que de resto, não me espantaram e até sempre achei que 'podia ser pior', tanto me habituara, como qualquer outro jornalista livre, à estupidez mesquinha dos feitores da imprensa sob o Estado Novo." Cf. Rubem Braga, *Crônicas da guerra na Itália*, Rio de Janeiro, Record, 2014 (prefácio).

[58] Marco Antonio de Carvalho, op. cit., p. 20.

[59] Carlos Lacerda, op. cit., p. 31.

[60] Idem, p. 68.

[61] Nelson Rodrigues, *A menina sem estrela: memórias*, 1. reimp., São Paulo, Companhia das Letras, 1993, p. 68.

[62] Samuel Wainer (org.), *Minha razão de viver: autobiografia*, São Paulo, Planeta, 2005, pp. 157 e 161.

[63] Paulo Francis, *Opinião pessoal*, Rio de Janeiro, Civilização Brasileira, 1966, p. 9.

[64] Segundo Evandro Carlos de Andrade: "Pompeu era um grande conspirador político. Mas não se pode imaginar, hoje, o chefe da redação conspirando para derrubar um governo, metido com militares da Aeronáutica – que iam à redação do *Diário Carioca* tratar de tirar Getúlio Vargas do poder. É uma cena hoje impensável". Ele "era um conspirador político permanente: toda noite, ficava horas a fio conspirando com oficiais da Aeronáutica contra o presidente Getúlio Vargas – pelo telefone! O clima era esse quando cheguei à redação". Cf. Geneton Moraes Neto, *Dossiê Geral: o Blog das Confissões*, 4 jul. 2011. Disponível em: <http://g1.globo.com/platb/geneton/tag/diario-carioca/>. Acesso em: 16 mar. 2016.

[65] O jornalista Flávio Tavares escreveu que dez anos mais tarde, em 1964, Pompeu de Sousa lhe disse: "Fiquei paralisado e me senti um assassino. E chorei muito, convulsivamente. Desde então, nunca mais pude sentir raiva do Getúlio!".

[66] Délio de Mattos disse que Horácio de Carvalho, de quem foi advogado, só ganhou dinheiro na mineração de ouro quando vendeu sua participação na mina de Morro Velho, cuja razão social era St. John Del Rey Mining Company, à Hanna. Cf. Cecília Costa, op. cit., p. 277.

[67] Depoimento de Janio de Freitas ao Centro de Pesquisa e Documentação de História Contemporânea do Brasil (CPDOC) da Fundação Getulio Vargas (FGV), apud Ana Paula Goulart Ribeiro, op. cit., p. 118.

[68] Ferreira Gullar, no entanto, afirmou que, ao contrário de quase toda a redação do *Diário Carioca*, ele não tinha emprego público; devido à falta de pagamento, recebendo apenas vales, ele ficou pouco tempo no jornal. Mudou para o *Jornal do Brasil*, no qual recebia em dia. Reconheceu, porém, que foi no *Diário* onde ele aprendeu a fazer as coisas de maneira objetiva e muito bem-feitas.

[69] Entrevista de Janio de Freitas a Carla Siqueira e Caio Barretto Briso, op. cit.; e entrevista a Ana Paula Goulart, em 5 de maio de 2000.

[70] Everardo Guilhon, *Revista da Comunicação*, n. 12, p. 27, 1987.

[71] Depoimento de Janio de Freitas, apud Cecília Costa, *Odylo Costa, filho*, Rio de Janeiro, Relume Dumará, 2000, pp. 310-1.

[72] *O Estado de S. Paulo*, São Paulo, 20 de abril de 1961.

[73] Arnon de Mello tinha sido governador de Alagoas. Seu filho, Fernando Collor de Mello, seria presidente da República.

[74] *Tribuna da Imprensa*, Rio de Janeiro, 10 de abril de 1973.

Notas

Diário de Notícias (1930-76) (p. 563-592)

[1] O Rio de Janeiro teve vários jornais com o nome de *Diário de Notícias*. Um deles foi lançado em 1868. Outro em agosto de 1870 por A. Clímaco dos Reis. Dizia-se apolítico, "estranho completamente a facções", "inofensivo" e mostrava "sua indiferença absoluta ao movimento dos partidos que se gladiam". Nas primeiras semanas, afirmava imprimir 6 mil exemplares e 11,5 mil em 1871. A Biblioteca Nacional tem exemplares até 1872. Em abril desse ano, deixava de divulgar o nome do proprietário, talvez uma indicação de que o jornal fora vendido. Outro *Diário de Notícias*, de 1881, teve vida curta. Outro, ainda, foi lançado em 1885 por Carneiro, Senna & Comp., que segundo Gondin da Fonseca era resultado da fusão da *Folha Nova*, de 1882, e do *Brasil*, órgão do Partido Conservador, fundado em 1883; em 1889, foi dirigido por Ruy Barbosa como órgão republicano para derrubar a Monarquia. Circulou pelo menos até 1895. Houve ainda outro *Diário de Notícias* entre 1906-8, dirigido por Leão Velloso Filho, antigo redator-chefe do *Correio da Manhã*.

[2] Evandro Lins e Silva, *O salão dos passos perdidos: depoimento ao CDPOC*, Rio de Janeiro, Nova Fronteira/ Editora FGV, 1997, pp. 71-3.

[3] Segundo o *Diário de Notícias*, a entrada de Diniz Júnior não alteraria a linha do jornal; ele seria o substituto e o continuador da obra de Paulo Barreto (João do Rio). Sua primeira matéria assinada foi uma reportagem de admiração e deslumbramento com o ditador italiano Benito Mussolini, a quem entrevistara, e com o regime fascista.

[4] Possivelmente um erro de revisão alterou a palavra "embezerrado", sinônimo de carrancudo ou obstinado.

[5] Entrevista de Raymundo Magalhães Júnior à *Folha de S.Paulo*, São Paulo, 6 de janeiro de 1979.

[6] Orlando Dantas, *Diário de Notícias*, Rio de Janeiro, 13 de junho de 1948.

[7] Mário Hora, *48 anos de jornalismo (1908 a1956),* Rio de Janeiro, Livraria São José, 1959, pp. 33-4.

[8] Entrevista à *Folha de S.Paulo*, São Paulo, 6 de janeiro de 1979.

[9] Edmar Morel, *Histórias de um repórter*, Rio de Janeiro, Record, 1999, p. 44.

[10] Cesar Luís Leitão, *Apontamentos históricos do* Diário de Notícias: *30º aniversário – 1930 – 12 de junho 1960*, Rio de Janeiro, Diário de Notícias, 1960, p. 23.

[11] Entrevista de Raymundo Magalhães Júnior à *Folha de S.Paulo*, op. cit.

[12] Geraldo Rocha escreveu que quando esteve no exílio na Europa, do qual voltou em 1934 depois de quatro anos de ausência, "Orlando Dantas, a quem não conhecia, tomou espontaneamente a minha defesa, quando abissínios procuravam lançar pedras a seu antigo protetor. Essa atitude deu lugar a uma amizade recíproca". *Diário de Notícias*, Rio de Janeiro, 13 de junho de 1955, p. 3 do suplemento especial de aniversário.

[13] Licurgo Ramos da Costa, funcionário do DIP, foi o primeiro diretor da Agência Nacional durante a ditadura de Getúlio Vargas.

[14] Alzira Alves de Abreu e Dora Rocha (org.), *Elas ocuparam as redações: depoimentos ao CPDOC*, Rio de Janeiro, Editora FGV, 2006, p. 46.

[15] Ana Arruda Callado.

[16] Cláudio Figueiredo, *Entre sem bater: a vida de Apparício Torelly, o barão de Itararé*, Rio de Janeiro, Casa da Palavra, 2012.

[17] Cesar Luís Leitão, op. cit., p. 5.

[18] Orlando Dantas, "Coisas destes 18 anos", em *Diário de Notícias*, Rio de Janeiro, 12 de junho de 1948.

[19] Carlos Lacerda, *Depoimento*, 2. ed., Rio de Janeiro, Nova Fronteira, 1977, p. 29.

[20] O escritor Anatoli Vasilievitch Lunatcharsky participou com os bolcheviques da Revolução Russa em 1917 e foi o primeiro comissário responsável pela área de educação da União Soviética.

[21] Gonçalo Junior, *A guerra dos gibis: a formação do mercado editorial brasileiro e a censura nos quadrinhos, 1933-64*, São Paulo, Companhia das Letras, 2004, pp. 87 em diante. Este livro foi a principal fonte de informações sobre a rivalidade entre Dantas e Roberto Marinho.

[22] O *Diário Carioca* também recorria aos sorteios para alavancar a circulação.

[23] Orlando Dantas, op. cit.

[24] No entanto, Gonçalo Junior dá duas datas diferentes para a primeira publicação de quadrinhos no *Diário de Notícias*: 1930, na página 31, e 1932, na página 131.

[25] Benício Medeiros, *Otto Lara Resende: a poeira da glória*, Rio de Janeiro, Relume Dumará/Secretaria Municipal de Cultura, 1998, p. 61.

[26] João Dantas, em Prefeitura da Cidade do Rio de Janeiro, Diário de Notícias: *a luta por um país soberano*, Rio de Janeiro, Secretaria Especial de Comunicação Social, 2006, p. 26.

[27] *Manchete*, Rio de Janeiro, 15 out. 1952.

[28] O *Diário de Notícias* tentou impedir que o estado do Rio indenizasse o Hotel Quitandinha quando o jogo foi proibido. Um contrato assinado por Amaral Peixoto quando foi interventor garantia ao Quitandinha, de Joaquim Rola, o pagamento de Cr$ 125 milhões se o jogo fosse proibido. Um emissário ofereceu dinheiro a Orlando Dantas para que parasse a campanha; ele não aceitou, mas o pagamento foi feito assim mesmo. Cf. Cesar Luís Leitão, op. cit., pp. 56-7.

[29] Celso Carvalho Jr., *A criação da Petrobras nas páginas dos jornais* O Estado de S. Paulo *e* Diário de Notícias, Assis, 2005, Dissertação (Mestrado em História), Faculdade de Filosofia, Ciências e Letras, Universidade Estadual Paulista Júlio de Mesquita Filho.

[30] Entrevista de Raymundo Magalhães Júnior à *Folha de S.Paulo*, op. cit.

[31] Villas-Bôas Corrêa, que trabalhou com Osório Borba no *Diário de Notícias*, lembra-se de sua dignidade e escrúpulos e de seu "mau humor com a safrarice, a desonestidade, a burrice, mas de cordial e amena convivência". Cf. Villas-Bôas Corrêa, *Conversa com a memória: a história de meio século de jornalismo político*, Rio de Janeiro, Objetiva, 2003, p, 79.

[32] Cecília Costa, *Odylo Costa, filho*, Rio de Janeiro, Relume Dumará, 2000, p. 61.

[33] Edmar Morel, op. cit., p. 44.

[34] Entrevista de Raymundo Magalhães Júnior à *Folha de S.Paulo*, op. cit.

[35] Prefeitura da Cidade do Rio de Janeiro, op. cit., pp. 52-4.

[36] Múcio Borges da Fonseca, *Jornal da ABI*, Rio de Janeiro, janeiro e fevereiro de 1975.

[37] Mais tarde, em 1981, Olympio Campos arrendou, em nome da mulher, o jornal sensacionalista *Luta Democrática*, de Tenório Cavalcanti. Simultaneamente, lançou o diário *Luta*, como o mesmo logotipo e diagramação. Cavalcanti o processou na Justiça.

[38] Edmar Morel, op. cit., p. 44.

O AUTOR

Um dos mais importantes jornalistas do Brasil, Matías M. Molina nasceu em Madri em 25 de julho de 1937. Desembarcou aos 17 anos em São Paulo, onde se licenciou em História pela Faculdade de Filosofia, Ciências e Letras da Universidade de São Paulo. Foi editor-chefe das revistas técnicas da Editora Abril, onde lançou a *Exame*. Editou a seção de economia da *Folha de S.Paulo*, e na *Gazeta Mercantil* foi correspondente em Londres e editor-chefe. É autor dos livros *Os melhores jornais do mundo* e *História dos jornais no Brasil*. Molina morreu em 21 de abril de 2025, em São Paulo, deixando muitas saudades na família e nos amigos.

GRÁFICA PAYM
Tel. [11] 4392-3344
paym@graficapaym.com.br